KB019069

위대한
볼가강

위대한 볼가강

러시아 민족의
정치, 사회, 문학, 예술을 탄생시킨
길고 장엄한 역사의 발자취

지은이 **자넷 M. 하틀리**　옮긴이 **이상원**

 북스힐

남편 윌 라이언에게 바친다.

추천사

이 책에 대한 추가적인 찬사들

멋진 역사책이다. 2014년에 『시베리아-민족의 역사』를 출간해 호평을 받은 런던 정치경제대학교의 국제 역사 명예교수 자넷 하틀리가 이번에는 볼가강 역사를 치밀하게 연구 조사하여 대중서로 펴냈다.　　　- 토니 바버, 「파이낸셜 타임스」

많은 이의 삶을 만들어 온 위대한 강, 그 강이 거쳐 온 역사를 통해 살펴보는 지역의 생생한 풍경이다.　　　- 킷 길러, 「이달의 책」

다민족 러시아의 경제적 삶, 전략적 전투, 자유를 상징하는 거대한 강이 겪어 낸 격동의 수 세기 역사를 구체적으로 풀어낸 책이다.

- 사이먼 딕슨, 『예카테리나 대제』의 저자

인간 중심의 실감 나는 이야기다. 구불구불 강을 따라 이어지는 하틀리의 여행은 역사, 인류학, 지리학, 예술을 망라하는 마법 같은 매력을 발산한다.

- 파라 압데사마드, 「아시안 리뷰 오브 북스」

치밀한 자료 조사를 바탕으로 한 볼가강 지역의 구체적 역사서다. 생태적 측면, 그리고 이 지역 사람들의 경제, 민족, 종교, 문화적 특징을 상세히 다룬다.

- 제프리 호스킹, 「러시아와 러시아인」

러시아에서 가장 큰 강의 물살을 따라 넘실거리는 이야기를 통해 하틀리는 러시아인의 정신을 꿰뚫어 보게끔, 또한 러시아의 미래를 가늠하게끔 한다. 학문적 연구가 설득력 높은 글솜씨와 잘 버무려졌다.

- 제니퍼 예레메바, 「모스크바 타임스」

굉장하다. 우리에게는 잘 알려지지 않았던 거대한 볼가강의 주민과 환경에 러시아 권력이 어떤 자취를 남겨 왔는지 생생히 그려 주는 책이다.

- 발레리 키벨슨, 미시간 앤아버 대학교

목차

일러두기

- 중세를 대상으로 '러시아'나 '러시아인'이라는 용어를 사용할 수 있을 것인가는 논란의 대상이다. 이 책은 중세의 동슬라브 민족, 그리고 현재의 유럽 러시아(러시아 영토 중 우랄산맥 서쪽을 부르는 말이다: 역주) 및 우크라이나 지역에 위치했던 공국에 대해서는 '루스'라는 단어를 사용했다. 이반 4세가 '전 러시아의 차르'라는 칭호를 받은 1547년 대관식을 기준으로 하여 그 이후의 모스크바 공국을 '러시아'로, 공국 주민들을 '러시아인'으로 부르기로 한다.
- 참고문헌 중 러시아 기록 보관소 자료가 나올 경우 러시아식 범주 구분명인 fond, opis', tom, delo, listy를 그대로 제시하였다. 또한 참고문헌 중 PSZ는 러시아제국법전 전집(Polnoe sobranie zakonov Rossiiskoi Imperii), SIRIO는 러시아황실역사연구회선집(Sbornik Imperatorskogo Russkogo istoricheskogo obshchestva)의 약자임을 밝혀 둔다.
- 거리와 무게는 미터법을 기준으로 했다. 러시아식 단위가 나올 경우 환산 수치를 함께 넣었다.
- 러시아는 1700년 1월부터 1918년 2월까지 율리우스력을 사용했다. 율리우스력은 서양에서 사용되는 그레고리력에 비해 17세기에는 10일, 18세기에는 11일, 19세기에는 12일, 그리고 20세기의 1918년 2월까지는 13일이 늦다. 이 책은 1918년 2월 이전의 날짜에 대해 율리우스력을 따랐다(그래서 1917년 2월과 10월 혁명은 3월과 11월 혁명이 아니다.). 1918년 2월 이후의 날짜는 그레고리력으로 제시되었다.

지명 관련 참고

이 책에 등장하는 볼가강 지역 도시들 상당수가 여러 차례 명칭이 바뀌었다(특히 소련 시절에 개칭되는 일이 많았다.). 다음은 본문에서 두 번 이상 등장하는 도시명이다. 현재 명칭의 가나다순으로 제시했고 본문에서 가장 많이 사용된 것을 굵게 표시하였다.

◈ **니즈니노브고로드**

니즈니노브고로드(1221~1932), 고르키(1932~1990),
니즈니노브고로드(1990~)

1221년, 블라디미르의 유리 대공이 볼가강과 오카강이 합류하는 지점에 세운 도시다. 1932년에서 1990년까지는, 이곳에서 1868년에 태어나 이곳을 배경으로 작품들을 집필한 작가 막심 고르키(본명은 알렉세이 페슈코프다.)의 이름을 따서 고르키라 불렸다. 1990년에 다시 니즈니노브고로드로 되돌아갔다.

◈ **디미트로브그라드**

멜레케스(1714~1972), 디미트로브그라드(1972~)

볼가강의 지류인 멜레케스카강과 볼쇼이 체렘샨강이 합류하는 지점에 위치한 심비르스크(전 이름은 울리야놉스크)주의 도시다. 강 이름에서 따온 도시 명칭 멜레케스는 불가리아 혁명가이자 불가리아 공산주의 인민공화국

초대 지도자인 게오르기 디미트로프를 기리기 위해 1972년에 바뀌었고 지금까지 그대로 유지하고 있다.

◈ 리빈스크

우스트 셱스나(1071?~1504), **리브나야 슬로보다**(1504~1777),
리빈스크(1777~1946), **셰르바코프**(1946~1957), **리빈스크**(1957~1984),
안드로포프(1984~1989), **리빈스크**(1989~)

리빈스크는 도시명이 가장 많이 바뀐 경우다. 우스트 셱스나('셱스나강 하구'라는 뜻이다.)라는 정착지로 세워진 후 1504년부터 리브나야 슬로보다('어업 정착지'를 뜻한다.)로 알려졌다. 볼가강의 상품을 볼가와 상트페테르부르크 연결 운하망으로 운송하는 중요한 위치가 되면서 1777년에 도시로 승격되고 리빈스크라는 이름이 붙었다. 1946년부터 1957년까지 소련 정치가 알렉산드르 셰르바코프를 기리는 이름이었다가 다시 1984년부터 1989년까지는 공산당 서기장 유리 안드로포프를 기리는 이름이 되었다(안드로포프는 리빈스크 수상 운송 기술 대학을 나왔고 한때 이 대학과 리빈스크 조선소에서 청년 공산주의 연맹 서기를 지냈다.). 1989년, 도시는 다시 리빈스크로 되돌아갔다. 이렇게 도시명이 자주 바뀌는 데 들어간 비용은 어디에도 설명되어 있지 않다.

◈ 볼고그라드

차리친(1589?~1925), **스탈린그라드**(1925~1961), **볼고그라드** (1961~)

차리친은 볼가강과 차리차강이 합류하는 지점에 세워졌다(따라서 차르와 관련된 이름이 아니다. '차리친'은 타타르어로 '노란 강'을 뜻한다.). 1925년 이오시프 스탈린이 내전에서 백군에 맞서 도시를 방어한 공로를 기리기 위해 스탈린그라드로 이름을 바꾸었다. 스탈린 사망 후 니키타 흐루쇼프가 펼친 탈스탈린화의 일환으로 1961년, 볼고그라드로 다시 이름을 바꾸었다. 스탈린그라드로 되돌려야 한다는 주장도 나오고 있지만 볼고그라드라는 이름을 그대로 가지고 있다.

◈ 사마라

사마라(1586~1935), 쿠이비셰프(1935~1991), 사마라(1991~)

1586년 사마라강 동쪽에 세워져 강 이름을 따서 명명되었다. 사마라강과 볼가강이 합류하는 지점에 위치한다. 1917년에 사마라 소비에트 대통령을 지냈고 내전 당시 사마라 지역 혁명위원회 의장이었던 볼셰비키 혁명가이자 소비에트 정치가 발레리안 쿠이비셰프를 기리기 위해 1935년부터 1991년까지 쿠이비셰프가 되었다. 1991년에 다시 사마라로 도시명이 바뀌었다.

◈ 상트페테르부르크

상트페테르부르크(1703~1914), 페트로그라드(1914~1924),

레닌그라드(1924~1991), 상트페테르부르크(1991~)

상트페테르부르크(원래 이름은 네덜란드어인 상트-피터-부르흐였다.)는 1703년 표트르 1세가 녠스칸스라는 스웨덴의 작은 요새가 있던 자리에 세운 도시다. 1914년 9월, 제1차 세계대전이 발발한 후 독일어 발음인 '상트'와 '부르크'를 없애기 위해 페트로그라드('피터의 도시'라는 뜻이다.)로 이름을 바꾸었다. 1924년, 레닌 사망 5일 후에는 블라디미르 레닌을 기리기 위해 레닌그라드가 되었고 1991년에 상트페테르부르크로 되돌아왔다.

◈ 엥겔스

포크롭스카야 슬로보다(1747~1914),

코사켄슈타트/**포크롭스크**(1914~1931), 엥겔스 (1931~)

사라토프주의 볼가강 동쪽에 있는 도시로 사라토프와 마주 보고 있다. 처음 세워질 때의 명칭은 포크롭스카야 슬로보다였고('슬로보다'는 정착지를 의미한다.) 1914년에 시로 승격되면서 포크롭스크로 이름이 바뀌었다. 1918년에는 단명했던 독일 자치 소비에트 사회주의 공화국의 수도가 되었다. 18세기 이후 코사켄슈타트(독일어로 '코사크 마을'이라는 뜻이다.)라고도 알려졌다. 1931년, 프리드리히 엥겔스를 기리기 위해 엥겔스로 이름이 바뀐 후 지금까지 그대로 유지하고 있다.

◈ 오랄

야이츠크(1613~1775), **우랄스크**(1775~1991), **오랄**(1991~)

1613년, 야이크강의 코사크 요새로 설립되었다. 푸가초프 반란이 진압된 후 도시는 우랄스크로, 강은 우랄로 이름이 바뀌었다. 현재 독립 국가 카자흐스탄의 영토로 1991년에 오랄이 되었다.

◈ 오렌부르크

오렌부르크(1734~1938), **치칼로프**(1938~1957), **오렌부르크**(1957~)

1734년에 설립된 후 10년 만에 우랄(전 이름은 야이크)강과 사마라강이 합류하는 지점으로 위치를 옮겼다. 1788년부터 1917년까지 이슬람 영성 회의가 위치했고 카잔 등 볼가강 지역(및 시베리아)의 이슬람교도들을 관할했다. 1920년부터 1925년까지 키르기스 자치 소비에트 사회주의 공화국의 수도였고 이후 카자흐 소비에트 사회주의 공화국의 일부가 되었다. 1938년부터 1957년까지는 파일럿 영웅 발레리 치칼로프를 기리기 위해 치칼로프라 불렀다.

◈ 요시카르올라

차레보콕샤이스크(1584~1919), **크라스노콕샤이스크**(1919~1927),
요시카르올라(1927~)

말라야 콕샤가강에 위치한 도시다. 이반 4세 사망 후 1584년에 카잔한국 영토이던 곳에 만들어져 차레보콕샤이스크, 즉 '콕샤가강에 있는 차르의 도시'라는 명칭이 붙었다. 이후 '붉은 콕샤가강에 있는 도시'라는 뜻의 크라스노콕샤이스크로 바뀌었다. 마리어 옛 명칭은 차를라(Charla)였다. 1927년에 요시카르올라가 되었는데 이는 마리어로 '붉은 도시'라는 뜻이다. 현재는 볼가강과 서쪽으로 접해 있는 마리 엘 공화국의 수도다.

◈ 울리야놉스크

심비르스크(1648~1924), 울리야놉스크(1924~)

1648년, 볼가강 서쪽에 설립된 도시다. 1870년에 이곳에서 태어나 1887년에 카잔 대학에 입학하기까지 살았던 레닌(블라디미르 일리치 울리야노프)을 기리기 위해 1924년, 도시 이름을 울리야놉스크로 바꾸었다. 그리고 지금까지 그 이름을 유지하고 있다.

◈ 톨리야티

스타브로폴(1737~1964), 톨리야티(1964~)

스타브로폴('십자가의 도시'라는 뜻이다.)은 1737년, 불교도였다가 정교도로 개종한 칼미크인들을 위한 요새로 설립되었다. 사마라주의 볼가강 동쪽에 있고 러시아 남서부의 동명 도시와 구분하기 위해 스타브로폴-나-볼게('볼가 강변의 스타브로폴'이라는 뜻이다.)라고도 불렀다. 쿠이비셰프 댐과 수력 발전소가 건설되면서 도시가 침수되어 새로운 부지에 다시 건설되었다. 신도시는 1927년부터 1964년까지 이탈리아 공산당 서기장이었던 팔미로 톨리야티를 기려 톨리야티로 명명되었다. 피아트의 기술 지원을 받아 라다 자동차를 생산하는 거대한 공장의 소재지라는 점도 작용했다. 그리고 지금까지 톨리야티라는 이름을 유지하고 있다.

◈ 트베르

트베르(1135?~1931), 칼리닌(1931~1990), 트베르(1990~)

트베르는 1135년경 볼가강과 트베르차강이 합류하는 지점에 설립되었고 볼가강 양안에 위치한다. 1931년부터 1990년까지의 도시명은 칼리닌이었다. 트베르주의 한 마을에서 태어나 볼셰비키 혁명가이자 소비에트 정치가로 활약한 미하일 칼리닌을 기리기 위한 이름이다. 1991년에 트베르라는 이름으로 돌아갔다.

머리말

볼가강! 무릇 모든 거대한 강에는 그 어떤 거대하고 멋진 풍경도 넘어설 만큼의 신비함과 매력이 있어 우리의 시선을 사로잡는 법이지만 그중에서도 유럽에서 가장 큰 볼가강, 무수히 찬사받아 온 그 도도한 물살을 바라보는 것은 이전의 그 어떤 즐거움과도 비할 수 없는 기쁨을 선사한다네. 오래전부터 읽거나 꿈꿔 오던 대단한 무언가를 최초로 직접 보게 되는 순간의 감격과 기쁨을 아는 이라면 그 웅장한 풍경을 내려다보며 발아래의 장엄하고도 서글픈 흐름에 홀린 듯 빠져드는 어리석은 모습을 기꺼이 용서하리라.[1]

이 글은 1830년대, 니즈니노브고로드에서부터 볼가강을 답사했던 로버트 브렘너가 남긴 것이다. 블랙 프라이어 다리를 흐르는 템스강에 비해 네 배나 되는 볼가강의 크기에 압도당한 그의 경탄은 (러시아인과 외국인 모두를 포함해) 수많은 다른 이에게 여러 세기 동안 반복되고 있다.[2]

볼가강에 대한 찬사가 어디서 나오는지는 금방 알 수 있다. 볼가

16

강은 아마존, 나일, 미시시피와 더불어 세계 최대 규모의 강 중 하나다. 유럽 최장 길이인 3,530킬로미터(2,193마일)로 모스크바 북서쪽에서부터 카스피해로 흐르며 유럽 러시아 북서부의 산림 지대, 대초원, 러시아 남부의 건조한 반(半)사막을 통과한다.

볼가강 유역은 또한 유럽 최대 규모로 (니즈니노브고로드의 오카강과 카잔 남쪽의 카마강을 포함한) 주된 지류들과 함께 모스크바 지역을 비롯한 우랄 서쪽, 러시아에서 인구 밀도가 가장 높은 지역의 젖줄이 된다. 이 강에 붙은 단순한 명칭은 강가에 살던 다양한 민족에게 이것이 그저 평범한 강이 아니라 유일무이하게 귀중한 존재였음을 의미한다. '볼가'는 슬라브어로 '젖음' 또는 '습기'를 뜻하는 단어에서 유래했다. 투르크족은 '큰 강'이라는 뜻의 이틸[현대 타타르어로는 이델(Idel), 현대 추바시어로는 아달(Adäl)이다.]이라고 불렀다. 모르도바족은 라브(Rav)라 했는데 이는 '젖음'을 뜻하는 고대 스키타이어 단어 라(Rä)에서 유래한 것이다.

오늘날 유럽 러시아의 중심부를 가로질러 흐르는 볼가강 주변으로 중요한 도시들이 세워졌다. 볼가강 발원지는 모스크바 북서쪽 트베르주의 발다이 언덕에 있다. 숲 가장자리의 작은 웅덩이에서 물줄기가 시작된다. 발원지 위로 19세기 말 양식으로 복원된 목조 예배당이 서 있다. 예배당 벽에는 모스크바 및 전 러시아의 총대주교가 1995년과 2017년, 이 물을 축복했다는 내용의 기념패가 붙어 있다. 기념품과 말린 생선을 파는 매대 몇 개만 제외하면 더없이 고요하고 평화로운 장소다. 발원지 위쪽 초원에는 19세기 후반에 지어진 교회가 있다.

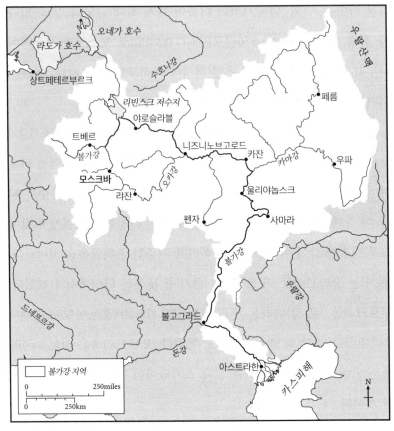

지도 1. 볼가강

소련 시절에 방치되었다가 독일군이 이 지역을 점령했던 제2차 세계 대전 때 파괴된 이후 복원된 건물이다.

강은 급류를 몇 개 지난 후 무역 중심지이자 제2차 세계 대전의 주요 전투 장소였던 도시 르제프에서 넓어진다. 이후 물자와 승객 수송의 주된 동맥이 되어 고대 도시 트베르를 지나 북쪽과 동쪽으로 흘러 리빈스크에 닿는다. 리빈스크는 볼가강에서 상트페테르부르크까지 물자 수송 운하가 건설된 18세기 이후 볼가강 교역의 핵심 중계 항구가 되었고 소련 초기에 대규모 수력 발전소가 건설된 곳이기도 하다. 리빈스크 수력 발전소에 만들어진 거대한 동상 '어머니 볼가'는 저수지 쪽으로 손을 뻗고 있으며 아래쪽에는 '공산주의는 소련의 전력이자 전 국토의 전기화다'라는 레닌의 1920년 구호가 새겨져 있다.

강물은 남동쪽으로 이어져 중요 상업 도시인 야로슬라블과 코스트로마를 지나고 더 동쪽의 (모스크바에서 동쪽으로 불과 400킬로미터 거리인) 니즈니노브고로드를 가로지른다. 이 도시가 19세기 후반 제정 러시아의 주요 무역 박람회 장소가 된 것은 볼가강과 오카강이 합류하는 지점인 덕분이었다. 역사학자와 지리학자들이 '볼가강 상류'라고 하는 곳은 발원지에서 리빈스크까지이기도 하지만 대개는 야로슬라블과 코스트로마, 니즈니노브고로드까지 포함하게 된다. 정확한 정의라 하긴 어렵지만 통상 니즈니노브고로드는 볼가강 상류와 중류를 나누는 경계로 여겨진다.

볼가강은 니즈니노브고로드에서 체복사리를 거쳐 카잔으로 흘러간다. (몇몇 상인 가문의 출신지이긴 해도) 18, 19세기까지 소도시에 불과했던 체복사리는 현재 추바시 공화국의 수도다. 카잔은 이반 4세의 1552년 정복 이전까지 카잔한국의 수도였다. 카잔은 러시아 제국 및 소련 시대 내내 무역, 행정, 문화의 중심지였고 소련 시기부터 타타르스탄의 수도가 되었다. 2009년 4월, 카잔은 러시아 특허청으로부터 (모스크바와 상트페테르부르크에 이은) 러시아 '제3의 수도'라는 별칭을 상표로 공식 인정받았다. 이 도시는 모스크바에서 동쪽으로 불과 800

킬로미터 거리다. 볼가강 동편인 카잔의 남쪽으로 가면 8~13세기에 존속했던 볼가 불가리아의 수도 볼가르가 남긴 고고학 유적을 볼 수 있다.

카잔에서 남쪽으로 더 내려가면 울리야놉스크(심비르스크였던 지명이 그곳에서 출생한 레닌의 성을 따라 1924년에 바뀌었다.) 항구가 나온다. 이어 19세기까지 해적들이 출몰하던 '큰 굽이'를 지나면서 강물은 동쪽으로 향한다. 사마라로 가는 길에 소련 시절의 대규모 라다 자동차 생산 공장과 수력 발전소로 유명한 도시 톨리야티를 지난다. 이 수력 발전소의 저수지는 스타브로폴, 즉 불교도였다가 기독교로 개종한 칼미크족을 위해 1737년에 군사 기지로 세워졌던 소도시를 수몰시켜 만든 것이다. 사마라는 사마라강과 볼가강의 합류 지점에 위치하며 모스크바에서 육로로 1천 킬로미터 이상 떨어져 있다. 사마라의 남쪽과 동쪽 양방향으로 나무가 거의 없는 대초원이 펼쳐진다. 이 도시는 1586년에 러시아의 요새로 만들어졌다가 18, 19세기에 상업 및 무역 중심지가 되었다. 러시아 내전(1918~1922년) 때는 볼셰비키에 대항하는 정부가 잠시 사마라에 자리를 잡았고 1941년에는 모스크바가 독일군에 함락될 경우를 대비한 소련의 대체 수도로 낙점되기도 했다. 카잔에서 사마라까지를 흔히들 '볼가 중류'라고 한다.

이어 볼가강은 남쪽과 서쪽으로 굽어지며 사라토프로 향한다. 1590년, 러시아의 요새로 세워진 사라토프는 18, 19세기에 상업 및 행정 중심지로 발전했고 예카테리나 2세(재위 1762~1796년) 치하이던 1760년대에 대규모로 이주해 이 지역에 정착한 독일인들의 행정 중심지이기도 했다. 사라토프는 비옥한 검은흙 지역으로 대규모 귀족 영지들이 자리 잡고 있었다. 사라토프 남쪽에 볼고그라드(러시아 제국 시대에는 차리친, 1925년부터 1961년까지는 스탈린그라드라 불렸다.)시가 있다. 볼가강과 차리차강이 합류하는 지점이다(차리친이라는 이름은 강에서 따온 것이다.). 1589년 러시아의 요새로 세워진 볼고그라드는 돈강과 러시아 중심부가 철도로 연결된 19세기 후반 이후 신흥 도시로 부상했다. 이곳은 제2차 세계대전 당시 희생자가 가장 많이 나온 전투(아마도 역사상 가장 희생이 컸던 전투)가 벌어진 장소로 현재 거대한 기념 단지가 조성되어 있다.

볼가강 하류, 특히 강 동편은 토양이 척박하고 동쪽에서 불어오는 덥고 건조한 바람 때문에 가뭄과 흉작이 빈번하다. 볼고그라드에서 남쪽으로 조금만 내려오면 13~14세기 킵차크한국의 수도 사라이가 있던 곳이 나온다. 이는 7세기 중반부터 10세기 말까지 하자르의 수도였던 이틸이 있던 곳이기도 하다.

더 남쪽으로 가면 모스크바에서 육로로 1,393킬로미터 거리인 아스트라한 항구가 나온다. 아스트라한은 '볼가 하류' 지역에 포함되기도 하고 별도의 삼각주 지역으로 분류되기도 한다. 1556년 이반 4세가 정복하기 전까지 아스트라한은 거의 한 세기 내내 아스트라한한국의 수도였다. 넓이 약 27,224제곱킬로미터, 길이 약 160킬로미터, 500개에 달하는 작은 강과 수로를 포함하는 유럽 최대 규모의 아스트라한 삼각주를 통과하며 볼가강은 내륙의 바다 카스피해로 들어간다. 이 삼각주는 벨루가 철갑상어(그 알로 캐비아를 만든다.)를 비롯해 어업

자원이 풍부한 곳이었지만 20세기 들어 심각한 생태적 피해를 입었다.

※

볼가강은 오늘날 러시아 연방을 이루고 사는 이들의 역사에서 핵심적인 역할을 맡아 왔는데 특히 다음과 같은 면에서 그러했다.

1. 무역과 상업
2. 다양한 민족, 종교 및 문화의 교류
3. 분쟁 및 갈등과 러시아 제국-소련의 건설
4. 러시아 및 비(非)러시아 문화와 정체성의 진화

볼가강은 흘러가면서 땅을 연결하기도 하고 갈라놓기도 했다. 이 물길을 통한 무역과 상업은 나라를 남에서 북, 북에서 남, 동에서 서로 연결했다(최근까지 도로망이 열악했던 탓에 수로의 중요성은 더욱 컸다.). 하지만 무역을 둘러싼 경쟁으로 강변의 초기 '국가'들은 갈등을 벌이기도 했다. 하자르와 볼가 불가리아 같은 나라들의 주요 도시 위치는 강물과 교역에 따라 결정되었다. 바이킹은 발트해와 라도가 호수 근처 정착촌으로부터 볼가강을 따라 항해해 내려갔고 동쪽에서 들어오는 은화에 특히 관심이 많았다. 그들은 하자르와 볼가 불가리아에 모피와 노예를 공급했고 동쪽과 남쪽에서 온 상품을 사들였다. 13세기에 이곳으로 온 몽골인들은 많은 도시를 파괴했지만 킵차크한국(그리고 뒤를 이은 카잔한국과 아스트라한한국)은 볼가강에서 활발한 무역을 했다. 카잔과 아스트라한을 정복한 이반 4세는 볼가강 전역을 장악했고 이후 볼가강은 러시아 제국 무역의 핵심 동맥 역할을 했다.

볼가강은 러시아 제국과 소련의 교역 방식을 결정했고 오늘날에도 여전히 매우 중요하다. 18세기부터 주요 운하들이 건설되면서 이 수로는 곡물, 생선, 목재, 소금 등의 필수 제품을 볼가 중하류 지역에서 북쪽의 도시와 발트해 항구로 보내 이후 유럽의 여러 항구로 운송하도록 해 주었다. 페르시아·이란 및 인도의 상품은 카스피해와 아스트라한을 통해, 중국이나 중앙아시아 및 시베리아의 상품은 사마라, 카잔, 니즈니노브고로드 등의 볼가강 변 도시를 통해 운송되었다. 19세기 후반부터 건설된 철도가 무역로를 바꾸었는데 볼가강을 가로지르는 철교들이 놓이기까지 이 철도는 니즈니노브고로드 아래쪽 강 양편에 새로운 격차를 만들어 내기도 했다. 볼가강의 상업과 항구의 발전은 근대화와 산업화를 촉진하려는 차르, 소련, 그리고 러시아 지도자들의 결정에 크게 힘입은 것이었고 실제로 볼가강은 국가 경제에서 크나큰 역할을 해왔다. 오늘날 볼가강의 흐름은 리빈스크에서 볼고그라드 남쪽까지 건설된 여러 댐과 저수지로 방해받고 있다. 러시아 전체 경제를 발전시키고자 건설된 이들 시설은 환경적으로 심각한 피해를 끼치고 있다.

볼가강이 아시아와 유럽의 지리적 경계가 되었던 적은 없지만 그럼에도 강 중류와 하류는 여러 면에서 기독교, 러시아, 유럽이라는 서쪽 지역과 이슬람, 아시아라는 동쪽 지역을 나누고 있다. 1767년, 예카테리나 2세는 카잔에서 볼테르에게 보내는 편지에 '나는 아시아에 와 있습니다'라고 썼다.[3] 볼가 중류와 하류의 강 양편 지형은 이러한 분리를 한층 느끼게 한다. 강 서편은 식생이 풍부한 언덕 지대로 경작지가 많은 반면, 동편은 카자흐스탄 국경까지 이어지는 저지대 평야로 대부분 관목 지대다. 예카테리나 2세 통치기인 1760년대에 볼가 지역으로 이주해 온 독일인들은 서쪽인 사라토프 산지의 땅을 받았을 때 운이 좋다고 여겼다. 동쪽 '초원'보다 토질이 좋을 뿐 아니라 칼미크와 노가이 기병의 습격 위험에 덜 노출되었기 때문이다. 그들의 눈에는 볼가강이 유럽 문명과 아시아 야만 세계를 가르는 경계였다.

하지만 볼가강이 동과 서, 유럽과 아시아를 갈라놓기만 한 것은 아니다. 다민족, 다종교 국가였던 러시아 제국과 소비에트 연방의 구성원들이 만나고 뒤섞이는 장소이기도 했기 때문이다. 아스트라한은 아르메니아, 페르시아, 인도 상인들이 각자의 구역, 종교, 교역을 위한 건물, 제도를 보유하고 활동하는 근거지였다. 카잔은 오늘날 타타르 도시인 동시에 러시아 도시로서 도시의 북쪽, 동쪽, 서쪽 외곽에는 러시아인, 투르크족, 핀·우그르족이 거주한다. 소련 시기인 1920년대에는 연방 공화국 내에 비러시아인들을 위한 자치 공화국이 여러 개 설립되었고 이는 오늘날의 러시아 연방 내에서도 유지되고 있다(단명하고 만 독일 자치 공화국은 예외다.). 러시아인들 또한 상당수 포함된 이들 자치 공화국은 새로운 러시아의 정체성을 형성해 가는 데 중요한 존재다.

볼가강 지역의 종교적 구성은 복잡하다. 본래 샤머니즘 신앙이던 핀·우그르 정착민들은 러시아 제국의 신민이 된 후 많은 이가 (적어도 명목상으로는) 정교회로 개종했다. 하자르 통치자와 엘리트들은 9세기 초에 유대교로 개종했던 것으로 보인다. 볼가 남쪽과 남동쪽에 있는 칼미크는 유럽에서 유일한 불교도였다. 볼가 불가리아, 킵차크한국, 카잔한국과 아스트라한한국은 처음부터 이슬람교도였거나 훗날 이슬람교도로 개종했다. 러시아인들은 1552년의 카잔 정복 당시부터 볼가강 지역에서 이슬람을 잠재적인 위협으로 인식했다. 그리하여 볼가강 지역의 역사는 한편으로는 러시아 정부가 (종종 강제적으로) 추구한 정교회로의 개종, 그리고 이에 대한 지역 주민들의 대응을 통해 만들어졌다. 많은 경우 개종은 불완전했고 이슬람교도의 경우 개종을 번복하기도 했다. 17세기 중반에는 러시아 정교회의 전례와 관행 변화를 받아들이지 않은 분리파, 즉 구교도들이 볼가 지역의 외딴곳에 숨어들었다. 18세기 독일 정착민은 가톨릭 또는 개신교 신자였다. 이렇듯 볼가강 변의 정착지는 러시아 제국과 소련의 민족적, 문화적 복잡성이 집약되어 나타나는 장소였다. 이 책에서는 볼가강 변의 다양한 집단이 맺은 관계, 그리고 비러시아인과 정부 간의 관계를 살펴보게 될 것이다.

볼가강은 러시아 제국과 소련의 초기 탄생과 발전에 핵심적인 역할을 했다. 볼가강과 카스피해의 교역 및 전략 측면의 가치는 여러 나라의 경쟁과 갈등을 유발했다. 처음에는 하자르, 볼가 불가리아, 키예프 루스가, 이후에는 킵차크한국(그리고 이를 이은 카잔한국), 모스크바, 현재의 유럽 러시아 지역에 위치한 여러 루스 공국이 다툼을 벌였다.

카잔과 아스트라한을 정복한 후 러시아의 차르는 '전 러시아의 차르'인 동시에 '카잔과 아스트라한(및 시베리아)의 차르'라는 칭호를 붙이게 되었다. 이때부터 러시아를 '제국'이라 볼 수 있다. 차르 대신 '황제'라는 서양식 칭호가 도입된 것은 1721년, 표트르 1세에 이르러서이지만 말이다.[4] 볼가강 중류와 하류 지역은 러시아 제국이 지배권을 확립하고 행사해야 했던 최초의 비러시아 비(非)기독교 지역이었다. 여러 면에서 이 지역은 비러시아인 국민에 대한 국가 정책의 시험장이자 모델이 되었다.

17세기 후반과 18세기에 일어났던 코사크 주요 반란은 사실상 볼가강의 반란이라 할 수 있었다. 스텐카 라진과 에멜리얀 푸가초프의 반란군이 볼가강을 오르내리며 주요 도시를 약탈했기 때문이다. 볼가강 양편의 정착지는 동쪽과 남쪽에서 온 유목민들에게 약탈을 당했다. 19세기 말과 20세기 초에도 이 지역에서 농촌 및 도시의 저항 봉기가 끊이지 않았다. 러시아 제국과 소련은 반란 세력을 진압하고 행정적 통제를 강화하는 동시에 문화적, 교육적 입지를 강화하는 방식으로 대응했다. 16세기에 볼가강 지역을 차지해 통치했던 경험이 러시아 제국과 소련의 모습을 어느 정도 만들어 주었던 셈이다.

20세기에 들어와서도 볼가강 지역은 첨예한 분쟁 장소였고 소련의 국가 수립과 생존에 핵심 역할을 했다. 볼가강과 볼가의 주요 도시들이 1918~1922년 러시아 내전의 향방을 좌우했던 것이다. 사마라는 새로 만들어진 소련에 저항하는 세력의 중심지였고 볼가강 중류와 하류 도시들은 백군과 적군 모두에게 전략적으로 중요했다. 백군이 볼가강에 집결하지 못했던 것이 판세를 결정했다. 제2차 세계대전 당시에는 스탈린그라드 전투가 독일군의 패배와 소련의 생존에 결정적인 역할을 했다. 스탈린그라드 전투는 지금까지도 소련 국민이 치른 가장 위대한 '애국적' 희생으로 여겨진다. 1942~1943년, 스탈린그라드의 볼가강은 독일군이 절대로 넘지 못하도록 막아 내야 할 루비콘강이나 다름없었다. 이 전투를 기리는 거대한 기념 단지에는 독일군 병사들이 전쟁 포로가 되어서야 강을 건너가는 모습이 묘사되어 있다.

마지막으로 볼가강은 수많은 시, 문학과 예술의 소재가 됨으로써 이 강에 대한 경험의 공유를 바탕으로 러시아 정체성이 형성되었다. 18세기 후반에 쓰인 예카테리나 2세 찬양 시를 보면 볼가강의 영광을 노래하는 동시에 강에 대한 통치를 강조한다. 19세기의 작가, 예술가, 관광객들은 볼가강이 러시아와 러시아인들에게 아주 특별하고 고유한 무언가라고 보았다. 강은 러시아를 수호하는 '어머니 볼가'가 되었다. 머리말 처음에 인용된 브렘너의 글에 등장하는 볼가강의 '장엄하고도 서글픈 흐름'은 러시아 시, 문학 및 예술에서 공통된 주제로 나타난다. 일리야 레핀의 유명한 그림 「볼가강의 배 끄는 인부들」은 러시아 제국 말기에 고통스럽게 착취당하는 민중들을 묘사했다. 스탈린그라드 전투는 소련과 소련의 모든 인민을 파괴적인 적으로부터 보호해 주는 장벽인 볼가강의 특별한 의미를 한층 강화했으며 이는 당시의 시와 대중가요에 그대로 드러나 있다.

볼가강을 '타자(아시아)'와의 경계로 보던 데서 러시아 내 러시아다움을 상징하는 존재로 받아들이게 된 변화는 러시아 정체성의 진화를 반영해 준다. 볼가강이 여기서 중요한 역할을 했다. 하지만 볼가강은 비러시아인들의 강이기도 하다. 러시아인뿐 아니라 비러시아인들의 시나 산문에도 볼가강이 많이 등장한다. 오늘날 볼가강은 타타르스탄의 타타르족이 자신의 정체성을 볼가 불가리아의 후손인 '볼가 타타르'로서 인식하도록 만드는 존재이기도 하다.

볼가강은 강 주변 지역 주민을 넘어서 러시아 제국과 소련에서 살아온 러시아인 및 비러시아인 모두에게 크나큰 중요성을 지닌다. 1938년에 제작된 영화 「볼가, 볼가」에 삽입된 「볼가의 노래」의 다음 구절이 보여 주듯 말이다.

바다 같은 물로 위대하고
우리 조국같이 자유롭네.

이 책은 볼가강의 중요성과 그 매력을 담아내고자 하는 시도다.

사진 1. 겨울철(3월) 볼가르에서 본 볼가강, 저자 사진. 불가르 건축 문화 단지는 2014년 유네스코 세계 문화 유산으로 지정되었다. 볼가 불가리아라는 국가는 1장에서 소개한다. 이곳은 고고학 유적지와 박물관으로 중요할 뿐 아니라 16장에서 설명하는 오늘날의 볼가 타타르 정체성 발전 측면에서도 큰 의미를 지닌다.

사진 2. 여름철(9월) 트베르에서 본 볼가강, 저자 사진. 트베르(소련 시대의 명칭은 칼리닌이었다.)는 볼가강 북쪽의 주요 도시다. 14세기의 트베르 공국은 모스크바의 주도권에 도전하는 존재였고 이 내용은 2장에서 다룬다. 18세기의 트베르는 주도(州都)로서 경제적인 중요성을 지녔다.

사진 3. 19세기 후반의 카잔 타타르. 1552년에 카잔, 1556년에 아스트라한을 정복하여 볼가강 전체를 통제하게 된 러시아인들이 만나게 된 가장 큰 이민족 집단이 타타르였다. 16세기부터 현재까지 타타르인과 러시아인의 관계, 볼가 타타르의 독특한 정체성 발전이라는 내용은 이 책의 여러 장에 등장하는데 3, 6, 12, 16장에 특히 많다.

사진 4. 세례받은 추바시인들. 투르크계 민족인 추바시는 볼가강 중류에 주로 정착했고 그곳에는 오늘날 러시아 연방 내 추바시 자치 공화국이 자리 잡았다. 수도는 체복사리다. 추바시는 카잔 정복 이후 러시아 제국 신민이 되었고 대부분이 정령 신앙으로부터 러시아 정교로 개종했다. 추바시 관련 내용은 3, 6, 16장에 나온다.

사진 5. 심비르스크 연결선(1648~1654)의 요새 복원 모습, 울리야놉스크, 저자 사진. 요새 연결선은 러시아 정부가 새로 획득한 영토 통제를 위해 17, 18세기에 건설한 것이다. 관련 내용은 3장에서 소개한다. 사진의 요새는 울리야놉스크(1924년까지는 심비르스크였다.)의 옛 도심 역사 지구에 있다.

사진 6. 「볼가강 변에 있는 농민 마을」, 조지 케넌 『시베리아와 제도』(1891). 12세기 이전까지 볼가강 지역 주민 대부분은 농민이었다. 강변에 형성된 이런 작은 마을의 생활 방식은 혁명 때까지 거의 변하지 않았다. 러시아인과 비러시아인 농민들에 대해서는 8장에서 설명한다.

사진 7. 17세기의 아스트라한, 알프레드 램보드 『러시아의 역사』 2권(1898). 아스트라한은 볼가강 남단의 도시다. 17세기 무역 중심지로 아르메니아인, 페르시아인, 부하라인, 인도인 등 다양한 민족 출신 상인들이 활약했다. 이 도시와 다양한 인구 구성은 9장에서 설명한다.

사진 8. 옛 사라토프 전경. 사라토프는 1590년경, 요새로 만들어졌다. 19세기에 중요한 항구로 개발되었고 1760년대에 볼가강 양편에 정착했던 독일인 이주민을 위한 행정 사무소가 위치했다. 제국 시기의 볼가강 지역 도시에 대해서는 9장과 10장에서 다룬다.

사진 9. 1896년 니즈니노브고로드에서 열린 전(全) 러시아 박람회의 본관 건물, 막심 드미트리예프의 사진. 니즈니노브고로드 박람회는 19세기 후반에 매우 중요해 러시아 전역, 중앙아시아, 중국과 유럽 상인들이 모여들었다. 이 박람회 관련 내용은 10장에서 다룬다.

사진 10. 「시유키예프스키산맥」, 그리고리 체르네초프(1840), 국립 러시아박물관. 1838년, 니콜라이 1세가 파견한 체르네초프 형제는 볼가강을 따라 여행하며 독특한 풍경을 발견했다. 사진은 여행 초기에 나온 그림 중 하나다. 형제 화가의 여행 관련 내용은 11장에 소개되어 있다.

사진 11. 「볼가르의 칸 무덤 및 작은 첨탑」, 이반 시시킨(1861), 타타르스탄 국립미술관. 이반 시시킨은 러시아의 숲 그림으로 가장 유명한 화가지만 이 작품에서는 볼가르 폐허를 그리면서 유럽 낭만주의 전통을 따르고 있다(폐허 그림은 당시 이탈리아와 그리스에서 유행이었다.). 시시킨의 그림에 대해서는 11장에서 설명한다.

사진 12. 「볼가강의 배 끄는 인부들」, 일리야 레핀(1870~1873), 국립 러시아박물관. 볼가강을 담은 사실주의 그림 중 가장 유명한 작품으로 배 끄는 인부들의 고통이 잘 묘사되었다. 이 작품 제작과 평가 관련 내용은 11장에 있다.

사진 13. 「저녁 종소리가 울린다」, 이삭 레비탄(1892), 트레티야코프 미술관. 이삭 레비탄은 플레스(플리오스)의 예술가 공동체를 중심으로 다수의 볼가강 풍경을 화폭에 담았다. 레비탄의 그림에 대한 설명은 11장에 있다.

사진 14. 볼가강 발원지, 저자 사진. 모스크바 북서쪽 발다이 언덕에 있는 볼가강 발원지다. 모스크바 총대주교의 축복을 받았다. 19세기 후반부터 이곳이 개발된 이야기는 11장에 나온다.

사진 15. 이반 곤차로프 작품의 등장인물 오블로모프를 기념하는 '철학적 소파', 울리야놉스크, 저자 사진. 울리야놉스크는 레닌(그의 성은 울리야노프다.)의 고향이다. 행정 중심지이던 1960년대에 레닌 기념관을 만들기 위해 도시 전체를 재설계했다. 소련 붕괴 이후에는 여러 작가의 고향임을 내세우고 있는데 '철학적 소파'라는 이 기념비는 이반 곤차로프 작품의 등장인물 오블로모프를 위한 것이다. 11장에 이 내용이 소개되어 있다. 울리야놉스크 도시의 탈바꿈에 대해서는 15장에서 다룬다.

사진 16. 볼가강 지역 독일인 정착민, 1930년, 에버렛 역사 컬렉션. 독일인 정착민은 1760년대 예카테리나 2세의 유치 정책으로 볼가강 지역에 오게 된 이들이다. 1921~1922년의 기근, 1930년대의 집단화 (14장)로 고통을 받았다. 제2차 세계 대전 중이던 1941년에는 동쪽으로 강제 이주를 당했고 이후 볼가강 지역으로 되돌아온 사람은 극소수다.

사진 17. '조국이 부른다' 동상의 머리 부분, 볼고그라드(이전 이름은 스탈린그라드), 저자 사진. '조국이 부른다'의 머리와 어깨에 올라가 있는 일꾼들을 보면 동상의 크기를 짐작할 수 있다. 동상은 1942~1943년의 스탈린그라드 전투 기념관에 있다. 스탈린그라드 전투에 대해서는 15장에서 설명한다.

사진 18. 브뤼헤 제방, 요시카르올라, 마리 엘 공화국, 저자 사진. 마리 엘 공화국 수도에 플랑드르 양식으로 건축된 기묘한 단지의 일부다. 16장에서 설명한다.

사진 19. 볼가강의 지굴리 수력 발전소, ShinePhantom/CC-BY-SA-3.0. 오늘날 북쪽 리빈스크부터 남쪽 볼고그라드까지 볼가강의 흐름은 발전소들이 통제한다. 지굴리(과거 명칭은 쿠이비셰프) 수력 발전소는 1950~1957년에 건설되었고 볼가강 최대 규모다. 17장에서 설명한다.

사진 20. 카잔 크렘린의 쿨 샤리프 모스크, 저자 사진. 크렘린은 전통적으로 러시아 제국의 권력을 상징했고 그 안에 정교회 성당과 행정 건물이 들어서는 것이 일반적이다. 쿨 샤리프 모스크는 16세기에 세워졌다가 이반 4세의 카잔 정복 때 파괴되었다. 그래서 소련 붕괴 후 모스크가 다시 건축된 것이 매우 상징적이다. 쿨 샤리프 모스크는 2005년에 다시 문을 열었다.

사진 21. 11월의 울리야놉스크에서 본 얼어붙은 볼가강, 저자 사진. 울리야놉스크의 볼가강을 가로지르는 새로운 대교는 1913~1916년에 만들었던 옛 다리를 대체한 것으로 대통령 다리(개통식에 참석한 드미트리 메드베데프를 기린 명칭)라 불린다. 소련 붕괴 이후 현대화 사업의 일환으로 2009년에 개통했다. 러시아에서 두 번째로 긴 다리이자 유럽 최장 대교 중 하나다.

사진 22. 카잔의 타타르 구역, 저자 사진. 카잔은 1552년 이반 4세가 정복했을 때 타타르 도시였다. 당시 타타르인들이 쫓겨나고 모스크가 파괴되었지만 18세기에 크렘린으로부터 조금 떨어진 곳에 타타르 구역이 만들어졌고 타타르 상인과 지식인 계층이 성장했다. 오늘날 카잔 인구는 러시아인과 타타르인이 반반이다. 타타르 구역에 복원된 주택과 식당은 시민과 관광객에게 인기 있는 장소다.

1부

볼가강의
초기 역사

01

—

볼가강 지역의 최초 국가들
하자르, 볼가 불가리아, 루스 공국들

이틸(볼가) 강물이 흐르다가

절벽을 타고 쏟아진다.

물고기와 개구리가 무수하다.

습지와 갈대밭은 물에 잠긴다.

– 마흐무드 알카슈가리[1]

이 장에서 설명하는 (러시아 북유럽 지역에 위치했던) 하자르, 볼가 불가리아, 키예프 루스, 루스 공국 등은 현대적 의미의 국가는 아니다. 엘리트 군대의 지지를 받는 통치자(또는 공동 통치자)가 유목민, 반유목민, 정착민으로부터 조공을 받고 지역 안팎의 상인으로부터 세금을 거둘 권력을 누리되 지리적 경계는 느슨한 상황 정도라고 설명하면 적절할 것이다. 경계가 명확하지 않은 만큼 이 국가들의 영토는 서로 상당히 겹쳐 있었다. (투르크족, 슬라브족, 핀·우그르족 등) 조공을 바치는 민족 범위도, 외부적으로 행사하는 권한도 분명하게 정해지지 않은 상태였다. 그리하여 볼가 불가리아와 키예프 루스는 부와 군사력 모두에서 하자르를 넘어선 후에도 계속 하자르에 조공을 바쳤다.

이 모든 국가에 있어 볼가강은 남북과 동서의 무역을 위한 주요 동맥이었다. 강을 따라 거래되고 운반되는 물품은 꿀, 포도주, 모피, 향신료, 노예, 무기, 은화 등 무척이나 귀중한 것들이었다. 볼가와 다른 강을 이용하는 상인들에게 부과되는 세금은 하자르와 볼가 불가리아의 중요한 수입원이자 권력의 기반이 되었다. 하자르와 볼가 불가리아의 수도 및 주요 도시들의 위치는 볼가강과 거기서 창출되는 상업 및 부에 따라 결정되었다. 통치자들의 접촉과 갈등은 볼가강 무역 통제권을 둘러싼 경쟁을 중심으로 이루어졌다. 볼가강 지역 마을과 정착촌은 민족과 종교가 다양한 이들이 만나고 교류하는 장소였고 여기서부터 미래의 접촉 및 갈등 형태가 마련되었다.

물론 이들 국가가 등장하기 전까지 그 땅이 비어 있지는 않았다. 현재 러시아 남부와 우크라이나가 위치한 볼가강의 동쪽과 서쪽 초원 지대로는 기원전 1천 년경부터 동쪽의 유목민들이 이주해 왔다. 서기 370년경까지 이 지역의 유목민들은 주로 페르시아어를 사용했고 이후 투르크어를 사용하는 훈족이 살았던 것으로 보인다. 투르크어를 사용하는 유목민 페체네그족은 9세기에 볼가 지역을 거쳐 드네프르강 동편을 향해 서쪽으로 옮겨 갔고 다음 한 세기 동안 하자르와 키예프 루스를 공격했다. 유목민은 글을 사용하지 않았으므로 그들의 역사는 이웃 부족이나 습격 피해자가 남긴 기록에 의존해 파악된다. 이에 따르면 유목민은 대초원을 정처 없이 돌아다니며 평화로운 정착민들을 무자비하게 살해, 강간, 노예화하는 '미개한' 존재다. 하지만 유목민은 고도로 조직화된 체계를 갖추었고 가축(양과 말)이 계절에 따라 좋은 목초지로 갈 수 있도록 연간 이동 주기를 철저히 지켰다. 습격은 무작위도, 상시적인 것도 아니었고 거래나 보관이 가능한 수확 작물 혹은 (사람을 포함한) 귀중품을 노려 이루어졌다.[2] 유목 사회에서 정교한 수공업이 발전했다는 고고학적 증거도 존재한다.[3] 이 장에서 다루는 기간 동안 러시아 남부 대부분은 유목민과 반유목민의 땅이었고 이들은 18세기 후반이 되기까지 러시아 제국에 동화되지 않았다. 넓은 의미에서 볼 때 정착민과 비정착민, 대초원과 숲 사이에 일어났던 이 충돌은 러시아 대초원의 땅에서 완전히 해결된 적이 없다.

하자르(하자르한국이라고도 한다.)는 650년경부터 10세기 말까지 존재했다. 동쪽의 아랄해에서 서쪽의 드네프르강까지, 남쪽의 북코카서스에서 북쪽의 볼가 불가리아(볼가강 북쪽으로 오늘날의 카잔에서 남쪽으로 약 190킬로미터 떨어진 곳)까지 펼쳐져 있었다. 하자르는 키예프, 현재의 우크라이나 동부 대부분, 그리고 러시아 남부 대초원을 포함

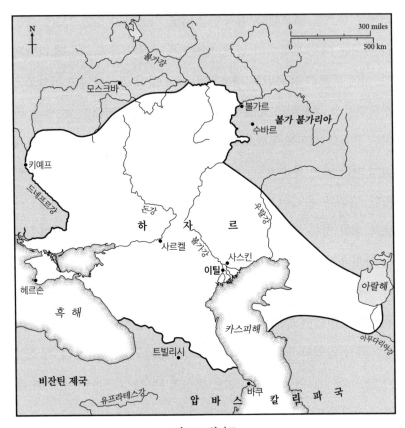

지도 2. 하자르

했고 서쪽의 비잔틴 제국과 남쪽의 이슬람 국가(코카서스 북부와 페르
시아) 사이에 놓인 사실상의 완충지대였다.

　볼가강은 하자르의 중심이었다. 영토 한중간을 가로질렀고
750~965년경의 수도였던 이틸(또는 아틸)의 중심부를 흘러갔다. 이틸
은 볼가강 양편에 자리했는데 삼각주 바로 위의 북쪽이었던 것 같다
(볼가강 삼각주의 부드러운 진흙 아래 유적이 가라앉은 탓에 고고학적 추정 위

치가 확인되지 못했다.). 투르크어인 이틸은 볼가강의 현지 명칭인 동시에 하자르 수도의 명칭이었다.

하자르 민족의 기원은 논쟁거리로 남았는데 이는 하자르어로 쓰인 기록이 없는 탓이 크다. 왕과 지배층은 투르크어를 사용했다. 광활한 영토에 흩어진 유목민과 반유목민들은 투르크어족의 여러 언어를 썼을 것이다. 하자르족의 외모도 수수께끼로 남아 있다. 아랍 문헌에 따르면 지배 계급인 '흰 하자르'와 피지배 계급인 '검은 하자르'가 구분되어 있었다. 흰 하자르는 '놀랄 만큼 잘생겼지만' 검은 하자르는 '인도인'처럼 피부가 거무스름했다고 한다.[4]

하자르의 통치 방식 역시 아주 약간 알려져 있을 뿐인데 유목민 사회에 흔한 이중 왕권 구조, 즉 군대를 지휘하는 상왕(上王)과 종교적이고 성스러운 임무를 주로 수행하는 하왕(下王)이 공존하는 모습이었다. 바그다드의 칼리프였던 무크타디르의 외교 특사로 10세기 후반, 볼가 불가리아에 갔던 아랍인 이븐 파들란은 하자르 상왕이 사망한 후 치러진 장례 의식을 기록했다. 여기서도 볼가강이 중요한 역할을 맡고 있었다.

방이 20개인 집을 짓고 각 방마다 상왕을 위한 무덤을 파는 것이 관습이다. 집 아래로 유속이 빠른 큰 강이 흐르는데 무덤 위쪽에서 굽어진다.[5]

하자르에는 지주 귀족 엘리트 계층이 있었는데 이들은 남쪽 대초원에 땅을 소유한 아홉 개의 부족 또는 씨족 출신이었다. 하자르의 최고 전성기 때 왕은 약 7,000~12,000명의 군대를 보유했는데 지주 귀족 휘하 부하들을 동원하면 그 수가 바로 두세 배로 늘어났다. 상인들도 있었다. 볼가강 수로와 육로를 통해 남쪽과 동쪽에서 현재의 유럽 러시아와 동유럽까지 거래했던 상인들은 주로 이틸에 거주했다.

이틸에는 정교한 재정 및 사법 구조가 마련되어 있었다. 볼가강이나 육로로 하자르를 지나가는 상인은 현금이나 (가죽, 꿀, 은화, 가축 같은) 현물로 상당한 세금을 냈다. 루스와 볼가르를 포함한 피지배 민족들은 조공을 바쳤다. 9세기 중반, 동슬라브인들은 가구당 흰 다람쥐 한 마리의 가죽을 하자르에 내놓아야 했다.[6] 볼가르인들 또한 10세기까지 하자르에 이와 비슷한 공물을 바쳤다. 10세기 후반의 이븐 파들란은 볼가르족의 왕이 '왕국의 각 가정에 담비 가죽을 내렸다'고 기록했다.[7]

하자르는 다종교 국가였다. 국민은 애니미즘과 샤머니즘을 믿었고 일부는 하늘신 텡그리(그래서 이를 텡그리즘이라 부르게 된다.)를 모셔 천둥과 번개를 숭배하고 말(馬)을 제물로 바치며 제사를 지냈다. 하자르는 개종을 요구하는 두 종교, 즉 서쪽 비잔틴의 기독교와 남쪽 이슬람교 사이에 놓인 완충지대였다(동쪽에는 불교가 있었지만 그 영향력에 대한 증거는 미비하다.). 수도 이틸의 상인 중에는 기독교도, 이교도, 유대교도, 이슬람교도가 섞여 있었고 이슬람으로 개종하는 주민이 있었다는 기록이 존재한다.

역사학자들은 9세기 초에 하자르 왕과 귀족 엘리트들이 유대교를 받아들였다는 데 대체로 동의한다.[8] 10세기 후반 페르시아의 여행가이자 지리학자인 이븐 루스타는 다음과 같이 썼다.

그들의 최고 권력자(상왕)는 유대교도이고 하왕 및 왕을 보좌하는 지휘관과 핵심 인물들도 마찬가지다. 나머지는 투르크인들과 같은 종교를 믿는다.[9]

유대교 개종의 이유는 확실하지 않지만 아마도 서쪽의 기독교와 남쪽의 이슬람 세력으로부터 왕과 엘리트들의 독립을 주장하고 기독교나 이슬람으로 개종하라는 압력을 피하기 위한 방편이었던 것으로 보인다. 유대교는 책을 기반으로 하는 종교이기 때문에, 또한 하자르 땅을 탐내는 주변 경쟁국의 종교가 아니었기 때문에 선택되었을 것이다.[10] 유대인들은 발칸반도와 크림반도, 남쪽의 아르메니아로부터 하자르로 이주했고 이틸에도 유대인 상인이 있었다. 주민들이 유대교 개종의 압력을 받았다는 증거는 없다. 이븐 파들란에 따르면 922년 하자르 왕은 유대교 회당 파괴에 대한 복수로 이슬람 모스크의 뾰족탑을 허물어뜨리면서 '이슬람 땅 전체에 유대교 회당이 단 하나도 남지 못할 것을 두려워하지 않았다면 모스크를 파괴했을 것이다'라는 글을 남겼다.[11] 이를 제외한다면 유대교 엘리트와 이슬람교도, 기독교인 또는 이교도 주민이나 상인 사이의 관계에 대해 우리는 거의 알지 못한다.

하자르 주민 대다수가 목축에 종사했는데 (유목민 페체네그족과 마찬가지로) 주로 양, 소, 말을 방목했다. 그리하여 하자르의 부는 순전히 (볼가강과 다른 강, 그리고 육로를 통한) 무역으로 얻어진 것이라 설명되곤 한다. 당시의 다음 기록도 같은 맥락이다. '하자르가 다른 나라로 수출할 수 있는 것은 오로지 부레풀뿐이다. 노예, 꿀, 밀랍, 비버 등의 털가죽은 모두 수입된 것이다.'[12] 하지만 실제로는 이틸 주변의 농경지가 충분히 비옥해 곡물, 양고기, 꿀, 과일 및 포도주가 많이 생산되었다. 볼가를 비롯한 여러 강에서 어업이 활발해 생선은 하자르 내부뿐 아니라 외부로도 거래되었다. 군대가 기병대였으므로 말 또한 하자르 안팎으로 거래되었다. 쟁기, 곡물 수확 및 도정용 농기구와 도자기, 장신구 등의 고고학 유물이 발견되었다.

그럼에도 볼가강과 여러 육로를 통한 중계 무역이 하자르의 번영을 가져왔다는 것은 맞는 말이다. 무역 상인뿐 아니라 상품을 운반하는 모든 선박에 세금이 부과되었다.[13] 중국과 페르시아에서 온 대상은 천, 비단, 계피, 각종 향신료를 이틸로 가져왔다. 루스인들은 발트해에서 카스피해에까지 볼가강을 오르내리며 장사를 했다. 이슬람 세계 전역에서 귀한 대접을 받았던 모피는 유럽 러시아의 북부 및 시베리아에서 생산되어 오카강과 볼가강을 따라 운송된 후 이틸을 통해 남쪽과 동쪽으로 팔려 갔다. 하자르 왕들은 여우 털을 특히 좋아했고 하자르 귀족들은 담비 털가죽을 사들여 외투와 모자를 만들었다. 노예 무역 역시 수익이 매우 높았다. 루스 사람들이 이틸에서 거래한 노예는 주로 슬라브인이나 이교도였고 가정용 노예, 노동자 또는 군대 징집병으로 팔렸다.[14] 볼가를 따라 이틸로 향하는 무역은 하자르 부의 원천이고 다른 국가와 경쟁하는 힘이었으며 다음에 살펴볼 것처럼 결국 하자르가 쇠퇴하고 패망하는 원인이 되었다.

볼가강은 북쪽의 루스 사람들과 이슬람 은화로 거래하는 주요 경로이기도 했다. 루스 상인들이 이틸로 가져와 파는 모피는 은화로 값을 치렀다.[15] 북유럽 러시아와 발트해 연안의 묘지를 발굴 조사한 결과 은화는 800년경에 등장한 것으로 파악되었다. 은화는 (중앙아시아가 아니라) 하자르와 페르시아에서 주로 생산되어 코카서스산맥과 카스피해를 거쳐 남쪽에서 북쪽으로, 다음으로는 볼가강을 따라 하자르에서 북부의 루스 정착촌으로 운반되었다. 은화는 루스 사람들이 하자르에 조공을 바칠 때도 사용되었다.[16] 묘에서 발견된 동전 더미에서 교역 경로를 분석하기란 쉽지 않다. 예를 들어 묘지 주인이 그 동전을 얼마나 오래 가지고 있었는지 늘 분명한 것은 아니다. 그럼에도 함께 묻은 동전이 엄청난 양이었다는 점에서 거래 규모가 상당했음은 알 수 있다. 은화 수십만 개가 볼가강과 하자르, 볼가 불가리아를 거쳐 남쪽에서 북유럽으로 흘러간 것으로 추정된다.[17]

하자르의 수도 이틸은 다민족, 다종교 주민들이 대거 모여 있는 행정 및 무역 중심지로 발전했다. 이븐 파들란은 '하자르의 왕은 이틸(볼가)강 양쪽으로 대도시를 건설했다. 한쪽에 이슬람교도가, 반대쪽에 왕과 신하들이 살았다'고 썼다.[18] 도시의 서쪽에 왕, 귀족 엘리트, 행정 기관인 법원과 세관이 자리 잡았다. 동쪽은 상인들 거주지였는데 종교가 이슬람교, 기독교, 유대교, 이교로 다양했고 출신지도 페르시아, 중앙아시아, 코카서스, 비잔티움, 볼가 불가리아, 키예프 루스, 그리고 현재의 유럽 러시아 북부 등 제각각이었다. 상업 문제를 심판하는 이틸의 법원에는 재판관이 모두 7명이었는데 이슬람교도, 유대교도, 기독교도 관련 사건을 다루는 재판관이 각각 두 명씩이었고 나머지 한 명이 이교도 관련 사건을 맡았다. 세관 및 법원의 공무원과 하인들은 엘리트와 하자르 왕을 섬기며 일했다. 이틸의 인구수는 정확히 알 수 없지만 이슬람교도가 1만 명에 달했다고 하니 전체는 수만 명이 되었을 것이다.[19] 도시 내에 모스크 약 30개, 종교학교, 시장, 공중목욕탕이 여럿 있었다고 한다.[20]

하자르 출신의 상인들도 이틸 내 상거래 및 볼가강 위쪽 볼가 불가리아까지 가는 수로 무역에서 중요한 역할을 했다. 아랍 여행가이자 역사가인 알 마수디의 943년 기록을 보자.

하자르 사람들은 배를 갖고 있어 도시(이틸)를 가로지르는 큰 강(볼가)을 오간다. 볼가 불가리아 땅에서 흘러오는 이 강 위로 두 왕국의 배들이 오간다. 이들은 검은 여우와 붉은 여우의 가죽을 수출한다. 검은 모피는 아랍과 비아랍권 왕들이 모두 입는데 담비나 족제비 같은 다른 모피보다 더 귀하게 여긴다. …… 하자르(볼가)강 상류는 지류를 통해 폰투스만(아마도 아조프만을 잘못 쓴 것으로 보인다.)과 연결되어 있는데 그곳을 항해할 수 있는 유일한 존재가 루스 사람들이어서 '루스의 바다'라고도 불린다. 루스 사람들은 권력자나 법을 인정하지 않는 이교 국가를 다수 이루고 있으며 그곳 상인들은 볼가 불가리아와 무역을 한다.[21]

볼가 불가리아는 독립 국가를 이루었지만 하자르에 종속되어 조공을 바쳤다. 조공은 10세기 후반 하자르 수도 이틸이 루스에 파괴될 때까지 이어졌다. 볼가 불가리아는 본래 흑해 북쪽에 정착했던 투르크 부족들이었을 것이 거의 확실하다. 최초의 볼가르족 국가인 고대 대(大)불가리아는 668년, 하자르에 의해 멸망했다. 그 후 볼가르인들은 북쪽과 동쪽으로 이동하여 8세기에는 현재의 카잔 남쪽 볼가강 지역에 정착했다.

이 정착지에 본래 살고 있던 이들은 핀·우그르(오늘날 마리족과 우드무르트족으로 불리는 이들이다. 3장에서 다시 설명한다.)였던 것 같다. 고고학자들이 볼가르 땅에서 발견한 비문은 아랍어(볼가 불가리아는 이슬람 국가였다.)지만 투르크어 단어들이 포함되었고 현대 추바시어와 관련된 어휘도 있다.[22] 오늘날의 추바시인과 볼가 타타르 사람들은 모두 자신들의 기원이 볼가 불가리아라고 여긴다.

922년, 볼가 불가리아의 엘리트들이 이슬람교를 받아들였다. 당시 통치자였던 알미슈는 바그다드의 칼리프 무크타디르(재위 908~932년)에게 종교적 가르침을 요청했고 이로 인해 파견된 사절단에 포함되어 있던 인물이 이븐 파들란이다. 볼가 불가리아에 대해 우리가 알고 있는 내용은 대부분 그가 기록한 것이고 여기에 후대의 아랍과 페르시아 여행자 및 학자들의 기록이 약간 더해졌다. 이븐 파들란은 왕과 공식 면담을 갖기도 했는데 왕이 볼가 불가리아에서 대단히 높은 지위라고 하였다. 모든 볼가 불가리아인은 '높다랗고 끝이 뾰족한 모자'를 썼는데 통치자 앞에서 모자를 벗고 인사했다고 한다.[23] 왕과 엘리트가 이슬람으로 개종했어도 많은 국민은 하자르와 동일한 샤머니즘, 즉 텡그리즘을 믿었다. 묘지의 고고학 발굴에서도 이교도 상징물이 나왔다. 공식 종교인 이슬람교는 법률과 도시를 비롯한 엘리트 문화, 주민들의 관습과 생활 방식을 결정했고 볼가 불가리아를 광범위한 이슬람 세계의 일부로 만들었다.[24]

10세기 말, 이븐 루스타는 볼가 불가리아에 대해 다음과 같이 묘사했다.

> (그들은) 하자르해(카스피해)로 흘러드는 이틸(볼가)이라는 강 주변에 거주한다. …… 하자르 및 루스 사람들이 가져오는 물건을 거래한다. 이틸강 양편의 볼가르 사람들은 담비, 족제비, 회색 다람쥐 등의 털가죽을 판다. …… 대다수가 이슬람교도로 거주지에는 모스크와 코란 학교가 있다. …… 의복과 무덤도 이슬람식이다. 그들의 부는 담비 털가죽에 가장 큰 바탕을 둔다.[25]

볼가 불가리아가 번영을 누릴 수 있었던 것, 훗날 루스의 도전을 받으면서도 존속할 수 있었던 것은 무역 덕분이었다. 그 무역의 중심은 볼가강이었다. 볼가 불가리아는 거대한 상품 거래소가 되었다. 하자르가 동쪽, 남쪽, 북쪽에서 온 상품들의 큰 시장이었듯 볼가 불가리아도 북쪽 루스, 중앙아시아와 중국을 포함한 동쪽 이슬람 상인,

그리고 하자르와 남쪽의 페르시아 및 인도의 이슬람 상인들을 연결하는 중개 지역으로 발전했다. 중앙아시아를 출발해 볼가 불가리아의 수도 볼가르와 주요 도시로 도착하는 대상 행렬은 계속 이어졌다 (이 지역에서 낙타 뼈가 발굴되었다.). 당시의 한 기록은 '대상단이 계속 밀려든다'고 썼다.[26] 수도 볼가르에는 아르메니아인 거주 지역도 존재했는데 아르메니아의 천 조각, 그리고 비문 기록이 이를 보여 준다.[27] 볼가 불가리아 상인들이 수출한 상품이 11세기의 블라디미르 수즈달 루스 공국에서 발견되기도 했다. 이 무역에서 핵심이 된 것은 볼가강이었지만 오카강(오늘날의 니즈니노브고로드에서 볼가와 합류하는 강이다.)이 두 번째 경로가 되었다.

볼가 불가리아를 거쳐 가는 상품의 종류는 하자르의 경우보다 훨씬 더 많았다. 당시의 한 기록은 상품 종류를 다음과 같이 나열하고 있다.

검은담비, 흰담비(의례 예식에 사용되는 모피였다.), 족제비, 비버, 점박이 말, 염소 등의 털가죽, 밀랍, 화살, 자작나무 껍질, 털모자, 부레풀, 물고기 이빨(바다코끼리 엄니를 말하는 것으로 보인다.), 해리향(비버의 분비물로 약품이나 향수의 원료가 된다.), 말가죽, 꿀, 헤이즐넛, 매, 칼, 갑옷, 목재, 슬라브 노예, 양, 소.[28]

볼가 불가리아와 수도 볼가르는 거대한 하나의 시장으로 10세기와 11세기에 이 무역을 통해 엄청난 부를 축적했다. 볼가 불가리아가 수출하는 꿀, 밀랍 및 곡물, 북쪽과 시베리아에서 생산되는 모피, 매, 상아, 그리고 루스 공국 등이 노예로 데려오는 전쟁 포로들이 특히 귀한 상품이었다. 수도 볼가르는 10세기 유럽 최대의 모피 시장이었다. 핀란드와 스웨덴의 무덤에서 발굴된 칼과 장식 핀은 볼가르에서 생산되었거나 페르시아에서 볼가르를 거쳐 전해진 것으로 추정된다.[29] 12세기 중반, 페르시아의 학자이자 여행가 아부 하미드는 다음과 같이 기록했다.

> 볼가 불가리아는 이슬람 국가들로부터 젠잔, 압하르, 타브리즈, 이스파한에서 생산된 검을 수입한다. 손잡이나 장식 없이 칼날만 있는 형태이며 순수한 철이다. 줄에 매단 후 철이나 나무토막으로 쳐 보면 울리는 소리가 한참 이어질 정도로 잘 단련된 상태이다. 이 검은 아주 좋은 돈벌이가 된다. 볼가 불가리아 사람들은 검을 비버가 많은 비수(노브고로드 북동쪽, 벨루제로 호수 서쪽이다.)로 운반해 팔고 검은담비 가죽과 남녀 노예를 받아온다.[30]

수도 볼가르 유적지에서는 이집트와 시리아가 원산지인 구슬,[31] 11~13세기 인도의 장신구, 코카서스에서 생산된 도자기 등이 발견되었다.[32] 비옥한 검은 토양에서는 밀, 호밀, 귀리 등 다양한 작물이 재배되었다. 11세기와 12세기의 흉년기에는 루스로 곡물을 수출하기도 했다.[33] 볼가 불가리아를 거친 상품은 노브고로드(오늘날 유럽 러시아의 북서쪽이다.), 키예프, 모스크바 동쪽의 수즈달까지 갔다.[34] 성상화

등 교회 물품을 포함한 러시아 상품도 볼가 불가리아를 거쳐 남쪽과 동쪽으로 흘러갔다.[35]

앞서 살펴보았듯 은화 거래는 루스에게 매우 중요했다. 모피와 노예가 은화로 교환되는 교역에서 2인자였던 볼가 불가리아는 시간이 흐르면서 하자르를 앞지르는 경제력과 권력을 갖게 되었다. 10세기가 되었을 때는 자체 은화를 발행했는데 초기 아랍 은화를 본떠 동전 한 면에 볼가 불가리아 통치자의 이름을 새긴 모습이었다. 중앙아시아와 페르시아에서 수출된 은화에 더 이상 의존하지 않게 된 것이다.[36] 이로 인해 루스와의 무역에서 훨씬 더 중요한 위치를 차지하게 되었고 현재의 유럽 러시아에서 최초로 자체 주화를 발행하는 존재가 되었다. 볼가 불가리아의 은화는 모스크바 북쪽 볼가강 변의 트베르와 러시아 북서부의 프스코프 등 러시아 도시뿐 아니라 우크라이나, 벨라루스, 폴란드, 핀란드, 덴마크, 스웨덴, 노르웨이 등에서 발굴되었다.[37] 볼가 불가리아는 루스로의 은화 수출을 장악했고 루스를 상대로 한 볼가 불가리아의 10세기 교역량은 하자르의 9세기 교역량보다 훨씬 더 많았다.[38] 이러한 판도 변화는 루스, 그리고 북쪽 루스 왕족들의 중요성이 커졌다는 의미이기도 했다. 볼가 불가리아와 루스 간의 은화 교역은 11세기와 12세기 내내 그 중요성이 유지되었다.

볼가 불가리아에서는 모스크, 교육 기관 마드라사, 상점 건물, 목욕탕, 관개 시설 등 정교한 도시 문화가 발달했다. 수도 볼가르가 가장 컸고 그 외에도 비리아[빌레르(Bilär)], 수바르[수와르(Suwar)], 오셸[아슬리(Ashli) 또는 아슬리(Aşli)] 등 여러 도시가 있었다. 고고학자들은 볼가 불가리아에서 140곳이 넘는 거주지를 확인했다. 19세기 초에 볼가르 유적을 방문한 여행자와 학자들은 궁전, 모스크, 여러 왕릉과 대형 탑(이슬람 사원의 뾰족탑으로 보임)을 보며 수도로서의 중요성과 부를 확인할 수 있었다고 기록했다. 당시의 도면을 보면 지금은 사라진 건축물도 나온다.[39] 수도 볼가르는 볼가강 위의 높은 곳에 위치했으며 거대한 성채로 둘러싸였다.[40] 성채 안은 무척 넓었고 주변에 여러 위성 거주지가 존재했다는 증거도 있다. 1930년대에 소련 고고학자들이 볼가르 유적지에서 대대적인 발굴 작업을 진행했다. 수도 볼가르와 주변 거주지의 인구는 1만 명에서 2만 명 사이였을 것으로 추정된다.[41]

볼가 불가리아 다른 도시들의 전체적인 모습, 모스크와 상가 건물 등의 구조도 고고학적 증거를 통해 밝혀졌다. 많은 경우 방어가 용이하도록 성채를 둘러치고 지대가 높은 곳에 자리 잡은 모습이다. 1970년대 초에 발굴된 비리아에서는 창고, 부엌, 식당, 지하 난방 및 작은 모스크를 갖춘 대규모 건물이 발견되었다. 이슬람 상인을 위한 여행자 숙소 용도였던 곳으로 보인다.[42] 수도 볼가르와 비리아뿐 아니라 소규모 주거지에서도 상업용 저울이 발굴된 것으로 보아 곳곳에서 거래가 활발했던 것 같다.

수도 볼가르는 문화예술의 중심지로 발전했다. 고고학 자료로 미루어 볼 때 가죽 제품, 동물 뼛조각, 도자기 등 정교한 수공예 작품, 은과 기타 금속으로 섬세하고 우아한 목걸이, 반지, 브로치, 부적을 제작하는 숙련된 장인이 존재했다. 이 유물들은 현재 볼가르 유적지의 박물관에 전시되어 있다.[43] 스칸디나비아에서 발견된 화려한 장식의 창, 검, 검집은 비리아 등 볼가 불가리아 지역에서 전해진 것으로 추정된다. 비리아 등지에서 물레를 사용해 만든 도자기들이 발견된 것도 상당한 공예 수준을 보여 준다.[44] 1974년의 비리아 모스크 유적 발굴에서는 구슬, 호박, 은화뿐 아니라 이란, 러시아 북부, 중앙아시아, 비잔틴이 산지인 유약 도자기도 발견되었는데 이 사실로 미루어 보면 볼가 불가리아 도시들이 사치품도 수입했던 것 같다.[45]

루스 사람들은 대체 누구일까? 앞서 살펴보았듯 볼가 불가리아 및 하자르와 그토록 광범위하게 교역했고 알 마수디가 '권력자나 법을 인정하지 않는 다수의 이교 국가들을 이루고 있다'고 묘사했던 그들은 누구일까? 대답하기가 간단치 않다. 루스의 민족적 기원은 오늘날 러시아와 우크라이나가 국가의 기원을 두고 벌이는 논란의 일부이기도 하다. 소위 '노르만주의'의 견해에 따르면 발트해에서 볼가강과 여타 무역로를 통해 러시아로 들어온 스칸디나비아인(아마도 스웨덴인)이 루스라고 한다. 1113년경에 편찬되었지만 이후의 판본만 전해지는 러시아 원초 연대기에는 루스가 발트해에서 왔다고 언급된다. 그리하여 이들은 바이킹, 바이킹 루스 또는 러시아 바이킹으로 추정되며 바랑인으로도 불리게 되었다. '루스'라는 명칭은 스웨덴어나 핀란드어에서 유래한 듯하다(고대 노르웨이어에서 온 단어 Ruotsi는

'노 젓는 사람들'이라는 뜻이다.). 노르만주의는 러시아와 소련 학자들에게 논란이 되어 왔다. 이는 바로 루스가 현대 러시아와 우크라이나의 시초가 되는 공국의 통치 왕조가 되기 (또한 러시아라는 명칭의 유래이기) 때문이다. 동슬라브인(러시아인, 우크라이나인, 벨라루스인)이 스칸디나비아인들에게 자신을 통치해 달라고 부탁함으로써 슬라브 국가(현대 러시아, 우크라이나, 벨라루스)들이 만들어졌다는, 다시 말해 노르만족(스칸디나비아인)의 후손은 통치자가 될 만하지만 슬라브족은 그렇지 못하다는 주장이다. 이 이론이 18세기에 처음 학계에 공식 등장했을 때 (게다가 독일인이 1749년의 러시아 과학 아카데미에서 발표했다는 점까지 작용해) 러시아 학자들은 이를 도발로 간주했다.

고고학 및 언어학 자료를 보면 볼가강에서 하자르 및 볼가 불가리아 사람들을 만났던 루스 고위층은 스칸디나비아 출신이긴 해도 (영국과 아일랜드 등 서유럽에서 바이킹이 그랬듯) 동슬라브 원주민에게 신속히 동화되었다. 한 역사학자는 이를 다음과 같이 표현한다. '839년에는 루스인이 스웨덴인이었지만 1043년에는 슬라브인이었다.'[46] 오늘날의 상트페테르부르크 동쪽 라도가 호숫가에 스웨덴(바이킹) 정착민이 등장했던 것은 8세기 중반부터였다. 라도가 호수 근처의 볼호프강 가[오늘날에는 스타라야 라도가, 즉 구(舊)라도가라 불린다.] 유적지를 발굴하자 이곳이 8세기 중반부터 약 950년까지 중요한 무역 거점이었음이 밝혀졌다. 은화, 구슬, 장신구, 빗, 나무와 금속을 다루는 도구, 신발 등이 발견되었다.[47] 이 정착지 목조 가옥들의 배치를 재구성하자 스칸디나비아의 다른 바이킹 정착지와 동일했다. 8세기에서 11

세기 초 스웨덴에서 만들어진 물품들은 러시아 북부, 발트해 연안, 볼가강 가의 여러 유적지에서 발견되었다.

바이킹 혹은 루스 사람들이 스웨덴과 노르웨이의 고향을 떠나 그토록 멀고 험난한 땅으로 옮겨온 까닭은 무엇이었을까? 이들은 막대한 수익을 안겨 주는 무역로인 볼가강을 따라 내려오다가 러시아 북부 숲과 습지대로 이주한 것이고 유럽의 다른 지역과 아이슬란드에서 바이킹이 그랬듯 강의 흐름에 맞춰 정착지가 만들어졌다는 것이 정설이다.[48] 무역은 서로 다른 민족들이 접촉하고 갈등하게 되는 계기가 된다. 루스 사람들이 하자르 및 볼가 불가리아와 관계를 구축한 것도 무역 때문이었다. 앞서 보았듯 루스는 모피와 노예를 은화, 꿀, 무기와 교환했다.[49]

하자르 및 볼가 불가리아의 경우와 마찬가지로 볼가강 변 루스 사람들에 대한 최초의 묘사는 볼가 불가리아에 파견되었던 아랍인 이븐 파들란의 기록에 나와 있다.

무역을 하러 온 루스 사람들이 이틸(볼가)강 가에서 야영하는 것을 보았다. 일찍이 내가 본 중에 가장 완벽한 신체였다. 마치 야자수 같다. 흰 피부에 혈색이 좋다. 외투나 겉옷 없이 몸의 한쪽을 덮고 한 팔은 내놓는 옷을 입었다. 모두가 도끼, 검, 칼을 갖고 있는데 어떤 순간에도 이 무기들을 몸에서 떼지 않는다.

루스 사람들의 신체에 대한 이븐 파들란의 감탄은 이교도를 더럽고 원시적인 존재로 여기는 이슬람의 편견 때문에 바로 수그러들고 만다.

> 그들은 신의 피조물 중 가장 더럽다. 소변이나 대변을 본 후에도, 성관계를 가진 후에도 몸을 씻지 않는다. 식사 후 손도 씻지 않는다. 떠도는 나귀 떼와도 같다. 남자들은 자기 노예와 성관계를 갖는데 그 모습을 모두가 지켜본다.[50]

이븐 파들란의 기록에는 루스 사람들이 나무 우상에게 제사를 지내고 동물을 제물로 바쳤으며 높은 이가 죽으면 노예 소녀들을 함께 묻었다는 내용도 있다.

그럼에도 이븐 파들란의 기록은 루스 사람들이 적극적으로 활동하는 상인이자 용맹한 전사였다는 점, 보석과 무기를 제작하는 숙련 기술을 갖췄다는 점, 그리고 다른 무엇보다도 볼가와 다른 강을 항해할 수 있는 배를 만들고(바이킹도 대서양을 건넌 이들이니 말이다.) 강변에 정착지를 건설하며 방어할 능력이 있었다는 점을 보여 주었다. 다시 살펴보겠지만 볼가강은 18세기와 19세기에도 항해하기 쉽지 않은 곳이었고(10장에서 설명한다.) 이 지역은 기후도 온화하지 않았으므로 루스 사람들이 북쪽에서 카스피해까지 볼가강 전역을 오가며 입지를 공고히 했다는 것은 선박 건조와 항해 기술이 대단했다는 의미가 된다.

이븐 파들란은 루스에 왕이 있었고 선발된 400명의 호위를 받는다고도 기록했다. 그가 루스의 왕에 대해 하자르 왕과 동일한 호칭인 카칸(khāqān)을 사용했다는 점은 주목할 만하다. 콘스탄티노플로 사절단을 파견한 9세기 초기부터 루스에 통치자와 군사적·사회적 엘리트 등 정치적 체계가 갖춰져 있었다는 점은 알려진 사실이고 이븐 파들란은 이를 나중에 확인시켜 주는 역할을 한다.

루스의 이런 모습은 10세기 초 이븐 루스타의 글에서도 비슷하게 등장한다.

> 루스에는 통치자가 있다. 루스 사람들은 배를 타고 항해해 슬라브족을 습격하고 포로로 잡아 하자르(이틸의 노예 시장이 대표적이었을 것이다.)와 볼가 불가리아에서 팔아넘긴다. 루스에는 농경지가 없어 슬라브족의 땅을 약탈하여 살아간다. …… 체력과 지구력이 뛰어난 이들로 적을 학살하지 못하면 전장을 떠나지 않는다. 여자는 납치해 노예로 삼는다. 체격과 체력, 용맹함은 놀라울 정도다.[51]

이븐 루스타는 또한 루스 사람들이 어느 호수의 섬에 살고 있는데 '섬에 전염병이 많고 토양은 발로 밟으면 흔들릴 정도로 축축하다'라고 썼다. 분명 전해 들은 정보였을 테지만 실제로 러시아 북부에는 루스의 '수도'였을 법한 스칸디나비아 정착지가 여러 곳 존재한다. 하나같이 볼가와 다른 강에 접근할 수 있는 위치이다. 일멘 호수에서 흘러나오는 볼호프강을 포함해 강 세 개를 굽어보는 위치여서 (그리하여 섬과 비슷한 느낌을 준다.) '류리크의 요새'라고도 불리는 고로디시체가 그 섬의 첫 번째 후보다. 고고학 발굴 결과 고로디시체는 (스타라야 라도가와 달리) 고도로 요새화된 무역 중심지였다. 또 다른 후보는 볼가 상류(오늘날의 야로슬라블 지역)에서 볼가로 흘러드는 코토로슬강에 있는 사르스키 요새다.[52] 이 두 후보 지역 모두 북쪽의 모피를 은화로 사올 수 있는 곳이었다. 분명한 것은 루스가 그저 강변에 흩어져 있거나 일시적으로 정착하는 차원을 넘어 지금의 유럽 러시아 지역에 더 영구적인 근거지를 세웠다는 사실이다. 9세기 중반에는 슬라브와 핀란드 부족에게 조공도 받아 냈던 것으로 보인다. 이 무렵 루스는 하자르와 볼가 불가리아를 공격하고 수익성 높은 교역의 권리를 주장하기도 했다.

볼가강이 루스에 유일한 핵심 동맥은 아니었다. 루스 사람들은 돈강과 드네프르강을 항해해 내려가 860년경 키예프에 닿았고 하자르를 (그리고 유목민 페체네그족과 콘스탄티노플까지도) 공격했다고 전해진다. 드네프르 유역에 도달한 루스는 필연적으로 하자르와 충돌하게 되었다. 하자르는 이미 7세기와 8세기에 코카서스 북부의 이슬람 아랍 세력과 여러 차례 전쟁을 치른 경험이 있었다. 이 시기 동안 하자르는 페체네그를 비롯한 유목민들의 습격을 어느 정도 억누름으로써 드네프르 지역 루스 정착지의 남쪽 국경을 사실상 보호해 주었다. 스웨덴과 바이킹에서 이어진 류리크 왕조는 9세기 후반에 키예프를 중심으로 키예프 루스를 건국했다. 하자르의 전초 기지로 하자르에 조공을 바쳤으나 하자르는 9세기 말 류리크 가문의 일원인 노브고로드의 올레크 왕자가 이끄는 루스에게 함락된다. 11세기 중반에 전성기를 누렸던 키예프 루스는 발트해에서 흑해까지 뻗어 있었다.

이 장에서 다룬 그 어느 곳도 현대적 국가로 볼 수 없다는 점은 앞서 이미 언급했다. 키예프 루스는 류리크 왕조가 슬라브인들과 핀란드인들을 느슨하게 묶어둔 연맹이라 표현하면 적절하다. 키예프 대공이라는 자리는 아버지에게서 장남으로 승계되는 것이 아니라 류리크 가문의 위 세대라면 누구나 노릴 수 있었다. 현대적 개념의 승계와 정통성 대신 친족 집단을 통해 권력이 분배 및 재분배된 것이다.[53] '키예프 루스'라는 명칭도 후대에 등장했다. 당시에는 키예프 루스 지역이 '루스의 땅'이라 불렸다. 키예프 루스는 19세기 러시아 역사가들이 (다음 장에서 다룰 이후의 모스크바와 대비시키며) 키예프가 권력의 중심이었던 시기를 구분하기 위해 만들어 낸 말이다.

분명한 것은 키예프 루스가 부유해졌고 이 부의 기반이 무역이었다는 사실이다. 키예프는 카스피해와 비잔틴으로 연결되는 드네프르강의 물길을 통제하고 있었다. 또한 유럽 러시아 북서부의 노브고로드 지역을 통합함으로써 볼가강에서 볼호프강을 거쳐 발트해로 가는 항로까지 손에 넣었다. 그리하여 키예프 루스는 이전의 하자르나 볼가 불가리아가 그랬듯 남북과 동서를 잇는 무역 중심지가 되었다. 키예프와 노브고로드는 부와 규모를 함께 키워갔다. 절정기의 노브고로드 인구는 25,000~30,000명, 키예프 인구는 30,000~40,000명으로 추정된다.[54]

988년 키예프의 대공 블라디미르가 그리스 정교를 받아들이면서 키예프 루스는 문화적으로 비잔틴과 연결되었고 이와 함께 이슬람인 볼가 불가리아, 유대교와 이슬람이 섞인 하자르와 거리를 두게 되었다. 그리스 정교는 키예프 루스의 상층 계급으로부터 아래쪽 슬라브족 전체로 퍼져 나갔다(이교는 외곽 지역에 계속 존재했다.). 11세기 중엽의 키예프는 화려한 왕궁과 인상적인 성 소피아 대성당, 수도원, 교회, 상가가 탄탄한 요새 안에 가득 차 있는 도시였다. 유리 생산자와 도공 등 숙련된 장인들이 모인 동방 기독교의 문화 중심지이기도 했다.

9세기 말이 되자 하자르가 북쪽의 키예프 루스, 남쪽의 북 코카서스 국가들로부터 도전을 받고 있었다. 10세기에는 앞서 살폈듯 여전히 하자르에 조공을 바치던 볼가 불가리아가 오히려 하자르보다 더 강력한 존재로 부상했다. 쇠퇴하는 하자르의 세력은 사방에서 조금씩 무너지고 있었다.[55] 하자르와 루스의 갈등은 수익성 높은 볼가 교역에 대한 통제권을 둘러싼 것이었다.[56] 912년, 루스는 볼가강에서 이틸을 공격했지만 하자르에 격퇴되었다. 무려 3만 명이라는 대규모 희생자가 나왔다고 한다.[57] 이듬해 하자르는 루스의 볼가강 교역을 금지했다. 그러자 루스는 볼가강에서 카스피해에 이르는 물길에서 약탈을 벌였고 이는 이후 수십 년 동안 계속되었다. 960년대 초, 하자르 통치자 조셉은 루스의 위협에 대해 다음과 같이 썼다.

1부 볼가강의 초기 역사

나는 (이틸, 즉 볼가)강 하구를 보호하고 루스의 배들이 들어오지 못하도록 막는다. 나는 그들과 전쟁을 벌인다. 단 한 시간만 내버려 두면 그들은 바그다드에 이르기까지 이스마엘족(아랍인)의 땅 전체를 짓밟을 것이다.[58]

그러나 자기 땅을 지킬 수 있다는 이 주장은 지나친 낙관이었다. 960년대에 루스는 하자르의 여러 마을과 요새를 공격하고 약탈했다. 968년, 혹은 969년경에 이틸 역시 약탈당했다. 이틸은 폐허로 변해 '포도 한 알, 건포도 한 알 남지 않을 정도'였다고 한다. 엘리트들은 도망쳤고 주민들은 새로운 나라(또는 후계 유목민 무리라 할 수 있는데 다음 장에서 설명한다.)로 편입되었다. 이전에 번영했던 도시들은 한동안 잔존했지만 상황이 훨씬 열악해졌다. 10세기 말 아랍의 지리학자 알 마크디시는 하자르와 이틸을 이렇게 묘사했다. '가축과 꿀, 유대인으로 가득하지만 음울하고 금지된 곳인 하자르, 이틸(볼가)강이 카스피해 호수로 흘러드는 곳에 위치한 대도시 이틸.'[59] 한때 교역을 장악했던 강력한 국가가 남긴 것은 몇 개의 지명, 유물, 고고학 유적뿐이다.

11세기에는 키예프 루스가 하자르보다 더 강력해졌다. 키예프 루스의 승계 방식은 잦은 권력 투쟁을 낳았다. 키예프의 대공, 그리고 북쪽 노브고로드 및 북동쪽의 블라디미르 수즈달을 포함한 종속 공국('공국'은 훗날 생겨난 용어이고 당시에는 그저 '땅'이라고 불렀다. '수즈달 공국'이 아니라 '수즈달 땅'이었던 것이다.)[60]의 공후들 간에, 다시 말해 무장 세력을 갖춘 형제들 간에 벌어지는 투쟁이었다.

12세기 무렵 블라디미르 수즈달 공국이 키예프와 세력을 다투었다. 트베르, 코스트로마, 야로슬라블 등 볼가강 상류 지역 도시들이 포함되었던 만큼 완벽하게 강을 통제할 수 있는 입지였다. 또한 오카강(볼가로 흘러 들어가는 강이다.)과 모스크바를 연결하는 클랴즈마강, 볼가와 북서쪽 벨로제로 호수를 연결하는 셱스나강 등 볼가의 주요 지류도 블라디미르 수즈달 수중에 있었다.[61] 블라디미르 수즈달은 키예프에서 상당히 떨어진 곳이라 멀리서 관리하기가 힘들었다. 키예프 대공에게 도전하여 다른 공후들의 주목을 끌지만 않았더라면 블라디미르 수즈달 공국은 볼가 불가리아의 무역 제국 역할을 충분히 넘겨받았을 것이다. 12세기에 볼가 불가리아와 블라디미르 수즈달은 계속 충돌을 벌였다. 1152년 볼가 불가리아는 모스크바에서 북동쪽으로 약 250킬로미터 떨어진 야로슬라블을 공격했다. 블라디미르 수즈달은 북쪽과 서쪽의 볼가 불가리아 도시들을 차례로 약탈하는 중이었다. 볼가 불가리아는 볼가강 쪽으로부터 다가오는 습격을 피하기 위해 수도를 볼가르에서 내륙의 비리아로 옮겨야 했다. 1184년 블라디미르 수즈달 공후가 비리아를 공격했지만 도시 점령에는 실패했다.

블라디미르 수즈달과 볼가 불가리아의 대립은 볼가강 통제권, 궁극적으로는 강을 따라 이루어지는 모피와 가죽 무역의 엄청난 이권을 둘러싼 것이었다. 루스 공후들은 볼가 불가리아를 강에서 밀어내려는 의지가 확고했다. 볼가강에 있는 고로데츠 요새(오늘날의 니즈니노브고로드에서 북서쪽으로 약 50킬로미터 떨어진 곳이다.)는 1152년 세워진 것으로 추정되는데, 이는 북쪽에서부터 볼가강을 통제하기 위한 것이었다. 1221년 블라디미르 수즈달 공후는 볼가강과 오카강이 합류하는 지점에 니즈니노브고로드를 건립하고 이를 통해 볼가강 북부에 대한 통제권과 사실상의 모피 무역 통제권을 주장했다.[62]

그러나 볼가 불가리아와 루스는 상대방보다 훨씬 더 무서운 적과 마주한 상황이었다. 동쪽에서 다가오는 그 위협은 13세기 초, 칭기즈 칸의 손자인 바투의 군대가 동슬라브족과 볼가 불가리아의 땅을 휩쓸었을 때에야 분명해졌다. 킵차크한국(그리고 그 후계 국가인 카잔과 아스트라한한국)과 루스 공국들 사이에 일어난 충돌은 다음 장의 주제다.

02

볼가강 정복
몽골의 한국들과 모스크바

그는 이 (볼가)강이 나일강의 세 배 이상 되는 크기이고 큰 배들이 이 강을 따라 루스와 슬라브족에게 항해해 간다고 말한다. 강의 발원지 역시 슬라브족의 땅이다.[1]

– 이집트의 지리학자 알 우마리, 14세기

볼가강은 13세기부터 16세기 중반에 걸쳐 일어난 극적 사건들, 땅이 정복되고 새로운 국가가 수립되는 격변의 중심지였다. 동쪽으로부터, 다시 북쪽으로부터 전사, 행정가, 정착민들이 이동해 왔다. 도시들이 약탈당하고 파괴돼 버려졌지만 동시에 다른 도시가 부상하고 무역로가 발전되었으며 새로운 도시 중심지에서 수공업 기술이 꽃피었다. 이 시기 내내 볼가강은 핵심적인 존재였다. 오늘날의 유럽 러시아 지역에서 줄곧 교역의 핵심 동맥으로 남에서 북으로, 북에서 남으로 상품을 운송하는 데 이용되었을 뿐 아니라 동쪽에서 유럽으로 상품을 가져오는 중요한 통로이기도 했다. 행정 권력은 이러한 무역과 연결되었고 킵차크한국, 카잔한국과 아스트라한한국의 가장 중요한 도시들은 모두 볼가강 중류나 하류에 위치했다. 북쪽에서는 모스크바와 트베르 공국이 주도권 싸움을 벌였다. 트베르 공국은 볼가강 상류에 위치하긴 했지만 모스크바 공국과 마찬가지로 볼가강 무역을 지배하기에 유리한 입지였던 것이다. 16세기가 되자 모스크바는 멀리 니즈니노브고로드까지 볼가강 상류를 지배하고 있었다. 이반 4세는 발원지에서 카스피해에 이르는 볼가강 전체를 자신의 영향력 아래 두기로 작정했고 카잔과 아스트라한을 정복함으로써 이를 실현했다. 이로써 볼가강은 러시아 제국이라고 불리는 지역 안에 완전히 포함되었다. 새로운 시대가 열린 것이다.

1223년, 유목민 쿠만족(흑해 북쪽과 볼가강에 정착해 페체네그족을 밀어낸 투르크족)의 지원을 받은 키예프 루스 군대가 칼카강에서 몽골 군대와 싸웠다. 현재의 우크라이나 동부 도네츠크 지역이다. 몽골군이 승리하면서 많은 루스 공후가 학살당했다. 그러나 몽골은 더 이상 공격하지 않고 중앙아시아로 물러갔다. 1232년, 다시 돌아온 몽골은 볼가르시를 공격했고 '볼가 불가리아의 저지대 대부분을 정복하여 폐허로 만들었다.'[2] 4년 후, 다시 침략이 일어났는데 이때의 군대 규모는

25,000~140,000명 사이로 추정된다. 칭기즈칸의 손자 바투가 이끈 이 군대는 정복 후 그 자리에 머물렀다. 볼가르는 1236년에 함락되었고 비리아와 수바르는 약탈당했다. 이어 몽골군은 오늘날 유럽 러시아와 우크라이나 지역에 있던 루스 공국들로 향했다. 1237년에 랴잔이 약탈당했고 1238년에는 블라디미르 수즈달 공국의 수도 블라디미르가 불에 타 사라졌으며 1240년에는 키예프가 공격당해 파괴되었다. 고로데츠, 코스트로마, 니즈니노브고로드, 야로슬라블, 우글리치, 트베르 등 볼가강 상류 지역이 모두 약탈당했다. 당시 블라디미르 수즈달 공국의 작은 도시였던 모스크바도 1238년에 약탈을 당했다.

1241년까지 몽골은 오늘날의 헝가리 땅에 있다가 이후 동쪽으로 물러갔지만 동유럽과 유럽 러시아의 많은 땅을 직간접적으로 계속 지배했다. 몽골의 침략은 그 통치 아래 들어간 지역과 사람들에게 큰 영향을 미쳤고 더 나아가 모스크바 공국이 루스 땅에서 지배적인 공국으로 올라서는 데 중요한 역할을 했다. 16세기 중반, 모스크바는 유럽 러시아의 주요 영토를 점령하고 발원지에서 카스피해까지 이르는 볼가강을 통제하게 되었다.

킵차크한국은 본래 몽골 제국의 서쪽 지역을 가리키는 이름이었는데 1259년 이후 제국이 분열되면서 독립된 한국이 되었다. 16세기 러시아 연대기 작가들은 이를 '황금 군단(Golden Horde)'이라 불렀고 '주치의 울루스(왕국)'라고도 한다. 황금 군단이라는 명칭의 기원은 분명하지 않다. 몽골 군인들이나 장군 또는 칸인 바투가 사용한 천막의 황금색을 가리키는 것일 수도, 칸의 부를 상징할 수도, 혹은 그저 진

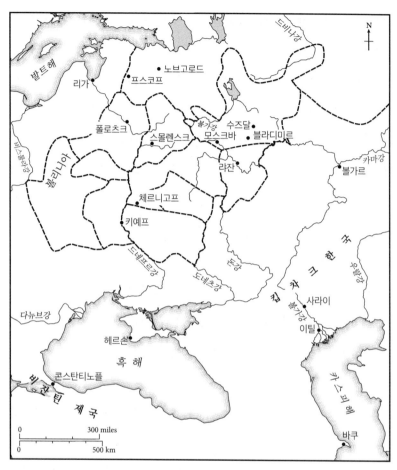

지도 3. 킵차크한국과 루스 공국들

영의 한가운데를 의미할 수도 있다. 서부 시베리아에서 우랄을 가로

질러 오늘날 우크라이나와 러시아 남부 상당 부분에 달했던 킵차크

한국의 영토는 오늘날 러시아 연방 영토와 많이 겹쳐 있다. 킵차크한

국의 남쪽 경계는 흑해(크림반도 포함), 북코카서스, 카스피해에 이르렀

다. 볼가강은 이 모든 지역의 상업에 매우 중요한 역할을 했다. 킵차

크한국, 카잔한국, 아스트라한한국의 수도는 모두 강변에 위치해 있었다.

몽골 제국은 (1227년에 사망한) 칭기즈칸의 후손인 통치자 칸(러시아 연대기에서는 '차르'라고 나온다.)을 받드는 느슨한 조직이었다. 칸은 몽골과 투르크 군사 엘리트의 지지를 받았고 사회는 부족을 중심으로 조직되었는데 부족은 다시 씨족으로 나뉘었다. 몽골은 투르크, 슬라브 또는 핀·우그르 등으로부터 조공을 받았다. 피지배 민족 입장에서는 킵차크한국(및 다른 한국들)에 대해 지는 의무가 하자르나 볼가 불가리아에 대해 지던 의무와 다를 것 없었다. 하자르에서 그랬듯 킵차크한국의 피지배 민족은 칸이나 지배 엘리트와 다른 민족이었고 종교가 다른 경우도 많았다. 원래 몽골족은 샤머니즘이었지만 킵차크한국의 칸 베르케가 재위(1257~1266년)하던 중에 이슬람교를 받아들였다. 그러나 동슬라브족, 러시아 중북부의 핀·우그르족에게 (또한 동쪽의 불교도에게) 이슬람을 강요하려는 시도는 없었다. 따라서 농부, 사냥꾼, 어부 등 평범한 사람들의 삶은 몽골 침략 이후에도 변한 것이 거의 없었다고 할 수 있다. 군주제의 의미를 지나치게 경시하는 발언이 되긴 하겠지만 말이다. 멀리 숲이 빽빽한 지역, 활짝 열린 남부 대초원에 사는 시골 주민 대부분은 당시에나 이후 여러 세기에나 정부 기관과 접촉할 일이 거의 없었다. 국민으로서의 의무가 요구되기 전까지 말이다. 이러한 의무는 주로 납세 및 병역 의무였고 부담이 적지 않았다.

킵차크한국은 모스크바, 블라디미르 수즈달, 트베르 공후들에게 조공을 요구할 수 있었다. 하자르가 볼가 불가리아로부터, 그리고 아마도 키예프 루스로부터 조공을 받았던 것과 마찬가지였다. 오늘날의 유럽 러시아 북부에 위치했던 루스 공후들은 공국을 유지할 수 있는 권리, 즉 특별 허가를 공식 수여받기 위해 사라이 등 킵차크한국의 도시로 직접 찾아가야 했다. 이는 하자르가 키예프 루스나 볼가 불가리아에 요구한 적 없던 일이었다. 13세기 후반에 쓰인 다음 설명을 보면 칸이 루스 공후를 임명할 유일한 권리를 주장하고 권위에 맞는 의식을 요구했다는 점을 알게 된다.

블라디미르의 야로슬라프(알렉산드르 네프스키의 아들이다.)가 킵차크한국에 도착하자 칸은 그를 영접하고 갑옷을 주었으며 대공 임명 의식에 대해 알려 주게 했다. 당시 킵차크한국에 있던 랴잔의 블라디미르와 스타로두프의 이반은 야로슬라프의 말을 끌도록 했다. 그리고 8월(1264년)에 칸은 대공국 특별 허가를 내주고 특사 자니 베그와 동행해 되돌아가라고 명령했다.[3]

이 기록을 통해 몽골이 간접적이긴 해도 러시아를 통치했음이 분명해진다.

몽골은 늘 부정적으로 기록되었다. 당시와 이후 러시아 연대기마다 몽골은 지나쳐 가는 길에 보이는 모든 것을 파괴하고 도시를 폐허로 만들며 주민을 성별이나 나이에 상관없이 무자비하게 학살한, 피에 굶주린 괴물로 묘사하였고 역사가들은 이런 묘사를 그대로 인용하곤 했다. 루스 공국들에 막대한 조공을 요구해 유럽 러시아의 북부 및 서부 재정과 경제를 마비시켰다고도 한다. 인구 감소와 경제 붕괴, 교역과 수공업 기술 쇠락의 원인이라는 비난도 받는다. 모스크바 공국이 발전하는 과정에서 드러낸 부정적인 모습이 결국 몽골 탓이라는 간접적 책임론도 있다. 몽골 세력을 물리치기 위해 모스크바가 몽골의 사회 정치 조직, 특히 '동양적 전제주의' 관행과 태도를 물려받을 수밖에 없었다는 것이다.[4]

몽골의 군사적 성공으로 볼가르나 키예프 루스 같은 주요 도시들, 그리고 루스 공국이 약탈당한 것은 사실이다. 대도시이던 키예프는 '거의 무(無)의 상태'로 돌아갔다고 전해진다.[5] 콜롬나(모스크바 남동쪽에 있는 도시)에는 '죽은 자를 위해 울 수 있는 눈 하나 남아 있지 않았다'라고 쓴 러시아 자료도 있다.[6] 1차 공격 이후 몽골은 공포 정치를 펼치며 감히 반항하는 자에게 잔인한 보복을 가했다. 1382년에는 킵차크한국 군대가 보복을 위해 모스크바에 들어와 약 24,000명이 죽임을 당했다고 한다. 파괴와 약탈은 보복을 위해 행한 경우가 많지만 1377년과 1378년의 니즈니노브고로드 약탈처럼 무작위로 보이는 경우도 있었다. 몽골 침략을 서쪽과 북쪽의 루스 파괴로만 볼 수도 없다. 볼가강 가의 볼가르시도 약탈당했고 볼가 불가리아였던 땅이 킵차크한국 영토로 흡수되었다.

그러나 일부 지역은 몽골 침략에서 영향을 받지 않았다. 노브고로드, 트베르, 모스크바와 같은 도시는 경제뿐 아니라 문화 중심지로서 빠르게 지위를 회복했다.[7] 게다가 루스 공후들은 다른 공후들과의 경

1부 볼가강의 초기 역사

쟁에서 유리한 지위를 차지하기 위해 몽골과 결탁하는 경우가 많았다. 실제로 1382년에 모스크바가 약탈당한 것도 킵차크한국군에 들어가 있던 경쟁자 공후들이 아무 피해 없을 것이라는 거짓 약속으로 모스크바 사람들을 설득해 성문을 열도록 한 결과였다. 볼가강 가 및 다른 지역의 도시들이 약탈당한 것은 몽골 침략 때만이 아니었고 약탈의 상처는 대개 회복 가능했다(스텐카 라진과 에멜리얀 푸가초프도 몽골만큼이나 파괴적이었으며 20세기에 벌어졌던 전쟁은 최악의 파괴력을 보여 주었다고 할 것이다.).

몽골이 이 지역 경제에 어떤 영향을 미쳤는지는 평가하기가 쉽지 않다. 키예프는 무역에서의 지배적 위치를 영영 잃어버리고 말았는데 이는 새로운 육상 무역로가 키예프를 우회했기 때문이기도 했다. 그러나 킵차크한국 영토 내에서 무역과 상업은 이어지고 확장되었다. 볼가르시는 볼가강 교역 중심지 역할을 계속했다. 공물 징수는 오늘날의 유럽 러시아 도시와 마을들에 분명 큰 부담을 주었을 테고 공물을 거부하는 몇 차례의 반란은 그 부담이 낳은 분노와 절망을 나타내 준다. 1262년, 볼가강 상류의 도시 야로슬라블을 비롯한 여러 곳에서 공물 징수원에 저항하며 이슬람교도로 보이는 사람을 죽이는 반란이 일어났다. 그러나 기독교에서 이슬람교로 개종한 킵차크한국 관료 특정인이 '기독교도에게 큰 불쾌감을 주었고 십자가와 거룩한 교회를 조롱'하는 도발적인 행동을 했다고 하니[8] 살해 사건은 이로 인해 발생한 예외적인 경우였을 가능성도 있다.

킵차크한국의 조직 구성을 원시적 혹은 '문명화되지 않은' 것으로 규정할 수도 없다. 최상부에는 중앙 자문위원회 중심의 관료 구조가 발전했고 재무 담당 고위 관리가 있었다.[9] 영토가 워낙 넓었기 때문에 칸의 관리이자 군대에서 복무한 씨족 지도자들 중 지역 군주를 선발해 행정 구조를 갖춰야 했다. 공물 징수 및 법적 분쟁 해결을 위해 인구조사를 포함한 행정 체계가 확립되었다. 킵차크한국은 공물을 징수하고 병사를 징집할 관리를 임명함으로써 루스 공국들에 대한 간접적 통제권을 행사했고 내부 정치에도 개입했다. 이슬람교 도입과 함께 모스크와 마드라사 같은 종교 기관과 종교적 위계질서가 생겨났다. 또한 장거리 통신을 위해 최초의 우편 시스템을 구축하였고[10] 루스 공국들뿐 아니라 비잔티움, 코카서스, 이집트와도 외교 관계를 수립했다.

더 나아가 킵차크한국은 교역로와 상업 도시를 건설했다.[11] 킵차크한국의 수도 사라이는 하자르 수도였던 이틸 근처(같은 곳이었을 수도 있다.)인 볼가 하류에 건설되었다[이후 1340년대, 약간 위쪽에 신(新)사라이로 다시 만들어졌다.]. 전성기 인구가 75,000명에 달했으리라 추정되는 규모로 하자르의 이틸이나 볼가 불가리아의 볼가르보다 더 큰 도시였다. 고고학 발굴 결과 부유한 주민들은 비단 등의 고급 천으로 된 옷을 입고 여성들은 정교한 보석을 착용했다는 점이 알려졌다.[12] 사라이에는 용수 시설, 수로, 궁전, 행정 건물, 모스크, 마드라사, 상점, 여행자 숙소 등 대규모 이슬람 도시의 모든 인프라가 갖춰져 있었다. 널찍한 거리와 화려하게 지은 벽돌 주택이 인상적인 모습이었다. 유리, 가죽, 도자기, 금 및 기타 금속 등 수공업이 번성했고 도시 안에서 동전도 주조했다.[13] 칸은 금과 은으로 만든 식기로 식사를 하며 호화롭게 살았다고 한다.[14] 루스 공후들과 외국 통치자들을 접견한 곳도 사라이였다.

당시 사람들은 사라이의 외관과 부유함에 경외감을 느꼈다. 모로코 여행가 이븐 바투타는 14세기 초에 이곳을 방문하고 이렇게 기록했다.

> 사라이는 가장 아름다운 도시 중 하나로 웅장함을 자랑한다. 평야에 위치하고 주민들이 가득하다. 아름다운 시장과 넓은 거리가 있다. …… 주택들이 줄지어 늘어섰고 망가진 건물이나 정원은 전혀 없다. 금요 기도를 위한 큰 모스크가 열세 개나 된다. …… 사라이에는 많은 민족이 살고 있다. …… 민족 별로 구역이 나뉘고 나름의 시장이 있다.[15]

이집트의 지리학자 알 우마리는 사라이를 직접 방문하지는 않았지만 다른 자료를 바탕으로 다음과 같이 묘사했다.

> 사라이는 베르케 칸이 투로니아강(이틸강, 즉 볼가강) 유역에 건설한 도시다. 성벽 없이 소금땅 위에 만들어졌다. 왕이 머무는 궁전의 가장 높은 지점에는 이집트 무게 단위로 2퀸틀이나 되는 황금 초승달이 올라가 있다. 궁전은 성벽과 탑, 그리고 고위직들이 사는 주택으로 둘러싸여 있다. 궁전 안에는 겨울 숙소가 있다.[16]

무역은 동쪽에서 서쪽으로(중국과 중앙아시아의 비단과 향신료가 사라이를 거쳐 유럽으로, 다시 볼가강을 따라 북쪽으로), 그리고 남쪽에서 북쪽으로 (페르시아와 인도에서 카스피해를 건너) 계속 번성했다. 사라이는 전쟁 포로를 포함한 노예 무역의 중심지이기도 했다. 노브고로드와 모스크바 공국은 볼가강 상류에서 오카강과 모스크바강으로 이어지는 교역에 킵차크한국의 덕을 보았다. 오늘날 유럽 러시아의 북쪽과 북동쪽으로부터 사라이로 모피가 들어갔다(조공도 현금 아닌 모피로 바칠 수 있었다.). 볼가르 상인들은 새로운 몽골 군주들의 공물 요구를 맞추기 위해 북쪽과 모피 무역을 늘리기도 했다.[17] 루스 땅에서 운송된 다른 물품으로는 생선, 캐비아, 소금 등이 있었다. 은화는 14세기에도 남쪽으로부터 노브고로드로 계속 흘러갔다.

킵차크한국이 직간접적으로 지배한 광대한 영토는 무역로가 유럽 러시아와 발트해 북쪽까지 뻗어 간다는 의미였다. 사라이를 출발한 상인들은 볼가강을 따라 루스 땅을 거쳐 발트해 항구까지 이동하곤 했다. 1474년에는 상인 약 3,200명과 외교사절 600명이 사라이에서 모스크바로 갔고 그 지역 주민들에게 말 4만 마리를 팔았다고 한다.[18] 사라이는 니즈니노브고로드를 비롯해 볼가강 변의 도시들, 또한 중국, 헝가리, 제노아 등 훨씬 더 먼 곳 출신 상인들의 근거지가 되었다.[19] 앞서 인용한 이븐 바투타에 따르면 상인들 중에 (오세트, 킵차크, 체르카시 출신) 이슬람교도와 (루스와 그리스 출신) 기독교도가 있었다고 한다.

몽골 제국은 칸의 지위 계승을 둘러싼 분쟁에 계속 시달렸다. 14

세기 후반, 킵차크한국은 끊임없는 내부 충돌과 질병 피해로 쇠락해 갔다. 1340년대의 무서운 흑사병은 크림반도로 향하면서 아스트라한과 사라이를 통과했고 엄청난 피해를 입혔다(이후 시대에도 볼가강은 질병 확산에 중요한 역할을 하게 되는데 이는 7장에서 설명한다.). 1364년에 흑사병이 두 번째로 사라이를 강타했고 볼가강을 따라 니즈니노브고로드까지 올라갔다.[20]

1380년, 킵차크한국은 돈강(현재 모스크바 남쪽 툴라 지방)의 쿨리코보 들판에서 전투를 벌인 결과 모스크바의 드미트리 공후에게 패했다. 루스 공후가 킵차크한국을 상대로 거둔 최초의 중요한 승리였지만 이것으로 킵차크한국과 모스크바의 관계가 크게 변하지는 않았다. 전투에서 너무 많은 병사를 잃은 모스크바가 승리의 여세를 몰아가거나 킵차크한국의 습격을 막을 수 없었다는 게 주된 이유였다(앞에서 언급했듯 모스크바는 1382년에 약탈을 당한다.).[21] 그러나 칸은 동쪽에서 티무르의 침략을 받은 탓에 계획하고 있던 모스크바 후속 공격을 포기해야 했다. 티무르는 서부의 차가타이한국을 점령하고 중앙아시아, 코카서스 북부, 볼가 남부 지역을 원정하여 비록 단명하긴 했어도 강력한 제국을 건설했다.

루스와 하자르, 볼가 불가리아 사이의 초기 갈등에서와 마찬가지로 킵차크한국과 티무르 군대의 충돌은 수익성 높은 볼가강 무역 통제권을 중심으로 했다. 티무르는 볼가강 지역을 공격하고 1390년대에는 구(舊)사라이와 신사라이를 약탈한 후 향신료 무역로를 볼가강 하류가 아닌 카스피해 남쪽으로 바꾸었다.[22] 사라이의 부를 이끌던 무역과 관세가 큰 타격을 입었다. 킵차크한국은 14세기 말과 15세기 초에 짧게 부활하기도 했지만 결국 15세기 중반, 볼가강 변의 카잔과 아스트라한을 비롯한 소규모 후계 한국들로 해체되었다.

카잔은 볼가 불가리아의 국경 지대였다. 고고학적 자료로 볼 때 이 도시는 11세기 초에 세워진 것으로 추정된다. 카잔의 부상은 킵차크한국의 쇠퇴 때문이었지만 카마강과 볼가강의 합류점 바로 북쪽, 카잔카강과 볼가강이 합쳐지는 입지여서 애초에 지리적으로 매우 유리했다는 요인도 있었다. 15세기 초에 카잔은 카잔한국의 행정 중심지가 되어 볼가 불가리아의 도시 볼가르를 앞섰고 때로 '신(新)볼가르'라 불리기도 했다.[23] 킵차크한국의 후계 국가로서 카잔한국은 킵차크한국과 많은 특징을 공유했다. 카잔의 칸과 측근들은 몽골인이었을 가능성이 높지만 지주 계급은 대부분 볼가 불가리아 및 투르크 출신이었을 것이다. 카잔의 이슬람 엘리트 중에는 예언자 모하메드의 후손이라 자처하는 가문들이 많았고 이들은 외교관으로 활동하기도 했는데 특히 중앙아시아에서 그러했다. 세금을 내는 시민은 핀·우그르, 동슬라브, 또는 투르크인이었다. 엘리트와 투르크인 일부는 이슬람교도였고 핀·우그르는 샤머니즘을 믿었다.

카잔은 (카잔한국 내 다른 도시들을 제치고) 볼가 중류의 무역 및 상업 중심지로 우뚝 섰다. 북쪽에서는 주로 모피와 노예를, 동쪽에서는 중

1부 볼가강의 초기 역사

국과 중앙아시아로부터, 남쪽에서는 코카서스로부터 상품을 가져왔다. 루스와는 교역도 했지만 볼가강 모피 무역 통제권을 잡기 위해 경쟁하기도 했다. 카잔에 거주하거나 무역 일로 찾아오는 상인들은 아르메니아인, 슬라브인, 페르시아인 등 다양했다. 가죽, 목재, 도자기, 금 및 기타 금속을 다루는 숙련된 장인들이 눈부신 활약을 보였다. 1552년의 카잔에서는 장인이 약 5,000명이나 일했다고 한다.[24]

아스트라한은 13세기의 아랍 기록에서 사시타르산(Xacitarxan)이라는 이름으로 처음 언급되었다. 몽골인들의 가축은 6월부터 8월까지 현재의 사라토프 근처에서 방목되었고 8월부터 12월까지는 강을 따라 아스트라한 인근으로 이동했다.[25] 이븐 바투타는 너무 추워서 더 이상 북쪽에 머물 수 없는 겨울에 칸이 아스트라한으로 옮겨 갔다고 썼다. 1395년 킵차크한국과 전투를 벌이던 티무르가 카잔을 파괴했지만 도시는 이후 재건되었다.

삼각주에 자리 잡은 아스트라한은 카스피해, 볼가강, 삼각주 사이의 자연스러운 교역 지점이었고 이후 진정한 다민족, 다종교 상업 도시가 되었다(9장에서 다시 설명한다.). 아스트라한은 삼각주의 얕은 물로 둘러싸여 있는데 캐비아를 채취하는 벨루가 철갑상어를 비롯해 어류가 매우 풍부하다. 15세기 중반부터 이반 4세가 정복한 1556년까지 근 한 세기 동안 (통치자들의 이름만 전해질 뿐) 아스트라한한국의 교역이나 일상에 대해서는 거의 알려진 바 없다.[26] 신성 로마 제국의 대사로 러시아에 파견되어 러시아 역사와 지리에 대해 광범위한 기록을 남긴 지기스문트 폰 헤르베르슈타인의 글에 무역 이야기가 등장한다.

지도 4. 카잔한국

그는 1520년대에 루스와 카잔한국이 갈등을 빚었고 루스 사람들이 카잔이 아닌 니즈니노브고로드에서 모피를 팔려 하면서 아스트라한 과의 무역에 심각한 영향을 미쳤다고 하였다.

1부 볼가강의 초기 역사

이런 시장이 사라지면서 러시아인들은 카잔 사람들 못지않은 불편을 겪었다. 페르시아와 아르메니아에서 카스피해를 통해 수입되어 볼가강을 통해 운송되던 아스트라한 상점들의 많은 상품이 사라졌기 때문이다. 고급 어류, 특히 카잔의 볼가강에서 잡히는 벨루가(철갑상어)도 그중 하나였다.[27]

아스트라한은 중국과 페르시아에서 온 비단과 말을 지닌 사절단을 모스크바에 보내 모피, 검, 안장과 교환했다.

처음에는 카잔한국도 킵차크한국의 정책을 이어받아 루스 공후들에게 존재감을 내세웠다. 카잔군이 루스 땅을 공격해 공후들에게 조공을 강요한 것도 여러 차례였다. 1439년, 카잔의 칸이 니즈니노브고로드를 점령하고 모스크바를 공격했다. 1444년과 1445년, 칸은 수즈달에서 바실리 2세의 군대를 물리치고 막대한 조공을 바치게 했다. 그러나 1470년대가 되면 칸의 가족 내 갈등으로 인해 카잔한국이 쇠퇴하는 형국이었다. 이 무렵 새로운 루스인 모스크바 공국(또는 모스크바 대공국)이 도전자로 떠올랐다.[28]

여타 루스 공국의 희생을 대가로 모스크바 공국이 부상했던 상황을 설명하는 것은 이 책의 범위를 벗어난다.[29] 그러나 모스크바의 지배적 지위가 불가피한 것이 아니었다는 점은 언급해 두어야 한다. 실제로 13세기 중반에 루스를 이끈 존재는 블라디미르의 공후들, 특히 튜턴 기사단과 스웨덴이라는 서쪽의 침략자를 격퇴한 알렉산드르 네프스키였다. 노브고로드는 14세기 초의 루스 땅에서 가장 크고 번영한 도시였다. 그러나 루스 공국들에는 공후 사망 후 아들들과 다른 경쟁자들이 권력을 나눠 갖는 관습이 있었다. 그리하여 13세기 후반, 유럽 러시아의 북동쪽에는 무려 14개 공국이 있었다. 그중 하나인 볼가강 가의 코스트로마는 모스크바와도 경쟁할 수 있는 정도였다. 그러나 1250년대에 개별 공국으로 등장한 코스트로마 공국은 공후 바실리가 사망한 1277년에 사라져 존속 기간이 퍽 짧았다.[30]

14세기 초부터 16세기까지 모스크바가 점점 중요해진 이유는 여러 가지다. 주요 통치자들의 개인적 특성, 행정과 재정의 성공적인 중앙 집중화, 세금으로 군사비를 조달하는 능력, 병력의 근대적 발전, 정교회의 대주교가 상주하게 되면서 얻게 된 문화적·종교적 우위, 귀족에게 땅으로 보상을 주어 충성하도록 만드는 방식, 킵차크한국과 카잔한국에 조공을 바치며 공식적으로 복종하는 한편으로 모스크바 공후들이 발휘한 협상력, 킵차크한국의 적대국들 및 크림한국과 유목민 노가이 등이 모스크바 공국과 맺은 치밀한 동맹(다음 장에서 다룬다.), 타타르 귀족들에 대한 회유 성공, 내부 갈등에 휘말린 여타 공국들의 세력 약화 등등.

모스크바와 북쪽의 경쟁자 트베르가 맞붙은 결과가 특히 크게 작용했다. 트베르는 볼가강과 트베르차강(볼가강이 노브고로드, 그리고 이후의 상트페테르부르크까지 연결되도록 해 주는 강이다.)이 합류하는 지점에 위치해 있었는데 1247년에야 별도의 공국을 이루었다. 트베르 공국은 동쪽의 카신으로부터 서쪽의 줍초프까지 볼가강 양쪽 유역으로 구성되었다. 모스크바와 트베르는 모두 볼가강 수로 연결망에 위치해 무역 중심지로 발전할 가능성을 가졌고 트베르가 승리했다면 볼가강과 직접 연결된 곳을 지배하는 강자로 떠올랐을 것이다.

14세기에 모스크바와 트베르 공국은 블라디미르 공국 통제권을 위해, 그리고 사실상 유럽 러시아 북동부와 그곳의 강들에 대한 정치적 지배권을 위해 다투었다. 처음에는 킵차크한국으로부터 블라디미르 공국의 특별 허가를 획득한 미하일 공후 치하의 트베르 공국이 우위를 점했다. 그러나 미하일은 도시 국가 노브고로드와 러시아 정교회 대주교를 외면하는 등 여러 실책을 범했고 모스크바 공후 유리는 이를 최대한 활용했다. 1312년에 킵차크한국의 권좌에 오른 새로운 칸이 사라이의 볼가강까지 찾아온 유리를 총애하게 되었다. 트베르와 모스크바 공국 간의 무력 충돌에서 미하일 공후가 승리한 것도 칸에게는 그를 잠재된 군사적 위협으로 의심하게 만들었을 뿐이었다. 유리와 미하일은 1318년에 사라이로 불려 가 칸의 심판을 받았고 미하일은 공물 미납 죄로 처형당했다(정교회는 1549년에 그를 성인으로 추대했다.). 블라디미르 공국은 모스크바로 넘어갔다.

사라이는 루스 공후들이 찾아가기에 위험이 따르는 곳이었다. 7년 후, 유리는 사라이에서 미하일의 아들 드미트리에게 살해당했다. 블라디미르 공국 지배권을 누구에게 줄지 칸이 고심하고 있을 때였다. 블라디미르의 지배권은 잠시 트베르가 차지했지만 1327년에 재앙이

닥쳤다. 직접 트베르 공국을 통치하려는 칸의 사촌이 타타르 군대를 동원해 트베르를 점령했던 것이다. 트베르 시민들은 복수에 나섰고 타타르인이나 이슬람교도를 눈에 띄는 대로 붙잡아 보복했다. 칸은 다시금 모스크바 지지로 돌아섰다. 모스크바의 새 공후 이반 1세(재위 1331~1340년, 별명이 '돈주머니'였다.)는 즉시 트베르를 공격해 폐허로 만들면서 칸의 마음을 얻어 냈다. 이는 모스크바에 중요한 승리였지만 동시에 당시 루스 공후들이 칸의 지지에 얼마나 의존하고 있었는지를 보여 주기도 한다. 이후 수십 년 동안 모스크바와 트베르와의 패권 다툼이 이어지며 싸움이 반복되었다. 마침내 1375년, 모스크바가 정치적 우위를 확고히 했고 트베르 공후는 2인자임을 인정해야 했다.

1380년의 쿨리코보 승리는 모스크바 공후이자 당시 블라디미르의 대공이던 드미트리의 명성을 높였다는 점에서 중요하지만 킵차크한 국으로부터 독립했다는 의미는 전혀 아니었다. 1392년에 발행된 동전을 보면 한 면에 '대공 드미트리 이바노비치'가, 다른 면에는 '술탄 톡타미시의 장수 기원'이라 새겨져 있다.[31] 15세기가 시작되면서 모스크바는 트베르를 넘어서 노브고로드 지배에 나섰다. 15세기 중반이 되자 노브고로드는 모스크바의 지배를 받아들일 수밖에 없었고 1478년에 공식 병합되었다. 그 결과 트베르 공국은 온통 모스크바 영토에 둘러싸인 형국이었다. 권력의 향방을 파악한 트베르 고위 귀족들 다수가 모스크바 대공 이반 3세(재위 1462~1505년)에게 충성하게 되었다. 이 시점에서 트베르 최후의 공후 미하일 3세가 리투아니아의 도움을 받으려 하자 모스크바 대공은 이를 구실로 침공했다. 1485년, 트베르

1부 볼가강의 초기 역사

공국은 모스크바군에 항복했고 갑작스러운 종말을 맞았다. 트베르는 볼가강 무역에서 여전히 중요했지만 정치적 영향력은 두 번 다시 되찾지 못했다. 유럽 러시아 북서부의 프스코프 공국도 곧이어 모스크바에 합병되었다.

모스크바 공국은 이제 유럽 러시아 북부 및 북동부의 확실한 지도자였다. 어느 역사가의 표현을 빌리자면 '모든 면에서 볼 때 강대국'이었다.[32] 모스크바 공후들의 야망은 이반 3세의 칭호에서부터 드러난다. 대공 칭호와 함께 그는 '차르', 즉 황제 칭호를 사용하기 시작하였고 이는 (당시 다른 유럽 국가들이 그렇게 인식하지는 않았다 해도) 그가 신성로마제국 황제와 같은 급이 되겠다는 뜻이었다. 이반 3세는 주화에 두 머리의 독수리를 새겼는데 이는 합스부르크 왕가를 모방한 듯하다. 더 나아가 그는 자기 칭호에 '모든 러시아의[러시아어로 브세야(vseia) 루시(Rusi)]'라는 단어를 추가해 오늘날 유럽 러시아 땅에 있는 모든 루스 공국에 대한 지배권을 주장하고 오늘날 리투아니아의 일부인 키예프 루스 땅에 대한 정복 권리를 내세웠다.[33]

15세기 후반의 모스크바는 카잔한국에 도전할 수 있는 위치였다. 통치자 이반 3세는 칸에게 북쪽 모피 무역 지분을 직접 주장하고 동시에 칸의 적들에게 군사적 지원을 제공했다. 1469년 모스크바군이 카잔한국 영토에 들어갔지만 격퇴당했다. 카잔한국은 보복 공격을 가했다. 1480년, 카잔한국과 (크림 군대의 지원을 받는) 모스크바 공국 군대가 우그라강(현재 러시아 서부의 칼루가 지방과 오카강 서쪽이다.)에서 대치하는 상황이 벌어졌는데 칸이 모스크바 영토 침공이라는 위험을 감수하는 대신 물러섰다. 이는 모스크바와 전 루스가 '타타르의 멍에'를 벗어난 순간으로 기록되었다. 그 자체로 모스크바와 카잔한국의 관계에 극적인 변화를 가져오지는 못했지만 어떻든 이 사건은 카잔한국의 최종 패배라는 신화로 살아남았다. 이 일을 기념하여 주조된 동전은 한쪽 면에 성 조지로 추정되는 기마 기독교 전사, 다른 면에 몽골 칸 대신 이반 3세의 이름이 아랍어로 새겨져 있어 그의 왕조가 칸의 뒤를 잇고 있음을 상징적으로 보여 준다.[34]

이 무렵 모스크바는 카잔한국에 대한 조공을 중단했던 것이 거의 확실하고(취약한 시점에는 칸에게 '선물'을 계속 바쳤다.) 한국 통치에 변화가 생길 때마다 성공적으로 개입을 하곤 했다. 1487년 이반 3세는 카잔한국을 점령하고 칸을 퇴위시킨 후 꼭두각시 지도자를 권좌에 앉혔다. 당시 카잔한국이 이미 모스크바에 '의존적'이었다는 일부 역사가들의 말은 지나친 표현일 수 있지만 카잔한국이 상당히 세력을 잃었다는 점은 확실해 보인다.[35] 모스크바가 자기 사람을 세워 카잔한국을 간접 통치하지 못한 이유는 칸들이 워낙 빨리 교체되어 그 지위를 안정적으로 유지시키기 어려웠기 때문이다.

이반 4세(재위 1547~1584년)는 '블라디미르, 노브고로드, 모스크바의 대공이자 전 러시아의 차르'로 즉위한 최초의 인물로 자신이 정교회의 유일한 통치자이고 따라서 동방 교회의 '황제'라고 내세웠다.[36] 이 시점부터 이 책에서는 모스크바 공국 주민들을 루스 사람이 아닌 '러시아인'으로, 또한 모스크바 공국을 '러시아'로 부르고자 한다.

1546년에도 이반은 꼭두각시 칸인 샤 알리를 임명함으로써 카잔한국을 통제하려는 정책을 이어갔다. 하지만 자신이 세운 칸이 불과 한 달 만에 쫓겨나자 군사적 해결을 결심한다. 처음 두 차례 군사 원정은 실패했지만 1551년에는 꼭두각시 샤 알리를 다시 통치자로 만들었을 뿐 아니라 노가이 유목민과 반(半)유목민, 그리고 볼가강 서안의 비이슬람 엘리트 상당수에게 특권 인정을 약속하고 끌어들임으로써 입지가 훨씬 더 강력해졌다. 카잔을 점령하려면 북쪽과 서쪽에서 강을 통제해 병력 지원을 차단해야 했다. 이반은 카잔의 서쪽, 볼가강과 스뱌가강이 합류하는 곳(串) 지점에 스뱌즈스크 요새를 건설했다 (러시아 연대기에서는 '카잔의 어깨 위에 있는' 요새라고 표현되었다.).[37] 이로써 이반은 볼가강 서쪽 유역을 통제하게 되었고 카잔한국의 영토를 동서로 나눈 셈이 되었다.

스뱌즈스크 요새는 볼가강 변의 러시아 군사 기지가 되어 북쪽에서 카잔을 포위하고 있는 군대를 지원할 수 있게 했다. 처음에 이반은 카잔에 러시아 수비대를 배치하고 모스크바에 전적으로 의존하도록 만들었지만 칸이 축출되고 러시아 수비대가 학살당하는 상황이 발생했다. 이반은 약 15만 명의 대규모 군대를 일으켜 도시를 포위했고 볼가강뿐 아니라 카잔 북쪽과 남쪽 강들도 차단해 버렸다. 숙련된 공병과 우수한 포병을 보유한 러시아는 12미터 높이의 탑에서 대포를 쏘며 성채를 집중 공격했다. 외부와 완전히 단절된 상태에서 수적으로 훨씬 열세였던 타타르 군대는 격렬히 저항했지만 상대가 되지 않았다. 1552년 10월 2일, 러시아와 연합군은 카잔 성채로 밀고 들어갔다. 칸을 제외한 모든 생존자가 죽임을 당했고 건물은 남김없이 파괴되었다.

볼가강 서쪽 유역 장악은 이반의 군사적 성공에 결정적이었다. 차르의 명령에 '길들여져야' 했던 볼가강이 이후 차르의 승리를 보장해 주었다는 내용의 민담들도 전해진다. 19세기 후반에 니콜라이 아리스토프가 수집한 다음 민담을 보면 이반이 성난 강을 힘으로 제압해 따르게 함으로써 군대가 성공적으로 강을 건너 카잔에 접근했다고 나온다.

"사형 집행인을 데려오라!" 차르가 외쳤습니다. "한 수 가르쳐 주리라!" 힘센 사형 집행인이 도착하자 차르는 채찍으로 강을 때리라고 명령했습니다. 강이 차르와 군대에 반항하지 않도록 가르치기 위함이었습니다. 사형 집행인이 붉은 셔츠 소매를 걷어 올리고 달려가 볼가강을 채찍으로 때리자 피가 1미터 가까이 튀어 올랐고 손가락 굵기의 붉은 상처가 수면에 나타났습니다. 강물이 조금 잔잔해졌지만 차르는 "가차 없이 더 세게 쳐라!"라고 외쳤습니다. 사형 집행인이 더 멀리서부터 달려가 더 세게 내리치자 피가 더 높이 튀어 오르고 피투성이 상처는 더 굵어졌습니다. 볼가강은 한층 더 잔잔해졌습니다. 사형 집행인이 온 힘을 다해 세 번째 일격을 가하자 피가 3미터 높이로 튀고 손가락 세 개 너비만한 상처가 나타나며 강물이 완전히 고요해졌습니다. "이제 되었다! 제대로 깨달았겠지." 무서운 차르가 말했습니다. 그다음에 군대가 강을 건넜고 익사한 군인은 단 한 명도 없었습니다.[38]

1부 볼가강의 초기 역사

카잔한국에서 남쪽으로 천 킬로미터 이상 떨어진 곳에 아스트라한한국이 있었다. 볼가강 하류와 볼가 삼각주가 그 영토 내에 포함되었다. 1554년 이반은 아스트라한한국에 꼭두각시 통치자를 세웠는데 그가 제대로 복종하지 않았으므로 약 3만 명의 군대를 볼가강으로 내려보냈고 노가이인들과 연합해 아스트라한을 포위했다. 아스트라한은 별다른 저항 없이 1556년에 함락되었다.

이 지역 주민들에게 이반의 군사 행동은 파괴적 영향을 미쳤다. 카잔과 아스트라한 공격에서 이반 4세를 지원했던 노가이인들은 러시아에 종속되어 조공을 바쳐야 했다. 노가이 지도자 이스마일은 이반 4세에게 '볼가(그리고 야이크)강은 과거 노가이의 것이었고 이제는 러시아의 것이 되었지만 우리는 형제이므로 우리의 강이기도 하다. 볼가강 하구에는 러시아 사람들이 있지만 우리가 남겨 둔 가난하고 굶주린 사람들도 있다'라며 선처를 호소했다.[39]

이반 4세는 카잔을 파괴했을 뿐 아니라 타타르족을 도시에서 몰아냈다. 오늘날에도 카잔 인근에는 러시아인들이 주로 거주하며 타타르족 마을은 30킬로미터가량 떨어져 있다. 영국 머스코비 회사를 대표해 1558년에 러시아 남부를 여행하며 볼가강-카스피해-페르시아 무역로를 탐사했던 영국인 앤서니 젠킨슨은 전쟁을 피해 아스트라한으로 옮겨 가 자리 잡은 타타르족이 얼마나 어려운 상황인지 기록을 남겼다.

나라가 멸망한 후 타타르인, 특히 러시아에 항복하고 운명을 맡긴 타타르인들은 큰 기근과 전염병을 겪었다. 굶어 죽은 사체가 짐승처럼 섬(아스트라한) 여기저기에 산더미처럼 쌓여 끔찍하다. 많은 수가 노예로 팔리고 나머지는 섬에서 추방되었다. 러시아인들이 선한 기독교인이었다면 그 사악한 나라를 얼마든지 개종시킬 수 있었겠지만 자국민에게도 가차 없는 그들이 자비를 베풀 리 만무하지 않은가? 내가 거기 머물렀던 때 영국에서 6펜스에 파는 빵 한 덩이만 주면 타타르의 훌륭한 소년이나 처녀를 살 수 있었다. 하지만 우리에겐 그런 상품보다 식료품이 더 필요했다. 아스트라한은 러시아 황제가 카스피해로 진출하며 가장 멀리서 타타르족을 정벌한 곳이다. 기존의 상품 교역로라는 것이 있기는 한데 따로 언급하기에는 규모도 너무 작고 보잘것없다.[40]

몽골 침략에서도 살아남았던 볼가르시는 카잔 정복 이후 완전히 폐허가 되었다.[41] '이슬람의 성스러운 피난처 볼가르 / 이제 아무것도 없는 폐허라네'라는 시구가 갈리 초크리의 시 「볼가르의 약탈」에 남아 있다.[42] 한때 위대했던 도시의 흔적을 보존해야 한다고 주장한 인물이 18세기 초의 차르 표트르 1세(재위 1682~1725년)였다는 점은 아이러니하다. 그가 당시 볼가 중하류 지역 이슬람교도들을 강제 개종시키는 정책을 적극 시행했다는 점을 고려하면 다시 한번 아이러니하다. 물론 갈리 초크리의 시는 19세기 중반, 볼가 타타르의 지적 부흥을 위해 쓰인 것이기는 하다. 볼가 불가리아와 볼가르 유적지는 19세기와 오늘날 볼가 타타르의 정체성에서 매우 중요한 의미를 지니고 있다.

카잔(그리고 아스트라한) 정복은 당시에나 이후에나 이슬람에 대한 기독교의 승리로 인식되고 정당화되었다. 이 지역 전체에 정교회를 강요하는 배경이 되기도 했다. 다음은 러시아 연대기의 기록이다.

전능하신 주 예수 그리스도의 도움과 성모 마리아의 간구와 함께 …… 신이 내려준 전 러시아 통치자, 신심 깊은 차르 대공 이반 바실리예비치가 이교도들과 싸워 마침내 카잔의 차르를 붙잡았다. …… 신심 깊은 차르 대공은 부대가 깃발 아래에서 성가를 부르며 신께 감사하라고 명령했고 이와 함께 동시에 전투 중에 차르의 깃발을 세웠던 곳에 생명의 십자가를 세우고 우리 주 예수 그리스도의 창조되지 않은 형상이 있는 교회를 짓도록 했다.[43]

성채를 점령한 바로 다음 날에 주춧돌이 놓인 정교회 대성당은 1557년에 완공되었다. 스뱌즈스크에 있는 정교회 성당은 카잔 점령 이전에 이미 토대가 놓였다. 1553년 1월, 리투아니아 귀족들에게 보낸 이반 4세의 공식 외교 문서를 보면 차르의 칭호에 카잔이라는 지명이 들어 있다. 다음은 그 문서의 일부 내용이다.

여러 해 동안 카잔의 이슬람 국가로 인해 기독교도의 피를 흘려야 했고 이는 우리 통치자(이반 4세)가 성년에 도달하기 전부터 근심거리였다. 이제 하느님의 은혜로 카잔의 이슬람 국가가 우리 통치자의 칼 아래 무너졌다. 우리 통치자는 카잔에 총독을 임명하고 정교회 신앙을 전파했다.

이슬람 모스크들을 무너뜨리고 그 자리에 교회를 세웠으니 온 도시가 기독교 신앙으로 은혜롭고 우리 통치자에게 복종하는 한 나라로 통합되었다. …… 우리는 하느님을 찬양하며 신께서 다른 이슬람 국가들에도 기독교도의 피에 대한 복수를 허락하시기를 바란다.[44]

카잔과 아스트라한을 차지하면서 러시아는 발원지에서 카스피해까지 볼가강 전체를 수중에 넣었다. 이는 몽골·타타르 세력이 러시아 세력으로 대체되었다는 의미였다. 이때부터 러시아는 다민족, 다종교 제국이었다. 통치자는 러시아 전체를 다스리며 동방 기독교 교회의 수장을 자처했고 이슬람교도가 대다수인 카잔과 아스트라한까지 다스렸다. 볼가강 중류와 하류에서 새로 얻은 땅을 차르들이 어떻게 다스렸는지는 2부에서 다루게 된다.

러시아 제국의 볼가강

폭력과 통제

03

새로운 국경 지역의
비러시아인과 러시아인

카잔과 아스트라한 정복으로 러시아는 다민족, 다종교 제국이 되었다. 러시아 국경은 남쪽으로 멀리 옮겨졌고 볼가강 중류와 하류가 새로운 국경 지대가 되었다. 비러시아 및 비기독교 지역이 러시아 제국에 최초로 편입된 상황에서 16세기 후반과 17세기 동안 차르들이 펼친 정책은 러시아 제국 시대, 더 나아가 소련과 소련 이후 시대까지 국경 지역 및 비러시아 민족을 통치하는 방식의 토대가 되었다. 볼가강 중남부 지역은 근대 초기 러시아 제국의 작동 방식을 보여 준다.

정부는 이 지역의 통제권 확보를 위해 크게 네 가지 방법을 동원했다.

- 군대 주둔 등의 무력 과시
- 러시아 행정 기구 설립

- 정교회 이데올로기(교회와 수도원 건설, 이슬람과 이교도 개종 정책)
- 비러시아 엘리트를 관리나 지주로 만드는 동질화 정책

마지막 방법은 비러시아 비기독교 지역에서 특히 중요했고 러시아 제국이 단호한 동시에 유연할 수 있음을 보여 주었다. 중앙 정부의 통치를 수용하는 변방에서는 사회 안정을 위해 어느 정도의 다양성이 용인되었다는 점을 바탕으로 역사가들은 러시아 제국을 '차이의 제국'이라 표현하기도 한다.[1]

러시아인들이 볼가강을 따라 내려가는 길에 최초로 마주친 비러시아인은 핀·우그르인들이었다. 그중 하나가 핀·우그르어를 사용하는 모르도바족이다. 일부 모르도바족은 니즈니노브고로드 지역과 볼가강 하류에 거주하고 있었다. 18세기에 첫 인구조사가 실시되기 전까지 러시아 인구수나 민족 구성에 대한 믿을 만한 자료는 찾기 어렵다(심지어 인구조사 결과 또한 대략적인 추정치라 보는 것이 좋다.). 18세기 후반의 인구조사에서 모르도바족은 볼가강 중류 지역에 114,000~176,000명 정도, 볼가강 하류 지역에 32,200~59,000명 정도로 파악되었다.[2] 오늘날 러시아 연방의 모르도바족은 약 70만 명이다. 우드무르트족(보티야크족이라고도 한다.)은 또 다른 핀·우그르 계열인데 카잔 북쪽, 오늘날의 우드무르트 공화국에 정착했다. 니즈니노브고로드주에도 우드

2부 러시아 제국의 볼가강

무르트족이 있었지만 러시아인에 비하면 늘 소수에 불과했다.

또 다른 핀·우그르인 마리족(예전에는 체레미스라고 불렸다.)은 볼가 강와 카마강 사이, 볼가강 중류의 북쪽에 정착했다. 볼가강 서쪽의 '산지' 마리족과 강 동쪽의 '초원' 마리족으로 나누기도 한다. 이들 역시 핀·우그르어를 사용하며 지역 방언 네 개가 존재하지만 서로 소통이 가능하다. 18세기 후반의 볼가강 중류 인구조사에서 마리족의 인구는 약 48,000~54,000명이었다. 오늘날 러시아에는 약 50만 명이 살고 있다(대부분이 마리 엘 공화국 주민이다.). 카잔 정복 당시 핀·우그르 사람들은 샤머니즘 또는 정령 숭배 신앙이었다(니즈니노브고로드 북쪽 지역에 살던 일부 모르도바족처럼 러시아에 편입되기 전부터 이미 정교로 개종한 경우도 있었다.).

외국인 여행자들은 볼가강 유역 민족들에 대한 민족지학 기록을 남겼다. 그러나 비러시아인에 대한 묘사를 보면 러시아인을 포함한 서유럽 또는 중유럽 사람의 외모나 체격과 비교해 열등하다는 평가가 대부분이다. 18세기 후반에 상트페테르부르크의 러시아 과학 아카데미에 근무했던 독일 식물학자 요한 고틀리프 게오르기는 마리와 모르도바족을 모두 폄하하고 있다. 마리족 여성은 '러시아인 여성에 비해 외모가 훨씬 못하고 단정함이나 명랑함도 없으며 허영이 심하다'고, 또한 '모르도바 사람은 거친 갈색 머리카락에 뾰족한 턱수염, 여윈 얼굴이 많고 예쁜 여자는 찾기 힘들다'고 했다.[3] 외국인 여행자들이 자주 언급한 특징은 마리족이 마술과 주술로 유명하다는 것이었다(당시와 이후 시대 러시아 제국 내의 다른 핀·우그르족들도 마찬가지였다.). '신의가 없고 도둑질을 일삼으며 미신에 빠진 민족', '야만적이고 배신이 일상적으로 일어나며 잔인하고 마술과 강도질에 매달린다' 등의 표현이 그 예이다.[4]

추바시족은 볼가강 서쪽 마리 정착지의 남쪽과 서쪽(오늘날의 추바시 공화국)에 정착했다. 민족적 기원, 특히 볼가 불가리아의 후손 여부에 대해 논란이 있긴 하지만 추바시 민족과 언어는 모두 투르크계이다. 그러나 추바시는 마리족 같은 핀·우그르계, 앞서 독일 학자 게오르기가 부정적으로 바라본 이들과 오랫동안 밀접하게 지내왔다. 추바시에 대한 게오르기의 평가는 '피부색이 더 희고 게으르며 (마리족보다) 더 멍청한 이들, 청결하지 못하고 음식이나 생필품 선택에 있어서도 뒤떨어지는 이들'이었다.[5] 추바시족 수는 마리족, 우드무르트족, 모르도바족보다 더 많았다. 18세기 후반 기준으로 볼가강 중류 지역에 24만에서 30만 명, 하류에도 소수가 거주하는 것으로 조사되었다. 일부 추바시인들은 18세기에 이슬람교도가 되었지만 정령 숭배 신앙을 유지하는 이들도 많았다. 오늘날 러시아 연방에는 추바시인이 약 150만 명으로 추바시 공화국의 수도 체복사리에 집중적으로 거주한다.

러시아가 볼가 지역에서 마주쳤던 최대 규모의 민족은 타타르였고 이는 지금도 마찬가지다. 타타르족은 러시아 제국에서 가장 큰 비슬라브 인구를 형성했고 오늘날의 러시아 연방에서도 그렇다. 1795년, 러시아 제국 총인구 약 4천만 명 중 약 80만 명이 타타르였던 것으로 추정된다.[6] 현재 러시아 연방에서는 타타르스탄, 바시코르토스

　　　　　　　　　　　　　2부 러시아 제국의 볼가강

탄, 서부 시베리아(그리고 1783년 러시아가 오스만 제국으로부터 합병한 크림반도)에 타타르인 500만 명 이상이 거주하며 우즈베키스탄과 카자흐스탄에도 상당한 수가 살고 있다. 영어 단어 '타타르'는 동방의 야만인이라는 이미지를 떠올리게 하는데 이는 이것이 종종 '몽골'과 동의어로 사용되기 때문이기도 하고 '타르타르'라는 옛 표기가 그리스·로마 세계에서 무서운 지옥이었던 타르타루스 출신을 뜻하기 때문이기도 하다. 오늘날 '타타르'는 투르크어를 사용하는 사람들을 통칭하는 단어다. 볼가강 유역 타타르족의 민족적 기원에 대한 논쟁은 여전히 진행 중이다. 다시 살펴보겠지만 19세기의 볼가 타타르는 자신의 기원을 몽골보다는 볼가 불가리아로 보았다.

러시아 제국에서 가장 규모가 큰 타타르 집단은 볼가강 중류 지역, 카잔 인근에 있었다. 18세기 초만 해도 러시아인은 카잔이나 스뱌즈스크의 절대다수가 되지 못했지만 18세기 말이 되면 타타르족이 카잔 지역 인구의 약 12~14퍼센트에 불과했고 러시아인이 다수를 차지했다. 이 시기 볼가강 중류 지역의 타타르족이 30만 명 이상이었고 볼가강 하류에 4만 3천 명이 더 있었다.[7] 타타르인은 핀·우그르나 추바시와 달리 마을뿐 아니라 도시에도 정착했고 유명한 타타르 상인들도 있었다. 타타르에는 왕족을 정점으로 하는 귀족 계층, 그리고 지주 계층이 존재했다. 일부 타타르 왕족은 카잔 정복 이전부터 차르의 군대에 복무하기도 했다. 이들은 러시아가 처음 만난 이슬람교도였다.

볼가강 지역에서 타타르가 차지했던 사회적, 경제적 지위는 외국인 여행객들에게도 인상적인 것이었다. 타타르족의 외모에 대한 묘사가 비교적 더 호의적이었던 이유도 아마 거기 있었을 것이다. 독일 학자 게오르기의 글을 보자.

키 큰 남자는 거의 찾아보기 어렵다. 대개 마른 체형에 얼굴이 작고 피부가 희며 눈코입이 작은 편이다. 눈동자는 검은색이다. 곧은 머리카락은 짙은 밤색인데 일찌감치 회색으로 세어 버린다. 활발하면서도 겸손한 태도, 바른 자세, 세련된 표정이라 전체적으로 좋은 느낌이다. 자부심이 강하고 명예를 중시하지만 지나친 편은 아니고 약간 부주의하지만 게으르지 않다. 모든 수공예에 능숙하고 깔끔한 것을 좋아하며 절제심과 동정심이 크다. 이러한 덕목은 교육, 그리고 신심 깊은 종교를 통해 체득된다.[8]

19세기 중반 러시아를 여행한 독일의 과학자이자 경제학자, 민속학자인 아우구스트 폰 헉스하우젠 남작은 타타르에 대해 다음과 같이 기록했다.

얼굴은 타원형이고 눈은 검고 생기 넘친다. 코는 고상하게 굽었고 입은 세련되게 움직인다. 치아가 좋고 피부색은 코카서스 계열이다. …… 몸 움직임이 활동적이고 우아해 위엄 있게 느껴지곤 한다. 여성은 체구가 작고 화장 때문에 오히려 모습이 이상해진다. …… 타타르인의 성격은 상냥하다. 사교적이고 명예롭고 친절하며 자신감 있고 주변을 청결하게 잘 정돈한다. 러시아인에 대한 해묵은 반감과 불신이 여전히 만연하

2부 러시아 제국의 볼가강

지만 정부에 대해서는 충성스럽고 순종적이다.[9]

지금까지 언급된 비러시아인은 마을이나 도시에 정착한 경우였지만 카잔 정복 이후 러시아인들이 아스트라한을 향해 남쪽으로 이동하면서 볼가강 인접지에서 멀리까지 옮겨 다니는 유목민들, 즉 노가이, 카자흐, 키르기스, 칼미크 등과도 마주치게 되었다. 노가이족의 기원은 망기트족이라는 몽골 부족과 투르크족으로 거슬러 올라간다. 사용하는 언어는 투르크어다. 16세기가 시작될 무렵, 노가이 무리는 투르크와 몽골 부족 18개로 구성되었고 독자적인 왕조를 지니고 있었다. 노가이족은 북코카서스, 볼가강 하류, 볼가강 동쪽의 야이크강(18세기 후반에 우랄강으로 이름이 바뀌었다.) 지역에 퍼져 있었는데 16세기 중반이 되자 대(大)노가이와 소(小)노가이로 나뉘었다(볼가강과 야이크강에 자리 잡은 것은 대노가이였다.).[10] 이반 4세가 카잔과 아스트라한을 정복했을 당시 노가이족은 이슬람으로 개종한 상태였다. 오늘날 러시아 연방 전체에 노가이족이 약 10만 명 살고 있지만 아스트라한 지역에는 5천 명 미만이다. 노가이족은 정착지를 자주 공격해 반감을 샀다. 19세기 영국의 여행 작가 메리 홀더니스는 '노가이족의 도덕성은 최악이다. 그들이 끼치지 않을 피해란 아마 없을 것이다'[11]라고 썼다.

16세기의 카자흐족은 투르크족과 투르크화된 몽골족의 연합으로서 세 무리로 조직되었다. 카자흐족의 땅 대부분은 볼가강 동쪽(현재의 카자흐스탄이 포함된다.)에 있었지만 작은 무리의 땅에는 아스트라한 인근의 영토도 포함되었다. 키르기스는 몽골계, 중국계, 투르크계가 혼혈된 민족이지만 오늘날 몽골의 서쪽 지역 출신일 가능성이 높다. 언어는 투르크어다. 18세기와 19세기의 유럽 여행자들은 카자흐인과 키르기스인을 같은 민족으로 보곤 했고 이들을 카자흐·키르기스인이라 불렀다.

위에 언급한 여러 민족과의 만남은 이슬람교도(타타르, 노가이, 카자흐, 키르기스, 일부 추바시), 정령 숭배자(마리, 추바시, 우드무르트, 모르도바), 정교회 개종자(모르도바)와의 만남이기도 했다. 볼가강 남쪽에서 러시아인들은 불교도도 접촉했다. 칼미크족은 몽골의 서쪽 분파인 오이라트를 기원으로 하며 몽골어를 사용한다. 16세기 후반에 칼미크는 티베트 불교로 개종했다. '유럽의 남동쪽 변방에 위치한 불교의 전초 기지이자 투르크어를 사용하는 이슬람 세계 한중간의 이방인'[12]이라는 어느 역사가의 표현대로 칼미크족은 여러모로 이례적인 존재였다. 16세기에 칼미크족 대부분은 카자흐의 지배를 받았지만 한 무리는 볼가강 남부 지역에 정착했다. 칼미크족 약 15만 명이 볼가에서 동쪽의 중국 방향으로 이동한 1771년 전에는 최소한 그러했다(5장에서 다시 설명한다). '칼미크'라는 명칭이 '떠나다'를 뜻하는 투르크어 단어에서 유래한 것도 어쩌면 놀랍지 않다. 그 명칭은 몽골 제국이나 그 후계 국가들에 완전히 통합되지 못한 영원한 '외부인'으로 여겨졌다는 뜻일지도 모른다.[13]

러시아 정착민과 외국인 여행자들에게 유목민은 대초원의 위험하고 야만적인 존재였다. 정착지나 개별 여행자에 대한 동쪽과 남동쪽으로부터의 유목민 습격이 보여 주듯 유목민과의 만남은 폭력적이기

2부 러시아 제국의 볼가강

일쑤였다. 볼가강은 이러한 측면에서 경계가 되었다. 강 서쪽은 경작이 이루어지는 정착지였던 반면 동쪽은 훨씬 더 거칠고 위험한 대초원이었다.

❖

카잔과 아스트라한 정복은 볼가강 중하류 지역에 러시아의 입지를 확립하는 첫 단추에 불과했다. 러시아는 강가의 전략적 요충지를 통제하고 농촌 지역을 안정시킬 필요가 있었다. 이를 위해 이 지역에 대한 러시아의 행정적 통제권을 확립하고 러시아 지주와 농민을 정착시키는 과정이 진행되었다. 동시에 기독교 정교회의 존재가 강력하게 부각되었다. 이는 치밀한 내부 식민화 행동이었고 새로운 땅과 새로운 제국에서 권위를 확립하려는 이반 4세와 후대 차르들의 의도를 보여 주었다.

카잔 점령 직후, 성채를 지키던 타타르 군인들은 모두 학살당했고 모스크는 전부 파괴되었다. 카잔이 이제 러시아인 기독교도의 손에 들어갔음을 분명하게 알리는 신호였다. 타타르인들은 쫓겨났다. 단기적으로는 볼가강 중류의 마리 및 추바시 농민들의 반란을 진압하기 위해 군사적 탄압이 있었고 마리 및 추바시 땅에 군사 전초 기지가 임시로 설치되기도 했다.

러시아의 권위를 보다 영구적이고 가시적으로 드러낸 것은 요새들의 건설이었다. 상당한 비용이 들어간 이 공사는 볼가강을 따라 러시아의 군사적, 도시적 존재감을 드러내 보였다. 스뱌즈스크 요새(교회가 포함되었다.)는 1551년, 그러니까 카잔 정복에 앞서 세워졌다. 곧이어 1550년대 초 볼가강 서쪽 강변에 체복사리 요새가, 다음으로는 카잔과 사마라 남쪽(볼가강 동쪽 강변)에 테티우시 요새가 건설되었다. 17세기 중반에는 이 요새들 남쪽으로 새로운 요새가 줄지어 건설되었는데(이를 심비르스크 연결선이라 부른다.) 코즐로프와 탐보프를 거쳐 서쪽에서 동쪽으로 이어지고 사란스크와 수르스크(볼가와 평행하지만 서쪽에서 펜자 지역을 통과하는 수라 강변 지역)를 거쳐 볼가의 심비르스크 요새(1648년 건설)로 연결되어 있었다. 이 요새 연결선에서 갈라져 나온 또 다른 연결선은 사마라 서쪽과 심비르스크 남쪽의 볼가강 변 시즈란 마을을 통과하면서 건설되었다.[14] 더 남쪽으로는 사라토프, 차리친, 체르니 야르가 요새화되어 볼가강 하류에서 러시아의 군사적 행정적 존재감을 드러냈다.[15] 동쪽과 남쪽에서 노가이, 키르기스, 칼미크의 습격이 계속되는 상황이라 꼭 필요한 조치였다.

요새는 보통 흙으로 쌓은 성벽 안에 목조 건물들이 들어찬 형태였다. 최초의 석조 건물은 러시아의 국가적 위신을 드러내는 상징인 크렘린과 정교 교회였다. 크렘린은 강변 고지대나 인공 언덕에 세운 성채로 목재 혹은 석재 성벽으로 둘러싸였다. 크렘린 안에는 주요 행정 건물과 병영, 정교 교회가 자리 잡았다. 크렘린은 방어뿐 아니라 러시아의 군사력과 정통성을 상징하는 과시용이기도 했으므로 크렘린과 교회의 통일된 건축 양식은 명백히 의도된 결과였다. 기존 타타르 건축과 전혀 다른 러시아 특유의 양식은 그 지역이 이제 러시아의 일부라는 점을 분명히 보여 주었다.

러시아의 통제력은 볼가강 여러 지점에 마련된 요새에서 실현되었다. 강을 통제하는 것은 곧 새로운 영토를 통제하는 것이었다. 정착지들은 일단 군사적 전초 기지가 되었다가 이후에야 상업적, 경제적 의미를 갖게 되었다. 이는 새로 건설된 강변 요새로 군인들이 강제 배치된 것에서도 드러난다. 이반 4세는 머스켓병[러시아어로 스트렐치(streltsy)]이라는 특수 총사 부대를 창설해 1552년의 카잔 공격에 투입한 바 있었다. 본래 자유 상인과 농민들에서 모집된 보병이었던 머스켓 부대는 16세기 후반과 17세기 초에 상대적으로 강력한 병력이었고 볼가강 요새의 핵심이 되었다. 1560년대에는 이미 카잔 주둔지의 머스켓 병력이 600명에 이르렀다.[16] 17세기 초에 홀스타인 고토르프 공작 대사의 비서관 아담 올레아리우스는 사라토프에 '사는 사람은 머스켓 병사들뿐'이고 그들의 임무는 칼미크를 막아 내는 것이라고 기록했다. 또한 볼가강 하류의 체르니 야르 요새에는 방어용 탑이 여덟 개나 되며 요새에는 약탈을 일삼는 코사크와 타타르족을 상대할 머스켓 병사들이 거주한다고 썼다.[17] 17세기 중반까지 머스켓 병사들은 심비르스크 요새에 1,776명, 아스트라한에 약 6,000~8,000명, 차리친에 2,000명 이상 주둔했다.[18] 머스켓 부대 병력은 러시아 제국의 과거 국경(현재 우크라이나와 러시아의 벨고로드 지역)에서 볼가강으로 옮겨 갈 수 있었던 코사크(다음 장에서 자세히 설명한다.)로 보충되었다. 북부가 안정된 주거지가 되면서 코사크는 볼가강 요새 연결선을 따라 이동해 유목민 침입자로부터 남쪽과 동쪽 마을을 방어하기도 했다.

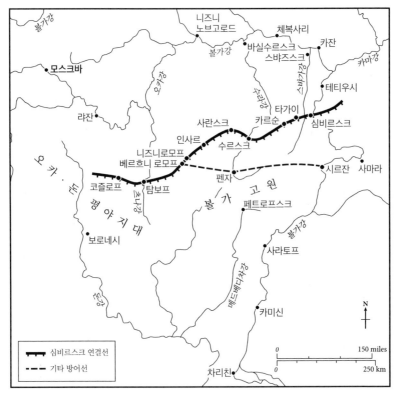

지도 5. 러시아의 볼가강 통제권 확립

머스켓 부대와 코사크는 일반병이나 (지휘관을 포함한) 장교로 복무하는 타타르인으로 보충되었다. 이런 상황은 카잔 정복 이전에도 마찬가지였고 병사나 장교의 이슬람 신앙은 문제 되지 않았다(다시 말해 당시에는 계급을 막론하고 군인의 정교회 개종이 요구되지 않았다.). 타타르 지휘관들은 16세기 전반의 리투아니아 전쟁에서 차르를 위해 싸웠다. 러시아군 내 타타르의 수는 상당히 많았다. 1581년에는 5,000명이 넘는 이슬람교도 타타르 군인들이(전체 병력이 7,100명에 불과했다.) 르제프

2부 러시아 제국의 볼가강

(볼가강 최상류 도시)에서 이반 4세를 위해 싸웠다.[19] 일부 지역에서는 러시아군에서 타타르가 차지하는 비율이 아주 높았다. 1669년 스뱌즈스크에서는 군 복무자 149명 중 82명이 이슬람교도 타타르로 추산되었다.[20] 타타르인들은 17세기 초 폴란드와의 전쟁, 1654~1667년 러시아·폴란드 전쟁, 1700~1721년 대북방 전쟁 때 러시아군으로 참전했다.[21] 이렇게 러시아군에 복무한 타타르인들은 무역 특권을 받았는데[22] 이는 새로 정복한 타타르 영토를 통제하기 위한 방법이기도 했다. 타타르인을 러시아군 내에서 동화시키고 특히 타타르 엘리트가 차르의 충성스러운 신하가 될 기회를 제공했던 것이다. 상당수의 타타르인이 러시아 제국에서 출세해 귀족이 되었다.

러시아 정부는 카잔 사무소[카잔스키 프리카즈(Kazanskii prikaz)]라는 특별 기구를 설립해 새로운 영토를 관리할 관료 조직을 만들었다. 이 기구는 도시뿐 아니라 카잔 남쪽에서 아스트라한에 이르는 볼가강 유역 전체, 즉 차르가 확보한 새로운 영토에 대한 권한을 가졌다. 16세기 후반, 카잔 사무소는 러시아의 가장 중요한 국가 기구 중 하나로 세금 징수, 군사 시설 감독, 방어 시설 건설, 카잔과 기타 지역의 무역 대상단 감독, 지역 분쟁 해결을 담당했다. 핵심 역할은 볼가강을 오르내리는 상품에 대한 세금과 통행료를 징수하는 것이었다. 사무소 본부는 국가 권력의 중심인 모스크바에 소재했고 차르의 이름으로 활동하는 사무소는 지방 기관이라기보다는 사실상 중앙 정부의 식민 사무소였다.[23] 러시아는 국경 지역을 식민지처럼 통제했으므로 인도의 동인도 회사가 누렸던 것 같은 독립적 권한은 없었다. 사무소는 이후에도 식민지 정책 수립의 핵심 기구로 유지되었다(우랄 동쪽에서 획득한 새 영토에 대해서는 시베리아 사무소가 설치되어 동일한 기능을 수행했다.). 18세기 초 표트르 대제 시대에 이르러서야 중앙 행정 기구가 제대로 편제되었고 카잔 사무소의 업무가 다른 중앙 기관으로 흡수되었다. 러시아는 볼가강 지역(및 시베리아)에서 러시아 관료의 수도 늘렸지만 여전히 극히 적은 규모였다. 1690년대에는 모스크바에 있는 관리 2,739명, 그리고 지방에 있는 관리 1,918명이 제국 전체를 담당하고 있었다.[24]

16세기 후반과 17세기에 러시아의 권력은 온전히 도시에 집중되었고 군인, 그리고 모스크바에서 임명한 지방 관리들이 거주하는 볼가강 변은 전초 기지로서 러시아의 권력을 뒷받침했다. 통제권 장악을 위해서는 인구를 시골로 이주시켜야 했지만 이는 시간이 오래 걸리는 과정이었고 민족과 종교에 따라 별개의 거주지가 형성되는 경향 때문에 완벽하게 달성된 적이 없다. 17세기에 볼가강 변의 정착 유형을 바꿔 놓은 세 가지 원인은 군인(주로 러시아인)에게 토지를 하사한 것, 계획되거나 계획되지 않은 러시아 농민들의 정착, 정교회 수도원에 토지와 농민을 하사한 것이었다.

러시아는 귀족 지주가 군에 복무하는 경우 토지가 하사되는 방식으로 운영되었다. 토지 소유권은 여전히 차르가 가졌고 군사 원정이나 국경 수비로 국가에 봉사한 귀족 지주는 일시적으로(일단 원칙은 그러했다.) 토지를 받았다. 지주의 수입은 그 토지에 거주하는 농민들로부터 나왔다. 농민들은 현금을 내기도 했지만 초기에는 곡물, 닭, 달걀, 꿀 등 현물이 더 많았다. 이는 (오스만 제국 등 당시의 다른 국가와 다르지 않은) 원시적 보상 시스템이었다. 군 복무의 대가로 받는 토지는 전국에 흩어져 있었고 1649년의 법률이 제정된 후에야 교환을 통해 토지를 통합할 수 있었는데 이 경우에도 국가의 허락이 필요했다(이 법률에는 군에 복무하지 않거나 복무를 대신하는 특별 비용을 내지 않는 지주는 노역과 몰수의 처벌을 받는다고 명시되어 있다.).[25] 따라서 귀족 지주가 자기 땅에 머물지 못하는 경우가 빈번했고 농민들의 작업을 통제하거나 아예 도망쳐 버리는 것을 막지 못했다.

이러한 귀족 지주들이 제공하는 군대는 신뢰하기 어려웠다. 병력을 늘리기 어렵고 오래 걸렸다. 병사들은 무장이나 훈련이 제대로 되어 있지 않기 일쑤였다. 이 때문에 이반 4세는 보다 전문적인 머스켓 부대를 구성했지만 전체적 병력은 여전히 토지 할당 제도에 뿌리를 두고 있었다. 근본적인 문제는 당시의 러시아가 다른 방식으로 군대를 키우고 비용을 지불할 수 없었다는 점이었다. 18세기 초가 되어서야 표트르 대제가 군 장교 계급을 전문화하고 정기적인 모병제를 확립했지만 복무 대가로 토지가 하사되는 상황은 계속되었다. 토지 세습이 자리 잡힌 것은 1762년이었다.

이러한 토지 소유 제도 이면에 농노제가 있었다. 1649년의 법률로 제도화된 농노제에서 농노는 국가가 귀족에게 하사한 땅에 사는 농민이었다. 17세기 중반까지는 농노가 영지를 떠날 수 있었지만 이 권리는 점점 더 제한되었고 1649년 이후부터는 농민이 귀족 지주에게 구속되어 허락 없이 이사를 갈 수 없었다. 가족을 동반하거나 아니면

홀로 멀리 우랄의 다른 영지 혹은 귀족 소유 공장으로 보내질 수 있었고 지주의 밭에서 일정 일수(보통 한 주에 사흘이었다.) 동안 노동하거나 상응하는 돈을 내야 했으며 지주의 집안일을 하기도 했다. 가장 심각한 범죄만 제외하면 지주가 사법권까지 행사했다. 농노는 사실상 귀족 지주의 '소유물'이었으며 영지 밖에서는 별도의 법적 존재가 되지 못했다. 1649년에 본격화된 농노 이동권 제한은 군대에 복무하는 대가로 토지를 받았지만 귀족이 아니었던 탓에 농민을 유지하기 어려웠던 이들이 차르 알렉산드르 1세(재위 1801~1825년)를 압박한 결과였다. 농노제는 1861년까지 유지되었다. 처음에는 복무의 대가로 토지와 농노가 하사되는 관행이 유지되기 때문이었고 다음에는 농노 노동이 러시아 시골에서 토지를 경작할 수 있는 유일한 방법으로 인식되기 때문이었다.

군대 유지를 위한 토지 하사 제도와 농노 제도는 여러 문제를 안고 있었지만 이 정책은 볼가강의 새로운 영토에서 땅을 나눠줄 수 있다는 의미였고 땅을 하사받은 이들은 러시아 정부에 충성할 것이라 기대되었다. 농민이 10명 내외로 거주하는 토지를 받은 사람은 군소 귀족이 되었고 다른 곳에 이미 대규모 영지를 소유한 경우라면 한층 막강한 귀족이 되었다. 새로 받은 땅에 있던 마을도 지주의 소유였으므로 마리, 추바시, 우드무르트, 모르도바, 타타르 등 여러 민족인 농민들은 새로운 지주의 농노, 즉 소유물이 되었다. 1568년까지 귀족 34명이 스뱌즈스크 지역의 마을 30곳과 농민 가옥 485채를 하사받았다.[26] 그러나 인구 밀집 지역이 아니었으므로 스뱌즈스크 일부 땅은

2부 러시아 제국의 볼가강

비어 있는 상태였다. 초기에는 볼가 중류 지역에서 하사된 땅의 약 절반 정도에만 마을이 있었던 것으로 추정된다.[27]

새로운 지주들은 비어 있던 땅에 다른 영지에 있던 자기 농노들을 이주시켰다. 영지의 규모는 토지의 질에 크게 좌우되었다. 카잔 북쪽의 경우 삼림이 우거져 있었고 마리족의 상당수는 화전을 일구었다. 쟁기로 땅을 갈 수 있는 곳이라면 큰 규모의 영지 할당이 가능했다. 러시아 최고 귀족 중 한 명인 G. F. 돌고루키에게는 마리족 농민 400명 이상이 사는 땅이, M. G. 소바킨에게는 농민 2,000명 이상이 거주하는 마리 마을 47곳이 돌아갔다.[28] 러시아 군인 모두가 위험하고 외딴 지역, 특히 앞서 살펴본 것처럼 유목민 노가이와 카자흐의 습격이 잦은 볼가 동쪽 강변의 땅을 반기지는 않았다. 새로운 지주는 차르를 위해 군 복무를 하는 동시에 자기 땅을 방어해야 했다. 일부 러시아 군인들은 이 지역 땅을 거부하거나 조금이라도 더 나은 조건을 위해 협상을 벌였다.

차르에게 있어 군 복무는 민족, 심지어 종교보다 더 중요한 것이었다. 사실상 군 복무는 비러시아인 엘리트를 귀족으로 동화시키고 정권에 대한 충성심을 얻어 내는 방법이었다. 러시아군의 타타르인들은 군 복무에 대한 대가로 볼가강 중하류의 땅을 하사받곤 했다. 이슬람에서 기독교로 개종한 타타르인이 대개 더 많은 땅을 받았지만 이슬람교도 타타르도 토지를 하사받았다. 예를 들어, 카잔 지방에서는 개종한 타타르 야코프 아사노프와 이슬람교도로 남아 있던 호자이셰프 가족 모두가 복무의 대가로 토지를 받았다.[29] 아스트라한 출신의

이슬람교도 타타르인들은 1570년대에 토지를 받았다.[30]

불쑥 나타나서 대가를 요구하는 지주의 존재에 비러시아 농민들이 항의했던 것은 놀라운 일이 아니다. 과거 킵차크한국에 '공물'을 바쳤던 마리와 추바시 농민들이 이제는 러시아 지주들에게 대가를 지불해야 했다. 18세기 초, 표트르 1세의 세금 개혁이 이루어질 때까지 말이다. 야드린 지역의 추바시 농민들은 머스켓 부대원들이 마을에 들이닥쳐 돈을 요구했고 내지 못하는 사람을 '가차 없이' 처벌했으며 그 결과 일부는 '빚의 노예'가 되고 다른 일부는 마을에서 도망쳤다고 불평했다.[31] 기독교로의 강제 개종에 대해서도 불만이 있었는데 이에 대해서는 6장에서 다시 설명할 것이다.

많은 러시아 농민이 강제로 볼가강 중류 및 하류 지역에 정착했다. 이 중 일부는 자기 농노를 한 영지에서 다른 영지로 옮길 권리를 지닌(앞서 언급한 돌고루키 가문 같은) 대지주의 농노였다. 지주들이 러시아 농민들을 특히 집중 정착시킨 곳은 사라토프 지역의 풍요로운 검은흙 농경지였다. 1678년까지 20만 명 넘는 농민이 사라토프에 정착한 것으로 추산되었다. 1719년에는 그 수가 거의 50만 명으로 늘어나 있었다.[32] 18세기 말에는 볼가강 지역 농노들 대부분이 러시아인으로 볼가강 중류 인구의 64퍼센트, 하류 인구의 71퍼센트, 남부 델타 지역 인구의 41퍼센트를 차지했다. 이 비율은 19세기 중반까지 비슷하게 유지되었다.[33]

러시아 농민들 중에는 자진해서 찾아온 경우도, 다른 영지에서 도망친 경우도 있었다. 도망자 중에는 유럽 러시아 중부에서 온 땅 없는 농민, 흉작이나 빚 때문에 피신한 빈곤층 농민, 17세기 중반의 러시아 정교회 분열 이후 박해받던 구교도(6장에서 설명한다.)가 포함되었다. 1662년, 사란스크 관리들은 이 지역에 군인과 함께 '도망 온 농민과 그 외 사람들'이 많다고 기록했다. 그리고 '굶주림', '어려운 형편', '흉작'으로 인해 코스트로마와 니즈니노브고로드(둘 다 볼가강 변에 있는 도시다.)에서 남쪽으로 도망쳐 오기도 했다. 1671년에 처자식을 이끌고 온 바스카, 에르몰카, 뎀카 무리는 교회 분열 때문에 이주했다고 기록되었다.[34] 정부는 농민(또는 다른 사회 집단이나 유목민)이 볼가 땅으로 이주해 가는 것을 통제할 수 없었다. 농노들의 이동을 확인하고 도망자를 잡아낼 수 있는 방법은 18세기 말이 되어야 마련되었다.

러시아 정교회 수도원은 국가의 상징으로서뿐 아니라 신규 정착 농민과 기존 농민을 통제하는 데, 또한 16세기 후반과 17세기에 볼가 지역 경제를 발전시키는 데 핵심적 역할을 담당했다. 실제로 이 시기의 국가와 교회는 기독교 정교를 통해 러시아의 지배권을 주장하기 위해, 또한 새로 획득한 비기독교 영토에서 군사적·행정적 체제를 확립하기 위해 힘을 합쳤다고 할 수 있다. 수도원들은 볼가강 중류와 하류, 특히 강변의 땅과 농민을 어업권 등 여타 경제적 혜택과 함께 하사받았다. 국가는 땅을 주었을 뿐 아니라 건축 비용까지 지불하기도 했다. 수도원장들은 정교회 신앙의 수호자로서 국가의 기독교 이념을 수호하고 차르에 충성한다는 점에서 국가의 관리나 다름없게 여겨졌다. 수도원들은 농지를 경작하고 무역을 장려했다. 안전한 장소인 수도원 경내에서 무역 박람회가 열리기도 했다.

볼가강 변의 수도원들은 사실상 국가의 역할을 수행했다. 튼튼한 성벽은 적을 막는 또 다른 방어선이 되었고 다른 한편으로는 (적어도 후대에 이르러서는) 이교도 농민을 기독교로 개종시키는 역할을 했다. 수도원을 통해 러시아의 기독교 이데올로기에 농민들이 더 확실히 묶일 것이라 보았던 것이다(하지만 그렇다고 수도원 소유 토지에 이교도 농민들이 사는 것을 반대하지는 않았다. 경작 대가를 쏠쏠하게 받아 낼 수 있었기 때문이다.). 수도원 토지의 농민은 여러 민족인 원주민이거나 유럽 러시아 중심부의 다른 수도원에서 옮겨온 러시아 농민이었다. 이들은 '수도원(또는 교회)' 농민으로 분류되었는데 농노와 별다를 것 없는 신분이었다. 18세기 후반에 이르러서야 수도원과 교회의 토지가 세속화되면서 수도원 농민이 국가에 대해 금전 및 기타 의무를 지는 국가 농민이 되었다. 볼가강 변을 비롯한 각 지역의 교회들은 경제권이 약화되었다.

새로운 영토에서 처음 만들어진 수도원 정착지는 1551년에 이반 4세가 카잔 공격군을 집합시키고 전투에 나가기 전에 축복을 받았던 곳인 볼가강 변 스뱌즈스크였다. 1568년, 이 수도원은 마을 14곳과 농민 83가구를 소유했다.[35] 카잔에 다른 수도원들이 속속 세워졌고 카잔에서 차리친에 이르기까지 볼가강을 따라 러시아 권력의 전초 기지로서 수도원이 늘어섰다. 수도원 단지 중 일부는 너무 커져서 작은 마을처럼 되기도 했다. 볼가강 중류 사마라 근처의 스파소-프레오브라젠스키(구세주의 변모) 수도원은 1670년대에 추바시 농민과 도망자를 포함해 농민 1,000명 이상을 수용하고 있었다.[36] 볼가강 변 마카레보 마을의 마카레프 젤토보드스키 수도원은 1650년까지 농민 가옥을 250채 가까이 소유했는데 곡물을 경작했을 뿐 아니라 곡물 창고 두 개, 정원, 종마 사육장을 갖췄고 수산물 교역까지 하여 18세기 초의 연간 수입이 2,000루블이나 되었다(18세기 후반의 부지사 수입이 연간 1,000~2,000루블, 지사 수입이 3,000~4,000루블이었다).[37] 19세기 후반에 강 위쪽 니즈니노브고로드로 이전되기 전까지 이 수도원은 볼가강 지역의 주요 박람회 장소였다.

수도원들은 토지 경작을 넘어서 볼가강에서 어업을 하고 수산업을 통제하며 단기간에 큰돈을 벌었다. 1750년대까지 강을 오르내리며 물품을 운반하려면 통행료를 지불해야 했다. 수도원들은 많은 수가 강가에 위치해 통행료를 받았고 생선 등 자기 상품을 편리하게 운반했다. 수도원들은 이런 교역을 통해 엄청나게 부유해졌다. 예를 들어 카잔의 질란토프-우스펜스키(성모승천) 수녀원은 볼가강 변의 자기 땅을 통과하는 모든 상품에 대한 통행료 징수권을 보장받았다.[38] 심비르스크의 사보-스토로제프스키 수도원이 주관하는 수산업 무역의 가치는 1700년에 1,000만 루블이라는 어마어마한 규모였던 것으로 추정된다.[39]

볼가강은 러시아 내 주요 무역로가 되었고 수도원의 통제는 강을 통과하는 상품에 대한 러시아의 통제를 확고히 하는 또 다른 방법이었다. 러시아 왕실의 독점 상품이었던 소금 무역은 러시아에서 매우 중요했다. 소금은 유럽 최대 규모의 소금 호수인 엘턴 호수(오늘날의 카자흐스탄 국경 근처)에서 생산되었다. 올레아리우스는 1630년대에 소금 무역이 '번창하는 사업'이라고 하면서 러시아인들이 소금을 볼가강 상류로 운반해 러시아 전역으로 보낸다고 설명했다.[40] 스뱌즈스크의 보고로디차(신의 어머니) 수도원은 아스트라한으로부터 소금을 135톤 이상 수입할 수 있는 허가를 받은 후 이 수익성 높은 무역에서 중요한 역할을 담당했다.[41] 볼가강을 따라 늘어선 수도원들은 운송되는 소금에 대해 통행료를 징수할 수 있었다. 18세기 중반에 국내 통행료가 폐지된 후에도 소금, 보드카, 약용 대황 등의 상품에 대한 독점권은 그대로 유지되었다. 엘턴 호수와 아스트라한에서 수출되는 소금을 처리하기 위해 1600년에는 사마라에 특별 부두가 문을 열었다.

러시아 정부는 남쪽의 새로운 영토를 흡수하고 통제하려는 의지가 분명했다. 주둔군이라는 무력 과시와 함께 정착 정책이 이루어졌다. 군인과 수도원에 토지를 하사하고 그 땅에 농민을 이주시키거나 기존 원주민을 농노화하는 것이 모두 정착 정책이었다. '카잔과 아스트라한의 차르'라는 칭호, 새로운 영토를 통치하기 위한 카잔 사무소 설립, 수도원 건설에 대한 적극적인 지원은 그 땅이 러시아 제국에 완전히 통합되어야 한다는 점을 분명히 했다.

그러나 볼가강 중류와 하류의 땅은 여전히 야생의 개척지였다. 마을과 수도원의 방어벽은 유목민 노가이, 키르기스, 카자흐, 칼미크의 공격을 막을 수 없었다. 방어 군사력도 공격을 막을 만큼 충분히 강하지 못했다. 노가이족은 1615년과 1622년에 사마라를 공격했고[42] 칼미크는 1639년과 1670년[43]에 마을을 습격하여 불을 질렀다.[44] 18세기 초, 스코틀랜드 의사이자 여행가인 존 벨은 사마라의 요새가 타타르족의 침략에 맞설 수 있도록 설계되었다고 언급했다.[45] 사마라는 볼가강 동편에 위치한 탓에 특히 동쪽 유목민들의 습격에 노출되어 있었다. 하지만 강 서편의 사라토프도 1612년에 공격을 받았고 1620년대와 1630년대에는 노가이에게 습격당했다.[46] 공격이 있을 때마다 요새가 강화되고 군사력이 증대되었지만 그렇다고 침입이 사라지지는 않았다. 도시조차 이렇듯 취약했으므로 마을은 완전히 무방비 상태였다.

볼가강 중하류는 안정된 정착지인 서쪽, 언제 유목민이 공격해 올지 모르는 대초원인 동쪽 사이의 경계였다. 하지만 차리친은 남쪽으로부터도 공격을 받았다. 1681년과 1682년에 칼미크족이 침입했던 것이다. 1705년에는 쿠반의 타타르족이 남쪽에서 차리친을 습격해 가축을 훔치고 러시아인 포로들을 노예로 삼았으며 도시를 폐허로 만들다시피 했다.[47] 흑해와 북코카서스 지역의 타타르는 계속해서 위협이 되었다. '적'이 외부에만 있었던 것도 아니다. 러시아인과 비러시아인 농노들은 지주와 정부 세금 징수원에 대항해 반란을 일으킬 수 있었다. 볼가강 지역의 주둔군(머스켓 부대와 코사크)은 소란을 진압할 뿐 아니라 소란을 일으키기도 하는 존재였다. 이제는 폭력과 반란의 장소였던 볼가강을 살펴보도록 하자.

04

볼가강의 폭력
해적, 약탈자, 코사크

1743년 영국 상인 요나스 핸웨이는 볼가강을 따라 페르시아로 가던 중 끔찍한 모습을 목격했다. 강에서 떠다니는 뗏목에 교수대가 세워져 도적들이 매달려 있었던 것이다. 모두에게 경각심을 주기 위한 공개 처벌 방식이었다.

철제 갈고리 여러 개에 갈비뼈가 꿰인 도적들이 산 채로 매달려 있었다. 뗏목에는 죄인임을 알리는 표시가 붙었고 강변 주민들에게는 죽음의 고통을 당하는 죄인들에게 그 어떤 자비도 베풀어서는 안 된다는, 그리고 뗏목이 강둑에 멈춰 서면 밀어내라는 명령이 내려졌다. …… 그렇게 매달린 죄인들은 사흘, 나흘, 심지어는 닷새 동안이나 숨이 붙어 있었다.[1]

고통스러운 형벌은 범죄를 억제하기 위한 것이었지만 동시에 볼가강의 도적질이 얼마나 심각했는지를 보여 주기도 한다.

경찰력이라고는 아예 없었던, 소요 진압이나 범죄자 추적을 위해 주둔지의 신통치 않은 병력에 의존할 수밖에 없었던 18세기 말 이전의 러시아에서 폭력은 일상적으로 일어났다. 농민은 귀족이나 수도원 지주를 배신했고 권력이 큰 귀족은 이웃의 가난한 지주 영지를 공격했으며 모스크바 같은 도시에서도 경제가 어렵거나 전염병이 창궐할 때면 폭동이 일어났다. 마을에 배치되어 주둔하는 병사들은 주민들과 갈등을 빚었고 세금 징수나 병력 징집 시도가 폭력 사태로 이어졌으며 도주 농민, 탈영병, 탈옥 죄수 무리는 선량한 이들을 덮치고 외딴 마을을 습격했다. 종교 축제는 거의 예외 없이 만취와 소란으로 이어졌다. 한 외교관의 기록에 따르면 '모두가 잔뜩 취해 미쳐 날뛰는'[2] 부활절이 가장 위험한 때였다. 취약한 국경 지역에서는 적대적인 외부의 습격이 언제든 일어날 수 있었고 러시아 중심부 거주지들 또한 강도가 들끓었다. 1728년, 볼가 중부의 니즈니노브고로드에서는 안팎의 강도를 소탕하기 위해 특수 보병 연대를 창설해야 했다.[3] 나무로 지어진 도시는 화재가 나기 쉬웠는데 이 역시 소요 사태의 원인이 되었다. 1750년, 니즈니노브고로드에서는 화재 발생 후 약탈을 벌인 농민들이 공개 채찍질을 당했다.[4] 언제든 주민들 간에 폭력이 발생할 수 있었고 가난하고 힘 약한 이들이 가장 큰 피해를 입었다. 1630년대, 홀스타인 고토르프 대사의 비서였던 아담 올레아리우스는 러시아인들이 '개떼처럼 서로를 공격하는 호전적인 사람들'이라고 기록했다.[5]

1767년 볼가강 중류의 시즈란에서는 부유한 상인 한 명이 '다른 상인 표도르 자비르진을 붙잡고 오랫동안 고통스럽게 채찍질했는데 아무도 이유를 몰랐다'는 진술이 나오기도 했다.[6]

당시의 여행은 몹시 위험한 일이었다. 그래서 출발하기 전에 여러 주술 의식을 거쳤다. 도로가 열악했고 깊이 팬 길에서는 마차가 전복되기 일쑤였다. 봄과 가을에 비가 내리면 도로는 진흙탕으로 변했다. 겨울철 썰매 여행은 이동 속도가 더 빨랐지만 갑작스러운 폭풍과 눈보라로 목숨을 잃을 수 있었다. 러시아 시골을 돌아다니며 무방비 상태의 여행자를 공격하는 강도와 탈영병 무리는 날씨만큼이나 위험했다. 광활한 시베리아를 가로지르는 몇 안 되는 도로에서는 탈옥한 죄수 무리들이 출몰했는데 주로 봄에 나타난다고 해서 '뻐꾸기 장군 부대'라 불렸다. 도적들이 몸을 숨길 수 없도록 하기 위해 상트페테르부르크로 이어지는 길의 나무를 싹 다 베어 내기도 했다. 볼가강을 따라 니즈니노브고로드와 아스트라한을 오가는 여행은 위험하기로 악명이 높았는데 대체 경로가 없어 더욱 그러했다. 이곳의 도적 떼는 코사크, 탈영병, 도망 농민, 우랄의 공장에서 탈출한 노동자 등이었다.

1466년, 트베르 출신 상인 아파나시 니키틴은 인도로 가기 위해 볼가강을 따라 여행했다. 카잔을 지나기까지 별문제가 없었지만 아스트라한에서 타타르의 공격과 약탈을 당했다. 일행 중 한 명이 총에 맞았고 러시아인 네 명이 포로로 잡혔으며 타타르인 두 명도 총에 맞았다.[7] 아담 올레아리우스는 '모든 종류의 화약과 발사물, 대포, 수류탄, 기타 무기'로 무장한 배를 타고 1636년, 볼가강을 따라 여행했는데

'사자보다 더 잔인하고 야만적인' 코사크 해적에 대해, 또한 '신보다 약탈을 더 사랑하는 잔혹한 무리' 마리 주민에 대해 경고하는 말을 들었다.[8] 1734년, 체복사리 인근 볼가의 한 섬을 근거지로 삼은 도망 농민 무리는 강을 지나는 많은 상인을 '구타하고 강탈'했다고 전해진다.[9] 1739년에 쓰인 다음 기록은 여행자들을 안심시키려는 목적이지만 여행길에 어떤 위험이 도사리고 있는지 잘 보여 주기도 한다. '사라토프에서 볼가강을 따라 내려가는 물길은 좋은 배와 잘 무장된 호위대가 있다면 그리 위험하지 않다. 그런 상황에서 칼미크나 러시아인 해적을 두려워할 필요는 없을 것이다.'[10] 1740년대의 여행자 요나스 한웨이는 30명, 40명, 심지어 80명씩 무리를 지은 도적 떼가 볼가강에 출몰하기 때문에 배 여러 척이 함께 움직여야 한다고 썼다.

불운한 여행자만 돈과 귀중품을 잃는 것은 아니었다. 볼가강의 도적 떼는 페르시아와 동쪽에서 상류로 운송되는 상품(특히 생선, 소금, 비단)과 러시아 북부에서 하류로 운송되는 상품(모피)이 얼마나 값나가는 것인지, 빼앗은 후 어떻게 운반해 팔면 되는지 잘 알고 있었다. 배에서 빼앗은 상품은 아스트라한 같은 도시에서 아무 문제 없이 거래할 수 있었다. 도적 떼는 (3, 4월부터 11월까지의) 짧은 항해 가능 시기에 볼가강을 무대로 삼았고 다른 때에는 내륙으로 들어가거나 국경 지역을 집중 공격했다. 도적 떼가 타는 길고 바닥이 평평한 배는 신속하게 공격하고 달아나는 데 최적화되어 있었다. 이 배는 속도가 빨랐고 볼가강 중류와 하류의 수많은 모래톱, 섬, 작은 지류(10장에서 설명한다.) 사이를 손쉽게 누빌 수 있어 고립된 선박을 기습 공격한 후 사라지곤 했다. 사라토프 북쪽, 사마라로 향하는 강 동쪽의 '큰 물굽이'는 그런 배들이 은신하기에 특히 좋은 장소였다.

도적 떼는 거의 처벌 받는 일 없이 활개를 쳤다. 물살을 거슬러 상류로 이동하는 배는 짐을 잔뜩 싣고 있어 속도가 느렸다. 여러 척이 선단을 이룬다 해도 한두 척은 고립되기 쉬웠는데 특히 모래톱과 낮은 강 수위로 항해가 어려울 때는 더욱 그러했다. 대규모 해적 떼를 격퇴할 만큼 충분히 배를 무장시키기는 거의 불가능했다. 설사 무장 호위병이 될 만한 인력이 있다 해도 그들을 고용하고 먹이는 데 드는 비용이 엄청나서 경제성이 떨어졌을 것이다. 더욱이 공격을 받았을 때 무장 호위병이 도적 떼에 합류할 가능성도, 안 그래도 불만이 많은 바지선이나 다른 선박 노동자들이 거기 합세할 가능성도 있었다. 상인들은 화물 일부는 어차피 도적 떼나 자연재해로 잃어버릴 수밖에 없다고 체념했다. 1744년, 원로원은 강에 출몰하는 강도와 도둑을 근절하라고 지시했지만 정부의 무력 지원이 없는 한 무의미한 지시였다.[11] 다시 살펴보겠지만 습격과 도적질이 반란으로 간주될 만한 상황이 왔을 때에야 정규 군대가 배치되었다.

도적질의 가장 큰 원천이 강이긴 했지만 볼가강 중류와 하류의 정착지 역시 습격 대상이 되었다. 강 동편에서는 유목민 기마병들이 마을을 덮쳐 주민들을 공포에 몰아넣고 파괴를 일삼았다. 유목민 노가이가 특히 두려움의 대상이었다. 노가이족의 공격은 정착민들에게 방목지를 빼앗겨 가축 방목이 제한되었기 때문이기도 했지만 정착지가 값진 노획물을 제공하기 때문이기도 했다. 말은 특히 귀중했고 남녀

2부 러시아 제국의 볼가강

주민들도 끌고 가 노예로 비싸게 팔거나 몸값을 받아 낼 수 있었다. 볼가강 동편의 독일인 정착민들은 노가이와 다른 민족의 무서운 습격에 시달렸다. 1774년 봄, 독일인 정착지 여러 곳이 키르기스 기병의 공격을 받았다. 마을 한 곳은 폐허로 변했고 주민들이 고문과 학살을 당했으며 300여 명의 생존자는 포로로 잡혀갔다.[12]

앞서 러시아의 요새와 정착지들이 노가이와 칼미크의 습격을 받았다는 것을 보았다. 그러나 볼가강 지역에서 법과 질서를 주로 위협한 존재는 코사크였다. 코사크의 습격은 카잔과 아스트라한 정복기인 16세기 중반부터 활발해졌다. 1554년의 기록에 코사크 약 300명이 '볼가강에서 도둑질을 했다'고 나온다.[13] 1600년에는 500여 명의 코사크가 차리친을 약탈했다. '볼가강과 바다에서' '장사꾼을 상대로' 도적질하던 코사크가 '차리친을 습격해 사람들을 죽였다'는 보고가 올라갔다.[14] 1631년에는 천 명 넘는 코사크가 돈강에서 볼가강으로 내려와 볼가 삼각주, 아스트라한, 카스피해와 페르시아 해안에서 노략질했다.[15] 코사크는 동쪽이나 남쪽의 유목민 및 비러시아인들과 충돌할 수도 있었지만(1655년, 코사크는 타타르인 400명을 생포했다고 전해진다.)[16] 유목민이나 농촌 및 도시의 불만 세력과 힘을 합치게 될 때 가장 위험했다. 과거와 비교해 이런 습격은 국가의 안정에 훨씬 더 큰 위협 요인이 되었다.

코사크는 누구일까? '코사크'라는 러시아어 단어는 투르크어에서 온 것으로 본래는 15세기 대초원의 약탈자, 전사, 도적을 가리키는 말이다. 이는 슬라브인일 수도, 투르크인일 수도 있었다. 17세기까지의 코사크 공동체는 도망친 농노나 농민이 남쪽으로 이동해 국경 지대와 큰 강 유역(특히 돈강, 야이크·우랄강, 테렉강, 볼가강)에 모여들어 만들어진 것이 대부분이었고 러시아 또는 우크라이나 민족 출신이었다. 따라서 코사크는 별개 민족이 아니지만(소련에서는 마치 그런 것처럼 분류되긴 했다.) 독자적인 정체성과 삶의 방식이 점차 확고해졌고 이는 러시아 제국 시대 내내, 나아가 소련 이후 러시아에서도 존재감을 드러냈다.

러시아 제국이 남쪽으로 계속 확장되면서 볼가강을 비롯한 주요 이동로에 요새 연결선 방어망이 구성되었다는 점을 앞서 소개했다. 이들 요새에는 병사들이 배치되어야 했고 새로 획득한 영토에는 정착민들이 자리를 잡아야 했다. 이를 위해 수많은 코사크 공동체가 정부에 의해 공식적으로, 혹은 국경 지대와 남쪽의 큰 강 유역에서 자연적으로 형성되었다. 코사크는 국가를 위해 남쪽을 방어하는 역할인 동시에 주둔군이나 군사 작전 병력으로도 참여해야 했다. 그 대가로 토지와 함께 수익성 좋은 어업권, 군 복무 월급을 받았다. 더 나아가 코사크는 상당한 자율권을 누려 지도자[아타만(ataman)]를 직접 선출하고 나름의 대규모 의회를 꾸려 일종의 민주주의를 실천했으며 사법권을 가졌다.

실질적으로는 부유하고 세력 강한 원로들이 지배했고 러시아 정부의 군 복무 대가에 의존하고 있었으나 코사크 공동체는 자신들이 나름의 규칙에 따라 살아가는 진정한 '자유로운' 영혼이라 생각했고 외부에서도 그렇게 여겼다. 숙련된 기마술과 용맹함이 높이 평가받았고 17세기 초까지는 농사일을 하지 않았다. 러시아 정부에게 코사크는 이중적 존재였다. 타타르, 노가이, 칼미크족의 습격을 격퇴할 때나 전투의 비정규군으로 운용하는 데는 유용했지만 법과 질서를 위협하는 소요 사태의 잠재적 원천이었던 것이다. 18세기 후반과 19세기 초에 이르러서야 코사크가 마침내 길들여져(다음 장에서 설명한다.) 러시아 제국의 수호자가 되었고 모든 반란 세력 탄압에 관여하게 되었다.

카잔과 아스트라한 정복 초기에 코사크는 볼가강 요새들에 정착했다. 당시의 볼가 코사크에서 유명한 인물은 '예르마크'라는 별명으로 알려진 바실리 티모페예비치였다. 그는 1580년대 초에 부유하고 영향력 높은 스트로가노프 가문 휘하로 들어갔고 코사크 무리와 함께 우랄산맥을 넘어 이스케르 외곽의 큰 전투에서 시비르한국을 격파했다. 이어 차르 이반 4세를 위해 '시베리아'를 정복했고 최고급 모피를 차르에게 선물하며 이 지역의 가치를 증명했다. 예르마크의 출신이나 외모에 대해서는 알려진 바가 거의 없다(후대의 연대기에 '얼굴이 납작하고 검은 턱수염에 곱슬머리였으며 신장은 중간 정도, 어깨가 넓었다'[17]고 나오지만 이는 추측에 불과하다.). 그렇다고 해서 돈강 변의 도시 노보체르카스크에서 예르마크가 그 지역 출신임을 알리기 위해 동상을 세우거나 소련 이후의 러시아에서 2009년에 10루블짜리 예르마크 우표를 발행하는 데 문제가 생기지는 않았다. 확실한 것은 예르마크가 카마강과 볼가강의 스트로가노프 함대에서 복무했고 볼가강에서 해적으로 활동했으며 아마도 볼가강 지역 출신이었으리라는 점이다. 예르마크는 소규모 코사크 무리를 이끌고 (원시적으로 무장했다곤 해도) 수적으로 훨씬 우세한 현지인들을 상대로 여러 차례 놀라운 승리를 거둔, 대담하고 용감한 인물이었다. 1585년으로 추정되는 사망 이후 그는 질병 치료 등 여러 기적을 일으키는 신화적 존재가 되었고 이는 볼가강에서 활약한 스텐카 라진이나 에멜리얀 푸가초프 관련 민담 및 노래와 합쳐졌다. 이에 대해서는 아래에서 다시 설명할 것이다.

18세기 초에 공식적인 볼가 코사크 공동체가 설립되었고 차리친 북쪽 볼가강 변 두보브카의 코사크 마을로 코사크 1,000가구가 이주했다. 볼가 코사크는 수가 많지 않았다. 그래서 18세기의 볼가강 반란에 참여했음에도 주역으로 여겨지지 못했다. 그 영광은 돈강의 코사크가 차지했다.

돈 코사크 공동체는 17세기 후반, 러시아 제국 내에서 가장 수가 많고 중요한 존재가 되었다. 생업으로 어업과 목축업을 병행했고 흑해와 카스피해에서 약탈도 했다. 돈 코사크는 자신들의 자치권을 자랑스럽게 여겼다. 수도 체르카스크에 의회가 존재했고 러시아 정부와의 협상도 나름의 외무국[포솔스키 프리카즈(posolskii prikaz)]을 통해야 한다고 주장했다. 하지만 실상은 러시아 정부가 지불하는 병역 보수에 의존하고 있었고 17세기 후반에는 경제적·사회적 어려움을 겪었다. 이는 전쟁 세금과 흉작 때문이기도 했고 새로 도망 온 농민들의 유입으로 제한된 자원이 부족해진 때문이기도 했다. 코사크 공동체

내에서 '구'정착민과 '신'정착민, 부유층과 빈곤층 간의 분열이 심화되었다. 또한 오스만 제국이 코사크 습격을 막기 위해 흑해 북부 해안 군사력을 강화한 것도 영향을 미쳤다. 여러 요인이 복합적으로 작용하면서 상황이 어려워진 코사크는 동쪽의 볼가강과 카스피해 쪽으로 이동해 살길을 찾으려 했다. 국경 통제권을 점점 더 공고히 하던 러시아 제국과 맞서는 돈 코사크의 싸움은 결국 패배할 수밖에 없었다. 그러나 이 점은 아직 분명하지 않았다. 당시 볼가강 지역에서 일어난 두 차례의 중요한 코사크 반란, 즉 1667~1671년의 스텐카 라진과 1773~1775년의 에멜리얀 푸가초프 반란 희생자들에게도 위로가 되는 얘기는 아니다.

스텐카 라진은 비교적 부유한 돈 코사크 가문 출신이었지만 어느 순간부터(아마도 형이 탈영 혐의로 처형당한 1654~1667년의 러시아·폴란드 전쟁 때일 것이다.) 권력자들에게 혐오감을 갖게 되었다. 탁월한 외모에 용감하고 대담한 전략가인 그는 카리스마 넘치는 지도자였고 평범한 코사크, 농민, 도시민의 마음을 본능적으로 이해하는 듯했다. 가진 것을 다 빼앗겨 절망한 코사크, 부유한 상인과 차르 관리들을 증오하는 가난한 도시민, 인원 부족에 시달리다 살기 위해 돌아선 수비대 병사, 강에서 일하며 착취당하는 노동자(라진의 삼촌은 볼가강에서 3년간 바지선 끄는 일을 했다.),[18] 귀족과 수도원 지주에게 복수하려는 (러시아인과 비러시아인) 농민, 혼란을 틈타 강 왼편을 습격하려고 하는 칼미크 부족민, 강제로 기독교로 개종당한 타타르, 유럽 러시아 중심부를 떠나 볼가강 외딴 마을에 정착한 구교도(17세기 중반, 정교회 의식의 변화를 거부한 분리파다. 6장에서 다시 설명한다.) 등이 라진을 지지했다.

　라진은 놀라운 전투력과 추종 인력 확보 능력을 발휘해 볼가강 하류에서 4년 동안이나 큰 혼란을 일으켰다. 1667년 4월, 약 천 명 규모인 그의 무리가 돈강을 출발했다. 그리고 화물을 가득 실은 대형 선단을 공격해 전복시켰다. 생존자들에게 무리에 합류하라고 권했고 거절하면 강에 던져 버렸다. 라진은 볼가강 하류의 차리친을 지나(요새의 병사들은 그를 쏘아 맞추지 못했다.) 항해하였고 야이크강에 있는 야이츠크 요새(푸가초프 반란 이후 우랄스크로 명칭이 바뀌었고 현재는 카자흐스탄에서 오랄이라 불린다.)를 점령했다. 병사 일부가 스텐카 라진 무리에 합세했고 주둔군 사령관에게 충성하는 병사들은 학살당했다. 이듬해 3월, 라진 무리는 야이츠크를 떠나 카스피해로 항해하여 오늘날의 다게스탄 해안을 약탈했다. 이후 페르시아 육군과 함대의 공격을 18개월 동안이나 막아 냈지만 큰 희생을 치러야 했다. 1669년 8월, 라진은 볼가강 지역으로 되돌아갔다. 그리고 아스트라한 총독과 협상이 성사되었다. 코사크가 중화기와 배를 포기하고 페르시아로부터 빼앗은 물품과 사람을 돌려주면 차르가 사면해 준다는 내용이었다. 스텐카 라진은 이를 수락하고 아스트라한에 입성했지만 배와 무기를 포기한다는 약속을 바로 철회했다.

　라진을 둘러싼 전설은 본래도 무성했지만 코사크의 결속을 위해 아름다운 페르시아(또는 타타르) 공주를 볼가강에 제물로 던졌다는 이야기(아마도 허구일 것이다.) 덕분에 더욱 찬란해졌다. 러시아군에서 복무하던 네덜란드인 루드비그 파브리티우스는 다음과 같은 멋진 글로 이를 표현했다.

스텐카는 처음 배를 타고 야이크강에 갔을 때 고리노비치 신에게 했던 약속, 즉 신의 도움으로 행복을 찾는다면 자신이 가진 가장 귀중한 것을 보답으로 바치겠다는 약속을 아직 지키지 못했다. 결국 그는 가련한 여인을 한껏 아름답게 꾸며 강물에 던지며 말했다. "나의 수호신 고리노비치여, 여인을 가지시오. 이 아름다운 존재보다 더 귀중한 것은 내게 없으니."[19]

1669년 9월, 스텐카 라진 무리는 배에 보물을 가득 싣고 아스트라한을 떠났고 차리친에 잠깐 들러 죄수들을 석방한 후 돈강 지역으로 돌아갔다.

그 시기까지의 스텐카 라진은 볼가강 하류의 다소 넓은 범위에서 전통적인 형태의 습격과 약탈을 했다. 그러나 1670년의 다음 행보는 훨씬 더 위험해졌다. 차르를 사악한 영향력으로부터 보호한다는 명목으로 사회 엘리트와 관리를 직접 공격한 것이다. 7,000여 명의 병력을 이끌고 '돈강에서 볼가강까지, 다시 볼가강에서 루스까지 진격하며 차르의 적과 배신자를 처단하고 모스크바에서 반역자 보야르(귀족)와 두마(자문관), 보예보다(총독관), 관리들을 제거해 일반 백성에게 자유를 주겠다'고 선언했다.[20] 엘리트에 대한 그의 복수는 잔인했다. 가장 먼저 함락된 곳은 차리친이었다. 겁에 질린 주민들이 목숨을 건지기 위해 성문을 열었던 것이다. 총독과 그의 충성스러운 병사들이 학살당했고 유일한 생존자 티모페이 투르게네프는 창에 찔려 고통당한 끝에 몸이 창날에 꿰인 채로 볼가강에 던져졌다.[21] 지원군 또한 항복할 수밖에 없었다. 장교들은 모두 볼가강에서 익사했고 병사들은 라진 무리를 위해 노를 저어야 했다.

반란군은 남쪽으로 방향을 틀었고 병사들이 장교들에 맞서 반란을 일으킨 볼가강 변 체르니 야르 요새를 점령했다. 상인들의 상품과 돈을 빼앗아 더 많은 전리품을 확보한 다음 아스트라한을 점령했는데 공포에 질려 장교들을 배신한 주둔군 병사들 덕분에 기습 전술이 효과를 발휘할 수 있었다. '기독교 양 떼를 덮친 늑대'라는 정부 보고서의 표현대로[22] 라진은 공포 통치를 펼쳤다. 관리와 그 자녀뿐 아니라 부유한 상인(러시아인 여부는 관계없었다.)과 성직자들까지 고문하고 학살해 사방이 피로 물들었다. 파브리티우스는 라진 무리가 '사람을 거꾸로 매달고 갈비뼈에 구멍을 뚫어 철제 갈고리에 꿸 것'이라고 기록한 바 있는데 아스트라한 총독 비서가 바로 그러한 운명을 맞았다. 총독은 고문을 당한 후 탑에서 내던져졌다. 부유층이나 특권층과 연루된 이는 아무도 무사하지 못했다.

보야르 프로조로프스키의 두 아들은 거꾸로 매달리는 교수형을 당했지만 하루가 지난 후 루자르라는 코사크 장교가 이들을 불쌍히 여겨 줄을 잘라 주었다. 둘째 아들(8세)은 다리를 못 쓰게 되었지만 목숨은 건져 어머니에게 보내졌다. 큰아들(16세)은 빈사 상태로 탑에서 내던져졌고 그렇게 아버지의 뒤를 따랐다.[23]

1670년 여름, 충성스러운 코사크 6,000여 명을 거느린 스텐카 라진은 아스트라한에서 볼가강을 따라 위로 올라가며 체르니 야르와 차리친에서 더 많은 병력을 확보했다. 소규모 수비대가 전부였던 사라토프는 전투 없이 항복했다. 러시아, 추바시, 마리, 모르도바 등 여러 민족 출신의 농민들은 사악한 보야르에 대항한다는 라진의 단순한 메시지에 동조했고 지주, 그리고 반란을 지지하지 않는 성직자에게 보복했다. 라진은 무리의 바지선 한 척에 '총대주교 니콘'상을 설치하고 농민들이 그 십자가에 입을 맞추도록 하기도 했다. 라진의 지지자 중에는 총대주교 니콘의 정교회 개혁을 격렬하게 거부한 구교도들이 포함되어 있었지만 라진은 볼가 지역 출신인 니콘 총대주교의 모습이 무리에 진정한 권위를 부여한다고 여겼던 것 같다. 9월에는 반란군이 강을 거슬러 심비르스크까지 올라갔고 그곳에서 카잔과 니즈니노브고로드로 가려 했다. 하지만 수적으로 우세한 상황에서 한 달이나 포위 공격을 했음에도 잘 방어된 요새를 무너뜨리지 못했다.

10월, 지원군이 심비르스크에 도착해 라진의 군대를 격퇴했다. 라진과 많은 코사크가 배를 타고 볼가강을 따라 탈출했고 남은 이들은 처형당했다. 추종자들이 등을 돌렸고 볼가강 변의 사라토프와 사마라는 라진에게 성문을 열어 주지 않았다. 어쩔 수 없이 돈강으로 되돌아간 그를 차르에 충성하는 돈 코사크들이 붙잡았다. 그는 누더기 옷을 입고 쇠사슬에 묶인 채 수레에 실려 모스크바로 끌려갔고 동생 프롤카는 그 수레에 개처럼 묶였다. 라진은 가혹한 고문을 당한 끝에 1671년 6월, 붉은 광장에서 사형에 처해졌다. 그의 머리와 팔다리는 장대

위에 매달렸고 몸통은 개들에게 던져졌다. 그렇게 반란은 끝났다.

반란군은 점령한 모든 마을에서 잔혹 행위를 저질렀다. 처벌뿐 아니라 지역 주민을 공포에 몰아넣고자 한 정부의 보복은 그보다 훨씬 더 잔혹했다. 전투나 후퇴 중에, 그리고 보복 과정에서 수만 명이 학살당했다. 반란군은 죽을 때까지 창에 찔리거나 채찍질 당하는 고문을 받았다. 모든 마을에서 공개 처형과 고문이 이루어졌고 훼손된 시신들은 시장 광장 등 중심지에 내걸리거나 바지선에 실려 볼가강을 떠다녔다. 코사크 마을과 농민 마을 전체가 초토화되었는데 반군 11,000명 이상이 처형된 것으로 추정된다.[24] 비러시아인들도 똑같이 탄압받았다. 마리 농민 약 400명이 참수되었고 사지가 절단된 사람은 100명이 넘었다.[25] 사이코패스가 아무 제지 없이 잔인한 보복을 가할 수 있는 상황이었다. 야코프 오도엡스키 대공이 아스트라한을 탈환한 후 수많은 주민이 고문당하고 생매장되었다.

마침내 사람이 몇 남지 않게 되자 대공은 도시를 완전히 파괴한 후 도시 바깥에 집들을 새로 세우라고 명령했다. 집이 반쯤 완성되자 다시 모두 허물어 성안으로 옮기라고 했다. 말이 한 마리도 없었으므로 남녀노소가 직접 수레를 끌어야 했다. 과중한 노동으로 임산부들이 쓰러졌고 아이를 낳다가 죽는 일이 허다했다. 오랜 폭정이 끝난 후 남은 사람은 할머니들과 어린아이들뿐이었다.[26]

잔혹한 진압은 또 다른 반란을 예방하기 위한 것이었다. 단기적으로는 성공이었지만 장기적으로 보면 볼가강 지역의 분노를 키우고 이후의 반란을 가중시켰을 뿐이다. 라진에게 끔찍한 꼴을 당했던 아스트라한은 반란의 원인에 대해서도, 군사적 방어 면에서도 교훈을 얻지 못한 것 같았다. 1705년, 주둔 병사들 사이에서 시작된 반란에 주민들까지 합세했다. 병사들은 곡물 배급이 줄어들 것이라는 소문을 들었고, 주민들은 8년 동안 뇌물을 받고 말을 빼앗아 많은 이를 파탄에 몰아넣은 부패 총독 티모페이 르제프스키를 미워했던 것이다. 반란의 기저에는 표트르 대제의 근대화 개혁 조치에 대한 반발이 깔려 있었다. 스텐카 라진의 반란 때처럼 차르에게 직접 도전하지는 못했지만 '신앙을 바꾸고 유럽 문물을 들여오며 독일 복식을 입게 하고 수염을 깎으라고 강요하는(이는 농민과 상인 모두가 싫어한 조치였다.) 거짓 차르'라는 소문이 파다했다.[27] 르제프스키는 간이 재판을 거쳐 처형되었고 귀족과 관리 300여 명이 학살당했다. 반란군은 차리친으로 진격했다가 정규군에게 패배했다. 체포된 이들은 고문을 받고 처형되었다. 1708년, 차리친이 다시 습격당했다. 콘드라티 불라빈이 이끄는 코사크 무리가 총독을 죽이고 도시를 폐허로 만들었던 것이다.[28]

러시아의 마지막 대규모 코사크 반란은 1773~1775년에 에멜리얀 푸가초프가 주도했다. 스텐카 라진 때처럼 코사크, 농민, 비러시아 민족, 구교도 등 다양한 집단이 이 반란에 참여했다. 그러나 푸가초프 반란은 볼가에서 동쪽으로 훨씬 더 멀리 퍼져 나갔고 정착민들에게 전통적 방목지를 빼앗기고 국가에 세금을 내게 된 것에 대한 바시키르족의 저항 표출이기도 했다. 우랄 지역 공장 노동자들도 반란군이 되었는데 이들은 지주에게 강제로 끌려와 처참한 상황에서 일하게 된 시골 농노였다. 볼가강은 이 반란의 두 번째 단계, 즉 푸가초프 군대가 강을 따라 내려가며 주요 도시를 공격할 때 중요한 역할을 했다. 푸가초프는 주인에게 맞서라며 농노들을 선동했고 강 양쪽에서 혼란이 확산되었다.

푸가초프는 귀족과 관리 엘리트를 증오하고 복수를 꿈꿨다는 면에서 스텐카 라진의 전통을 계승했지만 한 걸음 더 나아갔다. 자신을 진정한 차르, 즉 1762년 예카테리나 여제의 지지자들에 의해 축출되고 살해된 여제의 남편인 표트르 3세로 내세웠다. 차르를 사칭하는 것은 러시아에서, 특히 외딴 지역이나 국경 지대에서 자주 나타나는 일이었다. 반란에 정당성을 부여하고 단순한 민중을 설득하기 쉬웠기 때문이다.[29] 푸가초프는 (오렌부르크 인근의) 베르다에 정교하고도 기괴한 '궁정'을 만들고 화려한 옷차림을 했으며 표트르 3세의 아들(훗날의 차르 파벨) 초상화를 보며 자기 아들이라 부르는가 하면 동료 코사크들에게 예카테리나 주요 각료의 이름을 붙여 놓고 자신을 떠받들게 했다. 그의 외모가 표트르 3세와 전혀 닮지 않았다는 점은 문제 되지 않았다. 전투 패배 후 그의 출신을 훤히 아는 동료 코사크들에게 배신당하기 전까지는 최소한 그러했다.

푸가초프도 스텐카 라진과 마찬가지로 돈 코사크였고 심지어 같은 공동체 출신이었다. 1770년대가 되었을 때 돈강 유역은 훨씬 안정된 상태였다. 코사크 공동체는 사회적으로 계층화되었고 국가의 통제력도 확립되었다. 이 때문에 푸가초프는 볼가강 동쪽의 야이크강에 있는 상대적으로 초기 단계였던 코사크 공동체를 대상으로 삼았다. 구교에 대한 동정심이 크고 정부 관료주의가 코사크의 생활에 자리 잡기 시작한 곳이었다. 푸가초프가 그곳에 가기 한 해 전, 러시아 정규군에 완전히 편입되어 수염을 깎아야 할 것이라는 소문이 돌면서 촉발된 야이크 코사크의 반란이 잔혹하게 진압된 적이 있었다. 이로 인해 반란의 기운이 가득하던 지역인 만큼 진정한 차르인 자신이 코사크의 자유를 회복하고 권력자들을 처단하겠다는 푸가초프의 메시지는 열광적으로 받아들여졌다. 야이크강 변의 요새와 정착촌은 빵과 소금으로 푸가초프의 군대를 환대했다(푸가초프 무리는 잘 방어된 야이츠크 요새를 우회하는 현명함을 발휘했다.). 공장 노동자와 바시키르 출신 병력이 다수 충원되었고 이들이 푸가초프 군대의 거의 절반을 차지했다. 푸가초프 군대는 오렌부르크를 6개월 동안 포위했고 이와 동시에 바시키르인들은 우파를 포위했다. 두 도시 모두 러시아가 새로운 영토를 통제하는 행정 중심지였고 세금 징수원 등 관리들의 거주지라는 상징적 의미를 지니고 있었다. 두 곳의 수비대는 항복하면 유혈 보복이 있으리라 판단하고 저항했다. 3월, 두 도시가 포위를 벗어났다. 대포로 공격하는 정규군이 우파의 바시키르족과 타티셰프 요새의 푸가초프 군대를 물리쳤던 것이다. 푸가초프는 탈출했지만 반군 수천 명이 사망했다.

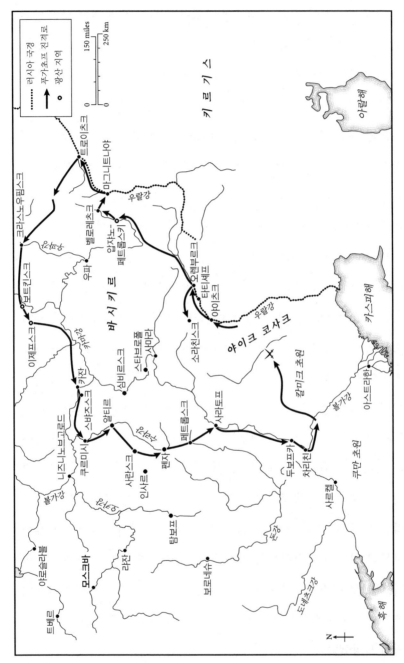

지도 6. 볼가강의 푸가초프 반란

2부 러시아 제국의 볼가강

반란은 진압된 듯했다. 하지만 푸가초프는 진격 방향을 볼가강 쪽으로 틀었고 모스크바로 향하는 길목인 카잔을 공략했다. 1774년 7월, 약 7,000명의 푸가초프 군대가 카잔 외곽으로 밀고 들어가 스텐카 라진에 버금가는 규모의 약탈과 살육을 자행했다. 단 하루 만에 162명이 살해되고 129명이 부상을 당했으며 468명이 실종되었고 주택 2,873채 중 2,063채가 화재로 소실되었다. 도시는 잿더미로 변했다. 반군은 국가 기관을 표적으로 삼아 법원과 세관을(현금은 대부분 미리 옮겨진 상태였다.) 불태우고 감옥 문을 열었다. 부유한 시민 다수가 일찌감치 피신한 후였으므로 희생자는 주로 가난한 수공업자, 하급 관리, 여성이었다.[30] 카잔 성채의 군인들은 항복하지 않았고 다음 날 정규군이 도착하면서 반군은 후퇴해 볼가강 건너로 피신해야 했다.

푸가초프는 다시금 전열을 재정비했다. 강을 따라 남쪽으로 내려가서는 니즈니노브고로드에서 사라토프에 이르는 볼가강 양안의 광활한 시골 지역에서 무려 300만 명이 참여한 농민 폭동을 일으킨 것이다. 푸가초프는 억압적인 귀족 지주와 관리들을 축출하고 징병과 세금 등 국가 의무를 면제해 주겠다고 약속하며 농민들의 마음을 샀고 '(가로줄이 세 개인) 구교의 십자가, 머리와 수염, 자유와 해방'을 약속했다.[31] 다시 말해 완전한 자유, 그리고 전통적 방식의 일상 및 신앙 회복을 내세운 것이었고 이는 강력한 결집 동기가 되었다. 러시아인과 비러시아인 농민이 봉기해 푸가초프에 충성하는 무리를 결성한 후 시골 마을들을 휩쓸며 헛간, 곡물 창고, 저택에 불을 지르고 저항하는 지주, 관리, 성직자들을 처형했다.

볼가강 시골은 공포에 휩싸였다. 귀족 안드레이 볼로토프는 카잔이 약탈당한 후 푸가초프가 '귀족과 지주를 싹 다' 죽이고 모스크바로 가는 중이라는 소문이 돌았다고 기록했다.[32] 영지 관리인이었던 이반 코지레프는 심비르스크의 지주에게 이렇게 전했다.

저들은 귀족, 지주, 영지 관리인 등 직급을 막론하고 권력자들을 닥치는 대로 죽이고 있습니다. 저택을 부수고 남김없이 약탈하고는 목숨 붙은 건 모두 죽여 버립니다. 어리숙한 사람을 군중에게 던져 주어 잔혹한 처벌 분위기를 만들기도 합니다.[33]

파벨 파닌 장군의 추산에 따르면 귀족 1,572명(남성 796명, 여성 474명, 어린이 302명)이 죽임을 당했는데 665명은 교수형, 635명은 몽둥이찜 질 또는 고문, 121명은 총살, 72명은 칼 찔림, 64명은 참수, 15명은 익사를 당했다.[34] 겁에 질려 반군에게 문을 열어준 소도시들도 법원과 세관 약탈, 행정 관리나 부자 상인에 대한 고문과 살해를 피하지 못했다. 사렙타 남쪽의 독일인 정착지도 약탈당해 들판은 '폐허'로 변했다.[35]

1774년 8월, 푸가초프 군대가 사라토프에 입성했고 3일 동안 만취, 약탈, 파괴의 혼란이 이어졌다. 부유한 상인들은 대부분 떠난 후였지만 반란군은 남은 적들에게 복수를 가해 귀족 22명, 관리 11명, 상인 10명을 처형했다.[36] 관공서가 약탈당하고 공문서가 볼가강에 던져졌다.[37] 코사크의 도시 두보프카에서도 같은 일이 반복되었다. 사라토프의 바지선 끄는 노동자들의 도움을 받아 푸가초프는 약 1,000명의 병력을 볼가강 남쪽 차리친으로 보낼 수 있었다. 그 와중에 푸가초프 군대는 차리친 공격을 시작했지만 요새가 굳건히 버티며 포격으로 응수해 철수할 수밖에 없었다. 사라토프에서 병력을 싣고 내려온 배는 전투가 끝난 후에야 도착했고 격렬한 포격을 당해 바로 물러섰다. 강을 따라 더 남쪽으로 이동한 푸가초프의 군대는 체르니 야르 요새에서 정규군과 맞섰고 주로 농민군으로 구성된 반란군은 결정적인 패배를 당했다. 푸가초프는 다시 탈출했지만 환상에서 깨어난 코사크들의 배신으로 당국에 넘겨졌다.

푸가초프는 일단 야이츠크로 보내졌다가 동물처럼 웅크리고 있어야 하는 쇠 우리에 갇힌 채 모스크바로 이송되었다. 예카테리나 2세는 (고통스러운 처형을 당한) 스텐카 라진처럼 또 다른 순교자가 만들어질 것을 염려했고 그런 야만적 모습이 외국에 가할 충격을 의식해 푸가초프에 대한 고문을 허락하지 않았다. 그는 비밀 법정에서 재판을 받고 유죄 판결을 받은 후 교수형을 거쳐 신체를 네 부분으로 절단당하는 처벌이 확정되었다. 하지만 예카테리나 2세는 푸가초프를 일단 먼저 참수하라고 명령해 군중을 실망시켰다. 푸가초프 추종자들은 이후 몇 달 동안 볼가강 지역 여러 도시와 마을에서 교수형, 채찍질, 고문, 신체 절단 등 한층 잔인한 형벌을 받아야 했다.

두 차례의 반란은 완전히 진압되었지만 민간의 기억과 민담으로 살아남았다. 라진은 거의 백 년 전의 전설적 코사크 예르마크가 가졌던 마법의 힘을 지니고 있어 특별한 뗏목을 타고 볼가강 위를 날듯이 오간다고 했다.[38] 민담과 전설 속에서 푸가초프는 자신을 폐위시킨 아내(예카테리나 2세)와 신하들의 배반을 말없이 받아들인 후 예루살렘과 콘스탄티노플로 성지 순례를 다녀온 뒤 백성을 구원하기 위해 반란을 주도한, 마치 그리스도 같은 성자 차르로 묘사되었다. 푸가초프는 자신이 진정한 차르임을 증명하는 특별한 표식이 자기 가슴과 머리에 있다고 주장한 바 있다.[39] 어디에서든 빠져나갈 수 있는 스텐카 라진의 마법적 힘은 푸가초프에게도 있었다고 전해지는데 감방 벽에 말(馬)을 그려 넣어 탈출할 수 있다고 했다. 라진과 푸가초프는 모두 재림 전설의 일부가 되었고 시와 노래에서 '눈부신 태양'이라 불리곤 한다. 메시아적 인물에 붙이는 이 표현은 러시아에 기독교를 전래한 키예프의 블라디미르 대공으로까지 거슬러 올라간다.

라진과 푸가초프에 대한 전설은 한데 모아졌다. 일부는 라진이 모스크바에서 처형되지 않았다고 믿었다. 라진이 죽지 않고 산속에 갇혔다가 심판의 날에 돌아올 것이라는 이야기도 무성했다. 100년의 세월이 흐른 후 등장한 푸가초프는 새로운 메시아 라진의 재림이라고도 했다. 볼가 지역의 민중은 푸가초프를 잊지 않았다. 수년 동안이나 사라토프 농민들은 그리스도가 아닌 푸가초프의 탄생과 죽음을 기준으로 날짜를 계산했다고 한다.[40] 반란이 진압되고 60년이 지났을 때 시인 알렉산더 푸시킨은 베르다(푸가초프가 '궁정'을 세웠던 곳)의 한 농민이 "누군가에게는 푸가초프겠지만 저에게는 아버지이신 차르 표트르 표도로비치입니다"라고 말하는 것을 들었다.[41] 결국 푸가초프의 처형은 볼가강 및 다른 지역에서 또 다른 '표트르 3세'가 등장하는 것을 막지 못했다.

볼가강은 특히 스텐카 라진 반란 관련 민담의 중심이었다. 아스트라한의 강에서 그가 사랑하는 여인을 제물로 바친 이야기는 민담과 노래에 남았다. 푸시킨의 미발표작 「오네긴의 여정」에는 볼가강 배 끄는 노동자들이 라진의 업적을 노래하는 장면이 나온다.

볼가강이 부풀어 오르네.
배의 강철 갈고리를 잡아당겨 끄는 사내들이
우렁찬 목소리로 노래하네.
그 강도의 소굴에 대해
그 무모한 침략에 대해
오래전, 스텐카 라진이
볼가의 물결을 피로 물들였을 때에 대해
불태워지고 살육된
초대받지 않은 손님들에 대해 노래하네.[42]

「스텐카 라진」 혹은 「볼가, 볼가, 어머니 볼가」라는 제목이 붙은 노래는 1883년에 쓰였지만 곡과 가사 모두 민간에 전승되던 것을 정리한 것이다.

볼가, 볼가, 어머니 볼가

볼가, 러시아의 강

돈강의 코사크로부터

이런 선물은 처음일 것!

평화가 영원하기를

이 무리가 자유롭고 용감하기를.

볼가, 볼가, 어머니 볼가

이 사랑스러운 소녀에게 무덤을 만드소서!

볼가강은 코사크들이 갈망하고 약속했던 자유의 상징이었다.[43] 볼가강은 고향이자 동지이자 방어막이었다. 적을 공격하는 수단이면서 우세한 적으로부터의 피신로였고, 풍요로운 카스피해로 남하하는 통로이면서 수도 모스크바로 연결되는 길이었다. 라진을 도적 아닌 의적 로빈 후드로 그려낸 노래 200여 곡이 지금까지 전해진다. 19세기와 20세기에 이런 노래가 수집될 수 있었다는 것 자체가 그 영향력이 얼마나 오래 지속되었는지 보여 준다. 1820년대에는 이런 노래가 모스크바의 지식층 사이에서도 인기를 얻었다. 볼가강 변의 바위, 언덕, 계곡, 묘지 다수 명칭이 라진의 이름을 딴 것이다. 한밤중에 사라토프 남쪽의 라진이라는 언덕을 오르면 스텐카 라진이 치른 '계층 전쟁'의 비밀을 알 수 있다고도 한다.[44]

라진을 기억하고 재림을 믿은 것은 러시아인이나 코사크만이 아니었다. 널리 알려진 추바시 노래 「갑자기 스텐카 라진이」는 교회에

안치된 라진의 시신이 갑자기 '고개를 들고 일어나 앉았다'는 내용을 담고 있다. 그리고 추바시의 시 「73의 해」는 푸가초프를 기린다.

> 그를 붙잡아 꽁꽁 묶었네.
>
> 아아, 그를 붙잡았네.
>
> 그를 붙잡아 거친 사시나무에 매달았네.
>
> 나무 위 가장 높은 곳에.[45]

라진과 푸가초프는 19세기 급진파와 보수파 모두에게 농민 대중 재봉기의 기회 혹은 경고로 받아들여졌다. 1812년 모스크바에 입성한 나폴레옹은 기록 보관소와 공공 도서관에 푸가초프 반란 관련 자료를 요청해 연구하고자 했다. 농민 대표단이 자신을 찾아와 자유에 대한 지지를 호소할지 모른다고 예상했던 것이다. 그런 일은 일어나지 않았다. 사실 나폴레옹은 농민 봉기를 두려워했다. 봉기가 일어나면 보급에 차질이 생기고 알렉산드르 1세와의 평화 조약 체결에 방해가 될 수 있었기 때문이다.[46] 1861년 농노 해방 이후 푸가초프식의 또다른 반란이 이번에도 역시 볼가강 지역에서 터졌다. 반란군 지도자이자 구교도였던 안톤 페트로프 역시 처형 이후 빈자를 위해 자신을 희생한 그리스도와 같은 순교자로 묘사되기 시작했다. 라진이나 푸가초프 때처럼 말이다. 그의 무덤에서 불꽃이 피어오르고 천사가 나타나 부활 임박을 알렸다고 전해진다.[47]

1870년대에는 급진적 인민주의자들이 시골로 들어가 자신의 활동을 라진과 푸가초프 반란과 연결시키면서 농민들을 혁명적 대의에 끌어들이려 했다. 1880년대의 아나키스트 미하일 바쿠닌은 라진과 푸가초프가 사회 혁명의 영감을 주었다고 언급했다. 1911년, 카리스마 넘치는 열렬한 반유대주의자인 우익 승려 일리오도르(세르게이 미하일로비치 트루파노프)는 기적을 일으키는 성상화를 카잔으로 돌려보내야 한다며 사라토프에서 볼가강을 따라 증기선 두 척으로 이동하는 순례 여행을 조직했다. 이 성상화는 이미 사라진 지 오래였고 여러 모로 상황이 기묘했지만 돈 코사크 출신인 일리오도르가 순례 여행을 볼가강 유역의 대규모 봉기 첫 단계로 보면서 자신을 스텐카 라진과 직접 연결시키고 '돈강은 민중 분노의 강'이라 말했다는 점은 주목할 만하다.[48] 1908년, 러시아에서 「스텐카 라진」이라는 영화(알렉산드르 드란코프 제작)가 큰 인기를 얻은 것도 놀라운 일이 아니다.[49]

러시아 마르크스주의자들은 농민과 코사크의 반란을 봉건적 억압에 대한 후진적이고 무가치한 폭력 사태라 보았다. 그러나 볼셰비키혁명 이후의 러시아에서 가장 가난한 농민도 혁명 계급으로 볼 수 있다는 이데올로기 해석이 나오면서 농민 반란이 한층 긍정적으로 다뤄지기 시작했다. 스텐카 라진과 관련된 구전 노래를 수집한 것은 1920년대의 소련 학자들이었다. 모스크바의 역사 박물관은 사회 봉기를 주제로 라진과 푸가초프 전시실을 마련하기도 했다(애석하게도 지금은 다른 전시실로 바뀌었다.). 국가에 대한 '인민'의 반란 미화는 위험하게 여겨질 수 있다. 1960년대에 작가이자 영화 제작자인 바실리 슉신이 스텐카 라진을 소재로 『너희에게 자유를 주러 왔다』라는 소설을 썼지만 영화화하려는 시도는 실패로 돌아갔다. 소련 당국이 지나치게 선동적이라고 판단했던 것이다. 이 소설은 슉신이 볼가강의 증기선에서 다른 영화를 만들다가 사망한 1974년에야 출판되었다.

소련 시대의 도시, 마을, 거리는 라진과 푸가초프 두 사람의 이름을 가져오기 일쑤였다. 볼가강 상류의 트베르에는 제방이 두 개 있는데 왼쪽은 1460년대에 볼가강을 따라 페르시아와 인도로 갔던 트베르 상인 아파나시 니키틴의 이름을 땄지만 오른쪽은 트베르와 아무 관련 없는 라진의 이름으로 아직까지도 불리고 있다! 라진 기념비도 많이 만들어졌는데 임시 기념비도 있었고 예상치 못한 곳에 세워진 것도 있었다(대량 학살이 벌어졌던 아스트라한과 카잔에서 가해자를 기리는 것은 부적절한 일이 아닐 수 없다). 1919년 5월 1일, 블라디미르 레닌은 모스크바에 라진 기념비를 세우고 '반란 농민 대표 중 한 명'이라 하였다.[50] 1972년, 로스토프나도누에 만들어진 기념비는 코사크 동료들, 볼가강 물에 던져지기 직전의 공주와 함께 배를 타고 있는 라진의 모습을 보여 준다. 볼고그라드주의 작은 마을로 인구 약 14,000명 규모의 스레드나야 악투바에는 스텐카 라진 동상이 서 있다. (푸가초프에게 성문을 열어 주었던) 사란스크에는 커다란 푸가초프 동상이 있다. 현재 카자흐스탄 영토인 오랄(푸가초프가 점령하지는 않았지만 반란이 시작된 지역의 주요 도시인 야이츠크의 새로운 명칭)에 지어진 목조 주택은 푸가초프 박물관으로 왕좌, 청동 종, 반군 깃발, 총, 모스크바에 끌려갈 때 갇혔던 쇠 우리(복제품) 등이 전시되어 있다. 1973년, 반란 200주년을 기념하는 소련 우표에는 (예르마크와 아주 흡사한) 푸가초프의 모습이 등장하기도 했다.

　부자들을 표적으로 삼는 도적 라진은 20세기 초 볼가강을 배경으로 삼은 보리스 아쿠닌의 추리 소설 『펠라게야와 붉은 수탉』(2003)에도 등장한다. 볼가 증기선에서 시작되는 이야기에서 좀도둑 한 명이 '라진'이라 불리는 것이다. 작가의 설명은 이렇다.

　스텐카 라진 무리에 대해 알려진 것은 무엇일까? 눈에 잘 띄지 않는 소수의 사람들, 그러나 그들이 없다면 볼가강은 마치 모기 없는 늪처럼 볼가강이 아닐 것이다. 강변에서 남들 주머니를 터는 전문가는 그리 존경받지 못하지만 라진은 존경받는다. 왜냐하면 기억조차 할 수 없는 오래전부터 우리 곁에 존재했기 때문이다. 라진(razin)이라는 이름은 면도칼(razor)처럼 예리한 이들을 뜻한다는 주장도 있지만 라진 무리는 위대한 어머니 강에서 뚱보 부자들을 털던 도적 아타만 스텐카 라진에서 따 왔다고 말한다. 물론 평범한 이들은 이것이 그저 미화된 말일 뿐이라고 주장한다.[51]

　라진과 푸가초프에 대한 기억과 추모가 반란의 완전한 실패를 덮을 수는 없다. 라진의 군대는 몇 차례 놀라운 승리를 기록했지만 이것이 지속되지는 않았다. 푸가초프는 정규군과 맞섰을 때 연달아 패배했다. 두 인물 모두 민중의 지지와 공포심에 의존했다. 전투 없이 항복한 수비대, 보복이 두려워 성문을 열어준 주민들, 반란이 정의라고 확신하는 순진한 농민과 비러시아 민족들이 없었다면 그나마의 승리도 없었을 것이다. 라진과 푸가초프를 위해 싸우다 죽겠다는 사람들이 수없이 많았지만 제대로 전투 능력을 갖춘 경우는 코사크(푸가초프의 경우 바시키르족까지 포함된다.)뿐이었다. 라진과 푸가초프의 최측근 코사크들은 반란 실패를 직감했을 때 배신하고 자기 목숨을 구하려 했다. 게다가 반란군의 목표는 불가능한 것이었다. 역동적으로 팽창하는 근대 국가 러시아가 코사크, 유목민, 농민이 바라는 옛 시절의 '자유'로 되돌아가는 일은 결코 일어날 수 없었기 때문이다. 그러나 이들 반란은 국경 지대, 특히 볼가강 지역에서 러시아 제국의 통제력이 얼마나 취약한지를 잘 드러냈다. 18세기 후반과 19세기 초, 러시아 제국은 통제력 강화를 위해 일련의 정책을 펼쳤다. 이제부터는 그 측면을 살펴보자.

05

볼가 길들이기
국경 지대의 러시아 제국

볼가, 그 명성대로 거칠게 흐르는 강,

이반 뇌제 차르가 타타르 정벌을 위해 지나갔을 때

너는 요란한 물소리로 남쪽을 위협했지.

표트르 대제가 거만한 페르시아에 벼락을 내렸을 때에도.

하지만 이제는 고요히 흘러가는 것이 옳으리.

예카테리나가 모두에게 평화를 안겨 주었으니.

　　　　　　　　　　 – 데르자빈, 「여제가 카잔으로 가는 길」(1767)[1]

　가브릴라 데르자빈의 이 시는 이반 4세, 표트르 1세, 예카테리나 2세 통치기 때 볼가강의 모습을 대비시키면서 예카테리나 2세가 볼가강을 찾았던 치세 초기 즈음, 강물이 고요해지고 국가에 '길들여진' 모습이었음을 보여 준다. 모든 제국이 그랬듯 러시아 제국도 새로운 영토와 새로운 국경에 대한 통제권을 확립해야 했고 이는 볼가강의 경제적, 전략적 중요성 때문에 더욱 중요했다.

카잔과 아스트라한 정복 후 러시아 정부가 남쪽의 새로운 국경을 통제하고 정착지를 만들기 위해 신속히 움직였다는 점을 앞서 이미 살펴보았다. 그럼에도 17세기 후반과 18세기에 일어난 반란과 소요는 강 중류와 하류의 무법 상태를 드러냈고 반란 진압이 얼마나 어려운지 알려 주었다. 18세기 후반이 되어서야 볼가강 지역 전체, 특히 카잔에서 아스트라한에 이르는 지역에 대한 확고한 통제력이 확립되었다. 정부 정책은 러시아 제국의 결단력과 유연성을 함께 담고 있었다. 러시아 정부는 병력과 관리 규모를 늘려 국가의 물리적 존재감을 높였고 주민들의 이동과 정착에 대한 결정권을 행사했다. 동시에 다른 한편으로는 비러시아인들에게 어느 정도의 제도적 자율성을 허용했고 러시아의 지배력을 확실히 하는 문화 정책을 추진하되 비러시아인에게도 혜택을 주었다. 중앙 권력을 위협하지 않는 문화적 고유성에는 관용을 베풀어 '차이의 제국'이라는 별칭을 얻기도 했지만 이는 소규모 관료와 제한된 군사력으로 변방을 통제하기 위한 실용적 수단이기도 했다. 그 결과 19세기 초에는 볼가강 북쪽에서 남쪽에 이르는 지역 전체가 제국에 편입되었다. 그렇다고 해서 도시와 시골에서 소요가 전혀 없었다거나 비러시아 유목민들이 정착 사회에 완전히 흡수되었다는 뜻은 아니다. 하지만 코사크와 농민들의 반란은 끝이 났다. 이제 러시아 제국의 새로운 남쪽 국경은 볼가가 아닌 북코카서스였다.

❋

이전 장에서 보았듯 라진과 푸가초프 반란 실패 이후 볼가 지역에서의 즉각적인 대응은 야만적인 보복이었다. 예카테리나 2세는 이전 반란들에 대한 잔인한 진압을 보고 분노한 민중이 결국 푸가초프를 지지하게 되었다는 점을 인식하고 처형 대상자를 줄이라고 했지만 지시는 제대로 이행되지 못했다. 그러면서도 여제는 푸가초프 반란과 관련된 지명을 가차 없이 지도에서 지워 버렸다. '야이크'였던 강과 도시, 코사크 공동체는 '우랄'로 대체되었다(우랄강이라는 명칭은 지금도 그대로다.). 라진과 푸가초프의 출생지였던 코사크 정착지는 돈강 건너편으로 옮겨지면서 예카테리나가 총애했던 인물 그리고리 포템킨의 이름을 따 포템킨스키아가 되었다. 차리친 북쪽 볼가 오른편의 두보브카 정착촌에 있던 볼가 코사크 공동체(반란을 선동하지는 않았지만 많은 이들이 푸가초프 군대에 합류했다.)는 해산당했고 남은 코사크(540명)는 북코카서스로 옮겨져 테레크강 방어선에 투입되었다.[2]

그러나 이런 식의 억압이 볼가강 지역의 소요에 대한 영구적 해결책이 될 수는 없었다. 특히 라진은 볼가강 변 요새들의 방어력이 형편없다는 것을 보여 주었다. 푸가초프는 정규군과 맞붙었을 때 번번이 패했지만 그렇다고 해서 정규군이 반란군을 신속히 진압해 카잔 파괴를 막아 낸 것도 아니었다. 아스트라한과 카잔에서 군 장교뿐 아니라 고위 관리들도 유혈 공격의 대상이 되었다는 점은 국가 관리들이 처한 취약한 상황을 드러냈다. 군사적 통제가 강화되어야 했다. 이는 코사크를 비롯한 비정규 병력의 독립성을 제한하고 정규군(주로 육군이었지만 강에는 해군도 투입되었다.)을 보강하며 수비대를 강화하는 방식으로 달성되었다.

라진과 푸가초프는 돈 코사크였다. 그러나 푸가초프 반란 발발 당시 돈 코사크 지역은 러시아 제국에 이미 완전히 통합된 후였으므로 푸가초프는 국가 통제 확대에 저항하던 동쪽의 야이크 코사크를 끌어들여야 했다. 푸가초프 반란 이후, 코사크가 진정 자유로운 존재라는 인식은 금세 사라졌다. 코사크 공동체는 해산될 수도, 만들어질 수도, 제국 내 다른 지역으로 이주당할 수도 있는 존재임이 명백해진 것이다. 해산당한 볼가 공동체가 코사크 불복종의 유일한 희생자는 아니었다. 1775년, 오늘날 우크라이나의 드네프르강에 있던 훨씬 더 큰 규모의 자포로지에 공동체도 해산되어 북코카서스로 보내졌다. 볼가 코사크뿐 아니라 돈 코사크도 남쪽의 새로운 국경 지대인 북코카서스 테레크강으로 가야 했다. 볼가강과 돈강 코사크는 오렌부르크와 시베리아로도 강제 이주되었다. 국가가 새로운 코사크와 코사크 공동체를 얼마든지 만들고 없앨 수 있다는 사실은 코사크의 독립성과 정체성을 약화시켰다. 1788년에는 국가 농부 신분으로 러시아의 도로 주요 지점에서 마필 관리 책임을 맡고 있던 마부 1천 명이 하루 아침에 코사크가 되었고[3] 1824년에는 정규군 병사의 아들 8,000여 명이 오렌부르크 코사크 공동체로 편입되어 코사크 신분이 되었다.[4]

이와 함께 코사크의 민주적 의사 결정 형태도 사라져 어느 지역의 코사크든 러시아 관리의 통제를 받아야 했다. 코사크는 경기병과 정찰병으로서 러시아 정규군에 보충되어 늘 중요한 역할을 담당했다. 19세기 초 나폴레옹 전쟁 무렵에는 코사크가 제국 병력에 완전히 통합되어 거의 모든 주요 전투에서 활약하고 있었다. 보로디노 전투에서도, 1812~1813년의 나폴레옹 군대 퇴각 때도 코사크 기병대가 핵심으로 나섰다. 당시 코사크 장군 마트베이 플라토프는 '황제를 지키기 위해 모든 것을 바치라'[5]고 코사크에 호소했다. 불과 한 세대 만에 코사크가 볼가강 지역의 잠재적 반란 세력에서 차르의 충신이자 정권의 보루로 변신한 셈이었다.

17세기 후반의 라진 반란 시기, 볼가강 지역을 포함해 여러 도시를 방어한 것은 이반 4세가 창설하고 1552년 카잔 정복에 참여했던 별도의 군사 계급 머스켓 부대였는데 이미 한물간 모습이었다. 볼가강 지역 외딴곳에 배치된 많은 머스켓 병사는 무장도 엉망이고 훈련도 미비한 상태였다. 군 복무와 함께 장사도 하고 있었다. 1670년, 라진 무리에 맞서 아스트라한을 방어해야 했던 머스켓 병사 일부는 반란군에 합류했다. 라진 반란 이후인 1680년대, 차리친과 아스트라한 두 곳에는 병력이 대거 보강되었다(아스트라한에 10,000명 이상, 차리친에 2,000명 이상이 늘었다).[6] 초기 여행안내서를 보면 1690년대의 아스트라한을 총 80정과 '나무 성벽'으로 방어한다는 설명이 나온다.[7] 그러나 병력 증강은 1705년에 아스트라한에서 일어난 머스켓 병사들의 추가 반란(이전 장 참조)을 막아 내지 못했다.

1680년대와 1690년대, 모스크바의 머스켓 병사들은 일련의 소요와 반란에 연루되었다. 이후 머스켓 부대라는 별도 군사 계급은 폐지되었고 남은 병사들은 표트르 1세의 새로운 정규군에 포함되었다. 표트르는 새로운 군사 전술과 장교 학교를 도입하고 무기 자급자족을 위한 산업을 발전시킴으로써 군대를 현대화했다. 동시에 특권층을 제외한 농민과 도시 평민 등의 사회 구성원들이 징병되도록 만들었다 (이 과정은 8장에서 다시 설명할 것이다.). 18세기 동안 러시아 군대는 유럽 최대 규모가 되었다. 러시아 군대에 관한 소련 학자의 연구에 따르면 예카테리나 통치 초기인 1762년에 104,654명이었던 군 병력이 1774년에는 180,879명, 1791년에는 279,575명으로 늘었다.[8] 이 수치는 실제 인원수가 아니라 공식 구성 규모였다. 신병 중 많은 수가 입대 도중 탈영하거나 사망했기 때문이다. 그럼에도 푸가초프군에게 늘 패배를 안겨 줄 만큼은 규모가 컸다. 오렌부르크와 카잔 탈환 후 군이 푸가초프의 반란을 진압하지 못한 데는 다른 요인들이 작용했다. (1774년 7월에 종결된) 러시아·터키 전쟁으로 러시아군 대부분이 발칸반도에 배치되었던 것, 오렌부르크 승리로 안이해진 군대와 정부의 태도, 대초원을 가로지르고 볼가강을 따라 탈출하던 푸가초프가 누린 행운, 볼가강 지역의 광활함과 중앙부로부터의 먼 거리 등등. 1801년에 러시아군의 규모는 44만 명 이상이었고 나폴레옹 전쟁이 끝날 무렵에는 70만 명 이상으로 증가했다.[9] 게다가 이 군대는 상비군이었다. 불운한 농민과 도시민은 종신 징집되었다(1793년 이후로는 25년이었지만 사실상 대부분 징집병에게 이는 종신이나 다름없었다.). 다시 말해 18세기 후반이 되자 훈련된 상비군이 소요를 진압할 수 있었고 반란군에 합류할 가능성이 적어졌던 것이다. 군대는 농노 영지, 볼가강 및 기타 지역, 우랄 공장에서의 소요를 진압하는 데 동원되었다.

　군인들은 주로 러시아인 기독교도였다. 18세기 후반까지 대부분의 장교는 러시아인이었다. 물론 장교단과 외국 용병에 발트해 연안의 독일인(대부분 루터교도였다.)들이 상당수 포함되긴 했지만 말이다. 오렌부르크를 포위해 바시키르 반군을 물리치고 반란 이후 주민들을 제압한 군인들은 제국에 충성하는 러시아인이었지만 볼가강 지역의 비러시아인들 또한 징집병이나 강제 노동 인력이 되어야 했다. 1718년, 모르도바와 추바시 농민들은 러시아 함대 건설을 위한 볼가강 변의 나무 베기에 동원되었다.[10] 1722년에는 타타르, 모르도바, 마리인까지 러시아 농민과 동일하게 정규군으로 징병되었다(10~12세의 타타르 아이들도 선원으로 징집될 수 있었다.).[11] 바시키르와 칼미크 등 볼가강 지역 유목 부족민들은 18세기와 19세기 초에 비정규군으로 활용되었다.[12] 나폴레옹 전쟁 때 바시키르는 500명씩 28개 연대를 이루어 보로디노, 드레스덴, 라이프치히 전투에 참전했다.[13]

　이 시기에는 러시아 제국 군대에서 이슬람교도 병사라는 게 문제가 되지 않았는데 (사실상) 평생 복무하는 상황에서 개인의 출신 공동체보다는 군대나 소속 부대가 훨씬 중요할 수밖에 없었기 때문이었다. 실제로 볼가강 지역의 이슬람교도들은 북코카서스 테레크의 코사크 공동체로 편입되었다. 1826년, 코카서스에서 복무한 체르니고프 보병 연대에는 카잔과 심비르스크 출신의 비러시아인과 타타르족이 다수 포함되어 있었다. 심비르스크 출신의 모르도바인 28세 플라톤 예고로프, 카잔 출신 타타르인 21세 야쿱 티모랄레프, 카잔 출신으로 개종한 마리인 28세 코즈마 미하일로프, 심비르스크 출신 개종 추바시인 22세 세묜 시모노프, 카잔 출신 타타르인 21세 무스타이 바야지토프 등등.[14]

19세기 초까지 러시아의 문제는 반란을 진압하고 인구를 통제할 병력이 부족한 게 아니라 이를 평화 시에 적절히 배치했다가 소요 지점까지 멀리 이동시키는 일의 어려움이었다. 도로 사정이 열악했기 때문이다. 모스크바를 출발한 병력은 니즈니노브고로드와 카잔까지는 큰 도로로 이동했지만 볼가강 중하류 지역에 가려면 강이나 소로를 이용해야 했다. 유럽으로의 군사 원정을 염두에 둔 탓에 정규군 대부분은 볼가강 지역이 아닌 중부와 서부 지역에 배치되어 있었다.[15] 18세기에 병력 이동과 무역의 용이성뿐만 아니라 모스크바 관리들의 지방 순시 감독을 위해 도로를 개선하고자 했으나 니즈니노브고로드 남쪽 상황은 여전히 좋지 않았다.

앞서 살펴보았듯 러시아 정부는 국경 지역 방어 및 통제를 위해 요새 '연결선'을 추가로 설치했다. 정규군에 추가된 요새의 수비대 규모는 1764년의 약 65,000명에서 1774년의 90,000명까지 늘었다가 1800년에는 약 77,500명으로 감소했다.[16] 러시아 제국이 남쪽과 동쪽으로 더 확장되면서 이 '연결선'도 새로운 영토 통제를 위해 확대되어야 했다. 1731년에는 돈강과 볼가강을 연결하는 이른바 '차리친 선'이 만들어져 돈강의 코사크 500명이 이동·배치되었다. 1730년대의 바시키르 반란 후에는 볼가강 중류 왼쪽 강변의 사마라에서 야이크강까지 또 다른 연결선이 생겼다. 코사크 200명이 그곳에 정착했고 1840

년에는 (남녀) 주민이 16,000명 가까이 살고 있었다. 이들 요새는 강 중류 지역의 타타르, 남쪽의 칼미크, 동쪽의 노가이와 키르기스 등 볼가강의 이민족을 막기 위한 것이었다.

1737년에 아스트라한시, 그리고 멀리 체르니 야르 요새까지 이르는 주변 지역 방어를 위해 아스트라한 코사크 공동체가 설립되었다. 처음에는 소규모였지만 1760년대부터 더 많은 병력이 정착했고 1770년이 되자 코사크와 타타르족으로 구성된 6개 연대가 아스트라한에 주둔하고 있었다. 습격에 대한 두려움은 여전했고 그래서 칼미크족은 시내에 배치되지 않았는데 한 영국 여행자는 '아스트라한에서는 칼미크를 그리 신뢰하지 않는다'라고 기록했다.[17] 요새 수비대는 충분히 강했고 그래서 푸가초프는 상대적으로 방어가 취약한 요새를 공략했다. 1830년대에 아스트라한 코사크 공동체의 병력은 18,000명이 넘는 규모였다.[18] 사라토프 요새도 라진 반란 이후 강화되었지만 푸가초프 때 전투도 없이 함락되는 상황을 피하지는 못했다. 푸가초프가 야이츠크 등 방어가 잘된 주요 요새를 우회하고 더 작고 외진 요새를 점령했던 것은 우연이 아니다. 1836년에 쓰인 푸시킨의 소설 『대위의 딸』을 보면 푸가초프 반란 당시 주인공이 외딴 주둔지에 도착해 충격을 받는 장면이 등장한다.

위압적인 요새나 탑, 성벽을 기대하며 사방을 둘러봤지만 두꺼운 나무 울타리로 둘러싸인 작은 마을이 보일 뿐이었다. 한구석에는 건초 서너 더미가 눈에 반쯤 덮여 있었고, 다른 쪽에는 나무껍질 날개가 한가롭게

2부 러시아 제국의 볼가강

삐걱대는 낡은 풍차가 자리 잡았다. "요새는 대체 어딘가?" 당황해서 물었더니 마부는 그 작은 마을을 가리키며 대답했다. "저겁니다."[19]

요새 병력이 늘어나면서 러시아 제국의 볼가강 지역 국경 통제 능력이 강화되었다. 이는 군대가 반란군으로부터 도시를 더 잘 방어할 수 있고 도시, 농촌, 공장 등에서 일어나는 소요 진압을 위해 더 쉽게 동원될 수 있다는 뜻이었다. 물론 그렇다고 해서 국경 지대가 완벽하게 안전하고 고분고분해졌다는 것은 아니다. '연결선'이 담당하는 면적이 너무 커서 모든 지점에 충분히 인력을 배치할 수 없었다. 상대적으로 큰 규모의 요새라 해도 주둔군 병력은 보잘것없었다. 여행가 조지 포스터는 19세기 초 아스트라한의 요새에 대해 '정규군보다 민병대의 모습을 더 많이 띠고 군 규율이 심각하게 떨어지는 인력 약 1,500명으로 구성돼 있다'고 썼다.[20] 요새 병력이 나이도 많고 신체 능력도 낮다는 것은 사실이었다. 요새 주둔지는 갈 곳 없는 노병들을 위한 일종의 '야외 구호소'가 되었다. 요새 주둔군 기록을 살펴보면 병사들 상당수가 60세 이상이고 심지어는 70대도 포함되어 있었다! 일부 노병들은 현지 여성(많은 경우 비러시아인이었다.)과 결혼하여 노년기에 새로운 가정을 꾸리는 데 만족했던 것 같다.[21] 노병을 위한 양로원이 없는 나라에서(18세기 초 모스크바에서는 퇴역 군인들이 구걸을 하곤 했다.) 요새 주둔군은 상대적으로 안전한 대안이었을 것이다. 코사크 반란 때에 비해 주둔군은 더 믿음직하고 수도 많았지만 그 자체로 볼가강 중하류 지역의 안정이 보장되지는 않았다.

또한 정규군과 수비대가 볼가강에서의 해적 행위를 근절하리라 기대할 수도 없었다. 아스트라한 방어는 1722년 표트르 1세가 1722~1723년의 페르시아 전쟁을 위해 창설한 카스피해 함대가 담당했다. 1750년까지 이 소규모 함대는 선원들이 승선한 배 세 척으로 구성되었다.[22] 그러나 푸가초프 반란은 볼가강에 대한 국가 통제의 취약성을 여실히 드러냈고 볼가강 지역을 방어하던 배는 푸가초프 무리에 나포되었다. 볼가강 방어를 맡는 해군은 1797년에야 차르 파벨 1세(재위 1796~1801년)가 창설했다. 차르는 강을 지키기 위해 무장한 배 아홉 척을 건조해 세 척은 아스트라한과 차리친 사이, 세 척은 차리친과 카잔 사이, 세 척은 카잔 위쪽 상류에 배치하라고 명령했다. 1800년에 선박의 수가 열두 척으로 늘었지만 볼가강 중하류를 통제하기에는 여전히 부족했다.[23] 19세기 초에는 방어 함대를 구성하는 책임의 일부를 볼가강 지역이 지게 되었다.

그러나 볼가강의 도적 무리는 사라지지 않았다. 1820년대에는 강을 따라 아스트라한으로 가는 여행객들에게 도둑과 강도에 맞설 수 있도록 권총을 소지하라는 경고가 나오기도 했다.[24] 1821년, 러시아 정부는 '코스트로마에서 아스트라한에 이르는 볼가강 하류, 특히 카잔과 니즈니노브고로드에서' 강도 사건이 빈발한다는 보고를 받았다.[25] 1829년, 니콜라이 1세(재위 1825~1855년)는 이 문제를 심각하게 인식해 볼가강 (그리고 카마와 오카 등을 포함한 여러 지류) 등 주요 강 보호를 위한 특별 법규를 도입했다. 예를 들어, 카잔의 경우 병사 90명과 장교 9명이 승선한 배 18척이 상시 배치되어 해적을 막아야 했다.

2부 러시아 제국의 볼가강

장교들에게는 잡힌 도적을 재판하고 채찍질로 처벌할 수 있는 법적 권한이 주어졌다. 그 결과 1850년대에 이르면 볼가강의 위험도가 상당히 줄어들었다. 이 시기에는 교역에 대한 위험도 훨씬 줄어들면서 볼가강 관광이 발전할 수 있었다.[26]

❄

18세기 후반의 볼가강 지역에서 국가의 존재감은 더 많은 군인뿐 아니라 더 많은 관리 임명으로도 커졌다. 푸가초프의 반란은 러시아가 제대로 통치되지 못하고 있다는 사실을 드러냈다. 뇌물을 받은 판사 등 부패한 관리들을 비난하는 방법으로 푸가초프가 지지를 끌어냈던 것이다. 볼가강 지역 총독들은 푸가초프 무리의 선전 선동을 막아 낼 수 없었다. 예카테리나 2세는 반란의 초기 성공이 지방 관리들의 '나약함, 게으름, 태만, 무기력, 분쟁, 갈등, 부패, 불공정' 때문이라 보았다.[27] 반란 이전에 러시아 정부가 지방 행정의 문제를 인식하지 못한 것은 아니었다. 예카테리나 2세가 즉위 후 가장 먼저 한 일 중 하나가 러시아 전역의 입법 위원회 대의원(귀족 142명, 농민과 코사크 44명 및 비러시아인 54명 등을 포함한 여러 사회 계층 200명)으로 구성된 대규모 입법 위원회를 소집하는 것이었다. 아스트라한과 사라토프는 대의원 다섯 명을 보냈지만 카잔은 두 명(러시아인 1명, 타타르인 1명)만 보냈다.[28] 1767년, 입법 위원회가 열리자마자 예카테리나의 긴 지침이 내려왔다. 몽테스키외의 『법의 정신』과 다른 유럽 작가들의 당시 작품에서 대부분의 내용을 가져온 지침은 토론의 방향을 안내하기 위한 것이었다.

회의에 앞서 유권자들도 대의원에게 나름의 '요구'를 정리해 전달하는 절차가 있었다. 아래에서 올라온 이 요구는 예카테리나의 지침에 담긴 원칙과 매우 달랐다. 새로운 형태의 정부, 사법 관행 및 사회 질서를 기대하는 대신 유권자들은 과거로 되돌아가고자 했고 다른 무엇보다도 전통적인 혜택이 유지되기를 바랐다. 이는 농노의 단독 소유권을 주장한 러시아 귀족들도, '자유'가 사라지고 있다고 생각한 코사크와 비러시아인들도 마찬가지였다. 이 점에서 지역 대표들의 견해는 라진이나 푸가초프 지지자들의 견해와 별반 다르지 않았다. 그러나 지역의 '요구'에는 판사와 관리의 부패, 시골의 의사 부족, 지방 행정의 전반적인 무능이 언급되기도 했다. 볼가강 지역에서 나온 '요구' 또한 제국 내 다른 지역과 비슷했지만 지역적 특색을 일부 드러냈다. 예를 들어 심비르스크의 타타르는 인두세 면제가 무효화되었다는 불만을, 볼가와 아스트라한 코사크는 볼가강 어업권 보장 필요성을, 심비르스크의 개종 추바시들은 이웃 귀족 영지의 농노로부터 보호받지 못한다는 문제와 칼미크 습격 및 느려터진 사법 절차를, 카잔의 타타르는 징병 절차의 무질서와 지방 법원의 '사악함'을 언급했다.[29]

따라서 예카테리나 역시 지방 행정의 한계를 충분히 인식했지만 1768년부터 1774년까지는 외교에 매달리느라 이들 문제를 해결할 수 없었다. 1774년 오스만 제국과의 전쟁이 끝난 후에야 관심을 돌릴 수 있었는데 푸가초프 반란을 겪으면서 지방 행정 개선은 한층 더 시급

2부 러시아 제국의 볼가강

해졌다. 1775년, 지방 행정 구조를 새로이 확립하는 법령이 나왔다. 영토를 크게 구베르니야(주)로 나누고 다시 우에즈드(지역)로 세분화했다. 법원, 재정 기관 및 기타 행정을 위해 새롭고 훨씬 더 정교한 형태가 마련되었다. 구베르니야에는 새로운 직책도 생겼는데 일부는 직업 공무원을 위한 것이었고 다른 일부는 다양한 사회 집단에서 선출된 유급 대표를 위한 것이었다(하급 법원은 귀족, 도시민, 농민 등 사회 계층에 따라 나뉘었다.). 1782년, 지방 도시에 경찰을 두는 법령이 발표되었다. 1785년에는 도시민 6개 집단의 대표로 구성되어 행정 및 재정 문제를 처리하는 두마(의회)를 설치한다는 헌장도 나왔다.

관리의 자질이 부족하다는 불만을 해결하기 위해 더 많은 관리를 뽑았다는 것, 더욱이 그 대부분이 법적 또는 행정적 교육을 받지 않고 그저 여러 사회 집단의 구성원들로 선출되었을 뿐이라는 것은 이상하게 여겨질 수 있다. 18세기의 러시아는 유럽 다른 국가에 비해 관리의 인원수가 훨씬 적어 심각한 통치 부재 상황이었다. 1763년 당시 러시아의 중앙 및 지방 행정부 관리가 약 16,500명이었던 반면, 영토 면적이 러시아의 1퍼센트도 안 되는 프로이센은 약 14,000명으로 이루어진 체계화된 행정 조직을 지녔다.[30] 푸가초프(그리고 라진의 경우에는 더더욱 크게) 반란이 민중의 마음을 사게 된 것도 도시 빈민이나 농촌 주민을 무자비하게 억압하며 부패를 저지르는 지역 통치자(군벌)의 이미지 때문이었다. 예를 들어 마리족 농민들이 주로 거주하는 어느 지역 통치자는 1762~1763년에 호밀, 귀리, 벌꿀 등의 뇌물을 받았다고 알려졌다.[31] 지방 관리의 수는 1774년의 약 12,712명에서 1796년에는 제국 전체에 걸쳐 27,000명으로 증가했다. 지방 관리의 수와 종류를 크게 늘림으로써 국가는 한 개인의 권력이 제한되기를 기대했다. 이는 지방의 고위 관리들 사이에서 발생하는 부패를 막지는 못했지만 노골적인 부정은 최소한 보고될 가능성이 높아졌다. 19세기 초 카잔의 어느 총독은 법정에서 고문을 했다는 보고가 나오면서 조사를 받았다. 1803년에는 대규모 부정부패와 뇌물 수수 혐의를 받은 새 총독 이반 보리소비치 페스텔(1825년의 큰 반란을 이끈 파벨 페스텔의 아버지)이 조사를 받았다.[32]

지방의 행정 인력을 늘리는 단순히 조치는 이 외에도 여러 이점이 있었다. 더 많은 정규직 세금 징수원을 통해 도시와 시골에서 더 쉽게 세금을 거둘 수 있었다. 볼가강 도적단에 흘러 들어갈 수 있는 도망친 농민들도 더 효과적으로 관리가 가능했다. 18세기 말에는 도망친 농민을 추적해 붙잡은 후 주인에게 돌려주거나 (저렴한 값에) 지역 지주에게 팔게 하는 구체적 절차가 마련되었다.[33] 도시 행정의 효율성이 높아졌고, 부유한 상인들에게는 급여와 지위가 주어졌다. 더 많은 법원과 더 많은 법원 공무원은 유권자 '요구'에서 불만 사항으로 제기된 미해결 사건의 엄청난 누적 상황을 어느 정도 처리할 수 있다는 의미였다. 예카테리나 2세의 입법은 또한 러시아에 경찰을 창설하는 계기가 되었다. 1775년 법령에 따라 각 지역에는 귀족 중에서 선출된 지주 대장(이스프라브니크)을 두고, 각 도시에는 법과 질서에 대해 광범위한 책임을 지는 치안 담당을 두기로 했다. 1782년, 마침내 도시마다 경찰이 설치되어 좀도둑을 체포해 처벌하고 질서를 유지하는 일부터 목욕탕에서 남녀를 분리해 도덕을 수호하는 일까지 다양한 업무를 수행하게 되었다.

그렇다고 해서 이 시기의 지방 행정 효율성이 급속히 올라가고 부정부패가 사라졌다고 말할 수는 없다. 1778년에 실시된 공식 자료를 보면 볼가강 북쪽의 야로슬라블에서는 모든 직급이 유능한 사람들로 채워졌다고 나오지만[34] 코사크 반란군이나 이민족의 공격을 받았던 볼가강 중하류나 먼 외딴 지역의 경우에는 그렇지 못했다. 예를 들어 볼가강 건너편 아스트라한에서는 새로 마련된 지방 관리 직책을 제대로 채울 수가 없었다. 그 지역에 사는 러시아 귀족 지주의 수가 관리 직책보다 훨씬 적었기 때문이다.[35] 러시아의 법률 교육 및 법의식 성장은 서서히 이루어졌다. 1773년 모스크바 대학에 최초의 러시아인 법학 교수가 임명되었다. 글래스고 대학에서 교육을 받은 인물이었다. 19세기가 시작될 무렵 러시아를 여행한 어느 영국계 아일랜드 여성은 '정의라는 것은 찾아보기 어렵다. 오히려 정의의 그림자가 몸서리치게 만드는 악을 덮고 있다'고 기록했다.[36] 뇌물은 법원뿐 아니라 세금 징수원과 경찰 관리에게도 만연했다.[37] 러시아가 제대로 된 공무원 제도를 발전시키기 시작한 것은 19세기 이후였다. 1775년부터 판사와 지주 대장으로 임명된 귀족 대부분은 법률 교육이나 행정 경험이 전혀 없는 퇴역 군 장교들이었다.

점진적으로 진전이 있었다곤 하지만 시간은 오래 걸렸다. 1780년대 말, 사라토프 농민들은 라진이나 푸가초프가 만들었을 법한 한탄의 노래를 만들었다.

이제 온 세상이 안다죠,

지주 대장과 관리들이 우리 삶을 어떻게 잡아먹는지.

대장의 명령에 따라 백 명이나 되는 이들이

끊임없이 무언가를 요구하고 훔쳐 가고

우리를 인간 이하로 취급한다네.

듣도 보도 못한 일일세.

높으신 차르 양반, 화가 나나요?

당신이 만들어 낸

바보 천치들,

관리라는 도둑,

감독관이라는 강도,

누가 우리를 완전히 망쳐 버렸나?

그들은 닭이나 양으로 만족하지 않네.

예전 제왕들은 기독교 신앙을 혐오했다지.

지금의 제왕은 돈이나 귀리를 바치지 않으면 우리를 고문하네.

그리고 우리가 버는 돈은 남김없이

토지 법원에 내야 한다네.[38]

새로운 관리들은 주로 러시아인(또는 러시아인이나 다름없게 된 발트해 독일인)이었고 이들은 러시아인과 비러시아인 모두에 대해 러시아 정부의 권위를 내세웠다. 새로운 지방 행정 기관, 특히 법원의 주요 선출직은 러시아인 지주로 채워졌고 이 때문에 귀족 지주가 거의 없는 지역에서는 일부 직책이 공석으로 남았다(볼가강 지역의 비러시아 농민은 귀족 토지의 농노가 아니라 대부분 국가 농민이었다.). 이 시기의 러시아 정부는 비러시아인들이 법원 등 나름의 하급 행정 기관을 운용하고 어느 정도의 자체 사법 제도를 활용하도록 허용했다. 이는 국가의 관용이기보다 다양한 민족과 신앙 집단을 보다 값싸고 실용적으로 통치하는 방법이었다. 이후 다시 살펴보겠지만 아스트라한의 아르메니아인들은 나름의 도시 행정 기관을, 카잔의 타타르인들은 나름의 법원을 두고 있었다(9장에서 설명한다.). 카잔의 타타르 법원에서는 (러시아어 번역이 종종 요구되긴 했어도) 타타르어를 사용했다. 국가가 제도와 법률을 표준화하여 통제를 강화하고 러시아어 필수 사용을 강제한 것은 19세기 말엽이 되었을 때였다.

러시아 제국(그리고 이후의 소련도 그러했다.)은 골칫거리가 될 수 있는 이들을 마음대로 이주시킴으로써 통제권을 확립했다. 이동 제한은 1649년부터 러시아에서 제도화된 농노제의 근간이었다. 농노뿐 아니라 도시민들도 거주지에 묶여 있었고 이주하려면 공식 허가가 필요했다. 이는 유럽 러시아 전역에서 마찬가지였지만(시베리아에는 농노가 극히 드물었지만 여기서도 다른 형태로 이동이 제한되었다.) 볼가강 지역은 정착과 이동을 통제하기가 어려운 곳이었다. 강 양편 모두에 유목민이 있었고 다민족, 다종교인 이곳의 농민과 도시민은 다른 곳의 농노나 주민에 비해 더 많은 자율성을 누렸다. 도망 온 농민에게는 별다른 절차 없이 바로 볼가강 노동자로 일할 수 있는 피난처이기도 했다. 하지만 18세기와 19세기에 국가가 볼가강 지역 인구 소재에 대해 전보다 훨씬 더 큰 통제권을 행사하게 되면서 이 지역의 사회적, 민족적 구성이 변화했고 정착민의 충성도도 높아졌다.

앞서 살펴보았듯 코사크는 자신의 출신 지역이 어디든 러시아 정부의 뜻에 따라 이동되었다. 17세기에는 새로운 영토 통제권 확보를 위해 다른 형태의 병력도 국경 지대로 옮겨졌다. 머스켓 병사는 아스트라한에 주둔했다. 독신 농가(오드노드보레츠)라는 별도 범주의 군인도 있었는데 이들은 침입자로부터 러시아 국경을 방어하는 의무를 지고 남쪽 국경 인근의 작은 토지를 받았다. 머스켓 병과 함께 독신 농가 병사 제도도 18세기에 폐지되었지만 이들은 볼가강 지역 농촌과 도시에 계속 머물며 농업과 소규모 무역에 종사했다. 1780년 기준으로 카잔에서만 독신 농가 남성이 447명이나 등록되어 있었다.[39]

정부는 또한 정권에 충성하리라 예상되는 새로운 주민들을 볼가강 지역 안팎에 이주시키려 했다. 1730년대와 1740년대에는 (러시아인 농민 출신) 퇴역 군인들에게 볼가강 인근 '비어 있는' 땅에 정착하도록 장려했는데 유인책은 가족당 토지 한 필지와 5~10루블의 현금이었다.[40] 1764년에도 퇴역 군인이 아스트라한에 정착할 경우 동일한 보상이 주어졌다.[41] 하지만 이를 통해 정착한 사람은 거의 없었다. 1763년까지 가족과 함께 카잔으로 이주한 퇴역 군인은 3,480명에 불과했다.[42] 1739년, 사마라 서쪽 볼가강 변에 불교에서 기독교로 개종한 칼

2부 러시아 제국의 볼가강

미크족을 위한 군사 정착촌으로 스타브로폴이 세워졌다. 사라토프 지역에 살던 칼미크족 2,000명이 강제로 이주당했다. 그러나 도시의 성장은 느렸고 일부 칼미크는 푸가초프 반란에 가담했다. 반란 이후 이 정착촌은 텅 빈 채 방치되어 다시 만들어야 했다.

예카테리나 2세는 사라토프 인근 볼가강 양편에 독일 이민자들의 거주지를 직접 조성하며 볼가강 정착 문제를 해결하려 했다. 예카테리나는 인구 증가가 국가의 부를 증대시킨다는 당시의 사상에 영향을 받았고 낮은 인구 밀도가 러시아의 후진성을 낳는다고 믿었다. 1762년, 수공업과 농업 발전을 도울 수 있는 (유대인을 제외한) 외국인이 러시아의 수많은 '빈 땅'에 정착하도록 하겠다는 여제의 성명서가 나왔다. 그 이듬해의 성명서는 특별히 사라토프 정착을 장려하며 토지, 정착촌 설립 지원, 자유로운 종교 활동 권리, 수년간 세금 면제, 징병 면제 등 여러 혜택을 약속했다. 성명서가 독일 출신 이민자를 대상으로 삼지는 않았지만 결국 독일(특히 헤세 지역)에서 새로운 정착민이 가장 많이 왔다. (독일 출신인) 예카테리나로서는 물론 마다할 이유가 없었을 것이다. 열심히 일하는 독일 농민들은 국가 경제에 도움이 될 것이며 일을 게을리하는 러시아 농민에게 모범이 될 것이었다. 1764년까지 사라토프의 토지가 정착지로 할당되었다. 1766년에 이주민 약 3만 명이 도착했는데 주택 없는 빈 들판에서 첫 겨울을 나기 위해 땅에 구멍을 파고 살아야 했다. 1764년에서 1768년 사이에 볼가강 양편으로 이주민 정착촌 104개가 마련되었다.[43] 질병과 가뭄, 종자 부족 등의 여파로 이주민 수가 23,000명으로 줄었지만 서서히 발전해 가면

서 1798년에는 39,000명, 1811년에는 55,000명으로 증가했다.[44]

볼가강 지역의 독일인 이주와 정착과 관련해 러시아 정부가 염두에 둔 몇 가지는 예상과 어긋났다. 첫째, 정부는 정착촌이 볼가강 지역 농업을 발전시켜 번영을 가져오리라 기대했다. 하지만 (8장에서 살펴보겠지만) 독일 이주민들은 할 수 있는 일과 갈 수 있는 곳을 제한받는 바람에 농업과 상업 발전에 기여하기 어려웠다. 둘째, 정부는 이주민들에게 나눠준 토지가 '빈 땅'이라 생각했다. 하지만 실상 이는 유목민들의 방목 장소였다. 이미 귀족 지주 및 농민이 토지를 차지하면서 전통적인 삶의 방식을 위협받고 있던 유목민들에게 독일인 정착지는 큰 영향을 미쳤다. 볼가강 동편의 정착지는 유목민인 노가이와 키르기스의 이동을 방해하는 꼴이 되었고 이 때문에 유목민의 파괴적 습격을 당해야 했다.

볼가강 서편, 돈강과 볼가강 사이에 정착한 칼미크족은 차리친의 요새 연결선과 독일 이주민 정착촌 틈에 끼어 버렸다고 느꼈다. 그들 중 한 명은 이를 다음과 같이 표현했다.

여러분의 권리가 사방에서 어떻게 제한되고 있는지 보세요. 러시아 관리들은 횡포를 부리고 정부는 여러분을 농민으로 만들려 합니다. 야이크강과 볼가강 변은 코사크 정착촌으로 뒤덮였고 여러분의 대초원 북쪽에는 독일인들이 살고 있습니다. 조금만 더 있으면 돈강, 테레크강, 쿠마강도 마찬가지가 되어 여러분은 물이 없는 대초원으로 밀려날 것이고 유일한 생존 수단인 가축 무리는 죽고 말 것입니다.[45]

'노예의 짐을 지거나, 러시아를 떠나 모든 불행을 끝내거나'라는 두 가지 선택지가 제시되었다. 후자는 말 그대로 실현되고 말았다. 1771년, 볼가강과 돈강 사이에 있던 칼미크 약 15만 명이 천막을 걷고 조상의 고향인 중국 국경 쪽으로 이동을 시작했다. 예카테리나 2세는 분노했다. 볼가강 지역 정착 계획에 주민을 '잃어버리는 상황'은 들어 있지 않았기 때문이다. 하지만 유목민들의 동진 행군을 막을 방법은 없었다. 칼미크에게는 비극적인 상황이 펼쳐졌다. 적대적인 부족의 공격을 받기도 하고 혹독한 겨울을 만나기도 하면서 최대 10만 명이 이동 중에 사망했다. 살아남은 이들은 중국 황제를 섬기게 되었으므로 압제를 가하는 주체만 달라진 셈이었다.

소요를 일으킬 가능성이 있는 다른 사회 집단은 면밀하게 감시받았다. 제국의 법령에 따라 주민을 감시하고 소재지, 법적 지위, 직업에 대해 보고하는 일에 지방 관리들은 막대한 시간을 썼다. 이는 하급직들이 마지못해 그 일을 하기 때문이기도 했다. 1843~1844년 지방 정부는 원로원의 지시에 따라 지역 내 집시들의 수를 집계했다. 집시는 예카테리나 2세에 의해 국가 농민으로 분류되었지만 여전히 별도의 사회 집단으로 도둑질과 불법적인 말(馬) 거래 혐의를 받곤 했다. 19세기 중반에는 제국 전체에 집시가 약 47,000명 있었던 것으로 추정된다. 이들의 이동은 통제되고 감시받았다. 원로원 지시에 따른 집계를 보면 1840년대, 카잔 지역의 경우 스파스크에 집시 25가구가, 차레보콕샤이스크(현재 명칭은 요시카르올라로 마리엘 공화국의 수도다.)에 7가구가 있었다고 한다. 카잔 시내에는 집시가 남성 44명, 여성 39명이었

고 카잔시는 집시를 도시에서 마을로 다시 이주시켜도 되겠느냐고 질의하기도 했다.[46]

볼가강 지역에서 집시에 대한 묘사는 거의 없다. 다만 19세기 중반에 볼가강을 따라 여행한 찰스 스콧의 기록 중 니즈니노브고로드에서 '집시의 후손'이라는 멋진 노래패와 만난 경험담이 있을 뿐이다.

여성이 대다수인 총 20명가량의 무리였다. 복장이나 태도로 볼 때 유럽이나 러시아에서 마주치는 떠돌이 집시와는 전혀 달랐다. 남자들은 이브닝코트에 흰 넥타이를 맨 차림으로 반짝이는 부츠를 신었다. 몸매가 훌륭한 여자들은 비단과 새틴 드레스를 입었는데 상트페테르부르크 일류 의상실 디자인에 견줄 만했다. 하지만 짙은 색 피부, 반짝이는 검은 눈 때문에 집시라는 점이 바로 드러났다. 그들의 노래는 야성적인 동시에 절묘한 화음을 이루었고 표정과 몸짓에서는 노랫말을 그대로 재현하는 듯한 열정이 느껴졌다.[47]

1854년, 사마라 총독은 서면 허가 없이 지역 내에 거주하고 있는 모든 키르기스인의 소재지, 정착지 명칭과 보유한 말 마릿수를 상세히 보고하라는 요구를 받았다.[48] 1861년에는 시내와 농촌에 거주하는 모든 칼미크인의 명단이 작성되었다.[49] 19세기 말에는 유대인과 침례교도 숫자도 지역별로 집계되었다. 개종한 이교도와 이슬람교도의 상황은 다음 장에서 설명할 것이다. 볼가강 지역의 다민족, 다종교 인구 구성은 소요로 이어질 여지가 있다고 간주되어 계속 면밀한 감시 대상이었다.

❖

러시아 제국의 정체성을 비러시아인 지역에 각인시키기 위한 간접적인 방법들도 있었는데 그중 하나가 건축이었다. 일찍부터 러시아 정복의 상징이 된 크렘린은 타타르에게서 빼앗은 주요 도시, 그리고 강변의 주요 지점에 새로 건설된 도시에 세워졌다. 크렘린을 높은 위치에 만든 것은 방어 목적도 있었지만 도시민들에게 러시아라는 국가의 권위를 가시적으로 드러내기 위함이기도 했다. 성벽 안은 제국의 권력을 상징하는 주요 건물들, 즉 정교회 대성당, 총독 관저, 기타 주요 관청으로 채워졌다. 푸가초프가 카잔을 약탈했을 때도 타타르 구역을 포함해 도시의 아래쪽은 대부분 점령하고 파괴했지만 크렘린은 차지하지 못했다.

18세기 후반, 예카테리나 2세는 주요 도시의 목조 건물을 고전 양식의 새로운 석조 건물로 교체하도록 장려했다. 하지만 설계는 자유가 아니었다. 각 도시가 적절한 계획을 세워 제출하면 여제가 직접 승인했다. 도로는 직선으로 넓어야 했고 도시는 격자형 또는 방사형이어야 했으며 관청은 중앙 광장의 눈에 잘 띄는 곳에 마련되어야 했다. 학교와 기타 공공 기관을 위한 구역도 조성해야 했다.[50] 다시 말해, '아시아풍'이 아닌 '유럽식' 도시여야 했고 이는 러시아의 문화적 우위를 드러내는 것이었다. 이는 카잔이나 아스트라한 등 본래부터 러시아 도시가 아니었던 곳뿐 아니라 모스크바를 비롯한 러시아 중부의 다른 도시들과(계획도시였던 상트페테르부르크는 물론 제외된다.) 러시아가 세운 볼가강 연안의 도시(사라토프, 사마라, 차리친 등) 모두에 해당하는 일이었다.

이런 식으로 중앙의 계획에 따라 만들어진 첫 번째 도시는 화재로 중심부가 거의 파괴되었던 볼가강 상류의 트베르였다. 예카테리나는 푸가초프 무리가 짓밟은 카잔을 재건하기 위해 20만 루블을 지원하기도 했다.[51] 새로운 도시들은 단순히 더 위생적이고 화재에 더 강하도록 만들어지는 데 그치지 않았다. 통일된 모습을 통해 이들 모두가 한 제국의 일부라는 것, 국가 권력의 대리인으로서 동일한 행정 업무를 담당한다는 것을 드러냈다. 러시아의 위엄을 보여 주는 다른 기념물들도 있었다. 나폴레옹 격퇴 후에는 카잔 크렘린에서 조금 떨어진 언덕에 1552년의 카잔 정복 당시 희생자를 기리는 기념비가 세워졌다.[52]

획일적이고 러시아적인 유럽 문화를 강요하는 또 다른 방법은 교육과 예술이었다. 러시아인뿐 아니라 비러시아인도 입학이 가능한 학교의 교과 과정은 국가가 결정했다. 예카테리나 2세 시대에 학생들은 국가에 대한 시민의 의무 수행을 장려하기 위해 특별히 집필된 교과서 『인간과 시민의 의무』를 공부해야 했다. 이 교과서가 혁명 사상을 담고 있다고 판단한 알렉산드르 1세는 1819년에 이를 폐기했고 이후의 교과 과정은 러시아 정교 내용을 많이 포함하는 보수적인 모습으로 바뀌었다. 그러면서도 러시아 정부는 비러시아인(아스트라한의 아르

2부 러시아 제국의 볼가강

메니아인이나 카잔의 타타르인 등)을 위한 학교를 설립해야 한다고 보았고 이를 장려하기도 했다. 19세기 후반이 되어서야 정부는 볼가강 지역 모스크에 딸린 이슬람 학교에 대한 통제권을 주장했다. 이때부터 학교에서 러시아어를 사용하도록 하는 것이 볼가강 지역 비러시아 민족을 러시아화하는 중요한 도구가 되었다.

예카테리나 2세는 자신의 이미지에 민감했고 러시아의 여제로 인식되어야 할 필요를 느꼈다. 이는 정통성을 지닌 차르였던 남편 표트르 3세의 자리를 빼앗아 권좌에 앉았기 때문이기도 했고 독일에서 출생해 루터교 신자로 키워진 이력 때문이기도 했다. 푸가초프가 스스로 '진정한 차르'라고 주장했을 때 여제가 극도로 분노했던 이유도 여기에 있었다. 자신의 정당성을 내세울 한 가지 방법은 영토의 다양한 지역을 방문해 호화로운 의식을 치르고 '백성'에게, 최소한 선택된 일부에게 자기 모습을 보여 주는 것이었다. 서유럽에는 왕과 왕비가 각지를 순시하며 지역 영주들의 충성 서약을 받고 그 영토에 대한 왕실의 지배권을 확립하는 오랜 전통이 있었다. 러시아 차르들은 성지 순례를 통해 정교회와의 관계를 강화하는 전통이 있었지만 여러 지역을 순시한 경우는 없었다. 다만 표트르 1세는 군사 작전을 앞두고 중요한 요새와 도시를 둘러본 적이 있다. 1722년 6월, 페르시아 원정을 준비하며 아스트라한에 머물던 중에 크렘린을 방문하여 함대를 시찰했던 것이다.[53] 예카테리나의 순시 여행은 새로운 신민과 영토에 대한 권위를 보이기 위해 치밀하게 계획되었다. 최초의 행선지가 1767년의 볼가강이었고 다민족이 모여 사는 카잔 방문으로 대미를 장식한 것도 우연이 아니었다.

　예카테리나는 1767년 5월에 출발했다. 이 여정을 위해 특별히 제작된 갤리선 네 척(각각 트베르, 볼가, 야로슬라블, 카잔으로 명명되었다.), 2,000여 명에 달하는 수행원을 위한 배 10~20척이 함께 움직였다.[54] 6주가 조금 넘는 기간 동안 마을, 수도원, 유적지(볼가강 변의 고대 도시 볼가르도 포함되었는데 황폐한 모습을 본 여제가 안타까워했다고 한다.)를 방문했고 볼가강 상류와 중류의 주요 도시인 트베르, 우글리치, 리브나야 슬로보다(여제 재위 중 리빈스크로 개칭되었다.), 야로슬라블, 코스트로마, 니즈니노브고로드, 체복사리, 카잔, 심비르스크를 거쳤다. 가는 곳마다 현지 귀족, 상인, 성직자들이 충성을 맹세했다. 여제는 도시의 엘리트를 위해 행사를 주최하고 교회와 수도원을 방문했으며 평범한 이들의 행사와 모임을 지켜보았다.

　이 순시 여행은 입법 위원회를 앞두고 예카테리나가 자신의 제국을 더 많이 알기 위한 것이었다. 여제는 니즈니노브고로드의 상인들이 자본 부족으로 인해 어려움을 겪고 있다는 점을 인식했다. 또한 볼가강 상류의 트베르와 야로슬라블 등 상트페테르부르크와 모스크바로의 곡물 및 기타 물자 공급에 핵심이 되는 도시를 둘러보았다. 여제는 자신이 통치하는 나라의 아름다움과 잠재력에 감탄했고 이를 러시아 안팎의 회의적인 이들에게 전했다. 5월 5일에는 볼테르에게 '볼가강 변은 한 시간, 한 시간이 흐를 때마다 발전하고 있습니다'라는 편지를 썼다. 상트페테르부르크의 러시아 수석 고문들에게 같은 내용을 강연하기도 했다. 니키타 파닌에게 보낸 편지에는 '이곳 볼가강 지역의 사람들은 모두 부유하고 편안하다'라고, 미하일 보론초프에게 보낸 편지에는 '볼가강이 (상트페테르부르크의) 네바강보다 훨씬 좋다'라고 하였다.[55] 트베르의 십자가 행진에 참여하는 등 종교 의식에도 참석하여 독실한 정교 신자임을 드러내기도 했다. 동시에 니즈니노브고로드 북쪽의 볼가강 변에 자리한 고로데츠, 작지만 선박 건조로 유명한 도시에서는 구교도들과도 만남으로써 성숙하고 관용적인 통치자의 모습을 보였다. 평범한 사람들은 여제에게 열렬한 감사를 표했는데 이는 여제의 방문이 공휴일과 불꽃놀이를 동반했다는 점과 무관하지 않았다.

가장 중요한 의미를 지닌 것은 카잔 방문이었다(이 때문에 실제로는 심비르스크에서 공식 일정이 끝났는데도 「상트페테르부르크 가제트」의 뉴스 보도는 '폐하의 배가 카잔으로 향하다'라는 제목을 달았다.). 카잔은 이반 4세가 카잔한국으로부터 정복한 도시로 러시아인과 타타르족이 섞여 사는 곳이었다(여제의 방문 당시에는 러시아인이 훨씬 많았다.). 예카테리나는 고로데츠에서 그랬듯 카잔에서도 정교회 성직자뿐 아니라 이슬람교 지도자들과 만났다. 여제 연인의 남동생 블라디미르 그리고리예비치 오를로프는 모스크 예배에 참석하고 타타르 상인들을 만나기도 했다. 과학 아카데미의 위원장이었던 그는 전형적인 계몽주의 학자로서 여제의 순시 여행을 통해 다양한 민족을 접하고 분류하고자 했다(후에는 독일 박물학자 페터 시몬 팔라스의 러시아 민족지학 연구 여행을 후원하기도 했는데 이는 7장에서 설명할 것이다.).

예카테리나에게 카잔은 유럽과 아시아를 잇는 제국의 경계였다.

그래서 여제는 볼테르에게 '나는 아시아에 와 있습니다'라면서 '이곳에는 서로 전혀 다른 20여 개 민족이 삽니다'라고 감탄하는 내용의 편지를 썼다.[56] 여제 자신을 위해 공휴일이 선포된 타타르 구역을 찾았을 때는 (오늘날의 독자들에게는 다소 기괴하게 여겨질지 모르지만) 타타르, 추바시, 모르도바, 우드무르트, 마리 등 다양한 민족의 대표들이 총독 관저의 여제 일행 앞에서 민속 의상을 입고 춤을 추었다고 한다.[57]

예카테리나가 볼가강을 따라 여행하는 과정을 기린 시가 다수 지어졌다. 당시의 문체로 쓰이기는 했어도 이 시들이 볼가강을 묘사하는 방식은 중요한 의미를 지닌다. 18세기 중반에 이르러 강과 바다는 시의 보편적 소재가 되었지만 볼가강은 돈강, 드네프르강 등과 함께 제국의 주요 강 중 하나로 여겨질 뿐이었다. 하지만 예카테리나의 순시 여행 이후 볼가강은 러시아 제국을 탄생시킨 역사적 사건들과 연관된 존재가 되었다.

시인 바실리 마이코프는 예카테리나와 볼가강에 대해 각각 한 편씩 시를 지었다. 예카테리나가 야로슬라블을 방문했지만 아직 볼가강 여정을 시작하지 않았을 때인 1763년에 쓴 첫 번째 시에서 그는 볼가강이 예카테리나의 곁에 있었으면 하는 마음에 마지못해 남쪽 카스피해로 흘러간다고 하였다. 시에서 볼가강은 다음과 같은 질문을 던진다.

어째서 운명은 제게 허락하지 않을까요?
이 흐름을 멈추고 당신과 함께 하는 것을.

2부 러시아 제국의 볼가강

오, 폐하, 러시아의 빛이여!

1767년에 쓴 두 번째 시에서는 볼가강이 온순한 신하가 되어 여제의 길을 편안히 하기 위해 잔잔해졌다고 표현했다.

눈앞에 아름다운 초원이 보이네.
삼나무 숲처럼 솟아오른 도시가 보이네.
가파른 둑이 지탱하기 어려울 만큼 크네.
그곳을 지나는 볼가는 환희에 젖었네.
예카테리나의 이동을 보며
자기 흐름을 억제하고 멈추네.
그리하여 경쾌한 물길을 만들고
바위와 모래톱을 감추어
여제께서 편안히 지나가시도록 하네.[58]

이 장 서두에 인용했던 데르자빈의 시는 여제의 방문을 기념하는 동시에 이제 볼가강이 러시아 제국의 통제하에 들어가 있음을 분명히 한다. 물론 이 시들은 여제의 영광과 기쁨, 그리고 러시아 제국을 위해 쓰인 것이다. 다만 볼가강이 최초로 '러시아의' 강으로, 여제의 충성스러운 신하로 그려지게 되었다는 점은 기억할 만하다.

현실에서 볼가강을 길들이는 일이 시에서만큼 쉽지는 않았다. 그럼에도 불구하고 19세기 초가 되면 볼가강 지역은 러시아 제국에 한층 통합된 상태였고 코사크와 유목민의 전통적인 자유는 억압되었다. 코사크와 이민족의 자율권이 약화되면서 국가의 군사적, 관료적 입지는 강화되었다. 수호해야 할 제국의 국경은 남쪽(북코카서스)과 동쪽(오렌부르크와 시베리아)으로 이동했다. 그렇다고 볼가강 지역의 제국 복속이 완전해졌다는 의미는 아니다. 1767년에 예카테리나와 오를로프를 즐겁게 해 준 20여 개 민족은 볼가강 중하류의 다민족, 다종교 인구를 대표했다. 이교도, 이슬람교도, 불교도 등 비기독교인들에 대한 제국의 통치 방식이 확립되어야 했다. 복잡한 과정이었고 때로 모순된 정책을 수반하기도 했지만 이는 이념적으로 일관되어 잘 굴러가는 제국을 만드는 데 필수적인 일이었다. 이제는 이 측면을 살펴보고자 한다.

06

볼가강의 러시아 정교와
이슬람교

러시아 제국의 핵심 정체성은 러시아 정교, 기독교도, 러시아인이었다. 그러나 제국은 다민족, 다종교 상황이었고 볼가강 중하류 지역은 러시아가 처음으로 정복한 비기독교 지역이었다. 도시와 농촌 모두에서 비기독교인의 비중이 상당히 높았다. 그 대다수는 이슬람교도였지만(그래서 이슬람교가 이 장의 제목에 들어갔다.) 샤머니즘 신앙을 지닌 핀·우그르족과 불교도도 살고 있었다. 볼가강 지역의 외딴곳에서 피난처를 찾은 구교도들과 반체제 종파의 신자들도 존재했다. 18세기 후반에 이르면 볼가강이 더 이상 제국의 국경이 아니었으나 이 지역에서 불거진 문제와 그 해결 방식은 러시아 제국 정부가 비정교회 신자들을 개종시키고 관리 통제하는 방식을 이해하는 토대가 된다. 서쪽과 동쪽을 가르는 볼가강은 예카테리나 2세가 볼테르에게 표현했듯 기독교 '서양'과 비기독교 '아시아'를 나누는 경계이기도 했다.

18세기와 19세기 동안 비기독교도에 대한 정부 정책은 차르의 개인적 태도에 따라, 현지의 정교회 성직자들 활동 정도에 따라, 개종 정책의 성공 정도에 따라 달라졌다. 볼가강 중하류 지역을 보면 비기독교인의 이동을 감시하고 통제하려는 정부의 의지가 일관되더라도 개종 정책은 유연하고 실용적일 수 있음을 알게 된다. 무엇보다도 정부는 제국 내에 비기독교인, 비러시아인이 다수 존재한다는 사실을 인정하고 그들의 충성심을 얻어내야 했다.

18세기 볼가강 지역 인구의 민족 및 종교 비율을 정확히 알기란 불가능하다(정기적 인구조사는 표트르 1세 통치 말엽에야 시작되었는데 인두세, 즉 1인당 세금을 매기기 위한 조치였다.). 18세기 말, 제국 전체에서 러시아인이 차지하는 비율은 인구의 절반 이하로 떨어졌지만[1] 러시아인, 우크라이나인, 벨라루스인 등의 슬라브계는 언제나 대다수를 차지했다. 볼가강 지역의 민족 및 종교 구성은 독특했다. 한 통계에 따르면 1860년경 타타르인이 카잔에 418,504명, 사마라에 152,908명, 심비르스크에 85,412명, 사라토프에 59,897명, 니즈니노브고로드에 31,950명이었다고 한다(같은 시기 오렌부르크에 858,695명, 페름에 71,965명이 있었다.).[2] 비슷한 시기에 나온 카잔 인구 통계를 보면 추바시인은 338,440명, 마리인은 89,728명이었다.[3]

민족이 항상 종교와 일치하는 것은 아니다. 볼가강 지역 타타르가 모두 이슬람교도는 아니었다. 기독교로 개종한 사람들은 '오래된 세례자(스타로크레시체니에)', '새로운 세례자(노보크레시체니에)', '배교자'로 나뉘었는데 이에 대해서는 아래에서 다시 다루겠다. 18세기 말엽

2부 러시아 제국의 볼가강

이면 추바시와 마리족 농민 대다수가 적어도 명목상으로는 정교회 신자였다. 그 결과 기독교도가 이슬람교도보다 늘 더 많았다. 1861년에 카잔 인구의 약 74퍼센트가 기독교도, 24퍼센트가 이슬람교도였던 것으로 추정된다.[4] 지방 및 중앙 당국은 각 지역에서 어떤 종교 신도가 얼마나 되는지 정확히 파악하는 데 강박적이다시피 매달렸다. 1854년에 카잔의 이슬람교도, 유대교도, '우상 숭배자(이교도)'의 수를 지역별로 기록하기 위한 조사가 실시되었다. 이 조사에 따르면 이슬람교도가 380,601명, 이교도가 8,246명이었고 모스크는 794개에 달했다.[5]

비기독교인을 개종시키려는 러시아 정부의 정책에는 설득과 강압이 섞여 있었다. 최상층과 최하층은 개종시키기가 쉬웠다.[6] 지주와 같은 엘리트 구성원은 개종할 경우 농노 소유권을 비롯해 러시아 귀족과 동일한 권리를 제공받고 칭호도 같게 하여 러시아에 동화시켰다. 정령 숭배나 샤머니즘 신앙 등의 이교도는 이슬람교도에 비해 개종시키기 쉬웠다. 표트르 1세와 예카테리나 2세 같은 통치자들의 실용주의 혹은 관용적 태도는 이교도들이 '미개한 야만인'이며 기독교로 개종해야만 러시아와 유럽 문명의 혜택을 받을 수 있다는 확신과 배치되는 것이었다(이런 확신은 프랑스와 영국 등 다민족 제국이 공유하는 것이었다.). 이교도들은 대부분 볼가강 중하류의 추바시, 마리, 모르도바 농민들로 그곳에는 종교 지도자의 지원도 없고 개종에 저항할 사회 조직도 부재했다. 소규모 정착촌의 농민들(농노와 국가 소유 농민)은 다양한 민족이 복잡하게 섞인 도시민보다 개종시키기 쉬웠다. 그리하여 볼가강 지역 도시들의 비기독교인 무역 공동체는 차르가 건드리지 않고 놓아두었다. 러시아 제국의 그 어느 곳보다도 인종 구성이 다양했던 아스트라한이 대표적인 예이다.

개종의 대가는 샤머니즘을 믿는 농민에게도 주어졌지만 귀족 지주들에게 훨씬 더 많았다. 16세기 말, 개종하지 않는 농민은 위협을 받았고 개종하면 현금과 의복을 지급받았다.[7] 농노제를 제도화한 1649년 법률에 따르면 개종한 농민은 아무 권리 없는 노예인 양 팔려갈 수 없는 존재라고 나온다.[8] 1681년에는 영지의 타타르가 기독교로 개종하는 경우 지주가 남자 5루블, 여자 2루블씩 금전적 보상을 받았다.[9] 그러나 이 시기의 러시아 정부에 체계적인 개종 정책은 없었고 볼가강 변에 세워진 대형 수도원들의 활동에 많은 부분을 의존했다. 러시아 정부는 1685년, 개종을 위해 '무력'을 사용해서는 안 된다고 정하기도 했다.[10] 하지만 이 규정이 18세기에 여러 차례 다시 세워졌다는 점은 추바시와 마리 농민들에게 무력이 동원되고 있었음을 강력하게 시사한다. 17세기 말, 심비르스크의 추바시 농민들은 개종을 강요당하고 있으며 거부할 경우 '가차 없이 처벌 받는다'고 하소연했다.[11]

표트르 1세는 개종 정책에서 보다 적극적인 역할을 수행했다. 그의 정책은 개인적인 신앙 때문이 아니라 오스만 제국 및 페르시아와 전쟁을 벌이는 동안 이슬람교도들이 적과 내통할 가능성을 염려했기

2부 러시아 제국의 볼가강

때문이다. 표트르는 이교도뿐 아니라 기독교도 중에서도 이른바 '역겨운 무함마드 신앙'으로 돌아설 이들이 생길까 봐 우려했다.[12] 특히 이슬람교도인 지주들의 충성도를 의심하며 6개월 내에 기독교로 개종하지 않으면 땅을 몰수하겠다고 위협했다. 그러나 표트르 1세는 기본적으로 실용주의자였고 신앙에 대해 대가를 지불한다면 용인해 준다는 입장이었다. 예를 들어, 구교 신자에게는 1716년에 이중과세가 도입되었다. 개종 유인책도 제시되었는데, 징병과 세금을 수년 동안 면제받을 수 있었다.

그럼에도 표트르 1세의 고문이었던 이반 포소시코프는 러시아의 정책을 가톨릭 제국들의 정책과 비교해 비판하며 이교도는 '어린아이와 같다는' 의견을 분명히 했다.

이 민족들은 200년 동안 러시아 제국의 신민이었는데도 우리가 태만했던 탓에 기독교인이 되지 못해 그 영혼이 소멸했다. 가톨릭은 중국, 인도, 미국에까지 선교사를 보내는 상황이다. 우리의 신앙이 진리임이 명확하고 모르도바, 마리, 추바시 개종이 손쉬운 일임에도 우리는 그렇게 하지 않고 있다. 문자도 없고 법도 없이 어린아이처럼 살아가는 그 비기독교인들은 머나먼 어딘가가 아닌, 러시아 제국 내 볼가강과 카마강 근처에 살고 있는 러시아의 신민이다.[13]

표트르 1세의 딸 엘리자베타 여제(재위 1741~1761년)의 통치 기간에 분위기는 급격히 달라졌다. 이는 모든 비기독교인에 대한 여제 자신의 혐오감을 반영한 것이기도 했고 1730년대 오렌부르크 지역에서 일어난 이슬람교도 바시키르족의 반란 이후 이슬람교를 억제하려는 의도이기도 했다. 선교 활동이 활발해졌고 여제도 개종을 위한 특별 사무소를 설립하는 등 직접 지원했다. 카잔 지방이 집중 공략 대상이 었는데 이는 개종 사무소의 초대 소장인 드미트리 세체노프 신부가 카잔 지방을 '러시아 남동부에 사는 모든 비기독교인의 중심지'라고 규정했기 때문이다.[14] 1747년 한 해 동안 카잔 지방에서 10만 명 이상 이 개종했는데 대부분 추바시, 모르도바, 마리 농민이었다고 한다. 개종의 혜택은 여전했다. 1747년, 개종한 추바시, 타타르, 마리, 모르도 바족은 3년간 징병과 인두세 면제를 약속받았다.[15] 범죄자들도 개종하면 처벌을 면제받을 수 있었는데 18세기 러시아의 야만적인 형벌을 고려할 때 이는 퍽 매력적인 혜택이었다. 예를 들어, 1743년 절도 혐의로 기소된 추바시 농민 세 명은 끔찍한 처벌 대신 개종한다는 현실적인 판단을 했다. '양을 훔쳤다는 점을 인정하지 않고 거룩한 세례를 받았으며' 현금까지 챙겼다고 한다![16]

그러나 엘리자베타 여제 통치 기간 동안 개종의 인센티브는 위협과 폭력을 동반했다. 이교도 농민들은 개종하지 않으면 이주 허락을 받지 못할 거라는 위협을 받았고 이교도 성지와 묘지가 파괴되었다. 정교회나 기독교도 거주지 근처의 모스크는 철거되었다. 1740~1762 년 사이에 카잔 지역의 모스크 536개 중 약 418개가 사라졌다. 나머지 118개 모스크는 1552년의 카잔 정복 이전에 지어진 덕분에 살아남았다. 아스트라한에서는 모스크 40개 중 29개가 파괴되었다. 타타르인들은 카잔, 보로네시, 니즈니노브고로드, 아스트라한, 시베리아 지역에서 이슬람교도만 거주하거나 남성 이슬람교도가 200명 이상의 마을인 경우에 한해 모스크를 유지하거나 건축할 수 있었다.[17] 엘리자베타 여제 치세 말기로 가면서 정부의 정책이 약간 완화되었는데 이는 아마도 처우에 대한 분노가 바시키르 반란의 원인이 되었다는 고려 때문이었을 것이다. 1756년에는 차르의 명시적인 허가가 있어야만 새로운 모스크를 지을 수 있다는 칙령이 나왔고 그 결과 카잔에 단 두 곳 모스크만 새로 문을 열었다. 볼가강 상류의 이슬람교도를 개종시키기는 더 어려워서 1749년까지 니즈니노브고로드에서 개종한 이슬람교도는 226명에 불과했던 것으로 추정된다.[18]

18세기에 진행된 개종의 파도 속에서 기독교도가 된 타타르인은 '새로운 세례자'라고 불렸다. 이들은 16세기와 17세기에 앞서 개종한 '오래된 세례자'와 별도로 구분되었다. 이러한 구분은 19세기 후반에 중요해졌는데 '새로운 세례자'가 이슬람교로 되돌아갈 가능성이 높았기 때문이다(12장 참조). '새로운 세례자'는 대개 볼가강의 배 끄는 노동자, 공장 노동자, 징집을 피하려는 이들 등 가난하고 힘없는 계층 출신이었다. 이 시기에는 타타르 마을 전체가 개종 대상으로 공략되기도 했다.[19]

예카테리나 2세의 통치 기간 동안 이슬람교도 관련 정책은 뚜렷한 변화를 보였다. 예카테리나가 최소한 원칙적으로는 (그리고 종종 실천적으로도) 국내 통치의 근간으로 삼고 해외에도 내세운 계몽주의에서 관용은 필수적인 요소였던 것이다. 물론 실용주의적 고려도 작용했다. 엘리자베타의 강제적, 심지어 폭력적 개종은 큰 반감을 샀고 이는 1766년 볼가강 지역 마리와 추바시 농민들이 예카테리나의 입법 위원회 대의원들에게 보낸 '요청'에도 드러났다.[20] 예카테리나 자신도 신앙이 그리 깊지 않았던 것으로 추측된다. 남편(1762년 쿠데타로 자신이 몰아낸 차르 표트르 3세)과 정혼하는 조건으로 루터교에서 정교로 개종하는 데 아무 망설임이 없었던 듯하니 말이다. 그리하여 여제는 이슬람교도와 유대교도 등 비기독교인에게 실용적으로 접근할 수 있었다. 첫 번째 조치 중 하나는 엘리자베타가 만든 개종 사무소를 폐지하는 것이었다. 앞서 보았듯 예카테리나는 1767년의 카잔 방문 때 이슬람교도 성직자들을 만나고 이슬람교도 구역을 방문했다. 1773년 예카테리나는 이슬람 사원 건축을 허용했다(여전히 공식 허가가 필요하긴 했다.). 여제는 표트르 대제만큼이나 이슬람 엘리트의 러시아 동화를 바랐다. 1788~1789년, 예카테리나는 이슬람교도 바시키르(이들 중 일부는 수년 전 푸가초프 반란에 가담한 이들이었다.)가 많이 사는 오렌부르크에 이슬람교도를 위한 행정 기관인 '이슬람 영성 회의'를 설립했다. 러시아 제국 내 모든 이슬람교도를 관할하는, 정교회 성의회와 동급이 되는 기관이었다. 교리, 결혼 및 이혼 문제를 결정하고 율법학자를 임명하며 이슬람 학교를 감독할 권한이 주어졌다. 이슬람 영성 회의 의장을 비롯해 고위 이슬람교도 관리들은 귀족 지위를 부여받고 제국 엘리트에 동화되었다.

예카테리나의 정책은 엘리자베타의 정책보다 실용적이고 관대했지만, 그렇다고 해서 비기독교인을 동등하게 대우하거나 특정 상황에서 불이익을 주지 않는다는 의미는 아니었다. 예카테리나는 비기독교인(그리고 정교가 아닌 기독교인)을 정교도 러시아인 아래에 두는 규정을 바꾸려 하지 않았다. 개종은 일방향으로만 허용되었다. 기독교도가 이슬람으로 개종하는 것은 허용되지 않았고 1649년 법률은 이를 형사 범죄로 명시했다. 정교회에서의 결혼은 성스러운 예식이었으므로 이슬람교도나 이교도(개신교와 가톨릭 포함)가 정교도 러시아인과 결혼하려면 개종하고 세례를 받아야 했다.

게다가 예카테리나는 이슬람교도에게 복수하거나 엘리자베타가 그랬듯 잔혹하게 처벌할 수 있는 입장이었다. 재위 기간 동안 오스만 제국과 두 차례 전쟁을 치러 승리한 여제는 이를 이슬람교에 대한 기독교의 승리로 표현했다. 1770년 체슈메 전투의 승리를 기린 양각 작품을 보면 월계관을 쓰고 평화의 상징 월계수 잎을 부리에 문 독수리를 머리 위에 둔 예카테리나 2세 흉상 앞에서 투르크족이 무기를 내려놓고 무릎 꿇은 장면이 나온다.[21] 예카테리나 통치기에 러시아 제국은 1783년의 크림반도 합병으로 더 많은 타타르족을 얻었지만 그중 다수가 크림반도를 떠나 오스만 제국으로 이주했다(앞 장에서 살펴본 1771년의 칼미크 이주와 비슷한 상황이었다.). 그 수는 최소 35,000명에서 많게는 100,000명에 달했다. 러시아군이 고의적으로 모스크를 파괴한 행동도 여기에 영향을 미쳤다(물론 일부는 타타르족이 이주한 후 복수 차원에서 파괴되었을 수도 있다.). 성지가 파괴되고 처참하게 훼손되었던 것이다. 1800년의 어느 영국 여행자는 다음과 같이 기록했다.

(러시아인들은) 나라를 황폐화하고 나무를 베고 집을 허물고 공공건물과 현지인의 신성한 건축물을 넘어뜨렸으며 공공 수로를 파괴하고 주민들을 강탈하고 타타르의 공공 예배 행위를 모욕하고 조상들의 무덤을 파헤쳐 부장품은 거름더미에 던지고 사체는 돼지에게 먹이로 주었다. 고대의 기념비를 남김없이 파괴하고 성인과 이교도의 무덤을 똑같이 훼손하고 그 재를 공중에 뿌렸다.[22]

카잔의 타타르족은 비협조적인 이슬람교도 신민들이 맞이할 운명이 무엇인지 잘 알고 있었던 셈이다.

알렉산드르 1세는 예카테리나의 관용 정책을 받아들였다. 그러나 1820년대에 볼가강 지역의 타타르를 대상으로 한 선교 활동이 증가했던 데는 알렉산드르 자신의 영적 성장이 영향을 미쳤다. 차르는 1812년 나폴레옹의 러시아 침공으로 암울했던 시기에 영적 '체험'을 했고 이는 1815년 이후 더욱 강해졌다. 1817년, 그는 기독교도뿐 아니라 비기독교인까지 관할하는 종교 및 공공 교육 부처를 설립했다. 알렉산드르 1세는 또한 영국 및 외국 성서공회의 러시아 내 활동을 장려했는데 이 성서공회의 선교 활동은 성경 보급뿐만 아니라 최초의 지역 언어 성경 발간으로 이어지기도 했다. 1818년 말까지 이 성서공회는 러시아어 성경 371,000부, 그리고 25개 언어의 79개 판본을 출판했다.

러시아 선교 사업은 니콜라이 1세 치세 때도 계속되었고 특히 1830년대에 활발했다. 인플레이션과 함께 개종에 대한 보상도 늘어

2부 러시아 제국의 볼가강

나 1849년이 되면 개종자는 인두세 평생 면제 및 다른 세금의 6년 면제 혜택과 함께 1인당 15~30은화 루블을 받았다.[23] 19세기 말까지 무려 50만 명 가까이가 기독교로 개종했는데 추바시인 336,911명, 마리인 88,272명, 모르도바인 18,670명, 우드무르트인 7,751명이 여기 포함되었다.[24] 예카테리나 2세의 모스크 건축 허가 정책은 계속 이어져 1858년까지 카잔에서만 모스크 430개가 세워졌다.[25]

많은 경우 개종의 진정성은 의심스러웠다. 특히 샤머니즘 신앙이었던 볼가강 지역 추바시와 마리 농민들은 다수가 협박이나 보상 때문에 개종하였으므로 새로 받아들인 종교에 대한 이해나 공감이 거의, 혹은 전혀 없곤 했다. 이로 인해 개종한 이교도와 성직자 간에 갈등이 발생하기도 했다. 그러나 더 흔한 상황은 겉으로만 정교를 받아들이고 기존 이교 신앙을 계속 유지하는 것이었다. 1770년대에 독일의 식물학자 요한 고틀리프 게오르기는 러시아를 여행하면서 추바시족이 '말로만 기독교도일 뿐' 이교도인 측면이 더 많으며 모르도바족은 개종했어도 '여전히 전통적 우상 숭배에 집착한다'고 하였다.[26] 예카테리나 통치 당시 고문을 지낸 미하일 슈체르바토프 대공은 정교회가 몹시 허술한 방식으로 이교도를 개종시킨다고 비난했다.

목욕탕에 데려가듯 세례를 해 주고 무지한 이들이 십자가와 그리스도의 형상을 일종의 부적이나 우상으로 여기게끔 한다. 단식일의 육식 금지를 어기는 사람도 많은데 사제들은 이것을 봐주는 대가로 뇌물을 받는다.[27]

이교도가 기독교도가 된 지 오랜 기간이 흐른 19세기에도 상황은 개선되지 않았다. 1827년, 차레보콕샤이스크 지역의 지주 대장은 추바시와 우드무르트인 농부들이 사제에게 무례하게 굴고 '이교 습관'을 몰래 유지한다고 보고했다.[28] 1828년 필라렛 대주교는 추바시족이 정교도 러시아인과 분리되어 거주하는 한 기독교 신앙에 무지할 수밖에 없으며 우드무르트족은 조상 숭배 같은 이교 신앙을 이어가고 있다고 보았다.[29] 이런 생각은 근거 없는 것이 아니었다. 1837년, 체복사리 남서쪽 야드린 지역의 코차셰바 마을에서 나탈리아 페트로바(러시아식으로 바꾼 이름이다.)라는 개종 추바시가 '마법'을 부려 개종한 추바시 여러 명을 '우상 숭배'에 끌어들인 죄로 기소되기도 했다.[30]

'새로운 세례자' 타타르인들은 이슬람교도로 되돌아가는 일이 특히 많았다. 1829년 카잔 성직자회의는 18세기에 개종했던 카잔 지역 타타르인 12,129명 중 10,526명이 다시 이슬람교도가 되었다고 집계했다.[31] 이렇게 재개종한 타타르인들의 활동은 우려할 만했다. 1866년에는 치스토폴 지역(카잔 남동쪽, 볼가강과 카마강에 접해 있다.)의 지주 대장이 베르흐니 니키트킨 마을의 한 타타르인이 이슬람으로 개종한 후 '미너렛 없는 모스크 형태'로 기도소를 지었다면서 다른 농민들이 그곳에서 기도하지 않도록 봉쇄해야 할 것이라 보고했다.[32]

배교한 타타르에 대한 정부 정책은 개인이나 마을 전체를 이주시키는 것이었다. 이는 말썽이 될 만한 주민들을 다루는 전통적인 정부 대처의 연장선이었다. 앞서 보았듯 17세기와 18세기에도 코사크 개인이나 공동체 전체를 이주시키곤 했다. 이 과정에서 지역 당국은 개인, 가족, 마을 전체의 개종 및 재개종 상황을 감시하는 데 엄청난 노력을 들였다. 관련하여 지역 경찰, 지방 법원 및 상급 기관에서 작성되는 서류의 양도 막대했는데 이는 상트페테르부르크에서 나오는 칙령 하나로 어마어마한 서류가 쌓이면서도 정책 변화는 거의 없었던 제국의 지방 행정 방식에서 드물지 않은 일이었다. 겨우 한두 명 연루된 사건도 하급 기관에서 해결되지 못하고 총독부와 카잔 성직자회의까지 올라가는 일이 종종 벌어졌다. 물론 배교자들에게 이주와 재정착은 치명적인 경험이었다. 이주해야 하는 개인은 삶의 토대가 뿌리 뽑힌 채 다른 마을, 대개 멀리 떨어지고 심지어는 아예 지역이 다른 곳으로 추방되었다. 부모가 자녀와, 남편이 아내와 헤어졌다. 새로운 정착지는 농경 조건이 열악한 미답지이기 쉬웠다. 계몽주의 '관용' 정책이라고는 보기 힘든 혹독한 상황이었다.

카잔과 사마라 지방의 사례를 보면 배교에 대한 정부 정책이 인적 비용을 치렀다는 점, 그리고 이슬람교도, 개종한 타타르인, 기독교도 러시아인이 함께 사는 상황을 원만히 풀어가기가 무척 어려웠다는 점이 드러난다. 1854년에는 1835년까지 거슬러 올라가는 한 사건의 조사가 시작되면서 목격자와 지역 관리의 수많은 증언이 이어지는 일이 빚어졌다. 나이 많은 타타르 농민으로 '새로운 세례자'였던 알렉세이 로마노프(이 이름 자체가 불운했는지도 모른다.)가 이슬람교로 재개종했다는 혐의가 출발점이었지만 오렌부르크 지역 한 마을에서 기독교도 러시아인들과 함께 살던 개종한 타타르 132명에 대한 조사로 범위가 확대되었다. 그 결과 '새로운 세례자' 타타르 22가구가 이슬람교로 재개종한 것이 드러나 이들을 최소 100킬로미터 이상 떨어진 곳으로 이주시킨다는 결정이 내려졌다. 15세 미만의 자녀는 부모와 동행했고 그 이상인 경우 기독교도임을 증명할 수 있는 경우에만 이주를 면할 수 있었다.[33] 하지만 농민들이 이주를 거부하면서 이 사건은 1850년대까지 종결되지 않았다. 자신은 아예 처음부터 기독교로 개종한 적이 없다며 이의를 제기한 타타르인도 있었다. 재개종을 엄벌하는 정책은 계속되었다. 1843년에는 치스토폴 지역에서 이슬람으로 재개종한 타타르인 1,200여 명이 이주를 당했다.[34] 1860년에는 그 지역의 이슬람교도 타타르인들이 '광신적 신앙'을 보인다는 혐의로 이주당하는 일이 있었다.[35]

예민한 러시아 선교사들은 정부의 강경책이 개종 타타르를 오히려 멀어지게 만들 뿐이라는 점을 알고 있었다. 1865년, 한 선교사는 정부 정책의 실패를 다음과 같이 요약했다.

1827년부터 1864년까지 교구 사제들과 성직자회의의 고리타분한 훈계는 타타르 개종자들이 이성에 귀를 기울이도록 하는 데 전혀 기여하지 못했다. 배교자에 대한 사랑과 연민도, 치밀한 사전 준비도 없이 행동했기 때문이다. …… 경찰의 개입은 세례받은 타타르인들의 짜증을 돋워 정교회로부터 거리를 두게 했다. 이주 조치는 타타르인의 기독교 신앙을 강화하기보다는 파멸과 절망으로 이끌었을 뿐이다. 타타르인들이 기독교로 개종하는 사례가 드물고 배교가 많았던 것은 놀라운 일이 아니다.[36]

이주와 재정착을 배교한 타타르인만 했던 것은 아니다. 기독교로 개종한 타타르인들도 같은 조치를 당한 경우가 있다. 1840년대에는 '새로운 세례자' 타타르인 드미트리 가릴로프가 가족과 함께 이슬람 마을을 떠나 기독교 마을로 이주당했다.[37] 이는 아마도 재개종의 위험을 줄이기 위해서였을 것이다. 가릴로프를 비롯해 이슬람 마을의 주민들이 어떤 식으로든 부적절한 행동을 했다는 증거는 없다.

'오래된 세례자' 타타르인들은 일반적으로 '새로운 세례자'보다 기독교 신앙이 더 안정적일 것이라 여겨졌지만 1866년, 볼가강 지역에서 '오래된 세례자'들이 합세한 배교 사태가 심각한 규모로 발생하면서 이 믿음은 흔들렸다. 시작은 차르가 세례를 받은 타타르인들에게 이슬람 교리를 지킬 자유도 부여했다는 소문이 치스토폴 지역에서 돌게 된 것이었다. 농노 해방 칙령이 나오면서 폭력 사태가 벌어진 지 불과 몇 년 후라 시골 지역은 여러모로 불안정한 시기였다. 소문은 볼가강 지역 이 마을에서 저 마을로 빠르게 퍼져 나갔고 이슬람으로의 복귀 허락을 요청하는 청원서가 쇄도했다(남자는 이슬람식으로 수염을 정리하고 여자는 이슬람 옷을 입는 등 상징적인 행동도 나타났다.). 정부의 초기 대응은 청원을 거부하고 주동자로 판단된 타타르인 9인을 체포하는 것이었다. 그럼에도 사태가 가라앉지 않자 긴장한 정부는 다수의 개종 타타르인을 체포하고 조사했다. 결국 선동자 중 21명은 중노동형을 선고받았고 20명은 감옥에 갇혔으며 260명은 가족과 함께 집중 종교 교육을 받게 되었다.[38] 기소된 다른 타타르인들은 대부분 석방되었지만 이는 향후 몇 년 동안 더 많은 배교로 이어졌을 뿐이다.

개종한 타타르인을 포용하기 위한 토대는 언어와 교육이었다. 정부와 교회의 정책에 대한 중요한 비판도 각 민족 언어로 된 자료가 마련되지 못했다는 것이었다. 교리 문답의 최초 타타르어 번역본은 1803년에야 나왔다. 18세기에 이슬람교에서 개종한 이들을 위한 학교가 세워졌지만 이는 러시아의 '가치'를 심어 주는 방향이 아니었다. 실제로 개종 타타르인 학교의 주요 목표는 러시아 군대와 국가를 위한 통역관 양성이었고 이념보다는 전적으로 실용적인 방향이었다.[39] 19세기 후반에야 학자이자 선교사인 니콜라이 일민스키의 선도로 타타르 청소년 교육을 통해 정교회뿐 아니라 '러시아인다움'의 가치를 증진하는 쪽으로 강조점이 바뀌었다(12장에서 다시 설명한다.).

외국인 여행자들은 러시아가 독실한 기독교 국가라 묘사했다. 심지어 독실한 정도가 지나쳐서 미신에 가깝다고 생각하는 경우도 있었다. 17세기 후반 차르의 영국인 주치의였던 새뮤얼 콜린스는 '큰 철야 기도회가 열리는 날이면 밤새도록 교회에 머물면서 엎드리고 성

　　　　　　　　　　　　　　　　2부 러시아 제국의 볼가강

호를 긋고 머리를 바닥에 부딪치기도 한다'고 하였다.[40] 약 130년 후, 영국계 아일랜드인으로 개신교도였던 캐서린 윌멋은 다음과 같이 기록했다.

> 일출이나 일몰 때, 그리고 또 다른 때에 성호를 긋기 시작하면 15분 안에는 끝나지 않을 정도로 거기에 열중한다. 고개가 땅에 닿을 정도로 몸을 굽혀 절을 하고는 몸을 일으키기 무섭게 또다시 팔을 크게 움직여 성호를 그으며 절을 한다.[41]

그러나 당시 러시아 정교는 외부(이교도와 이슬람교도 등)뿐 아니라 내부로부터도 도전을 받고 있었다. 이 문제는 제국 전역에서 발생했지만 볼가강 중하류 지역에서 더 심각했는데 이 지역 대부분이 외진 곳이라 제대로 관리되지 못해 반체제 종파가 번성했기 때문이다.

러시아에서 교구 성직자의 평판은 대체로 좋지 않았다. 교구 성직자는 결혼을 해야 했고 그 아들들이 자리가 나는 대로 성직자가 되는 식이었으므로 성직은 사실상 폐쇄적인 사회 자산이었다. 교구 사제는 대가족인 경우가 많았지만 급여가 적어 교구의 농민들과 사는 수준이 비슷했다. 신학교가 있다고는 해도 교육이 형편없었으며 가르침보다는 가혹한 환경으로 더 명성이 높았다. 그 결과 교구 성직자들은 교육을 제대로 받지 못했고 가난했으며 소명 의식이 결여되어 부적절한 행동을 하거나 술에 의존하는 일이 흔했다. 트베르의 주교 페트르 레프신은 1770년대에 음주와 방탕, '사회적 지위에 걸맞지 않은 행동'

을 이유로 교구 사제들을 파문했다.[42] 주교는 교구 성직자가 아닌 수도회 출신으로 대개 지적, 도덕적 수준이 높은 이들이었다. 물론 예외는 있었다. 18세기 말에 러시아를 여행한 존 파킨슨은 아스트라한에서 다음과 같은 신랄한 비판을 남겼다.

> 대주교의 문제점은 나태와 과도한 음주였다. 시골에 머물 때 그는 이러한 악행에 전념한다. 도시에서는 행동을 절제할 의무가 있으므로 그는 당연히 시골 지역을 선호한다.[43]

볼가강 지역에서 개종한 이교도나 이슬람교도로부터 존경을 받기에는 교구 성직자들의 자질이 영 부족했던 것이다. 1880년대에는 (심비르스크 주의) 체복사리 지역에서 개종 추바시의 반항과 관련해 보고가 나왔다. 종교 축일을 방해하고 교회 가기를 거부했다고 하는데 이는 기독교 신앙에 대한 거부라기보다는 지역 성직자의 혼례 집전 방식에 대한 불만이었던 것으로 보인다.[44] 교구 성직자들은 세례, 혼례, 장례와 같은 행사의 수수료에 생계를 의지했고 이는 가난한 마을에서 대중의 분노를 불러일으키곤 했다.

그러나 정교회가 직면한 내부적 도전은 교구 성직자의 자질보다 훨씬 근본적인 것이었다. 17세기 중반, 정교회는 결국 치유되지 못할 분열을 겪었다. 니콘 총대주교가 교회 텍스트와 전례 방식을 개혁한 것이다. 개혁을 받아들이지 않은 이들은 이른바 구교도가 되었고 당시 대제사장 아바쿰이 이를 이끌었다. 표면적으로 보자면 (종교개혁 당시 서방 교회 내부의 분열과는 달리) 제례와 형식의 사소한 변화였다. 예를 들어 특정 예식의 간소화, 성호 그을 때 사용하는 손가락 수, 할렐루야의 횟수, 성서 내 특정 단어의 철자법 등이 바뀌었다. 그중에서 사회 계층을 막론하고 가장 반대가 극심했던 것은 정교회 예배에서 가장 일반적인 의식인 성호 긋기 방식의 변화였다. 교회 내부 구성원을 포함해 많은 신자에게 이는 가장 중요하고 의미 깊은 의식에 대한 공격을 넘어 정교회 고유의 순수성에 대한 근본적이고 이단적인 공격으로 인식되었다. 러시아 정교회에는 1453년의 콘스탄티노플 함락 이후 모스크바가 '제3의 로마'가 되었으며 자신만이 유일한 순수 기독교라는 깊은 믿음이 있었다. 니콘의 개혁은 많은 신자에게 순수한 러시아 교회에 그리스 방식을 강요하려는 시도이자 악마의 표징으로 여겨졌다(구교도들은 개혁이 시작된 1666년이 요한계시록에서 '큰 짐승', 즉 적그리스도의 표징으로 명시했던 6이 세 번 포함된 때라는 점도 놓치지 않았다.).

17세기 후반, 많은 구교도가 러시아 제국의 외딴 지역으로 피신했다. 일부는 정규군을 상대로 극적인 저항을 벌이기도 했는데 거의 언제나 비극적인 대량 자결 사태로 이어져 구교도 수천 명이 목숨을 잃었다. 자결은 18세기까지 계속되었고 구교도에 대한 박해가 특히 심했던 엘리자베타 통치기에 더욱 만연했다. 남부 국경 지대로 도망친 구교도도 있었는데 일부는 코사크가 되었고 일부는 볼가 상류, 중류, 하류를 포함해 접근이 어려운 지역에 숨어 소규모 공동체를 이루었다. 저항 세력을 이끈 아바쿰 대제사장은 볼가강 지역 도시와 마을에 '적그리스도에 맞서 칼을 들' 신자들 '수만 명'이 있다고 주장했다.[45]

제국 전체의 구교도 명수를 정확히 알기란 불가능하다. 인구조사에 응하지 않은 경우가 많았기 때문이다. 17세기 중반에는 그 수가 최소 80만 명, 최대 100만 명 이상이었을 것으로 추정되고 1911년에는 제국 전역에 200만 명 이상이었을 것으로 추정된다.[46]

정교 신도의 상당수가 공식 교회의 권위를 받아들이지 않는 이런 상황은 교회와 국가에 심각한 문제를 제기했다. 18세기 후반에 이르면 구교도 공동체가 두 가지 유형으로 나뉘는데 한 유형에서는 정교회에서 서품받은 사제들을 인정했고 다른 유형에서는 그렇지 않았다. 어느 쪽이든 정교회 성직자의 권위가 훼손되기는 마찬가지였다. 전자의 공동체에서 사제는 구교를 묵인해야 했고 후자의 공동체에서는 완전히 배척당했다. 농민들 사이에서 농민처럼 살아가는 교구 사제는 신자들에게 생계를 의존했다. 이런 상황에서 사제가 구교도에 대해 보고하기는 어려웠다. 더 나아가 일부 교구 사제는 구교의 신념에 동조했을 수도 있다. 국가 입장에서 보면 구교가 변화를 거부하는 모든 이들을 결집하는 힘이 될 수 있었다. 앞서 보았듯 라진과 푸가초프 반란 때도 선언문에 구교가 등장했고 이는 코사크를 넘어서 볼가강 지역 농민들의 지지를 얻는 방법이었다. 선교사들이 전도에 나서고 지역 당국이 타타르 배교자의 모든 활동을 점검하는 한편으로 정교회는 성직자를 통제할 수 없고 성직자는 교구민에게 권위를 행사할 수 없는 상황이 펼쳐졌던 것이다.

지방 당국은 비기독교인, 개종한 타타르인, 배교자를 기록하는 것과 같은 방식으로 구교도의 존재와 위치를 기록했다. 특히 가구별로

2부 러시아 제국의 볼가강

징수할 세금을 산정하기 위해 구교도의 명수와 성별, 나이를 파악했다. 이런 기록을 보면 비기독교인이 많은 볼가강 중하류 지역뿐만 아니라 볼가강 전역에 구교도들이 살고 있었다는 점을 알게 된다. 예를 들어 1766년, 심비르스크의 체복사리에는 구교도 53명이 있었는데 이 중 대다수(29명)는 별다른 기술이 없는 도시민, 7명은 길드 소속원(즉 숙련 기술자), 3명은 농노였다.[47] 1778년에는 볼가강 상류의 야로슬라블에 있는 귀족 소유 토지에도 구교도가 등재되었다. 예를 들어 세레메테프 영지에는 남성 213명과 여성 321명의 구교도가 있었고 이반 로바노프라는 귀족의 영지에는 남성 164명과 여성 280명의 구교도가 있었다. 야로슬라블에 있는 귀족 영지 여섯 곳에 있는 구교도는 남성 1,912명과 여성 3,571명으로 기록되었다.[48] 1856년, 여행자 윌리엄 스포티스우드는 사라토프 지방의 구교도 상인과 무역업자에 대해 글을 남겼다.[49] 코스트로마 지방에는 17세기부터 구교도 정착촌이 있었으며 20세기 초에는 남녀 합쳐 약 31,000명 규모였고 그중에는 부유한 상인도 포함되었다.[50]

예카테리나 2세는 전임자들에 비해 구교도에게 관대했다. 1767년의 볼가강 여행 때 여제는 니즈니노브고로드 북쪽에 있는 고로데츠와 시내의 구교도 공동체를 방문했다. 고로데츠는 거의 대부분이 구교도로 구성된 도시로 18세기에 선박 건조와 목공예품 생산에서 중요한 역할을 담당했다. 알렉산드르 1세 시절에도 이런 분위기가 유지되어 1824년, 현지 방문에서 저명한 구교도이자 르제프의 시장이었던 바실리 오브라초프를 만나기도 했다.[51] 1830년의 르제프에는 구교도가 2,000여 명(트베르 지방 전체 구교도의 약 40퍼센트) 있었고 19세기 중반이 되자 그 수가 6,000명 이상으로 불었다.[52] 니콜라이 1세 통치기에는 구교도에 대한 정책이 크게 바뀌었다. 니콜라이 1세는 내무장관 드미트리 비비코프와 마찬가지로 구교도들을 불온 세력으로 간주했고 무력으로 대처하며 모스크바와 볼가강 상류에서 구교도가 이룬 경제적 성공을 무너뜨리고자 했다.[53]

구교도 관련 기록을 보면 당국이 이들을 법과 질서에 대한 잠재적 위협으로 간주했음을 알 수 있다. 구교도에게 영향을 받아 정교도 농민들이 구교도가 될지 모른다는 우려가 가장 컸다. 1724년, 니즈니노브고로드주의 한 사제는 이반 예블레프라는 인물이 일요일에 '부적절한 언어'를 사용하고 자녀의 세례나 혼례 의식을 거부하며 심지어 사제를 죽이겠다는 위협까지 가했다고 보고했다.[54] 이는 농민들이 구교를 받아들이도록 하려는 시도라는 의혹이 제기되었다. 니콜라이 1세 통치 기간에 구교도는 범죄자로 간주되기 시작했다. 차르와 비비코프 장관은 정권에 대한 일체의 반대와 도전을 제거한다는 광범위한 전략의 일환으로 구교를 근절하고자 했다. 구교도가 불온 세력이라는 생각은 야로슬라블 지방의 구교도 마을 소펠키의 농민들이 볼가강 도적단 활동을 감춰 주었던 것, 그리고 볼가강 지역의 구교 종파인 베구니('달리는 사람'이라는 뜻)가 차르를 적그리스도로 비난했던 것으로 인해 더욱 굳어졌다.[55] 당국은 볼가강과 다른 지역에서 구교도들의 소재지를 더욱 상세히 조사하게 되었다.

1855년에 니콜라이 1세가 사망하면서 구교도들에 대한 즉각적인 위협은 줄어들었지만(특히 1853년 구교도의 러시아 무역 길드 등록을 금지한 니콜라이 1세의 조치는 새로운 차르에게 승계되지 않았다.), 구교도에 대한 의심은 19세기 후반에도 계속되었다.

1856년, 국가 소유 농민 지노비 리제프에 관한 비밀 보고서가 카잔 총독 사무실로 제출되었다. 1849년에 구교를 떠나 정교회로 옮겼지만 딸이 구교 신자와 결혼하도록 허락한 것으로 보아 온 가족이 다시 구교도가 된 것 같다는 내용이었다.[56] 3년 후, 정부는 볼가강 상류 코스트로마 지방의 코로보바 마을에 형성된 구교 종파가 탈영병과 부랑자들을 끌어들이고 '종교적 광신주의'로 인해 무질서를 야기한다면서 조사를 벌였다.[57] 1862년에는 사마라 경찰과 지방 정부에 표트르 코볼레프와 알렉세이 아부니체프라는 두 농민이 구교도가 된 것 같다는 보고가 들어갔다.[58] 이듬해 내무성은 사라토프주에 있는 구교도들의 위치를 자세히 알리라고 지시하며 지역 경찰이 이들을 50킬로미터 떨어진 다른 지역으로 흩어 버릴 권리가 있다고 언급했다.[59] 1868년, (카잔주) 스파스크 지역의 무라사 마을에서 200여 명의 농민이 구교도가 된 탓에 부활절 미사에서 정교회 의식을 거부하고 성상화를 훔쳤다는 사제의 보고가 있었다. 선동자는 군 복무를 마치고 마을로 돌아온 퇴역 군인 두 명이라고 했다.[60]

정부의 주요 관심사는 정교 기독교도가 구교 신자가 되지 않도록 하는 것이었다. 하지만 구교도였다가 돌아서서 정교 신자가 되는 경우도 존재했다. 1852년, 야로슬라블 총독부는 구교도였다가 정교회로 '귀환'한 이들의 명단을 보고받았다. 약 30개 마을 출신의 215명이었는데 여기에는 11세, 12세 아이를 포함한 온 가족, 20대부터 60대까지 모든 연령대의 남성과 여성이 포함되었다. 귀환의 이유는 쓰여 있지 않다.[61]

러시아의 여타 반체제 종교 종파들도 제국의 외딴 지역으로 몰려들었다. 이러한 종파의 구성원과 볼가강 지역 내 소재지 역시 지방 당국의 주목을 받았다. '우유를 마시는 자[몰로카니(Molokany)]'라는 종파는 사순절 기간에 우유를 마셨기 때문에, 즉 정교회의 매우 중요한 관습이던 금식을 거부했기 때문에 그런 이름이 붙었다. 이 종파는 중부 유럽 러시아의 탐보프 지방에서 시작되었지만 볼가강 지역에도 신도가 있었다. 1856년 사마라주 총독부는 이바노프카 마을에 '우유를 마시는 자'가 나타난다는 비밀 보고를 받았다. 조사 결과 여덟 가족이 연루된 것으로 밝혀졌는데 이들에 대해 어떤 조치가 있었는지는 분명하지 않다.[62] 19세기 후반에는 침례교가 정교회에 대한 또 다른 도전이 되었다. 당국은 이 종파의 부상을 우려하여 그 신도들을 주의 깊게 감시했다. 경찰은 1881년, 카잔 지방에 침례교 신자가 있는지 보고하라는 지시를 받았다.[63] 1893년에는 테티우시 지역의 한 마을에서 침례교 신자 13명이 활동하고 있다는 것이 카잔 성직자 공의회에 보고되었다.[64]

지역 당국의 우려와 주의 깊은 모니터링에도 불구하고 때로 모든 논리를 무시한 채 그저 인간관계 때문에 개종이 이루어지는 사례도 발생했다. 1867년, 카잔에서 일어난 사건이 그러했다. 시민 스테판 마트베예프스키, 그리고 하급 장교 드미트리 유수포프와 그 가족이 유

2부 러시아 제국의 볼가강

대교 개종을 허락해 달라고 카잔 성직자 회의에 청원했던 것이다. 마트베예프스키는 유대인과 같은 건물에 살면서 그의 영향을 받았다고 했다. 카잔 경찰이 조사에 나섰고 그 결과 유수포프는 실제로 개종을 원한 것이 아니었지만 마트베예프스키는 개종을 원했다고 판단했다. 마트베예프스키의 청원은 기각되었고 그는 강제 이주당했다. 유대인 이웃도 카잔에서 추방당했다.[65] 규칙을 어긴 사람들의 운명은 바로 그러했다!

07

볼가강의 질병과 과학

매년 7월, 볼가강 지역에서 콜레라 감염 사례 보고가 나오고 이어 다른 도시에서도 많은 이가 병에 걸려 죽어 나가는 상황은 지극히 자연스럽다. 남부와 중부 지방 및 변방에서 매일 같이 콜레라 감염 소식이 퍼져 나간다.[1]

볼가강 지역은 아스트라한을 통해 러시아로 남쪽의 질병(주로 페스트와 콜레라)을 옮기는 매개였다. 질병은 강을 따라 북쪽으로 퍼져 갔다. 볼가강의 배들(화물에 숨은 쥐들, 선박 노동자들의 옷과 몸에 있는 벼룩)이 질병을 실어 날랐다. 볼가강 뱃사공과 다른 선박 노동자 및 상인들이 질병 확산에 핵심적인 역할을 했다.[2] 볼가강 지역에 만연한 전염병은 지방 당국과 중앙 정부 모두에게 중대한 도전이었으나 문제 해결은 굼벵이 걸음이었다. 강을 통해 질병이 퍼진다는 사실이 알려지면서 전염병 유행이 심각할 때는 선박 운항이 금지되었고 감염된 도시 출신 주민의 이동을 제한하는 방역선이 설치되었다. 시간이 흐르면서 전염병 사태는 병의 원인에 대한 의학적 이해를 높이고 치료 및 예방법을 개선하는 데 기여했다. 볼가강은 그 자체로도 과학적 관심이 집중된 지역이었다. 유럽 국가들과 마찬가지로 러시아 제국에서도 특히 18세기는 민족, 동식물, 토양을 기술하고 분류하는 과학적 연구가 활발하던 시기였다. 볼가강 탐험은 차르나 국영 학술 기관의 후원을 받았다. 지식은 힘이었고 새로운 영토 및 비러시아 민족에 대한 지식 습득 과정은 차르와 러시아 정부가 다민족 제국 통제권을 강화하는 수단이 되었다.

페스트는 감염된 벼룩이 사람을 물어 일으키는 박테리아 감염이다. 벼룩은 박테리아에 감염된 쥐에서 질병을 옮기는 주요 매개체다. 감염된 쥐가 죽으면 벼룩은 다른 쥐나 사람 등 새로운 숙주에게 옮겨가 감염시킨다. 선페스트는 벼룩을 통해 감염된 쥐에서 다른 쥐로, 또는 감염된 쥐에서 사람으로 전파되지만 사람 사이에 전염되는 경우는 거의 없다. 사람이 벼룩을 감염시킬 만한 유해 박테리아를 만드는 경우가 드물기 때문이다. 선페스트 박테리아는 림프샘, 특히 사타구니의 림프샘을 공격한다. 증상은 심한 두통, 발열, 구토, 근육 경련, 빠른 맥박, 눈 충혈, 정신 착란 등이다. 러시아령 핀란드의 군의관 구스타프 오라에우스는 1770년, 발칸반도 북부에 주둔한 러시아군에 퍼진 이 질병의 끔찍한 증세를 다음과 같이 기록했다.

질병은 엄청난 두통으로 시작된다. 이와 함께 감염자 거의 모두가 메스꺼움을 느끼는데 실제로 구토하는 경우는 거의 없다. 환자는 곧 무력감과 불안에 빠지고 고열이 나면서 섬망 증세를 보인다. 사타구니와 겨드랑이 림프샘이 붓는 증상이 초기부터 나타나기도 하는데 이 경우 환자는 오래 버티지 못한다. 림프샘이 붓는 것은 발병 12~24시간 경과 후 관찰되곤 한다. 3, 4일, 최대 5일째에 수포가 화농되거나 용해된다. 이때 염증 부위가 건강한 환부에서 분리되기 시작하면 회복 가능성이 있고 아니라면 사망한다. 환자 대부분이 임종 몇 시간 전에 완전히 의식이 돌아오고 기분이 좋다고 하면서 심지어 음식을 달라고도 한다. 사망 시점이나 그 직후, 림프샘 염증 부위가 푸르스름하게 짙은 색으로 변하고 피부 아래로는 검은 반점이 급속히 퍼져간다.[3]

선페스트의 사망률은 다양하게 나타나지만 유행 시에는 감염자의 60~90퍼센트가 사망하곤 했다. 치료하지 않으면 발병 후 5~7일 이내에 사망하게 된다. 14세기에는 흑사병이라 불리며 유럽 전역에서 약 5천만 명의 목숨을 앗아갔다. 러시아뿐만 아니라 유럽 전체에서 당시 이에 대응한 유일한 방법은 감염된 희생자를 격리하고 사체를 신속하게 매장하는 것이었다. 출혈법도 간혹 사용되었다. 페스트 박테리아는 온도에 매우 민감하고 따뜻하고 습한 조건에서 번성하기 때문에 사람의 개입 없이 질병을 통제하는 길은 추운 계절이 시작되는 것이었다.

14세기 중반에 킵차크한국, 키예프와 루스 공국들, 유럽 중서부 일대를 휩쓴 흑사병은 아마도 페르시아에서 전파된 것으로 추정된다. 그러나 질병이 동쪽에서 온 것으로 보였으므로 타타르족이 자주 비난을 받았다. 1365~1366년에 두 번째로 킵차크한국을 강타한 두 번째 페스트는 아마도 남쪽에서 볼가강을 따라 올라왔을 것이다. 14세기 후반에 또 다른 감염 사태가 터졌는데 1396년에는 상황이 얼마나 심각했는지 타타르의 모스크바 공습이 좌절되었다. 페스트 발생은 15세기와 16세기 내내 이어졌다. 1654년에는 페스트가 아스트라한에서 볼가강을 따라 올라가 7월이 되자 카잔에 닿았고(약 48,000명 사망) 이후 니즈니노브고로드, 모스크바와 러시아 중부, 북쪽의 볼로그다까지 퍼져 나갔다. 1655년 초 러시아 중부에서 사라졌던 페스트는 1656~1657년 볼가 남부에서 다시 나타났다. 1692~1693년에는 아스트라한에서 페스트가 다시 발생하여 최대 1만 명의 목숨을 앗아갔다.

그 후 얼마 동안은 페스트가 거의 없다가 1727~1728년에 다시 발생했는데 이번에도 시작점은 아스트라한이었다. 특히 따뜻하고 습한 겨울이었던 데다가 테레크 코사크 군대가 페르시아 원정을 마치고 러시아로 돌아오는 시기여서 군인들이 감염된 벼룩을 옮기기 쉬웠다. 습하고 안개가 자욱했다고 기록된 1728년 4월 한 달 동안 아스트라한에서 '부어오른 임파선, 악성 열병, 점상 출혈'로 총 411명이 사망했고 더운 6월에는 상황이 더욱 악화하여 1,300명이 추가로 사망했다. 아스트라한 총독은 대피령을 내렸고 동시에 6주 동안 선박을 비롯한 모든 교통수단의 운송이 금지되었는데 이로 인해 도시는 식량 위기를 맞았다. 아스트라한 북쪽 주민들을 보호하기 위해 볼가강 하류의 차리친 안팎에 초소가 설치되었다. 이 전염병 사태로 아스트라한에서 약 3,000명이 사망한 것으로 추정된다.[4] 볼가강의 위험성을 인식한 러시아 정부는 강의 선박 이동을 금지하고 볼가강 도시와 마을 및 인근 주와의 경계에 봉쇄선을 설치하고 격리 구역을 만들었다.

당시 사람들이나 러시아 정부는 쥐에서 감염된 벼룩이 페스트를 옮긴다는 점을 깨닫지 못했지만 페스트가 남쪽에서 시작되어 물길을 따라 러시아 전역으로, 특히 볼가강 상류로 퍼진다는 사실을 분명히 파악했다. 아스트라한은 페스트가 처음 발병한 곳이자 퍼져 나간 곳이 되기 일쑤였다. 9장에서 다시 살피겠지만 아스트라한은 남쪽과 동쪽에서 온 상인, 선박 및 선박 노동자들이 모이는 장소였다. 밀집된 인구, 열악한 위생 상태, 도시의 고인 물, 도시를 가로지르는 운하에 마구 버려지는 생활 하수, 18세기 중반의 영국인 여행자가 '병적'이라고 묘사한[5] 따뜻하고 습한 기후, 이 모든 것이 합쳐지면서 아스트라한은 전염병이 창궐하기에 완벽한 공간이었다. 겨울에 얼음 위에 뭉쳐 있던 하수는 봄이 되면 녹아서 운하와 부두로 흘러 들어갔다.

18세기에 추가로 발생한 페스트는 대부분 군대의 이동이 원인이었다. 18세기 후반의 주요 감염 사태는 1770~1771년, 모스크바에서 발생했는데 기적을 일으키는 성상화를 없애려 한다는 의심을 받은 암브로시오스 대주교가 1771년 9월, 분노한 군중에게 잔인하게 구타

당해 사망한 끔찍한 폭동으로 절정에 달했다. 이 폭동의 사상자 수는 정확히 알 수 없지만 최대 1,000명에 달했을 것으로 추정된다. 모스크바 페스트는 1770년에 페스트가 창궐한 발칸반도 북부에서 군대가 이동해 오면서 시작되었다. 모스크바에서 최대 7만 명이 사망한 것으로 보인다. 도시 중심을 관통하는 오염된 수로, 인구 과밀, 다수의 임시 거주자 및 군인 등 모스크바는 전염병에 취약한 조건을 두루 갖췄다.

모스크바의 전염병은 동쪽, 즉 볼가강 북부의 도시와 마을로 퍼져 나갔다. 제대로 된 통제가 없는 상황에서 도시를 탈출한 이들이 벼룩을 옮긴 것이다. 8월에 모스크바에서 나온 보고를 보자.

많은 주민이 모스크바를 떠나고 있고 아픈 사람들도 마찬가지다. …… 밤중에도 많은 수가 말을 타거나 걸어서 이동한다. 이 때문에 여러 마을에서 전염병이 나타났다는 보고가 올라온다.[6]

모스크바의 상인 이반 톨체노프는 회고록에서 모스크바의 전염병 사태가 한창일 때 그의 할아버지가 트베르주에서 사망했다고 기록했다. '사람들이 인근 도시와 마을로 흩어지기 시작했는데 일부는 이미 감염된 상태였고 다른 이들도 치명적으로 오염된 옷이나 다른 물건을 갖고 옮겨 갔으므로 감염병이 수많은 도시와 마을로 확산되었다.'[7] 야로슬라블의 사망자가 약 100명이었고 트베르주의 여러 마을에서 약 2,000명이 사망했으며 볼가강 유역의 코스트로마와 우글리치에서도 사망자가 발생했다. 니즈니노브고로드의 선박 노동자들이 모스크바에서 중앙 러시아로 병을 퍼뜨렸을 가능성도 높다. 페스트가 니즈니노브고로드에 도달한 것은 마부 한 명이 사망한 1771년 9월이었다. 시신은 여죄수 세 명이 묻었고 이들은 이후 격리되었는데 병은 더 이상 퍼지지 않았다. 질병이 가라앉게 된 것은 효과적인 봉쇄나 격리 또는 치료보다는 추워진 날씨 덕분으로 보인다.[8]

전염병은 19세기에도 계속 발생했다. 1808년, 정부는 추가 발병으로부터 모스크바를 보호하기 위해 사라토프와 탐보프주에 봉쇄선을 설치했다.[9] 다음으로 닥친 큰 전염병은 콜레라로 볼가강 지역 인구를 덮치고 러시아 중부까지 확산되었다. 콜레라는 더러운 물과 박테리아가 서식하는 음식을 통해 주로 전파되는 소장 감염병이다. 증상은 현기증과 불안으로 시작해 격렬한 설사와 구토, 근육 발작으로 이어지며 무기력, 저혈압, 맥박 저하가 뒤따른다. 탈수 때문에 피부, 특히 입술과 손톱 주변이 푸르스름하게 변하기 때문에 '청사병'이라고도 불린다. 푸른색이 나타난 후에는 죽음을 피하기 어렵다. 콜레라는 치료하지 않는 경우 감염자의 약 절반이 사망한다.

1823년, 인도와 중동에서 유래한 것으로 추정되는 콜레라가 아스트라한에서 발생했고 9월 15일까지 약 29명이 사망했다. 지역 당국은 사라토프와 카잔주에 봉쇄선을 설치했는데 처음에는 그렇게 해결된 듯 보였다.[10] 그러나 이듬해 우랄강 변의 오렌부르크에서 콜레라가 다시 유행하기 시작했고 이번에는 봉쇄가 동서 교역을 충분히 차단하지 못했다. 지역 당국이 니즈니노브고로드 인근 마카레보의 수익성 높은 시장을 건드리지 않으려 한 탓이 컸다(10장에서 다시 설명한다). 다음 해, 아스트라한에서 콜레라가 다시 기승을 부리면서 1830년 5월까지 도시에서 3,633건, 시골에서 2,935건의 발생 사례가 보고되었다(당시 도시 인구는 약 37,000명, 주 전체 인구는 약 330,000명이었다.). 공황과 폭력이 도시를 휩쓸었다. 감염자는 격리 병원으로 강제 이송당했지만 살아서 나온 사람은 거의 없었고 시민들은 도망치려 혈안이 되었다.

콜레라는 볼가강을 따라 올라가며 사라토프, 카잔, 니즈니노브고로드에 영향을 미쳤고 그곳에서 다시 서쪽의 모스크바와 노브고로드, 이어 북쪽의 트베르로 퍼져 나갔다. 카잔 대학 총장은 카잔이 전염병에 '포위된 도시'라고 표현했다.[11] 1830년, 트베르와 리빈스크 사이에 봉쇄선이 설치되어 질병 억제에 도움이 된 것 같았지만 야로슬라블에서 볼가강 상류로 퍼져 나간 병이 1831년, 다시 트베르로 돌아왔다. 공식 기록에 따르면 1831년 트베르주에서 1,000명이 사망했다고 하는데 이는 과소평가일 가능성이 높다. 1831년 6월에는 주교 암브로시오스 등 저명한 인사들이 사망한 후 트베르에서 폭동이 일어났다.[12]

콜레라는 사라토프주의 독일인 거주지를 초토화했다.[13] 아스트라한, 사라토프, 오렌부르크주에서는 징병이 일시 중단되었다.[14] 지방 당국은 차리친에 특별 고아원을 설립하여 부모 사망 후 남겨진 영유아와 어린이를 수용했다.[15] 아스트라한은 특히 큰 타격을 받아 몇 년 후 그곳을 찾은 한 영국인 여행자가 콜레라로 인한 '우울한 분위기'가 여전하다고 묘사했다.[16] 그럼에도 콜레라는 강을 따라 북쪽으로 이동하며 기세가 꺾였다. 아스트라한에서는 감염자의 약 90퍼센트가 사망했지만(아마도 최대 10,000명 정도였을 것이다.) 이 비율이 사라토프에서는 70퍼센트, 카잔에서는 60퍼센트로 감소했으며 모스크바에서는 50퍼센트였다.[17]

정부 정책은 감염된 사람과 물품을 격리하여 콜레라를 억제하는 것이었다. 격리 구역을 통과하는 사람은 14일 동안 격리되었다. 그러나 이 과정이 늘 완벽하게 이루어지지는 않았다. 초소는 주요 간선도로에 설치되었으므로 소로를 통해서는 여전히 사람과 물품이 옮겨다녔다. 니즈니노브고로드의 뱃사공이 감염된 후에도 볼가강 뱃길은 차단되지 않았다. 도시에서는 개별 주택 또는 마을 전체가 격리되었다. 정부는 사망자의 시신을 평소보다 더 깊게 묻고 묘지의 특별 구역, 혹은 아예 특별 묘지를 지정하라고 지시했다. 그러나 남쪽과 중앙아시아를 잇는 중요한 볼가강 무역로가 망가질 수 있다는 우려 때문에 방역 조치는 약화되었다.

콜레라를 포함한 감염병은 19세기 중반에도 볼가강 지역을 계속 덮쳤다. 카잔에는 1847~1848년, 1853~1854년, 1857년, 1859년, 1860년에 전염병이 유행했다.[18] 1848년, 사라토프에서 수천 명이 콜레라로 사망했다. 니콜라이 톨마체프 박사는 1848년에 카잔 지방을 여행하면서 거쳐간 마을의 콜레라 사망자를 기록했다. 예를 들어, 1848년 4월에는 키르메니 마을(농민 400명 규모의 정교도 마을)에서 콜레라로 7명이 사망하고 2명이 회복되었으며 인근의 즈메예보 마을에서는 농민 13명이 사망했다고 기록했다.[19]

1848년, 볼가강을 따라 올라온 콜레라가 번지면서 트베르주에서 도시 주민 922명을 포함해 거의 1만 명이 사망했다. 19세기 중반에는 병원이 더 많이 설립되었지만 환자 치료 면의 개선은 거의 없었다. 당시 트베르에 있던 어느 병원의 기록을 보면 많은 이가 병원 도착 후 몇 분 혹은 몇 시간 내에 사망했다. 티모페이 고로데츠키 신부는 트베르 병원에서 콜레라로 죽어가는 사람들을 돌보면서 '환자의 배설물이 발목까지 차오른 곳을 걸어 다녀야 할 때가 많았다'고 회상했다. 이반 라제치니코프는 시인 표도르 글린카에게 편지를 보내 '이곳 트베르에 콜레라가 창궐하고 있으니' 절대 오지 말라고 경고했다. 함께 식사를 한 지역 사제 두 명이 불과 몇 시간 만에 사망했고 '죽은 사제들을 위해 울리는 애절한 종소리는 안 그래도 뒤숭숭한 잠자리를 방해하며 낮 시간에도 마음을 진정시키지 못하게 만든다'고도 했다. 신의 가호를 비는 종교 행렬은 엄청난 군중을 끌어모았고 그 자체로 질병 확산의 위험을 높였다.[20]

1870년대에는 볼가강 하류와 중류에서 콜레라가 심각하게 발생했다. 1872년 6월부터 8월까지 사라토프에서 4,211건의 감염 사례로 2,000명 이상이 사망했다.[21] 1879년에는 아스트라한에서 약 200킬로미터 떨어진 베틀란카 마을에서 전염병이 발생했다.[22] 런던 추밀원에 제출된 보고서에 따르면 이 마을은 상당히 번영했지만 전염병 확산을 부르는 몇 가지 조건을 갖추고 있었다. '마을의 쓰레기 더미에서' 먹고 사는 돼지들이 '볼가강 늪지'를 떼 지어 돌아다녔고 오스만 제국 원정에서 돌아온 군대가 이 지역을 지나갔던 것이 전염병을 확산시킬 수 있었다는 것이다. 감염자 대부분이 발병 후 2~3일 이내에 사망

했는데 마을에 처음 파견된 의사 세 명도 여기 포함되었다.[23]

1891~1892년에는 콜레라가 볼가강 지역 도시들을 황폐화시킨 후 중앙 러시아와 우크라이나로 확산되었다. 그 영향이 너무 커서 이 지역에 심각한 기근이 발생했다. 1880년대에 상하수도 시설이 대폭 개선되었음에도 1891년 6월, 아스트라한에서 또다시 콜레라가 창궐해 매일 약 200명가량, 총 3,500명이 사망했다.[24] 주민들은 공황 상태에 빠졌고 환자를 격리하려는 의사가 폭도의 공격을 받았다. 그 후 콜레라는 볼가강을 따라 차리친, 사라토프, 카잔, 니즈니노브고로드를 거쳐 8월에는 트베르까지 눈부시게 빠른 속도로 퍼졌다. 강은 여전히 콜레라 확산의 중요한 경로였고 질병의 신속한 전파는 증기선 발달 덕분이었다(이 시기에는 철도와 도로망을 통해서도 질병이 확산될 수 있었다.).

이 시기의 사라토프에 대한 훌륭한 연구 한 편은 콜레라가 어떻게 그리고 왜 그곳에 발생했는지, 또한 지방 당국의 전염병 대처가 어떠했는지 보여 준다. 사라토프는 19세기 후반에 매우 빠르게 성장하여 1850년에서 1900년 사이에 인구가 두 배로 증가했다. 이러한 급속한 확장은 주택과 기반 시설에 과부하를 주었고 볼가강의 배 끄는 인부를 포함해 떠돌이 임시 노동자가 다수 유입되었다. 큰 전염병이 없는 평시의 사라토프 인구 천 명당 사망률도 러시아 제국의 다른 많은 도시보다 높은 수준이었다(예를 들어 볼가 상류의 트베르보다 높았다.).[25] 항구가 번성함에 따라 더 많은 배가 드나들며 감염을 전파했는데 특히 6월과 7월의 성수기에 두드러졌다. 다수의 좁은 계곡을 중심으로 건설된 사라토프로부터 처리되지 않은 하수가 볼가강으로 유입되었다.

계곡을 따라 늘어선 판자촌에서는 약 4,000명이 복닥거리며 살았는데 위생 상태가 매우 열악하고 깨끗한 물을 거의 구할 수 없었으며 진흙투성이의 가파르고 지저분한 거리가 물가로 이어졌다. 1892년의 콜레라 유행 때 이런 곳의 사망률이 가장 높았다.

사라토프의 콜레라는 1892년 6월에 시작되었다. 볼가의 배 끄는 인부들로부터 시작되었을 가능성이 높지만 진작에 발생한 콜레라가 미처 보고되지 않았을 수도 있다. 볼가강 지역 전체 주민이 공황 상태에 빠졌고 감염된 도시에서 탈출하는 피난민들 때문에 콜레라가 상류 쪽으로 더 퍼져 나갔다. 아스트라한의 피난민들이 사라토프에 몰려들면서 사라토프 주민들은 증기선을 타고 탈출하기가 더욱 어려워졌다. 1892년 6월 23일 〈사라토프 저널〉에는 다음과 같은 기사가 실렸다.

최근 차리친에서 오는 배의 승객이 엄청나게 많다고 한다. 소문에 따르면 이들은 강을 거슬러 올라가 다른 주로 이동하는 아스트라한 사람들이라고 한다. 등급을 막론하고 배의 모든 자리가 꽉 차버려 사라토프에서 탈 수 있는 자리는 거의 없다.[26]

시 당국은 오염된 식품의 판매를 막기 위해 콜레라 발생 바로 다음 날, 강변에 있는 작은 상점들을 폐쇄했다. 그러나 이것은 상점 주인의 생계에 영향을 미쳤을 뿐 아니라 배에 탄 승객들이 먹을 것을 구할 수 없게 만들었기 때문에 선내 상황을 더욱 악화시켰다. 사라토프 지방 정부는 질병에 대처할 수 없다는 것이 입증되었다. 경찰은 환자와 건강한 사람을 분리하기 위해 과밀 상태의 병원에 환자를 강제 이송하였고 추가 이송에 대한 소문까지 퍼지면서 소요가 일어났다. 약 2,000명이 폭동을 일으켜 3명이 사망했는데 1771년 모스크바 폭동의 규모나 잔혹성에는 미치지 못했지만 전염병에 대한 지방 정부의 미흡한 대처와 의료적 실패를 여실히 드러냈다. 한 노동자는 사라토프 병원의 끔찍한 상황을 기록으로 남겼다.

> 병원에 환자가 너무 많았고 간호사는 너무 적어 아무도 환자를 돌볼 수 없었다. 수많은 환자가 켜켜이 쌓여 있던 캄캄한 막사는 공포 그 자체였다. 끔찍할 정도로 환자가 넘쳐났다. 그런 곳에서 환자 하나는 구토를 하고 누군가는 설사를 하는데 오물은 모두 바닥에 바로 떨어진다. 근처에 누운 환자는 경련의 고통에 이리저리 굴러다닌다. 사방에서 신음 소리가 들린다. 어째서 환자들이 이런 끔찍한 일을 당해야 하는지! 어째서 이런 무서운 신음 소리를 내야 하는지![27]

아스트라한에서 10,980명, 사라토프에서 21,091명, 사마라에서 18,115명, 카잔에서 3,703명이 사망한 것으로 추정된다.[28] 이전과 마찬가지로 발원지인 아스트라한에서 멀어질수록 사망자 수가 감소했지만 이는 무섭고 고통스러운 질병으로 사망한 사람이나 그 가족에게는 조금도 위안이 되지 못했다.

전염병은 19세기 말과 20세기 초에도 볼가강 지역 도시들을 계속 괴롭혔다. 1902년 아스트라한, 1904년 사마라, 1907년 사라토프에서 콜레라가 발생했다. 차리친에서는 1879년, 1892년, 1904년, 1907년, 1908년에 콜레라가 유행했다.[29] 이 무렵 당국은 철도망이 질병을 퍼뜨릴 수 있다는 점을 인식했으므로 콜레라가 발생할 때마다 역과 객차를 소독했다. 1908년, 의사들은 철로가 볼가강을 가로지르는 (사라토프주) 볼스크 지역이 특히 위험하다고 지적하며 '콜레라는 발생할 때마다 사라토프주 경계 근처에서 둥지를 튼다'고 했다.[30]

독일, 프랑스, 영국에 비해 러시아는 의학 발전 속도가 느렸다. 군의관 교육은 표트르 대제 시절에야 시작되었다. 새로운 군대에 필요한 의사는 대부분 독일 출신으로 채워졌다(의사들에게 필수인 라틴어를 러시아에서는 거의 가르치지 않은 탓이 가장 컸다.). 1803년까지도 제국 전체에 있는 의사가 2,000명에 불과했다.[31] 약간은 늘어난 수라고 해도 (1700년에는 200명이 되지 않았다) 유럽 중서부에 비하면 훨씬 적었다. 19세기에도 개선은 더디게 이루어졌다. 1861년의 카잔에는 의사가 겨우 37명이었던 것으로 추정되며[32] 19세기 중반의 사마라에는 병원이 두 개뿐이었다.

의료계는 콜레라의 원인을 서서히 이해하게 되었는데 이는 러시아뿐 아니라 전 세계가 마찬가지였다. 18세기 후반에는 더러운 생활 환경과 열악한 식생활이 중요한 요소라는 사실이 밝혀졌지만 출혈, 목욕, 아편과 같은 당시의 일반적인 치료법은 콜레라를 해결하는 데 거의 도움이 되지 못했다. 러시아와 다른 나라에서 주된 치료법은 환자를 격리하고 감염이 저절로 수그러들기를 기다리는 것이었다. 접촉

차단이나 추운 날씨로 인해서 말이다. 그러나 19세기 후반에 이르면 러시아와 다른 나라 의사들 모두 더 나은 위생, 깨끗한 물, 그리고 더 많은 의료 서비스 제공이 콜레라 및 기타 질병의 발생과 확산을 예방하는 데 기여한다는 점을 인식하게 되었다. 도시의 극빈 지역이 전염병에 더 취약하다는 점이 분명해졌고[33] 이는 비위생적인 환경 및 인구 밀집과 연관이 있었다. 또한 니즈니노브고로드의 박람회처럼 많은 사람이 한꺼번에 모이는 일도 위험하다고 알려졌다. 한 여행자는 이를 '인파'가 '전염병을 퍼뜨린다'라고 표현했다.[34] 볼가강 지역 도시들의 의료 서비스는 서서히 개선되어 1875년에는 사마라에 환자를 2,000명 이상 수용할 수 있는 새 병원이 생겼다.[35] 19세기 후반에는 여러 도시의 상하수도 시설이 개선되었다. 동시에 러시아 의사들이 콜레라의 원인과 확산에 대한 연구를 이어가면서[36] 콜레라를 더 잘 이해하고 이후 러시아와 소련이 콜레라를 통제하는 데 기여했다.

질병 확산의 주요 원인은 볼가강과 선박 운항으로 밝혀졌다. 20세기 초에는 발병을 통제하기 위해 더 많은 규제가 시행되었다. 선박을 소독하고 아픈 승객을 격리했으며 의사 승선이 의무가 되었다. 볼가강 가에는 콜레라 격리 시설이 세워져 필요한 장비와 인력이 배치되었다. 그러나 이 시기는 도시가 성장하고 사회적 여건이 악화하면서 인구 압박이 가중되던 때이기도 했다.

아스트라한은 17세기부터 20세기까지 볼가강 지역 및 중앙 러시아를 휩쓴 다양한 전염병의 발원지라는 달갑지 않은 꼬리표를 달고 있다. 하지만 이 지역은 고유의 동식물로 인해 러시아 정부와 식물학자들을 매료시키기도 했다. 순수한 과학적 탐구 열정도 있었지만 정부는 이반 4세가 획득한 새 영토의 산물이 지닌 경제적·의학적 잠재가치에 관심을 가졌다. 물론 이런 태도는 어느 나라든 마찬가지겠지만 새로이 얻은 영토를 이해하고 활용하려는 러시아 정부의 의지는 특히 컸다. 17세기 후반, 뽕나무 탐험대가 아스트라한에 파견되었다. 뽕나무를 모스크바로 옮겨와 실크 산업을 발전시킬 수 있을지 조사하기 위함이었다. 탐험대는 다음과 같은 지시를 받았다.

> 아스트라한 모든 주민과 공무원의 정원을 찾아가 그루 수, 수령, 열매 여부를 조사하고 씨앗을 채취해 심비르스크로 보낼 것.[37]

탐험대는 또한 차리친과 심비르스크로 가서 포도밭을 방문했고 달콤하고 맛있기로 유명한 그 지역의 수박에 대해 조사했다.

표트르 1세 통치 기간 동안 영국인 존 페리가 아스트라한으로 파견되어 볼가강과 돈강 사이 운하 건설 가능성을 살폈다(이 물길은 1952년에야 개통되었다.). 페리의 기록을 보면 아스트라한의 포도를 맛본 후 카스피해산 와인 무역을 발전시키고 싶어 하는 표트르 1세의 관심을 언급하는 대목이 있다.

황제는 카스피해 이쪽 편인 테르키와 아스트라한에 포도밭을 조성하고
포도주를 제조하려는 생각을 갖고 있다. 이 지역의 포도는 붉은 것과 흰
것 모두 아주 크고 좋아 매년 모스크바로 보낸다. 맛있는 과일인 수박도
대량으로 함께 보낸다.[38]

이 사업 계획은 1705년에 아스트라한에서 반란이 일어나면서 중
단되었다.

표트르 1세는 1722년에 아스트라한을 방문했지만 아스트라한에
약초원을 설립하여 이를 통해 페르시아에서 약초를 수입하도록 하고
의사와 의약품을 파견하라는 칙령은 그에 앞선 1720년에 이미 나왔
다.[39] 이에 따라 소규모 약국과 '약초 재배용' 정원을 만들었다. 이 약
국과 정원은 아스트라한 주둔지 및 코카서스 북쪽의 새로운 제국 국
경에 있는 러시아 군대를 위한 의료 전초 기지 역할을 하게 될 것이므
로 결국 군사적 목적이었다. 1731년, 아스트라한 연대 소속인 독일인
야전 의사 요한 야코프 레르케가 이 정원을 방문했다. 그는 '나무도
많고 신기한 식물도 많아서 식물 애호가라면 이 정원이 큰 즐거움을
줄 것'이라 했고 도시의 주민들이 관개용 수로 시스템을 갖춘 정원을
즐겨 가꾼다는 점을 언급했다.[40] 1740년에는 아스트라한에 또 다른
약국이 세워졌다.[41] 이 시기에는 약용 정원이 유럽 전역에서 인기를
끌었고 볼가 삼각주는 상트페테르부르크와 모스크바 출신 러시아인,

그리고 외국인 여행객 모두에게 이국적인 풍경이었다.

18세기에 상트페테르부르크의 과학 아카데미는 정부의 지원과 승인을 받아 새로운 영토 조사 탐험대를 여러 차례 파견했고 특히 시베리아와 크림반도가 그 대상이 되었다.[42] 볼가강 중하류가 과학적 관심 대상으로 떠오른 것은 비러시아 민족들의 이국성도 있었지만(5장에서 보았듯 예카테리나 2세는 카잔을 방문했을 때 여러 민족의 춤과 음악을 즐겼다.) 17세기와 18세기의 민중 반란이 보여 주듯 잠재적 소요 위험이 있는 지역과 주민들에 대한 이해가 필요했기 때문이었다. 18세기 초, 존 페리는 칼미크족의 외모와 습성, 러시아인과의 관계, 그리고 아스트라한 인근의 '타타르 밀집 지역'에 대해 설명하면서 다음과 같이 썼다.

일부 타타르족, 특히 칼미크족은 차르의 보호를 받고 있다. 다른 타타르족도 러시아인들과 우호적으로 지내며 매년 볼가 동편으로 와서 차르의 백성과 교역하고 있다.[43]

독일의 식물학자이자 과학자, 상트페테르부르크 과학 아카데미 교수였던 피터 시몬 팔라스는 예카테리나 2세로부터 제국의 가장 먼 곳으로 탐험을 떠나 민족, 동식물, 기후, 광물, 기후, 어업 등을 조사하라는 임무를 받았다. 특히 농업 현황과 개선 가능성을 제국 전체의 경제 개선이라는 측면에서 파악해야 했다. 그는 1769~1770년에 볼가강 지역을 처음 탐험했다. 1793년과 1794년에는 상트페테르부르크에서 차리친과 아스트라한을 거쳐 크림반도까지(겨울에는 볼가강 얼음 위를 이동했다.) 갔다. 그는 토양의 질, 암석의 특성, 동식물, 조류 등 시골의 여러 특징을 기록했다. 식물은 그림을 그리고 목록을 작성한 후 표본을 상트페테르부르크에 보냈다.

팔라스는 볼가강이 기후뿐 아니라 농업 지역도 갈라놓고 있으며 '볼가강 서편 산지가 구름을 다 끌어당기는 탓에 10년에 한 번 보리가 돋아날까 말까 할 정도로 건조해지지만 않는다면' 볼가강과 야이크강(후에 우랄강으로 이름이 바뀌었다.) 사이 '사막 지역'이 훨씬 나은 상황일 것이라 했다.[44] 여름철에 동쪽에서 불어와 농작물을 망쳐 버리는 뜨거운 먼지바람에 대해, 또한 볼가 중부 지역의 비옥한 검은흙 지역에 대해서도 언급했다. 아스트라한에서 그는 볼가 삼각주의 다양한 어종, (비단의 원료가 되는) 뽕나무, 포도의 특성과 품질에 특별히 주목했고 포도주 무역에 대한 차르의 관심을 기록했다.[45] 이러한 방식으로 러시아 정부는 볼가강 지역의 영토 및 주민의 특성, 경제 발전 가능성에 대한 자료를 얻었다. 팔라스를 비롯한 여러 탐험대의 연구는 과학 아카데미의 학술적 지식 축적에도 크게 기여했다.

팔라스의 탐험은 차르의 전폭적인 후원을 받았다. 교육받은 러시아인들이 개발 가능한 자원에 대해 몰랐던 것은 아니다. 1765년, 러시아 경제 및 농업 발전을 촉진하기 위해 자유경제학회가 결성되었다. 1845년에 설립된 러시아 제국 지리학회는 유럽에서 가장 오래된 지리학회 중 하나이고(세계 최초는 1821년에 설립된 프랑스 지리학회이고 영국 왕립 지리학회는 1830년에 설립되었다.) 얼마 지나지 않아 매우 중요하고 저명한 기관으로 성장했다. 이 무렵 러시아 학술 기관은 더 이상 독일인이 이끌지 않게 되었고 볼가 등지로의 탐험도 러시아인이 주도했다. 1876년 자유경제학회는 바실리 도쿠차예프에게 비옥한 검은 흙 지역 연구를 의뢰했다. 도쿠차예프 연구진은 1877년, 1878년, 1881년에 사라토프주를 포함한 대초원 지역 대부분을 꼼꼼하게 답사하였고 이를 바탕으로 유전 토양학의 기초가 된 『러시아의 검은 땅』이라는 책을 출판했다.[46]

제국의 다른 지역과 함께 볼가강을 관심 대상으로 삼은 민속지학자들은 지역의 관습과 의복 관련 기록을 남겼다. 지역 역사 저널과 지역 주교단의 간행물도 주민의 일상생활을 기록했고 비러시아인을 포함한 볼가강 지역 주민들에 대한 진지한 연구서를 출간했다. 상트페테르부르크의 민속지학 박물관은 우드무르트, 마리, 추바시, 타타르족의 의복을 비롯한 볼가 지역 농민 복장을 훌륭하게 전시하고 있다.[47]

19세기 중반쯤에는 볼가강 지역 자체가 과학 지식과 보급의 중심지가 되었다. 1804년에 설립된 카잔 대학교는 볼가강 중하류, 오렌부르크주, 시베리아 지방의 도시들을 포괄하는 교육 중심지였다. 대학 외에도 문법학교가 있었고 19세기 후반에는 개종한 타타르인을 위한 교사 양성 학교도 운영되었다. 대학에서 공부하고 싶어 하는 각 지역의 남자아이들이 카잔으로 모였고 카잔에서 훈련받은 교사들은 지역 학교에서 교편을 잡았다. 19세기 후반에 이르면 볼가강 지역 도시마다 독자적인 문학 학회나 지리 학회가 있었다. 20세기가 시작될 무렵, 볼가강 지역과 제국 전체에 도움이 되는 교육과 과학의 발전이 이루

어졌다. 이러한 발전에도 불구하고 볼가강 지역은 1920년대와 1930
년대에 질병과 기근으로 끔찍한 고통을 겪었다. 이 비극은 자연재해
라기보다는 소련 정부의 조치로 인한 것이 대부분이었고 나중에 살
펴보겠지만 막대한 인명 피해를 초래했다.

러시아 제국의 볼가강

삶과 문화

08

볼가강 지역의 마을

현대 타타르 작가 구젤 야키나의 소설 『나의 아이들』의 첫 구절은 볼가강 왼편(동쪽)에 사는 독일인 정착민의 시선으로 볼가강 왼편과 오른편을 대비시킨다.

볼가강은 세상을 둘로 나누었다. 왼편은 낮고 누런 땅이 대초원까지 평평하게 뻗어 있고 그 너머로 매일 아침 해가 떠올랐다. 이곳 흙은 쓴맛이 났고 땅다람쥐가 여기저기 구멍을 파놓았다. 풀은 높고 빽빽하게 자라지만 나무는 발육이 부진했다. 지평선 너머까지 들판이 이어지고 색색의 밭은 바시키르의 담요처럼 알록달록했다. 물가를 따라 마을들이 늘어섰다. 대초원, 투르크멘 사막과 짠 카스피해에서 불어오는 바람은 뜨겁고 날카로웠다. 강 반대편이 어떤 곳인지는 아무도 몰랐다. 찬 바람은 언제나 오른편, 먼 북해의 산 너머에서부터 불어왔다.[1]

이 글이 보여 주듯 볼가강은 폭이 워낙 넓었으므로 농민들이 강을 건너 다른 정착민을 만나는 일은 거의 없었다. 강변의 어느 편에서든 농민들의 세계는 자기 마을을 중심으로 했지만 그렇다고 완전히 폐쇄적이지는 않았다. 볼가강 시골 지역은 러시아 농민뿐 아니라 타타르, 추바시, 마리, 우드무르트, 그리고 18세기 후반부터는 독일인 정착민들이 공존하는 곳이었다. 러시아 정교도 마을에는 러시아인과 함께 개종한 타타르와 이교도도 포함되었으며 이들 중 일부는 본래 신앙을 유지했다. 민족, 언어, 문화, 종교가 다른 농민들은 대부분 따로 살았지만 같은 지역에 함께 존재했다.

볼가강은 다수의 독특한 농경 지대를 가로지르며 흘렀다. 상류에는 혼합 삼림 지대가, 사마라 남쪽에는 대초원이, 사라토프주에는 비옥한 검은흙이, 차리친 동쪽으로는 남쪽의 아스트라한까지 반(半)건조 대초원이 펼쳐졌다.

볼가강은 또한 중류와 하류 쪽에서도 대지를 갈라놓았는데 서쪽은 언덕이 많아 '산지'라고 했지만 경작하기에 더 좋은 땅이었고 동쪽은 토양이 척박하고 식생이 적었다.

그럼에도 볼가강 지역 농민들의 삶은 여러 면에서 매우 비슷했다. 같은 계절에 같은 방식으로 같은 작물을 재배했고 땅과 강에서 나는 같은 먹거리를 얻었으며 거의 비슷한 기후 조건을 경험했다. 경제적인 것을 포함해 비슷한 의무를 졌고 거의 같은 재료로 집을 짓고 옷과 신발을 만들었다. 하지만 민족, 신앙, 출신에 따라 공동체마다 고유한 관습과 특징을 드러내기도 했다. 특정 공동체에만 고유한 것도 있었던 반면 지역 전체에 퍼져 영향을 미치는 것도 있었다. 농촌 인구의 다민족, 다종교 구성은 볼가강 지역의 독특성을 만들었다. 이 장에서는 이러한 측면을 살펴보려 한다.

❖

러시아는 농민들의 나라였다. 1719년에 인구의 90퍼센트 이상이 농민이었고 제1차 세계대전 전까지 그 비율은 80~90퍼센트로 유지되었다. 볼가강 지역에도 농민이 가장 많았고 남쪽과 동쪽에 유목 민족이 있긴 해도 기본적으로 농업이 중심이었다. 볼가강 지역뿐 아니라 러시아 제국과 유럽 등 어디서든 농민의 삶은 비슷한 관습과 생활 방식을 보인다. 하지만 볼가강 지역 농민들 사이에는 민족을 기준으로 한 법적 구분이 있었고 이는 농민이 지는 의무에 영향을 미쳤다. 농노제는 1649년 법령에 따라 제도화되었고 농노의 법적 지위에 대해서는 3장에서 다룬 바 있다. 그렇지만 모든 농민이 농노였던 것은 아니다. 농민의 또 다른 주요 부류는 국가 소유 토지에 살며 국가의 관리를 받고 세금을 납부하는 국가 농민이었다. 교회나 수도원 토지에 사는 교회 농민도 있었지만 1764년 교회 토지가 세속화되면서 이들도 국가 농민에 포함되었다. 1760년대 초에는 제국 내 러시아인의 절반 이상이 농노로 분류되었지만 1795년에는 그 비율이 50퍼센트 이하로 떨어졌다. 국가 농민의 비율은 1724년의 19퍼센트에서 1781~1782년의 40퍼센트로 증가했다가 1816년에 35퍼센트로 떨어졌다(누구를 국

가 농민으로 분류하는가에 따라 비율이 달라지곤 했다.).[2]

농노의 비율은 러시아 제국의 중부 지방에서 가장 높았고 모스크바에서 멀어질수록 줄어들었으며 시베리아에는 거의 없었다. 이는 토양의 품질 때문이었지만 결과적으로 민족에 따라 농민의 지위가 달라졌다. 볼가강 지역에 살았던 농노의 대다수는 러시아인이었고 타타르, 추바시, 마리족은 국가 농민이었다. 예를 들어 볼가강 중류 동편 카잔주에서는 18세기 초부터 19세기 초까지 국가 농민이 농촌 인구의 75퍼센트를 차지했다.[3] 1763년 볼가강 서편에 주로 위치한 추바시 농촌 주민 중에서는 86퍼센트가 국가 농민이었던 것으로 추산된다.[4]

러시아에는 토지가 충분했지만 토지를 일구는 노동력은 그렇지 않았다. 따라서 러시아 귀족의 부와 지위는 소유한 농노 수에 따라 결정되었다. 한 영국인이 '러시아에서 대단한 부는 토지의 규모도, 시장에 내놓는 곡물의 양도 아닌, 소유한 농노의 수로 계산된다'고 했듯이 말이다.[5] 그러나 광대한 토지, 제국 곳곳의 영지와 농노 수만 명, 지방과 상트페테르부르크의 대저택을 소유한 부자는 극히 소수의 귀족뿐이었다. 60명 정도의 귀족들이 5,000~30,000명 규모의 농노를 소유했다.[6]

역사적으로 러시아 민족의 땅이었다가 15세기 후반에 모스크바 공국으로 통합된 볼가 상류, 그리고 토지가 비옥한 사라토프주 볼가 중류 서편에 대귀족의 영지 몇 곳이 있었다. 러시아 제국에서 가장 부유한 가문은 셰레메티예프였다. 18세기 후반, N. P. 셰레메티예프 백작은 제국 전체에 농노 185,610명과 10,500제곱킬로미터 이상의 토지를 소유했고 연간 수입이 60만 루블을 넘었다. 셰레메티예프 가문의 영지 중 하나인 볼가강 상류 트베르주의 몰로도이 투드는 800제곱킬로미터가 넘는 면적에 농노 약 15,000명을 거느렸다.[7] 야로슬라블주의 토지는 셰레메티예프 가문과 골리친 가문, 바랴틴스키 대공, 로바노프 가문이 소유했다.[8] 또 다른 유력한 가문 오를로프(오를로프 형제 두 사람이 1762년 예카테리나 2세의 왕권 찬탈을 도왔다.)는 볼가 중류 사마라주에 우솔스크라는 영지를 소유했는데 마을 36개, 농민 약 27,000명 규모였다.[9]

그러나 귀족 영지의 규모는 몹시 다양했다. 사라토프주만큼 토지가 풍부하지 않은 심비르스크주에서는 가장 부유한 귀족 A. N. 주보프가 농민 193가구 869명을 보유했다. 볼가강 중하류의 영지 대부분은 농민 100~200명 이하 규모였고 삼각주 지역에는 귀족 영지가 거의 없었다.[10] 17세기 말과 18세기, 볼가강 지역에서 발생한 코사크 반란에 농노들이 참여한 것은 비정한 지주나 관리인에게 복수하기 위함이었다. 푸가초프 반란 때 일어난 대부분의 폭력 사태는 농민들이 소유주 가족과 매일 접촉하게 되는 소규모 영지를 대상으로 삼은 것이었다. 제국의 다른 지역에서는 관리인이 영지를 운영했기 때문에 귀족이 농노들과 직접 접촉하는 경우가 드물었다.

농노들은 (러시아인과 비러시아인) 국가 농민이 귀족 지주나 관리인의 횡포(또는 간섭)를 받지 않으므로 자기보다 처지가 훨씬 더 좋다고 생각했다. 농노가 귀족 토지에서 일해야 하는 기간은 지주나 관리인이 결정했다. 농노를 다른 영지로 옮기는 것, 가사일을 하게 하는 것,

마을에서 쫓아내는 것 등도 지주 마음대로였다. 그리하여 농노들이 추구하는 '자유'라는 건 귀족 지주나 관리인의 간섭 없이 살아갈 수 있는 국가 농민의 자유를 의미하는 경우가 많았다. 농노가 거의 없었던 시베리아는 '자유로운 곳'으로 인식되었고 1649년 이전에 볼가강 지역 농노들이 우랄산맥을 넘어 시베리아로 도망친 것도 국가 농민의 더 '자유로운' 삶을 살기 위함이었다. 하지만 국가 농민의 삶이 물질적으로 언제나 더 나은 것은 아니었다. 귀족 영지의 토지가 대개 더 비옥했고 흉작 때 어느 정도 보호를 받을 수 있기 때문이었다. 한 영국계 아일랜드 여행자가 지적했듯 '농노를 잘 대해 주는 것은 주인의 이익에도 부합하는 일이었다. 농노의 수가 주인의 부를 결정하므로 농노를 무시하거나 억압하는 경우 결국 망할 수밖에 없었던' 것이다.[11] 또한 국가 농민도 농노와 마찬가지로 국가에 대한 집단적 의무를 통해 마을에 묶여 있었다.

16세기 중반 카잔과 아스트라한한국 정복 이후 볼가강 지역의 이교도 및 일부 이슬람교도 농민들은 현물(모피 또는 곡물)이나 현금으로 세금 혹은 공물을 내야 했다. 공물 납부(군인이나 코사크가 폭력을 행사하며 거둬가곤 했다.)는 피정복민의 표시로 간주되었고 시베리아와 볼가 지역에서 '공물을 바치는' 민족들은 러시아인 농민보다 열등하게 여겨졌다. 표트르 1세는 1718년에 '인두세'를 도입해(군대에 들어가는 비용을 충당하려는 의도였다.) 특권을 갖지 못한 모든 남자(농민과 도시민)에게 똑같이 세금을 물렸다. 이는 볼가강 지역 등 국경 지대에서 비기독교인 농민의 의무뿐 아니라 법적 지위도 평등하게 만드는 효과가 있

3부 러시아 제국의 볼가강

었다. 그전까지 공물을 바치던 농민이 단번에 국가 농민이 되었고 볼가강 지역 비러시아인들은 러시아인과 똑같이 세금을 내기 시작했다. 18세기의 볼가강 지역에서 기독교로의 개종 유인책 중 하나는 오랜 기간 동안 인두세를 면제해 준다는 약속이었다. 그리고 1760년대에 독일인 정착민들을 모집할 때도 30년 동안 인두세를 면제한다는 약속이 있었다.

인두세가 도입되면서 러시아에서는 노예제가 공식 폐지되었다. 노예 중에는 타타르족 전쟁 포로도 있었지만 대부분은 빚 때문에 노예로 전락한 (그리고 사실상 영구적 노동 계약을 맺게 된) 러시아인들이었다. 17세기 중반 기준으로 러시아 인구의 10퍼센트가 노예였던 것으로 추정된다. 18세기에 들어서면서 러시아 제국에서 노예 제도가 사라졌지만 실제로는 빚으로 묶인 노예 노동이 이어졌고 일부 추바시, 마리 및 기타 비러시아 민족은 부유한 귀족의 집에서 노예처럼 살았다.

볼가강 지역의 독일인 정착민들은 '자유인' 신분이라곤 해도 이동의 자유나 자치권 면에서는 농노나 국가 농민보다 나을 것이 없었다. 다른 정착지나 도시로 옮겨갈 권리가 없었으므로 처음에 자리 잡았던 사라토프주의 볼가강 변에 머물러야 했다. 애초에 부여된 '농민'이라는 지위는 19세기 말, 부유한 독일인들이 사라토프주에서 곡물 사업을 시작하고 농업 개혁으로 원거리 이동이 허용될 때까지 그대로 유지되었다. 출신으로 보면 농민이 아닌 경우가 절반 이상이었음에도 독일인들은 무역이나 다른 일에 종사하지 못하고 농사를 지어야만 했다. 독일인 정착민 관리를 위해 사라토프에 특별 사무소가 설치되었다.

볼가강 지역과 제국 내 다른 지역에서 농민 공동체의 조직과 의무는 법적 지위, 민족, 종교가 어떻든 대동소이했다. 농민 공동체[러시아어로 미르(mir)라고 한다.]는 농노뿐 아니라 국가 농민에게도 표준적인 자치 형태였다. 농민 공동체는 가구의 가용 노동력에 따라(신체 건강한 남성의 수에 따라) 경작해야 할 토지를 분할하고 조정하는 일, 공동 숲과 연못의 사용 방식을 정하는 일, 인두세 및 기타 의무를 가구별로 할당하는 일, 군인으로 입대할 소년을 선발하는 일, 경미한 범죄에 대해 판결을 내리는 일 등을 수행했다. 농민 공동체는 마을 총회에서 모이곤 했지만 주도하는 역할은 나이가 많고 부유한 남성, 대개 대가족의 가장인 인물이 맡았다. 대규모 귀족 영지는 지주로부터 관리인을 거쳐 총회에 이르는 책임의 서열 관계를 만들었지만 실제로는 농노와 국가 농민 마을 모두에서 나이 많은 농민이 상당한 자치권을 행사했다. 독일인 정착지에는 토지와 세금을 분배하는 고유한 형태의 농민 공동체 두쉬(Dusch)가 있었다.

인두세 외에도 모든 (러시아인과 비러시아인) 국가 농민은 지대[러시아어로 아브로크(obrok)]를 냈다. 18세기에 세액이 더 가파르게 상승한 것은 인두세보다 지대였으나 농민 반란 때 더 큰 분노를 일으킨 것은 인두세였다. 아마 인두세를 '새로운' 추가적 의무로 여겼기 때문일 것이다. 농노는 주인에게 지대를 현금 혹은 노역[러시아어로 바르시나(barshchina)]으로 지불했다. 노역은 보통 일주일에 사흘을 귀족 소유 토지에서 일하는 것이었는데 현금과 노역을 적절히 섞는 방식이 보다 일반적이었다. 18세기 후반에 곡물 가격이 상승하여 농민 노동의 가치가 높아지면서 귀족 지주들은 지대 대신 노역을 제공받으려 했다. 사라토프주를 비롯해 수확량이 가장 높은 비옥한 검은흙 지역에서 이러한 현상이 특히 두드러졌다. 예를 들어 사라토프주의 부자 쿠라킨 가문의 보리소글렙 영지에서는 1780년대에 주당 사흘 노역이 농노의 의무였는데 나흘로 늘리려 하자 많은 농노가 영지에서 도망쳤다고 한다.[12] 농노들은 노역에 불만이 많았고 이는 토질이 떨어지더라도 경작을 스스로 책임지는 듯 보이는 국가 농민을 부러워하는 주요 원인이었다.

18세기까지 모든 농민은 민족과 종교에 관계없이 러시아군에 징집되었다. 유일한 예외는 독일인 정착민(영구적인 면제일 줄 알았으나 19세기 말에 바뀌었다.)과 기독교 개종자(수년간 면제 혜택을 받았다.)였다. 19세기 후반까지 징병은 종신제였기 때문에(1793년 이후에는 25년 복무로 바뀌었지만 사실상 종신제였다.) 징병 면제는 아주 큰 혜택이었다. 징집된 농민은 '사망자'와 다름없었고 입대자 배웅은 초상집 분위기로 치러졌다. 기혼 입대자의 아내는 과부 취급을 받아 재혼을 허락받는 일도 많았다. 국방 상황에 따라 징집 규모는 다양하게 나타났고 1705년부터 1825년까지 제국 전체에서 약 400만 명이 징집되었다.

징병 대상은 농민 공동체가 선발했다. 제비뽑기가 일반적이었지만 일부 농노 영지에서는 기혼 남성과 소규모 가구를 보호하기 위한 조항이 만들어지기도 했다. 농민 가족을 보호하려는 귀족 소유주의 노력은 인도적 차원이기도 했지만 자신의 부를 지키려는 의도도 있었다. 소유한 농노 수가 중요한 상황에서 자식을 낳을 수 있는 (혹은 이미 낳기 시작한) 기혼 남성을 군대에 보내는 것은 내리기 힘든 결정이었다. 예를 들어 귀족 V. I. 수보로프는 볼가강 상류의 코스트로마주에 있는 자신의 영지에서 농민 공동체의 허가 없이 기혼 남성을 '악의적으로' 징집한 관리를 질책했다.[13] 부유한 농민은 가난한 이웃에게 돈을 지불하고 자기 대신 징집되도록 했다. 일 잘하는 농민을 계속 보유하려는 귀족 지주가 돈을 대는 경우도 있었다. 가가린 가문이 소유한 트베르주의 마닐로프 영지에서는 1812~1857년 동안 부유한 농민들이 자기 대신 징집당할 이를 사기 위해 34,000루블을 지출했다.[14] 나폴레옹 전쟁과 크림 전쟁으로 다수의 징집이 이루어진 탓에 이 시기에는 대타를 구하는 비용이 특히 비쌌다.

위에서 설명한 귀족 영지의 관행은 볼가강 지역의 러시아 농노에 주로 해당하는 것이었다. 그러나 농노든 국가 농민이든, 러시아인이든 아니든 모든 농민이 징집 대상이었고 어떤 경우든 징집 대상 선발에서 농민 공동체가 중요한 역할을 했다. 농사일을 제일 못하는 사람이 징집되는 것이 모두의 이익에 부합했다. 이는 술고래, 게으름뱅이, 난봉꾼일 수도 있지만 마을 단위로 지게 되는 세금에 기여할 수 없는 가난한 가정의 농민 소년일 수도 있었다. 실제로 농민 공동체는 귀족 지주보다 훨씬 더 가혹할 수 있었다. 마을 전체의 세금 및 병역 의무 이행 여부에 공동체의 생존이 달려 있었기 때문이다. 예를 들어 1788년, 트베르주 몰로도이 투드 마을에서는 농노 공동체가 '쟁기질 태만, 납입금 미납, 불성실, 경작 토지 없음 등을 이유로 징집 대상 71명을'

선별했다.[15] 코스트로마주의 바키 마을에서는 1819년, '무례함, 주취 행동, 세금 미납'을 이유로 농노 세 명이 징집당했다.[16] 농민 공동체는 공동 세금에 별로 기여하지 못하는 농가를 보호하려는 귀족 지주와 충돌하기도 했다.

농민이 지어야 하는 다른 의무로 수레 운반과 국가 노역도 있었다. 표트르 1세 통치기에 추바시와 타타르족은 해군성 노동자로 강제 동원되었고 엘턴 호수에서부터 소금을 운반할 수레도 제공해야 했다. 표트르 대제가 러시아 남부에 함대를 건설하려던 시기였다. 마리족 농민들은 18세기 초, 상트페테르부르크와 아조프 항구 건설 현장에 강제 동원되었다.

세금 및 기타 의무는 농민 가구의 규모에 따라 부과되었는데 형제 일가 등을 포함한 대가족 기준이었다. 가구 규모는 시베리아, 그리고 비옥한 검은흙 지역에서 가장 컸다(대개 7~9인 가구였고 20~30인 가구도 있었다.). 볼가 중류 지역의 가구 규모는 이보다 작은 편이어서 카잔주 의 경우 7인 정도였다.[17] 그러나 예외도 있었다. 정교회 성직자 가구는 인원이 아주 많았고(정교회 본당 성직자는 결혼을 해야 했고 성직자의 아들 이 직책을 물려받았다.), 독일인 정착민 가족도 자녀를 10~12명씩 낳곤 했다. 농노가 일찍 결혼해 대가족을 꾸리는 것이 귀족 지주의 이익에 부합했다. 트베르주 셰레메티예프 영지 농노들은 마을을 떠나 결혼하 려면 주인의 허가를 받아야 했고 1803년에는 200루블에 달하는 벌금 까지 내야 했다.[18] 19세기 전반, 야로슬라블주 보시차즈니코보의 셰레 메티예프 영지에서는 농노가 영지 밖에서 결혼하는 경우뿐 아니라

(과부 및 홀아비를 포함해) 20세 이상의 미혼인 경우에도 매년 2~6루블의 벌금을 추가로 내야 했다![19]

✼

볼가강 지역 러시아인과 비러시아인의 일상생활은 얼마나 달랐을까? 서로 다른 공동체들은 서로 얼마나 많이 접촉했을까? 농민들은 민족과 종교에 따라 별개의 마을을 이루고 살았다. 종교가 다른 집단 간의 결혼은 드물었고 정부나 지역 사회도 이를 장려하지 않았다(이슬람교도는 정교회 신자와 결혼하려면 개종해야 했는데 이는 이슬람교에서 금지된 일이었다.). 1864년에 어느 러시아 농부는 이슬람교도에 대해 다음과 같이 말했다. '우리는 그들과 친하지도 않고 반목하지도 않습니다. 다툴 일이 없습니다. 우리에게는 우리 환경, 우리 재산, 우리 땅이 있습니다. 타타르인들도 마찬가지고요.'[20]

실제로 볼가강 지역에서 타타르족과 러시아인이 같은 마을에 사는 경우는 대개 타타르족이 기독교로 개종했을 때였다. 18세기 카잔주 치스토폴 지역의 알키보 마을에는 타타르인 151명과 러시아인 60명이 살았고 인근의 마미코보 마을에는 러시아인 182명과 타타르인 42명이 살았는데[21] 타타르인 대부분이 개종한 경우였을 것이다. 1830년대, 사마라 총독부는 오렌부르크주에 개종한 타타르인과 러시아인이 함께 사는 마을이 몇 개나 되는지에 대해 보고를 받았다. 보고서의 핵심은 이슬람교로 되돌아간 타타르인의 수였지만 이를 파악하는 과

3부 러시아 제국의 볼가강

정에서 러시아인, 개종한 타타르인, 추바시가 한마을에 함께 살고 있다는 사실이 밝혀졌다.[22] 토마체프 박사는 9세기 중반에 카잔주를 여행하면서 각 마을에 러시아인, 타타르인, 개종한 타타르인 중 누가 살고 있는지 살펴보았는데 이슬람교도와 개종한 타타르인이 함께 사는 마을에도 주목했다. 그리하여 베르데뱌코비 첼니의 타타르족 마을에는 이슬람교도 7가구, '기독교도 타타르' 12가구가 있었다는 기록을 남겼다.[23]

민족과 종교가 서로 다른 농민들은 시장과 박람회에서 서로 접촉했는데 이는 대개 마을 인근이라 볼가강을 건너갈 일은 거의 없었다. 일부 농민들은 상대방 언어를 몇 마디 정도 알고 있었다. 19세기 중반 볼가강 중류 지역의 '러시아 농민들이 추바시어를 아주 잘하고 모르도바어는 모국어처럼 구사한다'고 한 보고는[24] 예외적인 경우거나 과장된 내용임이 분명하다. 1860년대에 니즈니노브고로드주의 일부 마을에서 경제 통합이 이루어져 러시아 농민은 타타르어를, 타타르인은 러시아어를 하게 되었다는 기록도 있긴 하다.[25] 그러나 이는 매우 드문 일이었고 어쩌면 니즈니노브고로드주에 사는 타타르인이 매우 적었기 때문일 수 있다. 민족에 따라 별개의 공동체를 이루는 게 보통이었으므로 다른 언어는 기본적 단어 몇 개를 아는 수준이었을 것이다 (볼셰비키 국가 초기, 정부 지침이 볼가강 지역의 여러 언어로 번역되지 않아 농민들이 정책을 이해하지 못한다는 비판이 나오기도 했다.). 물론 서로의 언어에서 영향을 받기도 했다. 식료품 관련 단어는 다른 언어에서 자주 차용되었고 지명과 지리적 특징 관련 단어는 본래의 타타르나 추바시어 그대로 남았다. 추바시어와 마리어는 각각 투르크어와 핀·우그르어로 계통이 다르지만 동일한 어휘가 종종 나타난다.

러시아 정부 정책은 서로 다른 종교를 분리하는 것이었다. 이전 장에서 기독교에서 이슬람교로 되돌아간 타타르인들이 마을에서 쫓겨나고 개종한 타타르인들은 기독교 마을로 옮겨 갔다는 점을 언급했다. 1756년 법령에 따르면 타타르족이 모스크를 보유하거나 건축하려면 마을에 이슬람교도 타타르족만 거주하고 이슬람교도 타타르 남성이 200명 이상이어야 했다.[26]

이런 정부 정책은 기독교도 타타르와 이슬람교도 타타르 사이에 발생한 충돌에서 일부 영향을 받았을 수 있다. 1770년, 원로원은 카잔주의 56개 마을에는 주민 5,000명 중 개종한 타타르인이 601명에 불과하다면서 '다툼과 싸움'이 심하니 개종한 타타르인이 이슬람 타타르 마을을 떠나 이주해도 좋다고 승인했다.[27] 19세기 말이 되면서 타타르인들은 이슬람교도로서의 정체성을 더욱 의식하기 시작했고 이와 함께 문제는 더욱 심각해졌다. 1873년 카잔주의 개종 타타르 학교 교사는 자기 학생들이 (부모와 가까운 친척을 포함한) 같은 마을이나 이웃 마을의 이슬람교도 타타르인들로부터 재개종 압력(피해 학생 한 명은 '폭압'이라 표현했다.)을 받는다고 보고했다. 이슬람교로의 재개종을 설득하는 부모와 친척들로부터 욕설을 듣고 구타를 당했다는 14세 소년을 포함해 여러 명의 증언도 보고에 포함되었다. 이슬람교도 타타르 군중은 이제 이슬람교 재개종이 법으로 허용되었다며 기독교도 타타르인이 교회로 가는 길을 막고 폭언과 폭행을 가했다. 기독교도

3부 러시아 제국의 볼가강

타타르인들은 시장에서 물벼락을 맞거나 돌팔매질을 당하기도 했다. 그 결과 교사의 제자 중 상당수가 이슬람교로 재개종하고 말았다.[28] 같은 해에 나온 다른 보고서를 보면 기독교도들이 교회에 가지 못하도록 막은 일, 이슬람교 개종을 거부하는 아내를 구타한 남편의 사례가 나온다.[29] 1897년, 심비르스크주에서는 추바시 농민들의 정교회 종교 행렬이 이슬람 타타르 마을을 통과할 때 타타르족이 길을 막고 돌을 던지며 행렬을 방해했다. 경찰이 개입하여 행렬에 동행했지만 농민들은 그 마을을 통과하면서 노래를 멈추고 십자가를 천으로 가리는 등 예민한 반응을 보였다고 한다.[30]

독일인 정착민들은 개신교와 가톨릭 신자였다. 처음에는 개신교 정착촌 71곳과 가톨릭 정착촌 31곳(그리고 혼합 정착촌 2곳)이 만들어졌다. 이들은 러시아인 마을이나 비러시아인 마을, 심지어는 종교가 다른 독일 정착민들과도 문화적으로 거의 접촉하지 않았다. 독일인 정착지들은 종교뿐만 아니라 볼가강으로도 가로막혀 있었다. 강 서편의 45개 정착촌, 동편의 59개 정착촌은 교류가 불가능했다. 인구 10,000~15,000명 정도인 정착촌은 작은 도시 규모였으므로 바깥으로 움직일 이유도 거의 없었다. 수학자이자 물리학자인 윌리엄 스포티스우드는 1856년에 러시아를 여행하면서 다음과 같이 기록했다.

독일인 정착민들이 러시아인과 남남처럼 지내는 것은 놀랍다. 자신들의 언어, 관습, 습관을 그대로 간직하고 있으며 이는 러시아인들도 마찬가지다. 독일인의 깔끔한 습관, 독창성이나 검소함 등은 지역 사람들에게 조금도 영향을 미치지 않은 것 같다.

'독일인들은 낯선 이들 사이에서 낯선 존재로 살고 있다'는 것이 그의 결론이었다.[31] 독일인 정착민들은 러시아어를 서서히 익혔고 징병제가 도입된 후인 1870년대에야 러시아어를 배우기 시작했다. 어떤 상황에서든 정착민들은 본래의 언어를 그대로 사용했고 이 때문에 러시아어와 함께 고급 독일어도 배워야 했다.

독일인 정착지를 찾은 외국인 방문객들은 근면함을 칭찬하며 이를 러시아 마을이나 농민들과 비교하기도 했다. 그러나 정착민들은 직업 선택의 자유가 없었고 농업의 혁신을 거의 이루지 못했으며 기계화 장비 도입 속도도 느렸다. 시간이 흐르면서 정착민의 수가 늘어나자 토지를 다시 잘게 나누어야 했으므로 이들은 점차 빈곤해졌다. 다른 독일인 정착지와 동떨어진 곳인 볼가강 하류 차리친 바로 남쪽의 사렙타에 작센 출신 모라비아 형제회가 대규모 정착지를 만들기도 했다. 이곳은 푸가초프 군대에 약탈당했지만(정착민들은 탈출했다.) 빠르게 회복되었다. 1790년대에 이 정착지를 찾은 독일인 피터 시몬 팔라스는 '번영하고 있는 아름다운 곳'이라고 하였다.[32] 사렙타 정착지 인구는 19세기 말까지 400~500명 정도였다가 19세기 말에 크게 증가했다.

볼가강 지역의 농민 마을들은 정교회, 개신교회, 가톨릭 성당 또는 모스크 등 종교 시설을 통해 구분되었다. 마을에서 조금 떨어져 있는 공동묘지도 종교 상징물로 구별되었는데 추바시와 마리족의 기독교

묘지에는 십자가 등의 기독교 상징과 함께 조각상이나 제물이 놓여 있었다. 대부분의 마을은 직선 형태였고 종교 시설은 중앙에서 약간 떨어진 곳에 위치했다. 앞서 소개한 타타르 마을, 기독교도와 이슬람 교도 타타르인들이 갈등을 빚은 사례에서도 이슬람교도들이 마을과 교회를 잇는 다리를 점거하여 길을 가로막을 수 있었다.

볼가강 유역에는 어촌 마을이 있었지만 대부분의 정착촌은 강에서 어느 정도 떨어진 위치였다. 특히 볼가강 중류의 서편은 가파르고 절벽이 많았기 때문에 마을은 언덕 위에 자리했고 강에 접근하려면 가파른 길이나 협곡을 지나야 했다. 강 동편은 저지대였지만 홍수의 위험 때문에 물가에서 어느 정도 떨어져 있었다. 마을에 필요한 물은 접근하기 어려운 볼가강보다는 작은 지류나 호수, 웅덩이에서 얻었다.

농민 오두막은 나무로 지었는데 볼가강 동편에서는 목재를 쉽게 구할 수 없었으므로 집 크기가 작아졌다. 마당에 작은 통나무 오두막을 따로 지어 결혼한 자녀를 위한 별도의 침실이나 창고로 사용했고 헛간을 여러 개 두기도 했다. 마당에는 담장을 칠 수도, 안 칠 수도 있었다. 타타르족 마을은 본채와 분리된 별채를 짓는 경향이 있었으며 일부 러시아 마을이 이 방식을 따라 했다. 타타르족은 또한 집 앞에 커다란 장식 대문을 세워 마당으로 이어지게 했고 목조 건물들 사이를 장식 울타리로 연결했는데 이를 모방하는 러시아 마을도 있었다. 러시아인과 타타르인은 창문 가장자리와 집 처마를 장식하는 법도 서로 달랐는데 타타르인은 별무늬를 많이 사용했으며 대문과 집을 더 밝은색으로 칠했다. 카잔주와 다른 지역의 타타르 마을은 모스크뿐 아니라 (울타리가 낮은 러시아 양식과 달리) 밝은색의 집과 대문으로 오늘날에도 여전히 독특하다. 19세기에는 부유한 타타르 농부들이 정교한 조각을 넣어 2층집을 짓기 시작했다. 이러한 조각 형태 중 일부는 볼가강 지역에서 공통적으로 나타나기도 하지만 주마다, 마을마다 민족별로 고유한 형태를 개발하기도 했다.

농민의 오두막 안에는 나무 걸상, 테이블, 수면 선반이 있었는데 19세기 후반이 되면 새로운 형태의 가구, 침대, 시계 등으로 대체되었다. 모든 농민 오두막의 가장 큰 특징은 공간의 4분의 1까지 차지하는 난로로 이는 요리와 난방을 위해 사용되었다. 겨울 동안 사람들은 난로 주변과 위에서 잠을 잤다. 1720년대에 프리드리히 크리스티안 베버는 트베르주를 방문했다가 다음과 같은 글을 남겼다.

집 내부의 4분의 1을 차지하는 커다란 난로가 놓여 있다. 트베르에서 만난 한 가족은 스무 명이나 되었는데 주인 내외, 기혼이나 미혼 자녀들, 하인들이 난로 위나 선반에 겹겹이 누운 모습이었다. 그렇게 있어도 편안한지, 잠자기에 좁지 않은지 물었더니 완벽하게 편안하고 따뜻하다고, 침대는 필요 없다고 대답했다.[33]

러시아식 난로는 집 안 한구석(대개 성상화가 걸린 곳과 대각선을 이루는 곳)에 고정되어 있지만 타타르 가옥의 난로는 이동식으로 한중간에 놓이곤 했다. 각각의 난로는 '러시아 난로'와 '타타르 난로'라 불렸고 이는 (19세기에 일부 러시아인들이 타타르식을 따라가기는 했지만) 그 집

　　　　　　　　　　　3부 러시아 제국의 볼가강

에 사는 가족이 어느 민족인지 바로 드러내는 표시였다.[34] 농민 오두막에서 난로는 온기를 공급하는 유일한 원천이었는데 가장 가난한 오두막에는 연기가 빠져나갈 구멍을 지붕에 뚫어 놓았고 더 부유한 집에서는 벽돌 굴뚝을 만들었다.

러시아를 방문한 외국인 여행자들은 러시아 오두막집이 빈곤하고 지저분하다는 기록을 남겼는데 이는 법적 권리가 없는 농노의 삶이 가난과 절망을 낳을 수밖에 없다는 편견을 반영했을 가능성이 있다. 이런 측면을 감안한다 해도 타타르인의 집이 러시아인 집보다 더 깨끗하다는 게 일반적인 의견이었다. 18세기 후반에 러시아 각지를 여행한 존 레디야드는 '타타르인이 러시아인보다 대개 더 깔끔한데 특히 집 안이 그렇다'고 했다.[35] 독일의 농업학자이자 과학자인 학스타우젠 남작은 타타르 가옥과 관련해 '집 안의 모든 것이 매우 깨끗하다'고 했다.[36] 타타르 마을 또한 삭막한 러시아 마을에 비해 더 개방적이고 녹지 공간이 많았다고 한다.

독일인 정착지는 외관이 독특했다. 1856년, 윌리엄 스포티스우드는 모라비아 형제회 정착지 사렙타에 대해 기록을 남겼다.

철저히 독일식으로 러시아 양식이라고는 흔적도 찾을 수 없다. 주택들은 깔끔하고 편리하지만 과도하게 질서 정연하지는 않다. 나무, 산책로, 정원이 있는데 우리가 수백 킬로미터를 다니면서도 보지 못했던 것들이다.[37]

비슷한 시기에 글을 쓴 학스타우젠 남작 역시 정착지가 잘 계획되고 관리된다고 했지만 주택 내부의 물건들을 보면 '독일과 러시아가 혼합되어 있다'고 하였다. 러시아 찻주전자 사모바르가 놓이고 성상화를 거는 곳에는 러시아 성인상을 두었으며 그 외의 모든 가구와 도구는 독일 제품이었다는 것이다.[38]

러시아 농업은 대부분 가족 단위의 전통적 형태였다. 볼가강 지역 및 제국 전체적으로 몇몇 예외가 있다고는 해도 새로운 농경법을 실험하려는 귀족 영지는 거의 없었고 농민들이 각자의 방식으로 밭을 경작하도록 내버려 두었다. 볼가강 중류에 정착한 러시아 농민들은 러시아 중부의 농업 전통과 농기구를 그대로 유지했다. 러시아의 주요 작물은 7~8월에 수확하는 호밀이었다. 봄 작물로 귀리와 보리를 재배했고 기장, 아마, 밀도 생산했다. 농토는 몇 개 구획으로 나누어 돌아가면서 한 구획씩 휴경하는 삼포식 방식이었다. 볼가강 지역과 러시아 중부 농민들은 사하(sokha)라는 나무 쟁기를 사용했다. 금속 날이 붙은 가벼운 사하는 말 한 마리가 끌 수 있었지만 농토를 살짝 가는 것이 고작이었다. 볼가강 일부 지역에서는 타타르인과 몇몇 러시아 농민이 타타르 전통 쟁기 사반(saban)을 썼는데 더 무겁고 더 효과적인 이 쟁기를 끌려면 말 네 마리 혹은 소 최대 여덟 마리가 필요했다. 그 외의 주요 농기구는 건초용 큰 낫과 수확용 낫이었다.

수확량은 유럽 중서부에 비해 낮았다. 농노와 국가 농민, 러시아인과 비러시아인이 경작하는 농토 어디든 마찬가지였다. 물론 기후 조건이 많은 것을 좌우했다. 볼가강 상류 지역은 북유럽 러시아의 전형적인 기후였고 중하류 지역에서는 덥고 건조한 여름, 습한 가을, 추운 겨울이 이어지는 날씨였다. 1769~1779년, 피터 팔라스가 볼가를 여행했을 때는 심비르스크의 기온이 영하 27도까지 떨어지기도 했다고 한다. 1803년에는 대초원뿐 아니라 도시의 까마귀도 얼어 죽을 정도로 추웠다.[39] 이와 대조적으로 볼가강 중하류의 여름은 덥고 건조했고 동쪽에서 불어오는 바람이 들판을 바싹 말려 흉작과 기근을 낳았다. 존 페리는 '6월 하순부터 8월 중순까지 유럽 대륙의 더위가 절정일 때 동풍이 한층 심한 더위를 몰고 온다'고 했다.[40] 1833년의 가뭄은 특히 심해 우크라이나, 북코카서스, 사라토프주 일부에 영향을 미쳤다. 한 독일인 정착민은 '1833년 상황은 극히 나빴다. 이례적인 가뭄이 봄부터 가을까지 지속되어 곡물과 풀 수확 모두 완전한 실패였다'라고 기록했다.[41] 19세기 말까지 10년마다 가뭄이 있었다(1873년에는 사마라주에서 특히 심했다.). 동시에 이 지역에서는 짧지만 격렬한 여름 폭풍우가 종종 발생해 농작물을 망쳐 버리곤 했다.

볼가강 동편보다 서편의 토질이 더 좋았으므로 독일인 정착민들은 동편에 정착하게 된 것을 불만스러워했다. 그러나 같은 주라도, 심지어는 같은 지역이라도 상황은 매우 다양했다. 예를 들어 카잔주는 북쪽의 토질이 좋지 않았고 북서쪽은 숲이 빽빽했으며 북동쪽은 늪지대였던 반면 남쪽은 토질이 훨씬 좋고 남동쪽으로는 비옥한 검은흙이 펼쳐졌다.[42] 사라토프주는 서쪽에 비옥한 검은흙 지대가 있었지만 동쪽의 토질은 나빴다.

모든 농민이 소, 양, 닭, 거위를 키웠다. 러시아인들은 돼지도 키웠지만 이슬람교도인 타타르와 추바시족은 염소를 키우는 경우가 더 많았다(타타르족은 염소젖이 소젖보다 유아에게 더 좋다고 믿었다.). 타타르족은 양봉과 품질 좋은 꿀 생산으로 명성이 높았다. 19세기 중반, 학스타우젠 남작은 타타르 농민들이 '매우 부지런하며 훌륭한 양봉가'라고 하였다.[43] 남쪽, 특히 (사렙타를 포함한) 독일인 정착지에서는 19세기에 담배를 재배했다. 농민들은 다양한 과일을 생산했고 아스트라한 지역의 수박은 아주 유명했다. 감자는 18세기 초 표트르 1세가 러시아에 들여온 작물로 구교도는 이를 '이브의 사과' 또는 '악마의 사과'라 부르며 재배를 거부했지만 제국 내 다른 농민들에게는 필수 식료품으로 자리 잡았다.

볼가강 지역 농민 식단은 유럽 러시아의 다른 지역과 마찬가지로 현지에서 재배되는 농산물을 중심으로 했고 호밀빵 등 곡물 위주였다. 특히 양파, 비트, 마늘, 양배추 등 채소를 다양하게 먹었으므로 외국인 여행자들은 러시아 농민의 식단이 서유럽보다 좋다고 생각했다. 러시아를 방문한 영국계 아일랜드인 마사 윌멋은 19세기 초 러시아 서부 농민들의 복장과 식단에 깊은 인상을 받았고 러시아 농민이 자국민에 비해 더 나은 물질적 삶을 누린다는 보기 드문 평가를 내렸다.

이 나라의 농민들은 진정으로 필요한 것을 누릴 뿐 아니라 삶의 안락함까지도 놀라운 수준으로 누리고 있다. …… 러시아 농민이 나태하고 비참한 상태라는 상상은 괴상한 오류다. 우리 농민들이 입고 먹는 수준은 러시아와 비교했을 때 절반 정도일 것이다.[44]

러시아인 정교회 신자 농민들은 금식을 잘 지켜 사순절 기간뿐만 아니라 연간 최대 30주 동안 고기를 먹지 않았다. 18세기 초에 러시아를 방문했던 독일 외교관 프리드리히 크리스티안 베버는 '러시아인들이 금식에 얼마나 열성적인지 놀라울 정도다'라고 언급했다.[45] 또한 러시아 농부가 양파와 부추를 많이 먹어서 가까이 오기만 해도 그 냄새가 난다고 썼다!

러시아인이 채소와 과일을 더 많이 먹었다고 해서 타타르, 추바시, 마리족이 채소를 먹지 않았다는 뜻은 아니다. 버섯은 러시아인 농민 식단의 필수 재료였지만 타타르인은 그리 즐기지 않았다. 러시아인은 응고 치즈인 뜨바로크(tvorog) 외에는 치즈를 거의 먹지 않았고 우유도 거의 마시지 않았으며 사워크림은 특별한 요리에 사용하는 정도였지만 타타르인은 유제품을 더 많이 먹었고 요리에 버터를 사용했다. 볼가강 지역 남쪽의 러시아 농민들이 먹은 크림치즈 카이막은 타타르와 바시키르 음식의 영향을 받은 것으로 알려져 있다(오늘날의 중앙아시아, 이란, 이라크, 발칸반도에도 비슷한 요리가 있다.). 농민들은 볼가강과 그 지류에서 잡은 다양한 물고기를 먹었다. 1830년대에 로버트 브렘너는 철갑상어, 잉어, 연어, 꼬치고기 등 제국 전체 물고기의 절반이 아스트라한 지역에서 나온다고 주장하면서 '이 강이 없으면 러시아인들은 살 수 없다'는 결론을 내렸다.[46]

러시아 농민의 기본 음료는 가볍게 발효된 맥주인 크바스였다. 맥아, 호밀, 보리, 밀, 빵 등으로 빚고 과일과 열매로 맛을 냈다. 타타르와 러시아인은 꿀을 넣은 음료도 만들었다. 차는 17세기에 러시아에 들어온 듯하지만 대중화된 것은 18세기 후반이었다. 러시아인과 타타르인 모두 차를 마셨고 19세기가 되면 모든 농가 오두막에 사모바르가 놓였다.

식단의 차이가 볼가강 지역 민족 간 혹은 농노와 국가 농민 간 건강 차이로 이어졌는지 확인하기는 어렵다. 18세기 중반부터 19세기 중반까지 볼가강 중류 사라토프주에서 신병 2만 명의 건강 상태 조사가 이루어졌다. 그 결과에 따르면 타타르, 추바시, 마리족이 대부분인 국가 농민은 주로 러시아인인 농노보다 키가 평균 2cm 더 컸고 도시민이 농촌 주민보다 더 컸다. 이 조사를 통해 1859~1862년과 1875년의 흉작이 민족을 불문하고 신병들의 키에 결정적 영향을 미쳤다는 점이 드러난다.[47] 타타르족 아기들은 2~3년 동안 젖을 먹고 자라기 때문에 (반쯤 씹은 음식을 천 주머니에 넣은) 공갈 젖꼭지를 빨아먹는 러시아 아기들보다 생후 첫 몇 년 동안 생존할 확률이 더 높았다. 또한 러시아 영아 사망률은 부녀자들이 밭에 나가 일하는 여름철에 가장 높았다. 추바시 여성도 밭에서 일했지만 타타르 (및 구교도) 여성은 덜 힘든 육체노동을 했다.

농민의 옷은 지역과 가정에서 짠 천으로 지었으며 기후 조건과 직업에 맞춘 형태였다. 모든 농민이 긴 셔츠를 입었는데 타타르 남녀의 셔츠는 전통적으로 더 길고 벨트가 없었다. 볼가강 지역에서는 러시아 중부에 비해 셔츠가 더 길고 때로 벨트를 매지 않기도 했으므로 타타르 복식에서 영향을 받았다고 보기도 한다. 쿠스틴 후작은 1840년대 니즈니노브고로드 지방의 '일부 농민들이 붉은색으로 가장자리를 장식한 흰색 긴 셔츠를 입는데 이는 타타르에서 온 것'이라고 기록했다.[48] 타타르족의 헐렁한 바지 또한 러시아인 등 다른 민족들에게 퍼졌다.

타타르 의복의 영향은 타타르 재단사가 러시아 마을을 돌아다니며 타타르식 옷과 장화를 판매했기 때문일 것이다. 타타르 직조기는 러시아 것보다 커서 폭이 더 넓은 천을 생산할 수 있었다. 가장 일반적인 농민 신발은 나무 속껍질로 만든 것이었고 가죽 부츠는 부유한 농민들만 신었다. 타타르인들은 정교하게 장식된 가죽 부츠를 잘 만들었고 색을 넣기도 했는데 이는 귀중한 물건이었다. 타타르 남성이 쓰는 특별한 사각형 모자는 장에서 러시아인도 살 수 있었다. 민족에 상관없이 기혼 농민 여성은 정교한 머리 장식을 하곤 했다. 예를 들어 타타르 여성들은 장식 머리띠를 하고 칼팍(kalfak)이라는 작은 모자를 썼다. 개종한 타타르인들은 나름의 복식을 개발했지만, 남녀 모두 타타르의 긴 옷을 계속 입었고 처녀들은 동전으로 장식된 머리띠에 칼팍을 쓰곤 했다.

러시아 (및 우크라이나) 농민의 민속 명절은 주요 기독교 축제와 일치했다. 1월의 스뱌트키(Sviatki, 새해맞이 축제)는 정교회 크리스마스부터 주현절까지의 기간으로 젊은이를 위한 특별한 노래, 춤, 놀이 등이 벌어졌는데 가장 좋은 옷으로 차려입은 남녀가 서로 만나볼 기회였다. 19세기 볼가강 지역에서 이런 축제가 열렸다는 기록이 남아 있는데 러시아 중부 지역에서 유래한 것이긴 하지만 마을마다 나름대로 의상과 놀이 등을 변형하곤 했다. 사순절은 러시아 제국 전역의 정교회 기독교인들이 기념하는 또 다른 기독교 축제였다. 썰매 타기를 비롯한 신체 활동, 특별한 식사, 모닥불 등 볼가강 중류 지역의 축제 모습은 유럽 러시아 중부 및 북부와 비슷했다. 부활절은 특별한 음식과 색색의 달걀 교환으로 축하했다. 볼가강 지역에서 특징적인 모습이 나타나기도 했는데 예를 들어 치스토폴 지역에서는 특별한 공놀이가 열렸고 축제와 결혼식, 중요한 가족 행사를 위한 지역 특산 요리가 발전했다.

이런 축제에 비러시아인, 특히 비기독교인이 얼마나 참여했는지는 알기 어렵다. 개종한 타타르의 문화를 파악하기는 더욱 어렵다. 19세기 후반 러시아 민속학자들은 볼가강 지역을 포함해 러시아 제국 농민들의 관습을 많이 기록했지만 개종 타타르와 다른 기독교도를 늘 구분하지는 않았다. 개종 타타르인들은 기독교 축제를 지키면서 타타르 축제 문화와도 연결되었으며 타타르의 주요 축제인 사반투이(sabantuy)에 참여했다고 한다.[49]

마리와 추바시 농민들은 전통적으로 샤머니즘 신앙이었고 이전 장에서 살펴보았듯 기독교 개종은 형식에 불과한 경우가 많았다. 일부 마을, 특히 외딴 지역에서는 고대 이교도 의식이 정교회 축제와 공존했다. 모르도바족의 풍습을 연구한 학자 M. E. 에브세예프는 모르도바족이 자신들의 신을 부르며 풍작을 기원하는 모습을 어렸을 때 보았다고 했다.[50] 하지만 이교도 축제와 기독교 축제를 엄밀히 구분하기는 쉽지 않다. 기독교 축제 또한 계절의 변화, 하지와 동지, 농경 세시풍속과 때를 맞춰 치러졌기 때문이다. 종교적 관습은 사실 기독교

3부 러시아 제국의 볼가강

이전의 오래된 전통과 중복되는 경우가 많으며 이는 러시아만의 상황이 아니다. 크리스마스 기간과 일치하는 스뱌트키는 고대 이교도의 축제였고 부활절에 정교회에서 치르는 행사는 중서부 유럽에서 봄의 시작과 새로운 생명의 탄생을 축하하던 관행을 반영한다.

어떤 종교를 지닌 농민이든 (아니, 농민뿐 아니라 모두가) '악령'과 '사악한 눈길'을 믿었으며 배우자 찾기, 행복, 질병 치료, 경쟁자에 대한 복수 등 인간의 가장 기본적 욕구를 충족시키기 위해 미신과 마법을 동원했다. 20세기 초에 기록된 추바시 성직자의 말처럼 다양한 믿음은 상황에 따라 합쳐지기도 했다.

내 본당에는 열성적인 기독교도 여성이 있는데 남편이 간질 환자이다. 교회에 중보 기도를 요청해 올렸지만 소용이 없자 얌자(무당)의 도움을 받으려 했다. 그런 다음 12베르스타 떨어진 곳의 이슬람 물라에게 남편을 데리고 갔다. 마지막에는 다시 나를 찾아왔다.[51]

볼가강 지역에서 러시아인과 비러시아인, 그리고 기독교인과 비기독교인이 서로의 축제에 참여했다는 증거가 몇 가지 존재한다. 러시아 농민들은 기독교 축제 때 기독교도뿐 아니라 타타르 이웃에게도 선물을 했다. 사순절 축제 동안 열리는 경마에는 추바시, 마리, 타타르족도 참여했는데 일부는 기독교인이 아니었다. 역시 사순절 때 넓은 공터에서 열리는 주먹싸움은 마을 간 또는 민족 간 조직적인 싸움이 되기도 했다. 특정 종교나 민족과 관련이 없는 축제도 있었다.

예를 들어 차르의 영명 축일 기념 축제는 어떤 종교와도 연결되지 않았다. 체스는 타타르와 칼미크를 포함해 다양한 민족의 남성들이 즐기는 놀이였다.

러시아인들은 사반투이, 지엔(dzhien)과 같은 타타르 축제에 참여할 수 있었다. 사반투이는 봄 작물 파종에 앞서 가장 중요한 농경 단계 시작을 축하하는 날로 러시아 부활절 축제와 겹칠 수 있었다. 부활절에 하듯 염색한 달걀을 선물하는데 일부 타타르 공동체에서는 부활절과 구별하기 위해 다른 날을 정해 선물을 교환하기도 했다. 지엔은 파종이 끝나고 수확이 시작될 무렵, 농사일이 소강상태에 접어드는 시기의 축제로 경마, 레슬링 경기, 노래와 음악, 전통 음식으로 차린 잔치 등을 했다. 두 축제 모두 날짜가 정해져 있지 않았다. 이는 개종 타타르인이 자기만의 방식으로 사반투이를 지낼 수 있다는 의미였다. 부활절과 사반투이를 같은 날 치르는 경우가 흔했는데 이는 기독교도의 정체성과 타타르 정체성을 모두 주장하는 셈이었다. 지엔은 대개 기독교 성인 축일에 개종 타타르 마을에서 열렸다.[52]

타타르 이슬람교도에게 자기만의 축제가 없었던 것은 아니다. 금식 명절[우라자 가에테(Uraza gaete)]과 희생제[쿼르반 가에테(Qorban gaete)], 이슬람 역사와 모하메드의 생애에서 중요한 날 등은 이슬람교도만의 행사였다. 타타르족은 고유 민속 악기가 있어 결혼식을 비롯한 주요 가족 행사에서 특별한 음악과 노래가 연주되었다.

독일인 정착민들은 기독교도였지만 독일 고향에서 유래한 (그리고 때로는 고향에서도 사라진) 특별한 축하 음식을 먹으며 자신들만의 축제를 즐겼다. 추바시, 마리, 우드무르트족도 타타르족과 접촉하면서 그 관습을 받아들이는 경우가 많았다. 카잔주 테티우시 지역의 한 사제는 19세기 말에 타타르족이 추바시 이웃에 미친 영향에 대해 언급했다. 그 추바시는 타타르 노래를 부르고 타타르 음식을 먹으며 심지어 타타르식으로 콧수염을 기르고 다녔다고 한다.[53]

18세기와 19세기 전반기에 (농노와 국가 농민, 러시아인과 비러시아인을 막론하고) 농민의 삶은 거의 변함 없이 유지되었다. 농민의 의무와 생활 방식을 바꾸려는 진지한 시도는 1861년 이후에야 이루어졌다. 이에 대해서는 12장에서 다루게 된다.

볼가강 지역의 도시

볼가강 지역에 전형적인 도시 형태라는 것이 있었을까? 트베르, 야로슬라블, 코스트로마 같은 옛 러시아 심장부의 역사적 도시들, 사라토프와 사마라 등 영토 확장 후 강변의 요충지를 장악하기 위해 요새로 세워진 도시들, 그리고 카잔과 아스트라한 등 킵차크한국 시대에 발전한 도시들 사이에는 얼핏 보기에 공통점이 거의 없다. 그러나 이들은 남에서 북으로, 또 북에서 남으로 강을 따라 만들어진 교역로를 통해 서로 연결되어 있었다. 이 길로 상품뿐 아니라 사람들도 활발히 이동했다. 러시아 제국의 모든 도시는 정부 정책에 따라 만들어졌다. 하지만 볼가강 지역 도시들은 민족 구성 면에서 독특했다. 도시민 중에는 비러시아인도, 비기독교인도, 비정교회 기독교도도 있었다. 이는 도시의 외관, 도시민의 직업, 도시 행정, 도시 문화 등 도시 생활의 거의 모든 측면에 영향을 미쳤다. 민족 구성이 더욱 독특했던 아스트라한에 대해서는 이 장의 마지막 부분에서 별도로 다루겠다.

　도시는 볼가강이 다른 강과 합류하는 지점에 주로 세워졌다. 볼가강이 오카강과 만나는 곳에 니즈니노브고로드, 카잔카강과 만나는 곳에 카잔, 코토로슬강과 만나는 곳에 야로슬라블, 트베르차강과 만나는 곳에 트베르가 자리했다. 볼가강 양편 중 고지대(오른쪽)나 저지대(왼쪽)에 도시가 만들어질 수 있었는데 강폭이 좁은 볼가강 상류에서는 양편으로 펼쳐진 도시도 등장했다. 볼가강 중류와 하류에서는 강폭에 따라 도시가 연결되기도 하고 분리되기도 했다. 배가 오간다고는 해도 도시민이 강을 건너는 것은 무척 힘들었고 건너편에는 사람이 거의 살지 않는 경우가 많았으므로 굳이 건너갈 이유도 없었다. 도로는 도시가 자리 잡은 강둑을 따라 펼쳐졌다. 19세기 후반과 20세기에 볼가강을 가로지르는 철교와 다리가 건설되면서 마침내 양편이 연결되었지만 도시는 여전히 한쪽 편에서 주로 발전했다. 현재까지도 주요 도시에서 볼가강 중류와 하류를 가로지르는 다리는 많지 않다.

　발다이 언덕 발원지에서 출발한 볼가강이 첫 번째로 마주치는 도시는 르제프다. 20세기 초 기준으로 인구 22,000명인 소도시로 강 양쪽에 자리 잡았지만 중심가는 고지대 쪽이고 나무 부교로 반대편과 연결되었다. 볼가강 상류의 첫 번째 주요 도시 트베르는 화재 이후 19세기 초에 재건되었는데 주요 행정 건물이 강 오른편(남쪽) 강둑에 있긴 해도 양편 모두에서 건설이 이루어졌다. 1898년에 다리가 놓이기까지 양쪽은 부교로 연결되어 있었다. 트베르는 18세기 후반의 개혁적인 총독 야코프 폰 시버스 시기에 트베르주 핵심 도시가 되었다.[1]

1790년대, 팔라스는 트베르가 '유럽에서 가장 우아하고 질서정연한 지방 도시로 꼽을 수 있을 만큼 발전되었다'고 했다.[2] 그러나 19세기에 들어서면서 도시는 경제적으로 쇠퇴했고 볼가강 상류의 다른 곳들이 인구와 상업적 가치 면에서 트베르를 추월했다. 트베르에서 아래로 내려오면 리빈스크, 야로슬라블, 코스트로마가 있다. 야로슬라블은 제국 시대 내내 볼가강 상류에서 가장 큰 도시였고 학스타우젠 남작에 따르면 '외관이 웅장했다'고 한다.[3] 18세기 초의 야로슬라블에는 36개 분야 장인들이 있었는데 특히 의류 및 가죽 산업, 그리고 초기부터의 선박 건조 산업이 유명했다. 또한 부유한 상인이 많이 살았고 개인 예배당 수로 부를 가늠했다고 하는데 소련 시대를 거치며 남은 것은 몇 개뿐이다.

니즈니노브고로드는 볼가강과 오카강이 합류하는 지점에 위치한다. 강 양편으로 펼쳐지지만 서편에 치중된 모습이다. 교역 중심지로 (다음 장에서 볼가강 교역에 대해 설명한다.) 1797년에는 상인 2,000명 이상, 장인 3,000명 이상이 등록되어 있었다.[4] 1840년대에는 쿠스탱 후작으로부터 '내가 러시아에서 본 도시 중 가장 아름답다'는 찬사를 받기도 했다.[5] 1897년의 인구는 98,503명으로 추정되었지만 박람회가 열리는 기간에는 이 숫자가 크게 늘어났다.

서편의 체복사리는 20세기까지만 해도 소도시였지만 유력한 상인 가문 몇 개가 이곳에 있었고 그 별장 일부는 오늘날까지 보존되었다. 볼가강 동편의 카잔 역시 동서 교역의 핵심 도시였다. 19세기 초에 약 3만 명이었던 인구는 1843년 43,900명, 1863년 63,100명, 1897년

3부 러시아 제국의 볼가강

131,508명으로 늘었다. 이 도시의 국제적인 성격에 대해서는 나중에 더 자세히 다루겠다.

카잔 아래쪽 서편에 있는 심비르스크는 서서히 발전했다(1897년에도 인구가 41,702명에 불과했다.). 19세기 중반, 작가이자 여행가였던 로런스 올리펀트는 심비르스크가 '보잘것없는 모습'이라면서 '거리는 황량하고 상점은 열악하니 결론적으로 볼거리가 없다'라고 했다(다만 멜론은 '맛이 굉장하다'고 감탄했다!).[6] 1860년, 러시아의 한 증기선 선장은 '총독 없는 주, 회의 없는 귀족 의회, 배우 없는 극장, 목사 없는 (개신교) 교회, 성가대 없는 (가톨릭) 교회'라는 신랄한 평을 내놓았다.[7] 주요 철도 노선이 우회하면서 심비르스크는 19세기 후반에 쇠락의 길을 걸었다. 볼가강이 동쪽으로 굽어지는 곳, 그 물굽이 동편에는 사마라가 있다. 곡물 거래 중심지로서 19세기 말에 번성했다(1897년의 인구가 91,659명이었다.). 그럼에도 19세기 말의 한 여행자는 사마라가 '끔찍할 정도로 먼지가 많고 거주하기에 매우 불편한 곳'이라고 평가했다.[8]

강 서편의 사라토프는 19세기 후반에 상업 중심지가 되었다(1897년의 인구가 133,116명이었다.). 사라토프 아래 역시 서편에 위치한 차리친은 본래 소도시였다가 19세기 후반에 급성장했다(1897년에 55,186명이던 인구가 1913년에 131,782명으로 늘었다.).[9] 1871년에 차리친-리가 철도 노선이 완공되면서 차리친이 곡물 수출의 핵심지가 되었기 때문이다. 차리친이 확장되면서 차리친 북쪽, 철도가 연결되지 않은 두보브카(과거 코사크 정착지)는 쇠퇴했다. 더 남쪽으로 가면 아스트라한이 주요 도시이자 항구였다(1897년에 인구가 113,075명이었다.).

러시아어에서 '마을'은 규모와 교회 유무 등에 따라 여러 가지 명칭으로 구분해 불리지만 '도시'는 한 단어뿐이다. 도시들 가운데 규모, 지위, 실질적 또는 잠재적 정부 중심지 등을 기준으로 할 때 단연 돋보이는 두 곳이 상트페테르부르크와 모스크바다. 이는 두 개의 '수도'나 다름없다. 영국에서는 군주가 도시 지위를 부여해야 도시가 되고 미국에서는 국가의 행정권을 법적으로 위임받아야 도시가 된다. 그러나 러시아에서는 도시 구분을 순전히 행정적으로 국가가 결정했다. 1775년 예카테리나 2세의 개혁 이후 러시아 제국은 인구수가 (30만~40만 명으로) 거의 동일한 여섯 개 주로 나뉘었고 이는 다시 2만에서 3만 명 인구의 지역들로 세분되었다. 각 주의 주요 도시를 '주도'라고 불렀고 그곳에 지방 행정부 조직과 고등 교육 시설이 위치했다. 각 지역의 주요 도시는 '지역 도시'라 했다. 도시의 법적 지위는 제각각으로 경제적 중요성과 상충될 수도 있었다. 사마라는 1851년에 지역 도시가 되었는데 당시 인구가 2만 명에 불과했다.[10] 차리친은 예카테리나의 개혁 이후 18세기 후반 사라토프주의 지역 도시로 지정되었는데 당시에는 규모가 매우 작았지만(1825년 기준 4천 명이 조금 넘었다.)[11] 빠르게 성장하여 웬만한 주도보다 더 큰 도시가 되었음에도 제국 시대 내내 지역 도시 지위를 유지했다.

러시아의 많은 도시에서 여러 민족이 섞여 살고 있다고는 해도(예를 들어 오데사와 상트페테르부르크도 그렇다.) 볼가강 지역 도시들의 민족과 종교 구성은 도시가 어떻게 시작되었는지, 강을 통한 교역이 상품과 사람을 어떻게 이동시켰는지 고스란히 보여 준다. 카잔은 러시아인과 타타르족 상인 및 예술가들이 다수 모인 독특한 도시였다. 러시아인과 타타르인의 비율을 정확히 파악하기는 쉽지 않다. 카잔주 전체로 보면 타타르인이 (약 75퍼센트로) 훨씬 많았고 이들은 카잔 시내, 그리고 상인 계층에 집중되어 있었다. 한 추정치를 보면 1858년의 카잔에 타타르인 61,714명이 살았다고 한다.[12] 그러나 비러시아인이 타타르만은 아니었다. 19세기 중반에 카잔의 시장을 방문한 학스타우젠 남작은 '러시아인, 타타르인, 체레미스(마리인), 보티야크(우드무르트인), 모르도바인' 등을 보았다면서 '몹시 소란스러운 가운데 사람들이 뛰어다녔다. 건장하고 못생긴 여자들, 잘생긴 남자들이 많았다'고 썼다.[13] 타타르의 도시이자 카잔한국의 수도였던 카잔은 여러모로 예외적이라 할 수 있지만 타타르족은 다른 도시에서도 장사를 많이 했다. 1858년, 소도시 치스토폴(1781년 카잔주의 지역 도시 지위를 부여받았다.)에는 타타르인이 10,000명 이상 거주하는 것으로 추정되었다.[14] 타타르인은 니즈니노브고로드와 심비르스크에도 거주하며 무역에 종사했고 19세기 후반에 심비르스크에서 제지 공장을 소유했던 사업가인 타타르 카산 티머불라토비치 아추린 같은 인물도 있었다.[15] 학스타우젠 남작은 또한 사라토프에 우크라이나, 추바시, 모르도바, 칼미크, 바시키르족이 있다고 언급했다.[16]

카잔의 러시아인과 타타르인이 경제적으로 접촉했던 상황은 18세기 후반, 타타르 법원(이를 타타르어로 '라투샤'라 했는데 독일어 Rathaus가 러시아를 거쳐 전해진 것이다.)의 재판 기록으로 드러난다. 이 법원은 행정 및 사법 문제도 처리했지만 (지불이나 계약 미이행 등) 주로 경미한 분쟁을 다루는 1심 법원이었다. 타타르인 간의 분쟁, (여권 위조 등) 지방 당국의 개별 타타르인 제소 같은 사건이 많았다. 아내를 학대하는 남편이나 부모에게 불순종한 자녀 등 타타르 가족 사건도 다루었다. 이와 함께 다양한 사회적 배경을 지닌 러시아인들이 타타르인과 벌이는 분쟁 기록도 있는데 거의 대부분이 금전 계약 문제였다. 1775년, 각 주에 법원을 세운 예카테리나 2세는 같은 민족과 사회 집단 내에서만 분쟁이 발생할 것이라고 예상한 듯(귀족, 도시민, 농민을 위한 법원이 별도로 마련되었던 것이다.) 도시민 사이의 일상적 상호작용은 거의 고려하지 않았다. 재판 기록은 다양한 사례를 보여 준다. 타타르인이 자기 말을 훔쳤다고 고발한 농노, 귀족 출신 관리 스테판 포포프와 타타르인 무카멧 이사예프가 벌인 계약 분쟁, 카잔 상인 폴랴르코프가 신(新)타타르 지구에 사는 타타르인과 맺은 계약에 이의를 제기한 사건, 카잔의 상인 A. 사빈이 구(舊)타타르 지구에 사는 타타르인에게 진 빚에 대한 분쟁, 카잔의 수공업 장인 갈레예프가 타타르인으로부터 돈을 빌린 사건 등등.[17]

러시아 정교가 아닌 기독교도들도 볼가강 지역 도시에 살았다. 니즈니노브고로드주는 구교도가 많기로 유명했는데 다수가 무역에 종사했다. 야로슬라블에도 구교도가 있었고 1852년, 야로슬라블주의 구교도 215명이 정교회로 '되돌아왔다'는 기록이 있다.[18] 학스타우젠 남작은 리빈스크를 여행하면서 구교도를 보았다고 썼다. 카잔에서 무역을 벌이는 이들이었는데 그중에서 I. S. 쿠르바토프라는 인물이 특히 유명한 구교도 상인이었다고 한다.[19]

볼가강 지역 도시들에는 개신교와 가톨릭 신자들도 소수 존재했다. 1840년대의 니즈니노브고로드에는 개신교도가 364명, 가톨릭 신자가 471명으로 정교회 신자 39,000여 명에 비하면 적었지만 (당시 260명으로 추정되는) 구교도보다는 많았다.[20] 독일인들은 러시아에서 상인, 행정가, 교육가로 일했다(차르의 신민이었던 발트해 연안 독일인뿐 아니라 독일 땅에서 온 독일인도 있었다.). 예를 들어 1776~1784년 트베르시를 설계한 건축가는 자르브뤼켄 출신의 독일인 요한 스텐겔이었다.[21] 폴란드인 가톨릭 신자들은 1830년과 1863년의 폴란드 반란 때마다 약 20,000~50,000명씩 러시아 제국의 외딴 지역으로 추방되었다. '반란자'로 몰린 폴란드인 대부분은 시베리아로 보내졌지만 카잔에 남아 내부 망명 생활을 하며 공동체를 형성한 이들도 있었다. 1850년대, 카잔 내 가톨릭교회 건축이 허용되었다. 지역 건물과 조화를 이루고 가톨릭 특성이 과도하게 드러나지 않아야 한다는 조건이 붙었다(당시 지어진 교회는 현재 새 건물로 대체되어 있다.). 사라토프에 등장한 최초의 가톨릭교회는 1805년, 독일인 가톨릭 신자들을 위해 세웠고 19세기 후반에는 가톨릭 대성당과 루터교 대성당도 등장했다(가톨릭 성당은 소련 시대에 파괴되었으나 이후 재건되어 2002년에 다시 문을 열었다.).

러시아 제국은 18세기 후반 폴란드·리투아니아의 세 차례 분할 이후 상당수의 유대인 인구를 확보했다. 유대인 정착에 관련된 러시아 정부 정책은 일관성이 없었다. 처음에는 제국 서부, 옛 폴란드·리투아니아 지역인 특별 정착촌에만 살도록 했지만 1820년대와 1830년대에는 이주 정착이 허용되었다. 유대인은 징집되지 않는다고 했지만 니콜라이 1세 통치기의 유대인 소년들은 '칸토니스트'라는 병사로 복무했고 이를 마쳐야 러시아 여러 도시에 거주 등록을 할 수 있었다. 카잔에 정착한 유대인 칸토니스트의 사진은 오늘날 카잔 회당의 작은 박물관에 전시되어 있다. 심지어 1860년대에도 특정 범주의 유대인만 특별 정착촌 밖으로 나와 살 수 있었다. 볼가강 지역으로 온 유대인은 수가 매우 적었고 주로 도시에 정착했다. 지역 당국은 유대인을 지속적으로 감시했다. 앞서 보았던 1840년대 니즈니노브고로드 인구 통계를 보면 유대인이 354명이었고[22] 카잔주의 이슬람교도, 유대인, 구교 신자를 파악한 1855년 보고서를 보면 유대인이 전혀 없거나 극소수인 지역이 대부분이었다(체복사리에 11명, 치스토폴에 16명, 야드린에 4명, 테티우시에 2명이었다.).[23] 거의 모든 유대인이 남자였던 것을 보면 떠돌아다니는 상인이었을 가능성이 있다. 같은 시기 카잔에는 유대인 남녀 10명이 거주했다. 1870년에 니즈니노브고로드의 유대인이 541명이었고 1913년에는 거의 3,000명까지 증가했다. 19세기 말에는 야로슬라블에 1,000명 넘는 유대인이 거주했다.[24]

도시 교역의 일부는 특정 민족 및 종교 집단과 연관되었다. 니즈니노브고로드주에서는 구교도들이 나무 접시, 펠트 장화, 양모 모자, 못 등 여러 공예품 분야를 장악했으며[25] 대규모 무역과 선박 건조에도 관여했다(특히 니즈니노브고로드 북서쪽 약 50킬로미터 거리인 작은 마을 고로데츠에서 그러했다.). 19세기 후반에는 소수의 부유한 독일인(대부분 정착민)이 사라토프의 곡물 교역을 지배했다. 한편 타타르는 카잔에서 비단 교역을 주도했다.

경찰이 지속적으로 거주권 확인을 해온 유대인의 경우 직업이 쉽게 파악된다. 19세기 중반에 칸토니스트를 마친 유대인들은 세기말에 상인과 소상인이 되었다.[26] 1875년, 카잔주의 유대인 직업을 보면 재단사, 상인, 양조장 노동자, 유대인 어린이를 가르치는 교사, 음악가가 등장한다.[27] 1882년의 리빈스크에는 유대인이 7명이었는데 히브리어 교사, 재단사, 시계 제작자, 소상인과 정육점 주인이었다.[28] 1913년에 사마라에서 작성된 목록은 전통적인 직업이 유지되는 한편으로 20세기의 유대인들이 전문직에 진출하는 모습을 보여 준다. 약사, 의사, 재단사, 시계 제작자, 치과 의사, 금속업 노동자, 모자 제작자, 달걀 상인, 기계공, 구두 수선공, (유대인 공동체를 위해 일했던 것으로 보이는) 조산사 등이 나오는 것이다.[29]

러시아 정부는 18세기와 19세기에 도시 행정을 재편하려고 여러 차례 시도했다. 이는 도시민들이 정기적으로 불만을 제기하는 광범위한 뇌물 수수와 부패를 해결하기 위한 한 방법이었다. 동시에 러시아 도시들이 중서부 유럽 도시들처럼 경제적으로 발전하지 못했다는 인식도 개혁의 동기가 되었다. 18세기의 도시 인구는 특권을 누리는 계층과 그렇지 못한 계층으로 분류되었다. 최상층은 상인이었는데 1785년에 자본금을 기준으로 세 개 길드로 나뉘었다. 상인의 특권적 지위는 인두세 면제 및 군인 숙소 제공 면제 등으로 드러난다. 상인 다음으로 장인이 있었고 제일 아래쪽은 육체노동 등 비숙련직에 종사하는 '보통 시민' 범주였다. 동시에 정부는 일련의 행정 기관을 설치하면서 신분에 따라 선출된 시민들이 직책을 맡도록 했다. 이를 위해 상인과 장인이 각각 만든 모임에서 (행정 및 재정 업무를 처리하는) 말단 법원 및 두마를 구성하는 선거를 주관했다.

개혁에는 두 가지 문제가 있었다. 첫째, 모스크바와 상트페테르부르크를 제외하고 나면 러시아 제국에서 길드 구성원이 되고 기관 직책을 맡을 만큼 부유한 사람이 극히 드물었다. 볼가강 지역 도시들도 그러했는데 주요 상업 도시였던 야로슬라블에는 1800년에 상인 4,095명이 있었지만 상위 길드에 들어갈 만큼 자본이 충분한 경우는 7명뿐이었고 중간 길드 회원도 122명에 불과했다.[30] 사마라는 1853년 경, 이미 곡물 교역의 중심 도시였지만 상위 길드 구성원은 전혀 없었고 중간 길드에 8명, 세 번째 길드에 701명이 있을 뿐이었다.[31] 이보다 발전이 덜한 체복사리에서는 1775년, 상위 길드에 등록된 상인이 단 두 명이었다.[32] 두 번째로 보다 근본적인 문제는 러시아가 귀족과 농민이라는 두 사회 집단이 지배하는 구조라는 데 있었다. 귀족은 공장을 소유하고 곡물 무역과 양조 산업을 지배하며 상인을 배척했다. 1810년, 야로슬라블에서 쿠즈네초프라는 상인이 도시의 상인 공동체 지원을 받으며 귀족의 권리에 도전해 볼가강 어류 사업에 참여하려 했는데 결말이 어떠했는지는 알 수 없다.[33] 또한 농민들이 만들어 내다 파는 수공업 상품은 (품질과 생산을 통제하는 중서부 유럽의 무역 길드와 달리) 아무런 제한을 받지 않았고 이 때문에 도시 장인의 상품 경쟁력을 떨어뜨렸다. 상품 제작 농민이 농노인 경우, 귀족 소유주는 그 활동을 적극 장려해 중간에서 더 많은 돈을 챙기려 했다.

볼가강 지역 도시들에서 비러시아인과 비정교회 기독교도의 존재는 관료 구조를 복잡하게 만들고 도시 행정의 활발한 자치를 방해했을 뿐이었다. 러시아인과 타타르인 상인들은 분리되어 살았고 별도의 기관, 별도의 상인 및 장인 공동체를 구성했다. 앞서 보았듯 타타르족에게는 사법 및 경제 문제를 처리하는 1심 법원인 타타르 라투샤, 그리고 더욱 경미한 형사 사건을 구두로 처리하는 하급 법원이 있었다. 일부 타타르인이 러시아인들의 상인 및 장인 공동체에 등록하는 경우가 생기기도 했다. 1790년대에는 카잔 상인회에 등록하는 것을 허락해 달라는 타타르인들의 청원이 라투샤에 접수되었다.[34]

새로운 도시 구조에 잘 맞지 않기로는 구교 신자들도 마찬가지였다. 1834년, 카잔 상인들은 가장 중요한 선출직인 시장직을 제외한 다른 직책에 구교도들도 출마할 수 있게 해 달라고 요청했다. 이는 카잔 상인들이 도시 행정 직책을 특권이라기보다는 부담으로 여겼기 때문일 수 있다. 청원서 내용을 보면 구교도들이 이미 상인 및 장인 교역에 참여하고 있는 만큼 출마 시 어떤 혼란도 없을 것이라고 나온다. 또한 많은 구교도가 상당한 자본을 보유하고 있으므로 상위와 중간 길드에 등록 가능하다는 언급도 있다. 심지어 이런 조치는 구교도가 정교회로 복귀하는 데 도움이 될 것이라는 주장까지 나왔다![35] 그러나 조치는 이루어지지 않았고 1856년에 다시 같은 요청이 들어가면서 이번에는 폴란드인 가톨릭교도의 경우 출마가 가능해졌다.[36] 유대인에 대한 경찰 추적은 상부로부터의 또 다른 제약을 보여준다. 이 장에서 언급된 유대인 중 다수가 상인 및 장인 공동체로부터 양심적으로 거래하는 사람이라고 확인받은 존재였다.[37]

볼가강 지역의 모든 도시에는 요새와 크렘린이 있었다. 크렘린 안에는 주요 행정 건물과 성당이 자리했다. 크렘린을 제외한 도시 건물은 모두 나무로 지어져 화재에 취약했다. 사마라에서는 1765년(건물 418채 소실), 1772년, 1850년(주택 521채, 곡물 창고 126채, 교회 2채 소실)에 화재가 발생했다.[38] 야로슬라블은 1768년의 화재로 주택 210채, 교회 15채, 수도원 2곳, 상점 583곳, 헛간 13곳, 대장간 37곳이 소실되었다.[39] 18세기 후반부터, 특히 화재 이후부터 크렘린이나 대성당으로 이어지는 넓은 거리, 넓은 광장을 둘러싼 고전 양식의 행정 건물들이 설계되었고 이렇게 만들어진 신도시는 꽤 웅장한 모습이었다. 1842년에 큰 화재가 발생했던 카잔을 1850년대에 둘러본 윌리엄 스포티스우드는 '매우 훌륭하다'고 평했다.[40] 정원과 공원이 동시에 조성되었고 19세기 후반에는 볼가강 지역 모든 도시에 인상적이고 견고한

3부 러시아 제국의 볼가강

상가 건물이 지어졌다. 오늘날까지도 사마라시의 극장 근처에 아르누보 양식 상가 주택이 남아 있다. 19세기 후반에 도시들의 제방이 개선되면서 초라한 주택과 지저분한 길이 멋진 산책로와 인상적인 상가로 대체되었다.

그렇다고 러시아의 도시가 살기 좋은 곳이었다는 의미는 아니다. 특히 가난한 사람들에게 그러했다. 깨끗한 물과 하수도는 드물었다. 가죽과 제지 공장이 있던 야로슬라블에서는 대기질이 매우 나빠서 1760년대에는 사람들이 거리로 나갈 수 없을 정도였다고 한다.[41] 카잔도 마찬가지여서 1872년에는 대기의 악취 때문에 여름이나 가을에 창문을 열 수 없었다.[42] 볼가강 변에 공장이 들어선 탓이 컸다. 저지대 습지에 자리 잡은 소도시 체복사리는 강변에 가죽 공장 7곳, 비누 공장 4곳이 들어서면서 수질과 공기 질이 한층 악화하였다.

볼가강 지역 도시들이 안고 있던 또 다른 불편함은 진흙투성이 비포장 길이었다. 1812년의 카잔에 대한 설명을 보면 '진흙 때문에 비 오는 날에는 아무리 좋은 길도 걸을 수 없었다'고 나온다.[43] 뱌트카주에서 태어나 카잔 문법학교에서 교육을 받은 예술가 이반 시시킨은 카잔이 '추위와 흙먼지 때문에 살기 힘든 곳'이라고 했다.[44] 사라토프의 환경도 열악했는데 도시를 가로지르는 계곡에 형성된 빈민가, 밀집되고 비위생적인 강가가 특히 심각했다. 사라토프는 거리에서 염소와 돼지를 볼 수 있고 '먼지가 너무 많아 사람들이 머리 꼭대기까지 먼지를 뒤집어쓰고 있다'는 풍자적인 시가 나오기도 했다.[45] 소도시의 경우 19세기 후반까지 석조 건물이나 포장된 길이 거의 없었기 때문에 큰 도시보다 더 열악할 수 있었다. 러시아의 모든 도시는 유럽의 주요 도시와 동일한 사회 문제로 어려움을 겪었다. 싸구려 선술집과 식당 때문에 술에 빠져 사는 사람이 많아졌고(카잔 대학교의 공식 음주 클럽들도 마찬가지였다.) 1852년의 카잔에는 매춘부가 1,361명 있었던 것으로 추정된다.[46]

도시에는 비러시아인을 위한 별도 구역이 마련되었고 이는 외관상 매우 다를 수 있었지만 도시 중심부, 즉 러시아인 구역만 방문한 일반 여행객 눈에는 잘 띄지 않았다. 1767년에 볼가강을 따라 여행하면서 카잔의 타타르 구역을 꼭 방문하겠다고 고집한 예카테리나 2세는 예외였지만 말이다. 스웨덴 출신 귀족으로 외무부에서 근무한 필리프 비겔은 1805년에 카잔을 방문해 모스크바와 매우 흡사하다고 했는데 자신이 러시아인 거주 구역만 보았다는 점은 인정했다. 19세기 초 한 프랑스 여행자는 카잔에 '아시아적인 것은 전혀 없고 유럽식만 있다'고 했다.[47] 카잔의 타타르 구역 두 곳[구(舊)구역과 신(新)구역이다.]은 고전 양식의 시내 중심가와는 예나 지금이나 아주 다른 모습이다. 타타르 구역 내 건물은 나무로 지은 후 밝은색을 칠하고 정교하게 조각되었으며 색색의 커다란 문이 있었다. 구역 내에 모스크도 있는데 그 대부분은 예카테리나 2세가 건축 금지를 철회한 18세기 후반에 지어졌다.

카잔은 아스트라한과 함께 볼가강 지역에서 매우 독특한 도시였지만 다른 도시에도 이민족을 위한 별도 구역이 만들어지곤 했다. 카잔주의 소도시 치스토폴에는 중심 거리 두 개 사이에 타타르 구역이 분명하게 설정되어 있었다.[48] 1805년 사라토프는 총독의 지시에 따라 집 없는 농민 455명과 집시 17명을 위한 특별 구역을 만들었다.[49] 사라토프에는 19세기 후반, 독일인 정착민들을 위한 구역이 있었다. 사렙타의 메노나이트 교파 정착지는 차리친에서 약 20킬로미터 떨어진 곳에 위치했지만 20세기에 도시가 볼가강 변을 따라 빠르게 확장되면서 도시 내 별개 구역이 되었다(스탈린그라드 전투 때 파괴되지 않고 남은 사렙타 건물은 현재 도시 내 야외 박물관의 일부다.).

아주 부유한 사람들은 민족이나 종교에 무관히 비슷한 삶을 살았다. 19세기 중반, 카잔의 부유한 타타르 상인들은 러시아 상인들만큼 편안하게 살았고 시계와 거울 등 서양 사치품으로 집을 장식하곤 했다.[50] 1870년대의 한 여행자는 부유한 타타르 상인들 집이 '충격적일 만큼 유럽풍'이라고 평했다.[51] 학스타우젠 남작은 타타르 주택 안의 가구는 유럽식이지만 부드러운 깃털 침대는 동양식이라고 언급했다.[52] 에드워드 터너렐리는 부유한 타타르인 집에 '소파, 의자, 테이블이 유럽의 유행에 맞춰 방 가장자리에 놓여 있다'고 설명했다.[53] 그러나 카잔의 많은 타타르인은 전통 난로를 놓고 특별한 방에서 손님을 맞이하며 동양식 소파를 사용하고 벽에는 그림을 몇 점만 거는(메디나나 메카 그림이었을 것이다.) 방식을 여전히 선호했다. 러시아인 상인들은 러시아 귀족에 비해 서양식 의복을 받아들이는 속도가 느렸고 서양 여행자들에게 동양적이라 인식되는 경우가 많았다. 19세기 중반에 리빈스크를 찾은 학스타우젠 남작은 카프탄을 입은 상인(수염을 길렀다고 하니 러시아인이 거의 확실하다.)을 만났다며 '그의 집이 유럽식으로 호화롭게 꾸며져 있었다'고 했다.[54] 터너렐리는 카잔의 부유한 타타르 여성들이 동양식으로 사치스럽고 게으르게 산다고 설명했다.

부유한 타타르 여인은 침대에 누운 채 얼굴을 붉고 하얗게 꾸미는 일과 를 시작한다. 금색과 은색 천으로 지은 화려한 조끼를 입고 반지, 목걸 이, 팔찌 등 다양한 장신구를 착용한 후 부드러운 터키식 소파에 파묻히 듯 몸을 맡긴다.[55]

도시는 18세기 후반과 19세기에 문화 중심지로 발전하기 시작했 다. 볼가강 지역에서 최초로 이 역할을 하게 된 도시는 18세기부터 문 학적 전통과 살롱 모임이 있던 트베르였다. 알렉산드르 1세의 여동생 예카테리나가 직접 참여했는데 니콜라이 카람진이 쓴 러시아 역사책 발췌본이 모임에서 낭독되었다고 한다. 1840년대에는 러시아 작곡가 미하일 글린카를 중심으로 문학 서클이 만들어졌다.

그러나 19세기 초, 볼가강 지역의 문화 중심지가 된 것은 카잔이었 다. 18세기의 카잔에는 학교가 여러 곳 있었다. 교회 아카데미(1723년 에는 52명 중 14명이 도망쳤고 9명은 너무 가난해서 집으로 되돌아갔으며 11명 은 나이가 너무 어려 중단했고 6명은 사망하고 2명이 퇴학당해 애초 인원 중 5명 만 남는 일이 벌어지기도 했다!)[56] 한 곳, 개종 타타르, 마리, 우드무르트를 위한 학교(1735년, 정부에서 2,000루블을 부담하고 설립해 10~15세 학생 30명을 받았다.)[57] 한 곳, 모스크바와 상트페테르부르크에 이어 제국에서 세 번째로 설립된 문법학교(김나지움) 한 곳이었다.

19세기까지 러시아의 대학은 모스크바와 상트페테르부르크(상트페테르부르크 대학교는 1724년에 설립된 과학 아카데미에서 발전된 것이다.)뿐이었다. 제국 전체로 보면 바르샤바와 도르파트(현재 에스토니아의 타르투)에도 대학이 있었다. 알렉산드르 1세는 1804년, 카잔과 하르코프(현재의 우크라이나 하르키우)에 새로이 대학 두 곳을 설립했다. 어째서 카잔이 선택되었는지에 대한 설명은 없었다. 다양한 민족이 섞여 있는 영토에서 러시아의 문화적 우위를 의식적으로 내세우려는 의도일 수도 있지만 동서 무역의 중심지이자 동쪽의 우랄과 시베리아로 통하는 관문으로서 매우 중요한 도시였던 카잔의 위상 때문이었을 수도 있다. 1839~1840년경에 학생 250명이 등록한 이 대학은 볼가강 지역 전체의 문화 중심지로 급부상했다. 대학은 문학 모임과 서점 설립을 장려하고 1812년부터 역사, 과학 및 기술에 관한 일련의 공개 강연을 후원했다(1858~1861년 동안 440회의 공개 강연이 열렸다.).[58] 볼가강 지역과 우랄, 시베리아에서 학생들이 몰려들었다. 카잔 대학은 1829년부터 아랍어를, 1833년부터 몽골어를 가르쳤으며 아랍어와 타타르어로 된 책을 출판하여 동서양을 잇는 진정한 문화적 연결고리가 되었다.

볼가강 지역 다른 도시에서도 교육 및 문화 시설이 발전했다. 1786년 예카테리나 2세가 정한 국립학교의 형태에는 각 주도마다 4개 학년의 '본교', 각 지역 도시마다 2개 학년의 '분교'를 둔다는 내용이 포함되었다. 최소한 이론적으로는 러시아 국립학교가 오스트리아 제국의 최고 최신 모델을 도입한 셈이었다. 종교와 3R(읽기, 쓰기, 산수)뿐 아니라 지리, 역사, 과학, 외국어도 가르쳤다. 1792년에는 트베르, 야로슬라블, 코스트로마, 니즈니노브고로드, 카잔, 사라토프, 심비르스크에 본교가 설립되었고 대부분의 지역에는 분교가 세워졌다. 이 무렵 트베르, 야로슬라블, 카잔, 사라토프의 학교는 학생 수가 100명을 넘었고 발전이 덜한 심비르스크에는 65명이 있었다.[59] 사마라에서는 학교가 더 느리게 발전하여 18세기 후반이 되어도 '사마라에는 학교 건물이 없고 학생 수가 14명에 불과하다'는 보고가 나왔다.[60] 그러나 사마라 문법학교에는 학생 53명이 있었고 1875년에는 그 수가 424명(귀족과 장교의 자녀 166명, 상인과 장인의 자녀 154명, 성직자 자녀 54명, 농민 자녀 50명이 포함된다.)으로 늘어났다. 사라토프의 초등학교 학생 수는 1865년의 634명에서 1881년에는 3,000명 이상으로, 1905년에는 6,000명 이상으로 늘었다.[61] 시베리아와 마찬가지로 사라토프의 교육도 유배자의 도움을 받았다. 저명한 역사학자 니콜라이 이바노비치 코스토마로프는 1859년에 사라토프로 유배되어 문법학교에서 학생들을 가르쳤다.[62] 1828년, 사라토프에서 성직자 아들로 태어나 지역 신학교에서 교육받은 니콜라이 체르니솁스키도 상트페테르부르크로 이주해 혁명의 불씨가 된 소설 『무엇을 할 것인가?』(1862)를 쓰기 전까지 문법학교에서 문학을 가르쳤다.

예카테리나 2세와 알렉산드르 1세가 '러시아화'를 지향하지 않았다는 점은 주목할 만하다. 실제로 예카테리나는 타타르어, 몽골어, 중국어 등 국경 지대의 언어를 국립학교에서 가르쳐야 한다고 명시했다. 카잔 대학교도 적어도 원칙적으로는 모든 민족에게 문이 열려 있었다. 설립 후 첫 100년 동안 이 대학은 타타르 학생 92명을 교육했다.[63] 작가 세르게이 악사코프의 자서전을 보면 19세기 초 카잔 문법 학교에서 교육받은 이야기를 하면서 니콜라이 이브라키모프에게 러시아 문학과 수학을 배웠는데 이름으로 볼 때 타타르 또는 바시키르 선생님이었던 것 같다고 나온다. 19세기 후반에 이르러서야 언어와 민족은 제국의 정체성이나 충성심과 관련해 민감한 요소가 되었다.

19세기에는 야로슬라블, 니즈니노브고로드, 카잔과 같은 주요 도시에서 신문, 문학 저널, 지역 역사 저널이 발행되었다. 19세기 말까지 카잔 같은 주요 도시에서는 문맹률이 50퍼센트가 넘었지만 치스토폴 같은 작은 도시에서는 34퍼센트로 더 낮았다.[64] 특정 관심사(예를 들어 문학 및 지리학)를 위해 귀족과 상인들이 모이는 클럽은 민족을 구분하지 않았다(사라토프시 당국이 19세기 후반에 설립한 문학회는 1918년까지 존속했고 1885년에는 작가이자 급진주의자인 알렉산드르 라디셰프를 기념하는 박물관도 설립되었다.). 타타르인과 러시아인 모두 19세기 후반에 자선 단체를 결성했지만 실제 활동은 단체와 무관히 이루어지곤 했다. 부유한 상인들은 개인적으로 자선 기부를 했다. 아스트라한에서 군함 조선소를 운영하던 테티우시노프 가문은 '빈민을 위한 부활절 기부자 명단'에 포함되었고 그리고리 테티우시노프라는 인물은 1858년부터 1862년까지 시 도서관에 매년 기부를 했다.[65]

예카테리나 2세는 의도적으로 지방 귀족들을 각 주의 행정에 참여시키려 했고 그 일환으로 주요 도시에 '귀족 회의'를 만들었다. 3년 마다 주의 행정 및 법률 직책을 맡을 대표를 선출하는 것, 귀족의 투표 자격과 '귀족 명부' 등재 자격을 결정하는 것이 주요 역할이었는데 이를 통해 귀족들이 영지에서 벗어나 서로 만나 사귈 기회를 제공하고 더 나아가 현지 귀족들 나름의 문화를 발전시켜 나가도록 한다는 것이 예카테리나의 의도였다. 처음에는 가난한 귀족들이 집회에 참석하도록 설득하는 일이 어려웠고 특히 아스트라한처럼 귀족 지주가 거의 없는 곳에서는 선출직 자리를 채울 후보자를 찾기도 힘들었다. 19세기 동안 선출 관리들이 지역 문제에 점점 더 관심을 갖기 시작했다.[66] 1812년 러시아 전역의 귀족 의회는 전쟁을 위한 기부금을 모금했다. 귀족 회의에서 가장 중요한 사교는 선거 후 열리는 무도회였다. 1805년 니즈니노브고로드 귀족 회의는 가난한 귀족들에게 400~5,000 루블을 대출해 주기도 했다.[67] 귀족 회의 참석률은 매우 낮았다. 1862년의 트베르주 선거에는 유권자의 15퍼센트가 참여했고 1902년의 사라토프주에서는 귀족 지주 1,275명 중에서 600명이 투표할 자격을 가졌는데 225명만 투표에 참여했다.[68]

19세기 후반에는 주요 도시에서 귀족들의 사교 기회가 더 많아졌다. 카잔의 귀족 회의 홀은 800명이나 수용할 수 있는 크기였다. 작가 레프 톨스토이는 1840년대의 카잔에서 학생 시절을 보내면서 음악회나 연극을 관람하고 무도회에 참석했으며 특히 러시아 국내외 여러 작품에서 연기한 배우 알렉산드르 마르티노프를 존경했다. 젊은 톨스토이가 무엇보다도 즐긴 것은 지역 귀족 저택에서 열리는 '타블로 비

3부 러시아 제국의 볼가강

방(tableaux vivants, 의상과 소도구를 갖춘 배우나 모델이 특정 상황을 정지 장면으로 보여 주는 것)의 밤' 행사였다고 한다.[69]

러시아 최초의 극장은 각 주의 지역 귀족들이 만든 농노 극장이었는데 18세기 후반에 여러 극장이 도시에 문을 열었다. 1760년 미하일 베레브킨은 카잔에서 「남편을 위한 학교」를 연출하며 '이제 타타르에도 몰리에르가 알려졌다'고 감격했다고 한다![70] 19세기 중반에는 트베르, 야로슬라블, 코스트로마, 니즈니노브고로드, 카잔, 사마라, 사라토프에 대형 석조 극장이 문을 열었다. 사마라의 극장은 오늘날까지 건재하다. 1850년대에 니즈니노브고로드를 방문했던 학스타우젠 남작은 연기자들이 농노였다고 기록했다.[71] 이 극장은 1860년대와 1870년대에 번성했는데, 박람회에 모여든 다양한 국적의 상인들을 관객으로 끌어들인 덕분이었다. 터너렐리는 카잔의 극장에 관객이 많다고 하면서도 햄릿 역을 맡은 배우에 대해서는 '유령 역할이었다면 훌륭했을 텐데 애석하게도 유령의 아들 역할이었다'라고 신랄하게 평가했다.[72]

모스크바와 상트페테르부르크의 지식인들 사이에서는 지방 관객이 연극 공연을 제대로 이해할 수 없을 거라는 회의론도 일었다. 대부분 상인들인 사라토프의 관객이 연극의 비극적인 순간에 웃음을 터뜨린 일이 벌어지기도 했지만 이를 보도한 기자는 관객들의 수준 못지않게 배우들의 과장된 몸짓과 형편없는 연기가 문제였다고 했다.[73] 1870년대에 사라토프시 두마는 극장에 연간 2,500루블의 보조금을 지원했고[74] 이는 도시 엘리트들이 극장의 가치를 인정했음을 보여 준다. 볼가강 지역 도시들은 정상급 공연자들을 유치할 수 있었다. 프란츠 리스트는 모스크바와 상트페테르부르크뿐 아니라 볼가강 지역 도시들에서도 연주했다.[75] 알렉산드르 오스트로프스키의 「폭풍」에 출연하며 금세 명성을 얻은 농노 출신 배우이자 가수인 리우보프 니쿨리나 같은 지역 스타가 배출되기도 했다.[76] 연극 감독 미하일 렌토프스키는 1843년에 사라토프에서 태어나 그곳과 카잔에서 공연하다가 모스크바로 이주해 에르미타주 정원 극장을 설립했고 니즈니노브고로드에 드라마 극장을 세웠으며 알렉산드르 3세 즉위를 기념하는 모스크바의 공식 행사를 조직하기도 했다.[77] 공식 극장 외에도 순회 공연단이 볼가강의 증기선을 타고 다니면서 다양한 활동을 펼쳤다. 19세기에는 I. I. 라브로프가 니즈니노브고로드에서 차리친으로 공연진을 이끌고 내려갔다.[78] 20세기 초에는 세르게이 쿠세비츠키가 이끄는 극단이 볼가의 여러 항구에서 고전 연극을 선보였다.[79]

앞서 살폈듯 도시에는 여러 민족을 위한 별개 구역이 있었다. 이렇게 물리적으로 분리되었다 해도 비러시아인이 시골에서처럼 완전히 분리되어 생활하기는 어려웠다. 19세기 중반이 되면서 러시아에는 민족과 종교의 차이를 뛰어넘는 도시 문화가 나타났다. 공공 극장과 콘서트홀은 민족이나 종교와 무관히 교육받은 엘리트 모두에게 열려 있었다. 거리 극장과 공공 축제 같은 대중문화도 모든 도시민의 즐길 거리였다. 카잔에서는 군 장교, 관리, 상인, 학생, 세련된 차림의 여성 등 다양한 이들이 호수 주변에서 산책을 즐겼다고 한다.[80] 체스는 러시아인과 타타르인 모든 사회 계층에 인기가 있었다. 시골 마을보다는 도시에서 사람들이 서로 어울리기가 더 쉬웠다. 타타르인들은 스뱌트키와 사순절의 그네 타기, 얼음 언덕 미끄럼타기 같은 야외 놀이에 참여할 수 있었다. 카잔의 러시아인들은 카반 호수에서 열리는 타타르 사반투이 행사에 참여했다. 하지만 축제 기간 동안 농촌에서 마을 대항으로 벌어지는 시합이 도시에서는 서로 다른 사회 계층이나 민족 간의 거리 싸움으로 번지는 일도 잦았다.

이제 아스트라한이라는 도시에 대해 살펴보자. 아스트라한도 볼가강 중상류 도시들과 여러 특징을 공유했지만 다른 한편 남쪽과 동쪽에 있는 페르시아, 중앙아시아 및 인도 아대륙과 러시아 제국을 가르는 진정한 '국경 도시'로 인식되기도 했다. 아스트라한은 카스피해 건너편에서 들어오는 상품이 모이는 곳이었고 동서 무역의 주요 연결 고리였다(이 무역에 대해서는 다음 장에서 다룬다.). 이 장에서는 아스트라한 무역 종사자들의 독특한 민족 구성, 그리고 이것이 도시의 삶에서 지닌 중요성에 초점을 맞추고자 한다.

무역 중심지라는 아스트라한의 특성은 민족 구성에 반영되었다. 러시아 상인이 대다수이긴 했어도 아르메니아인, 인도인, 타타르인, 페르시아인 등 여러 민족이 17세기부터 도시에 자리를 잡았다. 17세기 말에는 '무역의 편리함과 달콤한 공기에 이끌려 이곳에는 다양한 민족이 거주한다'는 언급이 나왔고[81] 19세기 중반의 한 영국 여행자는 '여러 종류의 동양인이 존재하는 곳'이라며 보다 직설적으로 표현했다.[82] 또 다른 여행자는 아스트라한이 '지구상 그 어느 곳보다 다양한 국가 출신들이 많이 모여 있는 곳'이라고 했다.[83] 1740년대에는 비러시아인 혹은 '아시아인'이 도시 인구의 약 25~30퍼센트를 차지했다. 이 중 아르메니아인 남성이 776명, 인도인이 76명, 아그리잔(이슬람교도 인도인 아버지와 타타르인 어머니의 자녀)이 109명이었다.[84] 서로 다른 민족은 도시 내에서 따로 떨어져 살았지만 거래는 여러 언어로 이루어질 수 있었다. 아스트라한에는 타타르인과 인도인 구역, 페르시아인과 일부 타타르인 구역, 중앙아시아인 구역 등이 있었고 모스크뿐 아니라 아르메니아 교회와 힌두교 사원도 존재했다.

러시아인 다음으로 아르메니아인 상인 집단이 가장 컸고 많은 아르메니아인이 큰 부를 이루었다.[85] 아스트라한 최초의 아르메니아 교회는 1669년에 세워졌다.[86] 1779년에는 도시 내에 약 2,000명의 아르메니아인이 있었던 것으로 추정되는데(아마 남성만 집계했을 것이다.) 이 중 다수가 '값비싼 석조 주택'에 살았다.[87] 1867년이 되면 아르메니아인 인구가 약 5,000명에 달했다.[88] 아르메니아인은 비단 무역을 지배했고 대부업에서도 중요한 역할을 했다.[89] 복장이 독특해 '독일식으로' 입는다는 말을 들었다. 인도인 집단도 17세기 중반부터 아스트라한에 자신들만의 구역, 즉 '궁정'을 만들었다. 주로 펀자브, 신드, 아프가니스탄 출신인 이들은 볼가강을 따라 올라가는 상품의 통과 무역을 장악하고 대부업자로 활동했다. 인도 상인의 활동은 1670년대와 1680년대에 특히 활발해 1684년, 러시아 상인들이 '인도인들이 인도에 아내와 자녀가 있음에도 수년 동안 모스크바와 아스트라한을 떠나지 않고 머무르며 아스트라한 주민이라고 속이고 있습니다'라는 불만을 토로할 정도였다.[90] 이 불만 이후 인도인의 수는 줄었지만 이들은 여전히 중요한 공동체로 남아[91] 1730년대 한 여행자는 '아르메니아인과 인도인이 아스트라한 주요 상점의 주인'이라고 말했다.[92] 1702년경 타타르인 약 260명이 이 도시에 거주했으며 18세기에는 그 수가 증가했다.[93] '부하라인'은 중앙아시아에서 아스트라한을 통해 러시아로 상품을 가져가는 상인들을 가리켰다. 1770년대 후반에는 아스트라한에 페르시아인이 약 400명 거주했던 것으로 추정된다.[94]

다른 상인들도 아스트라한에 임시 체류하곤 했다. 16세기에는 영국 상인들의 공동체도 있었다. 1579년에는 페르시아로 향하던 영국의 대규모 탐사대가 볼가강을 따라 아스트라한으로 내려와 6개월간 머물며 무역 가능성을 살핀 후 페르시아로 이동했다. 영국인들은 페르시아와의 무역 권리가 취소된 1584년까지 아스트라한에 계속 머물렀다. 1606년에 작성된 프랑스 기록을 보면 '이반 4세 시대에 영국인들이 아스트라한에서 무역을 했고 여기서 페르시아와 거래했다'고 나온다.[95] 19세기에는 독일 상인들이 도시 내에 상점을 열었다. 유대인들은 19세기에 아스트라한에 정착했지만 1835년에 추방당했다.[96]

아스트라한의 비러시아인에게는 특권이 부여되어 있었고 이 때문에 러시아 상인들과 끊임없이 갈등이 일어났다. 18세기 동안 여러 차례 아르메니아인, 인도인, 부하라인에게 자유 무역 권리가 부여되었는데 이들은 러시아 제국의 신민이 되거나 러시아 상인으로 등록할 수 있었고 1836년까지 비용 납부 등 여러 의무를 면제받았다.[97] 페르시아인도 비슷한 특권을 누렸는데 다만 차르의 신민 자격은 일시적으로만 누릴 수 있었다.[98] 18세기에는 아르메니아인, 타타르인, 부하라인, 아그리잔 등 다양한 민족 집단이 경미한 범죄와 분쟁 처리를 위해 자체 법원을 가질 수 있었다. 아르메니아인들은 1776년에 자체 은행을 갖췄고[99] 1804년에는 어느 부자 아르메니아 상인의 주도로 아르메니아 학교가 문을 열었다. 학교의 실적은 부침이 있었지만 1917년에도 여전히 운영되었다는 기록이 나온다.[100]

카잔의 타타르 라투샤에서 보았듯 제도적 분리는 축복인 동시에 저주가 될 수 있었다. 1799년, 한 아르메니아 상인이 아스트라한에 있는 '아시아' 법원의 사법 절차가 더디다고 불평했다. 비단 은닉 혐의와 관련된 사건이 아시아 법원에서 2년 동안이나 해결되지 않아 자신이 8,000루블 넘게 잃고 망해 버렸다는 주장이었다.[101] 러시아 사법 체제가 지닌 한 가지 약점은 소송 당사자들의 사회적, 민족적 특징이 동일하다는 가정이었다. 하지만 앞서 카잔의 사례에서 보았듯 현실은 훨씬 더 복잡했다. 1798년의 아스트라한에서는 같은 민족 간 소송보다 러시아인과 비러시아인의 소송이 더 많았던 것으로 추정된다. 어설픈 제국 논리에 따른 해결책은 러시아인과 비러시아인 사건은 러시아 법원에서, 아르메니아인 관련 사건은 아르메니아 법원에서 심리하고 페르시아인, 인도인, 부하라인 등이 관여된 '기타' 사건을 위해서는 특별 법원을 설치하는 것이었다.[102]

아스트라한의 민족적 다양성은 볼가강 지역 다른 어떤 도시와도 다른 풍요로움과 활력을 주었다.

　길 한편에는 위풍당당한 페르시아인, 활기 넘치는 러시아 생도, 분주하게 움직이는 유럽과 아시아 출신 상인, 독일인 상점 주인, 사색에 잠긴 부하라인이 있고 그 반대편에는 장교 대여섯 명, 헬멧을 쓰기도 하고 양가죽 모자를 쓰기도 한 제각각 복장의 병사들이 있다. 날렵하게 움직이는 말 위에서 서두르는 코사크의 서슬에 창과 삼각 깃발이 흔들리고 의뭉스러운 아르메니아인과 곁눈질하는 유대인은 소리 없이 걸음을 옮긴다.[103]

　아스트라한과 다른 도시들에 외국인이 많아지고 인구 구성이 다양해진 것은 무역 덕분이었고 이 무역은 볼가강을 토대로 했다. 이제부터 이 부분을 살펴보려 한다.

10

볼가강 지역의 무역과 노동

1870년대 영국 여행가 캐서린 거스리는 러시아를 거쳐 페르시아로 여행하던 중 볼가강의 경제적 중요성에 대해 언급했다.

이 풍요로운 강은 영국에서 온 면화, 기계, 선박을, 백해에서 온 생선, 기름, 모피를, 시베리아에서 온 광석과 대리석을, 인도와 페르시아에서 온 묵직한 짐꾸러미를, 카스피해에서 온 포도주, 비단, 과일, 대마를 품고 있다. 강과 강변에서도 엄청난 양의 절인 생선, 캐비아, 가죽, 수지, 골분 비료를 생산해 대규모로 수출한다.[1]

볼가강과 그 지류들은 러시아 무역의 핵심 동맥이었다. 19세기에는 수로 무역의 3분의 1이 볼가강을 통했던 것으로 추정된다. 1895년에는 러시아 증기선의 50퍼센트 이상(2,539척 중 1,329척이었다.)과 바지선 3,549척이 볼가강 위를 떠다녔다.[2] 또한 볼가강은 강가 도시들의 교류를 촉진했다. 이 장에서는 이러한 무역의 성격과 가치에 대해, 무역이 이루어진 방식에 대해, 또한 신기술과 철도로 인해 강 무역의 규모가 어느 정도 변화했으며 강을 무대로 일했던 사람들은 누구인지 살펴보겠다.

1880년대의 한 영국군 장교 여행객은 '볼가강은 발원지에서 종착지까지 항해가 가능하다는 면에서 세계 최고라 할 수 있다'고 극찬했다.[3] 실제로 볼가강은 발다이 언덕의 발원지에서 첫 80킬로미터 정도만 빼고 나면 항해 가능하다. 급류도 최상류를 제외하면 거의 없다. 볼가강 상류의 르제프와 스타리차 정도까지 오면 이미 배가 오고 있으며 트베르차강과 합류하는 트베르쯤 오면 핵심 수로로 인정받는다.

그렇다고 해서 볼가강 항해가 쉽다는 뜻은 아니다. 1852년, 로런스 올리펀트는 '유럽에서 항해 가능한 강 중에서 볼가강만큼 변화무쌍하고 어려운 강은 없을 것'이라고 했다.[4] 볼가강은 일 년 중 여러 달 동안 결빙된 상태다. 3월 말이나 4월 초에 뱃길이 열렸다가 10월 말이나 11월 초면 다시 닫힌다. 혹독한 추위가 닥치면 얼음이 더 늦게 녹거나 더 일찍 나타나므로 선박 소유주가 계획을 세우기 어렵다. 봄이면 수위가 10~15미터까지 상승해 심각한 홍수가 발생하곤 했다. 18세기 말에 볼가강 과학 탐사 여행을 한 피터 사이먼 팔라스는 1772년,

1773년, 1798년에 최대 12미터의 홍수가 발생했다고 기록했다.[5] (표트르 1세가 볼가와 돈강을 잇는 운하 건설 가능성을 조사하기 위해 고용했던) 존 페리는 아스트라한에서 '4월 말부터 두 달 이상 상당한 높이에서 이어진' 홍수를 목격했다. 그는 다음과 같은 기록을 남겼다.

볼가강은 분당 445,522톤의 물을 한 해 내내 흘려보내고 있다. 카스피해로 흘러드는 강은 이외에도 여러 개이고 일부는 볼가강만큼이나 길고 넓은 규모이다. 이를 고려할 때 카스피해로 쏟아지는 물은 아무리 적게 잡아도 볼가강의 세 배, 즉 분당 1,336,566톤으로 추정된다.[6]

볼가강은 여러 지점에서 호수를 이루는데 이 호수들이 나름의 기상계를 형성해 강풍과 폭풍우를 낳고 이는 오늘날에도 항해에 영향을 미칠 정도다.

그러나 항해에 있어 주된 문제는 수심과 수량이 아니라 얕은 수위였다. 특히 7월에는 수위가 1미터까지 낮아질 수 있었다. 1630년대에 볼가강을 여행하던 아담 올레아리우스는 볼가강 오른편 체복사리 남쪽에서 배가 좌초되는 일을 겪었다. 그의 설명을 보자.

볼가강은 어디든 너무 얕아서 모래톱을 간신히 넘어갈 수 있었다. 이런 상황 때문에 며칠 동안 그곳을 지나는 데 엄청난 어려움을 겪었고 열흘째 되던 날에는 겨우 2.5킬로미터를 가는 데 그쳤다. 배 위에서는 "당겨!" "노 저어!" "뒤로!"라는 외침만 반복되었다.[7]

3부 러시아 제국의 볼가강

수위가 얕으면 (드러나 있거나 물에 잠겨 있는) 모래톱이 큰 위협이 된다. 리빈스크와 사라토프 사이에는 모래톱이 무려 35개나 있는 것으로 추정되었다. 배가 제대로 통과하는 데는 도선사의 역할이 매우 중요했지만 숙련된 도선사라도 모래톱의 이동을 잘못 파악하기 쉬웠고 그러면 바지선이 쉽게 좌초되었다. 바지선은 케징(kedging)이라는 방식으로 이동했는데 작은 배가 닻을 멀리 끌고 가 떨어뜨리면 강둑의 일꾼들이나 윈치의 힘을 빌려 바지선을 그 닻까지 끌고 가는 것이었다. 잘못하면 닻이 강둑의 잡초나 덤불에 걸려버릴 수 있었다. 앞서 소개한 올레아리우스의 배도 닻이 이런 식으로 걸린 탓에 나아가지 못한 것이다. 20세기의 댐과 수문 시스템 도입으로 엄청난 변화가 있었지만 오늘날에도 낮은 수위는 선박 운항을 어렵게 한다.

바지선을 끄는 일꾼의 역할은 아래에 다시 설명하겠지만 가장 힘든 일이 모래톱에 좌초된 배를 끌어내는 것이었다. 1826년에는 볼가강 상류의 소도시 푸체즈(1952년에 저수지로 수몰되었다.) 인근 모래톱에 배가 좌초되었는데 바지선 끄는 일꾼들이 모두 포기하고 떠난 일이 있었다. 1826년의 볼가강 수위가 특히 낮았던 것이다. 실려 있던 곡물 약 20만 자루는 니즈니노브고로드와 리빈스크 사이에 꼼짝 못 하고 머물러 있다가 수위가 높아진 여름에야 다시 운송되었다.[8] 좌초된 대형 바지선에서 화물을 꺼내 작은 배로 옮기는 때도 있었는데 시간이 많이 걸리는 힘든 과정이었을 뿐 아니라 운송비와 기간이 늘어났다.

이러한 문제로 볼가강 화물 운송 소요 시간은 답답하게 길어질 수 있었다. 물살을 거슬러 올라가는 여정이라면 더욱 그러했는데 대부분의 화물은 하류에서 상류로 이동하는 상황이었다. 1742년, 러시아 황실에서 아스트라한의 (쉽게 상하는) 포도와 복숭아를 모스크바로 보내야 했을 때 신속하게 운반하기 위해 말들을 활용하자는 방안이 나왔을 정도였다.[9] 무거운 화물을 실은 대형 바지선은 최상의 조건에서도 시속 4~11킬로미터로 느릿느릿 상류로 올라갔다. 일꾼들이 배를 끌어야 하는 일이 벌어지면 하루에 11킬로미터를 가는 게 고작이었는데 이것도 일꾼들이 하루 10시간씩 일해야 가능한 거리였다.[10] 1794년에는 카잔에서 리빈스크까지 대략 53일이 소요되었다. 1830년대에도 아스트라한에서 니즈니노브고로드까지 이동하는 데 두세 달이 걸렸다. 원활한 이동을 위해 약 80킬로미터마다 배 끄는 일꾼 교체 지점이(제국의 주요 도로마다 있던 역참과 동일한 역할이었다.) 정해졌는데 리빈스크와 야로슬라블 사이에 3곳, 코스트로마와 니즈니노브고로드 사이에 13곳, 니즈니노브고로드와 카잔 사이에 15곳, 카잔과 아스트라한 사이에 80곳이었다.[11] 강을 따라 하류로 내려가는 길은 증기선 도입 이후 승객 수송용으로 이용되었고 19세기 후반이 되면 전체 거리를 5~7주 안에 주파할 수 있었다.

볼가강은 국가 번영의 원천으로 여겨졌다. 1830년대, 볼가강 상류 우글리치 마을에 대해 쓴 다음 기록도 이를 보여 준다.

볼가는 러시아의 어머니 강이다. 발트해에서 우랄산맥까지, 북쪽 바다에서 카스피해까지 볼가는 너른 러시아를 보살피고 제국을 먹여 살리며 그 기후가 낳은 산물은 외국으로 옮겨진다. 매일 같이 발전하는 산업과 무역을 보면서 자랑스럽지 않은 러시아인이 누가 있을까? 볼가는 여러 물길을 통해 러시아의 거의 모든 바다를 합쳐준다. 하나 같이 번영하고 부유하며 점점 더 크고 아름다워지는 볼가의 도시들은 모두 어머니 볼가 덕분이다. 크고 작은 수많은 배들이 뒤덮은 장엄하고 매력적인 볼가여! 우글리치의 수정 같이 맑은 물이여![12]

볼가강 하류에서 위로 거슬러 올라가는 길에 자리한 도시와 지역들은 이러한 번영에 결정적인 역할을 했다. 아스트라한은 누구도 이견을 달 수 없는 러시아 어업의 중심지였다(강이 오염된 오늘날에도 여전히 그렇다.). 당시 수산물 무역의 다양성과 규모는 외국 여행객들에게 깊은 인상을 남겼다. 18세기의 스코틀랜드 의사이자 여행가였던 존 벨은 볼가의 물고기에 대해 '이보다 더 다양하고 더 품질 좋고 더 양 많은 물고기는 세계 어느 강에서도 볼 수 없다'고 평했다.[13] 19세기 후반이 되면 아스트라한이 '거대한 황금 어시장'이라 묘사되었다.[14] 오늘날까지도 이 도시의 어시장은 수산물의 양과 종류가 대단하다. 이 무역은 아스트라한뿐만 아니라 제국 전체적으로 중요했으므로 물고기를 잡고 소금에 절이는 인력을 충분히 확보하기 위해 국가가 개입하게 되었다. 1744년, 원로원은 추방자와 죄수를 수산업에 동원할 수 있다고 결정했고 더 많은 인원이 필요한 경우 심지어 수비대 인력까

지 활용할 수 있었다.[15]

화물은 볼가강을 따라 남에서 북으로 운송되는 것이 대부분이었다. 아스트라한은 수산업뿐 아니라 카스피해를 건너 페르시아에서 중앙아시아로 향하는 화물의 중계 무역 요충지였다. 여기에는 1667년에 수출권을 확보한 아르메니아 상인들이 독점 교역하는 페르시아산 비단, 인도 상인들이 주로 취급하는 동방의 물품(천, 모피, 가죽, 향신료, 견과류, 포도주, 후추 등)이 포함되었다.[16] 이 무역의 결과로 아르메니아와 인도 상인 일부는 엄청난 부자가 되었다. 1760년대에 러시아 정부는 페르시아 회사를 설립해 이러한 독점을 깨고 러시아 상인에게 더 많은 무역 기회를 주려고 했지만 회사는 기대만큼 잘 작동하지 못했고 페르시아와 동방을 잇는 아스트라한의 역할은 세기 후반에 줄어들었다.[17] 그럼에도 아스트라한은 19세기 초에 여전히 연간 약 300척의 선박을 수용했고 연간 약 350만 루블의 무역액을 기록했다.[18]

아스트라한에서 확보한 상품은 사라토프 남쪽의 볼가강 오른편 카미신(현재 볼고그라드주에 있다.)에서 엘턴 호수 소금 운반 바지선에 실렸다. 소금의 가치가 워낙 높았기 때문에 아스트라한 코사크 공동체의 코사크들이 엘턴 호수에서 소들을 활용해 소금을 육로로 운반하는 호송대로 차출되기도 했다.[19] 18세기 중반까지 스트로가노프 가문은 엘턴 호수의 소금을 연간 400만 푸드(65,000톤 이상) 이상 생산했으며 1900년에는 연간 약 1,200만~1,500만 푸드(196,000~245,000톤)가 생산되었다.[20] 사라토프에서 카잔까지 바지선으로 운반된 농산물은 주로 사라토프 지방과 접한 검은흙 지역에서 생산된 밀과 기타 곡물이었다. 1860년 이후 사라토프는 특히 독일인 정착지 중심으로 담배를 재배했고 이를 상류로 수출했다. 사마라는 강 동쪽 굽이에 위치하여 동쪽 오렌부르크주와 남쪽의 곡물에 접근할 수 있었으므로 일찍부터 곡물의 주요 저장고로 발전했다. 1760년대의 사마라는 '20킬로미터만 나가면 풀이 사람 키 높이로 자라는 검은흙 대초원을 사방에서 볼 수 있는 곳'이라 묘사되었다.[21] 19세기 중반까지 사마라에는 곡물 창고와 풍차가 많았으며 여행자들은 '볼가에서 붐비는 항구',[22] '볼가강 지역에서 가장 번성하는 곳'이라 평가했다.[23]

카잔 아래에서 볼가강으로 흘러들어 가는 카마강은 (시베리아 광석, 중국에서 온 비단, 옷감, 향신료, 약용 대황 등) 동쪽의 화물과 러시아 북쪽의 목재를 대량 운반했다. 지금까지 이 장에서 설명한 화물이 서쪽과 북쪽으로 향했던 것과 달리 이런 상품들은 볼가를 따라 남쪽으로 내려가기도 했다. 이전 장에서 살폈듯 카잔은 러시아인과 타타르인 상인들의 무역 중심지로 곡물, 목재, 생선 및 기타 식료품을 취급했다. 1811년에는 2,000척 넘는 선박이 카잔에 입항했고 상류로 2,500만 루블 상당, 하류로 600만 루블 상당의 화물이 운송되었다.[24] 카잔과 니즈니노브고로드 사이에서 호밀, 귀리, 수지, 목재 등 더 많은 상품이 실렸다.

오카강은 니즈니노브고로드에서 볼가강과 합류하여 운송 화물을 늘렸는데 특히 목재가 많았다. 19세기의 니즈니노브고로드 박람회는 동쪽에서 서쪽, 남쪽에서 북쪽으로 상품 구매와 교환이 이루어지는 거대한 중심지였다. 박람회가 활성화되기 전인 1796년에도 니즈니노브고로드의 무역 규모는 3,000만 루블이 넘었다.[25] 1861년에는 연간 3,000척 넘는 선박이 니즈니노브고로드에 정박했고 화물 가치는 2,500만 루블 이상이었다.[26] 강 상류의 주들에서 곡물이 더 많이 실려 왔고 여기에 종이, 직물, 가죽 등 야로슬라블과 코스트로마의 생산품이 추가되었다. 18세기 초에는 야로슬라블의 57가구가 조선소를 운영했고[27] 볼가 상류의 고로데츠, 우글리치, 니즈니노브고로드, 발라흐나, 리빈스크에서도 선박 건조가 이루어졌다.

리빈스크에는 18세기 말과 19세기 초에 연간 선박 약 5,000척이, 1830년대 초에는 7,000척 이상이 입항했다.[28] 19세기 중반에 이 도시는 '돛대가 숲을 이루었고' '여름이면 온갖 종류의 선박이 어찌나 많았는지 배에서 배로 넘어가면서 강 저편까지 도달할 수 있을 정도'였다고 한다.[29] 그곳에서 화물은 작은 배로 옮겨졌고 운하와 강들의 연결망을 통해 상트페테르부르크, 모스크바, 트베르로 향했다. 리빈스크에서 상트페테르부르크까지 물품이 운송되는 운하 연결망은 세 개였다. 첫 번째는 표트르 1세 시대에 건설된 비시니볼로체크 수문을 거쳐 라도가 운하와 네바강을 통과하는 1,273킬로미터 물길이었고 두 번째는 1810~1814년에 건설된 마린스키 운하망을 통해 셱스나강과 오네가 호수를 통과하는 1,167킬로미터 물길이었다. 세 번째는 1811년에 개통된 티흐빈 수문을 거치는 것인데 가장 짧긴 했지만(909킬로미터) 운하 폭이 좁아 소형 선박만 다닐 수 있었다.

리빈스크와 운하 연결망은 볼가강으로 운송되는 곡물과 기타 농산물을 상트페테르부르크에 공급해 주는 중요한 역할을 했다. 상트페테르부르크 항구는 (곡물, 목재, 건어물, 비단 같은) 아스트라한의 상품, 중국의 대황, 시베리아의 광석 등을 해외로 수출하는 데에도 사용되었다. 상트페테르부르크의 상품 수요와 수출 항구, 더 나아가 도시의 존재 자체까지 모두가 표트르 1세의 의도적 행동이 낳은 결과였고 이는 차르와 러시아 정부의 정책이 볼가강 무역에 어떤 영향을 미쳤는지 보여 준다. 표트르는 대 북방 전쟁 중이던 1703년, 당시 스웨덴이 차지하고 있던 땅에 상트페테르부르크를 세웠다. 차르는 발트해 연안, 서쪽을 향하는 새로운 수도가 위대한 도시가 될 것이라 확신하고 귀족과 상인들을 강제 이주시켰다(상트페테르부르크의 수출을 부흥시키기 위해 아르항겔스크 항구의 대마 수출을 잠시 금지시키기도 했다.). 상트페테르부르크 인구는 빠르게 증가해 1800년에 20만 명 이상, 1897년에는 1,265,000명으로 늘어났다. 인위적으로 탄생한 이 도시가 안은 가장 큰 문제는 주변에 곡물을 생산하는 농촌이 없어 러시아의 다른 지역, 특히 볼가강 지역으로부터 식량을 공급받아야 한다는 것이었다.[30]

리빈스크에서 상트페테르부르크에 이르는 운하 연결망은 결국 도시를 먹여 살리기 위한 방법이었다. 이 공급망에서 대단히 중요했던 볼가강은 정부의 규제를 받았다. 무역에 지장이 없도록 부두 건설부터 노동 조건에 이르기까지 다양한 규정이 만들어졌다. 예카테리나 2세는 전체 강 연결망을 해군성 산하에 두고 제국 내 모든 강을 4개 '지역'으로 나누었다. 그리고 각 '지역'을 정기적으로 점검하도록 했는데 볼가강은 4개 지역 중 3개를 가로지를 만큼 길고 중요했다.[31] 상트페테르부르크에서 볼가강 무역이 얼마나 중요했는지는 야로슬라블 총독 A.P. 멜구노프와 예카테리나 2세 사이에 오간 1760년대의 서신에서도 드러난다. 총독은 야로슬라블을 통과해 상트페테르부르크로 향하는 선박 수, 곡물 일체를 포함한 화물 상세 내역을 정기적으로 알리는 개인 서신을 황후에게 보냈다.[32]

리빈스크에서 상트페테르부르크까지의 운하 건설은 공급망을 통제하려는 정부 정책의 사례가 되었다. 18세기와 19세기에 운하 연결망을 남쪽으로 확장해 돈강과 볼가강을 연결하려던 표트르 1세의 계획을 되살리겠다는 정부 계획이 나왔지만 물리적, 기술적 어려움으로 인해 1950년대까지 달성되지 못했다. 볼가에서 백해로 가는 길은 1820년대의 뷔르템베르크 시스템으로 개선되었는데 이는 여러 강과 호수를 볼가와 연결하고 셱스나강을 거쳐 북쪽의 아르항겔스크까지 이어졌다. 볼가강을 모스크바와 직접 연결하려는 추가 계획도 세워졌지만 보류되었다.[33] 제국 시대에 볼가강 지역 자체를 위해 이루어진 유일한 대규모 건설은 홍수 예방용으로 아스트라한 내에 만들어진 운하 연결망이었다.

볼가강의 화물선 종류는 화물의 종류와 강의 길이에 따라 달라졌다. 19세기 중반의 한 여행자는 '강물 위에 동양식의 거대한 아스트라한 바지선부터 강을 가로지르는 작은 카누에 이르기까지 온갖 배들이 떠다니는 진기한 풍경'이라고 묘사했다.[34] 볼가에 흘러드는 지류들에도 저마다의 조건과 화물에 맞는 독특한 배들이 있었다. 증기선 도입 전 (그리고 이후에도 상당 기간 동안) 화물은 바지선으로 운송되었다. 19세기 중반까지 매년 약 21,500척의 선박이 아스트라한에서 리빈스

크까지 항해했다.[35]

　벨랴나라고 불리는 가장 큰 바지선은 수심이 가장 깊은 볼가강 하류와 카마강에서 사용되었다. 목재나 소금 같은 대형 화물을 1,000톤 이상 운반할 수 있는 배로 가장 큰 종류는 길이 100미터, 폭 26미터, 흘수(물에 잠긴 깊이) 4미터가 넘을 정도였다. 볼가강 중하류와 카스피해에서 가장 흔한 바지선은 라시바라는 것으로 바닥이 평평한 대형 범선이지만 벨랴나만큼 크지는 않았다. 1840년대 볼가강에는 이런 바지선이 1,000척 정도 있었다. 라시바의 크기는 다양했는데 최대 길이 30~50미터, 폭 12미터, 만재 시 흘수가 2미터 이하였고 돛을 달 수 있었으며 화물을 300톤 가까이 실을 수 있었다.[36] 가장 큰 바지선을 모래톱에서 끌어내리려면 최대 300명의 대규모 일꾼이 필요했고 그보다 작더라도 일꾼 20~50명과 도선사 여러 명이 필요했다. 일부 바지선은 7~10년 동안 사용되기도 했지만 대부분은 부실하게 제작되어 수명이 짧았다. 상류까지 딱 한 번 이동한 후 강둑에 버려져 썩어가는 경우도 많았다.[37]

　볼가강에서는 증기선의 발전 속도가 느렸다(그리하여 러시아 증기선은 먼저 등장한 미시시피강 증기선을 모델로 삼았다.).[38] 러시아 최초의 증기선은 1815년, 스코틀랜드인 찰스 블레어가 건조했다. 볼가강 최초의 증기선은 1817년에 V. A. 프세볼로슈키가 건조했고 1820년대에는 D. P. 에브레노프가 볼가강 증기선을 여러 대 소유하며 운영했다. 초기의 증기선은 여러 문제를 안고 있었다. 조류를 거슬러 상류로 올라가는 추진력을 얻기 어려웠고 흘수의 깊이 때문에 특히 카잔 위쪽에서 모래톱에 처박히기 일쑤였으며 걸핏하면 엔진이 고장 났고 정비 기술자가 부족했다.

1840년대에 이르면 증기선이 더욱 안정화되었고 흘수가 얕은 배가 등장했다. 니즈니노브고로드에서 아스트라한까지 8~9일 만에 갈 수 있었던 증기선 소콜도 그중 하나였다. 이 무렵 러시아 정부는 증기선 소유주들이 볼가강에 개인 회사를 설립하도록 장려했다. 영국 기업가 에드워드 케일리가 이끄는 컨소시엄이 1843년, '볼가 증기선 회사'를 설립했다.[39] 1849년에는 러시아인들을 중심으로 하는 머큐리사가 설립되었는데 영국의 한 평론가는 이와 관련해 '러시아인들이 주로 관리한다고 해야 할지, 망친다고 해야 할지 모르겠다'고 비꼬았다.[40] 1852년경, 이 회사는 증기선 7척으로 여객을 운송하고 있었는데 한 영국 여행자의 설명에 따르면 수많은 나라 출신 상인들이 이를 이용했다고 한다.

> 동부의 거의 모든 지역에서 온 러시아인, 카잔에서 온 타타르인, 사라토프 남쪽에서 온 독일인, 아스트라한에서 온 페르시아인과 아르메니아인, 오렌부르크에서 온 부하라인과 부하라 유대인, 타슈켄트로 가는 사람들 등등.[41]

1850년대가 되면 증기선이 화물과 여객 운송 모두에서 성공적으로 자리를 잡았지만 수위가 너무 낮을 때는 여전히 제 기능을 발휘할 수 없었다. 증기선 건조 및 유지 보수 과정의 품질 유지에도 문제가 있었다. 예를 들어 1849년, 카마강과 볼가강을 거쳐 리빈스크까지 항해하던 증기선 오카호의 보일러가 폭발해 승무원 4명이 사망했다. 1856년에는 야로슬라블호가 암초에 부딪혀 침몰했다.[42] 1854년에는 크림 전쟁 발발로 무역이 중단되었다. 그럼에도 1856년의 볼가 증기선 회사 연간 수입은 390,327루블이었고 운송 상품 규모는 4만 톤 이상이었다.[43] 19세기의 마지막 수십 년 동안 강을 통한 무역량이 계속 증가하면서 증기선의 수도 늘어갔다. 1862년에는 니즈니노브고로드만 해도 해운 회사 15곳에 증기선 150척이 있었고[44] 1880년대와 1890년대에도 선박 수와 화물 양이 계속 증가했다.

증기선이 모든 종류의 물품 운송을 맡으며 바지선을 완전히 대체했던 것은 아니다. 증기선은 차, 밀, 금속 제품 등 더 값비싼 화물을 운송했고 목재와 저렴한 곡물 등 부피가 크고 무거운 화물은 여전히 바지선의 몫이었다. 1870년대의 한 영국 여행자는 볼가강 바지선의 흑백 칠과 '눈(目)' 모양 조각이 악을 막기 위한 것이라고 설명했다.[45] 오늘날에도 볼가강에는 목재와 부피 큰 화물을 운송하는 대형 바지선이 있고 때로 예인선의 도움을 받기도 한다.

러시아 최초의 철도는 1837년에 (상트페테르부르크와 차르스코에 셀로의 여름 궁전 사이에) 건설되었고 상트페테르부르크-모스크바 노선은 1842년에 개통되었다. 처음에는 철도가 볼가강 무역에 영향을 미치지 않았지만 모스크바가 철도로 상트페테르부르크와 연결되고 나자 리빈스크 운하 연결망의 중요도가 떨어졌다. 특히 부피가 크지 않은 화물의 경우 그러했다. 더 중요한 것은 철도망이 제국 전역의 도시를 모스크바와 연결하기 시작했다는 점이었다. 이 새로운 연결망은 곡물 교역에 도움이 되었고 지주(및 농민)는 자기 곡물을 더 쉽고 빠르게 모스크바와 상트페테르부르크의 도시로 운송하고 해외로도 수출할 수 있게 되었다. 철도는 증기선보다 훨씬 빨랐고(약 4~5배 속도였다.) 전통적인 바지선과는 비교도 되지 않을 정도로 신속하게 물품을 운송했으므로 기존의 방식은 위기에 처했다.[46]

하지만 결국 하천 운송은 철도 개통의 충격을 이기고 살아남았다. 볼가강 지역 전체도 곡물 수출의 새로운 기회를 통해 이익을 얻었다. 물론 철도 개통의 경제적 효과가 지역 전체에 고르게 미치지는 않았다. 철도가 야기한 가장 중요한 지리적 영향은 볼가강 곡물 무역을 서쪽과 동쪽으로 갈라놓은 것이었다(강폭이 미친 것보다 더 큰 영향이었다.). 리가에서 차리친까지 곡물을 실어 나르는 주요 철도가 1871년에 개통되면서 차리친은 남쪽에서 북쪽으로 가는 운송 경로의 핵심이 되었다. 이 경로가 남동쪽 돈강 지역에서 북쪽 모스크바까지 이어지는 경로와 교차하는 지점으로 부상했고 볼가강 서편에 철도가 추가 개통되면서 사라토프 또한 곡물 수출의 중심지가 되었다. 강을 가로지르는 다리 건설이 어려웠기 때문에 동편은 이 무역에서 단절되었다.

볼가 중류를 가로지르는 최초의 (그리고 수십 년 동안 유일했던) 다리는 1880년, 시즈란에서 개통되었다. 이는 시즈란에서 철도와 도로로 연결되는 사마라의 발전을 이끌었다. 사마라는 동쪽에서 온 화물(오렌부르크주의 곡물과 시베리아의 상품)이 모스크바로 가기 위한 핵심 환적지가 되었다. 1914년에 나온 볼가강 안내서를 보면 1904~1907년 동안 사마라에서 철도로 수출된 곡물이 선박보다 두 배나(각각 750톤, 360톤이었다.) 많았다고 한다.[47] 강을 가로지르는 다른 다리들은 훨씬 나중에 건설되었는데 카잔-뱌트카 노선의 개통으로 북쪽과 철도로 연결된 카잔에 1912년, 야로슬라블과 스뱌즈스크에 1913년, 철도 주요 노선에 위치하지 않아 이미 쇠퇴하던 심비르스크에 1915년, 다리가 놓였다.[48] 20세기 초가 되자 철도가 무역을 지배하기 시작했다. 1908~1909년, 철도는 하천에 비해 3배나 많은 곡물을 운송했다.[49]

볼가강에서 노동하는 존재는 누구였을까? 리빈스크에서는 배를 끄는 데 말이 사용되었지만 (바지선 한 척당 최대 10마리가 필요했다.) 그 남쪽에서는 부를락(burlak)이라 불리는 남자 일꾼들이 인력으로 배를 끌었다. 이들의 모습은 화가 일리야 레핀의 그림으로 영원히 남았다 (다음 장에서 설명한다.). 배 끄는 일꾼의 수가 얼마나 되었는지는 소련 시절 역사가들 사이의 논쟁거리였다. 역사학자 표도르 로딘은 1970년대에 연구를 수행한 결과 16세기 말에 볼가강에서 배 끄는 일꾼이 5만 4천 명에 달했고 17세기 말에는 10만 명, 18세기 말에는 34만 명, 1840년대에는 약 60만 명, 1870년대에는 70만 명 이상으로 늘었다고 추산했다.[50] 러시아 하천 운송을 다룬 다른 역사학자 에네사 이스토미나는 이와 달리 일꾼 수가 18세기 말에는 20만 명 미만, 19세기 중반에는 50만 명 정도였다고 주장했다.[51]

물살을 거슬러 배를 당기거나 모래톱에 걸린 배를 끌어 올려야 하는 일이었던 만큼 배 끄는 일이 혹독한 작업이었다는 점에 대해서는 누구도 이견이 없다. 다수의 일꾼을 확보해야만 했던 볼가강 상황 때문에 러시아의 다른 강에 비해 처우가 약간 더 좋았을 가능성은 있지만 말이다. 일꾼들은 '볼가는 어떤 때는 어머니 같고 어떤 때는 계모 같다'고 말하곤 했다. 일리야 레핀의 그림을 보면 온 힘을 다해 가슴팍에 건 굵은 벨트를 당기는 일꾼들이 묘사된다. 한 명을 빼고는 모두가 허리를 굽히고 고개를 숙인 채 안간힘을 쓰고 있다. 일꾼들은 가슴통증, 탈진, 과도한 땀 등의 신체적 고통에 시달렸다. 하루에 최소 10시간 이상 일했고 급박한 상황에서는 더 오래 일하기도 했다. 배 끄는 작업은 날씨가 어떻든 진행되었으므로 여름의 무더위, 가을의 폭우에도 일해야 했다. 임금이 적었고 게다가 4월부터 11월까지만 할 수 있는 일이었다. 1924년, 과거에 바지선 끄는 일을 했다는 사람이 이야기를 털어놓았는데, 라시바 바지선을 끌다가 너무 힘들어서 동료들과 도망쳤다고 한다. 고용주는 도망친 일꾼들을 추적해 인당 8루블씩 벌금을 매기려 했다. 모두를 빈털터리로 만들 만한 액수였다. 그러다 고용주가 갑작스럽게 사망하면서 그나마 일꾼들이 살아남을 수 있었다.[52]

고된 노동에도 생활은 열악하기 짝이 없었다. 먹을 것이라고는 검은 빵과 메밀 죽, 양배추 수프가 전부였다. 작업하는 동안 일꾼들은 강둑에 만들어 놓은 대기소에서 잠을 잤고 일자리를 찾을 때는 도시의 허름한 여인숙에서 살았다(니즈니노브고로드 강둑 부근에 아직도 당시의 여인숙 한 채가 보존되어 있다.). 아픈 일꾼을 보호하는 규칙이 전혀 없었으므로 쓰러진 일꾼은 그대로 강변에 버려질 수 있었다. 폭력과 체벌도 잦았는데 1761년에는 배 끄는 일꾼 53명이 '이유도 모르고 막대기로 얻어맞는 일이 잦았다'고 불만을 토로했다.[53] 앞서 살펴본 라진 및 푸가초프 반란에 배 끄는 일꾼들이 참여했던 것도 그 절망적인 상황을 반영한다.

니즈니노브고로드에서 불우한 어린 시절을 보낸 작가 막심 고르키는 과거에 배 끄는 일꾼이었던 할아버지의 경험담을 다음과 같이 기록했다.

그래서 넌 증기선을 타고 왔다는 것이구나. 네 나이였을 때 나는 물속에 있는 바지선을 끌며 볼가강과 투쟁하고 살았어. 새벽부터 밤까지 날카로운 돌과 바위를 맨발로 밟으며 강변을 오갔지. 태양이 목뒤를 달구고 머리는 녹은 강철처럼 끓어올라. 그래도 가련한 우리는 몸에서 뼈가 삐걱대는 데도 그저 웅크린 채 끌고 또 끌어. 땀으로 눈이 멀어 대체 어디로 가고 있는지 더 이상 보이지도 않을 때까지, 영혼이 울부짖어 눈물이 뺨을 타고 흘러내릴 때까지! 그게 바로 인생이었어! 그렇게 일하다가 마침내 벨트에서 벗어나면 그대로 엎어져 버리지만 그래도 얼마나 좋은지 몰라. 온몸의 기운을 마지막 한 방울까지 다 짜냈으니 쉬고 싶다는 생각뿐이지![54]

배 끄는 일꾼들이 가혹한 상황에 놓였던 이유 중 하나는 1861년 이후까지 대부분이 도망친 농노, 군대 탈영병, 혹은 다른 이유로 절박한 처지에 놓인 사람들이었고 주어진 상황을 받아들이는 것 외에 다른 선택지가 없었기 때문이다. 자기 삶에 대한 기록을 남긴 일꾼은 거의 없지만 몇 가지 사례를 통해 어떤 과정을 거쳐 배 끄는 일꾼이 되는지 어느 정도 짐작할 수 있다. 파벨 에키모프라는 사람은 고향 스몰렌스크를 떠나 아스트라한으로 가서 처음에는 견습으로 일하다가 1659년에 배 끄는 일꾼이 되었다. 고아였던 바실리 마르티노프는 고향을 떠나 카잔에서 바지선을 끌었다. 막심 피안코프는 스트로가노프 영지에서 도망친 농노였는데 위조 신분증을 제시하고 1767년에 카잔의 배 끄는 일꾼으로 일하게 되었다.[55] 1722년, 니즈니노브고로드에는 배 끄는 일꾼이 11,119명이었는데 그중 8,593명이 농민이었고 여기서 3,945명이 농노, 400명이 국가 농민이었다(농민 외에 도시 노동자 1,943명, 성직자 아들 22명, 사연을 알 수 없는 귀족 출신도 한 명 있었다!).[56]

농노 출신들은 국가 농민보다 처지가 더 열악했다. 도망친 농노는 주인이 언제든 찾으러 올 수 있었고 신분증도 제대로 없었으므로 열악한 노동 조건에 이의를 제기하기 어려운 취약한 입장이었다. 배 끄는 일꾼 중 많은 수가 게으름이나 농사 실패, 혹은 경작지에 비해 남자가 너무 많다는 등의 다양한 이유로 마을에서 쫓겨난 농노였다.[57] 이들은 농민 공동체가 곧바로 징병 대상으로 삼을 수 있는 존재였는데 젊은이들은 아무리 고되다 해도 평생을 군대에서 보내는 것보다는 배 끄는 일꾼이 낫다고 생각했다. 일부 고용 계약은 일꾼이 자신을 사실상 노예로 팔아 버리는 것과 다름없었다.

배 끄는 일꾼은 대부분 20세에서 40세 사이였지만 18세기 중반, 볼가강 상류의 일꾼들을 대상으로 한 연구에 따르면 20세 미만이거나 40세에서 60세 사이가 거의 20퍼센트였다고 한다.[58] 배 끄는 일꾼으로 일하는 기간은 제한을 받는다고 알려졌지만 예외도 있었다. 18세기 초, 니즈니노브고로드주의 수도원 농지 소속 농부였던 자바르진은 무려 44년 동안 배 끄는 일을 했다고 한다![59] 일꾼 중 다수가 러시아인이었지만 추바시인도 꽤 많았다. 러시아인과 추바시인을 배 끄는 일꾼으로 고용하는 중심지는 체복사리로 1752년에는 1,763명, 1807년에는 3,588명이 고용되다가 1808년에 5,958명으로 최고점을 찍었다.[60] 니즈니노브고로드의 배 끄는 일꾼에는 타타르인이, 사라토프에서 고용된 사람 중에는 타타르, 마리, 추바시인이 포함되었다. 1860년대, 니즈니노브고로드주 시골 출신이라는 러시아인 농민 바실리 코흐킨은 일꾼 중에 '추바시, 모르도바, 타타르, 그리고 다수의 러시아인'이 있다고 했다.[61]

19세기가 되면 선박 소유주와 배 끄는 일꾼이 공식 계약을 체결했다. 19세기 중반에 니즈니노브고로드에서 이루어진 분석을 보면 계약은 작업 막판에 다음 해 작업을 위해 체결되었고 임금은 매월 지급되었다.[62] 이러한 계약은 개인 단위로(위에 분석된 계약은 주로 러시아인과 맺은 것이었지만 추바시, 모르도바, 타타르인의 계약도 있었다.), 혹은 필요한 일꾼 수를 모집하도록 위탁받은 중개인 단위로 이루어졌다. 실제 사례를 보면 '22세 이상 45세 이하의 건강한' 남자 일꾼 40명씩 두 팀을 고용한 경우가 있다. 한 달 보수는 28루블이었고 신분증을 맡기면 (즉,

도망칠 수 없게 되면) 현금을 선불 지급하는 조건이었다. 하지만 두 번째 팀에서 문제가 발생했다. 너무 어리거나 나이가 많아서, 또는 일을 제대로 못 해내서 일꾼의 3분의 1이 해고되었던 것이다. 중개인은 선박 소유주의 돈 일부를 챙겨 달아났다고 한다. 개인적으로 계약했다 해도 배 끄는 일꾼은 사기를 당하기 일쑤였다. 약속받은 임금을 받지 못할 수도, 이유 없이 해고당할 수도 있었다. 불만이 쌓이면서 싸움이 벌어지고 신분증도 없이 떠나게 되는 일도 흔했다.

바지선과 증기선에는 선장과 도선사 등 더욱 숙련된 노동력이 필요했다. 도선사는 농민이나 농노 출신이 많았고 주로 러시아인이었으며(타타르인도 일부 있었다.) 볼가강 지역 몇몇 마을에서 채용되곤 했다. 강을 항해해 가는 일이 어려운 데다가 인원도 적었으므로 유능한 도선사는 몸값이 높았다.[63] 배 끄는 일꾼에 비해 3~4배 높은 임금을 받았다.[64] 그러나 이들 역시 고용 안정성이 없었고 배가 모래톱에 좌초되면 해고되거나 재계약이 거부될 수 있었다. 또한 계절적인 일거리라는 한계도 동일했다.

배 끄는 일은 주로 남자가 했다. 그러나 19세기 후반의 사진을 보면 남자들과 똑같은 벨트를 걸고 배를 상류로 끄는 여자들이 나온다. 본래는 부두에서 배에 짐을 싣고 내리는 것이 여자의 일이었다. 8~10년이 지나면 더 이상 할 수 없게 될 정도로 건강을 해치는 힘겨운 일이었다고 한다. 니즈니노브고로드 부두의 여자들을 설명한 글에 따르면 오전 7시부터 오후 8시까지 '13시간 내내 33킬로그램 무게의 자루 두 개를 머리에 이고 배로 올라갔다가 내려오는 일을 반복했는데 노래

3부 러시아 제국의 볼가강

를 부르며 실수 없이 해냈다'고 한다.[65]

❖

지금까지 이 장에서는 볼가강을 따라 이동하는 상품과 승객을 주로 다루었다. 하지만 강변 또한 상품 교환을 위한 만남의 장소였다. 두보브카, 차리친, 발라코보(모두 사라토프주이다.) 등 강변을 따라 수많은 지역 시장과 박람회가 열렸다. 19세기 중반 무렵 볼가강 지역에서 419개의 박람회가 열렸던 것으로 추정되는데 대부분 마을 내의 소규모 거래 수준이었다.[66] 농민과 (러시아인, 타타르인, 유대인) 행상은 강을 따라 이동하며 직접 만든 옷, 모자, 신발, 식료품을 팔았다.

볼가강은 또한 남에서 북으로, 동에서 서로 상품을 운송하는 유럽 러시아와 서유럽의 동맥이었다. 1852년, 로런스 올리펀트는 '동쪽에서 보낸 엄청난 양의 원료 생산물이 카마강을 따라 내려가거나 볼가강을 따라 올라간다'고 했다.[67] 앞서 아스트라한의 무역 상인들이 아르메니아인, 인도인, 부하라인, 페르시아인을 포함해 무척 다양하다는 것을 살펴보았다. 이는 페르시아, 북코카서스, 중앙아시아에서 아스트라한을 통해 러시아로 들어온 상품이 볼가강을 따라 올라가는 무역이 얼마나 중요했는지 알려 준다. 아시아와의 무역은 인도 상인이 주도했지만 중앙아시아의 상인도 아스트라한으로 상품을 가져왔다. 다른 도시들도 마찬가지로 동쪽과 무역을 했는데 사마라가 특히 지리적으로 유리한 위치였다. 1753년, 사마라 상인 D. F. 루카브킨은 히바(현재는 우즈베키스탄의 도시)에서 무역을 하고 있었다.[68] 중국과 러시아 북부의 상품이 시베리아를 거쳐 카잔으로 들어왔다. 그러나 동서 무역의 주요 무대는 1820년대부터 세기말까지 번성한 니즈니노브고로드 박람회였다.

동서 무역을 위한 애초의 시장은 볼가강 동편, 니즈니노브고로드 남쪽의 마카레보 마을이었다. 이 시장은 17세기에 같은 이름의 수도원에서 시작되었는데 1622년 초에 이미 상점 500여 개가 늘어서 있었다.[69] 1624년부터 박람회가 1년에 한 번씩 열렸는데 처음에는 하루 행사였지만 1660년대에는 2주간 이어졌다. 18세기 말이 되면 마카레보 박람회에서 거래되는 상품의 총가치가 약 3,000만 루블에 달했다.[70] 앞서 우리는 러시아 정부가 18세기와 19세기 초에 신도시 상트페테르부르크에 대한 물자 공급을 위해 운하를 건설하고 정치적 목적으로 볼가강 무역에 개입했다는 점을 살펴보았다. 정부는 마카레보 박람회의 운명도 결정했다. 박람회에서 이루어지는 무역 거래에 세금을 부과했고 더욱 중요하게는 1818년, (화재로 대부분의 상점이 소실된) 마카레보에서 니즈니노브고로드로 박람회장을 옮기도록 했다. 그래야 무역이 더 활발해질 것이라 믿었기 때문이다.[71]

니즈니노브고로드의 새로운 박람회 장소는 정부 계획에 따라 크렘린 맞은편의 광활한 평야에 건설되었다. 볼가강과 합류하는 작은 강을 가로지르는 다리 건설은 상대적으로 쉬운 일이었다. 니즈니노브고로드의 오카강 위로 (당시 러시아에서 가장 긴) 목조 부교가 놓여 박람회장 진입로가 되었다. 1860년대의 한 영국 여행자는 수많은 인파가 몰리는 광경을 묘사했다.

> 형언할 수 없는 혼란의 도가니였다. 엄청난 인파가 수레, 마차, 말, 당나귀 등과 뒤엉켜 지나간다. 남자들은 하루 종일 채찍을 휘두르고 욕을 퍼붓고 몸을 부딪치면서 다리를 건넌다.[72]

박람회장에는 사치품을 주로 판매하는 3층짜리 대형 본관 건물 외에 환전소와 은행도 있었다. 상점들은 주요 거리 세 개로 연결되었는데 거리마다 상점이 21개 정도 마련되었다. 시간이 지나면서 주요 거리와 강둑 주변으로 상설 및 임시 상점이 추가로 생겨났다. 원래 2,500여 개 상점 규모이던 박람회가 19세기 중반에는 약 3,000~4,000개 규모로 커졌다. 처음에는 특정 유형 상품을 판매하는 상점들이 모여 있는 배치였지만 박람회가 확장되면서 영역이 뒤섞였고 혼란스럽고 소란하며 화려한 무역 공간이 만들어졌다. 정교회 성당, 모스크, 아르메니아 교회, 중국 상인들을 위한 탑 등이 들어서면서 박람회장은 한층 매력적인 곳이 되었다.

이 박람회는 여름철 단 몇 주 동안만 운영되었다. 8월 1~5일 중에 시작되어 9월 첫째 주까지였다. 대규모로 거래하는 상인들은 8월 23일 전에 먼저 철수하곤 했다. 러시아 전역, 시베리아, 중앙아시아, 중국, 페르시아, 유럽 등지에서 상품이 들어왔다. 면화, 양모, 모피, 금속, 가죽, 곡물, 목제품, 식기, 도자기, 유리, 식료품 및 공산품 등 러시아 상품이 가장 많았다. 모피와 광석은 시베리아에서, 차, 비단, 말린 과일, 대황, 보석, 염료는 중앙아시아와 중국에서, 비단과 천은 페르시아에서 생산된 것이었다. 중서부 유럽에서 온 공산품과 의류도 있었지만 유럽 상품은 러시아나 동유럽 상품보다 인기가 덜했다. 박람회장은 저지대여서 볼가강과 오카강 홍수가 자주 발생했다. 홍수가 났을 때 노새와 말을 타고 몰려든 사람들 때문에 박람회장이 진흙탕이 되는 일도 많았다. 로런스 올리펀트는 진흙이 60센티미터나 되었다고 했고[73] 훗날의 한 여행자는 박람회장이 '엉덩이와 허벅지 높이까지 진흙으로 뒤덮였다'고 썼다.[74]

19세기 초중반 내내 박람회장에서 거래되는 가장 중요한 상품은 차였을 것이다. 1860년대에는 차 6만 상자가 취급되었는데 이는 러시아 제국으로 수입되는 모든 차의 거의 40퍼센트에 해당하는 양이었다. 모스크바 상인들은 필요한 차 전체 양의 절반 정도를 니즈니노브고로드 박람회에서 구입했다.[75] 1860년대에 박람회를 방문한 윌리엄 포사이스는 차 매매 과정이 얼마나 진지했는지 기록했다.

차 향기 감별 전문가가 앉아 있으면 그 앞에 차 꾸러미가 놓인다. 속이 빈 길고 날카로운 철제 봉을 꾸러미에 찔러 넣어 차 샘플을 꺼낸다. 감별 전문가가 냄새를 맡고 불합격인 경우 옆으로 치워 판매하지 못하게 한다.[76]

이렇게 중요한 상품이었던 차는 박람회에서 최우선 순위로 거래되었다.

니즈니노브고로드 박람회에는 상인뿐 아니라 노동자, 행상인, 농민, 광대, 공연자, 심지어 관광객까지 온갖 사람들이 몰렸다. 1830년대의 로버트 브렘너는 '아침부터 밤까지 인파가 홍수를 이루며' '유럽에서 볼 수 없었던 활력과 소란이 있다'고 했다.[77] 1858년에는 하루에 12만 명이 박람회에 온 것으로 추산되었다.[78] 외국인 여행객들은 참여자가 많다는 것과 함께 다양한 민족이 모여 있다는 데서 깊은 인상을 받았다. 로버트 브렘너의 글은 민족에 대한 편견을 깔고 있긴 해도 그 다채롭고 이국적인 풍경을 가장 잘 묘사하고 있다.

그 어디서 본 것보다 다양하고 괴상한 얼굴과 복장이 작은 공간 안에 모여 있다. 하얀 얼굴에 코가 납작한 상인은 아르항겔스크에서 모피를 가져왔다. 그 뒤에서는 긴 귀가 청동색인 중국인이 차를 마시고 있다. 코카서스의 퍄티고르스크에서 온 타타르인 한 쌍, 각진 몸집으로 보아 체르케스 사람으로 보이는 젊은이가 보인다. 우크라이나에서 가죽을 가져온 코사크, 펄럭이는 긴 옷과 검은 머리카락으로 볼 때 페르시아 출신으로 보이는 향수 장수, 우랄에서 온 우락부락한 바시키르인……. 손가락에 묵주를 감은 몰다비아 출신 그리스인은 야생마처럼 거친 칼미크 사람과 계약을 맺는다. 노가이족은 키르기스인과 어울리고 파리에서 왔다는 옷감 상인들은 캐시미어 숄을 놓고 발음할 수 없는 이름의 아시아인들과 흥정을 벌인다. 브로디(우크라이나 서부 도시) 출신 유대인들은 트레비존드에서 온 터키인들과 협상하고 있다. 맨체스터의 면화 상인, 아우크스부르크의 보석상, 뇌프샤텔의 시계상, 프랑크푸르트의 와인 상인, 함부르크의 거머리 상인, 쾨니히스베르크의 식료품상, 메멜의 호박 상인, 드레스덴의 파이프 제작자, 바르샤바의 모피 상인도 있다.[79]

러시아 경제에서 이 박람회가 지닌 가치를 추산하기는 어렵지만 1880년대까지 박람회에서 판매되는 상품량은 계속 증가했다. 박람회에서 판매된 상품의 연평균 가치는 1840~1844년에 4,880만 루블, 1860~1864년에 1억 루블, 1870~1874년에 1억 6,000만 루블을 넘어섰고 1880~1884년에 2억 2,500만 루블로 최고점을 찍었다. 1850년대의 니즈니노브고로드 박람회가 러시아 내 4,670개 박람회에서 거래된 상품 전체 가치의 절반 이상이었다는 점은 더욱 인상적이다.[80] 브렘너는 1830년대의 박람회 거래 상품 가치가 1,200만 파운드에 달할 수 있다고 생각했으며 유명한 라이프치히의 박람회보다 훨씬 더 가치가 크다고 보았다.[81]

니즈니노브고로드 박람회는 볼가강을 중심으로 하는 러시아 무역의 활기, 다양성, 규모를 보여 주었고 동에서 서로, 아시아에서 유럽으로 이어지는 무역에서 볼가강이 지리학적으로 얼마나 중요한지 드러냈다. 그러나 당시와 그 이후의 평론가들은 볼가강을 그저 러시아의 후진성 지표로만 여겼다. 현대적 교통망과 상품 교환을 대신하는 존재일 뿐이라는 것이다. 남아프리카공화국 태생의 영국 작가이자 여행가 로런스 올리펀트는 19세기 중반, 보다 산업화된 국가 출신의 입장에서 니즈니노브고로드 박람회를 폄하했다. '박람회'란 산업화된 대도시가 차지했어야 할 영역에서 이루어지는 '원시적 조건의 무역'이라는 주장이었다. 그가 보기에 박람회는 그저 '야만의 잔재'였다.[82]

하지만 니즈니노브고로드 박람회에서의 거래는 천편일률적인 모습이 아니었다. 19세기 동안 주요 상품은 계속 바뀌었고 환전소나 대부업이 발전했다. 1880년대에 니즈니노브고로드 박람회의 규모가 줄어들었다. 20세기 초에 약간 회복되기도 했지만 1913년이 되면 급격히 쇠퇴했다. 이는 부분적으로는 국제 경쟁과 국제 기후의 변화 때문이었다. 예를 들어 중국에서 니즈니노브고로드로 온 차는 19세기 말엽에 런던을 거쳐 유럽으로 운송된 중국산 캔턴 차와 경쟁이 되지 않았다. 페르시아와 중앙아시아에서 출발하는 경로들은 유럽 중서부 시장을 중심으로 개편되었다.

박람회의 쇠퇴를 부른 또 다른 이유는 러시아 내의 철도 발달이었다. 니즈니노브고로드는 1862년, 철도와 연결되었는데 처음에는 박람회에 피해를 주지 않았다. 오히려 상품과 사람들을 박람회에 실어 오는 데 도움이 되었다. 그러나 시간이 지나면서 제조업체들은 박람회가 아닌, 철도라는 더 저렴한 대안을 선택하면서 보다 탄력적인 수출 기회를 노리게 되었다. 국제 무역 형태와 운송 수단의 변화 앞에서도 볼가강과 인근 도시들이 경제적 중요성을 유지했다는 점은 놀라운 일이다. 이는 19세기 말과 20세기 초에 급격히 드러난 러시아 경제의 낙후성, 그리고 더딘 산업화 및 도시화와도 연관되는데 이에 대해서는 12장에서 다룬다.

11

볼가강과 러시아인의 의식

문학, 미술, 관광

오, 볼가여! 그 오랜 세월이 지난 지금

다시 한번 인사를 전하노니

나는 예전과 달라졌으나 너는 여전히

예전처럼 밝고 웅장하여라.

모든 것이 같은 거리, 같은 넓이로다.

예전의 수도원도 그대로

모래톱 사이 섬에 자리하네.

그 종소리를 들으니

지나간 날들마저 함께 진동하는 듯

모든 것이 같아라, 똑같아라.

쇠약해진 기력과 가버린 세월만 빼고

……

오, 볼가여! 나의 보금자리여

누가 너를 나같이 사랑하였더냐.

온 세상이 아직 잠들어 있을 때

검푸른 파도 위로

희미한 먼동이 이제 막 나타날 때

나 홀로 새벽길을 걷노라.

나는 도망쳐 돌아왔노니

내가 태어난 강으로.

서럽게, 서럽게 울었노니

그 아침에 홀로 선

그 강변, 내가 태어난 그곳에서

처음으로 나는 너를

노예의 강, 슬픔의 강이라 불렀노라.

– 네크라소프, 「볼가에서」

볼가강 상류의 야로슬라블주 영지에서 자란 시인 니콜라이 네크라소프가 1860년대에 쓴 위 시는 볼가의 아름다움과 장엄함에 대한 경외, 볼가강이 지닌 진정한 '러시아다움', '어머니' 또는 '어머니 러시아'로 의인화되는 볼가강, 성스럽게 그려지는 볼가강 등 몇 가지 주제를 드러내며 러시아 정체성의 발전이라는 이 장의 내용과 연결된다. 볼가강은 19세기 후반 러시아의 사회 상황을 비판하는 소재가 되기도 했는데 이런 면에서 영광의 강인 동시에 슬픔의 강이기도 했다. 볼가강은 러시아인의 정체성과 의식 형성에서 중심적인 요소였다.

5장에서 살폈듯 볼가강은 18세기 후반부터 시적 찬미의 대상이었다. 특히 예카테리나 2세의 1767년 카잔 방문 이후 볼가강이 차르에 길들여졌다는 내용의 시가 대거 등장했다. 볼가강은 여전히 동양과 서양, 유럽과 아시아를 가르는 경계선이었지만 이제 차르의 명령에 순종하는 존재가 되었다. 여제를 위해, 러시아 제국의 힘을 해외에 과시하기 위해 쓰였던 이들 시는 19세기가 되면서 러시아 식자층이라는 훨씬 더 많은 청중과 만났다. 시는 독자적으로 출판되거나 문학 저널에 실렸고 살롱, 사교 모임, 저명한 귀족과 상인의 집에서 읽혔다. 볼가강이 시에 투사된 모습을 러시아 인구 중 다수가 접하게 되었던 것이다.

19세기 전반, 낭만주의는 유럽에서 지배적인 문화 사조였다. 낭만주의는 계몽주의의 차가운 이성보다 감정을 강조했다. 시와 예술에서도 자연의 아름다움, 특히 길들여지지 않은 거친 산과 강의 모습을 그려냈다. 이 사조는 독일 땅에서 시작되어 러시아를 포함한 유럽 전체로 퍼져 나갔다. 러시아 시인들과 화가들도 이를 받아들였지만 처음에는 혹독한 겨울과 수 킬로미터에 걸쳐 빽빽한 숲, 남쪽의 경우 멀리 펼쳐진 광활한 평원 등 러시아 시골의 황량함과 단조로움을 긍정적으로 표현하는 데 어려움을 겪었다. 스위스의 아름다운 산과 폭포, 이탈리아반도의 낭만적인 로마 유적과 다채로운 지중해 연안 마을, 영국이나 독일 시골의 완만한 숲이나 전원 풍경과는 모든 것이 너무나 달랐던 것이다. 그러나 시간이 지나면서 러시아 작가와 화가들은 러시아 풍경의 차별성을 확립했고 더 나아가 러시아 풍경이 다른 유럽 국가들을 능가한다고까지 생각하게 되었다. 이 과정에서 볼가강이 특별한 역할을 했다.

19세기 초까지도 일부 러시아 작가들은 방어적인 태도를 취하며 러시아 풍경이 유럽 다른 지역 풍경만큼 아름다울 뿐 아니라 더 훌륭하다고 주장했는데 그 중심에 볼가강이 있었다. 표도르 글린카는 1816년에 출간된 『러시아 장교의 편지』에서 '우리 기후가 혹독하고 우리 민족이 거칠다는 외국인들의 편견'을 비판하며 그저 평범하고 목가적인 유럽 풍경과 대조되는 볼가강의 힘과 특별함을 강조했다.

만물이 소생하고 시냇물이 재잘대는 봄날은 누구든 즐길 수 있겠지만 (볼가)강 변에 선 우리는 폭풍우의 거친 물거품과 안개 속 울부짖음을 보면서 가을도 즐길 수 있다.[1]

러시아 작가와 화가들이 러시아 시골과 볼가강을 낭만주의 감상 전통에 따라 유럽 시골 같은 목가적인 풍경으로 그려내는 일도 종종 있었다. 1820년대에 쓰인 표트르 뱌젬스키의 시 「볼가강 변의 저녁」은 러시아가 아닌, 서유럽 풍경에 대해 쓴 것 같은 느낌이다.

안개 아래 어두운 숲이 줄을 짓고
푸르스름한 무덤들이 펼쳐진 곳
저 멀리 언덕 아래 마을에선

초원이 양 떼에게 황금빛 경의를 표하네······.[2]

러시아 작가들은 볼가강과 인접한 시골에서 보낸 어린 시절을 평화롭고 고요하며 그림 같은 정경으로 묘사했다. 세르게이 악사코프는 1850년대에 쓴 반자전적 소설 『어린 시절』에서, 심비르스크주의 할아버지 영지에서 (그리고 할아버지가 이사한 후에는 오렌부르크주의 영지에서) 보낸 한가로운 시골 생활을 카잔 문법학교 시절과 대비하며 충격적 변화를 강조했다. 이반 곤차로프의 1859년 소설 『오블로모프』에는 오블로모프가 볼가강 근처 시골에서의 행복하고 안전한 유년 시절을 꿈속에서 회상하는 장면이 나온다.

16~24킬로미터에 이르는 지역 전체가 절로 미소 짓게 만드는 예쁜 풍경이다. 맑은 개울가의 모래 둔덕, 언덕에서 물속까지 이어진 작은 수풀, 구불구불 흐르는 시냇물, 자작나무 숲 등 하나하나가 장인의 손길로 신중하게 선택되고 합쳐진 것 같다.[3]

작가 곤차로프 자신이 심비르스크의 부유한 상인 가정 출신이었다. 심비르스크(현재 명칭은 울리야놉스크)에는 오블로모프의 무위도식 생활에 대한 기묘한 기념비가 있다. 소파와 슬리퍼 한 켤레가 있고 그 옆 강단에 소설책이 놓인 모습이다! (도판 15 참조)

그러나 1850년대에 이르면 볼가강이 유럽 서부나 중부 풍경과 차별화되고 어떤 면에서는 이를 뛰어넘을 정도의 독특함과 아름다움을 지니는 것으로 표현된다. 볼가강의 독보적 규모와 폭은 19세기의 다른 시들에도 자주 등장했다. 블라디미르 길랴로프스키는 '어머니 볼가는 빠르고 길다네 / 이 자유롭게 탁 트인 시야'라고 썼다.[4] 이 새로운 묘사는 코카서스의 장엄한 아름다움을 '발견'했던 것과도 일맥상통했지만 코카서스가 러시아인에게 여전히 제국 변방의 낯선 땅인 반면, 한때 국경이었던 볼가강은 이제 진정한 러시아의 것으로 여겨졌다. 극작가 알렉산드르 오스트롭스키는 1855~1856년, 해군성이 지원하는 작가들의 문학 탐방에 알렉세이 포테킨, 알렉세이 피셉스키와 함께 참여했다. 작가마다 볼가강의 한 구간을 맡았는데 오스트롭스키의 경우는 발원지 근처에서 니즈니노브고로드까지였다. 볼가강은 그의 1859년 희곡 『폭풍』의 중심 소재로 첫 부분에 볼가강의 탁월한 아름다움을 찬양하는 대사가 등장한다.

정말 경이롭다네. 벌써 50년 동안 볼가강이 내 눈을 즐겁게 해 주었네만 아직도 충분히 보지 못했어. 그 굉장한 모습이라니! 그야말로 한 편의 시야! 마음을 기쁘게 하는 시 말일세.[5]

볼가강은 이 연극에서 비극적인 역할을 담당하기도 한다. 수치심과 고통에 시달리던 예카테리나는 마지막 장면에서 절벽으로 올라가 강물 속에 몸을 던지고 만다.

볼가강에 대한 시와 문학에서 반복되는 표현 중 하나가 볼가강을 '어머니' 또는 '어머니 러시아'로 인격화하는 것이다. '어머니 볼가'라는 말은 19세기 훨씬 이전부터 사용되었다. 1691년, 구교도 수도사 예프로신이 세상을 뒤집어 놓았다고 다른 수도사를 공격하면서 '어머니 볼가를 거꾸로 흐르게 하고 나일강과 다뉴브강을 뒤로 보내 버렸다'라고 썼던 것이다.[6] '어머니'로서의 볼가강은 러시아다움, 그리고 자식인 러시아인을 보호하는 힘과 능력에 크게 연관되었다. (알렉산드르 푸시킨의 삼촌인) 바실리 푸시킨은 1812년의 시 「니즈니노브고로드의 주민들에게」에서 나폴레옹이 모스크바를 점령한 큰 위기를 맞아 볼가강에게 자식을 보호해 달라고 호소한다.

볼가강 변의 자식인
우리를 당신의 보호 아래 두소서!
어머니 모스크바의 자식인
우리를 받아 주소서.
……
자애로운 어머니, 우리를 먹이소서!
모스크바여, 너는 어찌 이렇게 되었느냐?
볼가강 변의 자식인
우리를 당신의 보호 아래 두소서!⁷

1900년에 출판된 볼가강 안내서에 수록된 시 한 편은 '어머니 볼가, 러시아의 강이여, 만세'로 시작된다.[8] 안내서에 수록된 또 다른 시인 A. 루고보의 「볼가에서 다시」는 첫 줄부터 볼가강을 감상적으로 그리다가 ('볼가! 내 것! 내 아름다움! 내 어머니여!') '슬픈 이별의 시절'을 지내고 '지쳐 돌아온 아들'을 맞아 달라고 간청한다. 마지막 시구는 '볼가여! 회한을 안고 당신 앞에 다시 서서 / 내 마음의 고백을 전하노라'이다.[9] 20세기 초, 바실리 로자노프의 연작 소설 『러시아 나일』은 볼가강을 따라가는 여정을 그리는데 '어머니 러시아'와 '할머니 러시아'가 자주 언급된다. 볼가의 여성적 이미지는 생명을 탄생시키는 힘과 관련된다. 볼가강은 '간호사' 또는 '젖은 간호사'로 불리기도 한다. 비옥한 들판을 주고 자식인 러시아인들에게 생명을 주는 존재다. 로자노프는 '우리는 강의 자식으로 강을 먹고 산다. 강은 우리 어머니이자 간호사, 감히 헤아릴 수 없고 영원히 번성하는 것'[10]이라 썼다.

볼가강을 '어머니 러시아'로 의인화하는 표현은 일상어가 되었다. 1860년대 증기선 운항 관련 설명을 보면 '어머니 볼가의 강변'이라는 말이 자연스럽게 들어간다.[11] 19세기 후반, 사마라의 저명한 귀족 알렉산드르 나우모프는 회고록에서 (볼가에서 태어나 볼가의 '특성'을 잘 알고 있는 사람으로서) 강이 얕은 물, 폭풍, 얼음과 눈으로 사계절 내내 위험한 곳이라고 하면서도 '어머니 볼가'라고 지칭했다.[12] 1866년에는 노래 모음집이 나왔는데 여기 들어 있던 「볼가강 배 끄는 일꾼의 노래」가 곧바로 큰 인기를 끌었다. 일꾼들이 햇볕 아래에서 배를 끌어 올리는 장면에 다음 구절이 있다.

오, 볼가, 어머니 강,
깊고 넓고 위대한 강

아이-다, 다 아이-다!

아이-다, 다 아이-다!

볼가, 볼가, 어머니 강

강을 의인화하는 표현이 볼가강에서만 나타나는 것은 아니다. 다 뉴브강과 양쯔강은 '어머니' 강으로 불리고 템스강과 미시시피강은 남성('늙은 아버지 템스'와 '늙은 남자 미시시피')으로 불리곤 한다. 러시아의 돈강은 이반 호수에서 흘러나온다는 이유로 '돈 이바노비치'라고 불리기도 하는데 이는 그만큼 돈강이 중요하다는 뜻이다. '어머니 볼가'는 '어머니 러시아'를 상징했고 때로는 아예 대체해서 쓰이기도 했으므로 결국 볼가강은 러시아 제국 전체를 의미하는 셈이었다.[13] '어머니 러시아'라는 수사적 표현은 제국 러시아와 소련 모두에서 '외부의 적'에 맞서 국가를 결집하기 위해 사용되었고 여기서 볼가강은 러시아의 국가적 특성이 실체화된 특별한 존재였다.

4장에서 살펴보았듯 볼가강은 17세기와 18세기의 해적 및 민중 반란과도 관련되었다. 볼가는 라진과 푸가초프를 그린 노래와 시에 중요하게 등장한다. 이 경우 볼가강은 자유의 강, 국가 권력에 순종하기보다는 맞서는 강이며, 국가에 저항하는 이들을 보호하는 강이다. 실제로 신성시되는 러시아의 강들에 대한 최근 연구를 보면 (어원학적 증거는 없지만) '볼가'라는 이름이 '자유'를 뜻하는 러시아어 단어 '볼랴'와 연결될 수 있다는 주장도 나온다.[14]

그러나 19세기 후반에 볼가강은 보다 부정적인 의미를 갖게 되었

3부 러시아 제국의 볼가강

다. 억압적인 차르 통치에 대해 지식인들이 비난의 목소리를 높이게 되면서 예술은 민중의 고통을 묘사하기 시작했다. 이 장의 서두에 인용한 네크라소프의 시 「볼가에서」도 마찬가지다. 볼가강 배 끄는 일꾼들이 겪는 고통을 러시아 제국 전역의 농민과 서민으로까지 확장하는 네크라소프의 다른 시 「현관에서의 생각」(1858)에도 이 주제가 반복된다. 이 시는 '노예 같은 농민들 코앞'에서 문을 닫아 버리는 문지기로부터 출발해 '절망에 빠진' 이들과 볼가강 지역을 비롯한 러시아 각지 농민들의 고통을 담았다.

볼가로 나가세.
러시아의 그 위대한 강을 울리는
신음은 누가 내는 소리?
우리는 그 소리를 노래라고 하네.
아니, 견인 줄을 끄는 일꾼들일까?
볼가! 볼가! 봄의 급류 속에서
네가 범람시킨 초원도
우리들의 거대한 슬픔이 삼켜버린
땅보다 작을 것이리.[15]

작가 막심 고르키(필명인 고르키는 '괴롭다'는 뜻의 러시아어 단어다.)는 니즈니노브고로드에서 자라면서 볼가강 변과 도시들에서 여러 하층 직업을 전전했다. 그의 단편 소설에 볼가강이 직접 언급되는 경우는 거의 없지만 다양한 장면에 나온 강과 강변은 분명 볼가강이다. 고르키가 묘사하는 강은 가난하고 절망적인 이들의 고통과 슬픔을 반영하는 우울한 모습이다. 『얼음이 움직인다』라는 작품은 1880년대에 푸른빛 감도는 강 얼음이 녹아내리는 모습을 다음과 같이 묘사했다.

강은 서글프게 숨을 내쉰다. 여기저기 구멍이 가득한 황량한 모습으로 길처럼 곧게 뻗은 강은 아무 희망이나 위안의 약속 없이 찬바람이 시작되는 무력하고 생기 없는 곳으로 이어진다.[16]

『어느 가을』이라는 작품에서는 강이 '다가오는 겨울을 알아차리고 당장 그 밤에라도 북풍이 덮어씌울 수 있는 얼음의 족쇄를 피해 공포에 질려 달아났다'고 했다.

용골이 부러져 거꾸로 처박힌 배와 찬바람에 벌거벗겨진 나무들은 늙고 처량했다. 주변 모든 것이 부서지고 버려져 죽어 있었으며 하늘은 끝없이 눈물을 뿌려댔다. 온통 황량하고 어두웠다. 모든 것이 죽어가는 듯했고 혼자 살아남더라도 차가운 죽음이 다가올 것 같았다.[17]

사회 평론가로 고르키의 지인이었던 예브게니 치리코프는 카잔에서 태어나 19세기 후반에 (1921년 망명하기 전까지) 사마라를 포함한 볼가의 여러 도시에서 살고 일했다. 그의 소설 『구덩이의 마르카』에서 볼가강은 아름다운 동시에 파괴적인 힘으로 마르카의 아버지를 죽음에 이르게 하고 마르카를 끔찍한 운명에 빠뜨린다(어머니 역시 남편의 짧은 외도 이후 강에 몸을 던져 자살한다.). 작품의 첫 단락은 강 근처 계곡의 거처를 빼앗기는 장면인데 치리코프는 이를 위쪽 도시의 부유함과 대비시킨다. '형편없이 작은 집과 헛간, 멀리서 보면 원시인의 오두막과 다를 바 없는 더럽고 축축한 곳……'[18] 도시민들은 그곳을 '구덩이'라고, 그곳 주민들을 '원숭이'라고 부른다. 자서전의 성격이 짙은 작품『아버지의 집』에서 치리코프는 1892년의 끔찍했던 기근 상황을 묘사하면서 '어머니 볼가'라는 말을 냉소적으로 사용한다. 당시 강변과 도시, 시골 마을 가릴 것 없이 '바퀴벌레'처럼 돌아다니는 '굶주린 방랑자'들이 넘쳐났다는 것이다.[19]

화폭 속 볼가강은 여러 면에서 시 속 볼가강의 변천과 맥을 함께했다. 강을 그림에 담으려는 첫 번째 중요한 시도는 마치 18세기 후반 예카테리나 2세가 볼가강 도시들을 방문하여 시인들에게 영감을 주었듯 정부 쪽으로부터 나왔다. 1838년, 니콜라이 1세가 형제 풍경화가인 니카노르와 그리고리 체르네초프를 파견해 리빈스크부터 아스트라한까지 볼가강을 따라 내려가며 풍경을 그리도록 한 것이다(이후 해군성이 1855~1856년에 오스트롭스키와 다른 화가들을 볼가 문학 답사에 파견한 것과 비슷했다.). 그 결과 길이가 무려 600미터에 이르는 거대한 파노라마 그림이 완성되었다. 이 작품은 상트페테르부르크에서 증기선 선실과 비슷하게 꾸며진 공간에 전시되었고 음향 효과까지 넣어 볼가강 여행 느낌을 주었다고 한다.[20] 안타깝게도 파노라마 그림은 사라졌지만 스케치를 보면 화가들이 볼가강 상류의 도시와 수도원을 즐거이 그렸다는 점을 알 수 있다. (도판 10 참조)

반면 볼가강 하류의 보잘것없이 황량한 풍경을 어떻게 아름답게 그려낼지는 고민거리였다(시인들이 러시아 시골을 낭만적 시선으로 바라보기 어려웠던 것과 동일하다.). 볼가강 하류 동편의 대초원은 텅 빈 듯 보였고 체르네초프 형제는 '제대로 된 나무 한 그루도 없는 사막에 세이지 풀만 물결친다'고 기록했다.[21] 화가들은 사마라 북쪽, 강 위로 솟은 지굴리 언덕을 며칠 동안 등반하며 그릴 만한 풍경을 물색했다. 그리고 마침내 계곡, 언덕, 강이 '멋지게 펼쳐진' 모르크바슈 마을을 찾아냈다. 언덕과 기묘한 모양의 바위 등은 형제에게 익숙했던 낭만주의 사조 그림 속 이탈리아나 그리스 유적지와 크게 다르지 않았다.[22]

러시아 화가들은 볼가강의 장관을 표현하는 데 시인이나 작가보다 뒤처졌다. 19세기 초의 러시아 풍경화가들은 중서부 유럽 화풍과 비슷한 그림을 그렸다. 이상화된 시골 생활을 세부적으로 묘사하는 경우가 대부분이었고 여기에 볼가처럼 광활한 강이 들어갈 여지는 없었다. 볼가강은 상류 지역 귀족 영지에서 (주로) 농노가 하고 있는 (이상화된) 활동의 배경으로만 등장했다. 나뭇잎 가득한 목가적 장면은 유럽 다른 곳과 비슷해 보였다. 화가 알렉세이 베네치아노프는 1819년 이후 매년 트베르주의 자기 영지에서 여름을 보내면서 시골 풍경을 그렸다. 1830년대에 그린 「봄 쟁기질」은 목가적 풍경 속에서 행복하게 일하는 농부들의 모습을 담았다.[23] 한 작가는 '베네치아노프 그림 속 농부들은 잘 차려입고 잘 먹는다. 항상 태양이 빛나고 수확도 풍성하다'며 비꼬았다.[24] 이런 감상적 그림들은 차르와 황실 예술 아카데미의 지원을 받았다. 알렉산드르 1세는 1822년, 베네치아노프의 「비트 다듬기」를 1,000루블에 구입했고 트베르 지방을 배경으로 한 그림 「타작마당」은 에르미타주 전시 용도로 3,000루블에 팔렸다.[25] 당시 볼가 상류의 우글리치와 야로슬라블 같은 도시에 있던 지역 화가들은 귀족, 관리 및 상인들의 전통적인 초상화를 그렸다.[26]

서민들의 고통을 묘사하는 데 시가 동원되던 경향은 1870년대의 러시아 미술에 반영되었다. 1861년의 농노제 폐지(다음 장에서 설명한다.) 이후 젊은 지식인들이 인민과 시골을 '발견해 나가던' 시기였다. 그들은 '인민에게 다가가' 진보의 메시지를 전해야 한다고 확신했고 환영과 감사를 받을 것이라 생각했다. 이런 움직임은 일차적으로 인민주의 정치 운동이었지만 예술이 여기서 중요한 역할을 한다고 본 화가들에게도 영향을 미쳤다. 1870년, 여러 화가가 '이동파'라는 모임을 결성했다. 지방 사람들에게 그림을 가져가 보여 주고 예술에 대한 사랑과 안목을 개발하고자 했다. 그중 일부는 당시의 현상 유지 경향에 도전하기도 했다.

볼가강을 담은 가장 유명한 그림은 일리야 레핀의 「볼가강의 배 끄는 인부들」이다. 레핀은 화가 무리와 함께 1868년부터 1870년까지 여러 차례의 여름 동안 볼가강을 여행하며 강과 일꾼들 모습을 스케치한 후에 이 그림을 그렸다. 레핀은 사마라에서 약 60킬로미터 떨어진 스타브로폴(강이 굽이치는 곳이다.)을 주된 근거지로 삼았는데 그 이유는 회고록에 나오듯 사라토프 아래쪽 풍경은 '지루하고 단조롭다'고 들었기 때문이었다. 체르네초프 형제처럼 레핀도 사마라 근처의 상류 지굴리 언덕에 올라가 보라는 권유를 받았지만 그는 스타브로폴의 볼가강이 아름답다고 생각했고 강 서편의 모습을 모래투성이 동편과 대비시켰다.[27] 그의 그림에는 허리가 부러질 정도로 힘겨운 일을 하느라 몸을 숙인 남자들 모습이 그려져 있다. 배 끄는 일꾼들은 누더기나 다름없는 옷을 걸치고 끈질기게 내리쬐는 햇빛에 시달리며 시커멓게 된 얼굴로 온몸을 앞으로 밀고 또 민다. 자신과 러시아의 더 나은 미래를 위해 하늘을 응시하는 듯한 젊은이 한 명을 빼고는 모두가 운명에 체념한 듯 보인다. (도판 12 참조)

이 그림이 당시 (그리고 이후로도) 대표적인 사실주의 작품이자 설득력 넘치는 사회 비판으로 받아들여졌다는 것은 놀랍지 않다. 미술 평론가 블라디미르 스타소프의 다음 비평에도 동의할 수밖에 없다.

일리야 레핀의 「볼가강의 배 끄는 인부들」을 본 사람이라면 화가가 자신이 목격한 장면에 얼마나 깊은 충격과 전율을 느꼈는지 즉각 이해할 것이다. 화가는 밧줄처럼 굵은 힘줄이 불거진 주철 손들을 붓으로 어루만져 준다.[28]

이 그림이 아주 거대한 크기인 것도 강렬한 인상을 의도했기 때문이다. 세부 묘사에 다소 어색함이 있다고는 하지만 삭막한 풍경 속 인

3부 러시아 제국의 볼가강

간의 고통을 극명하게 묘사한 작품임에는 틀림없다. 당시 한 동료 화가는 그림 속 바지선은 인부 한 팀이 아니라 서너 팀이 한 조가 되어 끌어야 하는 규모라고 지적했다.[29] 또한 그림자로 보면 배를 하류 방향으로 끌고 있는데 실상 배 끄는 일은 대부분 물살을 거슬러 상류로 향한다고도 했다. 가장 이상한 부분은 인부들이 끄는 밧줄이 돛대 꼭대기에 연결된 것처럼 보인다는 점이다. 이렇게 했다가는 돛대가 부러지고 만다! 앞장에서 보았듯 작업은 케징, 즉 상류에 닻을 떨어뜨린 뒤 갑판의 윈치를 사용해 바지선을 끌어 올리는 방식이었다.

이동파 화가들 상당수는 현상 유지에 진지하게 도전하려는 생각이 없었다. 그저 생계를 유지해야 했고 순회 전시는 급진주의로 관객에게 충격을 주는 것보다 그림을 팔려는 목적이 컸다.[30] 화가들은 낭만적, 급진적이기보다 실용적이었다. 볼가강 지역 주요 도시와 다른 곳에서 그림을 보고 구입한 사람은 대부분 부유한 중산층 러시아인이었다. 이동파 전시의 작품은 잠재적 구매자를 염두에 두고 선택되었고 「볼가강의 배 끄는 인부들」은 한 번도 전시되지 않았다. 당시 정권이 이 작품을 선동적이라 보지도 않았다(이 화가들이 차르 체제하 민중의 고통을 보여 줬다는 주장은 소비에트 시대에 나왔다.). 당시 이동파의 그림은 국제 전시회에 걸렸고 황실 가족과 부유한 상인 자선가인 세르게이 트레티야코프가 구입했다. 트레티야코프가 모은 작품들은 그가 죽은 후 모스크바시에 기증되어 1893년에 일반에 공개되었다(그리고 트레티야코프 미술관의 토대를 이루었다.). 「볼가강의 배 끄는 인부들」은 제국 과학 아카데미 부총장 블라디미르 알렉산드로비치 대공이 구입하여 저택 식당에 걸었다.[31] 현재는 상트페테르부르크의 국립 러시아 박물관(과거의 알렉산드르 3세 박물관)에 소장되어 있다.

러시아 예술가들은 고단한 일꾼이나 농민 등 고통받는 인간이 전혀 등장하지 않는 풍경화도 많이 그렸다. 이삭 레비탄 작품을 포함해 몇몇 그림은 환한 빛 가득한 볼가강을 건너편 수도원이나 건물과 함께 담아냈다. 레비탄은 1887년부터 1890년까지 코스트로마에서 남쪽으로 약 50킬로미터 떨어진 볼가강 서편의 플레스(플리오스라고도 한다.)에서 화가 및 작가들과 머물며 작업했다(현재 이곳에는 레비탄 박물관이 있다.). 그는 그곳의 아름다운 교회와 풍부한 빛을 사랑했다.[32] 거기서 그려진 「볼가의 저녁」(1888), 「비 온 후」(1889)와 「황금빛 저녁」(1889)은 볼가강의 광활함과 웅장함뿐 아니라 비나 폭풍을 예고하는 구름이 자리한 드넓은 하늘을 담고 있다. (도판 13 참조)

이 시기의 또 다른 유명한 그림으로는 러시아 숲에 집중하여 숲 바닥과 나뭇잎을 세심하게 재현한 것이 있다. 예브게니 비슈냐코프의 「쓰러지고 썩은 나무들로 어수선한 볼가」(1890년대)는 숲과 볼가강의 이미지를 결합해 발원지 근처 볼가 시냇가에 있는 나무들을 세밀하게 묘사했다.[33] 세부 묘사와 색채 사용이 뛰어난 숲 그림으로 유명한 이반 시시킨은 볼가르의 고고학 유적지를 그리기도 했는데 낭만주의 사조의 이탈리아 유적 그림과 비슷하다. 볼가르의 탑과 목욕탕 건물 잔해가 등장한 그림에 볼가강 풍경은 없다. 체르네초프 형제를 비롯한 많은 러시아 화가가 유럽 여행에 나서 이탈리아 등을 방문했고 이와 동시에 볼가강과 강변의 낭만적인 유적을 재발견했다. (도판 11 참조)

'어머니 볼가'라는 개념은 볼가강에 대한 초기 기념비를 여성의 모습으로 만들었다. 1882년의 러시아 전국 미술 전시회를 위해 알렉산드르 오페쿠신, 미하일 미케신, 드미트리 치차고프가 만든 볼가강 동상은 머리 두 개 달린 독수리에게 먹이를 주는 여성 농부의 모습이다.[34] 볼가는 소련 시대에도 여성의 모습으로 표현되곤 했는데 그 뿌리가 러시아 제국으로 거슬러 올라가는 셈이다.

미술과 문학은 분리되어 있지 않았다. 화가와 작가들은 플레스의 예술가 집단 거주지에서 만났다. 안톤 체호프의 단편 소설 『베짱이』는 '평범하지 않은 사람들', 즉 볼가강에 예술 여행을 떠난 화가, 작가, 음악가들의 아이러니한 모습을 그린다. 친구들로부터 화가, 작가, 가수가 될 잠재력을 인정받았다고 확신하는 올가(실존 인물인 화가 소피야 쿠프시니코바로 추정된다.)는 저녁나절의 증기선 위에서 화가 랴보프스키(쿠프시니코바의 연인인 예술가 레비탄이 거의 확실하다.)와 낭만적인 순간을 경험한다. 랴보프스키는 '신비롭게 반짝이는 마법 같은 강물을 보면 자기 삶이 잊히든, 죽든, 추억으로 남든 아무 상관 없다'고 말한다.[35] 체호프는 변덕스럽고 허영심 많은 올가가 풍경과 화가의 말에 사로잡히는 모습을 보여 준다.

올가는 자신이 불멸할 거라고, 결코 죽지 않을 거라고 생각했다. 전에는 한 번도 본 적 없는 쪽빛 강물, 하늘, 강변, 검은 그림자, 마음을 가득 채운 무의식적 기쁨은 자신이 앞으로 위대한 화가가 될 것이라고, 저 멀리 달빛 밝은 밤 너머 무한히 펼쳐진 공간 어딘가에 성공, 영광, 대중의 사랑이 기다리고 있다고 말해 주었다.

다음 날 아침, 비가 내리자 볼가는 '빛 한 점 없이 한 가지 칙칙한 색으로 변해 차갑게' 보인다. 랴보프스키는 올가와의 관계를 후회하고 자신에게 재능이 없다고 판단한 후 가장 잘 그린 그림을 칼로 그어 버린다. '한마디로 그는 기분이 나쁘고 우울했다'.[36]

20세기 초에 쓰인 이반 부닌의 소설 『일사병』에는 우울한 애정 관계가 묘사된다. 아름답고 낭만적인 저녁에 볼가강 증기선에서 젊은 육군 장교와 한 여인이 만난다. '불빛이 사라지더니 어둠 속에서 강하고 부드러운 바람이 일었고 증기선이 거대한 원을 그리며 방향을 틀자 바람이 두 사람의 얼굴로 불어왔다.' 다음 날, 여인이 더 이상의 관계를 원하지 않는다는 게 분명해지자 젊은 장교는 상실감에 빠지고 자기 삶에 아무런 의미도 남지 않았다고 생각한다.[37]

화가 쿠즈마 페트로프봇킨은 앞서 소개한 이들과 매우 다른 그림을 그렸다. 대표작 「붉은 말의 목욕」(1912), 그리고 혁명적이고 현대적인 사회적 주제를 다룬 소련 시절의 작품으로 유명하다. 하지만 그는 볼가강 지역의 작은 마을 흘리노프스크 출생으로 1927년, 악사코프와 곤차로프의 초기 작품만큼이나 감상적인 볼가 회고록을 썼다. 회고록에서 그는 자신의 '지리적 충성심'을 인정하면서도 흘리노프스크의 봄날 볼가강은 색과 냄새가 특별하다는 점, 마을의 축제에서 파는 벨루가 철갑상어 등의 생선이 놀랄 만큼 맛있다는 점 등을 기록했다.[38] 이후 그는 강 반대편을 마치 미지의 미래인 양 바라보는 사람들의 모습을 담아 흘리노프스크의 볼가강을 그렸는데 다른 작품들보다 더 전통적인 화풍이었다.

❖

볼가강을 바라보는 문학, 시, 그림의 감상주의는 신성화와 맞닿아 있었다. 볼가를 진정 러시아다운 강으로 묘사한 시와 그림은 이 강을 러시아 정교와 불가분의 관계로 연결시켰다. 이는 러시아 시의 초기 주제였고 러시아의 독특한 역사 및 문화와 연결되었다. 1793년에 이미 니콜라이 카람진은 「볼가」라는 시에서 '세상에서 가장 성스러운 강 / 수정 같은 물의 차르 / 어머니!'라고 표현했다.[39] 19세기 초에 쓰인 표트르 뱌젬스키의 시 「볼가의 저녁」은 강을 러시아 역사 및 정교와 연결시킨다.

완전히 매료된 채 나는 저녁을 사랑하고
귀 기울이네. 오 위대한 볼가!
그 성스러운 파도의 목소리
그 안에서 고대 러시아의 영광이 들려오네.[40]

1823년에 쓰인 오레스트 소모프의 문학 에세이 「낭만주의 시에 대하여」에서는 볼가강을 '머나먼 흐름과 축복받은 강변이 있는' 곳이라 말한다.[41]

19세기 그림 중에는 볼가강 변의 정교회나 수도원을 담은 것이 많다. 실제로 볼가강 변에 교회가 많이 세워졌는데 특히 선원들의 수호성인 성 니콜라이를 기리는 의미였다. 1873년 비엔나 국제 전시회에 출품된 알렉세이 사브라소프의 유명한 그림 「까마귀가 돌아왔다」에도 교회가 강을 뒷배경으로 하고 묘사된다. 물론 교회가 단순히 풍경의 구도를 만드는 역할이라 볼 수도 있으나 이것이 유럽의 다른 강 풍경과 다른 러시아다움을 드러낸다는 점은 분명하다.

이러한 신성화는 볼가강에 대한 감상적인 묘사에 기인하는 것이기도 하다. '성스러운' 강은 러시아만의 개념은 아니다. 갠지스강과 그 지류인 야무나강, 나이지리아의 오순강, 뉴질랜드의 왕가누이강 등 세계 다른 곳의 강들도 성스럽게 여겨진다. 그러나 볼가강의 발원지(또는 그렇게 추정되는 곳)는 정교회와 명백히 연결된다.[42] 17세기 중반, 이곳에 예배소가 세워졌지만 1724년에 불타 버렸다. 그리고 잔해만 남은 채 잊혔다. 발원지는 상트페테르부르크와 모스크바 사이에 위치했으나 18세기의 여행자들은 방문하지 않았다(오늘날에도 가기가 쉽지 않다.). 예배소가 재건된 것은 1870년대, 볼가강이 예술, 시, 그리고 아래에서 다시 설명하겠지만 관광에서 새로이 '발견'되던 바로 그 시기였다. 1870년, (발원지에서 가장 가까운) 트베르시 당국이 예배소에 더해 새 교회를 지어야 한다고 결정한 후 널리 홍보하며 건축 기금을 모았다. 다시 말해 발원지의 교회 건축은 정교회나 차르 정부가 아닌, 지역의 식자층에서 시작된 것이었다. '예수의 변모 교회'는 1910년, 수원지 근처에 문을 열었다. (도판 14 참조)

소련 해체 이후, 볼가강 발원지는 보호 기념물일 뿐 아니라 성스러운 곳이 되었다. (20세기 초의 사진으로 확인된) 예전 양식에 따라 목조 예배소가 새로 지어져 축복을 받았다(예배소 벽에 있는 두 개 명판은 1995년 7월 9일 모스크바 및 전 러시아 총대주교 알렉세이 2세 성하와 2017년 6월 9일 모스크바 및 전 러시아 총대주교 키릴 성하가 그곳의 물을 축복했음을 알려 준다). 예수의 변모 교회도 복원되었다. 종교와 마법은 함께 나타나는 경우도 많다. 발원지에서 1마일 정도 떨어진 곳에는 '명령하노니, 물은 깨끗해져라'라고 쓰인 표지판이 있다!

19세기 문학과 미술에서의 볼가강 '발견'은 관광 명소로서의 볼가강 발견을 한층 강화해 주었다. 증기선 출현은 여행객 증가를 의미했고 관광객을 위한 특수 증기선이 건조되어 19세기 중반이 되면 승객 250명을 호사스러운 일등석 선실부터 갑판 위 3등석까지 나누어 태우게 되었다.[43] 레핀이 그린 「볼가강의 배 끄는 인부들」에도 배경에 증기선이 등장해 전통적 인간 노동과 대비되는데 본래의 스케치를 보면 강변에서 소풍을 즐기는 이들이 있다. 소풍객들은 인부들과 한층 더 극명한 대비를 이루며 이 무렵 볼가강이 여가의 장소이기도 했음을 확인시켜 주었을 것이다.

1850년에서 1900년 사이에 러시아인들에게 볼가강을 소개하는 책이 40권 이상 출판되었고 기사와 팸플릿도 무수히 나왔다.[44] 이를 통해 러시아인들이 자부심을 느낄 수 있고, 더 나아가 느껴야만 하는 특별한 자연물로서의 볼가강 이미지가 만들어졌다. 그리고 자연, 국가, 러시아다움이 규정되는 데 기여했다. 저자들의 의도는 분명했다. 1862년에 출간된 N. P. 보골류보프의 『트베르에서 아스트라한까지의 볼가강』에서 저자는 '경이로운 볼가강 지역에 대한 명확하고 정확한 이해'를 제공하겠다는 목표를 밝힌다. 같은 해에 출간된 P. P. 니드가르트의 『볼가 가이드』는 모든 러시아인이 볼가강에 대해 잘 알아야 할 의무를 진다고 하였다. 빅토르 라고진의 세 권짜리 볼가강 상세 가이드는 독자들에게 자녀를 데리고 강을 따라 여행하여 어린 나이부터 볼가강과 친숙하게 해 주라고 촉구한다. A. N. 몰차노프는 500명 규모의 증기선에 식자층 러시아인을 태우고 시골 생활과 볼가강 지역 농민들의 삶을 알리자는 제안을 내놓기도 했다.

그러나 작가들이 볼가강을 러시아인이라면 꼭 봐야 할 의무적 대상으로부터 관광객이 즐길 수 있는 대상으로 바꾸어 제시하기까지는 시간이 걸렸다. 볼가강에 대한 식자층의 이러한 새로운 시각은 시와 그림에서 강의 의미가 점점 커지는 상황과 함께했다. 작가 몰차노프는 볼가강을 '더러운' '회색의' '단조로운' 모습이라 평하기까지 했다. 1870년대에 증기선이 늘어나면서 여행안내서들은 강의 아름다운 경치, 여행 동안 얻는 휴식과 즐거움 등을 더 강조하게 되었다. 볼가강은 특별한 곳, 러시아인뿐 아니라 외국인에게도 러시아만의 무언가를 보여 주는 가치 있는 장소가 되었다. 여행 작가 바실리 네미로비치단첸코는 1877년에 발간한 『볼가와 함께』에서 '볼가는 끝없는 서정적

노래이자 끝없는 서사시'이고 '그 어떤 슬픔에 빠져 있든 볼가에 오면 잊게 될 것'이라고 썼다.[45]

20세기로 들어서면서 볼가강은 러시아 관광객들에게 인기를 끌었고 단순한 아름다움을 넘어서 중서부 유럽 어디서도 볼 수 없는 러시아만의 독특함을 지닌 곳으로 소개되었다. 1896년에 나온 E. P. 침머만의 안내서 『볼가강을 따라 내려가기』에는 '서유럽의 어떤 강에서도 이토록 경이롭고 멋진 야생의 풍경을 찾을 수 없다'는 말이 있다. 1895년, A. S. 라즈마제가 쓴 가이드북 『볼가』는 폐허가 된 성들이 부자연스럽게 보존되어 있는 라인강 변의 모습을 비판하며 '모든 것이 자연 상태 그대로 아름다운' 볼가강의 강점을 내세웠다.[46]

20세기 초의 안내서들은 강을 따라 여행하면서 보게 되는, 그리고 러시아인이라면 자부심을 느끼게 될 기술적 발전 성과에 주목했다. 1900년에 출간된 G. P. 데미아노프의 『트베르에서 아스트라한까지 볼가강 안내서』는 사라토프에 있는 다리가 '세계에서 가장 긴 다리 중 하나'로 700만 루블 이상을 들여 건설했으며 철도로 인해 차리친이 개발되고 있다는 내용을 담았다(볼가강을 주제로 한 시 여러 편을 편집해 싣기도 했다.).[47] N. 안드레예프가 쓴 『볼가 일러스트 가이드』는 야로슬라블과 스뱌즈스크에 만들어진 신설 교량들을(둘 다 1913년에 개통되었다.) 포함해 볼가강을 가로지르는 다리에 대해 다루었다. 시즈란 다리(1880년 개통)는 유럽에서 가장 높은 다리로 유명했다(700만 루블 넘는 건설 비용이 들었다.). 이 안내서는 철도의 중요성이 커지며 니즈니노브고로드 박람회가 쇠퇴하고 있다면서 사마라에서 철도로 수출되는 곡

물량 통계를 제시했다(철도 수송이 선박 수송보다 두 배나 많다고 명시하기도 했다.).[48]

19세기 후반에는 여행객들이 휴가 기념 엽서도 구입할 수 있었다.[49] 도시, 수도원, 교회, 지굴리 언덕 등 풍경을 담은 엽서가 많았지만 여행객들이 타고 다닌 증기선 엽서도 있었다. 갑판에서 휴식을 취하는 아름다운 여인들, 강의 석양을 배경으로 포옹하고 있는 연인, 예쁘게 차려입고 강변에서 노는 천사처럼 작고 귀여운 아이들 등 강을 배경으로 여행객들의 즐거운 모습을 아름답게 묘사한 엽서들은 당시 유럽 다른 지역의 엽서와 비슷했다. 타타르족의 이국적인 복장을 담은 엽서가 일부 있기는 했어도 대부분은 러시아인 관광객의 경험을 담았고 엽서에 등장하는 건물은 주로 러시아 정교회와 수도원이었다.

그러나 러시아인과 외국인 관광객들이 언제나 볼가강의 특별함을 높이 평가했던 것은 아니다. 1890년에 볼가강 상류와 카마강을 여행한 작가 안톤 체호프는 그 압도적인 경험을 여동생에게 편지로 썼다.

볼가강에 대한 첫인상은 비, 눈물 자국 얼룩진 선실 창문, 역에 마중 나온 G의 젖은 코 때문에 망쳐져 버렸어. 빗속의 야로슬라블은 진흙투성이였고 머리 큰 갈까마귀가 포장도로를 가로지르는 등 마치 야수의 땅 같았어. 증기선에서 나는 제일 먼저 내 재능부터 발휘하기로 했어. 그러니까 잠자는 것 말이야. 깨어나 보니 해가 났어. 강변의 초지, 햇살을 가득 받은 수도원과 하얀 교회, 어디서든 바로 앉아 낚시를 시작할 수 있는 드넓은 공간 …… 증기선은 그리 신통치 못해. …… 코스트로마는 좋은 도시야. 좀 춥고 지루하지만 전체적으로는 흥미로워. …… 태양이 구름 뒤로 숨으면 하늘이 흐려지고 넓은 볼가도 침울해 보이지. 화가 레비탄은 볼가강 가에 살면 안 돼. 그의 영혼에 우울한 그림자가 드리워질 것이거든. 물론 볼가강 변에 영지가 있다면 나쁠 것 없겠지만 말야.[50]

1914년의 베데커 여행안내서도 다소 부정적인 평가를 내렸다.

'마투시카 볼가' 즉 '어머니 볼가'라는 애정 어린 표현이 러시아에서 너무 자주 사용되기 때문에 볼가강 여행에 지나친 기대를 품기 쉽다. 하지만 풍경은 그리 인상 깊지 않고 항해가 길어 몹시 피곤하다.

이어 이 책은 큰 증기선에서 내오는 음식이 대체로 '훌륭'하고 특히 캐비아, 생선, 게 요리가 그렇다고 칭찬하는 한편으로 '7월과 8월에는 증기선이 연발하는 경우가 잦으며' '부두의 대기실은 절대 기대만큼 편안하지 않다'고 경고한다.[51] 하지만 이 책 때문에 외국인 여행객이 줄지는 않았다. 여기서 소개하는 볼가강과 볼가강 도시들에 대한 당시 기록 대부분이 강을 따라 여행하기를 즐긴 외국인들이 남긴 것이기 때문이다.

일부의 부정적 평가에도 19세기 후반과 20세기 초반에 볼가강은 사회 계층을 막론하고 모두에게 사랑받는 러시아 고유의 강이 되었다. 안나 페트로브나 발루에바-문트는 1895년, 『위대한 러시아 강을 따라가다』에서 이를 명확하게 표현했다.

볼가는 우리 러시아인에게 세상에서 가장 크고 멋진 강 중 하나일 뿐 아니라 순수한 러시아의 강으로 모든 러시아인의 끝없는 찬사를 받는다. 농민, 장인, 가난한 상인 등 3등석 승객들이 얼마나 애정 어린 시선으로 강을 바라보는지! 그들에게 볼가강은 니즈니노브고로드, 지굴리, 바실수르스크처럼 그저 그림 같이 아름답기만 한 곳이 아니다. 대다수 러시아인은 덤불 우거진 버드나무와 도요새 뛰노는 백사장밖에 없는 강변이라 해도 애정을 갖는다. 그런 곳에 러시아만의 가슴 뭉클하고 시적인 무언가가 살아 숨 쉬기 때문이다.[52]

12

——

볼가강 지역의 개혁, 갈등, 러시아화

　이 장에서는 19세기 말과 20세기 초에 러시아 제국 및 볼가강 지역 도시와 마을이 어떻게 변화했는지를 다룬다. 철도는 필수품과 통과 화물의 운송을 개선하면서 일부 도시들의 급속한 인구 증가를 가져왔고 이는 도시 자원에 추가적 부담을 주었다. 새로운 경제적 변화가 일부에게는 기회였지만 농촌과 도시의 많은 이들에게는 사회적 혼란과 고통을 가져다주었다. 러일 전쟁에서 러시아가 굴욕적인 패배를 당한 1905년에는 대규모 정치적, 사회적 불안이 정점에 달했다. 1905년의 혁명은 탄압과 양보가 조합되면서 종결되었는데 가장 중요한 것은 러시아 최초의 선출 두마를 만든 10월 선언이었다. 19세기 후반과 20세기 초반에 러시아 정부는 1861년의 농노 해방, 1906~1907년의 스톨리핀 개혁 등 농민을 위한 중요 법안을 엄청난 규모로 통과시켰다. 볼가강 지역은 새로운 제도의 효과를 확인할 이상적인 공간이었는데 이는 대규모 귀족 영지에서 자급자족 농경에 이르기까지 다양한 농업 관행이 존재한 덕분이었다. 반면 1905년의 사회 불안을 야기한 도시의 생활 조건을 완화하기 위한 조치는 거의 이루어지지 않았다.

이와 함께 농촌과 도시에서는 고유의 사회 민족적, 종교적 정체성에 대한 의식이 더욱 높아졌는데 이는 19세기 후반 러시아 정부가 채택한 러시아화 정책의 반작용이기도 했다. 앞 장에서는 시와 미술이라는 매체를 통해 '러시아다움'이라는 개념이 진화하는 과정, 그리고 러시아 고유의 자연으로서 볼가강이 '발견'되어 간 상황을 다루었다. 이 장에서는 볼가의 비러시아인들이 경제 및 사회 변화를 겪으면서 겪은 경험과 정체성 진화에 초점을 맞추고자 한다. 19세기 후반에 '새로운 세례자' 타타르 기독교도와 타타르 이슬람교도 사이에 갈등이 발생했다는 점은 이미 살펴보았다. 이슬람교도들의 자기 정체성 강화, 새로운 교육 정책, 타타르어 출판물의 급격한 증가는 19세기 후반부터 이러한 갈등을 한층 심화시켰다. 하지만 그 과정에서 1905년경이 되면 문화적으로나 정치적으로 인식이 높고 교육을 잘 받은 새로운 타타르 엘리트, 즉 볼가 타타르가 탄생하기도 했다. 다민족, 다종교인 볼가강 지역 사람들은 러시아 제국이 현대화되면서 특별한 도전에 직면했는데 이 장에서는 20세기 초에 이러한 도전 상황이 어떻게 펼쳐졌는지 살펴보겠다.

❖

1861년, 차르 알렉산드르 2세(재위 1855~1881년)는 농노를 해방시켰다. 농노제가 러시아 경제의 발목을 잡고 있다는 인식, 농노 반란에 대한 두려움, 작가와 고위 관료들이 공통적으로 제기하고 나선 인간 속박이라는 부도덕성 등 이유는 여러 가지였다. 19세기 중반 이후 정부 내에서 농노제가 시대착오적이라는 인식이 강했는데 크림 전쟁에서 러시아가 굴욕적인 패배를 당하면서 러시아의 취약한 경제적 토대가 드러나고 농노·농민 징집병 중심 군대의 효율성에 의문이 제기되자 이러한 인식이 한층 더 강화되었다. 농노 해방법은 농노에게 법적 자유를 부여하고 귀족 재산의 일부를 할당했으며 귀족 지주에 대한 노동 및 금전 제공 의무 및 영지 내 귀족의 사법권을 폐지했다.

농노 해방의 중요성은 아무리 강조해도 지나치지 않다. 농노제도가 아무리 많은 비판을 받아왔다 해도 정부가 귀족 소유 토지의 거의 절반을 몰수하는 것은 대단히 급진적이고 용감한 조치였다. 크림 전쟁에서의 패배라는 크나큰 충격이 없었다면 이러한 위험 감수는 불가능했을 것이다. 러시아 제국이 부유하지 않았으므로 지주에 대한 보상은 장기 국채 형태로 이루어져야 했다. 농노들은 사상 처음으로 자기 토지를 할당받았다. 그러나 농노들은 정부가 결정한 수준에 따라 지주에게 대부금을 갚아야 했다. 처음에는 49년 상환 조건이었다(토지 가치가 이후 40년 동안 상승하긴 했지만 1861년의 대부금 액수는 몹시 부풀려져 있었다.). 국가 농민은 별도의 법(1866년)에 따라 토지를 할당받았지만 45년 동안 대부금을 갚아야 했다.

농노 해방법 시행은 엄청난 과업이었고 부당하게 대우받는다는 농민들의 분노는 필연적이었다. 전체적으로 볼 때 농노들은 이전에 경작하던 토지의 약 5분의 1을 잃었다. 귀족 영지에서 어느 농토를 농노에게 할당할 것인가는 주로 지주가 결정했고 이는 제국 전체에 걸쳐 서로 다른 결과를 만들어 냈다. 토지의 질이 좋을수록 지주는 당연히 토지를 계속 소유하기를 (혹은 넘겨주는 토지에 대해 충분히 보상받기를) 원했고 농민에게 할당되는 면적은 줄어들었다. 반대로 나쁜 토지라면 농민이 상대적으로 더 많이 받을 수 있었다. 토지 비용을 지불할 여력이 없는 농민은 극도로 좁은 농지를 무상으로 받았는데 이것만으로는 생계유지가 불가능했다. 농민이 법적으로 자유로워졌다고는 해도 몇 가지 제한은 남아 있었다. 가장 중요한 제한은 농민 공동체의 허가 없이는 마을을 떠날 수 없다는 것이었다. (1874년에 단기 병역 의무제가 도입되면서 징집 대상자를 선발하는 역할은 사라졌지만) 농민 공동체는 여전히 마을의 농업 주기를 결정하는 존재였다. 농노 해방 이후에도 농노제에 동반되었던 경제적 약점[이동 제한, 대상(帶狀) 재배, 토지 소유(및 세금 부담)를 균등화하기 위한 농민 공동체의 토지 재분배 권한, 혁신의 위험을 감수하지 않으려 하는 농민 공동체 등이 있다.]은 사실상 그대로 유지되었다.

볼가강 지역은 토지 보유 형태나 농민 지위가 다양했으므로 농노 해방의 결과를 살피는 시금석이 된다. 대규모 귀족 영지는 강 서편 비옥한 검은흙 지역에 있었는데 주로 사라토프주였고 농노 대부분이

러시아인이었다. 그러나 같은 주나 지역이라 해도 토지의 질, 귀족 영지의 크기, 농업용수(강과 연못)의 접근성, 지주와 농민 개인의 태도에 따라 농노 해방의 결과는 달라졌다. 농민들은 자신이 경작했던 토지를 전부 받는 것만이 유일하게 '공정한' 결과라고 확신했다. 그런데 농노 해방 이후 사라토프주 농민들은 경작했던 토지의 약 4분의 1, 많게는 절반까지도 잃어버렸다(유럽 러시아 지역에 비해 평균적으로 더 많은 토지를 잃었다.). 이는 사라토프주의 토질이 좋았기 때문이다. 농지를 적게 할당받은 상황에서 인구가 늘어나자 농민들은 19세기 후반의 철도 중심 곡물 무역 확장의 혜택을 보기는커녕 생계유지조차 어려웠다.

러시아 제국 전역에서 농노 해방 이후의 혼란이 몇 년 동안 지속되었다는 점은 놀랍지 않다. 초기 혼란의 일부는 법 구문에 대한 헛소문 때문이었지만 농노 해방으로 인해 산림과 공동 목초지를 포함한 기존 경작 토지를 잃어버려야 하고 그러면서도 지주와 국가에 대한 세금 및 기타 의무는 유지된다는 점을 알게 된 농민들은 분개했다. 사라토프주 일부와 같은 검은흙 지역에서는 갈등이 더욱 격렬하고 종종 폭력적이었다. 예를 들어 엄청나게 부유한 보론초프 가문 소유이되 관리인이 맡아 운영하던 로마노프카 마을에서는 1861년, 1862년, 1863년에 소요와 집단적 불복종 사태가 발생했다. 군인들이 투입되어 주동자들을 채찍질과 태형 등으로 가혹하게 처벌했지만 또 다른 반란을 막지는 못했다.[1]

1905년까지 사라토프주의 농민과 (상인과 장인 같은) 비농민은 매매 또는 임차를 통해 귀족 토지를 점점 더 많이 확보했다. 1877년부터 1905년까지 사라토프주의 귀족 지주들은 500곳 넘는 영지에서 238,900데샤티나(2,600평방킬로미터가 넘는 규모다.)의 토지를 팔았고 이 기간 동안 농민 소유 토지의 비율은 48퍼센트에서 49퍼센트로 약간 증가했다.[2] 농민이 귀족의 토지를 구입하기보다는 임차하는 경우가 더 일반적이었고 대규모 영지라면 더욱 그러했다. 19세기 말까지 사라토프주 세 지역 농민들은 전체 토지의 약 3분의 1을 임차했다(유럽 러시아 쪽 평균보다 높았다.).[3] 귀족 영지에 대한 방화 공격(이른바 '붉은 수탉')이 이어지면서 겁먹은 귀족들은 1905년 혁명 전후로 토지 일부를 팔아야만 했다. 귀족 지주 중 많은 수가 도시에서 새로이 다양한 직업을 갖게 되었지만 농업 분야에서 혁신을 이루는 사람도 있었다. 예를 들어 사라토프와 사마라주에 영지를 소유하고 있던 엘레나 슈발로바 백작 부인은 1884년에 모리츠 롤랜드라는 혁신적인 관리인을 고용했다. 새 관리인은 사라토프 영지 중 한 곳에서 관개 기술을 실험했고 1889년의 사라토프 농업 전시회에서 금메달을 수상했다. 그가 관개한 토지의 수확량은 관개하지 않은 곳보다 두 배 이상 높았다.[4]

볼가강 중하류 지역은 겨울의 혹독한 추위, 봄과 여름의 가뭄 등 극한의 기후 조건이었다. 1891년 겨울은 기온이 영하 31도까지 떨어질 정도로 몹시 추웠는데 이후 홍수가 발생해 묘목이 고사해 버렸다. 1892년 봄에는 바람이 많이 불어 표토가 유실되더니 덥고 건조한 여름이 이어졌다. 그 결과 중부의 검은흙 지역에 끔찍한 기근이 발생해 서쪽의 주들에서 우랄의 동쪽과 북쪽까지 확대되었다. 그 중심에 볼가강이 있었다. 작가 알렉세이 톨스토이는 볼가강 중류 시즈란 근처의 자기 영지에서 기근을 목격했다.

> 땅이 크게 갈라졌고 나무는 색이 변한 채 잎을 떨어뜨렸으며 농작물은 갈색으로 말라 버렸다. 열기가 지평선 너머까지 자욱하게 깔려 식물의 흔적까지 다 태웠다. 마을 집들 지붕을 덮었던 마른 풀까지 내려 가축 먹이로 주었다. 그나마 살아남은 가축도 혼자서는 서지 못할 정도로 쇠약해 우리 천장에 묶어두어야 했다.[5]

중앙 정부는 곡물 수출을 충분히 신속하게 중단하지 못했고 지역 차원 원조에도 효율성과 일관성이 없었다. 니즈니노브고로드 남쪽의 상황이 특히 심각했는데 철도망이 피해 지역 전체에 충분히 닿지 않았고 볼가강이 얼어붙자 선박 운송도 어려웠기 때문이다. 그럼에도 1891~1892년에 약 1,300만 명의 농민이 국가 원조를 받았다. 가장 도움이 절실한 이들에게 도달하기 어려웠던 상황을 감안할 때 상당한 성과였다.[6] 이는 소련 정부가 외국 원조에 크게 의존했던 1920~1921년의 기근, 그리고 소련 정부가 존재 자체를 부인했던 1930~1931년의 기근과 현저하게 대비된다. 다른 유럽 국가의 기근 구호, 특히 19세기 중반 아일랜드에서 영국 정부가 벌인 기근 구호 활동과 비교하더라도 양호한 편이다. 1891~1892년 기근은 사마라와 사라토프주에서 더욱 극심했고 사라토프주 주민의 절반이 한계 상황에 내몰렸던 것으로 추정된다.[7] 말(馬)은 3분의 2가, 소는 거의 90퍼센트가 식용으로 도살되거나 사료 부족으로 죽었다. 기근에 이어 콜레라와 발진티푸스까지 발생했다. 영양 부족인 환자들에게 치명적인 병이었다. 1891~1892년 기근으로 약 30만 명이 사망했다고 하는데 콜레라로 또다시 많은 사람이 목숨을 잃었다.[8]

19세기 후반에는 (기근에도 불구하고) 농민 인구가 크게 증가했는데 좋은 토지가 제대로 할당되지 않고 상환 비용 부담까지 지게 되자 농노 출신 농민들의 분노가 극에 달했다. 이러한 분노는 1905년, 러시아 제국 전역에서 표출되었고 시골 농민들의 폭력 사태로 이어졌다. 농민들은 목재를 빼앗고 울타리를 부수고 땅을 차지하기도 하면서 과거의 귀족 지주들에게 복수했다. 농민에게는 숲에 들어가는 것이 매우 중요했다. 목재를 구할 뿐 아니라 가축을 방목하고 열매와 버섯을 채취하기 위해서였다. 폭력적으로 변한 농민들은 토지를 점령하고 저택을 포함한 영지 건물을 불태우기도 했다. 심비르스크주에서는 목재 탈취가 일반화된 현상이라고까지 기록되었지만 농민들은 더 나아가 곡물과 물건을 훔치고 헛간과 귀족 가옥을 불태웠다. 1905년 11월, 쿠르미시 지역(현재 니즈니노브고로드주의 일부)에서 영지 20곳 이상이 약탈 파괴를 당했고 귀족 지주들이 도망쳤다는 보고가 나왔다. 1년 후에는 영지 30곳이 공격받았다고 보고되었다.[9] 사라토프에서는 1905년에만 영지 약 300곳이 파괴되었다.[10] 농노 출신 농민들은 사라토프주의 검은흙 지역에서 특히 적극적이었는데 1905년과 그 이후의 저항은 가장 가난한 농민이나 소유한 땅이 가장 적은 이들만의 행동이 아니었다. 사마라주의 지주 대장이자 사마라 젬스트보(주로 자유주의 성향의 지방 행정 기관) 의장이었던 저명한 지역 귀족 알렉산드르 나우모프는 1906년, 볼가강 변의 영지 골로프키노로 돌아갔을 때 흥분한 채 무례를 일삼는 농민들 모습에 충격을 받았다. 젊은 농민들, 그리고 토지가 거의 없는 농민들이 선동가에 넘어가 '자유'를 '요구'하는 현상이 특히 두드러진다고도 하였다.[11]

1905~1906년의 여러 사건은 농노 해방이 '농민 문제'를 해결하지 못했다는 사실을 보여 주었다. 이를 인정하는 과정에서 농민들이 토지의 대가로 국가에 지불해야 했던 추가 상환금이 폐지되었다. 1906년, 총리 표트르 스톨리핀은 농민과 관련해 새로이 중요한 개혁을 단행했다. 가족이 카잔과 니즈니노브고로드주에 영지를 소유했고 사라토프 총독으로 있을 때 1903~1906년의 농민 소요를 진압하기도 했던 스톨리핀은 볼가강 지역을 잘 아는 인물이었다. 1906년 법은 농민들이 3분의 2의 찬성으로 농민 공동체를 완전히 해산하고 별도의 농장을 설립할 수 있도록 허용하고 장려했으며 개별 농민들도 공동체를 탈퇴하고 경작지를 확보해 자신의 농장을 설립할 수 있도록 허용했다. 목표는 부자 농민, 혹은 독립 농민이라는 새로운 계층을 만들어 농촌의 생산성을 높이고 더 나아가 국가의 안정성 강화와 차르 체제에 대한 충성을 확보하는 것이었다. 유능한 농민들이 자기 토지에 더 잘 투자할 수 있도록 새로운 농촌 은행이 설립되었다.

스톨리핀 개혁에 대한 볼가 지역의 반응은 주별로, 또한 지역이나 마을 내에서도 토지의 질에 따라 다양했다. 사라토프와 사마라주 등 양질의 토지에 거주하는 농민들은 스톨리핀 개혁에 대개 더 긍정적으로 반응했고 마을 전체가 공동체 해체를 선택하기도 했다. 토질이 나쁜 지역의 농민들은 '분리'되려는 마음보다 당장 중요한 요인들, 예를 들어 목초지 규모, 강이나 연못의 수량 등에 더 관심이 컸다. 볼가강 상류의 야로슬라블주에서는 집단적 또는 개별적으로 공동체를 떠난 농민의 수가 크게 증가하여 1914년까지 약 15,000명에 달했지만 지역별 편차가 (7~13퍼센트로) 크게 나타났다. 전체적으로 볼 때 함께 공동체를 떠나 다른 곳(도시나 시베리아)의 일자리나 땅을 찾아 떠난 것은 가장 가난한 농민들이었다.[12] 카잔주에서는 공동체를 떠난 가구가 전체의 8.5퍼센트뿐이었지만 주 내에서도 지역에 따라 비율이 다양했다.[13]

농민들은 혼자 농사지을 때 발생할 수 있는 위험 때문에 주저했을 가능성이 있다. 사라토프주의 한 농민은 이와 관련해 "현재 제 땅은 모두 여섯 군데에 있습니다. 우박이나 안개 때문에 곡식 일부가 망가져도 다른 곳에서 여전히 수확할 수 있단 말입니다"라는 답변을 내놓았다.[14] 농민들은 (폭풍이나 화재 같은) 자연재해가 발생했을 때 마을과 단절되는 상황을 두려워했다. 결국 공동체에서 독립해 자기만의 농장을 만들 수 있는 사람은 부유한 농민뿐이었고 (이러한 농장을 '쿠토르'라 불렀고 농장을 만든 농민을 '분리자'라고 했다.) 또한 이들만이 새로운 농민 대출 은행을 이용할 배짱을 지니고 있었다. 카잔주의 농민 M. V. 사비노프는 '쿠토르를 가지면 물론 좋지만 그건 토지가 충분히 있을 때만 가능하다'고 말했다.[15]

공동체 전체가 아니라 개인이 '분리'를 선택한 경우 이는 마을 내

분쟁을 일으킬 수 있었다. 카잔주에서 나온 다음 보고를 보자.

일부 농민이 쿠토르로 옮겨 가면 다른 이들은 불만을 품고 모든 수단을 동원해 쿠토르의 삶을 어렵게 만든다. 목초지를 빼앗고 공동체 내 도로를 사용하지 못하게 하고 마을 용수에도 접근하지 못하게 한다.[16]

'분리자'에 대한 이런 분노는 1917년 이후 소련이 농민들의 곡물을 몰수하는 과정에서, 또한 집단화 과정에서 다시 한번 등장했다.

볼가강 시골 지역의 상황은 농노 해방과 스톨리핀 개혁이 어느 정도 성공을 거두었는지 의문을 제기한다. 러시아 제국 전체에서 1915년 말까지 약 10퍼센트의 농민이 자기 토지를 소유하게 되었지만 이것이 기존의 경작 토지를 통합해 마을과 분리되었다는 의미라고 보기는 어렵다. 개혁에 대한 농민들의 반응 통계 또한 평가가 쉽지 않다. 스톨리핀 지지파와 (마르크스주의자 및 후기 소비에트 역사가를 포함한) 반대파가 각자의 주장, 즉 혁명의 기운이 무르익었다거나 그렇지 않다는 주장, 혹은 개혁 결과로 부유한 농민 계급이 등장했다거나 그렇지 않았다는 주장을 할 때 동일한 통계 수치를 근거로 내세웠기 때문이다. 대체로 토질이 좋지 못했던 트베르주에 대한 연구를 보면 19세기 후반에 작물의 종류가 다소 증가했고 1906년 이후에는 시장 수요에 맞춘 변화가 있었으나 근본적인 농업 관행은 농노 해방과 스톨리핀 개혁을 거쳤음에도 그대로 유지되었다.[17] 1908년의 정부 조사를 보면 일부 지역의 토질이 좋고 농민들이 개혁에 호응했던 사라토프주에서조차 새로운 분리 농장들이 농업을 크게 변화시키지 못했다. '농민 공동체와 비교했을 때 새로운 농장 형태에서 변화된 점은 거의 관찰되지 않았다.'[18] 그러나 이는 스톨리핀 개혁 이후 불과 몇 년 후의 조사 결과였다. 변화에는 시간이 걸리는 법이다.

볼가강 지역의 비러시아인 농민에게는 농노 해방이 큰 영향을 미치지 않았다. 농노가 아닌 국가 농민이 대다수였기 때문이다. 예를 들어 추바시 농민 중 농노는 8.6퍼센트뿐이었던 것으로 추정된다. 물론 농노였던 사람들은 러시아 농민과 거의 같은 경험을 했다. 농노 출신 추바시인은 예상했던 것 혹은 마땅히 받아야 했다고 여겼던 것보다 적은 토지를 받았다. 귀족 소유 토지가 점차적으로 감소하고 농민이 매매 및 임차하는 토지가 증가하는 상황은 추바시 지역에서도 동일하게 나타났다. 추바시 농민 대다수가 거주했던 심비르스크주 전체에서 귀족 소유 토지는 1877년의 12퍼센트에서 1905년에 8.9퍼센트로 감소했고 농민 소유 토지는 같은 기간 동안 45퍼센트에서 거의 48퍼센트로 늘었다. 1906년의 스톨리핀 개혁 이후 귀족의 토지가 이전되는 과정이 가속화되었다.[19] 1861년 이후에는 비러시아인들 사이에서도 소요가 발생했다. 특히 1889년에는 뱌트카주 남쪽에서 세금 부담에 반발해 반란을 일으킨 마리 농민들이 가혹하게 처벌받는 사태가 벌어졌다. 카잔에서 온 대대 병력이 농민들을 진압했고 수많은 농민이 60~80대 채찍형을 받았다.[20]

비러시아인 농민들은 스톨리핀 개혁에 별 반응을 보이지 않았다. 다수가 토질이 나쁜 지역에 살았으므로 새로운 철도망을 이용해 곡물 등 농산물을 시장에 내놓을 새로운 기회를 활용할 수 없었다. 스톨리핀 개혁 이후 '분리자'가 된 타타르, 마리, 추바시, 모르도바족은 극소수에 불과했다. 마리 및 추바시 마을은 많은 수가 원시적 상황에 놓여 있었고 농민 공동체가 토지를 재분할하는 일조차 거의 없을 정도였다. 1906년 이후에 대부업과 협동조합 활동이 다소 증가했다고 하지만 비러시아인 마을은 거의 변하지 않았다.

볼가강의 독일인 정착민들 또한 이 시기에 눈에 띄는 변화를 보이지 않았다. 당시 사람들은 독일인 정착민들이 러시아 농민보다 부유하다고 여겼지만 실제로는 전통 농법 고수나 높은 출산율 같은 요인 때문에 그렇지 않았다.[21] 아마 이런 이유 때문인지 볼가강 지역 독일인들은 1906년 개혁 이후 주어진 이동권을 적극 활용했고 일부는 더 많은 땅과 더 나은 삶을 기대하며 시베리아로 이주하기도 했다.[22] 이는 독일인 정착지 상당수가 1890년대의 끔찍했던 기근으로부터 제대로 회복되지 못한 탓이기도 했다. 이 시기에 미국으로 이민을 떠난 독일인 정착민도 많았는데 사라토프를 방문한 어느 영국 여행자는 이민자가 '어마어마한 수'였다고 기록했다.[23]

농민 농업에서 무엇을 '성공'으로 보아야 하는지는 사실 불명확하다. 한 역사학자는 스톨리핀이 농민 공동체를 파괴하거나 농촌 사회를 변화시키려 한 것이 아니라 장기간에 걸쳐 농민 경제 활동을 바꿔나가려 한 것이라 주장했다.[24] 다른 역사가들은 개혁의 목표가 농민 공동체의 완전한 변화라고 보았는데 이 경우 개혁은 실패했다고 평가된다. 사실 농촌 개혁이라는 과제는 어느 역사가가 표현했듯 '너무도 엄청난 작업'이므로[25] 근본적인 정치 및 사회 개혁 없이는 해결할 수 없고 하루아침에 되는 일도 아니다. 제1차 세계 대전이 발발하기에 앞서 러시아 제국이 이 개혁을 보다 공고히 할 시간이 있었다면 농촌의 경제적, 정치적 상황이 더 안정되었을까? 알 수 없는 일이다.

근본적인 문제는 인식에 있었다. 사는 곳이 야로슬라블이든 사라토프든 카잔이든, 출신이 러시아인이든 비러시아인이든 간에 모든 농민은 땅이 충분하지 않다고 생각했다. 그래서 지주와 국가를 비난했다. 모든 토지는 일한 사람의 것, 즉 농민의 것이 되어야 한다고 여겼다. 이렇게 볼 때 농노 해방은 '자기 땅'이라 생각했던 땅의 상당 부분을 잃어버리고 자기 몫으로 받은 땅에 대해서는 돈을 지불하도록 만들었을 뿐이다. 러시아 정부는 전쟁과 혁명을 앞두고 대다수 농민을 만족시키는 데 분명 실패했다. 그러나 이것이 결국 달성되었을 가능성은 거의 없다. 지주의 모든 재산을 완전히 몰수하는 정책은 혁명 정부에서만 가능했기 때문이다.

1905년 혁명을 촉발한 것은 1월 9일, 차르에게 제헌의회 소집 청원서를 제출하려던 시위대 수백 명을 군대가 학살한 피의 일요일 사건이었다. 이 잔혹한 대응은 러시아 제국 전역의 공장 파업과 도시 시위행진을 일으켰다.

볼가강 지역 도시들은 19세기 말과 20세기 초에 산업이 크게 확장되고 인구가 증가하면서 (상트페테르부르크 정도는 아니라 해도) 사회적 압력과 불안정이 높아졌다. 러시아 제국은 다른 어떤 유럽 국가보다 빠른 속도로 산업과 수출 무역을 확장했고 이런 면에서 볼가강 지역 도시들은 그 성공의 희생양이었다. 경제 기반이 열악했음에도 1890년대에 약 8퍼센트의 경제 성장을 이룬 것은 인상적이다. 철도가 가져온 새로운 곡물 무역 기회는 볼가 지역 도시의 공장 인구 증가로 이어졌다. 예를 들어 사라토프는 모스크바로 연결되는 철도가 완공된 후 곡물 무역의 중심지가 되면서 산업이 발전했다. 가죽, 벽돌, 수지, 칼륨 및 금속 공장이 설립되었으며 1910년에는 시내에 공장이 136곳이나 있었다.[26] 사라토프가 산업 도시로 성장했다면 (당시 사라토프주의 한 지방 도시에 불과했던) 차리친은 신흥 도시로 떠올랐다. 철도와 강을 함께 끼고 있는 유리한 위치 덕분에 노동자와 공장이 급속도로 증가해 '러시아의 시카고'라 불릴 정도였다. 1861년에 6,700명이었던 인구가 1900년에는 67,650명(1915년에는 134,683명)으로 급증했다. 공장에도 노동자가 대거 집중되었는데 예를 들어 (프랑스·벨기에 소유의) 우랄 볼가 금속 공장은 노동자를 3,000명 이상 고용했다.[27]

1905년, 러시아 제국의 거의 모든 주요 도시에서 파업과 시위가 일어났다. 볼가강 지역 도시들도 예외가 아니었고 사라토프와 사마라 등 1895~1904년에 질서를 유지했던 곳에서도 1905년에는 파업이 일어났다.[28] 리빈스크에서는 부두 노동자들이, 코스트로마에서는 섬유 노동자 1만 명이 파업을 벌였다. 공장 노동자들은 많은 수가 임시직이었는데 임시직이든 상근직이든 열악한 주거(독신 남성용 막사가 대부분이었다.), 저임금, 가혹한 노동 조건으로 고통받기는 마찬가지였고 그 현실적 문제를 공략한 사회주의 혁명 세력에게 설득당하곤 했다. 1905년에는 공장 노동자들이 시위의 선두에 섰다. 사회주의 선전의 영향을 받았다곤 해도 정치 및 사회 질서의 변화보다는 임금과 노동 조건 개선을 요구하는 경우가 많았다. 차리친의 프랑스·벨기에 소유 금속 공장에서 일하던 노동자 이반 가브릴로프는 1940년의 회고록에서 열악한 임금과 조건에서 하루 최대 12시간씩 일했던 경험을 밝혔다. 노동자들의 요구는 하루 8시간 노동과 점심시간 보장이었다. 군인들은 노동자에 대한 발포를 거부했지만 파업 위원회가 체포되면서 파업이 무산되었다.[29] 아스트라한에서는 노동자들이 하루 9시간 반 근무를 요구했다.[30] 볼가강 지역 철도 교차점에서 일하는 노동자들은 하루 8시간 노동과 더 긴 식사 시간, 그리고 벌금 축소를 위해 파업에 나섰다.[31]

공장의 규모와 성격, 주둔군 존재 여부, 지역 사회주의 정당의 활동, 총독의 성격 등 개별적인 상황 요소가 양측이 동원하는 폭력의 형태와 정도를 결정했다. 트베르의 경우 급진적 성향은 20세기 초에 약 22,000명에 달한 섬유 노동자들에게서 주로 일어났다. 이 노동자들은 저임금에 시달렸고(상트페테르부르크에 비해 현저히 낮은 수준이었다.) 대규모의 공장에 고용되어 있어(그중 가장 큰 공장은 모로조프 섬유 공장이었다.) 사회주의 정당이 접근해 지지를 얻어내기 쉬웠다. 트베르 섬유 노동자들은 1902년과 1903년의 대규모 파업에 참여했다. 따라서 피의 일요일 바로 다음 날, 노동자 600여 명이 모인 회의에서 즉시 파업이 결정된 것은 놀라운 일이 아니었다. 그러나 (공장을 폐쇄하겠다고 위협한) 공장주들의 저지, 미숙련 노동자와 대립하며 주동자들을 경찰에 넘긴 숙련 노동자 및 견습생 민병대의 연합 행동 때문에 파업 시도가 좌절되었다. 여름 동안 산발적인 시위가 계속되다가 10월, 경찰이 이끄는 우익 폭도들이 노동자 편을 들지 말라며 주 정부 젬스트보 건물을 공격하면서 상황이 최악으로 치달았다. 폭도들은 건물에 불을 질렀고 지역 주민들을 잔혹하게 공격했다. 64명이 사망 혹은 중상 피해를 입었다. 이 사건 이후 일어난 노동자 시위는 대검을 휘두르는 코사크들이 진압했다. 1905년 12월, 노동자들은 모로조프를 비롯한 여러 공장에서 바리케이드를 치고 농성을 벌였지만 무장 군인들의 공격을 앞두고 파업을 중단해야 했다. 이 사건의 여파로 많은 노동자가 체포되었고 트베르 노동자들의 파업이나 정치 활동은 잠잠해졌지만 잔혹한 진압의 기억은 오래 남았다. 1917년 3월 차르 정권 몰락 후 트베르 노동자들은 이틀 동안 폭동을 일으켰는데 이는 1905년 혁명의 원인이 된 분노를 국가도, 개별 공장주도 해결하지 못했음을 분명히 보여주었다.[32]

트베르에서 일어난 사건은 1905년 혁명 후반기에 나타난 우익의 반발 움직임을 볼가강 지역 도시들이 비껴갈 수 없었다는 점을 보여준다. 이른바 '검은 백인대'는 극단적인 민족주의, 반(反)사회주의, 반유대주의 무리였다. 1900년경에 창설되어 1905년의 혼란 와중에 번성했고 특히 볼가강 상류 도시들에서 활발히 활동했다. 예를 들어, 1905년 10월 20~21일에는 야로슬라블에서 최소 1,000명이 참가한 검은 백인대 행진이 있었고 유대인 상점과 노동자 공격이 이루어졌다.[33] 10월 19일, 코스트로마에서는 대부분 젊은 남자인 폭도 100명 이상이 유대인 상점을 공격하며 '유대인 타도'에 나섰다. 한 명이 사망하고 40명이 중상을 입었다. 가해자들은 대개 상인과 상점 점원이었지만 지방에서 온 신학생과 농민도 있었다.[34] 1905년에 일어난 이 반발 폭동들은 노동자 시위와 함께 제1차 세계 대전 발발까지 해결되지 못했던 도시 내 사회적 불안정성을 잘 드러냈다.

19세기 후반의 사회적·경제적 변화는 특히 볼가강 지역 타타르의 정체성 진화에 영향을 미쳤다. 볼가강 지역에는 늘 타타르 지식인층이 존재했고 19세기 말에는 경제적 부를 이룬 타타르인도 늘어났다. 이로 인해 최소한 도시민 이슬람교도들은 제국 내 자기 지위에 대한 자신감이 높아졌다. (타타르 상인과 산업 엘리트들이 집중되어 있던) 카잔의 부유한 타타르 상인이었던 이스마일 아파코프는 19세기 후반에 도시 엘리트의 일원으로 지방 법원에서 근무하고 카잔 제국 경제학회 회원으로 활동했다.[35] 볼가강 지역 다른 도시에도 부유한 타타르 사업가들이 있었다. 1892년, 사라토프에는 타타르인 상점이 열 곳 운영되었는데 1914년에는 그 수가 154개로 늘어났다.[36] 부유한 타타르 상인들 다수는 자선 단체를 결성해 소수자인 가난한 타타르 도시민을 돕고자 했다. 1901년, 카잔에 설립된 '가난한 이슬람교도 협회'도

그중 하나였다.[37]

도시에 거주하는 볼가강 지역 타타르 엘리트들의 새로운 자신감은 나름의 도시 기관을 통해 독립성을 확보하겠다는 주장으로 표출되었다. 18세기의 정부 정책은 제국 내 비러시아인(타타르뿐 아니라 코카서스와 서부 국경 지대의 민족을 모두 포함했다.)을 위한 별도의 법적, 행정적 체계를 갖추는 것이었다. 비러시아인이 도시의 대표자가 될 수 있는가의 여부는 논란거리였다. 1868년, 카잔주 마마디슈 지역에서는 더 이상 이슬람교도 대표를 선출할 수 없다는 사실이 알려지면서 소요가 발생했다.[38] 농노 해방 직후였고 시골에서 여러 차례 소요가 일어나던 상황이었다. 1885년에는 지방 당국이 러시아 장인회와 타타르 장인회를 통합하고자 시도했다. 이를 자치권에 대한 공격으로 간주한 카잔과 치스토폴의 타타르인들이 반대하고 나섰다. 결국 통합은 이루어졌지만 선거는 따로 치러졌고 첫 회의에서 러시아 측 대표와 타타르 측 대표들은 회의장 양 끝에 따로 모여 앉았다고 한다.[39]

타타르족이 자신들의 개별성과 새로이 얻은 자신감을 내세우는 가장 확실한 방법은 바로 이슬람이라는 종교였다. 이는 도시와 시골에 새로운 모스크를 짓는 것으로 드러났다. 1892년에는 부유한 타타르인 한 명이 카잔에 새로운 모스크를 세우도록 허락해 달라는 청원을 당국에 올리면서 다른 부자 도시민들의 의견을 모아 제출했다.[40] 개별성을 주장하는 또 다른 방법은 모스크 부속 이슬람 학교를 더 많이 설립하여 (주로) 소년들에게 이슬람교 교리와 아랍어를 가르치는 것이었다. 러시아 정부와 볼가강 지역 타타르 사이에 갈등이 빚어진 것도 바로 이 두 지점이었다. 이전에 기독교로 개종한 타타르족을 이슬람교로 재개종시키려는 시도, 그리고 타타르 학교의 교육 과정 및 러시아어 사용을 둘러싸고 갈등이 발생했던 것이다.

앞서 볼가강 지역에서 기독교도 타타르인(엄밀히 말하자면 18세기에 정교회로 개종한 '새로운 세례자' 타타르인이다.)을 다시 이슬람교도로 만들려는 시도가 지역 차원에서 이루어졌다는 사실을 살펴보았다. 이러한 움직임은 19세기 말과 20세기 초에 더욱 활발하고 공격적으로 전개되었다. 마을 수준에서 이것은 대중적 이슬람교의 재탄생을 의미하는 것이기도 했는데 여자 신도들이 주도하는 일이 많았다.[41] 타타르인들이 이슬람교로 재개종한 타타르 마을에는 모스크가 불법으로 건설되곤 했다.

타타르 기독교도에 대한 재개종 요구는 1905년 혁명 이후 정부가 '양심의 자유' 관련 칙령을 발표하면서 더욱 격렬해졌다. 세르게이 비테 총리는 '200년간의 종교 억압을 끝내고 러시아가 종교적 관용의 길로 접어들었다'고 했다.[42] 볼가강 지역에서 이 법령이 낳은 실질적 결과는 타타르 기독교도의 이슬람교 재개종 청원이 허용된 것이었다. 1905년에서 1910년까지 카잔주의 타타르 기독교도 32,000명이 다시 이슬람교도가 됨으로써 타타르 기독교도는 불과 3,000여 명만 남았다. 같은 기간 심비르스크주에서는 타타르 기독교도 4,360명이 이슬람교도가 되었다(사마라와 사라토프주에서도 소수의 재개종 사례가 나왔다.).[43] 볼가강 중류 지역에서는 이슬람교 재개종 청원이 너무 많이 나오자 긴장한 러시아 정부가 청원을 거부하기 시작했다. 지역 당국자

3부 러시아 제국의 볼가강

들은 강제 재개종 상황이 아닌지 의구심을 가졌다. 예를 들어 1909년, 알렉세이 스테파노프라는 카잔의 농부는 타타르 기독교도가 자기 의사에 반해 이슬람교도가 되게끔 강요했다는 혐의로 유죄 판결을 받았다.[44]

1905년 이후 볼가강 지역의 타타르 이슬람교도들은 보다 공개적인 종교 생활의 권리를 주장했다. 카잔의 타타르인들이 러시아 명절이 아닌, 이슬람교 명절을 지키기로 결정하는 일도 벌어졌다. 이는 타타르 이슬람교도로서의 정체성에 대한 자신감을 드러낸 것이었고, 동시에 이슬람교도 상인들이 러시아의 공휴일에도 상점 문을 열고 장사할 수 있다는 의미였다. 이런 움직임은 러시아어와 타타르어로 발행되는 카잔의 지역 신문 칼럼을 통해 진행되었고 1910년, 고유 명절을 주장하는 이슬람교도 2,000명의 도심 집회로 절정에 달했다.[45]

이 시기에는 (기독교도와 이슬람교도를 통틀어) 타타르인에 대한 교육도 민감한 문제가 되었다. 교육은 러시아 정부가 (국립학교의 교과 과정을 결정하는 등) 늘 직접 개입해 온 영역이었다(종교 기관 교육의 전통이 없었으므로 교육은 국가 또는 개인 교사의 손에 달려 있었다.). 19세기 후반까지 이슬람교도는 자녀 세대가 받을 기본적 교육을 직접 결정할 수 있었다. 타타르의 교육은 전통적으로 모스크와 연계되어 초급학교[메크텝(mekteb)]와 고급학교[마드라사(madrassa)]가 모두 모스크에 딸려 있었고 코란 구절을 암송하고 아랍어를 암기하는 활동 중심이었다. 그러나 이 무렵 러시아 정부는 이러한 학교가 기독교도의 배교를 조장하고 문맹 퇴치와 러시아 제국에 충성하는 시민 배출이라는 교육의 주된 목적을 달성하지 못한다고 우려했다. 1872년 국가 회의에 들어온 보고서를 보면 타타르 이슬람교도를 위한 비종교적 교육을 확립하고 '러시아 학교 또는 선교 활동을 통해' 러시아인 학생들과 '통합'할 필요가 있다고 나온다.[46] 카잔 신학 아카데미와 카잔 대학교의 투르크어 교수인 니콜라이 일민스키의 도움을 받아 새로운 정책이 시행되었다.

일민스키는 이슬람교의 영향력에 맞서고 러시아 제국에 대한 충성심을 심기 위해 러시아어와 세속적인 과목을 가르쳐야 한다고 인식했다. 그러나 동시에 이슬람 교육을 완전히 없애거나 현지어 교육을 억제하는 것이 비현실적이라는 점도 이해했다. 새로운 러시아·타타르 학교의 교과 과정에서는 러시아어 학습이 압도적으로 많았다. 예를 들어 아스트라한의 러시아·타타르 학교는 1896~1897년에 러시아어를 주당 11시간 가르쳤고 타타르어는 저학년 학생에게 3시간, 고학년 학생에게 14시간을 가르쳤다.[47]

새로운 학교의 학생은 더디게 모집되었다. 이 학교가 타타르의 교육 방식을 없애고 타타르 청소년들이 러시아 사회에 동화되도록 만들 것이라는 (타당한) 두려움 때문이었다. 학교 설립 법령에 '타타르 이슬람교도의 러시아화는 러시아어와 교육을 보급함으로써만 달성 가능하다'고 분명히 나와 있었던 만큼 이러한 두려움은 쉽게 가라앉지 않았다. 전통적인 마을 학교에서도 러시아어를 더 많이 가르쳐야 했다. 볼가강 지역의 일부 마을은 '러시아어를 배우고 싶지 않다'는 단순한 이유로 새로운 교육 과정 도입에 반대하는 청원서를 제출하기도 했다. 더 진지하고 통찰력 있는 의견도 있었다.

우리에겐 러시아어 교사를 고용할 돈이 없습니다. 러시아어를 도입한 이유가 러시아어를 모르면 이슬람교도가 피해를 입기 때문이라고 하는데 저희는 지금까지 러시아어를 몰라도 아무 문제가 없었습니다. 우리는 노동자와 농민이고 열심히 일해서 세금을 내고 있습니다.[48]

그러나 타타르 지식인들은 기존의 교육 제도가 낙후되었다고 인식했다. 보다 세속적인 교과목이 필요하고 젊은 이슬람교도 남성들이 열려 있는 기회를 받아들여 성공하려면 러시아어 지식이 필수적이라 생각했던 것이다. 1874년까지 카잔에는 러시아·타타르 학교가 29개 있었는데 1913~1914년에는 155개로 늘어났다.[49] 20세기가 될 때까지 아스트라한에 러시아·타타르 학교가 19개, 아스트라한주에는 137개 운영되었다.[50] 이와 함께 카잔의 사범학교는 새로운 교과 과정을 담당할 타타르 기독교도 및 비기독교인 교사를 양성했다. 새로운 학교는 민족 정체성과 종교에 대해 지적으로 새로이 접근하는 타타르 지식인 집단이 만들어지는 기반이기도 했다. 사마라의 국립학교 담당자였던 D. 보그다노프는 이러한 잠재적 위험을 간파하고 1914년, '일부 이슬람교도 지식인들에게 러시아 교육은 삶의 투쟁을 위한 갑옷을 제공했다. 그 투쟁의 목적은 러시아 정부의 목적과 같지 않다'[51]라고 썼다.

볼가강 지역에서 교육 정책의 영향을 받은 것은 타타르뿐만이 아니었다. 추바시, 마리, 모르도바족은 대부분 정교회 신자였다(이들의 기독교가 전통 이교 신앙과 융합되어 존재했다는 점은 앞서 살펴보았다.). 이들 학교에서도 러시아어 교육 비중이 높아졌지만 인기가 없는 경우가 많았다. 비러시아 민족들은 러시아어 교육 확대를 나름의 생활 방식에 대한 불필요한 간섭으로 여겼다. 반면 러시아 당국은 이민족을 제국에 더욱 확고하게 통합하는 수단이라 보았다. 1860년대의 선교사 예브게니 볼샤코프는 이러한 인식 차이로 나타난 현장의 문제를 기록했다.

> 내가 들어서자마자 사람들은 마리어와 러시아어로 학교에 반대한다고 외치기 시작했지만 나중에는 동의했다. 나는 학교가 비러시아인들에게 영향을 미치는 주요 수단이 되어야 한다고 확신한다. 하지만 대중에 미치는 영향은 거의 보이지 않을 만큼 느리고 그동안 마리족은 계속 암흑 속에 있어야 하니 비통하기 짝이 없다.[52]

볼가강 지역 독일인 정착민들은 루터교와 가톨릭 교회 모두에서 부속학교를 운영했다. 1913년까지 볼가강 지역 정착지 192곳에 독일 학교 327개가 있었고 학생 수는 약 68,000명이었다.[53] 러시아 언어 교육이 의무화된 1897년 전까지는 이들 학교가 자체적인 교과 과정을 운영하는 데 제약이 없었다. 러시아어 교육에 대한 정착민들의 태도는 양면적이었다. 한편으로는 문화적 특성을 유지하고 싶어 했고 (1905년, 독일 식민지 주민들은 자녀 교육에서 자율권을 인정해 달라고 온건하게 요구했다.)[54] 다른 한편으로는 (특히 정착지가 집중된 사라토프주의 곡물 교역이 확대되면서) 경제적 성공을 위해 자녀들에게 러시아어가 필요하다는 것을 인식했다. 여기에 더해 1874년부터 정착민의 병역 면제 특권이 사라지면서 징집된 독일인은 러시아어를 조금이라도 구사해야 하는 상황이었다.

볼가강 지역 타타르인들이 러시아 제국의 이슬람교도들과 차별화된 자신들만의 특별한 정체성을 의식하게 된 것도 이 시기였다. 이러한 의식은 카잔의 이슬람 사상가들을 중심으로 한 새로운 개혁주의 이슬람 학문에 뿌리를 두었다.[55] 19세기 중반, 카잔의 마드라사와 사범학교에서 교사로 일하던 개혁주의 종교학자 시하베딘 메르자니는 볼가 타타르에 대한 최초의 역사서를 아랍어로 집필했다(그는 볼가강 지역 이슬람교도를 타타르라고 지칭한 최초의 이슬람 저술가이기도 했다). 19세기 말과 20세기 초에는 볼가강 중부 지역의 진보적인 이슬람 종교 사상가들이 중앙아시아의 보수적 사상가들에 의해 유지되어 온 기존 체제에 도전했다. 논의는 대부분 카잔의 타타르 신문을 통해 이루어졌는데 이 시기 타타르 엘리트 사이에서 종교와 교육에 대한 논쟁이 얼마나 활발했는지 잘 보여 준다. 동시에 소녀들의 교육(20세기 초 카잔에 여학교가 개교했다.), 베일 사용, 일부다처제 등 이슬람 여성에 관한 사회적 논의도 보다 공개적으로 이루어졌다.

이러한 종교적 논쟁과 함께 19세기 후반과 20세기 초에는 타타르 문학어를 확립하고 아랍어로 된 책 인쇄를 장려하는 움직임이 일었다. 이를 주도한 인물은 스뱌즈스크 인근 상인 가정 출신으로 카잔 신학교와 러시아·타타르 사범학교의 타타르어 교사였으며 볼가강 지역의 타타르어를 기반으로 타타르 문학어를 개발한 카윰 나시리였다. 이를 계승한 카잔의 볼가 타타르 학자들이 문법을 정리하고 타타르 역사와 당시 사안에 관한 책과 팸플릿을 제작했다. 19세기 전까지 볼가강 지역에서 사용되는 모든 이슬람 종교 서적은 부하라나 콘스탄티노플에서 온 것이었지만 1802년부터는 카잔에서 인쇄가 시작되었다. 이러한 출판업은 20세기 초에 크게 성장했다. 예를 들어 하리토노프 출판사는 1896년에 설립되었지만 1902년에야 타타르어로 된 첫 책을 냈고 1917년에는 666권을 총 300만 부 이상 출판했다. 1900년부터 1917년까지 타타르 출판사가 카잔에만 약 20곳 운영되어 5,000여 권의 책을 3,900만 부 가까이 발행했다.[56] 이 책 중 많은 수가 과학, 역사, 지리 관련 세속적 내용이었다. 러시아 정부는 일부 책들, 특히 타타르 기독교도를 대상으로 한 책들이 이슬람교 재개종을 유도할 수 있다고 우려했다. 결국 1907년, 타타르족 마을의 서적 거래가 금지되었고 지역 경찰은 볼가 박람회에서 불온서적을 압수하며 강압적인 모습을 보였다.

1905년 혁명 이후, 특히 '양심의 자유' 관련 법령 이후 볼가 타타르인들은 국가 정치에 더 많이 참여했다. 비공식적인 학생 정치 서클은 1905년 이전에도 존재했고 1906년에는 러시아·타타르 사범 학교 학생들이 유니언이라는 정당을 설립했다. 1905년 이후 볼가 타타르인들의 정치 활동은 대부분 정당보다는(정당은 1917년 이후 타타르인들의 이익에 반하게 되었다.) 이슬람교도 대회를 통해 이루어졌다. 1905년 8월, 니즈니노브고로드에서 최초의 전(全) 러시아 이슬람교도 대회가 열릴 예정이었지만 총독이 대회 개최를 불허하는 상황이 벌어졌고 참석자들은 오카강의 유람선 여행으로 모였다(유람선은 집회 관련 법률 규정에 들어 있지 않은 장소였다.). 이 즉석 대회는 러시아 내 이슬람교도의 협력, 이슬람교도와 러시아인의 동등한 법적 권리 확보, 이슬람 학교와 출판의 자유 등 여러 목표를 설정했다.[57] 1905년 혁명 이후 처음 구성된 두마에서 볼가 타타르 대표들은 카데트 당을 지지했지만 이후 두마가 보수화되면서 이슬람교도 대표의 수와 영향력은 줄어들었다. 제정 러시아 네 번째이자 마지막 두마(1912~1917년)에 들어간 이슬람교도는 6명에 불과했는데 그중 5명이 볼가·우랄 지역 출신이었다.

정체성에 대한 새로운 인식에서 중요한 부분은 볼가 타타르가 자신들의 기원을 덜 문명화된 동쪽의 몽골족으로 보는 대신 볼가 불가리아로, 즉 볼가강 지역의 투르크계나 유럽계로 여기기 시작했다는 점이다. 이로써 볼가 타타르는 아스트라한 타타르나 시베리아 타타르와도 다른 존재가 되었다.[58] 다음은 19세기 중반 이슬람 학자 갈리 초크리가 쓴 「볼가르 약탈」이라는 시에서 발췌한 내용이다. 중요한 것은 위대한 이슬람 도시의 상실을 한탄하는 시인이 (도시를 폐허로 만든) 러시아인이 아니라 (실제로 도시를 살아남게 한) 몽골인을 비난한다는 점이다.

이슬람의 성스러운 피난처, 볼가르

지금은 폐허가 되어 아무것도 남지 않았네.

......

한때 유명했던 책과 문자도

학식과 인품이 드높았던 학자들도

......

티무르, 야만적인 검은 무리가 들이닥쳤네.

아이들을 죽이고 노인들을 때리며

이슬람교도를 밟아 없애는 것이 그의 사악한 계획

볼가르의 파멸을 꿈꾸었네.

도시는 건물 하나 남지 않고 폐허로 변했네.

얼마나 많은 수의 남녀가 수치스럽게 죽어갔는지.[59]

20세기 초까지 볼가강 지역은 경제적으로나 지적으로 상당한 발전을 이루었다. 그러나 그 과정에서 농촌과 도시 사이에, 민족 집단 사이에 긴장이 생겨났다. 이 불안정한 상황 속에서 볼가강 지역은 세계 대전과 혁명이라는 거대한 두 도전에 직면하게 되었다.

4부

소련 및 소련 이후
시기의 볼가강

13

볼가강 지역의 혁명과 내전

'볼가로 가! 볼가로!'[1]

1914~1921년 동안 러시아 제국은 엄청난 변화를 겪었다. 제1차 세계 대전의 여파로 1917년 2월, 차르 정권이 무너졌지만 새로운 임시 정부 체제는 통치 권력을 갖지 못했다. 1917년 10월 볼셰비키 혁명도 곧바로 새로운 시대를 열지 못해 격렬한 내전이 벌어졌다. 1921년, 볼셰비키는 새로운 국가를 수립했으나 이 과정에서 백군과 정적뿐 아니라 시골 농민들과도 전쟁을 벌였다.

1917년 2월부터 10월까지의 중요 사건들은 상트페테르부르크에서 전개되었지만 볼가강 지역 도시들도 혁명에 결정적인 영향을 미쳤다. 이들 도시에서 일어난 사건들은 혁명을 촉발한 사회 세력의 힘을 보여 주었고 더 나아가 지역 정당, 수비대의 존재, 특정 개인의 역할 등 지역적 상황에 따라 혁명의 결과가 어떻게 달라질 수 있는지 보여 주었다. 타타르인, 독일인 정착민, 기타 비러시아인 등 볼가강 지역의 인종적, 종교적 구성도 중요했다. 볼가강은 내전의 결과에도 결정적이었다. 한동안 볼가강의 사마라에는 적군과 백군에 대한 대안 정부가 존재했다. 더욱 중요한 것은 볼가강이 내전에서 전략적으로 지닌 가치였다. 백군이 볼가강 지역 도시들에 거점을 확보하지 못한 것, 동쪽과 남쪽에서 온 백군 세력이 볼가강 하류에서 집결하지 못한 것은 내전의 향방을 결정했다. 볼셰비키 정부와 농민들 사이에 두 번째 전쟁이 벌어져 비극적인 결과를 초래했던 장소 또한 볼가강이었다. 한 마디로 볼가강은 내전의 향방을 갈라 미래의 소련이 수립되는 데 결정적인 역할을 했다.

제1차 세계 대전 당시 러시아 제국의 모든 도시가 심각한 식량 부족에 시달렸다. 특히 볼가강 지역은 강을 통한 물자 수송에 크게 의존했는데 많은 증기선이 오스트리아·헝가리 전선 지원을 위해 드네프르강으로 우회하는 바람에 어려움을 겪었다.[2] 전쟁 기간 동안 물가가 급격히 올랐다. 트베르에서는 식료품 가격이 10배나 올랐고[3] 시즈란에서는 모든 것이 두세 배나 네 배까지 비싸졌다. 사라토프에서는 1915년 10월부터 2년 동안 메밀 가격이 2,000퍼센트 이상, 버터 가격이 600퍼센트 이상 올랐고 해바라기 기름 등 일부 품목은 아예 구할 수 없었다. 1916년부터 볼가강 지역 대부분 도시에 설탕과 빵 같은 식료품 배급제가 도입되었다. 가장 고통받은 것은 저소득층이었다. 도시별로 갑자기 특정 물품이 부족한 현상도 빚어졌는데 1915년 9월에는 야로슬라블에 설탕이 없었고 1916년에는 시즈란에만 설탕이 부족한가 하면 1916년 1월에는 사마라의 우유와 버터가 바닥을 보였다.[4]

1914년 전쟁 발발 당시의 애국적 호응은 곧 불만과 패배주의로 바뀌었고 카잔 등 볼가강 지역 도시들의 신병 모집소가 어려움을 겪었다. 수비대와 탈영병들이 무질서한 분위기를 퍼뜨렸고 주류 판매를 통제하려는 시도는 효과가 없었다. 부상자를 포함한 군인들은 패배주의를 퍼뜨릴 수 있었는데 예를 들어 1916년 10월, 아스트라한의 한 군인은 전쟁이 온 국민을 파괴하고도 끝나지 않을 것이라고 말했다.[5] 공장의 긴장은 한층 높아졌다. 한편으로는 전시 산업의 증가(예를 들어 사라토프에서는 식품 및 의류 공장의 작업이 감소하고 대신 화학, 석유 및 금속 작업이 많아졌다.)[6] 때문이었고 다른 한편으로는 기본 식료품 부족과 가격 상승의 영향을 공장 노동자들이 가장 많이 받았기 때문이었다. 볼가강 지역 도시들, 특히 상류와 중류의 도시에는 전쟁 초기에 폴란드인, 리투아니아인, 유대인 등 난민이 밀려들면서 사회 불안이 가중되었다. 1915년 7월, (라트비아 서부의) 쿠를란트에서 난민 400명 이상이 리빈스크로 왔고 1916년 2월까지 사라토프에는 난민이 28,000명 넘게 몰렸다.[7]

앞서 살폈듯 볼가강 지역 도시들은 그 어디보다도 민족적, 종교적으로 다채로운 곳이었다. 전쟁이 시작되자 타타르 이슬람교도와 독일인 정착민의 존재는 잠재적 불안 요소로 인식되었다. 정부는 비러시아인 징집병들의 충성심에 대해, 독일인 정착민들의 반역 행위에 대해, 타타르족이 튀르키예와 맞서 싸우려 들지 않을 가능성에 대해 우려했다. 근거 없는 우려였지만 독일인 정착민 출신(약 4만 명이 징집되었다.)은 대부분 코카서스에 배치되었다. 타타르인들은 장교와 병사로 참전했는데 러시아어 실력이 부족해 진급이 어렵다는 것이 주된 불만이었다. 애국심 넘치는 이슬람 율법학자들은 승리를 기원했고 도시의 타타르인들은 전쟁 기부금을 냈다.[8] 볼가강 지역 도시에 거주하는 타타르인 대부분이 정부의 대튀르키예 정책보다 식량 부족에 더 신경을 썼다.

하지만 당국의 의심은 가라앉지 않았다. 카잔에서는 (독일 국적이든 러시아 정착민이든 막론하고) 독일인, 타타르인, 유대인 난민을 포함한 '위험인물'들이 감시를 받았다. 경찰은 1915년, 사마라와 사라토프 주민들이 독일인에 대해 보이는 '적대적 태도'가 헤센의 독일 공주 출신으로 대중에게 인기가 없던 황후 알렉산드라의 친독일 정서로 인해 더욱 악화되었다고 보고했다. 사라토프 등 몇몇 지역에서 독일인들이 전쟁을 지지하는 것으로 보인다는 익명 제보가 이어졌다. 경찰은 어처구니없을 정도로 반역적 발언에 민감했는데 사렙타의 독일인 정착민이 '우리 차르는 바보'라고 말했다는 주장에 대해 신중한 조사가 이루어졌다.[9] 독일인 한 명은 러시아인에 대해 '적대적인' 견해를 드러낸 혐의로 니즈니노브고로드주의 기차역에서 체포되었다. 1915년 2월에는 카미신(차리친에서 북쪽으로 약 190킬로미터 떨어진 볼가강 변의 도시)에서 친구와 스키를 타던 13세 소년이 차르에 불경하게 행동했다고 신고되었는데 소년은 차르가 가난한 사람들을 돌보지 않는다며 '부자들은 지옥에나 떨어져라!'라고 덧붙였다고 한다.[10]

볼가강 지역에 정착하여 살고 일해 온 독일인들은 경찰의 이런 행동으로 인해 삶이 망가졌다. 야로슬라블에서는 경찰이 독일인 교수를 추방했는데 교수는 도시에서 5년 동안 평화롭게 살아왔다며 항의했다.[11] 볼가강 지역 도시들에서 일부 독일인은 해고되었고 심지어 스파이로 체포되기도 했다. 여러 도시에 독일군 포로수용소가 만들어지면서 상황이 더욱 악화하였다. 1916년, 아스트라한에는 독일인 23,000명이 있었는데 대부분 전쟁 포로였다.[12] 2월 혁명 직전에 니콜라이 2세는 독일인 소유 토지를 몰수할 수 있는 국가의 권리를 서부 국경 지역에서 러시아 제국 전체로 확대했다. 1917년 2월에 정권이 바뀌지 않았다면 볼가강 지역에 있던 독일인 정착민들의 땅은 모두 몰수당했을 것이다.[13]

사라토프에서는 사타르 마나포프라는 이슬람교도가 튀르키예 장교의 건강을 위해 자기 가게에서 과일을 공급한 혐의, 그리고 더욱 심각하게는 튀르키예 전쟁 포로들이 시베리아로 탈출하도록 도왔다는 혐의로 체포되어 기소되었다. 바로 투옥되었던 마나포프는 재판 끝에 풀려났다.[14] 볼가강 지역의 비러시아인에 대한 과잉 반응은 당국의 긴장감을 드러내는 것이었다.

1917년, 식량 부족과 전쟁이 절대 끝나지 않을 것이라는 인식으로 인해 러시아의 상황은 불안정했다. 페트로그라드(상트페테르부르크로,

독일어 발음을 없애기 위해 전쟁 발발 후인 1914년에 바뀐 명칭)에서 대규모 파업과 군대 반란이 이어진 후 차르 니콜라이 2세는 1917년 3월 퇴위했다. 대부분의 국민은 이 퇴위를 열렬히 환영했다. 알렉산드르 마르코프라는 인물이 심비르스크 문서고 위원(즉, 노동자가 아닌 차르 행정부의 일원)에게 보낸 편지에 '친애하는 표트르 알렉산드로비치, 혁명의 승리와 새로운 자유 러시아를 축하합니다!'[15]라고 적었을 정도였다.

대학 도시 카잔에서는 대학생들이 열광하며 노동자와 함께 행진에 참여했다. '당시 카잔은 집회의 공간이었다. 거리에서는 시위와 행진이 줄을 이었다. 오케스트라가 울려 퍼졌다. 사람들은 프랑스 국가 「라 마르세예즈」를 불렀다. 붉은 리본이 햇볕 아래에서 불타올랐다.'[16] 니즈니노브고로드에서는 약 2만 명이 차르의 몰락을 축하하기 위해 행진했고 죄수들은 감옥에서 풀려났다.[17] 사라토프에서도 행진과 「라 마르세예즈」 제창이 있었고 죄수들이 석방되었다.[18]

볼가의 작은 도시와 마을에는 뉴스가 더디게 전달되었다. 여러 곳, 특히 공장이 있는 곳에서 행진이 벌어졌다. 행진에 참여했던 멜레케스(볼가강 지류인 멜레케스카강 변에 있는 작은 도시. 현재는 불가리아 혁명가의 이름을 따서 디미트로브그라드라고 불린다.)의 어느 공장 노동자는 동료들과 시위를 벌이기로 결정해 300여 명이 붉은 깃발을 흔들며 도시를 행진하고 이후 극장에서 집회를 열었다고 회고했다.[19] 시골에서는 차르 퇴위 축하가 대개 러시아인들만의 행사로 진행되었다. 카잔주(러시아인이 주로 거주하는) 쿠모르 마을의 한 활동가는 외곽에 사는 타타르, 마리, 우드무르트족이 혁명에 대해 덜 열광했으며 '어둠의 세력

과 반동 지지자들 때문에 러시아인에 대한 신뢰가 부족했다'고 보고했다.[20]

2월 혁명 때는 대부분의 도시에서 유혈 사태가 발생하지 않았다. 하지만 러시아 제국은 워낙 크고 구성이 다양했으므로 지역별로 상황이 달리 흘러갈 수 있었다. 앞 장에서 1905년 트베르 혁명이 특히 폭력적이었고 노동자 파업이 잔혹하게 진압되었다는 점을 살펴보았다. 집회를 금지하고 페트로그라드의 소식을 차단하려고 한 트베르 총독 니콜라이 폰 분팅은 노동자들의 증오 대상이었다. 전쟁 동안 트베르 물가는 급격히 올랐지만 임금은 이를 따라가지 못했고 기본적인 식료품과 기름이 부족했다. 3월 2일, 노동자 약 2만 명과 주민들이 대규모 시위를 벌였다. 와인 창고가 털리고 예비군 연대가 반란을 일으키는 등 사태는 곧 걷잡을 수 없는 지경에 이르렀다. 이 와중에 폰 분팅 총독은 용감한, 아니 무모하고 오만한 결단을 내렸다. 붉은 견장이 달린 화려한 검은 외투를 입고 군중 앞에 나선 것이다. 한 목격자는 '총독이 근육 하나 움직이지 않고 바위처럼 서 있었다. 군중이 인내심을 잃고 움직였다. 총독은 총알 두 발과 수많은 총검을 맞고 경비실 문 앞에 쓰러졌다'라고 썼다. 술과 분노에 취한 군중은 시신을 큰길로 끌고 나와 짓밟았고 권위를 상징하는 검은 외투는 나뭇가지에 내걸렸다. 이후 폭도들은 시장을 파괴하고 상점을 약탈하며 경찰서를 습격했다. 이 사건은 좌파와 우파 모두에게 충격을 주었다(트베르의 볼셰비키 지도자는 '나쁜 일이었다. 대중이 술에 취해 타락한 모습을 보였다'라고 기록했다.). 술 취한 군중과 총독의 도발적 행동이 빚어낸 결과라 설명

할 수밖에 없을 것이다. 피 흘림은 이것으로 충분했다는 듯 1917년 10월은 평화롭게 지나갔다.[21]

1917년 2월 이후 페트로그라드에서는 (제4차 두마에서 구성된) 임시 집행 위원회와 (노동자, 군인, 선원을 대표하는) 페트로그라드 소비에트가 권력을 나눠 갖는 불안한 구조가 만들어졌다. 이는 향후 정부를 결정해 줄 제헌의회 선출 때까지만 유지될 예정이었다. 이 임시 이중 권력 구조는 러시아 제국 전역의 크고 작은 도시에서도 마찬가지였는데 과거 행정부에서 만들어진 조직인 임시 집행 위원회, 그리고 노동자와 군인으로 구성된 소비에트가 권력을 공유하는 형태가 일반적이었다. 근본적으로 불안정했던 이 체제는 곧 균열을 보이기 시작했고 특히 1917년 8월, 임시정부군의 총사령관 라브르 코르닐로프 장군이 페트로그라드로 군대를 이동시켰다가 노동자들에게 격퇴당한 이후 붕괴되었다.

볼가강 지역 (그리고 페트로그라드 외의 모든 지역) 상황에서 눈에 띄는 점은 최소한 초기에는 두 권력 기관이 상당한 수준의 협력을 이루었다는 점이다. 수도 페트로그라드와는 상반되는 모습이었다. 한편으로 이는 지방의 정치적 분열이 수도만큼 심하지 않았다는 의미일 수 있다. 다른 한편으로는 농민들이 직접 토지 점유에 나서기 시작한 1917년의 혼란 속에서 어떤 기관도 단독으로는 질서를 유지할 수 없었다는 뜻일 것이다.

카잔, 니즈니노브고로드, 사라토프 등에서도 2월 혁명 직후 임시 집행 위원회와 소비에트가 협력해 일했고 소비에트 대표들이 임시 집행 위원회에 참여했다. 니즈니노브고로드 임시 집행 위원회는 과거의 도시 두마 구성원들이 주도한 반면 카잔 임시 집행 위원회에는 수많은 단체 대표가 참여해(심지어 양봉 협회 대표도 있었다고 한다!) 인원이 무려 260명에 이르기도 했다.[22] 임시 집행 위원회 구성에는 볼가강 지역 도시들의 다양한 민족도 중요한 요소였다. 카잔에서는 이슬람교도와 유대인이 따로 정당을 만들었는데 이것이 분열되어 이슬람교도 정당 15개와 유대인 정당 세 개가 나타났다.

시골에서는 타타르와 추바시 농민들이 의혹을 버리고 선거에 참여하게끔 만들기가 어려웠다. 이는 정당들이 비러시아 언어들로 선전 자료를 번역해 낼 전문성을 갖추지 못한 탓이기도 했지만 상황에 대한 주민들의 관심 자체가 부족한 것도 문제였다. 이슬람교도 마을에서는 여성에게 제헌의회 투표권을 부여하는 것에 대해 저항이 심했다. 한 농부는 아내가 따로 투표하는 것을 거부하면서 '내가 내 여자의 주인이 아니라는 말입니까? 제정신이 아닌 모양이군요! 내 여자는 나 모르게 아무것도 할 수 없어요.'[23]라고 말했다.

볼가강 지역 도시들의 1917년 상황에는 다른 무엇보다도 군인들이 큰 영향을 미쳤다. 이 도시들은 안전한 후방 지역이면서도 필요하다면 철도망을 통해 병사들을 전선으로 신속히 보낼 수 있는 곳인 만큼 예비군이 주둔했다. 예비군들은 다시 전선에 투입될지 모른다는 두려움 때문에 가장 과격하게 행동하는 경향이 있었다(실패하긴 했지만 1917년 6월에 격렬한 저항이 벌어졌다.). 그래서 군인들은 전쟁을 즉시 종식시킬 수 있는 유일한 정당인 볼셰비키에 더욱 매력을 느꼈다. 사라토프 제헌의회에 선출된 한 병사는 그런 마음을 다음과 같이 요약했다. '우리는 무식한 사람들입니다. 어떤 볼셰비키를 만들고 싶으냐고요? 우리는 이 저주받은 전쟁을 끝내고 가능한 한 빨리 집으로 돌아가기만 하면 됩니다. 볼셰비키가 아니라면 이건 불가능합니다.'[24]

니즈니노브고로드와 카잔에는 각각 4만 명과 5만 명의 주둔군이 있었다. 이 주둔군 병사들은 볼셰비키 시위를 지원했고 술에 취해 소란을 피우기도 했다. 또한 볼가강 지역 도시들의 군 병원에는 수많은 부상병이 수용된 상태였다. 사라토프에서는 병사들이 자체 군사위원회를 구성하여 소비에트와 임시 집행 위원회에 압력을 가했다. 차리친의 경우 주둔 병력이 15,000~20,000명에 불과했지만 사라토프와 달리 병사들이 막사가 아닌, 민간 가옥에 배치되었기 때문에 더 직접적으로 상황에 관여하고 도시 노동자들을 급진화할 수 있었다.

이러한 불안정 상태에서는 개인이 핵심적 역할을 할 수 있다. 추바시와 마리족이 상당수 거주하는 작은 (그리고 산업화가 거의 이루어지지 않은) 항구였던 체복사리에서는 라트비아인으로 열혈 볼셰비키 젊은이였던 칼 그라시스가 거의 혼자서 군인, 선원, 노동자들을 선동해 도시의 사회주의 정당 및 임시 집행 위원회와의 협력이 깨지게 만들었다. 500여 명에 달하는 군인들은 현장 작업을 위해 도시에 나와 있어 선동하기 쉬웠다. 사태를 진정시키기 위해 파견된 페트로그라드 임시 집행 위원회 대표단이 공개회의에서 그라시스를 비판했고 그는 태형을 받은 후 감옥에 갇혔다. 나중에 그라시스는 카잔 볼셰비키를 이끌게 된다.[25]

1917년 2월 이후 차리친이 급진주의로 치달은 데는 노동자(금속 및 군수 공장에만 약 12,000명이 있었다.)와 군인들이 대거 집중되었다는 점, 폴란드 전쟁 포로 일부가 그곳으로 보내졌다는 점이 작용했다. 그러나 볼셰비키 정당 결성 속도는 더뎠는데(멘셰비키가 소비에트를 장악했다.) 세묜 미닌이라는 인물이 등장하면서 비로소 본격화되었다. 사제의 아들이자 자신도 성직자였던 미닌은 1905년, 혁명 활동 혐의로 체포되어 도시에서 추방되었지만 1917년 2월에 돌아와 지역 볼셰비키를 조직하고 급진화했다. 당국은 사라토프에서 코사크 500명을 데려와 지역 볼셰비키를 체포하고 집회를 금지하는 등 강경하게 대응했지만 이는 볼셰비키의 인기를 높일 뿐이었다. 특히 수비대 병사들이 볼셰비키를 지지하게 되었다. 코사크가 떠난 후 볼셰비키는 선거에서 승리했고 10월 혁명 이전에 사실상 도시를 장악했다.[26]

볼셰비키는 1917년 10월 25~26일, 페트로그라드에서 정권을 차지했다. 이 무렵 볼셰비키 정당은 대규모 산업 중심지를 포함해 여러 볼가강 지역 도시들에서 주둔군, 선원, 노동자들의 지지를 받는 지배적 권력이었다. 10월 혁명은 볼가강 지역에서 전반적으로 평화롭게 지나갔다. 1918년 1월에 제헌의회가 열리면 더 광범위하고 새로운 정치 조직이 수립될 것이라고 많은 사람이 생각했기 때문이다. 소요가 일어난 일부 지역도 있기는 했다. 사라토프에서는 무력 충돌이 일어났다. 임시 집행 위원회 일부 위원들이 무장한 장교와 사관생도들의 도움을 받아 시청에 바리케이드를 치고 볼셰비키에 무력 저항을 시도한 것이다. 도시 내에 사관학교가 있었기 때문에 일어난 사건일 수도 있고 임시 집행 위원회 일부 위원들의 현실 감각 결핍 때문이었을 수도 있다. 어떻든 위원들의 저항 시도는 볼셰비키의 건물 포격으로 실패했다. 장교 한 명이 사망했고 생도 중 한 명은 치명상, 일곱 명은 중상을 입었다. 항복한 위원들은 두 손을 머리 위로 올린 채 끌려 나가 대로를 행진했다. 성난 군중은 이들을 둘러싸고 '볼가로 가! 볼가로!' 라고 외쳤다.[27] 생도와 위원들은 무사히 풀려났지만 '구(舊)질서'의 대표자들을 향해 군중이 보여 준 분노와 적대감은 내전 발발의 전조나 다름없었다.

볼셰비키 통치에 대한 무장 저항은 거의 즉각 일어났지만 내전은 볼셰비키가 제헌의회를 강제 해산한 1918년 1월 이후부터 시작되었다. 3월에는 브레스트리토프스크 조약이 체결되어 새로운 러시아의 참전이 종료되었고 러시아 제국 서부의 거대한 영토가 상실되었다. 군주제 지지자, 보수주의자, 제국군 장교, 코사크, 자유주의자 및 비(非)볼셰비키 사회주의자들의 느슨한 연대가 연합국의 지원을 받으며 동쪽, 북쪽 및 남쪽에서 볼셰비키에 대항했다. 볼가강, 그리고 볼가강 중하류 지역이 내전의 향방에 결정적인 역할을 했고 이 지역의 도시 사마라는 적군과 백군 모두의 대안으로 구성된 정부의 소재지가 되기도 했다. 이 정부의 실패는 혁명의 온건한 종료가 사실상 불가능하다는 점을 보여 주었다.

사마라의 정치 실험은 사회주의혁명당이 약 40퍼센트를 득표한 반면 볼셰비키당은 24퍼센트에 그친 제헌의회 선거 결과를 배경으로 했다. 이 외에는 유의미한 지지를 얻은 정당이 없었다(자유주의 정당인 카데트의 득표율은 5퍼센트 미만이었다.). 사회주의혁명당은 차르 체제 전복이라는 대의에 농민을 끌어들이려는 19세기 후반의 인민주의 운동에 뿌리를 두고 있었다. 남아 있는 귀족 토지를 농민에게 주겠다고 약속하면서 도시보다는 시골에서 집중적 지지를 받았다. 볼셰비키는 도시 노동자 대다수와 군인들의 지지를 받았다. 주둔지 소재 도시들에서는 제헌의회 선거에서 볼셰비키가 많은 표를 얻었다. 예를 들어 사라토프에서는 주민 약 2만 명(그중 3분의 1가량이 군인이었다.)이 볼셰비키에 투표한 반면, 사회주의혁명당은 8천 표, 멘셰비키는 2천 표, 자유주의 카데트는 1만 2천 표를 받는 데 그쳤다.[28] 당시 많은 사람이 제헌의회가 일종의 사회주의 연합이 될 것으로 예상했지만 볼셰비키가 의회를 해산하자 반대파는 폭력적인 대응을 하지 않을 수 없었다.

볼셰비키의 일당 통치를 거부하면서도 백군 반동 세력에 합류하기는 꺼렸던 다른 사회주의 정당들은 딜레마에 빠졌다. 사회주의혁명당의 해결책은 제헌의회를 다시 소집해 새 정부를 구성하는 것이었는데 페트로그라드나 모스크바에서는 안전을 보장받을 수 없어 사마라가 선택되었다. 사마라는 볼가강 지역에 위치해 전략적으로 중요했을 뿐 아니라 이미 무력 충돌이 일어나는 중이었고 지역 농민들이 볼셰비키에 저항한다는 소식까지 전해진 상태라 적절한 곳으로 여겨졌다. 사회주의혁명당은 9월에 볼셰비키에 대항하는 봉기를 계획했고 체코 군단(오스트리아·헝가리 제국으로부터 체코 땅을 해방시키기 위해 싸우고 있었다.)의 참여를 기대했다. 이 군단은 원래 체코와 슬로바키아 지원병으로 구성되었고 전쟁 중에는 러시아 제3군 소속이었다. 1917년에는 러시아 전쟁 포로로 병력을 보충하게 되었고 1918년의 총병력은 약 4만 명에 달했다. 5월 25일, 체코 군단 약 7,000~8,000명이 사마라에 입성해 도시를 점령했다. 새 정부는 제헌의회 의원 위원회, 약어로 코무치라고 불렸다.

코무치는 군대를 편성하고 1918년 7월, 체코 군단 일부와 함께 볼가강 지역의 시즈란과 심비르스크를 점령하는 등 몇 차례의 성공을 거두었다. 이 시점에서 군대의 전략적 방향에 대해 논쟁이 일었다. 볼가강을 따라 남쪽으로 내려가 남쪽 측면을 강화할 사라토프를 점령해 교두보를 확보할 것인지, 아니면 카잔을 공격해 니즈니노브고로드와 모스크바로 가는 길을 열 것인지를 둘러싼 논쟁이었다. 결국 카잔 공격이 결정되었지만 이 무렵 코무치 군대는 병력이 너무 분산되어 점령한 볼가강 도시들을 유지하기에도 역부족이었다. 볼셰비키는 1918년 9월, 여러 세력의 연대가 장악하던 카잔을 탈환했고 이틀 후에는 심비르스크까지 차지했다. 코무치 군대는 볼가강을 떠나 동쪽의 우파까지 후퇴했고 그곳에서 알렉산드르 콜차크 제독의 시베리아 군대와 합류했다. '카잔 탈환은 볼가, 우랄, 시베리아의 부르주아 악당들이 당하게 될 죽음과 고통의 시작이다'라고 한 레온 트로츠키의 선언은 그대로 실현되었다.[29] 9월 24일, 사마라가 적군에 점령되었고 코무치 의원들은 피신했다. 1918년 11월, 코무치가 해산되면서 사회주의

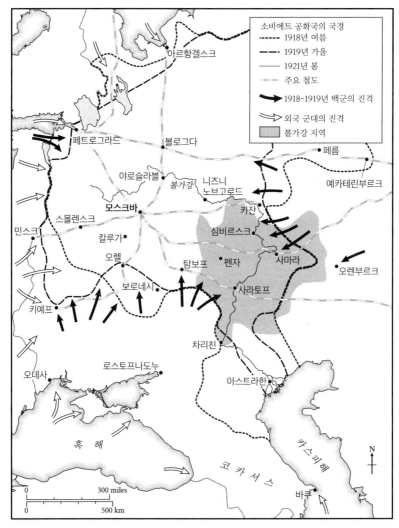

지도 7. 러시아 내전

혁명당 정부의 짧았던 실험은 막을 내렸다.

코무치는 왜 실패했을까? 사회주의혁명당은 제헌의회를 대표하는 정당으로 선출되었으므로 볼셰비키에게 결여되었던 정당성을 갖고 있었다. 사회주의혁명당이 의회의 최대 정당이라는 점은 백군이나 적군에 비해 신뢰감 있는 정부를 만들었다. 전직 제국군 장교들로 구성된 '인민군'도 보유했고 블라디미르 카펠 장군처럼 경험 많은 군사 지도자가 있었으며 잘 무장된 체코 군단의 지원을 받았다. 더욱이 볼셰비키가 집권 초기에 보인 행동은 산업가들과 자유주의자들에서 인기가 없었을 뿐 아니라 (공장 생산 체계가 망가져 일자리를 잃은) 노동자와 (곡물 징발에 분개한) 농민 일부의 반감을 샀다. 그러나 코무치는 제대로 상황을 장악하지 못했다. 사회주의혁명당의 독점 상태였으므로 자유주의자나 다른 사회주의자들의 참여를 얻지 못했고 이로 인해 국가를, 심지어는 제헌의회조차 충분히 대표할 수 없었다. 지주와 농민 모두를 만족시키는 방향으로 토지 문제를 해결할 수 없었고 동시에 도시민과 군대를 먹일 충분한 곡물도 농민들로부터 확보할 수 없었다. 코무치는 하루 8시간 노동을 확립하는 등 일련의 산업 개혁을 시행했지만 점령된 공장을 즉각 해방시키지 못했고 공장 위원회의 권한을 억제함으로써 노동자들을 소외시켰다. 코무치는 공장주와 노동자, 지주와 소작농 사이에서 균형을 맞추기 위해 노력했지만 어느 집단으로부터도 진정한 지지를 끌어내지 못했다.[30]

가장 큰 문제는 볼셰비키를 타도하기 위해 필요한 군대를 농민 징집병으로 구성할 수밖에 없었다는 데 있었다. 전쟁에 지친 농민들은 새로 확보한 땅에서 농사일만 하고 싶어 징집에 저항했고 징집된 농민들도 집단 탈영을 감행했다. 50,000~75,000명 규모여야 할 군대는 그 어느 시점에도 10,000명을 넘지 못했다. 반면 볼셰비키는 지주들

　　　　　　　　　　4부 소련 및 소련 이후 시기의 볼가강

이 절대로 토지를 돌려받지 못할 것이라 약속했기 때문에 농민들을 더 쉽게 동원했다. 코무치는 그런 확실한 보장을 할 수 없었다. 농민들은 또한 '인민군'의 보복보다는 적색 공포, 즉 볼셰비키의 보복을 더 두려워했다.[31] '인민군'에 대한 시베리아 콜차크 군대의 지원도 충분하지 않았는데 이는 코무치의 적색 성향을 믿지 못했고 코무치의 토지 정책이 지주 출신 백군 장교들을 소외시켰기 때문이었다. 이 전쟁은 내전이었으며 궁극적으로 군사적 수단으로만 승리할 수 있었다.

이 단계의 내전에서 볼가강은 중요한 역할을 했다. 볼셰비키는 1918년 6월, 니즈니노브고로드에서 새로이 볼가 함대를 창설했다(당시 볼셰비키는 니즈니노브고로드 남쪽의 강을 차지하지 못한 상태였다.). 이 함대는 볼가강과 카마강에서 백군 함선과 여러 차례 교전을 벌였다.[32] 그러나 볼가강은 산업 물자, 식량, 병력을 여러 전선으로 수송하는 통로로서 더 큰 의미를 지녔다. 볼가강 중하류는 코무치의 패배 이후에도 적군과 백군 사이의 중요한 경계로 남았다. 콜차크의 시베리아군과 데니킨의 남쪽 군대가 볼가강에서 만날 수 있었다면 내전의 결과는 크게 달라졌을 것이다. 하지만 볼가강 지역 도시들은 처음에 코무치가 통제했다가 볼셰비키에게 함락된 상태였고 시베리아 군대는 우파와 페름을 넘어 서쪽으로 침투하지 못했다. 1919년 11월, 볼셰비키는 시베리아 서부 옴스크의 콜차크 핵심 기지를 점령했다.

남쪽의 안톤 데니킨 장군과 표트르 브란겔의 군대는 주로 돈과 (코카서스 북쪽인) 쿠반의 코사크 병력으로 구성되어 있었다. 데니킨은 코사크의 본거지에서 북쪽으로 너무 멀리 이동하는 것을 꺼려 병력을 남쪽에 집중하고 싶어 했지만 설득당한 끝에 차리친과 아스트라한에서 볼가강 쪽으로 군대를 이동했다. 남쪽 군대는 1919년에 여러 차례 승리를 거두었고 그중 가장 중요한 성과가 6월에 차리친을 점령하여 4만 명 이상의 포로와 대량의 보급품과 군수품을 노획한 것이었다.[33] 이러한 성공에 힘입어 한동안 백군이 남쪽에서 볼가를 따라 모스크바로 진격할 수 있으리라 여겨졌고 동쪽과 남쪽의 백군이 볼가강 변 사라토프에서 곧 합류하게 될 듯했다. 그러나 콜차크의 군대는 동쪽으로 다시 밀렸다. 볼셰비키는 우크라이나에서 데니킨 군대를 공격하는 데 병력을 집중해 돈강을 건넜고 남쪽의 군대를 둘로 쪼개 놓았다. 동시에 볼셰비키는 차리친 북쪽의 군대를 정비해 볼가강을 따라 내려올 진격을 막았다. 백군의 남쪽 전선이 지나치게 확대되면서 데니킨 군대는 후퇴할 수밖에 없었다. 1920년 1월, 차리친이 볼셰비키 군대에 탈환되었다(스탈린이 도시 탈환에 기여했다고 하여 1925년, 차리친에서 스탈린그라드로 이름이 바뀌었다.). 이후 백군은 모든 전선에서 후퇴를 거듭했다. 남쪽에서는 1920년 2월, 데니킨의 군대가 크나큰 피해를 입으면서 노보로시스크에서 크림으로 철수했고 1920년 11월에는 브란겔의 군대가 마지막으로 크림에서 철수했다. 동쪽에서는 콜차크의 군대가 해산되었고 콜차크는 1920년 2월에 체포되어 총살당했다. 1922년 10월, 블라디보스토크가 점령되면서 마지막 저항이 끝났다.

＊

볼가강 지역 도시들은 내전의 최전선이었다. 볼가강 중류와 하류에 있는 여러 도시, 차리친, 사마라, 심비르스크, 시즈란, 카잔이 점령당했다가 탈환되었다. 사라토프와 아스트라한 같은 도시들은 공격 위협을 받았다. 그러나 전쟁은 전장에서만 벌어진 것이 아니었다. 내부에서는 두 번째 전쟁이 치열했다. 볼셰비키가 도시 부르주아지를 상대로 한 것이 첫 번째 전쟁이라면 모든 군대가 농민을 상대로 벌인 것이 두 번째 전쟁이다. 여기서도 볼가강 지역 마을들은 중요한 전장이었다.

제1차 세계 대전 중 볼가강 지역 도시들을 괴롭혔던 물 부족은 1917년에 더욱 심해졌고 내전으로 한층 악화되었다. 특히 볼가강은 내전 중에 강을 가로지르는 다리가 거의 다 파괴되어 무역이나 여객 운송 역할을 제대로 수행할 수 없었다. 동시에 철도 노선도 손상되었고 그나마 운영 중인 철도 노선은 백군이나 적군에게 징발되기 일쑤였다. 남아 있던 몇 척 안 되는 증기선은 유지 관리가 되지 않았는데 이 또한 병력 수송에 동원되었다. 사실상 볼가의 교통망은 18세기 상황으로 되돌아간 셈이었다.

도시들은 혁명 운동의 전선이었고 도시 내에서는 공장 노동자들이 파업과 시위의 주요 선동자였다. 내전으로 산업이 붕괴되고 생활 여건이 극도로 악화하자 많은 노동자가 도시를 버리고 시골로 피신한 것은 역설적이었다. 예를 들어 아스트라한에서는 1914년에 노동자 12만 명을 고용했던 수산업이 급격히 위축되어 1918년에는 4만 명, 1919년에는 24,327명만 남았다.[34] 볼가강 지역 도시들에 생산 위기가 닥쳤다. 1920년에는 차리친에 있는 공장의 절반, 사라토프에 있는 공장의 3분의 2가 더 이상 가동되지 않았고 사라토프 노동자 75,000여 명이 실직했다.[35] 노동자들이 혁명을 열렬히 환영했던 트베르에서는 1917년 말부터 1921년까지 노동자의 생활 수준이 하락하면서 격렬한 (하지만 제대로 조직되지는 못한) 파업이 잇따랐다. 기본 식료품이 부족했고 배급량은 계속 줄어들었다. 1918년 5월에는 트베르 섬유 공장의 노동자들이 요구한 대로 빵 공급이 이루어지지 않는다면 도시의 공급 담당자들을 교수형에 처하고 볼가강에 던져 버리겠다고 협박했다.[36]

경제난의 희생양을 찾기 위한 계급 전쟁은 '부르주아'를 공략했다. 부르주아로 분류될 만한 시민이 거의 없는 소도시에서조차 그랬다. 쿠즈네츠크에서는 '우리에게는 부르주아가 거의 없다'는 서글픈 보고가 나왔다. 카미신에서는 부르주아로 간주된 125명이 경찰에 둘러싸여 처형 위협을 받으며 볼가강의 바지선에 강제로 태워졌다. 사라토프에서는 부르주아 약 300명이 바지선에 태워져 몇 달 동안 위협을 받으며 갇혀 있었다. 그중 한 명이 성인 교육 위원회 위원장이자 시 두마 의원으로 사라토프 유명 인사였던 A. A. 밍크였다. 그는 1917년 10월 볼셰비키의 포격에 항복했던 두마 의원이었는데 소비에트 조직에서 일하며 한동안 신분을 숨기고 지내다가 1918년 8월에 발각되어 체포, 투옥되었다. 밍크를 비롯한 죄수들은 감방에서 나와 벽에 등을 대고 한 줄로 섰을 때 총살형을 예상했지만 바지선으로 끌려갔다. 10월에는 바지선에 갇혔던 사람 중 25명이 풀려났는데, 밍크는 남겨졌다. 마침내 모든 죄수가 갑판으로 끌려 나온 날, 또다시 총살형을 예감했지만 석방되었다. 이런 경험은 이후 밍크가 시달렸던 신경쇠약의 중요한 원인이 되었을 것이다.[37]

사라토프에는 내전 초기에 피난민과 전쟁 포로들이 대거 유입되었고 1918년 3월에는 15만 명 넘는 난민이 살게 되었다. 살 곳이 부족해지자(당시 파괴된 도시를 '쓰레기와 벽돌 더미'라고 묘사한 기록도 있다.) 피난민들은 볼가강 변에 비위생적인 간이 시설을 지었다. 전쟁과 기근으로 내전 기간 내내 피난민 수가 꾸준히 늘어 1919년 중반이 되면 '온갖 부랑자, 소매치기, 점쟁이, 가수, 말하는 앵무새로 운세를 보는 사람, 잡상인, 중국인 등'으로 도시가 몸살을 앓았다. 피난민과 함께 콜레라를 비롯한 전염병도 아직 운행 중이었던 철로를 따라 볼가강 지역으로 퍼져 나갔다. 1920년 무렵 사라토프는 '굶주림, 추위, 발진티푸스'로 대표되는 곳이었다.[38]

1917년부터 1922년까지 사라토프에 살았던 알렉시스 바비네의 일기를 통해 그곳 부르주아의 일상이 어땠는지 알 수 있다. 바비네는 모르도바인 정착지에서 태어나 문법학교에 다녔다. 1889년에 미국으로 이민을 가서 도서관 사서가 되었고 1910년, 러시아로 돌아와서는 장학사가 되었다. 1917년에는 사라토프 대학에서 영어 강사로 일했는데 이 대학의 교직원은 대부분 자유주의자로 1917년 10월, 볼셰비키에 반대했다(카잔 대학도 마찬가지로 많은 교수가 백군에 가담했고 이들의 사진은 현재 카잔 대학 박물관에 남아 있다.). 이런 이력으로 바비네는 정도는 약하다 해도 '적 부르주아'로 분류될 수 있었다. 당시 그는 도시의 자유주의자들이 볼셰비키에 저항하지 못하는 것을 비꼬면서 '스스로의 힘으로는 무력에 저항할 수 없고 속아 넘어간 이들에게 신뢰를 받지 못하며 임박한 파멸 앞에서 무서워 떠는 이들'이라고 했다. '임박한 파멸'은 얼마 지나지 않아 닥쳤다. 1918년 1월, 바비네는 다음과 같이 썼다.

부유한 사람들은 살던 곳에서 비위생적인 지하실이나 도시 외곽의 오두막집으로 쫓겨나고 있다. 지주, 성직자, 의사, 부유한 상인, 사업가들이 재판도 거치지 않고 무참히 총살당했다는 소식이 매일 들려온다.

그는 '보수주의자 135명이 볼가강 바지선에 인질로 잡혀 있다'는 점도 기록했다. 일상은 '식량 사냥', 즉 기본 식료품을 찾아 헤매는 것으로 채워졌다. 고기, 계란, 차, 설탕, 요리용 및 난방용 기름이 부족했다. 피난민들이 몰려들면서 상황은 한층 악화하였다. 바비네는 기차를 타고 코즐로프(1932년에 미추린스크로 개명되었다.)로 가던 1918년에 이미 선로 주변에서 '식량을 찾아 남쪽으로 걸어가는 누더기 차림의 남녀 무리'와 마주쳤다. 볼가강을 운항하는 몇 안 되는 선박에도 피난민들이 몰려 '3등석 승객, 특히 타타르인들의 냄새와 더러움은 이루 말할 수 없을 정도'라고 했다. 1921년, '굶주린 독일인들'은 집을 떠나 강변에서 야영을 하고 지냈다. 1921년 3월, 그는 끔찍한 이야기를 적었다.

> 오늘 아침, 독일인 정착민인 어린 소년 두 명이 미트로판 시장에 왔다.
> 우유 장수 여자가 불쌍히 여겨 잘 먹여 주었는데 소년들은 먹자마자 바
> 닥에 쓰러져 죽고 말았다.[39]

볼셰비키 지도자들이 사망했다거나 백군과 서방 연합국이 주요
도시를 점령했다는 소문이 끊이지 않은 덕분에 바비네는 희망을 잃
지 않았다.

제1차 세계 대전과 내전에 참전했던 무장 군인들이 자포자기 상
태로 시골을 배회하며 폭력 사태를 일으키기도 했다. 사라토프주의
철도 교차점 르티시체보에서 발생한 사건은 특히 끔찍했다. 테일만이
라는 독일인이 소유한 제분소가 의문의 화재로 타 버렸는데 분쟁 중
이던 지역 농민들에게 복수하기 위해 테일만 자신이 고의로 불을 질
렀다는 소문이 돌았다. 몰래 도주하려던 테일만은 기차역에서 발각되
어 군인들에게 즉석 '재판'을 받게 되었다. 유죄 판결이 내려져 그는
총알과 총검으로 죽임을 당했다. 군인들은 시신을 철로 위에 놓고 기
관사를 협박해 기차가 여러 차례 그 위를 왕복하게 했다. 그리고 시신
의 입에 담배를 잔뜩 집어넣고 불을 지른 다음 그 주위를 돌며 춤을
추었다. 이를 지켜보던 열차 승객들은 공포에 떨었다.[40]

볼가강 지역 시골 농민들은 1917년 2월 혁명에 즉각 열광하지 않
았다. 마을에 소식이 전달되기가 쉽지 않았고 통역사가 없는 비러시

아인 마을의 경우는 더욱 그러했다. 그럼에도 농민들은 1917년에 귀족 소유 토지를 재빨리 빼앗고 '분리자'들을 농민 공동체로 강제 복귀시켰다. 농민이 경작하는 땅은 농민 개인과 공동체의 소유라는 전통적인 믿음을 보여 주는 행동이었다. '내부의' 귀족에게는 토지 일부를 할당할지언정 다른 마을의 '외부인'에게는 그럴 수 없다는 의지의 표현이기도 했다. 농민들은 또한 귀족 소유의 삼림도 차지했다(그리고 나중에 다시 빼앗길 것에 대비해 대거 벌목했다.). 이런 행동은 주로 러시아인 농민들이 한 것이었다. 독일인, 모르도바인 및 타타르인들은 덜 적극적이었는데 아마도 대부분 농노가 아닌 국가 농민 출신이라 빼앗을 귀족 영지가 별로 없었기 때문일 것이다.

토지를 빼앗는 과정에서 폭력은 없었지만 혼란 상태가 빚어지긴 했다. Ia. 베르기셰프라는 한 농민은 카잔주에서 벌어진 일을 다음과 같이 회고했다.

파괴가 시작되었다. 남녀 수백 명이 달려들어 가축, 곡물 등을 훔쳐서 옮겼다. 가축은 다 마을로 끌고 왔는데 도망쳐서 온 마을을 뛰어다니는 놈, 채찍으로 맞는 놈, 서로 겹쳐 쓰러지는 놈들이 울어대는 소리가 어마어마했다. 여기저기에서 피가 흘렀다.[41]

떠날 수 있는 귀족 지주들은 해외로 떠났다. 궁핍, 병약, 노령 등의 이유로 남은 이들은 불확실한 운명에 처했다. 작가 세르게이 악사코프의 후손으로 사마라 대학에 25,000루블을 기부했을 정도로 유명한 자선가였던 올가 악사코바는 1921년, 73세 나이로 자기 영지에서 굶어 죽었다(최근 그곳에 그녀를 기리는 명판이 세워졌다.).[42]

혁명과 내전 기간 동안 농민들의 주요 관심사는 국가의 미래 정치 조직이 아닌, 자신이 빼앗은 토지와 숲이 어떻게 될 것인가였다. 니즈니노브고로드주의 어느 시골 마을 교사는 농민들이 '학교, 국가 구조, 젬스트보에 대해서는 침묵하고 누가 땅을 가장 많이 차지하는지에 대해서는 끝없이 이야기한다'고 불평했다.[43] 비러시아인 농민들은 러시아 행정 관리에 대한 거부감이 무척 심했는데 1917년의 임시정부 대표나 이후의 볼셰비키도 차르의 관리 못지않게 경계했다. 인구조사에 참여하면 그나마 있는 곡식마저 빼앗길 수 있다는 우려로(충분히 근거 있는 우려였다.) 농민들은 인구조사원도 두려워했다. 인구조사원들이 카잔주 마리 마을에 도착했을 때 '집과 상점들이 텅 비어 있었다'고 한다. 추바시 마을인 볼쇼이 순디르에서는 식량 관리국장이 살해당하기도 했다. 농민들, 그중에서도 특히 비러시아인 농민들은 고정 가격으로 공급하라는 그 어떤 '규범'도 전부 자신들에게 불이익이 될 것이라 여겼다.[44]

볼셰비키와 농민들 사이에 폭력적 갈등이 발생한 계기도 내전 당시 도시의 식량 공급 위기였다. 도시 출신으로 지역 상황이나 농촌의 사회적 관계를 거의 이해하지 못했던 볼셰비키는 빈농을 선동해 중농이나 부농에 대립하도록, 그리고 식량 부족의 책임을 부유하고 착취적인 농민, 투기꾼, 탈영병 (그리고 타타르 마을의 이슬람 성직자) 탓으로 돌리도록 하면서 마을의 '계급 전쟁'을 시도했다. 하지만 그 결과는 사실상 볼셰비키와 농민들 사이의 내전이었다. 특히 볼가강 중류 지역에서 갈등이 극심했는데 이는 곡물 생산지로 중요한 곳이자 최전선 바로 뒤에 위치한 곳이기 때문이었다. 이 과정에서 볼셰비키는 이후의 대립에서 궁극적으로 농민들이 완전히 패배하게 될 발판을 마련했다.

1918년 여름, 볼셰비키는 부농[러시아어로 쿨라크(kulak)인데 '주먹'이라는 단어에서 나왔다.]에게서 곡물을 징발해 도시로 공급하기 위해 빈농으로 구성된 위원회[약어로 콤베디(kombedy)라 불렸다.]를 설립했다. 사라토프주의 콤베디만 해도 800개가 넘었다. 빈농들은 기꺼이 계급 전쟁을 수행할 것으로 예상되었다. 사마라 지방 보브로프카 마을의 빈농들은 '쿨라크는 우리 빈농을 영원히 억압할 것이며 유일한 구원은 소비에트 권력이다'라고 말하기도 했다. 하지만 현실은 달랐다. 내전 기간 동안 파종한 토지가 적다 보니 곡물이 부족했고 강제 징발은 상황을 더욱 악화시켰다. 더욱이 '계급'이라는 것은 마을의 농민들이 맺는 관계와 전혀 들어맞지 않았다. 쿨라크가 한 명도 없다거나 마을 주민 전원이 빈농이라는 보고가 많았다. 멜레케스 지역의 한 마을에서는 이런 문제는 중농이 결정해야 한다며 콤베디를 '중농 소비에트'로 대체하자는 제안이 나왔다.[45] 실상 콤베디는 깡패들을 포함해 비농민으로 구성된 경우가 많았고 이들은 마을의 모든, 또는 거의 모든 농민과 갈등을 빚었다. 볼셰비키는 콤베디의 실패를 비농민 구성원 탓으로 돌리면서 이들을 '범죄자, 폭력배, 술주정뱅이, 강도, 도둑'이라 했다.[46] 아스트라한에서는 가난한 칼미크, 키르기즈, 모르도바인이 콤베디에

들어갔는데 부유한 러시아 농민에게 복수하기 위해서였을 것이다.[47]

시즈란 지역 소비에트 의회에 참석한 농민 대표단의 발언 기록을 보면 곡물 징발과 콤베디 운영에 대한 불만이 드러난다.

마지막 곡물 한 자루까지 빼앗아 가면서도 늘 모든 걸 농민 탓으로 돌립니다. 우리 농민들은 세계 대전과 내전 모두에서 최선을 다했고 자식들과 수확물을 모두 바쳤는데도 말입니다. 대체 누가 농민한테 신경을 쓰겠어요? 정치위원들은 우리 몫의 고기를 가로채 썩혀 버립니다. 공장 노동자들에게는 잼과 소시지를 준다는데 농민들은 그런 걸 구경도 못합니다. 당국은 농민의 요구 같은 건 전혀 고려하지 않습니다. 노동자든 투기꾼이든 아무도 농민을 신뢰하지 않고 농민은 낮은 자들 중에서도 가장 낮은 자 취급을 당합니다.[48]

분노는 폭력으로 이어질 수밖에 없었다. 무장 군인들이 콤베디와 함께했지만 이는 더 많은 폭력을 부르곤 했다. 사라토프주 볼가강 변의 악세예브카 마을에서는 분노한 농민들이 군인 12명과 볼셰비키 관리를 죽이고 다치게 만들었다. 소비에트를 해체하고 문서를 파기하며 레닌과 트로츠키 초상화 대신 성상화를 걸었다! 토벌대가 투입되어 마을 주민을 500명 이상 체포하고 그중 34명을 총살한 후 질서 유지를 위해 50명 인원이 남았다.[49] 같은 시기에 농민들은 적군이나 백군 탈영병이 이끄는 산적에게도 괴롭힘을 당했다. 1921년까지 시골은 무법, 혼란, 그리고 굶주림에 시달렸다.

곡물 강제 징발(이로 인해 농민들은 아무것도 비축하지 못했다.),
1920~1921년의 혹독한 겨울과 건조한 봄이 합쳐져 1921년, 볼가강
지역에 기근이 닥쳤다. 그해 8월과 9월, 볼가강을 따라 여행하던 카를
에릭 베크호퍼는 악몽 같은 장면과 마주했다. 사마라에서 '영양 부족
으로 누렇게 뜬 사람들'과 '맥없이 늘어진 아이들'을 보았다. 여러 시
골 마을에서 온 피난민들은 '서서히 다가오는 떼죽음 앞에서 체념과
절망에 빠져' 있다가 어디든 식량이 있는 곳으로 가기 위해 증기선 표
를 사려고 아귀다툼을 벌였다. 평소보다 수위가 훨씬 낮아진 볼가강
변에 난민 수천 명이 '오물과 악취, 파리 떼 속에서' 줄을 섰다. 증기선
이 오면 배에 올라타려는 싸움이 치열했고 '아래쪽 갑판은 피난하는
농민들로 꽉 찼으며' '한때 휴가를 즐기는 러시아 귀족들의 산책로였
던 위쪽 갑판은 넝마 같은 짐 보따리가 점령했다'고 한다.[50]

1921년, 볼가강 중하류 지역의 곡물 부족은 심각했다. 심비르스크
에만 집 없이 떠도는 어린이가 36,000명이었고 볼가강 지역 어디든
고아원이 만원이었다. 카잔, 사마라, 심비르스크, 우파의 급식소는 하
루 6,000명 넘는 사람들에게 음식을 제공했다.[51] 카잔주에서는 1917
년과 비교했을 때 농촌 가축의 65퍼센트, 양의 96퍼센트가 사라진 것
으로 추산되었다.[52] 사마라주의 한 주민은 '1921년, 사마라주에 태초
이래 한 번도 보지 못했던 대기근이 찾아왔다'고 했다. 사마라주의 한
마을에서는 어머니, 아버지, 자녀 4명 등 일가족 6명 중에서 아이 하
나만 살아남은 식인 사건이 발생하기도 했다.[53]

볼가강 지역 독일인들에게 기근의 피해가 특히 심했다. 독일인 정

착지가 '재앙의 중심'이라 불릴 정도였다(앞서 사라토프의 독일인 피난민에 대한 바비네의 기록을 소개한 바 있다.). 볼셰비키는 정착민들을 잠재적 배신자로 여겼고 이들 정착지의 곡물 징발은 더욱 잔혹하고 철저했다. 숨겨 놓은 곡물 수색에 앞서 마을 한가운데에 기관총을 설치해 사방으로 쏘아대는 것이 관행이었다. 정착민들은 아무것도 남겨 주지 않는 곡물 징발을 '빗자루질'이라 불렀다. 양측 모두가 잔학 행위를 저질렀다. 곡식을 숨기다 발각된 농민은 구타당했고 수천 명이 총살당했다. '봄에 심을 것도, 겨울 동안 먹을 것도 없는' 마을이 속출했다. 절망에 빠진 정착민 일부는 반볼셰비키 도적단에 합류했다. 1921년 한 도적단이 볼셰비키 몇 명을 잡았을 때 '한 무리가 달려들어 귀와 코를 자르고 눈알을 뽑은 후 쇠스랑으로 찔러 죽였다'고 한다. 초원쪽 정착지에서는 공산당원과 콤소몰(젊은 공산주의자 연맹) 회원 거의 모두가 처참하게 살해되거나 총살당하거나 밧줄에 묶여 볼가강 얼음 아래 수장되는 사건이 일어났다. 가해자들은 나중에 붉은 군대에게 총살되었다.[54]

무자비하게 징발당한 정착민들에게는 뿌릴 씨앗이 없었다. 양측의 불신으로 인해 독일인 정착민들, 특히 강 동편 '초원' 쪽 주민들이 기근에 시달리고 있다는 사실은 뒤늦게 알려졌다. 사람들은 '볼가강변에 자라는 온갖 풀, 양배추, 양파, 야생 마늘, 개, 고양이, 쥐, 개구리, 들쥐, 고슴도치, 죽은 물고기' 등을 닥치는 대로 먹었다. 오랫동안 굶은 이들은 온몸이 부어오른 채 말할 기력도 없이 누워서 죽음을 기다렸다. 기근 지역을 조사하는 전 러시아 특별 위원회는 1921년 8월 초부터 보고서를 보내기 시작했다. 보고서에 담긴 장면은 충격적이었다.

마을의 한 집에서는 갓 출산한 젊은 여자가 굶어 죽은 채 발견되었고 옆방에도 굶어 죽은 다른 여자가 누워 있었다. 또 다른 집에서는 일곱 살에서 열일곱 살까지의 아이들이 도살한 개의 뼈를 갉아먹고 있었다. 네 아이 모두 비쩍 말랐고 몸이 부어올랐으며 혼자서는 움직일 수도 없을 정도로 쇠약한 상태였다. 네 번째로 들어간 집에서는 꼼짝 못 하고 바닥에 누운 부부를 발견했다. 열네 살과 열여섯 살인 두 딸도 함께였다. 무엇을 원하느냐고 묻자 '우리는 하느님께 용서를 빌었고 이제 죽을 준비가 되었습니다'라는 대답이 나왔다.[55]

정착민 48,000명이(전체의 10퍼센트였다.) 사망했고 70,000명이 피난한 것으로 추정되었다. 살아남은 이들도 대부분 건강이 나쁘고 허약한 상태였다.

1921년, 볼셰비키는 내전에서 승리했다. 그러나 제1차 세계 대전과 내전의 대가는 엄청났다. 산업이 붕괴하였고 노동자들은 끔찍한 환경에서 살거나 도시를 떠나 농촌 마을로 돌아갔다. 시골에서는 볼셰비키와 농민들 사이에 거의 공개적인 전쟁이 벌어졌다. 카잔에서 멀지 않은 타타르 마을을 배경으로 한 현대 타타르 작가 구젤 야히나의 소설 『줄레이카』에도 관련된 내용이 나온다.

아버지는 딸에게 킵차크한국에 대한 많은 이야기를 들려주었다. 눈이 가늘게 찢어진 난폭한 자들이 그곳에서 어떻게 수 세기 동안 공물을 거두어 무자비한 칭기즈 칸과 그 자녀, 손자, 증손자들에게 가져다주었는지를. 붉은 무리 역시 공물을 거두었지만 그게 누구에게 갔는지 줄레이카는 알지 못했다.[56]

평범한 농부에게는 아무것도 변하지 않은 듯했다. 몽골인도, 차르도, 귀족 지주도, 볼셰비키도 곡식과 돈을 빼앗고 폭력을 휘두르기는 마찬가지였다. 소설에서 줄레이카의 남편은 곡식을 모아 두었다가 총에 맞아 죽고 그녀는 체포되고 눈먼 시어머니는 홀로 남겨져 결국 죽을 운명에 처한다. '농민 문제'에 대한 이런 가혹한 해결책이 다음 장의 주제다.

14

볼가강 지역의 집단화와 억압

1929년, 볼가강 중류 지역에서 적그리스도의 시대가 열렸다는 소문이 퍼졌다. '소비에트의 권력은 하느님이 아니라 적그리스도가 준 것'이라는 말이 유행했고 그 악의 중심은 집단 농장[러시아어로 약칭은 콜호스(kolkhoz)다.]이었다. 농민들은 이마에 적그리스도의 표식이 찍혀 예수 재림 때 저주받을 수 있으니 집단 농장에 가입하지 말라는 경고를 받았다. 이 시기 볼가강 하류에서도 한 코사크가 '집단 농장은 악마의 표식이니 하느님 나라에 들어가려면 절대 피해야 한다'고 경고했다.[1] 1920년대 말과 1930년대 초, 극도의 어려움에 처한 시골에서는 종말론적 소문이 만연했다. 집단 농장에 가입한 농민은 코사크에 떼죽음을 당할 것이라는 경고도 나왔다. 이 두려움의 깊이, 세상이 거꾸로 뒤집어지고 있다는 농부들의 확신을 이해하려면 농촌의 집단화 과정과 영향을 살펴볼 필요가 있다.

집단화는 소련 전 지역에서 시행되었으며 모든 형태의 활동(멀리 북쪽 지역에서는 순록 무리까지 집단화 대상이었다.), 러시아인과 비러시아인을 포함해 모든 국민에게 영향을 미쳤다. 중요한 곡물 공급원이었던 볼가 지역은 특히 집중적인 대상이 되었다. 스탈린이 '계급으로서의 쿨라크 청산'을 명령한 후 부농들은 추방되거나 투옥되거나 굶어 죽는 상황에 처했다. 집단화 정책의 결과로 사망한 사람이 몇 명인지 추정하기는 어렵다. 즉각적인 충격 외에도 경제를 파괴하는 효과가 오래 지속되었기 때문이다. 쿨라크로 규정되어 마을에서 추방되어 사망한 농민이 500만 명가량이었지만 1930~1932년의 기근으로 희생된 수많은 농민 역시 집단화 정책의 결과로 보아야 한다.

'쿨라크 청산' 이후에도 사회의 더 넓은 범위에서 숙청이 이어졌다. 누구든 '인민의 적' 혹은 그 동조자로 몰려 교정노동수용소[굴라그(gulag)]로 보내질 수 있었다. 최고조에 달했던 1940년대 초에는 약 400만 명이 소련의 노동수용소와 감옥에 수감되었다.[2] 수용소를 거쳐 간 사람들은 이보다 훨씬 많으며 그 수는 1920년대부터 1950년대까지 1,800만 명에 달했을 것으로 보인다. 신생 국가 소련은 국민에게 전쟁을 선포한 것이나 다름없었다.

1921년에 신경제정책(NEP)이 도입되면서 농민들은 어떤 농산물을 재배해 시장 가격에 판매할 것인지 스스로 결정할 수 있게 되었다.

단기적으로 이는 볼가강 지역을 포함해 전국적으로 생산성을 높였고 1920~1921년 기근으로부터의 회복을 도왔다. 그러나 NEP는 소련에 경제적 문제와 이념적 문제를 동시에 야기했다. 농민에게 통제권을 돌려줌으로써 국가는 생산을 결정하는 시장의 힘을 관리할 수 없게 되었다. 정부는 우유, 버터, 치즈 등 다른 농산물의 수익성이 더 좋을 때 농민들에게 더 많은 곡물을 파종하도록 강요할 수 없었고 시장을 무시한 채 곡물 판매 가격을 결정할 수도 없었다. 1920년대 후반에는 빠르게 성장하는 신산업 도시에서 노동자들이 먹을 곡물이 충분하지 않아 상황이 심각해졌고 1927년의 흉작으로 인해 상황은 더욱 악화하였다. 곡물 부족은 농민들이 낮게 책정된 가격으로 곡물을 내다팔지 않기 때문이기도 했는데 특히 자신들이 구입해야 할 공산품의 가격이 매우 높거나 품질이 좋지 않거나 아예 구할 수 없을 경우에 그러했다. 이럴 때 농민들은 곡물을 판매하기보다는 소비하는 것을 선호함으로써 곡물이 가장 필요한 시점에 시장을 외면했다. 결국 1928년, 곡물 징발이 다시 도입되었는데 당시에는 그해에만 시행될 '특별 조치'라고 했다. 농민들은 저항했고 국가의 무력 사용은 다음 해에 더 많은 곡물을 파종하지 않게 만드는 역할을 할 뿐이었다.

두 번째로 더 근본적인 문제는 공산당과 총서기장 이오시프 스탈린이 NEP를 오로지 일시적인 조치이자 이념적으로 부적절한 것으로 간주했다는 점이다. 새로운 소비에트 국가에서 사적인 농민 농업은 용납할 수 없는 자본주의였다. 집단 농장이야말로 가장 적절한 사회주의적 해결책으로서 보다 효율적이고 농촌의 사회 발전을 위한 경제적 조건을 제공할 수 있다고 여겼다. 효율적 농업은 시골의 노동력을 줄이고 이 노동력이 새로운 산업 인력으로 제공되도록 하여 더 큰 산업화를 이끌 것이었다. 또한 NEP는 혁명과 내전 동안 '인민의 적'으로 규정되었던 투기꾼과 부농에게 유리하게 작용하는 정책이라 보았다.

내전 당시 볼셰비키는 볼가강 지역을 비롯한 몇몇 곳에서 집단주의를 시도했다. 이는 자발성을 바탕으로 했으며 거의 성공하지 못했다. 대규모 집단화를 위해서는 두 가지 요구 조건이 있었다. 첫째, 국가의 단호한 결정에 따라 위로부터 정책이 시행되어야 했다. 둘째, 적들을 남김없이 색출해 희생시켜야 했다. 이 두 가지 조건이 1929년에 충족되었다. 그해 11월, 공산당 중앙위원회가 대규모 집단화를 결정했고 위로부터 시행하는 과정을 확정했다(농민 관련 초기 정책들이 대부분 그러했다.). 이와 함께 부농 쿨라크가 곡물을 감춰 식량 부족을 초래한 적으로 선언되었다. 지역 당 관리와 마을 소비에트는 쿨라크를 찾아내 땅과 소유물을 몰수하라는 명령을 받았다. 집단화는 소련 전역에서 놀라운 속도로 진행되었다. 1931년까지 농장의 50퍼센트 정도가, 1940년에는 96퍼센트 이상이 집단화를 달성했다.

볼가강 지역은 곡물 생산과 수출에서 핵심이었던 만큼 집단화가 특히 빠르게 진행되었다. 1930년 무렵 볼가강 하류에서는 이미 집단화가 상당 부분 진행되었고(일부 지역의 경우 70퍼센트였다.) 이 과정은 이후 10년 동안 끊임없이 지속되었다. 대규모 집단화는 단 몇 번의 회의(심지어는 단 한 번의 회의)를 거쳐 매우 신속하게 시행되었다. 예를 들어 (현재 마리엘 공화국에 있는) 롬 마을에서는 네 차례의 회의 후 쿨라크 8개 가구가 소유한 가축이 압수되었다.[3] 당시 (그리고 1950년대부터 1980년대까지) 소련 출판물에 나타난 집단화 관련 공식 설명은 가장 가난한 농민들이 집단화를 환영하고 적인 쿨라크를 기꺼이 쉽게 색출했다는 것이었다. 예를 들어 사마라 농촌 마을의 빈농들은 쿨라크가 '노동력을 고용한다'고 비난하고 자신의 가난과 말(馬) 부재를 쿨라크 탓으로 돌렸다고 기록되었다.[4] 카잔주 치스토폴 지역의 불디라 마을 농민들은 '가난한 자신들'에게 쿨라크는 '오래된 적'이라 선언했다고도 한다.[5]

물론 농민들은 (건강한 아들을 여러 명 둔 경우 등을 포함해) 부와 행운의 격차에 대해 늘 예민했고 마을에서 누가 가장 부유한지 다 알고 있었다. 더 부유한 이웃이 자신과 똑같은 처지가 되는 모습을 보고 싶다거나 오래된 앙금을 풀고 싶어 하는 것도 인간적 본성에서 나오는 마음이었다. 앞서 살폈듯 1861년 농노 해방 전, 농민 공동체는 공동 세금에 기여하지 못하는 가난한 집의 소년들을 의도적으로 징집했다. 1917년 혁명 이후 농민들은 '분리자'들을 다시 공동체에 강제 편입시켰는데 이는 공동체를 벗어나 자기만의 별개 농장을 설립할 능력이나 용기를 가진 부유한 농민을 적대시했다는 점을 분명히 보여 준다. 그러나 집단화 과정에서 사용된 부농 쿨라크에 대한 정의는 모스크바의 공산당 관리들이 임의적으로 만들어 냈다고 보는 것이 마땅하다. 공산주의식 쿨라크의 정의에서 핵심은 '노동력 고용과 착취'였는데 수확기에 농민이 다른 농민을 고용하는 것은 농촌 사회의 관행이었다. 농민들이 인식하는 부는 대개 토지, 그리고 다른 무엇보다도 말의 소유와 관련되었다(앞서 소개한 사마라의 농민들의 말 부재 발언도 이러한 맥락에서 나온 것이다.).

볼가강 지역과 다른 곳의 농민들이 자기들 가운데 '적'을 찾아내기 어려웠고 그래서 '우리 마을에는 쿨라크가 없다'고 하는 일이 많았던 것은 놀랍지 않다. 지역 공산당 관리들이 요구하는 '할당량'을 채우기 위해 부유하지도 않고 소련 정권에 충성하는 농민들이 희생양이 되곤 했다. 예를 들어 내전 당시 적군에 복무했던 알렉세이 마로프라는 트베르주의 한 농부는 3.4헥타르의 땅과 말과 소를 한 마리씩만 소유했음에도 쿨라크로 몰려 사형당했다. 트베르주의 또 다른 농민으로 어린 자녀 6명과 병약한 아내가 있던 바실리 파스킨은 쿨라크라고 하여 시베리아로 추방된 22가구에 포함되었다.[6] 사마라주의 N. F. 리코프는 자신이 부유하지도 않고 적군으로서 정권에 충성했다고 주장하며 쿨라크로 지목된 것에 이의를 제기했다. 자기 집을 집단 농장에 기부하겠다며 이제 자신은 마을 농민으로 살 수 없게 되었을 뿐만 아니라 교사였던 아내도 권리를 잃었다고 하소연했다.[7]

볼가강 지역 비러시아인들 중 소련식 정의를 대입해 쿨라크를 식별하기란 더욱 어려웠다. 독일인 정착지에서는 집단화가 특히 가혹했다. 풍요로운 마을과 깔끔하게 정돈된 농가 때문에 모든 농민이 지역 관리들 눈에 쿨라크로 보였던 것이다. 1930년 1월까지 독일인 정착지의 68퍼센트가 집단 농장에 포함되었고 1931년에는 그 수치가 85퍼센트 이상으로 높아졌다.[8] 반면 볼가강 지역의 마리 및 추바시 농민 대부분은 러시아 농민들보다 더 가난했고 부유한 농민을 찾아내기가 무척 힘들었다. 1928년, 마리족 마을의 한 대표자는 모든 농민이 너무 가난해서 집단화로 인해 잃을 것이 없는 정도이고 이 때문에 빈농과 중농을 규합해 부농에 대항하게 만드는 일이 불가능하다고 말했다. 1930년, 마리족 마을인 고르노마리에서는 마을 여성들이 '우리에겐 쿨라크가 없으니 콜호스도 필요 없다'고 말했다. 쿨라크로 규정된 마리족 마을의 일부 농민들은 분명 부유한 경우가 아니었다. 쿠구네르 마을의 A. N. 솔로베프는 소는 물론이고 기본적인 가재도구조차 없었는데 쿨라크로 몰렸다고 한다.[9] 이는 타타르인들도 마찬가지였다. 타타르 공화국의 쿨라크 타도 관련 보고서에 따르면 기근이 든 해에 깃털 침대를 구입했다고 해서 무티아신이라는 사람이 쿨라크로 규정되었는데 그는 말과 소를 한 마리씩 소유했고 적군에서 복무하다가 부상당한 이력도 있었다. 이 보고서에는 쿨라크에게서 빼앗은 물품도 나오는데 옷, 나무껍질 신발, 어린이용 스케이트, 자그마한 장식품 등 사소한 것들이었다.[10]

빈부나 민족에 무관히 많은 농민이, 때로는 한 마을의 농민 모두가 집단화에 저항하는 일도 있었다. 집단화를 앞둔 농민들은 자기 가축을 넘기는 대신 몽땅 도살해 성대한 잔치를 벌이기도 했다. 국가의 절대적 집단화 의지 때문에 결국 무의미한 일이긴 했지만 그럼에도 저항은 공개적이고 강력했다. 토지를 집단화하려는 마을 소비에트 회의에서 분명한 의지를 밝히는 경우도 많았다. 1930년 1월, 쿠즈네츠크 지역의 아르항겔스코예 마을에서는 수르코프라는 가난한 농민이

4부 소련 및 소련 이후 시기의 볼가강

회의 석상에서 '당신들은 농민과 쿨라크를 약탈하고 있다. 차르 치하에서 우리는 더 잘 살았다. 집단 농장은 올가미다. 노예제도는 꺼져라. 자유여, 영원하라!'라고 외쳤다. 다른 농민들은 '만세', '저게 우리 수르코프다', '집단 농장은 물러가라'며 환호했다. 알렉산드로 보그데노프카라는 또 다른 볼가 마을에서는 한 여성이 책상을 주먹으로 두드리며 '집단 농장은 지옥에나 가라'고 외치는 등 중농들이 여러 차례 회의를 방해하고 나섰다.[11]

최근 출판된 한 서적은 회고록, 농민 대표의 보고서, 집단화를 경험한 농민들의 구술 등을 바탕으로 '농민의 목소리'를 재현하려는 흥미로운 시도를 했다. 많은 농민이 집단 기억상실증에 걸리기라도 한 듯 쿨라크 가구 추방에 대해 명확히 떠올리지 못했다. 그럼에도 슬픈 얼굴로 당시를 돌이켜보거나 두려움 때문에('적'에 대한 지지 표명은 스스로도 그 적이 되는 일이었으므로 이는 비현실적 두려움이 아니었다.) 반대하고 나설 수 없었다고 진술했다.[12]

1930년대에 전국적으로 농민들의 대규모 소요가 일어났고 볼가강 중류와 하류 지역에서 특히 심했는데 이는 집단화 속도와 강도 때문일 수도, 라진과 푸가초프부터 19세기까지 이어진 농민 저항의 전통이 대중의 기억 속에 남아 있었기 때문일 수도 있다. 볼가강 하류 지역에서는 소요 1,000여 건에 농민 10만 명 이상이, 볼가강 중류 지역에서는 소요 777건에 농민 14만 명 이상이 연루되었다고 한다. 1천 명 넘는 농민이 연루되는 경우도 있었다. 아스트라한주 나찰로바 마을에서는 약 700명 군중이 마을 소비에트를 향해 행진하고 건물을 습격했다. 혼란 속에서 당원과 마을 주민 6~8명이 사망하고 8명이 부상을 입었다. 경찰은 쿨라크, 중농, 빈농을 포함해(집단 농장 소속도 한 명 있었다.) 약 150명을 체포했다.[13] 볼가강 지역의 독일인 정착지에서도 20곳 넘는 마을에서 폭동이 일어나는 등 다수의 소요가 일어났다. 농민들의 분노는 정권과 관련된 누구에게든 향할 수 있었다. 볼가강 지역의 농촌 소비에트 여성 당원 아나스타샤 셈코바가 살해당한 후 모닥불에 불태워졌다.[14] 당 관리와 곡물 징발원뿐 아니라 (여성을 포함한) 마을 교사들까지 구타와 살해를 당했다.

종교적 믿음도 집단화에 반대하는 이유가 될 수 있었다. 집단화와 함께 마을 교회가 폐쇄되고 교회 건물이 집단 농장의 학교, 곡물 창고, 클럽 모임 공간 등으로 전용되곤 했기 때문이다. 마을 소비에트 건물을 공격할 때는 사무실에 있던 종을 교회에 되돌려 놓는 상징적인 절차가 동반되었다. 사마라주의 노빈카 마을에서는 여성들이 종을 교회로 되돌려 놓은 후 '공산주의자들 다 죽어라'라고 외치며 제단을 해체하고 있던 인부를 공격했다.[15] 이 장의 서두에 인용한 적그리스도 관련 소문도 공산주의자와 집단 농장 추진 세력이 '신을 부정한다'고 보는 (사제가 영향을 미치기도 했던) 농민들의 생각을 반영했다. 볼가강 중류 지역의 한 활동가는 이렇게 보고했다.

사방의 사제들이 펜자의 수녀원 십자가에서 빛이 나와 밤낮으로 타오르고 있다는 허무맹랑한 이야기를 퍼뜨립니다. 그 기적을 보기 위해 몰려가는 사람들이 얼마나 많은지 이루 헤아릴 수 없습니다. 이 외에도

(사제들은) 곧 로마 교황이 올 것이고 정부가 무너질 것이며 공산주의자와 집단 농장 농민들이 종말을 맞이할 것이라 말합니다.[16]

트베르주의 한 사제가 여성 농민들 앞에서 더 이상 미사를 드릴 수 없다고 말하자 신도들은 '소비에트와 공산주의자는 물러가라! 사제 만세!'라고 외치며 소비에트 건물로 행진했다. 기독교도들만 시위를 벌였던 것은 아니었다. 울리야놉스크주의 이슬람 마을 옌가나예보에서는 여러 마을을 집단화하기 위한 준비가 진행 중이었는데 농민약 1,500명이 '부농과 율법학자 추방에 반대한다'며 소비에트 건물로 행진했다. 질서 회복을 위해 군대가 투입되고 13명이 체포되었다.[17]

쿨라크 제거 과정은 쿨라크의 정의만큼이나 임의적이었다. 집단화에 앞서 부농들이 도망치는 경우도 있었다. 볼가강 중류 지역에서는 5분의 1에 달하는 농민들이 쿨라크 색출을 피해 도망쳤다고 한다.[18] 트베르주의 부농 다수도 땅과 재산을 몰수당할 때까지 기다리지 않고 레닌그라드(옛 상트페테르부르크)로 일하러 떠났다. 일부 마을에서는 쿨라크로 몰린 농민들이 토지를 빼앗긴 후에 남아서 살 수 있었다. 이는 '분리자'가 농민 공동체에 강제 재편입되거나 1917년 이후 재산 대부분을 몰수당한 귀족이 약간의 토지를 받은 것과 비슷한 전통적 '평등화' 과정이라고도 볼 수 있다. 예를 들어 롬 마을의 V. E. 코코린이라는 농부는 '명백한 쿨라크'로 지목되어 수확기와 탈곡기를 모두 몰수당했지만 이 기계들은 그의 집에 그대로 남아 있었다.[19] 아스트라한주 가시린 지역의 불라예보와 노보예 니키티노 마을에서는 빈농들이 쿨라크 추방을 원하지 않는다며 '쿨라크 색출이 끝났으니 이제 우리와 함께 살고 일하면 된다'고 선언했다.[20] 볼가강 하류의 샤키노 마을에서는 쿨라크를 태운 수레를 둘러싸 떠나지 못하게 막으면서 쿨라크 추방을 거부했다.[21]

그러나 이런 사례는 예외적이었다. 재산을 모두 포기하고 집단 농장에 합류하려 해도 쿨라크는 '적'으로 간주되어 거절당했다. 부농들은 맨몸으로 가족과 함께 집에서 쫓겨났다. 한겨울에 옷도 챙기지 못해 얼어 죽는 경우도 있었다. 한 타타르 농부는 '집, 소, 식탁 위 사모바르, 벽에 걸린 체중계 등 모든 것을 빼앗겼다'고 회상했다. 그의 할머니는 새 옷을 입고 있었는데 '마을 활동가들이 그 옷을 벗고 낡은 옷으로 갈아입으라며 할머니 옷을 잡아당겼다'고 한다. 한 여성은 옷, 매트리스, 수건 등 모든 것을 빼앗겼다며 아기였던 자신이 담요에 싸여 누워 있었는데 마을 소비에트 위원들이 침대 시트와 담요를 압수하면서 맨몸으로 침대에 던져졌다고 했다. 쿨라크로 몰린 이들은 음식, 물, 쉼터가 없는 극악한 상황에 처했다. 한 타타르인은 어린 시절의 경험을 이렇게 기록했다. '1932년 8월, 그들은 우리 어머니와 다섯 아이들을 수레에 태워 알 수 없는 곳으로 데려갔다.' 도착한 곳은 시베리아 동부의 이르쿠츠크 북쪽이었는데 '옷차림이 추운 날씨에 맞지 않았고 왜 그런 벌을 받는지도 모른 채 혹한 속에서 고통을 겪었다'고 한다. 2층짜리 집, 말 2마리, 소 2마리, 양 15마리, 싱어 재봉틀을 갖고 살았다는 또 다른 농부는 시베리아 서부 크라스노야르스크로 보내져 '광산에서 일하고 타이가에서 도로를 건설'하면서 '구덩이 쉼

터와 천막생활을 했다'고 말했다.[22]

한 독일인 정착민은 1930년 3월 31일에 다음과 같이 감정이 절제된 편지를 썼다.

한밤중에 마을 소비에트 대표와 민병대에 끌려갔다. 42세인 아내, 18세인 게오르그, 14세인 고틀리프, 11세인 하인리히, 9세인 안나, 8세인 이반, 6세인 야곱, 4세인 필립 등 가족들도 함께 떠나야 했다. 믿을 수 없을 정도로 참혹한 환경에서 가족 중 세 명이 사망했다.[23]

농민 약 200만 명이 유럽 러시아에서 시베리아와 카자흐스탄으로 추방되었는데 이동 중에, 혹은 도착지의 척박한 상황에서 약 50만 명이 목숨을 잃었다. 쿨라크는 투옥되기도 했고 그중 많은 수가 총살당했다.

집단화가 즉각 야기한 경제적 결과는 재앙이었다. 파종되는 곡물의 양, 그리고 가축 두수가 급격히 감소했다. 1932년에는 엄청난 기근이 발생하여 볼가강 중하류, 북코카서스, 그리고 특히 우크라이나를 휩쓸었다. 얼마나 많은 사람이 기근에 희생되었는지 파악하기란 불가능한데 이는 통계 해석의 어려움뿐 아니라 정치적 이유로 숫자가 의도적으로 왜곡되었기 때문이다. 스탈린은 기근 발생 사실 자체를 부인했고 일부 농민들은 (볼가강 지역 도시로 나온 농민들이 콜호스 출신인 척하면서) 기근을 거짓으로 꾸며 냈다고 처벌받았으며[24] 볼가 마을에서는 기근 사태의 희생양을 찾아 다시금 쿨라크 색출 운동이 벌어졌다.

소련 내 사망자 수는 1,200만 명이 넘었을 것으로 보이며 그중 약 700만 명이 우크라이나에서 나왔으리라 추정된다.

볼가강 지역 농민들은 여러 해가 지난 후의 기록에서 당시를 '끔찍한' 때로 회상했다. 1921년의 기근 때와 달리 국제적 도움이 없어 더 힘들었다고도 했다(정부가 기근을 공식 인정하지 않은 탓이었다.). 사라토프주 테플로브카 마을의 농민 I. 메르쿨로프는 기근 때 빵을 사기 위해 가축을 팔고 다음으로는 가재도구까지 처분했다고 했다. 1933년, 볼고그라드주 아타마노프카 마을의 한 농민 여성은 '너무도 배가 고파' 협동 농장의 곡물을 장갑과 주머니에 넣어 훔치려 했던 일을 털어놓았다. 몸수색을 받으면서 곡물이 바닥에 떨어져 발각되었다는 것이다. 같은 마을의 두 노인은 쐐기풀을 모으러 나갔다가 길 잃은 송아지를 발견하고 훔쳐서 도살한 적이 있다면서 '사람을 그렇게 만들어버리는 게 그때의 굶주림이었다'고 회상했다. 생존을 위한 투쟁이 그런 불의한 행동으로 이어졌다는 것이다.[25] 많은 농민은 기근을 굶겨서라도 복종을 얻어내기 위한 소련 정부의 의도적인 정책이라 여겼다. 사라토프와 펜자주에서는 정부가 농민들을 마치 굶겨 훈련시키는 서커스 동물처럼 취급한다는 말이 떠돌았다.[26]

기근은 볼가강 지역 독일인 정착지에서 특히 심각했다. 정착민들의 편지에 그 참상이 기록되어 있다. '마틴 형제의 자녀 중 네 명이 굶어 죽었고 나머지도 얼마 남지 않았다', '다섯 달 동안 빵, 고기, 기름을 먹지 못했다. 많은 이가 죽어가고 있다', '개도, 고양이도 더 이상 보이지 않는다' 등등. 정착민 중 약 14만 명이 굶어 죽은 것으로 추정된다.[27] 캐나다인 앤드루 케언스는 증기선 안에서 볼가강 지역의 재난 상황을 직접 목격했다. 기근에서 벗어나려는 '굶주린' 사람들 수천 명이 아래쪽 갑판의 생선 저장 통 위 지저분한 젖은 바닥에 정어리 떼처럼 **빽빽하게** 몰려 앉아 있었던 것이다.[28] 소련의 보고서에도 심각한 상황이 드러난다. 1933년 3월, 체복사리 지역에서 살인과 식인 사건이 벌어졌고 다음 달에는 볼가강 하류 지역에서도 비슷한 혐의가 제기됐다.[29]

당장의 기근 위협이 사라진 후에도 집단 농장 생활은 힘겨웠다. 농민들은 국가로부터 쥐꼬리 대가를 받으면서 왜 그렇게 열심히 일해야 하느냐고 분개했다. 현재의 마리 엘 공화국 영토에 살던 농민들은 과거에는 중농이었는데 (즉, 빈농이 아니었는데) 이제는 '가진 게 아무것도 없고' 그저 '밤낮으로 일만 해야 한다'고 불평했다. 같은 지역의 다른 농민들은 '이것은 삶이 아닌 중노동이다', '소비에트 권력이 우리를 수탈한다'고 선언했다.[30] 공동체에 대한 기여도에 무관히 모두를 강제적으로 '평등화'하는 것에 대해 본능적인 거부감도 있었다. 사마라주의 한 중농은 '나는 밤낮으로 일하지만 콜호스의 다른 사람들은 아예 일하지 않거나 옛날처럼 일하지 않는다. 그런데도 곡물은 똑같이 배급된다. 내가 왜 일해야 하는지 모르겠다. 혼자서 농사짓는 편이 훨씬 낫다'고 불평했다.[31]

('사회주의로 가는 길', '붉은 새벽', '파리 코뮌', '레닌', '스탈린' 등) 소련의 권력을 그대로 드러내는 집단 농장의 명칭과 종교 축일에 맞춘 '사회주의' 공휴일 제정에 현혹되는 사람은 아무도 없었다. 그래도 대부분

의 저항은 소극적이었다. 농부들은 꼭 필요한 만큼만 일했다. 보상이 없었으므로 혁신적이거나 독립적인 생각은 가질 필요가 없었다. 설불리 눈에 띄었다가는 반역 행위로 비난받거나 질투나 두려움의 대상이 되어버릴 위험이 항상 존재했다. 모든 것이 공동 소유였으므로 집단 농장에서의 절도는 실질적으로 죄가 아닌 것 같았다. 마을의 삶은 지루하고 단조로웠으며 집단화로 인해 농민들의 영혼은 피폐해졌다. 탈출할 수 있는 사람들은 마을을 떠나 도시로 갔다.

부농 쿨라크는 '인민의 적'으로 규정되었다. 구젤 야히나의 소설 『줄레이카』에서는 '풍작'을 거둔 쿨라크를 카잔 감옥으로 보낸 정치 위원 이그나토프가 자신을 정당화하는 장면이 있다.

유용한 일이 하나 더 이루어졌다. 역사의 저울 위에 모래 한 알이 더 올라간 것이다. 바로 이렇게, 한 번에 모래 한 알씩 모여 국가의 미래가 만들어진다. 그 미래는 나 이그나토프, 저 쿨라크, 나아가 수백만 소비에트 형제 모두에게 필연적인 혁명의 승리이자 세계의 승리가 될 것이다.[32]

그러나 '인민의 적'은 소련 사회의 다른 많은 구성원들로 확대되었고 모래알은 산이 되었다. 처음에는 그 적들은 전직 백군 장교, 차르 정권의 관료와 경찰, 제국군 장교, 대안적 사회주의 정당 지도자

등 명백히 소비에트 국가에 반하는 세력이었다. 지식인, 작가, (기독교와 다른 모든 종교의) 성직자는 정권에 특별한 위협을 가하는 존재로 1920년대부터 박해받았다. 1929년이 되면 전직 공무원, 상인, '노동 착취자', 성직자 등 370만 명이 선거권을 박탈당했던 것으로 추산된다(투표권만 사라지는 것이 아니라 일자리와 집도 빼앗겼다.).

스탈린은 1934년 12월에 일어난 레닌그라드 공산당 제1서기 세르게이 키로프 암살 사건을 구실로 선동적 공개 재판을 벌이면서 당내 반대파를 숙청했다. 지방 관리와 콤베디에 색출할 쿨라크 수가 할당되었던 것처럼 내무인민위원회(NKVD, 즉 비밀경찰)에게도 찾아내야 할 '적'의 할당량이 주어졌다. 숙청 대상은 정권에 대한 불충 혐의가 있는 사람, 그런 혐의자를 숨겨 준 사람으로 계속 확대되었다. 경솔한 말 한마디, 체포된 사람을 옹호하는 표현, 이데올로기 측면에서 문제 삼을 수 있는 일상적 발언, 외국 이름, 해외에서 온 편지 등 무엇이든 체포로 이어질 수 있었다. 소련 전역이 극도의 긴장 상태였다. 이웃끼리 서로를 비판하고 학생은 교사와 교수를 비판하고 자녀는 부모를 비판했다. 100만 명 이상이 대숙청으로 사망했고 임의적 체포와 노동 수용소 수감으로 삶이 파괴된 사람은 훨씬 더 많았다. 국가가 국민을 상대로 벌인 공포의 통치였다.

개인의 실제 행동이 어땠든 상관없었다. 그저 부정적인 꼬리표가 붙기만 하면 무자비한 비판이 쏟아졌다. 예를 들어, 혁명 이전 니즈니 노브고로드에서 경찰관으로 근무했던 키릴 자루보는 '시민들이 나에게 아무 반감이 없었던 덕분에' 1917년 2월에 목숨을 건졌다고 기록했다. 그 후 그는 붉은 군대에서 복무했고 상이병으로 제대한 후에는 볼가강 순찰 일을 했다. 이렇게 했음에도 과거의 직책 때문에 결국 그는 선거권을 박탈당했고 1937년에 체포되어 총살당했다. 소비에트 체제의 판단은 제멋대로였다. 혁명 전 니즈니노브고로드의 경찰관이다가 교도소 부소장을 거쳐 1913년부터 1918년까지 시장(市場) 감독관을 지낸 체르노구보프는 소련 행정 기관에서 계속 일하다가 1925년에 은퇴해 연금까지 받았다.[33] 그는 운이 좋았던 몇 안 되는 사람 중 한 명이었다.

1930년대의 볼가강 지역에서도 소련 전역에서 그랬듯 체포가 줄을 이었다. 볼가강 서편 니즈니노브고로드주의 중소 지방 도시 발라흐나(1968년의 인구가 33,000명이었다.)를 예로 들어 보자. 선박 건조와 제지 공장 등으로 유명한 도시였다. 이곳에서 천 명이 체포되어 그중 218명이 총살당하고 109명이 감옥이나 수용소에서 사망했으며 220명이 10년 이상, 162명이 5~9년, 162명이 1~4년, 129명이 추방 혹은 1년 미만 징역을 선고받았다. 희생자들은 공장 노동자나 지역 기관의 직원 등 대부분 평범한 사람들이었고 농민 76명, 성직자 40명, 교사 및 학생 21명, 의사 및 병원 직원 12명도 포함되었다. '연금 수급자, 병약자, 어린이'로 분류된 경우도 6명이었다.[34]

카잔의 초르노에 오제로('검은 호수'라는 뜻) 거리에 내무인민위원회 본부가 생기면서 동네 전체의 성격이 바뀌었다. 이 지역 주민으로 노동수용소 생활에 대해 가장 끔찍하고 통찰력 있는 기록을 남긴 예브게니아 긴즈부르크는 '상점을 여는 사업가들이 선호하는 장소였고 고급 레스토랑과 보드빌 극장이 있던' 초르노에 오제로가 내무인민위원회 때문에 완전히 변했다고 썼다.

동네 이름은 본래의 의미를 잃어버리고 모스크바의 '루뱐카(KGB 본부가 있던 곳)'와 같은 뜻이 되었다. 사람들은 "혓바닥을 조심하지 않으면 초르노에 오제로에 가게 될 거야." 혹은 "들었어? 어젯밤에 초르노에 오제로로 끌려갔대"라고 말하곤 한다. '초르노에 오제로의 지하실'이라는 말 자체가 공포를 불러일으켰다.

긴즈부르크와 남편은 둘 다 충성스러운 공산당원이었다. 하지만 친구인 카잔 대학의 N. 엘보프 교수를 비판하지 않았다는 이유로 1935년에 지역당으로 불려 가 심문을 받았다. 엘보프 교수는 공산당 역사책을 쓰면서 1905년의 혁명 부분에서 영구 혁명 이론의 오류를 지적했다는 이유로 체포된 인물이었다. 이미 불충 혐의를 받고 있던 예브게니아는 엘보프를 비판하지 않았다는 이유로 1937년에 다시 체포되었고 이번에는 당에서 제명되었다. 이쯤 되자 부부는 마지막이 임박했음을 깨달았다. 8일 후, 예브게니아는 초르노에 오제로의 내무인민위원회 본부로 끌려갔고 그곳에서 과거의 공산당원 지인들 몇 명을 만났다.

몇 계단이나 내려갔을까? 백 개인지, 천 개인지 기억이 나지 않는다. 그리고 도달한 곳은 지옥 그 자체였다. 두 번째 철문을 지나면 천장 가까이 붙은 전구 한 개가 희미하게 불을 밝히는 좁은 통로가 나왔다. 칙칙한 붉은색의 그 불빛은 감옥 분위기에 딱 맞았다. 볼트로 고정되고 자물쇠로 잠긴 문들이 왼쪽으로 길게 늘어섰다. …… 그 문들 뒤로 내 친구들, 나보다 앞서 지옥에 떨어진 공산주의자들이 있었다. 악시안체프 교수, 시 위원회의 빅타기로프, 대학 총장이었던 벡슬린 등등.[35]

공산당원 긴즈부르크의 경험은 드문 일이 아니었다. 1917년 혁명 당시 심비르스크 상황을 다룬 자료가 최근 발간되었는데 각주로 실린 1917~1918년 소비에트 위원회 참여자들의 사망 연도를 보면 많은 수가 1930년대로 되어 있다. 1917년 12월부터 1918년 2월까지 심비르스크 소비에트 집행위원장을 지낸 블라디미르 크산드로프도 그중 한 명이다. 혁명 후 크산드로프는 모스크바로 이주해 소비에트 정부의 다른 직책을 맡았다. 1919년, 심비르스크로 돌아온 그는 노동 및 국방 소비에트를 주재하고 심비르스크의 곡물을 러시아의 산업 중심지로 보내는 업무를 담당했다(바꿔 말하면, 소련을 위한 징발 업무를 충성스럽게 수행했다.). 그러다 1938년에 체포되어 1942년, 키로프(전 이름은 뱟카)의 감옥에서 사망했다. 알렉산드르 슈베르는 볼셰비키로 1917년과 1918년에 심비르스크 소비에트 뉴스와 기타 볼셰비키 간행물의 편집인이었다. 그는 1937년 트로츠키주의자라는 이유로 체포되어 1938년 (시베리아의) 하바롭스크에서 총살당했다. 니콜라이 체복사로프는 멘셰비키였지만 1917년 심비르스크의 임시 집행 위원회에 참여했다. 그리고 1937년에 일본 간첩 혐의로 체포되어 총살당했다. 1953

년의 스탈린 사망 후 소련의 새 지도자 니키타 흐루쇼프가 시행한 '탈스탈린' 정책으로 처형당하거나 강제수용소에 수감되거나 추방된 많은 이가 복권되거나 무죄 처분을 받았다. 크산드로프는 1955년에, 슈베르는 이듬해에, 체복사로프는 1957년에 복권되었다.[36]

볼가강 지역의 지식인들은 소련에게 큰 의심을 샀다. 카잔 대학교 교수진 중 40명 이상이 체포되어 그중 10명이 총살당하고 16명이 수용소에서 사망했다. 점점 더 많은 작가와 학자들이 체포됨에 따라 대학생들의 비판은 더욱 모호하게 변해갔다. 생물학자 슬렙코프 교수는 강의에서 '레닌주의는 쓸모없어졌다', '생물학에서 사회학을 사용하는 것은 불가능하다'는 발언을 했다는 이유로 체포되었고 1937년에 총살당했다. 다른 교수들은 트로츠키주의자, '반동 역사가', '스탈린 비방' 등의 이유로 비판을 받았다. 타타르 출판사의 구성원들은 체포되었고 독립 출판은 중단되었다.[37] 최악의 시기는 쿨라크 혐의자 5,000명 이상을 포함하여 타타르 자치 소비에트 사회주의 공화국 전역에서 11,000명 이상이 체포된 1937~1938년이었다. 신문사 특파원, 소련 관리, 공장 관리자, 타타르 극장장 등이 모두 포함되었고 이 중 3,000명 이상이 총살당했다.[38]

비러시아인 지식인들도 표적이 되었다. 1937년 11월, 마리 자치 공화국에서 마리족 작가와 지식인 26명이 총살당했다.[39] 추바시 시인 일레 타티는 수용소행을 피했지만 최근의 추바시 선집에 언급되었듯 '극심한 문학적 시련을 당했다'고 한다. 그 고통은 「추바시 시인들을 위한 찬양의 노래」(1925)라는 시에 일부 드러나 있다.

추바시 시인이 되느니

썩어가는 통나무가 되는 것이 낫습니다.

바람이 숭숭 들고 나는

바짝 말라 죽은 나무

땅으로 쓰러져

봄의 물결을 타고 볼가강 물로 떠내려가

볼가의 소용돌이에 이리저리 흔들리다가

마침내 세상의 끝으로 밀려가는 것이

차라리 훨씬 낫습니다.[40]

러시아인과 비러시아인을 포함해 화가들도 작가들만큼 궁지에 몰렸다. 「볼가강의 배 끄는 인부들」(11장 참조)을 비롯해 평범한 이들의 고통을 묘사한 레핀의 그림에서 많은 영향을 받은 볼가강 지역 독일인 정착민 출신 야코프 베버는 1920년대와 1930년대에 볼가강의 산업 및 상업 활동 모습을 소비에트 사실주의 양식으로 그렸다. 1932년 작품 「석간신문」은 교대 근무를 마친 노동자들이 소련 신문을 열심히 읽는 모습을 담았다. 그런 그도 1937년에 '탄압' 대상이 되었다.[41]

그 비현실적 세상에서는 누구든 체포될 수 있었고 외국 이름을 가진 이는 누구든 용의자였다. 볼가강 지역 독일인 정착민인 보리스 고프만(호프만)은 트베르(1931년 칼리닌으로 개명되었다.)에서 교사로 일했다. 그는 1938년에 '인민의 적'으로 총살당했다가 1956년에 복권되었다.[42] 칼리닌주에는 17세기 중반 이후 자리 잡은 카렐리아인들이 소수 살고 있었는데 이들 역시 소련에 대한 잠재적 반역자로 표적이 되었다. 1930년대에 카렐리아인 소련 관리들이 체포되었는데 이는 위에서 언급한 심비르스크의 러시아인 관리들이 겪은 상황과 비슷했다. 뱌체슬라프 돔브로프스키는 1920년대에 카렐리아 자치 공화국에서 고위직을 지냈으며 쿠르스크의 정부 요직으로 자리를 옮겼다가 1936년에 칼리닌으로 돌아와 내무인민위원회 책임자로 활동했다. 그는 1937년 9월, 체포되어 총살당했으나 1956년에 복권되었다. 표트르 라보프는 1920년대에 칼리닌주에서 '선동 선전(오늘날 용어로 하자면 광고 홍보쯤 될 것이다.)' 분야의 여러 직책을 맡았다. 1934년에는 비시니볼로체크 지역위원회 초대 서기, 1937년 6월에는 칼리닌주 공산당 위원회 초대 서기가 되었다. 1938년 3월에 체포되어 1940년에 유죄 판결을 받고 총살당한 것으로 추정된다. 1938년, 카렐리아인 약 140명이 조직을 만들어 핀란드와 공모해 소련에 대항하려 했다는 혐의로 체포되어 '조국에 대한 반역자이자 인민의 적'으로 처벌받았다.[43]

개인에 대한 공격과 함께 종교에 대한 공격도 이루어졌다. 앞서 집단화에 저항하는 농민들에게 교회와 모스크가 중요한 역할을 했다는 점을 살폈다. 소련은 종교를 공식 금지하지 않았지만 신자들을 철저히 감시했고 기독교와 비기독교를 막론하고 모든 종교 공동체는 (구성원 명단까지) 공식 등록해야 했다. 1930년대에는 소련의 많은 교회가 파괴되었다. 볼가강 지역에는 정교회 수도원과 교회가 아주 많았다. 볼가강 중하류 지역에 농민들을 이주 정착시킬 때 교회가 중요했기 때문이기도 하고 부유한 상인들이 개인적으로 예배당을 지었기 때문이기도 하다. 예를 들어 야로슬라블은 그렇게 지어진 아름다운 교회들이 수없이 많기로 유명하다. 그런데 1930년대에 성모승천대성당을 포함해 그곳의 교회 27개가 파괴되었다.[44]

카잔주에서는 1930년이 되자 문 연 교회가 802개에서 495개로 줄었다.[45] 수도원과 수녀원은 학교나 병원으로 바뀌거나 허물어지도록 방치되었다. 사라토프에서 약 30킬로미터 떨어진 성 파라스케바 수녀원에는 1915년, 수녀와 수련생이 600명에 달했다. 이곳은 1918년에 붉은 군대의 본부가 되었다가 수녀들이 간호사로 근무하는 군 병원으로, 그 후에는 집단 농장의 본관으로 사용되었다(1991년에 교회로 되돌아갔다.).[46] 모스크도 폐쇄되어 다른 용도로 사용되었다. 1940년대의 카잔주에는 공식 승인된 모스크가 16개, 비공식 모스크가 25개였는데 1956년이 되면 공식 모스크 11개만 남았다. 1963년의 사마라에서는 모스크가 14개만 남아 있었다.[47] 아스트라한 기록보관소에는 폐쇄된 모스크와 교회의 물품들이 보관되어 있다. 그나마 아스트라한에서는 비러시아인 신자들에 대해 어느 정도 관용이 베풀어졌다. 1924년, 그곳의 페르시아인들은 감독을 받는 조건에서 '거리 종교 행렬과 의식'을 할 수 있었다.[48]

기독교도 및 비기독교인, 정교도 및 비정교인을 막론하고 종교 지도자도 정부의 표적이었다. 칼리닌주 카렐리아인 마을에서 정교회 사제 10명이 체포되어 6명은 총살당하고 나머지는 수용소 10년 형을 선고받았다.[49] 고르키(니즈니노브고로드)주에서는 사제 세르게이 보리소프(1887년생)와 이반 보리소프(1896년생) 형제가 1937년에 체포되었는데 형은 1938년 1월에 총살당했고 동생은 수용소 10년 형을 선고받았다가 1948년에 사망했다.[50] 타타르 자치 공화국에서는 카잔 신학교 교수였던 V. I. 네스멜로프와 N. V. 페트로프, 주교 이오시프와 넥타리우스가 체포되었다. 라이파 수도원에 있던 수도사 44명 가운데 6명이 반소 활동 혐의로 체포되었다. 1917년부터 1923년까지 소련에서 정교회 주교 28명, 정교회 사제 약 1,200명이 처형당한 것으로 추정된다. 교회 기록으로는 1937년과 1938년 사이에 사제 10만 명 이상이 총살당했다. 이슬람 성직자들도 똑같이 박해를 받았다. 카잔에서는 불법 이슬람 사원에서 일한 혐의로 율법학자들이 대거 체포되어 일부가 총살당했다. 타타르 자치 공화국에서 기독교 및 비기독교 성직자 총 234명이 탄압을 받은 것으로 추산된다.[51]

강제 노동형을 선고받은 이들은 멀리, 때로는 시베리아까지 보내졌다. 볼가강 지역에 수용되는 경우도 있었다. 볼가강과 스뱌가강이 합류하는 지점에 위치한 스뱌즈스크는 요새, 성모승천대성당, 스뱌즈스크 수도원이 있는 곳인데 1930년대에는 그곳의 행정 기관 건물에 정신병자 감옥이 있었다. 카잔에서 멀지 않은 라이파 수도원은 1930년대에 노동수용소였다. 수감자들은 2차 세계 대전 전에 볼가강 수력 발전소 및 운하 건설(17장에서 설명한다.)에 강제 동원되었다.

'인민의 적'으로 규정된 이들의 가족과 친척도 피해를 입었다. 니콜라이 세메노프는 사라토프에서 보낸 어린 시절, 형제 두 명이 체포된 후 어머니가 '벽에도 귀가 있다'며 거듭 주의를 주던 일을 회상했다. 어머니는 사진첩에서 끌려간 아들들 사진을 없애기도 했다.[52] 카잔에서 이루어진 구술 인터뷰의 한 경험담은 체포된 사람들의 자녀가 겪은 고통과 지역 당국의 부당한 처사를 잘 보여 준다. 지우젤 이브라기모바는 타타르 작가 구메르 갈리에프의 딸이었다. 아버지 구메르 갈리에프는 1937년에 체포되어 먼 북쪽의 악명 높은 노릴스크 노동수용소에서 10년 형을 살고 1947년에 카잔으로 돌아왔다가 1949년 재차 체포되어 시베리아 서부 크라스노야르스크의 유형지로 보내져 그곳에서 사망했다. 지우젤의 어머니 수프카리 빅토기로바도 1937년에 '적의 가족'으로 체포되어 시베리아의 시블라그 수용소에서 5년을 보낸 후 1943년에야 카잔으로 돌아왔다. 어머니가 체포되었을 때 두 살이었던 지우젤과 언니는 우랄 이르비트에 있는 고아원으로 보내졌다. 기록이 제대로 없었던 탓에 할아버지는 3년 동안이나 손녀들을 찾아 헤매다 간신히 카잔으로 데려올 수 있었다. 지우젤은 어린 시절 당한 부모님의 일로 비밀과 두려움이 커졌다고 회상했다. 어머니는 출소 후에도 수감 이력 때문에 일자리를 구하기 어려웠고 자주 해고 당해 생활이 매우 어려웠다. 어머니는 딸에게 '편지를 보관하지 마라', '공공장소에서 말하지 마라', '둘 이상 있을 때는 정치적 주제를 꺼내지 마라'고 당부했다. 지우젤은 이를 '예전 같은 일이 또 일어날지 모른다는 공포'라고 표현했다.

지우젤은 아무 죄가 없었지만 대학 입학에 어려움을 겪었고 이는 '인민의 적' 자녀에 대한 당국의 근거 없는 의혹을 보여 준다.

제가 '인민의 적' 자녀라는 사실을 처음 깨달은 건 대학에 지원할 때였어요. 전 카잔 대학교 화학과에 지원했어요. 화학을 정말 좋아했거든요. 그런데 '인민의 적' 자녀는 화학과에 입학할 수 없다고 하더군요. 이유가 뭐냐고 물었더니 '3학년생이 되면 화학 공장, 대기업, 폐쇄 공장에 실습을 가게 되는데 폭발 사건을 꾸밀 수 있는 사람을 받을 수는 없다'고 하지 않겠어요! 언니랑 제가 복도에서 울고 있는데 잘생긴 남자 한명이 다가왔어요. 물리학 및 수학 학과장이던 보리스 루키치 라틴 선생님이었지요. 무슨 일이냐고 하기에 상황을 설명했더니 울지 말라고 위로하면서 화가였던 자기 형도 체포되었다고 말해 주었어요. 그리고 자기가 있는 물리학 및 수학과에 지원하라고, 수학은 정치와 별개인 학문이고 늘 필요하니 이념 문제로 어려움은 없을 거라고 했죠. 그래서 전 그리로 진학해 졸업했습니다.[53]

1940년까지 소련은 반대 세력을 탄압했다. 거의 모든 농민이 집단화되었고 쿨라크는 억압받았으며 국가에 대한 저항은 지하로 숨어들거나 수동적인 형태를 취했다. 이런 탄압에는 크나큰 대가가 따랐다. 사망하거나 이주당하거나 수용소로 보내진 사람이 수백만 명이었고 볼가강 지역을 포함해 러시아 남부 여러 곳에서 기근이 발생했다. 정치적 탄압이 이어지면서 사람들은 위축되어 아무런 위험도 감수하지 않고 죽은 듯이 살게 되었다. 예브게니야 긴즈부르크는 수용소에서 풀려난 후 이런 분위기를 체험했다.

의사를 제외하고는 누구도 자신의 예전 직업을 갖거나 예전 직장으로 돌아가려 하지 않았다. 지식인을 향한 당국의 동물적인 증오는 수년의 수용소 경험으로 너무 익숙했다. 해야 할 일은 재단사, 구두 수선공, 가구공, 세탁공 등이 되어 조용하고 따뜻한 한구석에 틀어박히는 것, 한때 선동적 문학을 읽었다는 사실이 절대 발각되지 않도록 하는 것이었다.[54]

하지만 볼가강 지역 사람들, 그리고 소련 전체 국민의 삶을 영원히 바꿔 놓을 또 다른 큰 도전이 다가왔다. 제2차 세계 대전 발발과 1941년의 나치 독일 침공이 그것이었다.

15

볼가강 지역의
제2차 세계 대전

스탈린그라드는 곧 볼가강을 뜻합니다. 러시아에서 볼가의 의미는 아무리 강조해도 지나치지 않습니다. 유럽에는 이런 강이 없습니다. 볼가는 러시아를 가로지르고 우리 민족은 어머니 볼가에게 노래 수백 곡을 헌정했습니다. 비열한 독일인들이 러시아의 위대한 볼가에서 말을 목욕시키게끔 할 수 있습니까?

　－ 종군기자 일리야 예렌부르크가 1942년 9월에 쓴 '스탈린그라드' 관련 에세이[1]

　신생 국가 소련은 1920년대 후반과 1930년대에 내부적 위협을 경계했다. 이른바 '인민의 적'은 소련 자신이 만들어 낸 것이었고 상상력의 산물인 경우도 드물지 않았다. 하지만 소련은 1941년, 나치 독일에 침공당하고 붉은 군대가 연달아 패배하면서 크나큰 외부적 위협에 처하게 되었다. 볼가강은 제2차 세계 대전에서 소련에게 매우 중요한 전략적 요충지였다. 그 이유는 첫째, 모스크바가 점령될 경우 소련 정부가 자리 잡을 곳으로 (사마라의) 쿠이비셰프시가 선정되었고 둘째, 독일군이 모스크바를 향해 진격할 때 볼가강 상류의 도시들이 최전선에 놓여 있었으며 셋째, 제2차 세계 대전에서 가장 피비린내 나는 전투로 양측 군인 약 70만 명이 목숨을 잃고 소련과 독일의 운명뿐 아니라 전쟁 전체의 국면을 바꾼 스탈린그라드 전투가 바로 그곳에서 일어났기 때문이다. 나치 독일 병사들은 도시 바로 북쪽의 볼가강에 도달했지만 끝내 강을 건너지 못했다(전쟁 포로가 된 후에야 건널 수 있었는데 볼고그라드 기념 단지의 벽화에는 독일 병사들의 그런 모습이 그려져 있다.). 철도와 다리가 건설되기 전까지 동서를 가로막는 중요한 장벽이던 볼가강이 이때는 점령당한(또는 위협받는) 서편과 상대적으로 안전한 동편 사이에 놓이게 되었다.

소련이 독일군에 대항해 전세를 역전시킬 수 있었던 주된 이유 중 하나는 공장을 서쪽에서 동쪽으로 이전하고(공장 200개가 볼가강 지역, 혹은 우랄과 시베리아로 옮겨졌다.) 무기 생산을 대대적으로 늘린 것이었다.[2] 전쟁이 끝난 후에는 파괴된 도시(특히 스탈린그라드)를 재건하고 볼가강 변에 새로운 도시를 만들거나 대규모로 확장하여 새로운 사회주의 도시 생활을 만들어 냈다. 누가 어디에 어떻게 사는지를 사실상 국가가 통제하게 된 것이다. 그리고 마지막 장에서 살펴보겠지만, 국가는 자연 자체까지도 통제하기 시작했다. 전쟁에서 소련의 운명을 결정짓고 국가가 현대화되는 데 핵심적 역할을 담당했다는 면에서 볼가강은 이들 시기에도 그 문화적 중요성이 재확인되고 재정의되어

야 하는 존재였다. '어머니 볼가'는 제국 러시아에서 그랬듯 소련에서
도 애국의 상징이자 국가의 수호자가 되었다.

✿

바르바로사 작전은 1941년 6월 22일에 시작되었다. 독일군이 주
축이 되고 남쪽에서 루마니아군이 지원하여 총병력 300여만 명, 전투
기 2,000여 대, 탱크 3,350대(말 60만~70만 마리도 동원되었다.)가 3,000킬
로미터 넘는 전선을 따라 소련을 침공한 것이다. 전쟁 역사상 가장 큰
규모였다. 독일군은 소련군의 거의 완전한 무방비 상태 덕분에 폴란
드 동부, 벨라루스, 우크라이나를 통해 빠르게 진격했다. 처음 몇 주는
소련에게 악몽과도 같았다. 독일군에 맞선 많은 부대의 전력이 열세
였고 침공 후 불과 몇 시간 만에 기지 내 지상에 노출되어 있던 소련
전투기 최소 1,200대가 파괴되었으며 군용 보급 기지 수백 곳이 독일
군 손에 넘어갔다. 7월 중순에는 독일군이 모스크바로 가는 길목의
핵심 도시인 스몰렌스크를 점령했다. 9월 말, 레닌그라드가 포위되고
키예프가 함락되었으며 독일군이 우크라이나를 장악했다. 10월 초가
되자 독일군은 모스크바에서 불과 64킬로미터 떨어진 거리에 있었다.
히틀러는 '모스크바라는 이름은 영원히 사라질 것'이라고 장담했다.[3]

시시각각 다가오는 위협 속에서 소련 정부는 모스크바 함락 시 대
피 계획을 세워야 했다. 방부 처리된 레닌 시신이 특수 냉장 철도 객
차에 실려 시베리아 서부 튜멘의 어느 학교 건물로 옮겨졌고 모스크

바 레닌 묘소 경비병들은 아무 일 없었다는 듯 평소처럼 근무를 이어 갔다는 일화도 있다. 스탈린과 정부의 이동 계획도 필요했다. 10월 1일, 스탈린은 볼가강 지역 (사마라주의) 쿠이비셰프로 공무원과 공문서를 대피시키도록 명령했다. 지리적으로 좋은 선택이었다. 쿠이비셰프는 모스크바에서 동쪽으로 1,000킬로미터 남짓 떨어진 곳이라 독일군이 새로운 '수도'를 공격하려면 계획보다 훨씬 더 동쪽으로 진격해야 했지만, 그렇다고 해서 공습을 위한 기지나 예비군 주둔지의 역할이 불가능할 정도로 멀지도 않았다. 쿠이비셰프는 고도로 산업화되어 있었으므로 독일군 공격에 대비해 동쪽으로 이동해 오는 공장을 지원할 수 있었다. 물론 볼가강으로 보호된다는 강점도 있었다. 도시는 강의 동편에 위치해 강이 침략군을 막는 추가 장벽이 되었고 시즈란을 지나며 동쪽으로 크게 꺾이는 강굽이로 방어에 유리했다. 쿠이비셰프를 점령하려는 적은 쿠이비셰프에 닿기 전에 시즈란에서 볼가강을 건너거나 북쪽의 카잔에서 접근해야 했다. 물론 독일군이 동쪽으로 더 전진하는 경우 쿠이비셰프는 독일 폭격기가 닿을 수 있는 위치이기는 했다. 이 때문에 스탈린을 위해 특별히 깊은 벙커가 만들어졌다. 한 번도 사용되지 않은 이 벙커는 이제 도시의 관광 명소가 되었다. 외국 대사관들도 쿠이비셰프로 옮겨갔다. 영국 대사관은 19세기 후반의 귀족 알렉산드르 나우모프가 살았던 고급 저택에 자리 잡았다. 스탈린은 내전 당시 사마라가 반(反)소비에트 기치를 든 코무치의 수도였다는 점을 잊은 것이 분명했다. 1812년의 프랑스 침공 때 모스크바의 운명이 어떻게 되든 계속 싸우겠다고 했던 알렉산드르 1세의 말('설사 카잔으로 후퇴해야 할지라도 적을 우리 국경 밖으로 몰아내기 전까지 평화는 없다.')을 떠올리지도 않았다.[4]

독일군이 레닌그라드를 포위, 압박하고 모스크바로 진격하면서 볼가강 상류의 여러 도시가 전략적으로 중요해졌다. 모스크바와 레닌그라드뿐 아니라 볼가강 지역 도시들도 폭격을 당했다. 갈리나 코스테리나는 전쟁 중 야로슬라블에서 보낸 어린 시절을 회상했다.

전쟁이 시작되자 온 도시가 말 그대로 암흑이 되었다. 매일 밤 폭격이 이어졌으므로 불빛은 금지였다. 어둡고 춥고 배고픈 날들이었는데 제일 힘들었던 게 어둠이었다. 긴 저녁 시간 동안 할 수 있는 일이 별로 없었다. 우리는 서로에게 동화를 들려주었다.[5]

운전사였던 갈리나의 아버지는 전쟁 발발 직후 전선으로 보내졌고 1942년, 툴라와 모스크바 사이의 도로에서 전사했다.

르제프에서 칼리닌에 이르는 볼가강이 독일군 전선의 일부가 되었다. 르제프는 1941년 10월 14일에, 칼리닌은 10월 18일에 독일군에 점령당했다. 11월 말, 독일군은 볼가·모스크바 운하를 건너 모스크바에서 불과 20킬로미터 정도 떨어진 곳까지 도달했다. 그 시기까지 독일군은 병력 약 16만 명을 잃었지만 붉은 군대의 손실은 처참한 수준이었다. 260만 명 이상이 사망하고 335만 명이 포로로 잡혔다. 독일군 1명이 전사할 때 소련군은 20명씩 목숨을 잃은 셈이었다.[6] 그러나 독일군은 병력과 장비 손실로 전력이 크게 약화되어 있었다. 게다가 겨울 전투에 필요한 보급품도 부족했다. 방한복, 방한화, 겨울용 위장은 물론이고 차량과 전투기에 넣을 부동액도 충분하지 않았다. 1941년 12월 5일, 소련군은 이른 아침 기온이 영하 10도까지 떨어진 폭설 속에서 반격을 시작했다. 12월 말까지 칼리닌이 탈환되었고 독일군은 모스크바에서 밀려났다. 모스크바에 대한 즉각적 위험은 끝났지만 독일군은 서쪽의 광범위한 영토를 장악하고 있었고 르제프도 여전히 독일군 수중에 있었다.

북쪽의 전쟁은 볼가강 지역의 중요한 철도 교차점으로 주민 약 50,000명 규모인 도시 르제프를 중심으로 전개되었다. 이 전투는 스탈린그라드 전투나 쿠르스크의 극적인 탱크 전투에 비해 별로 주목받지 못했다. 북부 전선은 1941년 12월, 독일군이 모스크바에서 밀려난 후 만들어졌다. 1942년 7월 30일, 소련군은 탱크 400여 대, 대포 1,300여 문, 로켓탄 발사기 80여 대로 공세를 개시했다. 유난히 습한 날씨여서 탱크와 병사들은 수렁에 빠졌다. 이 지점의 볼가강은 폭이 130미터에 달해 독일군과 붉은 군대 사이 경계선 역할을 하면서 소련군의 진격을 가로막고 더디게 했다. 두 달 동안 붉은 군대는 르제프를 향해 천천히 나아가며 독일군을 밀어냈지만 적을 완전히 물리치지는 못했다. 1942년 여름, 르제프 전선에서 소련군 사상자는 무려 30만 명에 이르렀다(붉은 군대 병사들은 이 작전을 '고기 분쇄기'라 불렀다.). 독일군의 손실은 약 5만 3천 명으로 훨씬 적었지만 이로 인해 이 지역에서 독일의 입지가 크게 약화되었다.

한 러시아인이 최근 나에게 말했듯 이 작전은 '잊힌 전투'라고 불린다. 인명 피해가 컸음에도 스탈린그라드 전투에 비해 큰 승리로 끝나지 못했기 때문일 것이다(스탈린그라드로 옮겨 가기 전 이곳 공격을 지휘했던 게오르기 주코프 장군은 회고록에서 르제프에 대해 거의 언급하지 않았다.). 주변 숲에는 수습되지 못한 해골이 아직도 가득하다고 한다. 알렉산드르 트바르도프스키의 시 「나는 르제프에서 살해당했다」는 이름 없는 어느 병사의 죽음을 묘사한다(나는 살해당했다. / 르제프에서, 이름 모를 늪지에서). 그러나 죽은 병사는 붉은 군대가 승리할 것이라 상상하고 자신이 그 승리에 작게나마 기여했기를 희망한다.

그리고 볼가강 너머 대초원에서
너는 서둘러 참호를 판다.
전투를 거듭하며 너는 진군한다.
유럽의 끝까지.

1943년 2월, 스탈린그라드의 승리 후 북쪽 전선에서 또 다른 진격이 이루어졌다. 르제프가 탈환되었는데 이는 새로운 방어선을 구축하기 위해 독일군이 후퇴한 덕분이었다.

독일군은 1941~1942년 겨울, 레닌그라드와 모스크바에서 밀려났지만 여전히 우크라이나를 장악하고 있었다. 1942년 5월에는 우크라이나 동부의 하르키우를 점령하고 크림반도까지 차지했다. 독일군 지휘관들은 겨울이 지난 후 모스크바 점령에 전력을 집중하려 했지만 소련군 붕괴가 임박했다고 확신한 히틀러는 러시아 남부를 대거 공략하는 계획을 세웠다. 동쪽의 스탈린그라드를 쓸어버리고 아스트라한과 카스피해로 남진하는 한편, 코카서스를 통해서도 남하하여 소련을 아제르바이잔의 유전에서 차단해 버린다는 계획이었다. 독일의 '청색 작전'은 1942년 6월 28일에 시작되었다. 7월 말까지 독일군은 저항도 거의 받지 않고 로스토프나도누를 점령했다. 승리를 확신한 독일군은 병력을 나누어 일부는 아제르바이잔 유전을 향해 남진하고 다른 일부인 독일 제6군은 스탈린그라드로 진격했다. 7월 28일, 스탈린은 군에 '한 발짝도 물러서지 말라'라는 유명한, 혹은 악명 높은 명령 227호를 내렸다. 죽을 때까지 싸우라는 이 명령은 애국적 발언이라기보다는 탈영이나 무질서한 후퇴에 대한 즉결 처형 위협을 통해 사기가 저하된 군을 독려하려는 필사적인 시도였다(스탈린그라드 전투 중 비겁함을 이유로 처형당한 붉은 군대 병사가 약 13,000명이나 되었다.).

1942년 8월 19일, 독일 제6군 사령관 프리드리히 파울루스 장군은 스탈린그라드를 공격할 준비가 되어 있었다. 스탈린그라드는 볼가강 서편으로 길고 가늘게 뻗어 있는 도시였다. 8월 23일, 독일군은 처음으로 볼가강에 닿았다. 스탈린그라드 바로 북쪽의 강변 마을 리노크에서 '제16 기갑사단 병사들은 코앞으로 흘러가는 강물을 바라보았다.' 한 병사는 '그날 이른 아침에 돈강을 출발해 볼가강에 도착했다'고 회상했다. 병사들은 쌍안경으로 강 건너편을 바라보는 서로의 사진을 찍었다. 독일 제3제국이 동쪽으로 가장 멀리까지 도달한 순간을 기념하기 위한 사진이었다. 사진은 「볼가에 도달했다!」라는 제목과 함께 제6군 사령부에 전시되었다.[7] 당시 독일에서는 「볼가강 둑에 병사가 서 있네」라는 노래가 유행했다.

그날, 독일 제6군은 스탈린그라드 서쪽과 남쪽의 외곽에 도착했다. 소련 측 자료에 따르면 그 하루 동안 폭격기 600대가 도시를 공격해 시민 약 4만 명이 사망했다고 한다(참고로 4만 명이라면 제2차 세계 대전 당시 1940년에서 1941년에 거쳐 독일 공군이 영국에 가한 일련의 폭격 및 공습에서 발생한 민간인 사망자 수준이며 희생자 절반이 런던에서 나왔다.). 스탈린그라드의 붉은 군대 사령관 바실리 추이코프 장군이 현장을 조사한 결과는 다음과 같았다.

도시의 거리조차 죽은 듯했다. 푸른 나뭇가지 하나 남지 않고 모든 것이 화염 속에 사라졌다. 목조 주택에 남은 것은 잿더미와 잿더미 위로 튀어 나온 난로 굴뚝뿐이다. 석조 주택들은 불에 타서 창문과 문이 없어지고 지붕 곳곳이 움푹 들어갔다. 여기저기서 건물이 내려앉는다. 사람들은 폐허를 뒤지며 짐 꾸러미와 사모바르, 그릇 따위를 꺼내 강가로 옮기고 있다.[8]

8월 25일, 독일군의 폭격 와중에도 여성과 어린이들은 볼가강을 통해 도시에서 빠져나갔다. 총 20만 명에서 28만 명의 민간인이 강을 건너 대피했다.[9] 믿기 어렵지만 나머지 시민들은 전투 기간 동안 도시에 남아 있었다.

스탈린그라드는 독일 제6군에 함락될 수밖에 없을 것 같았다. 그러나 독일군은 북쪽에서 즉각 반격하며 볼가강 서편 거점을 유지하는 붉은 군대의 격렬한 저항에 부딪혔다. 독일군 사상자는 매우 많았지만, 9월 초에 한 병사가 집으로 보낸 편지에 '스탈린그라드는 며칠 안에 함락된다'고 쓴 것처럼 독일군은 여전히 자신만만했다. 그러나 공습 때문에 도시는 부서진 건물 잔해 가득한 폐허로 변했고 이는 근접 전투를 벌여야 하는 양측 모두에게 재앙과도 같았다. 한 독일군 중위는 '제대로 서 있는 건물은 한 채도 없다. 타고 남은 잔해, 돌무더기 뿐이고 그 사이를 지나가기란 거의 불가능하다'고 기록했다.[10] 9월, 독일군은 도시로 진입했다. 한 사단은 과거에 타타르 묘지였던 마마예프 쿠르간 언덕을 공격했다. 그 언덕을 차지하면 볼가강을 통제 범위에 넣을 수 있었으므로 전략적으로 매우 중요한 곳이었다. 접전이 이어졌지만 결국 독일군은 언덕을 점령하지 못했다. 독일군 다른 사단은 기차역을 공격했다. 소련의 저항은 예상보다 훨씬 강했다. 어느 날에는 아침 두 시간 동안 세 번이나 역 통제권을 양측이 주고받았고 5일 동안 열다섯 번이나 승패를 반복한 끝에 완전히 폐허가 되어 버린 그곳을 독일군이 차지했다. 전투는 낮뿐만 아니라 밤에도 거리마다, 집집마다, 지하실에서 꼭대기 층까지 계속되었다. 제2차 세계 대전 중 가장 피비린내 나는 전투가 시작되었던 것이다. 5개월 이상 지속될 전투였다.

초기의 맹공이 지나고 난 후 전투는 죽음의 소모전이 되었다. 건물, 벙커, 하수도를 하나하나 차지해 나가기 위한 전투를 독일군은 '생쥐 전쟁'이라 불렀다. 특히 야간 공격이 치명적이었다. 독일군이 지쳐 있는 상태이기도 했고 공군의 엄호를 받기도 어려웠기 때문이다. 기동성 뛰어난 소련의 U-2 복엽기가 야간 작전에서는 독일보다 우위였다. 붉은 군대에는 숙련된 저격수들이 있어 건물 밖으로 나오는 독일군을 공격했다. 이 저격수들은 거의 신화적 존재가 되었는데 최대 200명까지 독일군을 사살한 경우도 있었다. 9월 말, 독일군은 겨울이 오기 전에 도시를 점령하기 위해 필사적인 포격을 가했다. 마마예프 쿠르간 언덕 정상에 도달했지만 결국 퇴각해야 했고 언덕 정상은 포탄 구멍과 버려진 군용 장비만 가득한 채 양측을 가르는 경계선이 되었다. 바실리 추이코프 장군은 '그런 전투를 한 번만 더 치렀다가는 우리 모두 볼가강에 들어가게 될 것'이라고 탄식했다고 한다.[11] 11월 9일, 눈이 내리기 시작했다. 강이 얼자 충원 병력과 부상자를 건너편으로 수송하는 일이 더 어려워졌다. 독일군은 혹독한 추위라는 새로운 적과 맞닥뜨렸다.

볼가강은 양측 모두에게 매우 중요했다. 독일군은 볼가강의 선박들을 공격했다. 강을 통제해 적군을 건너편으로 몰아내면 도시를 장악할 수 있다고 확신했기 때문이다. 붉은 군대는 스탈린그라드를 구하기 위해 강 서편 거점을 반드시 유지해야 했다. 강 건너 퇴각은 있을 수 없었다. 강 서편, 가느다랗게 이어지는 거점에 병력을 배치하기 위해 붉은 군대는 독일군의 맹렬한 폭격 속에서도 병사들을 강 동편에서 서편으로 수송해야 했다. 부상자들은 강 동편 병원으로 후송되었다. 전투 기간 동안 (군인과 민간인을 포함해) 50만 명 이상의 인원이 볼가강을 건넌 것으로 추정된다. 또한 볼가강은 북쪽에서 귀중한 인력과 보급품을 실어 오는 통로였다. 예를 들어 라스토치카('제비'를 뜻한다.)라는 배는 병력 18,000명과 군사 장비 20,000톤을 수송했다. 수송 과정에서 침몰하거나 손상된 선박도, 사상자도 많았다. 수송선 카잔카는 7월 31일에 승무원 14명을 잃었고 기선 타타리아에서도 8월 4일에 승무원 14명이 사망했다.[12] 비행장은 강 동편에 위치했다. '카츄샤' 로켓포 발사기(약혼자가 조국을 지키는 동안에도 사랑은 변함없이 지속될 것이라 약속하는 내용의 러시아 노래에서 따온 이름이었다.)는 엄청난 효과를 발휘했다. 강 동편에서 운용되었는데 트럭 위에 놓인 받침대로부터 한 번에 로켓포 16발을 발사할 수 있었고 귀가 찢어질 듯한 소리를 내 독일군을 공포에 떨게 했다.

볼가강은 물류뿐 아니라 상징적으로도 중요했다. 양측은 점차 이 강을 두 민족, 두 체제, 심지어 두 문명을 구분하는 경계선으로 여기게 되었다. 독일군에게 강은 제3제국의 동쪽 한계선이었다. 한 하사가 집으로 보낸 편지에서도 그런 생각을 엿볼 수 있다.

나는 스탈린그라드 방어 병력의 일원이라는 것이 자랑스럽다. 무슨 일이 있을지 모르지만 어떻든 죽음의 순간이 찾아왔을 때 나는 조국을 위해 볼가강 대 방어전의 동쪽 끝단에서 싸웠고 총통과 조국의 자유를 위해 목숨을 바쳤다는 걸 기뻐할 것이다.[13]

이 강의 중요성에 대한 독일인의 인식은 붉은 군대 종군 통신원이었던 바실리 그로스만이 쓴 소설 『스탈린그라드』에 생생하게 드러난다.

거대한 대초원이라는 무대에서 수류탄병, 전차병, 포병이 펼치는 이 장대한 드라마의 마지막 장면은 볼가강 변에서 곧 마무리될 상황이었다. 전쟁사를 통틀어 전대미문의 작전이었고 종결이 임박했다는 생각에 한껏 흥분되었다. 독일군 장군은 러시아 영토의 끝에 다다랐음을 감지했다. 볼가강 너머는 아시아였던 것이다.[14]

강 동편이 부상자를 치료하고 치명적인 로켓탄이 발사되는 곳이었던 만큼 소련 병사들에게 볼가강은 보호의 원천이었다. 전투에 참여하려면 강을 건너야 했고 그건 충분히 끔찍한 경험이었지만 강이 독일군 수중에 떨어져서는 안 된다는 것, 그랬다가는 이 전투는 물론 전쟁에서도 패배하리라는 것을 모두 알고 있었다. 붉은 군대의 한 병사는 이렇게 언급했다.

스탈린그라드로 건너가는 것은 퍽 무서운 일이었지만 막상 도착하자 기분이 나아졌습니다. 볼가강 다음에는 아무것도 없다는 것, 살아남으려면 침략자를 분쇄해야 한다는 것은 분명했습니다.[15]

'볼가강 저편에서 적들이 차지할 땅은 없다'가 붉은 군대의 슬로건이 되었다. 블라디미르 세로프가 그린 전시 포스터에는 '어머니 볼가를 지키자'라는 문구와 함께 소련군이 전진하는 모습이 담겨 있다.

파울루스 장군은 스탈린그라드가 독일 제6군에게 덫이 되어 버렸다는 점을 깨달았다. 너무 멀리 떨어진 위치라 전투 기간 동안 방어와

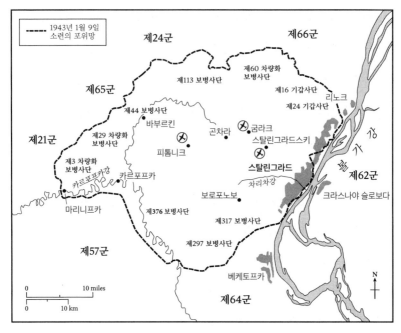

지도 8. 소련의 스탈린그라드 반격

보급이 어려웠다. 한 독일 병사가 11월에 보낸 편지의 표현대로 '독일 국경에서 2,053마일이나 떨어진 곳'이었던 것이다.[16] 그럼에도 스탈린 그라드의 운명은 도시 내부가 아니라 후방에서 온 소련의 과감한 반격으로 결정됐다. 소련군이 도시 내에서 저항을 계속하는 동안 독일군 포위 계획이 세워졌다. 반격 계획은 돈강과 볼가강 사이, 독일군보다 장비가 열악한 루마니아, 헝가리, 이탈리아 사단이 방어하는 지역 중심으로 세워졌다. 소련군이 스탈린그라드에서 45일 동안 버텨준 덕분에 병력, 탱크, 기타 군사 장비를 모아 반격을 준비할 수 있었다. 1941년 11월 19일, 소련군 병력과 탱크가 돈강 우안의 루마니아 제4

군단을 덮치면서 공격이 시작되었고 이어 스탈린그라드로 이동했다. 11월 22일까지 붉은 군대는 돈강 변의 주요 도시 칼라치를 점령했고 나흘 뒤 추축군은 돈강 이남으로 밀려났다. 스탈린그라드에 있던 독일군은 돈강과 볼가강 사이에 갇혔다.

도시 주변으로 올가미가 조여오는 와중에도 독일군과 러시아군은 골목마다 맞붙어 싸우고 마마예프 쿠르간에 대한 공격과 반격을 계속했다. 한 독일군 중위는 당시의 무시무시한 상황을 생생하게 묘사했다.

집 한 채를 차지하기 위해 박격포, 기관총, 수류탄, 총검으로 15일 동안 싸웠다. 앞쪽은 불타 버린 방 두 개 사이의 복도다. 두 개 층 사이에 얇은 천장이 있다. …… 80일 밤낮으로 접전이 이어지는 스탈린그라드를 상상해 보라. 거리는 이제 미터가 아니라 전사자 수로 측정된다. 스탈린그라드는 더 이상 도시가 아니다. 낮에는 거대한 불길과 매캐한 연기로 뒤덮인 광활한 용광로다. 그리고 밤이 오면, 그 맹렬하게 울부짖으며 피 흘리는 밤이 오면 개들도 볼가강으로 뛰어들어 반대편을 향해 필사적으로 헤엄친다. 스탈린그라드의 밤은 개들에게 공포인 것이다. 동물들은 이 지옥에서 도망친다. 제아무리 단단한 돌도 오래 버티지 못할 것이다. 오직 인간만이 견뎌낸다.[17]

전투로 인해 병사들은 쇠약해졌다. 깨끗한 물이 부족해 발진티푸스가 발생했고 비위생적인 환경은 이질로 이어졌다. 독일군은 혹독한 추위에 대비하지 못해 동상이 만연했고 발가락과 손가락을 잃는 병사들이 속출했다. 병사들은 옷과 천을 있는 대로 모아 몸을 감쌌고 죽은 개의 가죽을 벗겨 임시 장갑을 만들기도 했다. 죽음의 악취와 무너진 건물에서 나온 먼지로 인해 공기가 탁했다. 병사들 피부에 염증이 생겨 수면을 방해했다. 식량 공급이 원활하지 않아 사기는 물론 신체 건강도 저하되었다. 독일 병사들은 부상이나 명백한 질병이 아니라 '탈진'으로 죽기 시작했다. 독일 의사들의 보고서에는 굶주림이 한 번도 언급된 적 없지만 너무나 열악했던 배급도 무시할 수 없는 요인이었다. 자살 역시 뒷받침하는 수치는 없지만 마찬가지였을 것이다.[18] 카셀 출신의 36세 독일인 쿠르트 로이버는 가족에게 보낸 편지에서 '눈, 바람, 추위, 끊이지 않는 진눈깨비와 비…… 휴가 이후 옷을 벗어 본 적이 없다. 이가 끓고 밤에는 쥐들이 극성이다'라고 썼다.[19] 소련군이 스탈린그라드를 포위했을 즈음의 독일군에게는 설사 히틀러가 허락한다 해도 도시를 탈출할 만한 물리적인 힘이 없었을 것이다. 붉은 군대 병사들의 상황도 다를 바 없이 열악했다. 가가호호마다 벌어지는 전투를 해내는 것도 독일군과 같았다. 볼가강 건너편에 병원이 설치되었지만 의료 지원이 미흡하기 일쑤였고 식량 공급도 자주 중단되었다. 그러나 소련군은 독일군에 비해 겨울철 방한 장비가 더 나았다. 더 중요하게는 독일군의 물질적 상황이 악화하는 동안 소련군의 보급은 계속 개선되어 사기를 유지하기가 더 쉬웠다.

12월 중순이 되자 독일군은 포탄이 너무 부족해 더 이상 건너편을 공격할 수 없게 되었다. 조금씩 도시가 포위되었다. 1월 16일에는 피

톰니크 비행장을 빼앗겼고 7일 뒤에는 스탈린그라드 서쪽의 마지막 독일군 비행장도 점령당했다. 부상자들이 더 이상 이송될 수 없고 보급품도 반입되지 않는다는 의미였다. 패배가 불 보듯 뻔했지만 병사들은 생포될 경우 마주할 최악의 상황을 두려워하며 죽음을 각오하고 싸웠다. 1월 30일까지 소련군이 도심 대부분을 장악했고 파울루스의 사령부가 있던 우니베르마그 백화점을 공격해 다음 날 파울루스의 공식 항복을 받아 냈다. 남아 있던 독일군 병사들은 건물과 지하실에서 나와 한곳에 모였다. 칼리닌주 출신의 알렉산드르 사쿨린은 '파시스트 수백 명이 무기, 장비, 개인 물품을 버리고' 나왔다며 '야전 취사 수레도 있어서 나중에 우리가 먹었는데 맛이 나쁘지 않았다'고 회상했다.[20] 스탈린그라드는 세상이 끝나기라도 한 듯 고요해졌다.

전투 기간 동안 어찌어찌 살아남은 민간인들은 지하실에서 빠져나와 산산이 부서진 도시를 바라보았다. 바실리 그로스만의 소설 『삶과 운명』에는 총성이 멈춘 그날, 적군 병사가 도시와 볼가강을 바라보는 장면이 있다.

어두웠다. 동쪽과 서쪽 모두 조용했다. 공장, 폐허가 된 건물, 참호와 땅굴 등의 윤곽선 모두가 평화롭고 고요한 어둠 속에서 대지와 하늘, 볼가강과 합쳐졌다. 이것이야말로 민중의 승리를 진정으로 표현해 주었다. 의례적 행진이나 오케스트라도, 불꽃놀이나 예포도 아닌 이 축축한 밤의 고요함 말이다.[21]

스탈린그라드 전투는 여러모로 제2차 세계 대전의 전환점이었다. 무적의 독일군이라는 신화가 산산조각 났고 엄청난 손실을 보았다. 소련군 역시 끔찍한 인명 손실을 입었지만 결국 승리함으로써 병사들에게 이길 수 있다는 믿음을 새겨 주었다. 독일군 최초의 패배였을 뿐 아니라 워낙 심각한 패배였던 만큼 붉은 군대의 사기 진작을 넘어 서방 동맹국들에게도 큰 영향을 미쳤다. 스탈린그라드에서 발휘된 영웅주의(공황 상태나 비겁함은 모두 잊었다.)는 전설이 되었다. 그러나 소련 내의 독일군은 여전히 막강했고 최종 승리를 거두기까지 3년 이상이 흘러야 했다. 소련군은 대초원을 가로질러 우크라이나를 통과하는 동안 거의 모든 지점에서 저항에 직면했다.

스탈린그라드 전투의 인명 피해는 어마어마했다. 독일 제6군은 이 전투에서 최소 147,000명이 사망했다.[22] 전체적으로 소련군은 거의 50만 명의 병사를 잃었고 65만 명 이상이 부상당하거나 질병에 걸렸던 것으로 추산된다. 소련 통계에 따르면 스탈린그라드에서 총살당한 1,744명과 교수형에 처해진 108명을 포함해 민간인 64,224명이 사망했다.[23] 전투가 끝난 후에도 사망자는 계속 발생했다. 생포된 독일군 병사 91,000명의 건강 상태가 이미 심각해 이듬해 봄까지 절반 가까운 전쟁포로들이 질병, 영양실조, 열악한 치료, 혹은 처형으로 사망했다. 행군 대열에서 낙오하는 경우 길가에서 총살되기 일쑤였다. 전쟁 포로들은 중앙아시아의 수용소, 그리고 볼스크와 아스트라한 등 볼가 강 지역 도시들로 보내졌다. 결국 집으로 돌아간 사람은 5,000명뿐이었다. 독일군에는 소련 국민인 대독협력자(Hiwis) 50,000여 명도 포함되었다. 독일 승리를 위해 헌신한 코사크뿐 아니라 강제 노역에 동원된 러시아인 전쟁 포로도 있었는데 전투에서 살아남아 붉은 군대에 붙잡힌 후 즉결 처형되거나 강제 노동수용소로 보내져 거의 다 죽음을 맞았다.

소련군의 반격 당시 스탈린그라드에서 싸운 소련 병력은 1,143,000명이었다. 쿠이비셰프(사마라)주에서 15만 명 이상이 징집되었다.[24] 몇 년 전 카잔에서 만난 안내인은 타타르 자치 공화국에서 50만 명이 징집되었다고 했다. 너무 큰 숫자여서 실감하기 어려운데 각 마을에서 나온 희생자 수를 보면 피해 규모를 가늠하기가 더 쉽다. 사마라주의 타타르 마을과 소도시들은 엄청난 수의 청년들을 잃었다(핵심 산업이 소재한 도시보다 희생자 비율이 훨씬 높았다.). 징집된 농민들의 사망률은 충격적인 수준이었다. 테플리스탄 마을에서 징집된 323명 중 166명, 발리클라의 230명 중 136명, 다블레쿨로보의 77명 중 43명, 노보에 예르마코보의 176명 중 90명, 스타로에 예르마코보의 681명 중 316명, 모찰레예브카의 367명 중 164명이 사망했다. 카미실라 지역에서 징집된 6,000여 명 중 2,353명만이 귀환할 수 있었다.[25]

스탈린그라드는 거의 완전히 파괴되어 재건해야 했다. 전투가 끝났을 때 건물 41,000채 이상이 폐허 상태였고 서 있는 건물은 전체의 12퍼센트에 불과했다고 한다. 학교 110곳, 병원 15곳, 의료 센터 68곳이 무너졌다. 시민 40만여 명 가운데 도시가 탈환되었을 때 남은 수는 7,655명뿐이었다. 재건을 시작하기 전에 지뢰와 포탄, 시신부터 치워야 했다. 사회주의 도시의 모델로 완전히 새롭게 재탄생시키려는 급진적인 계획이 세워졌지만[건설에는 콤소몰(사회주의 청년 동맹) 자원봉사자들도 동원되었다.] 내부 논쟁, 막대한 양의 건축 자재와 노동력을 찾아 공급하는 문제, 도시 귀환 인구에게 긴급하게 주택이 필요한 압박 상황 등이 작용해 계획을 바꿔야 했다.[26] 결국은 독일군의 점령이 도시에 영구적인 변화를 가져오게 해서는 안 된다고 생각한 듯 도심의 많은 거리와 건물을 원래 모습대로 재건한다는 결정이 내려졌다(소련 해체 이후 파괴되었던 정교회 성당을 재건할 때 과거 모습을 그대로 복원한 것과 같은 맥락이다.). 실제로는 스탈린그라드와 다른 도시의 재건 과정에서 많은 부분이 우연적, 무계획적으로 진행되었다.

재건 속도는 더뎠다. 전투 후 거의 4년이 흐른 1947년 1월에도 스탈린그라드에서는 약 33만 명이 몹시 비좁은 공간에서 생활했고 건물 폐허의 지하실과 계단, 임시 숙소에 사는 사람도 수만 명이었다.[27] 1948년에 도시를 방문한 영국인 두 명은 '사람들이 지하실에만 겨우 들어가 살 수 있는 황량한 폐허가 몇 마일이나 이어지는' 광경과 함께 '공공기관 건물이 멋지게 세워지고 건축 자재가 수레와 낙타에 실려 들어오고 있다'고 언급했다.[28] 1951년에도 움막집이나 건물 폐허에 1,300여 가구가 살고 있었다.[29] 주택, 공공 기관, 공장, 공공 공간을 둘러싸고 갈등이 지속되었다. 퍼레이드와 대중 관람 등을 위해 막대한 비용을 들여 건설된 강 제방은 스탈린 이름을 따서 명명하려 했으나 그가 사망한 후에 완공되었고 독일군에 맞서 강둑을 방어한 군부대 명칭을 따서 제62군 제방이 되었다.[30]

전투를 기념하는 일도 중요했다. 죽은 자를 기리기 위해서, 또한 전쟁의 전환점을 기억하기 위해서 그러했다. 1950년대와 1960년대에 기념관 계획이 수립되었고 1967년에 마침내 기념관이 개장했다. 설계와 실행에 큰 어려움이 따랐고 비용도 많이 들었다.[31] 기념 단지는 마마예프 쿠르간 언덕의 한쪽 면 전체로 약 2평방킬로미터 넓이다. 언덕 정상에는 '조국이 부른다'라는 제목의 거대한 동상이 서 있다. 52미터 높이로 제막 당시 세계에서 가장 높은 독립형 동상이었다(본래 계획으로는 절반 정도 크기였지만 흐루쇼프가 자유의 여신상 46미터를 넘어서야 한다고 주장했다!). 조각상은 그리스 의상의 여인이 (28미터나 되는) 거대한 검을 휘두르며 외치는 모습이다. (도판 17 참조) 이어 관람객은 '소비에트 인민의 영광을 위한 판테온'으로 내려가게 되는데 중심부에 영원한 불꽃이 타오르고 주변의 타일 벽에는 전사자 7,200명의 이름이 걸려 있다. 다음으로는 우뚝 솟은 소련 군인 조각상과 이를 둘러싼 인공 호수가 나오고 ('영웅의 광장') 폐허가 된 벽 사이를 따라 내려갈 때는 전쟁 당시에 유명했던 노래와 전투 소리가 확성기에서 흘러나온다. 나 같은 비소련인(이자 비독일인) 관람객에게도 그 많은 청년의 희생을 추모하는 것은 감동적인 경험이다. '조국이 부른다' 동상은 대단히 강력한 인상을 주지만 최근 기념 단지 꼭대기에 추가로 들어선 정교회는 부자연스러운 느낌이다. 기념관의 계단은 강둑까지 이어지고 볼가강은 시각적으로 중요한 효과를 낸다. '조국이 부른다'는 강

아래에서 올려다볼 때 확실히 가장 멋지다(유람선을 탄 관광객들은 이 동상이 비치는 강물 위로 꽃을 던진다.). 그러나 강물에 비친 동상의 칼은 서쪽이 아닌 동쪽, 독일 침략자들이 아닌 볼가강과 그 동쪽을 향한다. 강에서 바라보는 동상은 의미를 잃어버리는 셈이다.

기념 단지뿐 아니라 도시 전체가 스탈린그라드 전투를 기리는 모습이다. 마지막 두 달 동안 소련군이 지켜낸 '파블로프의 집'을 비롯해 여러 건물이 기념관으로 되어 있다. 전사자를 위한 영원한 불꽃 앞에는 근처 학교에 다니는 어린 학생들이 자주 찾아온다.[32] 전투 박물관 밖에는 참상을 기억하기 위해 건물 폐허가 파괴된 모습 그대로 서 있다. 스탈린그라드 박물관의 핵심은 전투를 한눈에 볼 수 있는 파노라마 벽화다(본래는 마마예프 쿠르간 기념 단지에 넣으려 했다고 한다.). 모스크바에 있는 보로디노 전투 파노라마나 벨기에 원형 건물에 그려진 워털루 전투와 달리 스탈린그라드 전투는 몇 시간이 아니라 몇 달 동안 지속되었다. 결국 스탈린그라드 파노라마는 도시 주변의 포위망 '고리'가 완성되고 소련군이 마마예프 쿠르간을 점령하며 독일군이 마침내 패배한, 최후의 며칠을 묘사한다(언덕에 있던 독일군 포로들이 끌려가는 장면도 있다.). 전투의 주요 사건과 영웅적 행동도 포함된다. 치명상을 입고 화염에 휩싸였음에도 마지막 힘을 짜내 휘발유병을 들고 독일 탱크에 몸을 던져 폭발한 미하일 파니카하(10월 2일), 부상당한 병사 50명을 안전한 곳에 옮긴 굴랴 코롤료바(11월 23일) 같은 영웅들을 볼 수 있다.[33] 박물관의 본래 설계를 보면 관람객이 전투의 참상을 온전히 경험할 수 있도록 전투 상황의 음향까지 포함시킨다고 했지만 이는 비현실적이었다. 악취, 먼지, 땅 흔들림, 추위, 전투의 공포를 온전히 담아낼 수 없다는 점은 분명했다. 그 결과 파노라마 그림은 상징적 느낌을 강하게 준다(독일 포로들 위쪽 하늘은 어두운색이다.). 이는 천사들이 구름 위에서 나팔을 불며 투르크에 대한 예카테리나 2세의 승리를 축하하는 상징적인 그림과 크게 다르지 않다.

볼가강 지역 도시들 중 가장 큰 피해를 입은 곳이 스탈린그라드였다는 점은 확실하다. 하지만 항공기 산업 중심지이던 사라토프도 폭격을 당했다. 이 도시의 승전 공원에 가보면 입구에 탱크, 카츄샤 로켓탄 발사기, 기타 군용 장비가 줄지어 서 있고 전쟁 당시 인기 있었던 노래가 흘러나온다. 전쟁 희생자를 추모하는 공원은 사실상 볼가강 지역 모든 도시에 만들어져 있다. 어디에서든 전쟁의 기억이 생생하게 살아 숨 쉬고 있다.

전선 뒤쪽의 공장에서 붉은 군대의 보급품을 공급해야 했으므로 볼가강 지역 도시들은 주요 산업 중심지가 되었고 전쟁이 끝난 후에도 산업 발전이 계속되었다. 전쟁 기간 동안 사라토프는 비행기 생산 핵심 기지였고 이 점은 아직까지도 도시 안내서에 자랑스럽게 기록되어 있다. 도시 인구는 1930년대에 이미 급속도로 팽창하고 있었지만(농촌 마을에서 쿨라크가 추방된 것도 인구 증가에 기여했다.) 전쟁 중과 전쟁 후, 특히 집단 농장 탈퇴가 부분적으로 허용되었던 1950년대와 1960년대의 증가세가 더욱 가팔랐다. 소련 정부는 (라디오와 영화에 대한 접근성을 높이고 마을 상점에 더 좋은 상품을 더 많이 공급하며 의료 시설과 스포츠 시설을 늘리고 젊은이들의 기술 습득 기회를 제공하는 등) 농촌의 삶을 개선하고자 애썼지만 인구의 도시 이동을 막지 못했다. 그러나 진보는 고통스러울 정도로 느렸다. 1956년, 사라토프주의 집단 농장 81곳 중 21곳에만 전기가 공급되었다. 마을의 낮은 교육 수준도 여전히 문제였다. 사라토프주의 경우 1953~1964년 동안 집단 농장 구성원 중 고등교육을 받은 사람이 1퍼센트에 불과했고 중학교를 졸업한 사람도 18퍼센트뿐이었다.[34] 집단 농장은 농민들의 이주를 막았고 이에 분노한 농민들은 집단 농장을 '제2의 농노제'라 부르기도 했다. 젊은이들은 떠날 수만 있다면 도시로 갔고 한 번 떠난 사람은 거의 돌아오지 않았다. 군 복무 또한 청년들에게 탈출구를 제공했다. 복무를 마친 젊은이가 도시에서 사라졌던 것이다. 이런 도시 이주는 농촌 마을 공동화로 이어졌고 특히 젊은 남녀를 찾기 어렵게 되었다. 반면 도시에는 젊은 인구가 많았고 남성이 불균형하게 더 많았다.

대거 도시로 몰려든 농민들은 기술이 없어 저임금 노동에 종사하는 경우가 많았지만 한 세대 만에 도시화가 이루어졌다. 사라토프 인구는 1939년에서 1959년 사이에 372,000명에서 579,000명으로 증가했고 같은 기간에 쿠이비셰프 인구는 390,000명에서 806,000명으로 늘었다.[35] 특히 비러시아인들이 도시로 많이 이주했다. 타타르인들은 마을을 버리고 도시로, 주로 카잔으로 이주했고 그 결과 카잔 인구 중 타타르인의 비율이 크게 높아졌다. 추바시인들도 러시아인보다 더 높은 비율로 마을을 떠나 체복사리를 비롯한 여러 도시에 정착했고 처음에는 저숙련 일자리에 들어가곤 했다.[36]

도시가 급속히 성장하면서 새로운 주택, 통신, 편의 시설이 필요했다. 소련의 도시는 1950년대와 1960년대, 대량 생산된 조립식 패널로 저렴하게 지어진 5층짜리 아파트를 대규모 공급하는 주택 정책을 바탕으로 형성되었다(이 건물들은 흐루쇼프의 이름을 따서 지금도 '흐루쇼프카'라고 불린다.). 이런 아파트 수백만 채가 광활한 신도시 교외를 가득 메웠다. 크기는 작고 부엌과 화장실이 비좁았으며 부실하게 지어지고 유지 관리가 잘되지 않았지만 그럼에도 바라크나 낡은 건물 방 한 칸에 살던 가족에게는 큰 축복이었다. 광활한 신도시는 인프라도 형편없었다. 대중교통 연결에 대한 고려 없이 주거 단지가 제멋대로 배치되었고 상점 입지에도 기준이 없었다. 가까운 곳에 유치원이나 의료 센터가 없는 경우도 허다했다. 상하수도는 용량이 부족했고 교회나 종교 시설은 아예 없었다. 이렇게 사회주의 도시의 새로운 양식이 탄생했다.

가장 극적인 변화는 쿠이비셰프 서쪽의 톨리야티에서 일어났다. 이 도시는 기독교로 개종한 칼미크인들을 위해 1737년에 조성되었고 처음에는 스타브로폴이라 불리다가 1964년, 이탈리아 공산당 총서기 팔미로 토글리아티를 기리기 위해 이름이 바뀌었다. 이탈리아 공산주의자의 이름이 선택된 이유는 피아트와 협력해 라다 자동차 공장을 건설했기 때문이었다. 자동차 공장에 이어 거대한 수력 발전소와 댐(17장에서 설명한다.)이 건설되면서 많은 부분이 물에 잠기는 바람에 도시를 옮겨야 했다. 그 과정에서 소도시 톨리야티가 1957년에 인구 6만 명, 현재는 70만 명이 넘는 광역 대도시로 성장했다. '새로운 사회주의 도시'를 위해 새로운 주택과 인프라가 건설되었고 여기에는 새롭고 건강한 소비에트 시민에게 필요한 광범위한 스포츠 시설도 포함되었다.[37] 참고로 서양에서는 라다로 알려진 자동차를 소련에서는 지굴리라고 불렀다. 이는 (19세기 후반의 화가들에게 영감을 주었던) 볼가강 쿠이비셰프 물굽이에 있는 지굴리 언덕의 이름을 딴 것이다.

울리야놉스크(이전의 심비르스크)는 변방이지만 레닌(블라디미르 일리치 울리야노프)의 출생지였다. 1922~1923년, 당시 심비르스크의 문화국은 혁명적 사건을 기념하는 박물관을 개관하기로 하고 레닌과 그의 가족을 위한 전시실도 마련한다는 결정을 내렸다.[38] 전쟁 이후 계획이 더 확대되었고 1960년대, 레닌 탄생 100주년이 되는 1970년 완공을 목표로 지금의 울리야놉스크 중심부가 완전히 재설계되었다. 핵심이 되는 레닌 기념관은 거대한 콘크리트, 강철, 유리로 된 구조물로 혁명 지도자를 기리는 상설 전시 장소였다. 건물 한가운데 열린 공간에는 레닌 생가를 옮겨와 세웠다. 도시 재탄생을 위해 소련 전역에서 자재가 운송되었고 건설 비용과 인력 투입 규모가 엄청났다.[39] 이 과정에서 심비르스크 옛 중심부를 허물고 기념관을 중심으로 하여 거대한 광장 두 개를 연결하는 대로, 행정기관이 들어갈 대규모 콘크리트 건물, 교육 시설, 도서관, 호텔 등이 세워졌다. 유토피아적 설계였지만 콘크리트도 세월의 흐름은 이기지 못했다.[40] 레닌 기념관은 2001년에도 25,256명이 방문할 정도로 계속 인기를 누린 관광 명소였지만[41] 현재(2019년 말) 전면 재건축되고 있다. 2018년 4월, 울리야놉스크 시의회는 광장의 이름을 레닌 광장에서 원래의 대성당 광장으로 되돌리기로 결정했다. 1812년의 나폴레옹 전쟁 전사자들을 추모하기 위해 건립되었던 성당이 1936년에 이미 파괴되어 사라졌음에도 말이다! 다른 한편으로 울리야노프 가족이 살았던 또 다른 집과 거리는 보존되었고 현재 그곳에는 심비르스크 상인들의 삶이나 19세기 말과 20세기 초 도시 건축가들의 작품을 전시하는 멋진 소규모 박물관들이 여러 개 자리 잡고 있다.

독일이 소련을 침공하는 동안 반종교 정책은 완화되었다. 침략자에 저항하려면 모든 소련 국민의 애국적 지지가 필요하다는 점을 스탈린이 깨달은 덕분이었다. 그러나 소련은 엄연히 무신론 국가였고 1960년대의 흐루쇼프는 종교 반대 운동을 다시 부활시켰다. 그 결과 소련 전역의 교회, 모스크, 기타 종교 시설이 대거 폐쇄되거나 파괴당했다(이와 함께 사제 등 종교 지도자도 다수 체포 투옥되었다.). 도시 중심부의 교회(모스크와 유대교 회당도 마찬가지였다.)는 영화관, 극장 같은 공공 시설로 개조 혹은 대체되었다. 유서 깊고 아름다운 교회는 많이 파괴되었지만 그래도 18세기 후반과 19세기에 지어진 행정기관 건물은 옛 모습 그대로 도심에 남았다. 사라토프, 사마라, 울리야놉스크, 카잔, 니즈니노브고로드, 트베르 등 오늘날 볼가강 지역 도시들의 중심부는 19세기 후반에 촬영된 사진 속 모습과 여전히 비슷하다.

볼가강은 전쟁 발발 이전의 소련에서도 이미 감성적으로 다뤄지는 대상이었다. 1930년대에는 볼가강 관광을 장려하는 여행안내서가 다수 출판되었다. 1930년에 초판, 1933년에 재판을 찍은 한 안내서는 '집단화 이후 소련은 세계에서 가장 큰 농업 국가가 되었다'는 터무니 없는 문장으로 시작된다(스탈린그라드의 시멘트 공장 견학도 홍보 대상이 다.).[42] 일프와 페트로프의 풍자적인 책 『의자 열두 개』는 1920년대 신경제정책의 탐욕을 조롱하는 내용이다. '볼가강 위 마법의 밤'이라는 장을 보면 강을 따라 항해하는 증기선에서 아주 중요한 위원회가 열리던 중에 위원장이 저도 모르게 '볼가강, 어머니 볼가를 항해하는 배'라는 노래를 부르기 시작하고 다른 위원들도 동참하는 장면이 등장한다('의장 보고서에 이 상황은 기록되지 않았다'는 건조한 코멘트도 덧붙는다.).[43]

1938년에 개봉한 영화 「볼가, 볼가」는 볼가강 증기선을 배경으로 한 뮤지컬 코미디로 큰 인기를 끌었다. 음악 경연 대회에 참가하기 위해 모스크바로 여행을 떠나는 지역 주민들의 이야기다. 대표 삽입곡은 「볼가의 노래」인데 깊고 넓고 강하고 고통스러우며 라진과 푸가체프 영웅담을 통한 자유라는 상징 등 볼가강에 대한 모든 보편적 인식을 담고 있다. 동시에 조국 소련에 대한 미화, 소련의 잠재적 적들에 대한 경고도 등장한다.

오랜 세월이 우리 조국을 거쳐 갔네,
슬픔의 폭풍우처럼.
그래도 볼가, 우리의 끝없는 강은
눈물의 급류를 흘러갔네.

속임수에도 멍에에도 굴하지 않는

우리의 푸른 고속도로.

라진과 푸가체프가 볼가를 따라 항해한 건

어쩌면 당연할 일.

오, 우리의 아름다운 처녀여

바다처럼 전능하고

조국처럼 자유롭도다.

우리의 기쁨은 오월처럼 젊고

우리의 힘은 짓밟힐 수 없도다.

행복한 소비에트의 별 아래

일하고 살기 좋으니

이리 떼와 같은 적들은

우리의 국경을 넘지 못하고

아름다운 우리 볼가를 보지 못하고

볼가의 물을 마시지 못할 것이다.

오, 우리의 아름다운 처녀여.

바다처럼 전능하고

조국처럼 자유롭도다.

드넓고

깊고.

강하도다!

갈리나 코스테리나는 전쟁 시기의 '삶이 매우 힘들었'지만 '행복한 일도 많았다'고 회고한다. 행복한 일에는 영화도 포함되는데 특히 「볼가, 볼가」를 즐겨 보았다고 한다.[44] 스탈린이 가장 좋아하는 영화로 알려지기도 한 작품이다(흐루쇼프 시대에는 모스크바·볼가 운하에 있는 레닌과 스탈린 동상이 등장하는 장면을 삭제한 편집본이 상영되었다!). 영화는 가축(소, 돼지, 오리)이 가득한 목가적인 마을을 그려내는데 멋지게 꾸며진 흥겨운 시골 카페가 등장하는 장면도 있다. 1930년대 초에 농민들이 굶주림에 시달렸고 1938년, 농촌 마을은 피폐해지고 굴라크 수용소는 터질 듯 가득 찼던 당시 현실과는 한참 동떨어진 영상이었다. 여행안내서와 영화는 도시민 관객을 대상으로 삼았다. 경제적, 개인적으로 큰 어려움을 겪을 때는 현실도피가 필요한 법이었다.

볼가강은 혁명 이전부터 러시아의 '어머니', 자식들의 '보호자'로 묘사되면서 신성화되었다(11장 참조). '어머니 러시아'로 강을 바라보는 태도는 1930년대와 1940년대에 다시 생겨났고 스탈린그라드 전투는 조국의 수호자라는 볼가강 이미지를 한층 강화하는 계기였다. 바실리 그로스만은 소설 『스탈린그라드』에서 전투를 위해 볼가강에 도착한 소련 군인들이 지친 몸과 더러워진 군복을 강물로 씻는 장면을 10세기 후반 키예프 루스의 기독교 개종에 비유되는 상징적, 심지어 종교적 상황으로 그려냈다.

그분(티모셴코 원수)을 비롯한 병사 수천 명 중 누가 강물로 몸을 적셨는지는 알 수 없었지만 상징적인 의식이 수행되고 있다는 점은 분명했다. 그 집단 세례는 러시아에게 운명적인 순간이었다. 볼가강 서안의 높은 언덕에서 벌어질, 자유를 위한 처절한 전투에 앞서 이루어진 집단 세례는 천 년 전에 드네프르강 변에서 행해진 키예프의 집단 세례만큼이나 러시아 역사에서 운명적인 순간이었는지도 모른다.[45]

결국 독일군은 그 거대한 강을 차지할 수도, 건널 수도 없었다. 신성한 강을 '더럽히려는' 독일군의 시도는 격퇴당했다. 『조종사 에고르카 이야기』의 주인공은 볼가강을 거슬러 올라가는 선박 행렬을 이끌며 '조국과 자유의 어머니 볼가강을 내 목숨보다 더 사랑한다'고 밝힌다. '어머니 강은 우리의 간구만 들어주시고 사악한 적들에게 죽음을 내려 준다'는 것이다.[46]

1950년대와 1960년대에도 볼가강은 「볼가가 내 가슴에 흐르네」, 「볼가 없이는 살 수 없어」와 같은 대중가요를 통해 계속 서정적 대상이 되었다. 가수 류드밀라 지키나(러시아의 15루블 우표에 등장할 정도로 유명한 인물이다.)가 부른 노래 「볼가강은 흐른다」는 1960년대에 어마어마한 인기를 끌었다.[47] 시인 예브게니 예브투셴코도 '우리는 러시아인, 우리는 볼가의 자식들이라네'라고 하였다.[48]

그러면 여기서 비러시아인들, 볼가강 지역에 그토록 많았던 이들은 어떻게 되는 것일까? 이들 역시 두 차례의 세계 대전, 혁명, 내전, 집단화 등의 충격을 경험했고 러시아인과 마찬가지로 (혹은 그 이상으로) 강제수용소의 희생자가 되었다. 스탈린그라드 기념 단지에 있는 소련 병사 동상의 인물들은 대부분 유럽인의 얼굴이지만 스탈린그라드에서 전사한 군인 상당수가 비러시아인이었다. 이제 소비에트 시대와 소비에트 이후 시대, 비러시아인들의 역사와 정체성에 대해 살펴보려 한다.

16

볼가강 지역의 비러시아인
자율성과 정체성

타타르인이 소련에서 애국자가 되기는 매우 쉽습니다. 학교의 역사 수업 한 번이면 충분합니다. 타타르·몽골 침공이 얼마나 공포스러웠는지 묘사한 부분이 나오면 반 친구들 전체가 당신을 바라볼 겁니다. 영광스러운 러시아인들이 야만적 타타르인에게 어떤 시련을 겪었는지 보여 주는 영화를 보는 방법도 있습니다. 볼가가 러시아의 위대한 강이고 주변을 둘러싼 숲도 러시아의 것이라는 생각에 익숙해지며 러시아의 봄 축제에 매년 참여하는 것이 또다른 방법입니다. 과연 우리 타타르가 자랑스럽게 내보일 수 있는 것은 무엇일까요?

— 1900년 타타르어 기자의 성명서[1]

1917년의 볼셰비키 혁명은 비러시아 민족에게 새로운 기회를 제공해 줄 것 같았다. 레닌은 다민족 러시아 제국을 '민족의 감옥'이라 불렀다. 러시아 제국이 러시아다움과 러시아 정교로 정의되었다면 새로운 볼셰비키 국가는 '사회주의'로 정의되고 그 안에서 모든 민족은 평등할 것이었다. 새로운 볼셰비키 국가의 첫 번째 행동은 1917년 11월 2일, '러시아 제민족 권리 선언' 발표였다. 구(舊)러시아 제국 모든 민족의 평등을 선언하고 분리 독립과 분리 국가 수립을 포함해 자결권을 약속하는 내용이었다. 이 선언은 볼셰비키가 1917년 선거와 내전 중 일부 비러시아인들의 지지를 얻는 데 도움이 되었다. 백군 장군 안톤 데니킨이 '분리 불가능한 하나의 러시아'라는 대의를 선언한 상황이었으므로 더욱 그러했다.

소련은 원칙적으로 15개 동등한 사회주의 공화국으로 구성된 자발적 연방이었다. 볼가강 지역은 가장 큰 공화국인 러시아 소비에트 연방 사회주의 공화국(RSFSR, 이하 러시아 공화국)에 포함되었지만 타타르, 추바시, 마리, 우드무르트, 모르도바, 독일인 등 각 민족을 위한 자치 지역도 만들어졌다. 러시아 공화국 내의 각 자치 공화국은 고유 국기, 수도, 행정기관, 고등 교육 기관, 국립 극장 및 국립 오페라 극장을 보유했다. 그러나 앞의 두 장에서 살펴본 대규모 경제 및 사회 변화 속에서 의미 있는 수준의 자치권을 행사하거나 별도의 문화적 정체성을 유지하기란 어려웠다.

1991년 12월, 소련이 해체되면서 구소련 사회주의 공화국들은 새로이 독립 국가가 되었지만 러시아 공화국 내 자치 공화국들은 별도의 지위는 유지하면서도 새로운 러시아 연방의 일부로 남았다. 볼가강 지역 주민들에게는 두 가지 큰 변화가 있었다. 첫째, 새로운 러시아 연방은 소련보다 인구가 적었지만 러시아인의 비율이 훨씬 더 높았다. 소비에트 연방의 마지막 몇 년 동안 러시아인은 전체 인구 약 2억 9,300만 명 중 50퍼센트를 살짝 넘는 정도였다. 그러나 러시아 공화국에서는 러시아인 비중이 압도적으로 높았고 러시아 연방으로 보더라도 1억 4,450만 명의 인구 중 약 81퍼센트를 차지했다.

둘째, 새로 독립한 카자흐스탄의 서쪽과 북서쪽 국경이 러시아 연방의 볼가강 지역과 맞닿은 것이다. 새로운 국경은 볼가강 동편으로 아스트라한에서 거의 볼고그라드까지 이어지며 강과 100킬로미터도 채 떨어져 있지 않다. 국경선은 이후 북동쪽으로 방향을 틀어 강을 따라 사마라로 이어지는데 사마라로부터 카자흐스탄 국경 너머의 첫 대도시인 오랄(전 이름은 우랄스크)까지는 불과 234킬로미터 거리다. 아스트라한은 카자흐스탄 국경에 인접한 러시아 남부의 국경 도시가 되었다(카스피해 북쪽 아티라우에서 373킬로미터 떨어져 있고 카자흐스탄 주요 도시와는 가깝지 않다.). 볼가강 하류 및 중류 지역 일부는 16세기 중반 카잔과 아스트라한한국 정복 이후 사라졌던 국경 지대라는 지위를 다시 얻게 되었다.

볼셰비키 국가의 단일성에 대한 가장 큰 잠재적 위협은 볼가 타타르였다. 앞서 12장에서 살폈듯 1905년까지 카잔의 타타르 지식인 운동은 (최소한 도시민 타타르 엘리트들에게) 강한 민족 정체성을 형성했고

1917년이 되자 이는 정치적·문화적 자율성, 나아가 독립을 열망하는 경향으로 이어졌다. 그해 11월, 러시아와 시베리아의 이슬람교도 회의는 우파에서 만나 이델-우랄이라는 새로운 국가를 선포했다(이델은 볼가강을 뜻하는 타타르어다). 새로운 국가가 설립되었다면 추바시, 마리, 우드무르트, 바시키르족이 차지하고 있던 땅을 통합하게 될 것이고 이반 4세의 정복 이전 카잔한국을 이루었던 영토와 상당히 비슷해질 것이었다. 추바시와 마리족 극소수 지식 엘리트들은 타타르 국가의 일원이 되는 것에 거의 반대가 없었다. 이들에게는 잠재적인 '타타르화'보다 한층 강해질 러시아화가 더 걱정스러웠던 것이다. 바시키르와 볼가 타타르는 이슬람 신앙뿐 아니라 많은 문화적, 언어적 특성을 공유했다. 물론 소수의 바시키르 지식인 민족주의자들은 타타르의 지배를 두려워했고 자신들이 볼가 타타르의 '문화적 하위 요소'로 간주되는 것에 분개했다.[2] 역사적으로 보면 바시키르 땅에서 일어난 대부분의 갈등이 타타르가 아닌, 러시아인들의 방목지 침입이었음에도 말이다. 1917년, 바시키르족의 3분의 1이 타타르어를 모국어로 사용하고 있었다.[3]

1918년 1월, 제2차 이슬람 군사 회의가 카잔에서 모여 새로운 국가 수립을 시도했지만 카잔 소비에트 소속 러시아인 의원들의 반대에 부딪혔다. 2월 말, 소비에트의 체포 명령이 내려오자 카잔의 타타르 민족주의자들은 교외의 타타르 지역으로 피신해 이델-우랄국을 선포했다. 1918년 3월, 요새는 붉은 군대의 공격을 받고 점령당했고 카잔은 볼셰비키 지배를 받게 되었다. 이델-우랄국은 불과 한 달 천

하로 끝났다. 그래도 타타르의 상징인 탐가 문양을 오른쪽 상단 모서리에 넣은 하늘색 새 국기를 만들어 게양할 시간은 있었다.

내전이 발발하면서 이델-우랄 공화국의 영토로 선포된 땅이 백군과 적군이 맞붙는 전쟁터가 된 터라 사실상 독립 선언은 의미가 없었다. 처음에는 카잔을 수도로 하는 타타르-바시키르 자치 공화국이 설립될 듯했다(관련 법령이 민족문제 인민위원회인 나르콤나트를 통과했다.). 내전 승리 후 새로운 소비에트 국가는 보다 강력하게 권위를 주장할 수 있었고 이를 위해 분열과 통치 정책을 사용했다. 정부는 소련 내에 독립 또는 반독립 이슬람 국가가 생겨나는 상황을 원하지 않았다. 카잔 타타르는 거대 타타르 국가 건립을 추진하며 그 아래에 바시키르족도 통합하려 했다. 타타르의 영향력에 대응하기 위해 정부는 바시키르 등 비타타르 민족의 권리를 원칙적으로 지지했고 이런 식으로 볼가와 우랄 지역 이슬람과 투르크 주민들을 분열시켰다.

볼가강 중하류 지역은 소비에트의 비러시아인 관련 정책이 수립되어야 했던 첫 번째 장소였고 이는 소련의 여타 다민족 지역에 대한 접근 방식을 결정했다(볼가강 지역이 러시아 영토에 처음 편입된 16세기 중반에 그랬듯 말이다.). 내전이 끝난 후 자치 공화국들이 속속 수립되면서 대규모 독립 국가를 이루려는 타타르족의 바람은 좌절되었다. 타타르 자치 공화국 탄생 1년 전인 1919년에 우파에 수도를 둔 바시키르 자치 공화국이 세워졌다. 새로운 타타르 공화국은 이델-우랄국의 3분의 1 수준으로 훨씬 작았다. 바시키르 자치 공화국 외에도 볼가강 지역에 여러 자치 공화국이 새로 등장하면서 결국 볼가 타타르의 75퍼센트가 타타르 자치 공화국 경계 밖에 사는 셈이 되었다. 바시키르 자치 공화국 인구 중에도 타타르인이 가장 많았다. 1970년 기준으로 600만 명에 달하는 타타르인 중 약 470만 명이 러시아공화국에, 90만 명 이 상이 바시키르 자치 공화국에 거주했고 타타르 자치 공화국 내에 있 는 수는 150만 명을 조금 넘는 수준이었다.[4]

그 후 몇 년 동안 볼가강 지역에 더 많은 자치 공화국이 설립되었 다. 1920년에는 보티야크(우드무르트의 전 이름) 자치주(자치 공화국보다 규모가 작고 의미가 덜한 주)가 이젭스크를 수도로 설립되었다. 보티야크 자치주는 1932년, 우드무르트 자치주로 이름이 바뀌었다가 1934년, 우드무르트 자치 공화국이 되었다. 1920년에는 마리 자치구가 만들 어졌고 1936년에 마리 자치 공화국으로 바뀌었다. 수도는 차레보콕 샤이스크(콕샤가강 가에 위치한 도시이므로 이 명칭은 '콕샤가강에 있는 차르 의 도시'라는 뜻이다.)였는데 도시 명칭이 1919년에 크라스노콕샤이스 크('붉은 콕샤가')로, 1927년에 요시카르올라(마리어로 '붉은 도시'라는 뜻 이다.)로 변경되었다. 마리 공화국은 볼가강에 동쪽 경계를 두고 있다. 추바시 자치 공화국은 (추바시 자치주 설립 이후) 1925년에 설립되었으 며 볼가강 변 체복사리가 수도다. 모르도바족 거주 지역도 자치주였 다가 1934년 12월에 자치 공화국이 되었으며 수도는 사란스크다.

가장 주목할 만한 곳은 볼가 독일 자치 공화국일 것이다. 1918년, 소련 최초의 자치 지구로 선포된 후 1924년 2월에는 볼가 독일 자치 소비에트 사회주의 공화국이라는 공식 지위를 부여받았다. 볼가강 동 편에 위치하고 수도는 포크롭스크(또는 코사켄슈타트)였다(1931년에 도시 이름이 엥겔스로 바뀌었고 현재까지 그 이름을 유지하고 있다.). 포크롭스크는 볼가강을 사이에 두고 사라토프와 마주 보고 있다. 볼가 독일 공화국이 독일인 정착지 전체를 포괄하지는 않았고 강 동편 '초원 쪽' 정착지들이 중심이 되었다. 새로운 공화국 인구 중에는 볼가 독일인이 가장 많았고 러시아인과 우크라이나 소수 민족도 많았다. 1939년 인구조사에 따르면 공화국의 독일인 수는 366,685명으로 집계되었다.

러시아 혁명이 세계 혁명으로 이어져 모든 국경이 사라질 것이라 했던 볼셰비키의 단언으로 보면 소련의 연방 구조도 그저 일시적인 것일 수 있었다. 하지만 1924년까지 유럽 여러 지역에서 시도된 혁명이 실패하고 세계 혁명이 임박하지 않았음이 분명해지자 소련은 '일국 사회주의' 정책으로 전환했다. 이 시점부터 시작해 개별 소비에트 공화국이든 소비에트 연방 내 자치 공화국이든 자율적 정치 문화는 소련 공산당의 중앙 집중 권력과 상충되는 것이었다. 1921년, 소련 공산당은 당내 파벌을 금지했는데 이는 개별 소비에트 공화국 및 소련 내 자치 공화국 내 지역 공산당들에도 영향을 미쳤다. 지역 공산당 간부는 중앙 공산당이 (대부분 러시아인으로) 파견해 지역 정당을 '탈민족화'했다.[5]

혁명 당시 볼가 타타르가 지닌 독립 열망과 독자적 정체성은 볼가강 지역의 다른 어느 비러시아인들보다 더 높았으므로 소련 정부(사실상 소비에트 연방의 공산당)는 이를 분쇄해야 할 필요성을 크게 인식했다. 중앙의 정치적 통제권으로 지역 독립을 가로막는 모습은 타타르 자치 공화국의 미르자 술탄 갈리예프가 겪은 일에서 엿볼 수 있다. 타타르 교사의 아들이었던 그는 공산당 간부로 고속 승진했고 이슬람 교도는 계급층을 막론하고 러시아 식민 지배의 희생자이므로 '프롤레타리아'라고 주장했다. 그는 마르크스주의에 '이슬람의 얼굴'을 덧씌워 이슬람 사회의 결속력을 유지하고자 했다. 다시 말해 그는 계급 전쟁보다 민족 해방을 우선시한 것이다. 이를 위해 그는 자체적으로 선출된 중앙위원회를 둔 이슬람 공산당, 그리고 이슬람교도 지휘관과 장교로 구성된 이슬람 붉은 군대를 창설하려는 운동을 벌였다. 카잔에서 아시아를 가로질러 파미르까지 뻗어나가는 새로운 '투란 공화국'을 구상하기도 했다. 술탄 갈리예프의 몰락은 1920년대에 국가 내 중앙집권화가 심화하고 중앙 공산당 노선 이탈을 불허하게 된 상황을 드러내 준다. 1923년 5월, 그는 스탈린 개인 지시에 따라 체포되었고 '소비에트 권력에 대항하는 반혁명적 민족주의 음모자'로 규정되었다. 1924년에 풀려났지만 1928년, 다시 체포되어 '반역자'로 재판받은 후 강제수용소 10년 중노동 형을 선고받았다. 그리고 1939년 12월에 처형되었다.[6]

1924년과 1939년 사이에 타타르 자치 공화국의 공산당은 술탄 갈리예프 지지층(주로 타타르인)과 카잔의 러시아인 당원들로 분열되었다. 양측은 가혹한 집단화와 숙청이 이어지는 상황에서도 러시아 국수주의의 범위, 제국주의의 정의, 세계 혁명의 가능성에 대해 논쟁을 벌였다. 하지만 논쟁의 승자는 항상 정해져 있었다. 술탄 갈리예프 체포 이후 타타르 당 간부들에 대한 조직적인 숙청이 벌어졌고 이는 타타르 지식인에 대한 전면적인 공격으로 확대되었다. 1930년에만 전체 당원의 13퍼센트가 넘는 2,056명의 타타르 공산주의자가 제명당했다. 전체적으로는 '민족주의적 일탈' 죄목으로 처형된 타타르 공산주의자가 총 2,273명에 달했다.[7] 독립 혹은 진정한 자치를 지향했던 볼가 타타르 공산주의자들의 의지를 분쇄한 것은 소련 공산당의 정치적 결정이었다.

그럼에도 타타르 자치 공화국은 소련이 최종 해체될 때까지 존속했다. 이와 달리 볼가강 지역 독일인들은 독일이 소련을 침공한 1941년, 간첩과 파괴 공작원으로 몰렸고 이오시프 스탈린의 명령에 따라 시베리아와 카자흐스탄으로 일괄 추방을 당했다. 볼가 독일 공화국도 소련 지도에서 지워졌다. '볼가강 지역 독일 인구 전체'를 대상으로 한 스탈린의 추방 명령에서 공화국 관련 언급은 전혀 없었다. 가차 없는 추방 과정에서 독일인 정착민들은 범죄자처럼 취급당했다. 약 60만 명이 재산과 가축을 몰수당하고 식량이나 식수도 거의 없이 소 운반 트럭이나 화물 열차에 실려 동쪽으로 보내졌고 건설이나 벌목 현장에 투입되었다. 이동 중에 사망한 사람들은 열차 밖으로 던져졌다. 공산당원이라 해도 예외는 없었다. 실제로 당시 많은 볼가강 독일인 청년들이 붉은 군대에서 복무 중이었는데 다음 증언이 보여 주듯 가족의 운명을 우연한 기회로 알게 될 뿐이었다.

부대가 러시아인 마을에서 휴식을 취하는 동안 우리가 독일어로 대화하는 것을 들은 주민 한 명이 다가와 누구냐고 물어보았다. 볼가 독일인이라고 하자 그는 깜짝 놀라더니 우리 정착지 사람들이 모두 이주당했고 자기 마을 여러 가구가 이미 그곳으로 출발했다고, 거기서 살림 도구가 다 갖춰진 집이며 농장의 가축과 장비, 수확만 하면 되는 감자와 양배추를 차지하고 새로운 삶을 시작하게 될 것이라고 알려 주었다. 우리는 충격을 받았고 그 말을 믿을 수 없었다. 헛소리라고 생각하면서도 불안한 마음에 모두들 당장 집으로 편지를 썼다. 두 달 후, 편지는 '수취인 불명'으로 반송되었다. 딱 한 명만 답장을 받았는데 그건 러시아인과 결혼한 덕분에 마을에 남을 수 있게 된 그 여동생이 보낸 것이었다.[8]

스탈린이 사망한 후인 1955년, 서독 총리 콘라트 아데나워가 모스크바에서 흐루쇼프를 만나 볼가 독일인 문제를 제기했지만 이들은 1964년에야 복권될 수 있었다. 심지어 그 후에도 집으로 돌아갈 수 없었다. 설사 귀환이 허용되었다 해도 전쟁과 집단화로 정착지들이 이미 파괴되었으므로 돌아가겠다고 선택할 사람은 별로 없었을 것이다.[9] 소련 해체 후 러시아와 카자흐스탄에 있던 볼가 독일인 다수가 독일로 떠났다. 1989년의 사라토프주에는 독일인 인구가 약 17,000명이었는데 2010년에는 그 수가 7,579명으로 줄었다.[10]

실제로 소련은 고도로 중앙집권화된 국가였고 볼가강 지역이든 그 밖의 곳이든 그 어떤 자율성도 제한적으로만 허용되었다. 예를 들어 수력 발전소를 건설하고 볼가의 수심과 흐름을 변경하기로 한 결정(다음 장에서 설명한다.)은 해당 지역이 아닌, 모스크바에서 내렸다. 중앙 계획 경제가 야기한 물리적 결과는 볼가강 지역 여러 도시의 재난으로 나타났다. 특히 체복사리 수력 발전소와 저수지 건설 후 체복사리의 강변 건물들이 대거 침수되었다. 카잔에서도 볼가강 수위가 높아졌다(그 결과로 1552년 카잔 정복 당시 사망자를 기리는 기념관이 물에 잠겼다.). 지역 경제나 환경에 미치는 영향은 전혀 고려하지 않은 중앙 공산당의 결정 때문이었다. 엄청난 규모의 계획에 따라 볼가강 지역에서 어마어마한 건설이 이루어지고 (톨리야티와 같은) 신도시가 건설되었다. 실제로 모든 경제 계획이 중앙 집중식으로 수립되었다. 어떤 공장을 지어 무엇을 얼마나 생산하게 할지, 공장이 어디에 위치하게 할지는 모두 모스크바 정부가 결정했다. 볼가강 지역 도시들의 신규 구역 전체가 5개년 계획에 따라 새로운 산업체를 위해 할당되었다.

1977년 헌법은 소비에트 연방의 연방 구조를 유지하면서도 개별 소비에트 공화국과 연방 내 자치 공화국들의 권한은 제대로 정의하지 않았다. 모든 정책 결정이 소련 공산당에 집중된 상황에서 '연방주의'는 사실 환상에 불과했다. 러시아 공화국 내 자치 공화국들이 행사하는 권력이 허구적임은 분명했다. 소련 붕괴가 임박했을 때 카잔 문화연구소 부소장이자 대표적 민족주의자인 라파일 하키모프도 이 점을 지적했다.

주권 없는 정부로서의 자치 공화국이라는 개념은 법적으로나 정치적으로나 터무니없는 소리다. 러시아 공화국 내의 자치 공화국이란 정치적 시대착오다. 소련은 마트료시카(인형 안에 똑같이 생긴 작은 인형들이 연달아 들어 있는 민속품) 원칙에 따라 구성되어 있다. 연방 안에 연방이 있고 공화국 안에 공화국이 있으며 지역 안에는 자치구가 있고 자치구 안에 자치 구역이 있다. 일부 국가가 다른 국가에, 일부 공화국이 다른 공화국에 복종하는 것은 국가 간 평등 원칙에 정면으로 위배되며 분쟁의 씨앗이 될 뿐이다.[11]

소련 해체로 연방 구조에 대한 공식 선전의 허구성이 폭로되었다. 개별 소비에트 공화국들은 소련의 연방 헌법을 법적 근거로 해 각자의 국가를 만들었다(물론 이 과정에 덜 열성적인 공화국들도 있었다.). 러시아 공화국(현재의 러시아 연방)에는 이런 선택이 허용되지 않았지만 보리스 옐친은 미하일 고르바초프와의 권력 투쟁 당시 자치 공화국들의 지지를 얻기 위해 자치권 주장을 독려했다. 카잔에서 열린 회의에서도 '가능한 대로 독립을 쟁취하라'고 섣부르게 선언했다.[12] 1991년 체첸 자치 공화국이 독립을 선언했고 1994~1996년과 1999~2009년, 체첸 공화국과 러시아 연방 간에 피비린내 나는 격렬한 전쟁이 이어졌다. 체첸은 인구 대부분이 이슬람교도였고 러시아 정부는 볼가 타타르를 비롯해 러시아 연방 내 다른 이슬람인들과 또다시 충돌하게 될 것을 두려워했다.

당시 타타르 민족주의 정서는 타타르 공공 센터 설립으로 표출되었다. 이는 타타르 지식인들을 결집하는 조직이 되었다. 1990년 8월 30일, 자치 공화국 내 타타르인들은 타타르 공화국 주권 선언을 발표했다. 소련 해체 후인 1991년, 타타르 공화국은 러시아 연방에 합류했

4부 소련 및 소련 이후 시기의 볼가강

지만 러시아인들과 동등한 권리를 주장했다.[13] 새로운 이름으로 태어난 타타르스탄 공화국(보통 타타르스탄이라 불린다.)의 1992년 헌법은 공화국을 '주권 국가'로 규정했지만 모스크바 고등법원은 이를 위헌으로 선언했다. 그 후 모스크바와 카잔 사이에 지지부진한 협상이 이어졌다. 타타르 측은 연방 세금을 압류해 압박 강도를 높였고 러시아 측은 '쇠 우리'에 대통령을 가둬 버리겠다고(이는 18세기 말의 푸가초프를 빗댄 표현임이 분명했다.) 위협했다.[14] 1994년, 러시아 연방과 타타르스탄이 권력 공유 협약에 합의했다(옐친이 서명한 권력 공유 협약 46개 중 첫 번째였다.). 타타르스탄 공화국은 자원과 '시민권'에 대한 통제권을 얻었다(물론 이 역시 곧 논란에 휩싸이긴 했다.). 타타르스탄은 자원이 풍부한 부국이라 다른 자치 공화국에 비해 협상에서 우위를 점할 수 있었다. 하지만 러시아 정부는 소련이 그랬듯 러시아 연방도 완전히 해체될 것을 두려워해 몹시 신중했다.

오늘날 타타르스탄은 상당한 자치권을 유지하며 고유 국가(國歌)와 국기를 지니고 있다. 타타르스탄 국기는 (타타르인과 러시아인의 평화로운 관계를 상징하는) 좁은 흰색 선 아래위로 (행복을 위한 투쟁과 타타르인의 용맹함을 상징하는) 빨간색과 (희망, 자유, 이슬람의 연대를 상징하는) 초록색 부분이 나뉘는 형태다. 1991년부터 2010년까지 초대 대통령 민티메르 샤이미예프가 이끈 타타르스탄은 모스크바로부터 상당한 자치권을 주장하면서도 온건한 태도를 절묘하게 유지해 냈다. 석유 판매로 부유해진 타타르스탄은 대규모 프로젝트를 진행하고 경제적으로 자립할 수 있는 능력을 갖추었지만 여전히 러시아 연방의 일부

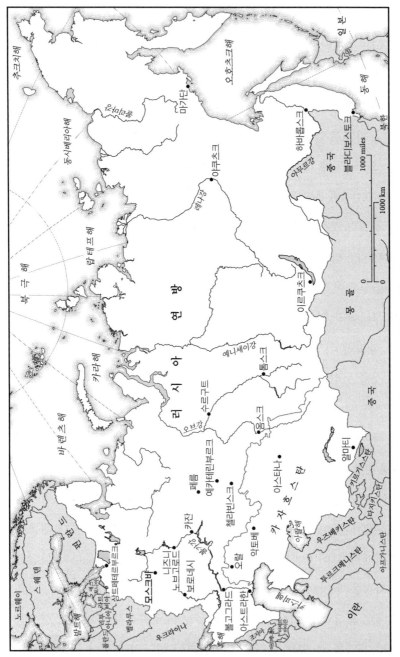

지도 9. 러시아 연방과 카자흐스탄

이며 타타르스탄과 러시아 정부 간의 관계는 지금도 불안정하다.

소비에트 연방 붕괴 후 1990년과 1992년 사이에 볼가강 지역에 있던 러시아 연방 내 모든 자치 공화국이 '소비에트 사회주의'라는 명칭을 버리고 러시아 연방 내 공화국으로 재탄생했다(마리 공화국은 마리 엘 공화국으로, 모르도바 공화국은 모르도비야로 바뀌었다.). 유일한 예외는 두 번 다시 재건되지 못한 볼가 독일 자치 공화국이다.

블라디미르 푸틴(옐친의 뒤를 이어 2000~2008년에 러시아 대통령을 지냈고 2008~2012년의 총리를 거쳐 2012년부터 다시 대통령으로 재임 중이다.)은 더욱 중앙집권적인 통제와 타타르스탄을 포함한 러시아 연방 전체에 대한 대통령의 권한을 주장하고 있다. 푸틴은 2000년의 대통령령으로 러시아 연방을 연방 지구 7개(2010년에 북코카서스가 추가되어 8개가 되었다.)로 나누었다. 연방 지구는 자치 공화국보다 크기가 더 크다(그리하여 자치 공화국을 그 안에 포함한다.). 볼가 연방 지구는 러시아 대통령이 임명한 대통령 전권 특사를 수반으로 하며 중심 도시는 니즈니 노브고로드이고 타타르스탄, 모르도비야, 마리 엘, 추바시, 우드무르트 공화국을 포함한다. 또한 2000년, 러시아 정부는 러시아 연방 전체를 단위로 여권이 발급되며 타타르(또는 다른 민족)를 위한 별도 여권은 없다고 선언했다. 2004년 법률에 따라 러시아 대통령은 공화국 대통령 임명권과 의회 해산권을 갖게 되었다. 푸틴은 타타르스탄 등 각 공화국 주요 직책에 자기 사람을 배치했다.[15] 2007년, 타타르스탄과 러시아 연방의 권력 공유 협약이 갱신되었지만 타타르스탄에 부여된 자치권은 줄어들었다. 샤이미예프는 2010년에 물러났고 러시아 대통령(당시 드미트리 메드베데프)은 후임자로 샤이미예프가 지명한 루스탐 민니카노프를 임명했다. 2017년 7월, 타타르스탄과 러시아 연방의 권력 공유 협약이 만료되었는데 아직 갱신되지 않았다.

공화국들은 심각한 경제 문제에 직면해 있다. 체복사리에서는 (버려진 건물 앞에 여전히 레닌 동상이 쓸쓸하게 서 있는 레닌 섬유 공장을 포함해) 중공업 공장과 경쟁력 없는 공장들이 문을 닫았다. 산유국 타타르스탄을 제외한 비러시아 공화국들은 러시아의 새로운 경제 상황에 적응하기 위해 고군분투해 왔다. 그럼에도 요시카르올라의 인적 없는 기괴한 테마파크의 존재는 설명하기 어렵다. 네덜란드·플랑드르 양식의 건물로(한 건물에는 놀랍게도 동물원이 들어가 있다.) 지어진 단지인데 모스크바 크렘린 성문과 19세기 정교회 대성당 복제품도 있다. 강을 건너면 역시 네덜란드·플랑드르 양식의 건물이 늘어선 일명 '브뤼헤 제방'이 나온다. 방문객도, 상점도, 카페도 없이 거리는 사실상 텅 비어 있다. 도시 다른 쪽에는 붉은색과 흰색 벽돌의 네덜란드·플랑드르 양식 건물에 거대한 시계탑(매시 정각이면 12사도가 나타난다.)까지 갖춘 국립 미술관이 있다. 모든 것이 이 가난한 지역에서 이루어진 터무니 없는 지출의 결과다. 마리족 문화와도 아무 관련이 없다. 국립 미술관 앞에는 1584년에 러시아가 임명한 초대 총독 이반 오볼렌스키 노고트코프의 동상이 서 있다. 2018년 9월, 시장 파벨 플로트니코프가 부패 혐의로 체포되어 대규모 뇌물 수수가 드러났고 10년 중노동형을 선고받았다. (도판 18 참조)

국가 계획 경제의 결과, 소련 시대 도시의 사회적 구성과 도시민의 생활 방식이 극적으로 바뀌었고 이는 현재의 볼가강 지역 자치 공화국들이 해결해야 할 문제가 되었다. 새로운 산업으로 인해 시골에서 도시로 대규모 이주가 이루어졌고 똑같은 블록 주택이 대량 공급되면서 사람들이 어디서 어떻게 살지 결정되었다. 이와 함께 영화와 텔레비전 같은 새로운 매체, 스포츠 시설, 경기장, 공원 등이 등장하면서 모든 소비에트 시민이 소비에트 대중문화를 공유하게 되었다. 소련은 국민의 여가 시간에 개입해 특별한 날에 대규모 행진을 조직하는 것부터 정치적, 역사적 사건을 기념하는 것은 물론이고 콤소몰을 통해 어린이들의 자유 시간까지 관리했다. 소비재 부족으로 인해 소련 시민들은 소수 엘리트를 제외하고는 동일한 물건을 소유하고 비슷한 품질의 옷을 입었으며 상점과 시장에서 거의 동일한 식료품을 구입했다. 볼가강 지역도 예외가 아니었는데 새로운 자치 공화국 안팎의 비러시아인들은 고유의 생활 방식을 주장하기가 매우 어려웠고 이 어려움은 지금도 여전하다.

볼가의 모든 비러시아인이 직면했던 (그리고 직면한) 주요 과제는 대규모 산업화의 결과로 자기 도시로 이주한 러시아인(또는 소비에트 연방의 다른 민족)이 수적으로 더 많아지는 것을 막는 것이었다. 소비에트 시대의 모든 신생 자치 공화국에서 러시아인은 절대다수거나 상당한 다수였다. 마리 자치 공화국의 경우 1986년 인구 구성에서 마리족이 43퍼센트로 감소해 있었다.[16] 추바시 자치 공화국은 1989년의 조사 결과 인구의 약 3분의 2가 추바시인이었고 러시아인은 27퍼센트에 불과했다.[17] 우드무르트 자치 공화국은 1959년에 인구의 76퍼센트가 우드무르트인이었으나 1989년에는 66.6퍼센트로 감소했다.

오늘날 볼가강 지역 도시들은 구사회주의 공화국 이주민들에게 매력적인 곳이고 이로 인해 도시의 인구 구성도 변화하고 있다. 2010년의 마지막 인구조사 공식 통계를 보면 카자흐족이 아스트라한 인구의 5.4퍼센트(32,783명)였고 많은 러시아인이 카자흐스탄에서 러시아로 이주한 것으로 나타났다. 또 다른 추정치에서는 사라토프주에 거주하는 카자흐인이 76,000여 명으로 (러시아인이 88퍼센트를 차지하는) 전체 인구 중 차지하는 비율은 낮지만 신규 유입자 대부분이 젊은 도시 거주자여서 영향력은 크다고 나온다. (나고르노카라바흐뿐 아니라 압하지야도 포함해) 남부 코카서스의 분쟁으로 인해 최근 러시아로 이주하는 아르메니아인이 급증하고 있으며 2010년 추정치로 볼 때 사라토프(23,831명)와 볼고그라드(27,846명)에서 특히 많았다.[18]

볼가 타타르는 타타르 자치 공화국에서 이미 다수였고 그 수도 1959년의 4,765,000명에서 1989년의 6,646,000명으로 더 증가해 우위를 점하고 있다.[19] 러시아인에 비해 타타르는 결혼율이 높고 혼인 연령이 낮으며 출산율도 높다. 오늘날 카잔 인구는 러시아인과 타타르인이 약 50:50이다(19세기와 소비에트 시대에는 러시아인이 대다수였다.). 2010년 인구조사에 따르면 타타르스탄 전체 인구가 370만 명이고 여기서 타타르인이 53.2퍼센트, 러시아인이 39.7퍼센트다.[20] 물론 러시아 연방 전체로 볼 때는(구소련에서와 마찬가지로) 가장 큰 소수 집단인 타타르조차도 압도적인 러시아인 인구에 비해 여전히 극소수다.

민족 정체성을 주장하는 한 가지 방법은 언어다. 처음에 소련은 자치 공화국 내의 현지어 사용을 장려했다. 1935년, 타타르 자치 공화국에서는 신문 129종이, 볼가강 중하류에서는 타타르어 신문 10종이 발행되었다.[21] 소련 정부는 또한 (현지 언어로 연극을 상연하는) 국립 극장 설립 및 현지 언어 문학 작품의 출판(러시아어 번역도 함께 제공되었다.)을 장려했다. 그러나 비러시아어 대본은 항상 논란을 일으켰고 오늘날에도 여전히 국가적 문제로 남아 있다. 이 문제는 1917년 이후 아랍 문자로 타타르어를 표기해 온 타타르 자치 공화국에서 가장 심각했다(아랍 문자 사용은 타타르인을 이슬람 세계에 편입시켰다. 한편 기독교로 개종한 '세례자' 타타르인은 키릴 문자를 사용했고 1928년까지 소련에서 별도 민족으로 분류되었다.). 타타르를 비롯한 여러 언어의 알파벳 사용 문제는 활발한 학문적 논쟁을 불러일으켰지만[22] 결국 결정은 소련 정부가 내렸다. 1929년, 소련 정부는 타타르어(그리고 소련 내 투르크 제언어)를 라틴 알파벳으로 표기해야 한다는 결정을 내렸고 이로써 (바로 전 해에 튀르키예에서 라틴 문자를 도입했듯) 타타르어를 현대화하겠다고 했다. 1934년에는 식민주의와 제국주의의 문자인 알파벳을 키릴 문자로 바꾸라는 새로운 압박이 가해졌다.[23] 「프라우다」지는 키릴 문자 사용이 '소련 제민족의 통일성을 높이고 민족 간 우호를 더욱 강화해 줄 것'이라 했다.[24] 다시 말해, 이 새로운 정책은 비러시아인들이 키릴 문자를 채택하도록 함으로써 그들에 대한 러시아의 통제권을 주장하기 위함이었다(키릴 문자의 발음은 매우 딱딱해 투르크어에 잘 맞지 않는다는 점은 언급되지 않았다.). 볼가강 지역에서 이러한 정책의 영향은 불과 10년 만에 아랍 문자에서 라틴 문자로, 라틴 문자에서 다시 키릴 문자로 변

경해야 했던 볼가 타타르에게 주로 미쳤다. 추바시어를 비롯한 다른 투르크어, 그리고 마리어와 모르도바어 같은 핀·우그르어는 진작부터 키릴 문자를 사용했기 때문이다.

사실 볼가강 지역 비러시아인들의 주된 우려는 문자가 아니라 지역 언어를 어떻게 유지할 것인가였다. 소련(그리고 1991년 이후에는 러시아 연방) 내에서 중심은 러시아어였다. 초등학교에서는 지역어로 가르칠 수 있었지만 고등 교육과 전문 직종에서는 러시아어 지식이 필수적이었다.[25] 매체에서도 러시아어가 압도적이었다. 소련 시대 말기 타타르 자치 공화국의 현지 TV는 타타르어 방송을 하루 4시간 내보냈지만 추바시 자치 공화국의 추바시어 방송은 1.8시간, 마리 자치 공화국의 마리어 방송은 1.1시간에 불과했다.[26] 제2차 세계 대전 후 크게 성장하여 거의 모든 추바시 제조업의 중심지가 된 체복사리는 추바시 도시인 동시에 러시아 도시였다.[27] 모든 학교에서 러시아어 교육이 의무였다. 선택권이 주어지는 경우 마리 및 추바시 자치 공화국 학부모들은 자녀의 장래를 위해 러시아 학교를 택했고 특히 도시에서 더욱 그러했다. 동시에 주로 도시에 살던 러시아인들은 다른 민족의 언어를 배우려 하지 않았다. 결국 소련 시대에는 카잔 등 타타르 자치 공화국의 주요 도시에서 타타르어를 거의 들을 수 없었다.

소련이 해체된 후 알파벳과 현지어 교육 문제가 다시 불거졌다. 1999년 타타르스탄은 타타르어의 알파벳을 라틴어로 표기해야 한다고 선언했지만 이는 러시아 연방 내 모든 언어가 키릴 문자를 유지해야 한다는 2002년 러시아 연방법에 의해 무효화되었다. 키릴 문자를 사용해야 러시아 연방의 모든 시민이 읽을 수 있다는 주장이었지만 실상 러시아 중앙 정부의 문화적 통제라는 의미가 훨씬 더 컸다. 타타르스탄의 학교에서는 최근까지 러시아어와 타타르어를 모두 가르쳤지만 러시아인 주민들 및 러시아 정부와 갈등이 생겼고 타타르스탄 정부는 모든 학교의 타타르어 의무 교육을 중단하라는 압력을 받았다.[28] 2018년 7월, 러시아 두마(의회)는 비러시아인이 많은 지역에서 러시아어를 보호하는 법을 통과시켰는데 이는 러시아 연방 내의 지역 언어 의무 교육 중단을 의미했다. 이 법은 학교의 언어 교육에 가장 큰 영향을 미쳤지만 정부 공무원의 현지어 능력 요건도 바꾸고 있다.

오늘날 카잔에서는 타타르어를 자주 들을 수 있으며 모든 표지판이 두 언어로 되어 있다. 아이들에게 타타르어로 전통 이름을 지어주는 것도 인기다. 새로운 모스크가 계속 지어지는 카잔은 점점 더 타타르 도시가 되어가는 듯하다. 이는 러시아인 전문가들에게 향후 활동이 제한될지 모른다는 두려움을 갖게 만든다. 타타르인이 아주 많고 그래서 각 분야에서 타타르어를 사용하는 것이 더 유리한 타타르스탄은 다른 자치 공화국들에 비해 좋은 상황이다. 그럼에도 러시아어는 제조, 과학, 금융 및 상업, 전문직에서 여전히 핵심이 되는 언어다. 현재 카잔 연방 대학교의 수업은 타타르어 과목만 제외하고 모두 러시아어로 진행된다. 다른 자치 공화국에서도 현지어 교육을 지원하려는 시도가 있었지만 이들 언어는 직장보다 가정에서 사용되는 경우가 훨씬 더 많았다(더욱이 1990년대 중반에 실시된 설문조사에 따르면 도시의 직장에서 사용되는 경우는 전혀 없었다.).[29]

문화적 고유성은 다른 방식으로도 표현될 수 있다. 소련에서는 출생, 결혼, 장례식 등 주요 가족 행사를 현지 관습, 의식 및 음식으로 축하하는 경우가 많았고 도시민들이 그런 행사를 위해 농촌의 고향 집에 가는 일도 잦았다. 그러나 대규모 도시화로 러시아인과 비러시아인의 결혼이 늘어나면서 이런 전통은 약화하였다. 1963년, 카잔에서 결혼한 부부의 15퍼센트가 러시아인과 타타르인이 만난 것이었고[30] 추바시 공화국에서 추바시인과 러시아인이 결혼한 비율도 비슷했다. 민요, 민속춤, 민속의상은 모두 고유한 정체성의 상징이 될 수 있다. 유람선을 타고 체복사리에 도착하는 승객들은 부두에서 민속의상 차림의 추바시 가수들을 만나곤 한다(고대 추바시 상징인 태양을 그려 넣은 음료수 잔 받침도 선물 받는다.).

소련의 공식 공휴일에 과거의 이교 또는 이슬람 휴일을 결합하는 경우도 많았다. 이는 타타르 자치 공화국에서 특히 중요했는데 타타르의 이슬람 정체성을 함께 확립할 기회였기 때문이다. 타타르 공화국의 설립 기념일 6월 25일은 타타르(및 바시키르)의 여름 축제인 사반투이와 붙어 있어 두 가지를 함께 축하할 수 있었다.[31] 타타르인은 타타르 휴일을 축하하기 위해 하루 병가를 내는 것도 가능했다[1955년에 나온 보고서를 보면 '우리는 그날 출근하지 않고 우라자 바이란(Uraza-Bayran, 라마단 종료를 기념하는 이슬람 축제로 이드 알피트르라고도 부른다.)을 축하한다'라고 나온다.].[32] 1960년대에는 타타르 자치 공화국의 여러 주요 도시에서 사반투이를 축하했다.[33] 오늘날 타타르인의 정체성과 고유성은 인기 연극과 콘서트에서 투영되곤 한다. 필자는 2018년의 어느 주말, 카잔 크렘린에서 여러 포크 그룹이 공연하는 모습을 보게 되었는데 인기 있는 한 타타르 포크 그룹의 리더는 '자유 타타르스탄에 영광을'이라고 외치고 있었다.

1950년대와 1960년대에는 소련에서 종교에 대한 공격이 거셌다. 타타르 자치 공화국과 볼가강 지역에서는 다른 곳보다 이슬람 사원이 더 많이 폐쇄되었고 이슬람을 비롯해 모든 신앙을 적대시하는 선전 선동이 벌어졌다. 소련 해체 이후 타타르스탄에서는 이슬람교가 되살아나고 있다. 오늘날 타타르스탄은 이슬람 주요 축제를 모두 기념하고 타타르인들은 라마단을 지키기 시작했다. 예배에 적극 참여하지 않는다 해도 이슬람이라는 정체성은 중요해졌다. 소련 붕괴 얼마 전인 1983년, 타타르 대학생(즉 교육받은 엘리트층) 중에서 자신이 신자라고 답한 비율은 겨우 0.9퍼센트였지만 1990년에는 그 비율이 무려 20퍼센트로 엄청나게 증가했다.[34] 이슬람교의 존재감은 카잔 크렘린에 세워진 쿨 샤리프 모스크에서 극명하다. 이 모스크의 이름은 16세기에 이곳에서 학생들을 가르치다가 1552년, 러시아군에 맞서 이슬람 카잔의 성채와 심장부를 지키던 중에 제자들과 함께 죽음을 맞이한 이슬람 학자의 이름에서 따왔다. 쿨 샤리프 모스크는 6,000명을 수용할 수 있어 러시아 연방 최대이자 유럽에서도 가장 큰 축에 들어간다. 2005년에 문을 열어 크렘린의 중심이 되었는데 크렘린이 전통적으로 러시아와 정교회 정권의 권력을 상징했다는 점을 생각하면 퍽 아이러니하다(이곳의 모든 모스크는 1552년에 파괴되었다. 도판 20 참조). 1994년, 크렘린 수욤비케 탑 꼭대기에 초승달이 올라간 것도 상징적이다. 전설에 따르면 정복자 이반 4세가 칸의 조카 수윰비케를 신부로 맞으려 했다고 한다. 수윰비케는 카잔에서 가장 높은 탑을 지을 수 있다면 그렇게 하겠다고 동의했다. 이윽고 탑이 완성되자 수윰비케는 차르가 도시는 차지할 수 있을지언정 자기 마음은 결코 차지할 수 없다고 하면서 탑 꼭대기에서 뛰어내렸다고 한다. 1552년의 카잔 함락을 애도하는 기념일은 10월 15일이다.

이슬람 정체성을 통해 더 넓은 이슬람 세계와 연결될 수 있다는 면에서(물론 이슬람 세계도 복잡한 상황이긴 하다.) 타타르는 다른 비러시아인 집단보다 상대적으로 유리하다. 오늘날 타타르스탄은 관용적인 이슬람의 모델이자 다문화주의의 지지자로서 러시아 정교와 이슬람 세계를 연결하는 가교 역할을 자처한다.[35] 한 개인(일다르 카노프)의 주도로 최근 카잔 외곽에 문화 센터로 건설된 '모든 종교의 사원'도 이런 역할을 드러내는 사례다. 여러 종교의 건축물들이 함께 들어가 있어 기묘한 느낌을 주는 단지다. 극단적인 이슬람 운동이 벌어지는 다게스탄이나 다른 볼가강 지역에 비해(예를 들어 아스트라한에는 다게스탄의 이슬람교도들 영향을 받아 보다 전투적인 이슬람 세력이 있다.)[36] 타타르스탄의 입장은 다소 조심스럽다. 카잔도 테러 공격에서 자유롭지 못해 2012년에는 이슬람 성직자 두 명이 암살당했다.[37] 볼가강 지역에서 일어난 가장 끔찍한 사건은 2013년 12월, 대부분 주민이 러시아인인 볼고그라드에서 발생한 두 건의 자살 폭탄 공격이었는데 하나는 버스, 다른 하나는 기차역에서 폭발해 34명이 사망했다.

마리, 추바시, 모르도바 등 다른 비러시아인들은 종교를 통해 고유의 정체성을 주장하기 어렵다. 18세기에 대다수가 정교회로 개종했기 때문이다. 그러나 마리 엘 공화국에서는 토착 종교에 대한 관심이 되살아나고 있다. 2004년의 한 연구를 보면 공화국의 마리족 중 약 15퍼센트가 전통 종교 신자라고 답했다. 추바시 공화국의 지식인 민족 운동도 추바시 전통 신앙의 부흥(동시에 연속성도 강조된다.)과 추바시 언어 교육 및 공식 사용을 지지한다. 1995년에는 미완성된 공산주의 기념비 부지에 집단 기도와 희생을 위한 신성한 기둥이 세워져 볼가 불가리아 건국 1,100주년을 기념했다. 고대 추바시 종교의 의식용 건물과 신전을 포함하는 민족지학 박물관을 세우려 했던 계획은 추바시 정교회 신자들의 반대에 부딪혀 무산되었다. 건축 부지는 훼손된 채 그대로 남아 있다.[38] 추바시 공화국의 날에는 공개 의식, 기도와 축복, 전통 종교 및 정교회 축일 관련 행사가 함께 진행된다. 최근 몇 년 동안 추바시 공화국에서는 투르크라는 민족적, 언어적 뿌리에 대한 의식과 함께 이슬람에 대한 관심도 늘어나고 있다.[39]

　타타르의 정체성 주장과 관련된 또 다른 예는 기원 논쟁이다. 12장에서 살펴봤듯 이는 19세기 후반으로 거슬러 올라가는데 1950년대에 타타르 학자들이 볼가 타타르는 고대 볼가 불가리아의 후손이라는 주장을 제시하면서 다시 수면 위로 떠올랐고[40] 1962년 타타르어 백과사전에 공식 등재되었다. 이런 해석은 두 가지 정치적 이유에서 중요하다. 첫째, 볼가 타타르를 크림 타타르 등의 다른 부류와 구분하고 둘째, 더욱 중요하게는 볼가 타타르를 동쪽에서 온 미개한 약탈자 몽골족이 아닌, 유럽에서 기원한 투르크 문명의 후예로 본다는 것이다.

볼가 불가리아의 존재는 이제 타타르의 정체성에 강하게 자리 잡았다. 1989년에는 타타르인 수천 명이 볼가 불가리아의 이슬람교 수용 1,100주년을 기념했다.[41] 카잔 남쪽 볼가강에 위치한 고대 볼가르 유적지는 관광지와 성지가 되었다(외국 여행이 허용되지 않았던 소비에트 시대에도 이 유적지가 '작은 하지'라 불리며 메카를 대체하는 순례지로 사용된 바 있다.). 볼가르는 2014년에 유네스코 세계문화유산으로 지정되었다. 유적지에는 고대 영묘와 첨탑이 고증을 바탕으로 재건되었다. 유물 전시 규모가 엄청난(진품도 있고 상트페테르부르크 에르미타주에 보관된 유물의 복제품도 있다.) 훌륭한 박물관도 세워졌다. 볼가르 유적지에 대한 광범위한 발굴이 진행되고 학술연구도 매우 활발하다. 현장에는 고고학연구소와 박물관 일곱 개도 있다. 볼가르 유적지는 볼가 타타르와 타타르스탄의 정체성을 투영하는 데도 중요한 역할을 한다. 박물관 옆에 볼가르 모스크를 재현해 세우고 이슬람 박물관으로 만들었는데 그 안에는 기네스북에 등재된 세계 최대의 코란이 있다. 현대의 코란이긴 해도 이는 볼가 지역 및 전 세계 이슬람교도에게 이 유적지가 영적으로 얼마나 중요한지 의도적으로 강조해 준다. 또한 최근에는 볼가르 옛 도시 성벽 바로 앞에 거대한 '흰 모스크'가 세워져 타타르스탄의 이슬람 정체성을 강조하고 볼가르를 종교적 성지로 만들었다.

타타르 역사에 대한 자부심은 최근 몇 년 동안의 다양한 출판물에서도 드러난다. 특히 타타르스탄 과학 아카데미에서 2017년에 출간한 7권짜리 영문판 『고대부터의 타타르 역사』는 현대 타타르 학자들의 연구를 조명하는 인상적인 학술서다. 타타르스탄 과학 아카데미는 그 독립적인 존재 자체로 타타르스탄의 지적 자신감을 보여 준다. 카잔 북쪽에 건설된 기술 단지이자 대학 도시 이노폴리스도 그러한 자신감의 또 다른 표현이다. 이노폴리스는 타타르스탄을 새로운 과학 기술 개발의 선두에 서게 한다는 목표로 2012년에 공식 개장했다. 새로운 타타르스탄의 야망을 보여 주는 이 프로젝트의 성공 여부를 판단하기는 아직 이르다. 2018년 봄에 방문했을 때는 여전히 비어 있는 듯 보였다.

볼가강이 19세기에 '어머니 볼가'라고 표현되었다곤 해도 기본적으로는 러시아의 강으로 여겨졌다(이 장 첫 부분에 인용한 1990년 타타르 기자의 글에서 볼 수 있듯 말이다.). 소비에트 시대, 특히 2차 세계 대전 중에는 '조국', 즉 모든 소비에트 인민의 터전을 보호하는 강으로 개념이 바뀌기도 했다. 타지크 시인 무민 카노아트(1932~2018)는 볼가를 '전투원'으로 그린다.

나는 강입니다. 대지인 당신이 창조한 존재
어머니 대지여! 오늘 나는 적을 만납니다.
나와 적과의 대화는 특히 단호합니다.
나는 강철 흉갑을 입습니다.
나는 전투를 벌이는 강입니다!

볼가는 조국을 지키기 위해 일어섰습니다.

그리고 볼가 민족도 조국을 지키기 위해 일어섰습니다.[42]

볼가강은 강가나 인근에 사는 비러시아 민족들의 정체성에서도 핵심을 이룬다. 모국어로 된 시는 여전히 정체성을 표현하는 강력한 수단으로 남아 있다. 소비에트 시대에 볼가강을 소재로 쓴 추바시어와 타타르어 시 두 편으로 이 장을 마무리하겠다. 첫 번째 시는 1899년에 태어난 세스펠 미시(미하일 세스펠)의 작품이다. 그는 1918년 볼셰비키당에 입당했고 1920년, 체복사리의 추바시 혁명 재판소 의장이 되었다. 볼가강 지역의 기근에 시달리며 고향을 그리워하던 그는 심한 우울증에 시달리다 1922년에 자살했다. 그의 시는 1928년에 처음 출판되어 러시아어, 우크라이나어를 비롯해 여러 유럽 언어로 번역되었다. 1967년, 추바시 정부는 문학 및 예술 분야를 위한 세스펠상을 제정했다. 다음은 1920~1921년 기근 당시의 볼가강을 소재로 했으며 19세기 후반에 볼가강을 부정적으로 바라보았던 니콜라이 네크라소프를 떠올리게 하는 시 「배고픈 시편」에서 발췌한 것이다.

굶주림의 입, 기근의 메마른 이빨

내 땅을 물어뜯고 물어뜯고 또 물어뜯네.

순교자의 땀으로 축축해진 통나무 오두막

비참한 가난 속에서 뻣뻣하게 자라네.

4부 소련 및 소련 이후 시기의 볼가강

굶주린 들판은 고통 속에 누워

병들어 뼈만 남아 딱딱하네.

볼가는 넓게 뻗어 신음하고

누런 물결은 누더기처럼 너덜너덜

가슴 아픈 신음은 끝이 없고

눈물조차 마른 슬픈 눈으로 땅을 애도하네.[43]

두 번째 시는 이팟 투타쉬(본명은 자히다 부르나셰바)의 작품이다. 1895년에 러시아 랴잔에서 태어난 작가는 타타르 여학교에서 교육받은 후 언론인으로 일했고 정부의 여러 직책을 맡았다. 시 「볼가」는 여러 부분에서 볼가에 대해 노래한 러시아 시를 연상시킨다.

볼가강에 내 심장을 대어 봅니다.

서로 닮은 점이 있지 않나요?

볼가강처럼 내 마음도 크고 넓으며

강한 물살처럼 내 마음도 깊게 흐른답니다.

해 질 녘 볼가는 순수한 빛으로 물듭니다.

사랑으로 비춰지면 내 마음도 똑같답니다.

태양이 애무해 주는 볼가의 파도

내 마음속에서 자라는 꽃도 바로 그렇답니다.[44]

17

볼가강에 대한 통제 및 보호

작가 보리스 필냐크가 1929년에 쓴 『볼가는 카스피해로 흐른다』
는 자연에 맞선 사회주의 '전투'의 궁극적 승리를 그려낸다. 새로운
운하와 댐 건설로 러시아 강들의 흐름을 바꾸고 미래의 기근 위험을
경감시키는 전투다. 소설 속에는 볼가를 비롯한 러시아 여러 강의 미
래에 대한 아버지와 아들의 대화가 나온다. 아버지 나자르 시소예프
는 아카티예보 마을의 노인이고 아들은 콜롬나 건설 현장에서 일하
는 '새로운 소비에트 러시아' 대표자다. 아버지는 지하 용광로 옆에서
아들과 다음과 같은 이야기를 나눈다.

백발의 노인이 아들에게 말하고 있었다.
"그러니까 동굴에서 이렇게 산다는 거냐?"
"네. 이게 우리가 사는 방식이에요."

"아들아, 앞으로 강이 거꾸로 흐르게 된다던데 그게 사실이냐?"

"사실이고말고요."

"좀 들어보렴. 우리 할아버지와 증조할아버지가 여기 살았고 우리는 뗏목으로 오카강에서 볼가강까지 오간 사람들이야. 수 천 년 동안, 아니 어쩌면 그보다 더 오래 그렇게 살아왔지. 어린 시절부터 살아와 콜롬나와 카시모프 근처 어디에 모래톱이 있고 어디가 얕은지도 다 알아. 그런데 이제 우리 삶이 끝나가는 것 같구나. 랴잔, 무롬, 엘레트마에 더 이상 오카강이 없다니 말이다. 게다가 오카강이 없어질 뿐만 아니라 아카티예보 자체가 물속으로 사라진다니 우리는 대체 어떻게 되는 걸까? 그건 세상이 끝나는 거야! 전설에 나오는 사라진 도시 키테시그라드하고 똑같잖아! 우리도 아카티예보와 함께 물속으로 사라져야 하는 걸까."

"무슨 말씀이세요! 강은 다시 태어나는 겁니다. 강이 새롭게 흐르도록 하기 위해 혁명이 일어났고 아카티예보는 새로운 강으로 옮겨 가는 것뿐이에요. 천 년 동안 존재했던 것이 사라졌으니 이제 새롭게 만들어야 합니다. 그것이 진정한 혁명입니다. 혁명 인민은 물속으로 사라질 일이 전혀 없습니다, 아버지."[1]

소설이 끝날 무렵 공사가 성공해 물길이 의도대로 바뀌었지만 아카티예보 마을은 물에 잠긴다. 소설 속에서 사회주의 업적을 이토록 찬양한 필냐크(볼가강 지역 독일인의 후손으로 본명은 보리스 보가우였다.)도 1930년대 소련의 매서운 비판을 피해 가지 못했다. 그는 1937년 10월, 스탈린 암살 음모와 일본 스파이 혐의로 체포되어 1938년 4월

21일 재판에서 유죄를 인정한 후 같은 날 총살당했다.

소련은 자본가들의 탐욕에 오염되지 않고 과학자들을 제대로 평가하는 현대 국가가 되고자 했다. 볼셰비키는 '거대과학'을 받아들였다. 새로운 과학 법칙이 국가, 경제, 소련 인민의 일상 등 모든 것을 좌우하게 될 새로운 세상의 여명기였다. 소련은 또한 과학이 자연을 정복할 수 있다고 믿었다. 볼가강의 수심과 흐름은 거대한 댐과 수력 발전소로 통제되어야 했다. 동시에 어업 등 산업을 국유화하고 경제 계획을 중앙집중화했다. 그 결과물은 대규모 산업화와 광대한 계획도시였다. 국가 프로젝트 추진을 위해 소련은 서방 국가보다 훨씬 많은 엔지니어와 과학자를 양성했다. 소련은 물, 목재, 화석 연료 등 막대한 전력 자원 및 광물 자원을 가진 나라였고 이런 자원을 소수 부유층이나 외국인 투자자가 아닌, 모든 인민을 위해 사용하겠다는 열정과 자신감에 넘쳤다. 이들 정책의 결과는 무엇이었을까? 부강해질 잠재력이 그토록 큰 나라가 환경적으로 그토록 잘못된 선택을 하게 된 이유는 무엇이었을까?

소련은 볼가강을 통제하고 길들이는 과정에서 자연 자체도 길들이고자 했다. 다수의 수력 발전소, 댐, 수문을 건설해 강물의 흐름과 수심을 조절하고 새로운 도시에 물을 공급하며 산업 성장을 촉진하려 했다. 1930년대에 구상되었던 프로젝트는 전쟁으로 중단되었다가[2]

1980년대까지 이어졌다. 주요 수력 발전소가 건설된 곳은 우글리치(1935~1940년 건설), 리빈스크(1935~1950), 고르키(니즈니노브고로드 발전소)(1948~1959), 쿠이비셰프(지굴리 발전소)(1950~1957), 스탈린그라드(볼가 발전소)(1950~1961), 당시 유럽 최대 규모였던 사라토프(1956~1971), 체복사리(1968~1986)였다. 동시에 모스크바–볼가 운하(1932~1937)와 볼가–돈 운하(전쟁 전에 공사가 시작되어 1952년에 개통되었다.)를 통해 강을 수도 및 흑해와 연결했다.

새로운 건설은 사회주의의 위대한 성과로 소개되었다. 노동자와 콤소몰 회원들에게 위대한 사업 참여를 독려하는 포스터가 나붙었다. 글레프 쿤과 같은 현대 화가들은 영웅적으로 댐을 건설해 강을 길들이는 남녀 노동자들의 모습을 그렸다(그럼에도 쿤은 1938년에 처형당했다.).[3] 발전소, 댐, 저수지 네트워크는 전국의 물길을 연결하며 자연을 정복한 사회주의 국가의 승리로서, 또한 차르 정권이 결코 해낼 수 없었던 일로서 선전되었다. 유럽 러시아의 중심부인 내륙 도시였음에도 소비에트 시대의 모스크바는 운하와 강을 통해 사방의 바다와 연결되어 있다는 의미로 '오대양의 도시'라 불리기도 했다. 여기서 핵심이 된 것이 모스크바–볼가 운하였고 이 운하가 '볼가강 물을 크렘린 계단까지 가져왔다'고들 했다.[4] 새로운 발전소의 강 수심 통제력은 미시시피강 수력 발전소보다 더 컸고 이 점은 당시 사회주의 계획 경제가 자본주의보다 우월하다는 증거로 강조되었다.[5] 1953년에는 볼가강변 리빈스크 저수지와 발전소 근처에 '어머니 볼가'라는 거대한 기념비가 세워졌다. 이제 국가의 통제하에 들어간 볼가강이 다시 한번 여

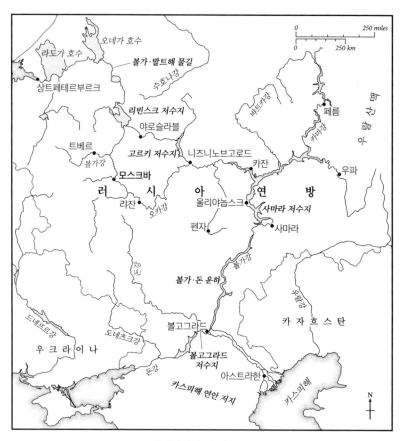

지도 10. 볼가강의 수력 발전소와 저수지

성의 모습으로 묘사되었던 것이다. 조각상 아래에는 '공산주의는 소련의 전력이자 전 국토의 전기화다'라는 슬로건이 새겨져 있다.

　이들 건축물은 당시로서는 대단한 공학적 성과였다. 볼가강의 흐름과 수심은 저수지와 댐으로 조절되었고 수력 발전으로 신도시와 새로운 산업을 발전시킬 수 있었다. 이렇게 볼가강을 길들이는 데 얼마만 한 인적, 환경적 비용이 들었는지에 대해서는 극히 최근에 와서야 논의되기 시작했다. 오늘날 볼가강이 직면한 환경 문제는 아래에서 다시 다루겠지만 문제의 근원은 소련이 추진한 야심 찬 수력 발전 정책이었다. 새로운 저수지 아래 수몰된 마을이나 역사적인 건물에 대한 고려는 전혀 없다시피 했다. 가장 유명한 사례가 18세기 말 성 니콜라이 수도원 단지의 일부였던 칼랴진 교회 종탑이다. 이 종탑은 우글리치 근처 수면 위로 살짝 튀어나와 있어 모스크바와 상트페테르부르크를 오가는 유람선 관광객들의 구경거리가 되었다. 수력 발전은 유럽이나 북미에 비해 효율성이 떨어졌는데 이는 건설 결함 때문이기도 하고 소련 중앙 계획의 문제 때문이기도 하다. 볼가강 중류에서 적절한 수위 확보가 어렵다는 점이 드러난 것이다. 오늘날에도 낮은 수위 문제로 선박 운송에 차질이 빚어질 정도다.[6]

또한 수력 발전소 건설에 강제 노동이 동원되었다는 사실이 최근 몇 년 전부터 알려졌다. 인력이 부족했기에 강제 동원은 피할 수 없는 일이었다. 건설에 투입된 죄수의 수는 어마어마하다. 1935년 초에는 스탈린그라드 공장의 볼고라그 노동수용소에 약 49,000명이 있었는데 1941년이 되면 8만 명 이상으로 늘어난 상태였다. 쿠이비셰프 공장에서는 1939년, 죄수 36,000명 이상이 일했고 그 이듬해에는 전체 노동력의 65퍼센트가 죄수들이었다. 1939~1941년에는 죄수 10만 명 가량이 리빈스크와 우글리치에서 일했다.[7] 또한 교정노동수용소 굴라크 수감자들도 동원되었는데 모스크바-볼가 운하에는 약 20만 명이, 볼가-돈 운하에는 약 10만 명이 투입되었다(독일군 전쟁 포로들도 비슷한 수로 강제노동을 했다.). 수력 발전소 건설 현장 사망률은 백해 운하 건설 때보다는 낮았다. 백해 운하 현장에서는 노동자에게 기본 장비만 지급하고 제반 조건이 혹독해 무려 25,000명의 죄수가 사망했던 것이다. 볼가강 건설 프로젝트에서는 노동자들이 생존하며 일할 수 있도록 만들어야 한다는 인식이 있었기에 최소한의 대우는 해 주었고 성실하게 노동하는 죄수는 형을 감면받을 수 있다는 유인책도 도입했다. 그래도 죄수들의 노동 생산성은 낮았다. 죄수들의 신체 능력과 기술이 필요한 수준에 미치지 못했고 적절한 장비가 제공되지 않았으며 이미 건강이 좋지 못한 경우가 많았기 때문이다. 간혹 숙련된 죄수가 동원되었음에도 그랬다. 1929년에 체포되어 백해 운하 및 우글리치, 리빈스크, 쿠이비셰프 수력 발전소 현장에 투입된 수력 기술자 바딤 리바노프가 그 예다.[8] 비효율적인 노동력 때문에 소련 수력 발전소 건설은 북미보다 시간이 더 오래 걸렸다. 1953년의 스탈린 사망 후에는 수만 명이 노동수용소에서 석방되면서 새로운 노동력 부족 사태가 발생하기도 했다. 강제 노동이 볼가강의 '멋진 신세계'를 더럽혔다는 점에는 의심의 여지가 없다.

소련의 잘못된 자원 관리 원인은 여러 가지지만[9] 가장 근본적인 이유는 수력 발전소 같은 대형 프로젝트를 환경에 대한 고려 없이 추진한 소련 지도부의 오만함, 그리고 중앙 계획에 대한 반대를 용납하지 않는 분위기였다. 과학자와 엔지니어가 사회에서 중시되는 존재라고는 하지만 실제로는 상부에서 결정한 정책을 실행하는 역할에 불과했고 반대할 방법은 없었다. 엔지니어와 과학자들로 구성된 전문 단체는 자율성이 거의 (혹은 전혀) 없었고 권위를 자랑하는 과학 아카데미조차도 소련 말기까지 국가 정책에 이의를 제기할 수 없었다. 그랬다가는 당장 정권에 대한 불충 및 '부르주아 파괴 공작' 혐의를 받았다. 상당수의 과학자가 결국 노동수용소에 보내졌고 볼가강 운하 건설 현장의 노동을 지휘하는 데 활용(혹은 악용)되었다. 목표 중심의 중앙 집중식 국가 계획은 장기적으로 나타날 환경 파괴 가능성을 고려하지 못했다. 서구 과학계와 단절된 소련 과학자들은 수력 발전소 건설과 자원 개발이 환경에 미치는 영향 관련 논의를 접할 수 없었다. 과학자들마저 위축된 마당에 일반인들이 소련 경제 정책에 반대할 여지는 없었다. 지역 단위의 의견 개진도 불가능했다. 1930년대, 환경 관련 우려를 표명한 극소수의 사람들도 체포되고 말았다.

소련이 대규모 경제 프로젝트를 추진하거나 국가 현대화를 위해 자원을 활용하려 했던 세계 유일의 국가는 아니다(1930년대 콜로라도강에 건설된 대규모 후버 댐이 한 가지 예일 것이다.).[10] 공산주의 국가와 자본주의 국가를 막론하고 (의도하지 않게) 환경을 파괴하게 되는 결정이 내려진 곳도 소련만은 아니다.[11] 그러나 소련 지도자들의 계획은 워낙 규모가 엄청난 탓에 환경 피해가 특히 치명적이었다. 흐루쇼프 시대였던 1950년대의 '원시림' 정책은 카자흐스탄, 서부 시베리아, 볼가강 좌안에 심각한 토양 침식을 초래했다. 시베리아 북부 및 북동부의 화석 연료와 니켈 개발은 취약한 툰드라 생태계에 돌이킬 수 없는 손상을 입혔다.[12] 대규모 수력 발전소와 댐이 새로 건설되고 주변 지역이 급속히 산업화, 도시화된 볼가강도 큰 타격을 받았다. 톨리야티 같은 신도시가 생겨나고 기존 도시들도 수만 명의 인구가 유입되면서 건물과 인프라가 보강되어 완전히 다른 모습이 되었던 것이다.

댐과 수력 발전소는 볼가강 수위와 흐름을 바꾸었고 이는 철갑상어를 비롯한 물고기 산란지에 영향을 미쳤다. 현재 볼가강 물이 자유롭게 흐르는 구간은 트베르 북쪽, 그리고 볼가 수력 발전소와 댐 남쪽으로부터 볼가 삼각주까지뿐이다. 그리하여 강의 한 끝에서 다른 끝까지 흐르는 데 지금은 180일이 걸려 과거의 50일보다 대폭 늘어났다.[13] 강 흐름이 줄면서 물의 염도도 높아졌다.[14] 댐의 영향으로 카스피해 수위가 낮아져 1969년에 최저점에 도달했는데 1929년 이후 거의 3미터나 낮아진 것으로 추정된다.[15] 1980년대에는 북극해의 페초라강을 남쪽으로 역류시켜 카마강으로 흘러들게 하고 이를 다시 카잔 아래 볼가강으로 합쳐 더 많은 물이 카스피해로 유입되도록 하는 등 여러 러시아 강의 흐름을 바꾸려는 야심 찬 계획들이 세워졌다. 하지만 실행되지 못했고 결국 미하일 고르바초프가 폐기했다. 덕분에 북극의 환경이 보존될 수 있었다.

한 역사가는 볼가강이 점차 '하수구'가 되었다고 표현한다.[16] 볼가강 가에서 산업이 발전하면서 화학 공장과 제지 공장 폐기물이 강으로 배출되었다. 1950년대 초, 발라크나(니즈니노브고로드에서 북쪽으로 32킬로미터 거리이고 볼가강 서편이다.)의 한 공장은 매일 30톤의 섬유 조직을 강물에 버렸다고 한다.[17] 분해되지 않은 다이옥신을 포함해 육지에서 사용한 비료도 강으로 흘러들었다. 중앙에서 결정하는 5개년 계획에 늘 뒤따르는 낭비로 인해 버려진 목재는 강바닥에 방치되어 썩어갔다. 급속도로 팽창하는 도시들의 하수 처리 용량은 느리게 보강

　　　　　4부 소련 및 소련 이후 시기의 볼가강

되었고 결국 오염수가 그대로 강으로 방류되어 도시민의 삶에 부정적인 영향을 미쳤다. 1943년, 카잔에 장티푸스가 발생했고[18] 1970년대에는 볼가강 수면이 심각하게 오염되면서 갑자기 불이 붙기도 했다.

댐, 수력 발전소, 새로운 운하는 도시에 전기를 공급하고 농촌의 농업을 개선하며 교통망을 개선하기 위함이었다. 어느 정도는 성공적이었지만 끝내 목표가 달성되지 않은 프로젝트도 있었다. 예를 들어 볼가-돈 운하의 선박 수송량은 예상만큼 늘지 못했다(운하 폭이 좁아 선박들이 수문에서 오래 대기해야 하는 탓이 컸다.). 하지만 여기 동반된 환경적, 경제적, 인적 비용은 끔찍할 정도로 높았다. 댐과 오염이 빚어낸 결과는 볼가강 어업, 특히 벨루가 철갑상어 개체 수 파괴에서 가장 극명하게 나타난다.

소련은 볼가강 담수에서 산란하는 벨루가 철갑상어로 전 세계 블랙 캐비아의 대부분을 생산해 왔다. 철갑상어는 1960~1961년 볼가(스탈린그라드) 댐 완공 후 눈에 띄게 줄어들었다. 댐 때문에 산란지가 망가진 것이다. 산란지의 98퍼센트가 댐 위쪽에 있었는데 그곳으로 가는 강물이 막혀 버렸다. 쿠이비셰프(지굴리) 등의 거대 저수지에 버려지는 엄청난 양의 폐기물은 산란지를 더욱 파괴했다.[19] 그 결과 볼가강과 카스피해에서의 어획량이 급격히 감소했다는 것이 대체적인 의견이다. 1960년대에 벨루가 철갑상어 어획량이 약 80퍼센트, 스텔렛 철갑상어 어획량이 약 60퍼센트 감소했다는 추정치가 나왔다.[20] 또 다른 추정치로는 1960년대의 어획량이 약 50만 톤에서 10만 톤 이하로 줄었다고 한다.[21] 볼가강 관련 소련의 정책을 평가한 1977년의 보고서는 댐 건설과 오염의 폐해를 지적하고 부화장 건설과 인공수정 계획이 철갑상어 자원을 회복시킬 수 있을지에 의구심을 표명했다. 또한 더 많은 댐이 건설되고 산업 폐기물이 증가하게 될 미래에 대해 비관적 입장을 보이며 소련 어획 산업의 가치가 급격히 떨어지고 있음을 지적했다.[22]

1970년대가 되면서 물리학자 안드레이 사하로프 같은 저명한 반체제 인사들 및 학생 단체가 환경 문제를 제기하기 시작했지만 이들의 활동은 소련 정책에 거의 영향을 미치지 못했다. 1972년에 볼가강과 우랄강을 정화하려는 시도가 있었으나 큰 성공을 거두지 못했다. 1975년, 소련은 환경 관련 협력을 포함하는 헬싱키 협정에 서명했다. 1980년대에는 일부 공장들이 폐기물 투기로 공개 비판을 받고 벌금을 물었다. 예를 들어 1988년, 체레포베츠(셰크나강과 리빈스크 저수지 인근이다.)의 금속 공장은 리빈스크 저수지에 폐기물을 버려 벌금을 부과받았다. 그러나 언론을 포함한 보다 강력한 정책 비판은 고르바초프 개혁 시기에나 가능했고 1986년 4월, 우크라이나 북부의 체르노빌 원자력 발전소 사고 이후에야 활발해졌다.

1991년에 소련이 해체되면서 소련의 정책이 환경에 미친 영향을 공개적으로 더 많이 연구할 수 있게 되었다. 러시아 과학자와 환경운동가들은 자유롭게 영어로 논문을 발표하기 시작했다. 이러한 연구는 주로 볼가강의 끔찍한 상황을 알리는 역할을 했지만 극적인 상황 개선을 이끌어 내지는 못했다. 2005년에 발표된 한 연구를 보면 1988년부터 2000년까지 카스피해 철갑상어 상황을 분석했는데 개체 수가 감소했을 뿐 아니라 종의 균형이 깨져 벨루가 철갑상어는 줄고 스텔렛 철갑상어는 불균형하게 늘었다고 한다.[23] 1991년부터 2009년까지 쿠이비셰프 저수지의 어류 자원을 연구한 결과도 거의 동일하다.[24] 2012년에 발표된 연구에서는 1991년부터 2009년까지 철갑상어의 변화를 조사했는데 봄철 산란기의 강 흐름이 매우 중요해 수위가 높은 해에는 산란이 많고 수위가 낮은 해에는 산란이 적었으며 수위가 특히 낮았던 2006년은 최악의 상황이었던 것으로 파악되었다. 이 연구는 '볼고그라드 인근의 댐 건설로 철갑상어의 자연 번식 효율이 계속 감소하였고 최근 몇 년 동안 극도로 낮아졌다'고 결론지었다. 그리고 봄철에 강의 유량을 늘리고 산란지를 보호해야 한다고 제안했다.[25]

소련 해체 이후 중공업이 붕괴되면서 수질과 대기질이 일부 개선되어 도시민 삶의 질도 조금 나아졌다. 그럼에도 1990년대, 러시아 연방 지표수의 절반가량이 오염 상태로 추정되었다.[26] 볼가강의 오염도는 여전히 위험 수준으로 높다. 「더 타임스」는 2017년 4월 21일, '볼가가 중독되었다'는 제목의 기사에서 강물의 하수, 살충제, 중금속 오염이 심각한 수준이라고 보도했다.

안타깝게도 환경 문제는 정치적으로 이용되는 경우가 너무도 많다. 카자흐스탄에서 카스피해를 건너 아제르바이잔과 조지아로, 그리고 거기서 다시 루마니아와 오스트리아로 석유를 운송하기 위한 파이프라인 연결 논의를 예로 들 수 있다. 블라디미르 푸틴 러시아 대통령은 환경 오염이 우려된다며 프로젝트를 중단시키려 하는데 실상은 러시아 석유에 대한 의존도 약화와 러시아 세력 약화를 걱정하는 것이다. 러시아 대표단은 카스피해 석유 유출, 지진 활동, 산사태 및 테러의 위험을 언급했다. 푸틴 대통령은 2007년 카스피해 접경 국가 정상회의에서 '생태 안보가 카스피해의 모든 프로젝트에 대한 안보 척도가 되어야 한다'면서 '카스피해로 흘러드는 강과 바다 모두에서 철갑상어 개체 수가 급격히 감소하고 있다'고 말했다.[27] 볼가강의 철갑상어 산란지 파괴, 카스피해 수위 저하가 소련의 정책 때문이었고 그 피해는 러시아뿐 아니라 모든 접경 국가에 미치고 있음을 고려할 때 참으로 아이러니한 모습이라 하지 않을 수 없다.

소련 붕괴 직후에는 러시아 연방에서 많은 풀뿌리 활동이 일어날 것으로, 또한 그중 상당수가 환경에 초점을 맞출 것으로 예상되었다. 실제로 환경 관련 단체의 회원 수는 소련 해체 당시인 1988~1990년에 정점을 찍었지만 이후 감소세다. 볼가강에서 환경 단체의 존재감은 유지되고는 있지만 미약하다. 매년 5월 20일 '볼가의 날'에는 세계적 환경 단체 '지구의 벗'이 볼가강 변에서 환경 관련 활동을 펼친다.[28] 그럼에도 지구의 벗이나 그린피스의 러시아 회원 수는 서유럽 국가나 북미에 비해 매우 적다. 1992년 미국의 한 기자는 철갑상어가 죽어가는 아스트라한 인근 이크라이노에[이크라(ikra)는 캐비아를 뜻하는 러시아어다.] 마을을 방문한 경험을 바탕으로 '러시아의 풍요로운 강을 독살하다'라는 기사를 썼다. 마을 주민들은 당황스럽지만 체념하고 말았다는 듯 '생태적인 문제라느니, 고기가 병에 걸려 약해졌다느니 하더군요. 이게 다 무슨 말인지 모르겠습니다'라고 말했다. 기자는 오염과 댐이 원인이라고 분석했고 활동가들이 볼고그라드 남쪽 사렙타의 고인 물 지역에서 화학 물질 제거를 시도했다는 사실도 보도했다.[29]

볼가강을 비롯한 러시아 여러 지역에서 환경 운동 단체의 활동이 미약한 이유는 무엇일까? 소련 해체 직후 산업 붕괴와 루블화 가치 급락으로 경제가 매우 어려웠다는 점이 한 가지 이유일 것이다. 불확실한 상황에서 사람들의 관심은 환경 문제가 아니라 식량, 자녀의 옷, 일자리 등 일상적인 생존 문제에 쏠릴 수밖에 없었다. 더 급한 우선순위가 있었고 이는 아직도 중요하게 남아 있다. 경제가 개선되고 (불균등하다곤 해도) 도시의 중산층이 그 혜택을 받게 된 후에도 환경 단체 활동은 충분히 살아나지 못했다. 푸틴 정부는 환경 단체를 포함해 러시아에 국제 회원을 둔 모든 단체의 구호 활동에 대해 점점 더 큰 의혹의 시선을 보내고 있으며 이로 인해 그린피스나 지구의 벗 같은 단체의 러시아 내 활동이 위축되었다. 해외에서 자금을 지원받는 환경 단체는 곧바로 '반(反)러시아'로 취급당할 수 있다. 환경 단체들이 경찰에 시달리고 일부 회원들이 체포되는 일도 벌어졌다. 푸틴은 풀뿌리 사회 운동, 그리고 시민 사회와 다원주의의 역할이 매우 제한적이라 여기며[30] 러시아 정부는 국가의 자원과 모든 주요 경제 계획에 대한 통제권을 여전히 유지하고 있다.

러시아에서 풀뿌리 사회 운동 참여를 독려하는 데에는 또 다른 근본적인 어려움이 있다. 소비에트 연방, 나아가 제국 시대까지 거슬러 올라가는 이 문제는 지역 차원에서 할 수 있는 일은 아무것도 없고 평범한 사람들은 무력하다는 믿음이다. 21세기 전환기에 사마라에서 이루어진 환경 운동 시민 참여 사례 연구에서도 이 점이 분명하게 드러났다. 사람들은 그런 활동이 비효율적이고 무의미하며 아무것도 바꾸지 못한다고 확신하고 있었다.

이 무력감은 푸틴의 정책이 낳은 것이 아니다. 볼가강에 큰 영향을 미치는 정책을 시행할 때 러시아 제국도, 소련도 지역 입장을 고려하지 않았다. 17세기의 영토 정복부터 19세기 후반의 철도 건설에 이르기까지, 농업 집단화와 1930~1960년대의 댐과 수력 발전소 프로젝트에 이르기까지 정책은 항상 상부에서 결정해 하달되었다. 하지만 사마라 사례 연구의 설문 응답자 일부가 강과 오염에 대해 환경적 관심을 드러내며 공동의 책임을 인식했다는 점은 주목할 만하다. 한 학생은 이렇게 답했다.

모든 사람이 현재의 상황에 대한 책임이 있다고 생각합니다. 우리가 어떤 행동을 하는지 충분히 생각하지 않기 때문에 그렇습니다. 우리는 볼가강에 가서 쓰레기를 버리지만 치우지는 않습니다. 모든 사람은 자연에 대해 책임져야 합니다. 자연을 이해하고 더 많이 알수록 잘 돌볼 수 있습니다.[31]

볼가강의 미래를 위한 도전 과제는 러시아 환경 정책에 대한 진지한 논의에 포함되어야 한다. 위에 인용한 사마라 학생의 글은 전반적 환경, 특히 볼가강에 대해 젊은 세대가 더 큰 책임을 지게 되리라 기대하게 하지만 그럼에도 이는 러시아 정부와 모든 국민이 당장 관심을 가져야 할 문제다.

2019년 6월, '러시아 1' TV 채널 뉴스는 '어머니 볼가'라는 제목을 붙인 보도에서 건조한 봄 이후 볼가강 수위가 낮아졌다고 알리면서 얕은 수심으로 어업에 피해를 입었다고 하소연하는 고로데츠와 아스트라한 주민들을 인터뷰했다. 그리고 저수지 건설과 산업 폐기물 배출이 강에 미치는 환경적 영향을 언급했고 '우리의 국보'인 볼가를 '깨끗하게 치유하자고' 호소했다. 볼가는 유럽에서 가장 긴 강일뿐 아니라 세계에서 '가장 아름다운 강'이라고도 했다. 이 책의 마무리로 그 뉴스 보도의 마지막 문장보다 더 적절한 것은 없을 듯하다.

볼가가 없다면 러시아도 없을 것입니다.[32]

역대 통치자들

| 러시아의 차르 |

이반 4세 (1547~1584)

표도르 1세 (1584~1598)

보리스 고두노프 (1598~1605)

동란의 시대 (1605~1613)

미하일 (1613~1645)

알렉세이 미하일로비치 (1645~1676)

표도르 3세 (1676~1682)

소피아 (섭정) (1682~1689)

이반 5세 (표트르 1세와 함께 통치) (1682~1696)

표트르 1세 (1682~1725)

예카테리나 1세(1725~1727)

표트르 2세 (1727~1730)

안나 (1730~1740)

이반 6세 (1740~1741)

엘리자베타 (1741~1761)

표트르 3세 (1761~1762)

예카테리나 2세 (1762~1796)

파벨 1세 (1796~1801)

알렉산드르 1세 (1801~1825)

니콜라이 1세 (1825~1855)

알렉산드르 2세 (1855~1881)

알렉산드르 3세 (1881~1894)

니콜라이 2세 (1894~1917)

| 소비에트 연방의 지도자 |

블라디미르 레닌 (1922~1924)

이오시프 스탈린 (1924~1953)

게오르기 말렌코프 (1953)

니키타 흐루쇼프 (1953~1964)

레오니트 브레즈네프 (1964~1982)

유리 안드로포프 (1982~1984)

콘스탄틴 체르넨코 (1984~1985)

미하일 고르바초프 (1985~1991)

| 러시아 연방 대통령 |

보리스 옐친 (1991~1999)

블라디미르 푸틴 (2000~2008)

드미트리 메드베데프 (2008~2012)

블라디미르 푸틴 (2012~)

감사의 글

여러 동료와 친구들에게 감사의 마음을 전한다. 헬싱키의 리사 비클링, 카잔의 레아 부시카네츠, 상트페테르부르크의 안드레이 스테파노프, 볼고그라드의 알렉산드르 키셀레프, (제안서와 본문을 모두 읽어 준) 예일대의 익명 심사자들, 세심한 편집자 덕분에 원고가 훨씬 더 개선될 수 있었다. 사마라의 야로슬라프 골루비노프, 야로슬라블의 빅토르 쿨리코프, 아스트라한의 미하일 파블렌코는 필요한 자료를 찾아내고 정리하는 데 도움을 주었다. 특히 열정과 학문적 헌신을 발휘해 나 혼자서는 도저히 찾아내지 못했을 만큼 풍부한 자료를 확보해 준 카잔의 슐판 사마토바에게 감사를 표한다. 사이먼 프랭클린, 토밀라 란키나, 도미닉 리벤, 마고 라이트, 피터 월드론 등 책의 전체 또는 일부를 읽고 개선점을 짚어 준 분들께도 감사한다. 러시아에서는 모스크바와 상트페테르부르크에서, 그리고 카잔에서 연구를 진행했는데 연방 대학교 분들의 엄청난 환대를 잊을 수 없다. 2018년 9월에는 빅토르 쿨리코프가 트베르에서 볼가강 발원지까지 잊지 못할 멋진 여행을 시켜 주었다. 이 프로젝트는 런던 정치경제대학교 폴슨 프로

그램에서 자금을 지원해 준 덕분에 가능했다. 이번 프로젝트뿐 아니라 내 러시아 역사 연구 모두를 끊임없이 지원하고 실질적으로 도와주는 남편 윌 라이언에게 이 책을 바친다.

주

머리말

1. Robert Bremner, Excursions in the Interior of Russia, London, vol. 2, 1839, pp. 216–17.
2. ibid., p. 217.
3. *SIRIO,* vol. 10, p. 204.
4. I have followed A. Kappeler (*The Russian Empire: A Multiethnic History,* translated by Alfred Clayton, Harlow, 2001) and Nancy Shields Kollman (*The Russian Empire 1450–1801,* Oxford, 2017) in describing Russia as an empire before 1721. 'The history of the Russian multi-ethnic empire begins in 1552 with the conquest of Kazan by the Muscovite Tsar, Ivan IV, the Terrible' (Kappeler, *The Russian Empire,* p. 14).

1. 볼가강 지역의 최초 국가들

1. Quoted in F.S. Khakimzyanov and I.I. Izmailov, 'Language and Writing in Bolgar Town', in *Great Bolgar,* Kazan', 2015, p. 307.
2. Thomas Noonan, 'European Russia, *c.* 500 – *c.* 1050', in Timothy Reuter, ed., *The New Cambridge Medieval History,* vol. 3, c. *900–1024,* Cambridge, 2000, pp. 491–92; Peter B. Golden, 'Aspects of the Nomadic Factor in the Economic Development of Kievan Rus", in Peter B. Golden, *Nomads and their Neighbours in the Russian Steppe: Turks, Khazars and Qipchaqs,* Aldershot, 2003, p. 80.
3. See, for example, Barry Cunliffe, *By Steppe, Desert and Ocean: The Birth of Eurasia,* Oxford, 2015, especially chapters 7 and 12.

4. Douglas Dunlop, *The History of the Jewish Khazars*, Princeton, NJ, 1954, p. 96.

5. *Ibn Fadlān and the Land of Darkness: Arab Travellers in the Far North*, translated by Paul Lunde and Caroline Stone, London, 2012, p. 56. This is an anthology of travel accounts from the eighth to the thirteenth century.

6. Thomas Noonan, 'Why Dirhams First Reached Russia: The Role of Arab-Khazar Relations in the Development of the Earliest Islamic Trade with Eastern Europe', *Archivum Eurasiae Medii Aevi*, vol. 4, 1984, p. 278.

7. *Ibn Fadlān and the Land of Darkness*, p. 44.

8. For a thorough treatment of the subject see Peter B. Golden, 'The Conversion of the Khazars to Judaism', in Peter B. Golden, Haggai Ben-Shammai and András Róna-Tas, eds, *The World of the Khazars: New Perspectives*, Leiden and Boston, MA, 2007, pp. 123–62. For a denial of the conversion, see Shaul Stampfer, 'Did the Khazars Convert to Judaism?', *Jewish Social Studies*, vol. 19, no. 3, 2013, pp. 1–72. The subject remains controversial and has been used both by Zionists and by anti-Semites for their own purposes.

9. *Ibn Fadlān and the Land of Darkness*, pp. 116–17.

10. Noonan, 'European Russia, *c.* 500 – *c.* 1050', p. 502.

11. *Ibn Fadlān and the Land of Darkness*, p. 58.

12. Quoted in Thomas Noonan, 'Some Observations on the Economy of the Khazar Khaganate', in Peter B. Golden, Haggai Ben-Shammai and András Róna-Tas, eds, *The World of the Khazars: New Perspectives*, Leiden and Boston, MA, 2007, p. 207.

13. A.P. Novosel'tsev, *Khazarskoe gosudarstvo i ego rol' v istorii vostochnoi Evropy i Kavkaza*, Moscow, 1990, pp. 114–17.

14. Vadim Rossman, 'Lev Gumilev, Eurasianism and Khazaria', *East European Jewish Affairs*, vol. 32, no. 1, 2002, p. 37; Noonan, 'Some Observations on the Economy', pp. 232–33.

15. Janet Martin, *Treasures of the Land of Darkness: The Fur Trade and its Significance for Medieval Russia*, Cambridge, 1986, p. 36

16. Thomas Noonan, *The Islamic World, Russia and the Vikings, 750–900: The Numismatic Evidence*, Aldershot, 1998, pp. 322–42.

17. Noonan, 'Why Dirhams First Reached Russia', pp. 151–282.

18. *Ibn Fadlān and the Land of Darkness*, p. 57.

19. Noonan, 'Some Observations on the Economy', p. 211.

20. R.Kh. Bariev, *Volzhskie Bulgary: Istoriia i kul'tura*, St Petersburg, 2005, p. 48.

21. *Ibn Fadlān and the Land of Darkness*, p. 136.

22. István Zimonyi, *The Origins of the Volga Bulgars*, Szeged, 1990; Bariev, *Volzhskie Bulgary,* pp. 21–23.

23. *Ibn Fadlān and the Land of Darkness,* pp. 35–36.

24. Yahya G. Abdullin, 'Islam in the History of the Volga Kama Bulgars and Tatars', *Central Asian Survey,* vol. 9, no. 2, 1990, pp. 1–11.

25. *Ibn Fadlān and the Land of Darkness,* pp. 120–21.

26. Quoted in Florin Curta, 'Markets in Tenth-Century al-Andalus and Volga Bulghāria: Contrasting Views of Trade in Muslim Europe', *Al-Masaq,* vol. 25, no. 3, 2013, p. 311.

27. M.D. Poluboyarinova, 'Bolgar Trade', in *Great Bolgar*, Kazan', 2015, p. 110.

28. Quoted in Curta, 'Markets in Tenth-Century al-Andalus and Volga Bulghāria', p. 312.

29. Ingmar Jansson, '"Oriental Import" into Scandinavia in the 8th–12th Centuries and the Role of Volga Bulgaria', in *Mezhdunarodnye sviazi, torgovye puti i goroda Srednego Povolzh'ia IX – XII vekov: materialy mezhdunarodnogo simpoziuma Kazan', 8–19 sentiabria 1998 g.,* Kazan', 1999, pp. 116–22.

30. Quoted in Janet Martin, 'Trade on the Volga: The Commercial Relations of Bulgar with Central Asia and Iran in the 11th–12th Centuries', *International Journal of Turkish Studies,* vol. 1, no. 2, 1980, pp. 89–90.

31. Curta, 'Markets in Tenth-Century al-Andalus and Volga Bulghāria', p. 316.

32. Poluboyarinova, 'Bolgar Trade', pp. 105, 108.

33. R.G. Fakhrutdinov, *Ocherki po istorii Volzhskoi Bulgarii*, Moscow, 1984, p. 43.

34. Martin, 'Trade on the Volga', pp. 85–97.

35. M.D. Poluboiarinova, *Rus' i Volzhskaia Bolgaria v X – XV vv.,* Moscow, 1993, p. 31.

36. Thomas Noonan, 'Monetary Circulation in Early Medieval Rus': A Study of Volga Bulgar Dirham Finds', *Russian History,* vol. 7, no. 3, 1980, pp. 294–311; R.M. Valeev, 'K voprosu o tovarno-denezhnykh otnosheniiakh rannikh Bulgar (VIII–X vv.)', in *Iz istorii rannikh Bulgar*, Kazan', 1981, pp. 83–96; G.A. Fedorov-Davydov, 'Money and Currency', in *Great Bolgar*, Kazan', 2015, pp. 114–23.

37. I.V. Dubov, *Velikii Volzhskii put'*, Leningrad, 1989, pp. 151–60.

38. Noonan, 'Some Observations on the Economy', p. 235.

39. A.S. Bashkirov, *Pamiatniki Bulgaro-Tatarskoi kul'tury na Volge*, Kazan', 1928, pp. 66–70, quoting drawings and plans by, among others, A. Shmit.

40. A.M. Gubaidullin, *Fortifikatsiia gorodishch Volzhskoi Bulgarii*, Kazan', 2002.

41. Fakhrutdinov, *Ocherki po istorii Volzhskoi Bulgarii*, p. 56.

42. Curta, 'Markets in Tenth-Century al-Andalus and Volga Bulghāria', p. 319.

43. *Istoriia Tatarskoi ASSR*, Kazan', vol. 1, pp. 60–67; G.F. Polyakova, 'Non-Ferrous and Precious Metal Articles', in *Great Bolgar*, Kazan', 2015, pp. 132–37; M.D. Poluboyarinova, 'Glasswear', in *Great Bolgar*, Kazan', 2015, pp. 160–71; T.A. Khlebnikova, 'Tanning', in *Great Bolgar*, Kazan', 2015, pp. 168–71; A. Zakirova, 'Bone Carving', in *Great Bolgar*, Kazan', 2015, pp. 172–77.

44. Anna Kochkina, 'Prichernomorsko-sredizemnomorskie sviazi Volzhskoi Bulgarii v X – nachale XIII vv. (arkheologicheskie dannye o torgovykh putiakh)', in *Mezhdunarodnye sviazi, torgovye puti i goroda Srednego Povolzh'ia IX – XII vekov: materialy mezhdunarodnogo simpoziuma Kazan', 8–19 sentiabria 1998 g.*, Kazan', 1999, pp. 132–38.

45. Curta, 'Markets in Tenth-Century al-Andalus and Volga Bulghāria', p. 317.

46. F. Donald Logan, *The Vikings in History*, 3rd edition, New York and London, 2005, p. 184. Logan outlines the debate on pp. 163, 184–85.

47. Discussed fully in Noonan, *The Islamic World, Russia and the Vikings*.

48. S.H. Cross, 'The Scandinavian Infiltration into Early Russia', *Speculum*, vol. 21, no. 4, 1946, pp. 505–14; Elena Mel'nikova, 'Baltiisko-Volzhskii put'' v rannei istorii Vostochnoi Evropy', in *Mezhdunarodnye sviazi, torgovye puti i goroda Srednego Povolzh'ia IX – XII vekov: materialy mezh\-dunarodnogo simpoziuma Kazan', 8–19 sentiabria 1998 g.*, Kazan', 1999, pp. 80–87.

49. I.V. Dubov, 'Velikii Volzhskii put'' v istorii drevnei Rusi', in *Mezhdunarodnye sviazi, torgovye puti i goroda Srednego Povolzh'ia IX – XII vekov: materialy mezhdunarodnogo simpoziuma Kazan', 8–19 sentiabria 1998 g.*, Kazan', 1999, pp. 88–93.

50. *Ibn Fadlān and the Land of Darkness*, pp. 45–47.

51. ibid., pp. 126–27.

52. Simon Franklin and Jonathan Shepard, *The Emergence of Rus 750–1200*, London and New York, 1996, pp. 31–41.

53. Simon Franklin, 'Kievan Rus' (1015–1125)', in Maureen Perrie, ed., *The Cambridge History of Russia*, vol. 1, *From Early Rus' to 1698*, Cambridge, 2006, p. 74.

54. Simon Franklin, 'Rus'', in David Abulafia, ed., *The New Cambridge Medieval History*, vol. 5, *c. 1198–1300*, Cambridge, 1999, p. 797, footnote 3.

55. Boris Zhivkov, *Khazaria in the Ninth and Tenth Centuries*, translated by Daria Manova, Leiden, 2015, pp. 157–58.

56. M.I. Artamonov, *Istoriia khazar*, Leningrad, 1962, pp. 434–35.

57. Franklin and Shepard, *The Emergence of Rus*, p. 69.

58. Vladimir Petrukhin, 'Khazaria and Rus': An Examination of their Historical Relations', in Peter B. Golden, Haggai Ben-Shammai and András Róna-Tas, eds, *The World of the Khazars: New Perspectives*, Leiden and Boston, MA, 2007, p. 257; Golden, 'Aspects of the Nomadic Factor', p. 89.

59. *Ibn Fadlān and the Land of Darkness*, pp. 171–72.

60. Franklin and Shepard, *The Emergence of Rus*, p. 341.

61. John Fennell, *The Crisis of Medieval Russia 1200–1304*, London and New York, 1983, p. 2.

62. Martin, 'Trade on the Volga', p. 95.

2. 볼가강 정복

1. Quoted in G.A. Fyodorov-Davydov, *The Culture of the Golden Horde Cities*, translated by H. Bartlett Wells, Oxford, 1984, p. 16.

2. Quoted in Fennell, *The Crisis of Medieval Russia*, p. 76.

3. Quoted in ibid., p. 128.

4. The arguments for and against these claims are clearly outlined in Charles J. Halperin, *Russia and the Golden Horde: The Mongol Impact on Medieval Russian History*, Bloomington, IN, 1987, and Donald Ostrowski, *Muscovy and the Mongols: Cross-Cultural Influences on the Steppe Frontier, 1304–1589*, Cambridge, 1998.

5. Quoting Friar Giovanni da Pian del Carpine in Janet Martin, *Medieval Russia 980–1584*, Cambridge, 1995, p. 145; Fennell, *The Crisis of Medieval Russia*, p. 87.

6. Quoted in J.J. Saunders, *The History of the Mongol Conquests*, London, 1971, p. 82.

7. Fennell, *The Crisis of Medieval Russia*, p. 87; more generally discussed in Charles J. Halperin, 'Omissions of National Memory: Russian Historiography on the Golden Horde as Politics of Inclusion and Exclusion', *Ab Imperio*, vol. 3, 2004, pp. 131–44.

8. Fennell, *The Crisis of Medieval Russia*, p. 119.

9. Halperin, *Russia and the Golden Horde*, p. 26.

10. Michel Biran, 'The Mongol Empire and Inter-Civilization Exchange', in Benjamin Z. Kedar, ed., *The Cambridge World History*, vol. 5, *Expanding Webs of Exchange and Conflict, 500 CE to 1500 CE*, Cambridge, 2015, p. 540.

11. Leonid Nedashkovskii, 'Mezhdunarodnaia i vnutrenniaia torgovlia', in *Zolotaia Orda v mirovoi istorii*, Kazan', 2016, pp. 608–13.

12. Fyodorov-Davydov, *The Culture of the Golden Horde Cities*, pp. 22, 199–200.

13. B.D. Grekov and A.Iu. Iakubovskii, *Zolotaia Orda i ee padenie*, Moscow and Leningrad, 1950, pp. 149–51; Nedashkovskii, 'Mezhdunarodnaia i vnutrenniaia torgovlia', p. 610.

14. Michael Prawdin, *The Mongol Empire: Its Rise and Legacy*, translated by Eden and Cedar Paul, London, 1940, p. 278.

15. Quoted in Janet Martin, 'The Land of Darkness and the Golden Horde: The Fur Trade under the Mongols XIII – XIVth Centuries', *Cahiers du Monde Russe et Soviétique*, vol. 19, no. 4, 1978, p. 414.

16. Quoted in Fyodorov-Davydov, *The Culture of the Golden Horde Cities*, p. 16.

17. Martin, 'The Land of Darkness and the Golden Horde', pp. 409–12.

18. Ostrowski, *Muscovy and the Mongols*, p. 124.

19. Grekov and Iakubovskii, *Zolotaia Orda i ee padenie*, pp. 150–51.

20. Martin, *Medieval Russia*, p. 201.

21. István Vásáry, 'The Jochid Realm: The Western Steppe and Eastern Europe', in Nicola Di Cosmo, Allen J. Frank and Peter B. Golden, eds, *The Cambridge History of Inner Asia: The Chinggisid Age*, Cambridge, 2009, p. 81.

22. Halperin, *Russia and the Golden Horde*, p. 29.

23. Allen J. Frank, 'The Western Steppe in Volga-Ural Region, Siberia and the Crimea', in Nicola Di Cosmo, Allen J. Frank and Peter B. Golden, eds, *The Cambridge History of Inner Asia: The Chinggisid Age*, Cambridge, 2009, p. 246.

24. G.F. Valeeva-Suleimanova, 'Problemy izucheniia iskusstva Bulgar zolotoordskogo vremeni (vtoraia polovina XIII – nachalo XV vv.), in *Iz istorii Zolotoi Ordy*, edited by A.A. Arslanova and G.F. Valeeva-Suleimanova, Kazan', 1993, pp. 132–33.

25. Vásáry, 'The Jochid Realm', p. 74.

26. I. Zaitsev, *Astrakhanskoe khanstvo*, Moscow, 2004; I. Zaitsev, 'Astrakhanskii iurt', in *Zolotaia Orda v mirovoi istorii*, general editor V. Trepalov, Kazan', 2016, pp. 752–60.

27. Sigismund von Herberstein, *Notes upon Russia*, translated by R.H. Major, London, vol. 2, 1852, p. 73.

28. For understanding the complexities of the titles of princes and of their lands, see Christian A. Raffensperger, *Kingdom of Rus'*, Kalamazoo, MI, 2017.

29. See, in particular, Robert O. Crummey, *The Formation of Muscovy 1304–1613*, London and New York, 1987; and more specifically Henry R. Huttenbach, 'Muscovy's Conquest of Muslim Kazan and Astrakhan', 1552–56', in Michael

Rywkin, ed., *Russian Colonial Expansion to 1917*, London, 1988, pp. 45–69; Christian Noack, 'The Western Steppe: The Volga-Ural Region, Siberia and the Crimea under Russian Rule', in Nicola Di Cosmo, Allen J. Frank and Peter B. Golden, eds, *The Cambridge History of Inner Asia: The Chinggisid Age*, Cambridge, 2009, pp. 303–08; and Michael Khodarkovsky, 'Taming the "Wild Steppe": Muscovy's Southern Frontier', *Russian History*, vol. 26, no. 3, 1999, pp. 241–97.

30. Janet Martin, 'North-Eastern Russia and the Golden Horde', in Maureen Perrie, ed., *The Cambridge History of Russia*, vol. 1, *From Early Rus' to 1689*, Cambridge, 2006, p. 143.

31. Janet Martin, 'The Emergence of Moscow (1359–1462)', in Maureen Perrie, ed., *The Cambridge History of Russia*, vol. 1, *From Early Rus' to 1698*, Cambridge, 2006, p. 163.

32. Crummey, *The Formation of Muscovy*, p. 114, from which the account of the struggle between Moscow and the principality of Tver has been drawn. The dispute is also outlined in Martin, *Medieval Russia*, pp. 169–77.

33. Isabel de Madariaga, *Ivan the Terrible*, New Haven, CT and London, 2005, p. 16.

34. Halperin, *Russia and the Golden Horde*, pp. 59, 70–71, 100; the coin is described on p. 100.

35. Jaroslaw Pelenski, *Russia and Kazan: Conquest and Imperial Ideology (1438–1560s)*, The Hague and Paris, 1974, p. 50.

36. Madariaga, *Ivan the Terrible*, pp. 49-51.

37. Quoted in Noack, 'The Western Steppe', p. 305.

38. Maureen Perrie, *The Image of Ivan the Terrible in Russian Folklore*, Cambridge, 1987, pp. 177–78.

39. Khodarkovsky, 'Taming the "Wild Steppe"', p. 282. See also D.A. Kotliarov, *Moskovskaia Rus' i narody Povolzh'ia v XV – XVI vekakh*, Izhevsk, 2005, pp. 275–78.

40. Richard Hakluyt, *The Principal Navigations, Voyages, Traffiques and Discoveries of the English Nation*, edited by Jack Beeching, London, 1972, p. 79.

41. Abdullin, 'Islam in the History of the Volga Kama Bulgars and Tatars', pp. 6–7.

42. *Historical Anthology of Kazan Tatar Verse: Voices of Eternity*, compiled and translated by David J. Matthews and Ravil Bukharev, Richmond, 2000, p. 112.

43. Quoted in Geoffrey Hosking, *Russia: People and Empire, 1552–1917*, London, 1998, p. 3.

44. Quoted in Pelenski, *Russia and Kazan*, p. 208.

3. 새로운 국경 지역의 비러시아인과 러시아인

1. Discussed in Kollman, *The Russian Empire*, p. 2.

2. V.M. Kabuzan, *Narody Rossii v XVIII veke. Chislennost' i etnicheskii sostav*, Moscow, 1990, p. 226, from which census data of this period has been taken for non-Russians on the middle and lower Volga.

3. Johann Gottlieb Georgi, *Russia or a Compleat Historical Account of all the Nations which Compose that Empire*, translated by William Tooke, London, 4 vols, 1780–83, vol. 1, pp. 70, 113.

4. Adam Olearius, *The Travels of Olearius in Seventeenth-Century Russia*, translated and edited by Samuel H. Baron, Stanford, CA, 1967, p. 298; *The Travels of the Ambassadors from the Duke of Holstein*, London, 1669, p. 113.

5. Georgi, *Russia or a Compleat Historical Account*, vol. 1, p. 95.

6. Janet M. Hartley, *A Social History of the Russian Empire 1650–1825*, London and New York, 1999, p. 11.

7. Kabuzan, *Narody Rossii v XVIII veke*, p. 184.

8. Georgi, *Russia or a Compleat Historical Account*, vol. 2, pp. 22–23.

9. August von Haxthausen, *The Russian Empire: Its People, Institutions, and Resources*, translated by Robert Fairie, London, vol. 1, 1856, pp. 323–24.

10. Michael Khodarkovsky, *Russia's Steppe Frontier: The Making of a Colonial Empire, 1500–1800*, Bloomington, IN, 2002, pp. 9–11.

11. Mary Holderness, *New Russia: Journey from Riga to the Crimea, by the Way of Kiev*, London, 1823, p. 141.

12. Kappeler, *The Russian Empire*, p. 43.

13. Khodarkovsky, *Russia's Steppe Frontier*, p. 14.

14. Matthew P. Romaniello, 'Absolutism and Empire. Governance of Russia's Early Modern Frontier', PhD dissertation, Ohio State University, 2003, pp. 24–27.

15. D.J.B. Shaw, 'Southern Frontiers of Muscovy, 1550–1700', in J.H. Bater and R.A. French, eds, *Studies in Russian Historical Geography*, vol. 1, London, 1983, pp. 118–43.

16. *Istoriia Tatarskoi ASSR*, vol. 1, p. 149.

17. Olearius, *The Travels of Olearius*, pp. 314, 321.

18. Eduard Dubman, *Promyslovoe predprinimatel'stvo i osvoenie Ponizovogo Povolzh'ia v kontse XVI – XVII vv.*, Samara, 1999, pp. 58, 64, 69.

19. Janet Martin, 'Multiethnicity in Muscovy: A Consideration of Christian and Muslim Tatars in the 1550s–1560s', *Journal of Early Modern History*, vol. 5, no. 1,

2001, p. 20.

20. Romaniello, 'Absolutism and Empire', pp. 164–65.

21. S.B. Seniutkin, *Istoriia Tatar Nizhegorodskogo Povolzh'ia s poslednei treti XVI do nachala XX vv. (istoricheskaia sud'ba misharei Nizhegorodskogo kraia)*, Moscow and Nizhnii Novgorod, 2009, pp. 68, 86, 99.

22. Aider Normanov, *Tatary Srednego Povolzh'ia i Priural'ia v rossiiskom zakondatel'stve vtoroi poloviny XVI – XVIII vv.*, Kazan', 2002, p. 82.

23. Michael Rywkin, 'The Prikaz of the Kazan Court: First Russian Colonial Office', *Canadian Slavonic Papers*, vol. 18, no. 3, 1976, pp. 293–300.

24. Kollman, *The Russian Empire*, p. 174.

25. Ostrowski, *Muscovy and the Mongols*, pp. 60–61.

26. I.A. Kuznetsov, *Ocherki po istorii Chuvashskogo krest'ianstva*, Cheboksary, vol. 1, 1957, p. 79.

27. Romaniello, 'Absolutism and Empire', pp. 161–62.

28. *Ocherki istorii Mariiskoi ASSR*, Ioshkar-Ola, 1965, pp. 120–21.

29. Matthew P. Romaniello, *The Elusive Empire: Kazan and the Creation of Russia 1552–1671*, Madison, WI, and London, 2012, p. 125.

30. Martin, 'Multiethnicity in Muscovy', pp. 20–21.

31. Kuznetsov, *Ocherki po istorii Chuvashskogo krest'ianstva*, vol. 1, pp. 84, 86, 125.

32. S.Kh. Alishev, *Istoricheskie sud'by narodov Srednego Povolzh'ia XVI – nachalo XIX v.*, Moscow, 1990, p. 95.

33. Kabuzan, *Narody Rossii v XVIII veke*, pp. 127, 130.

34. G. Peretiatkovich, *Povolzh'e v XVII i nachale XVIII veka (ocherki iz istorii kolonizatsii kraia)*, Odessa, 1882, pp. 196, 281–83.

35. Kuznetsov, *Ocherki po istorii Chuvashskogo krest'ianstva*, vol. 1, p. 79.

36. Eduard Dubman, *Khoziaistvennoe osvoenie Srednego Povolzh'ia v XVI veka. Po materialam tserkov\-no-monastyrskikh vladenii*, Kuibyshev, 1991, pp. 24–25.

37. N.B. Sokolova, 'Khoziaistvenno-torgovaia deiatel'nost' Makar'evskogo zheltovodskogo monas\-tyria', in *Verkhnee i Srednee Povolzh'e v period feodalizma: mezhvuzovskii sbornik*, Gor'kii, 1985, pp. 43–49.

38. Matthew P. Romaniello, 'Controlling the Frontier: Monasteries and Infrastructure in the Volga Region, 1552–1682', *Central Asian Survey*, vol. 19, nos 3–4, 2000, pp. 426–40.

39. Dubman, *Promyslovoe predprinimatel'stvo*, pp. 108, 114.

40. Olearius, *Travels of Olearius*, p. 326; see also description of salt trade in early modern Russia in R.E.F. Smith and David Christian, *Bread and Salt: A Social*

and Economic History of Food and Drink in Russia, Cambridge, 1984, pp. 57–60.

41. Romaniello, *The Elusive Empire*, p. 102.

42. E. Gur'ianov, *Drevnie vekhi Samary*, Kuibyshev, 1986, p. 48.

43. E.L. Dubman, P.S. Kabytov and O.B. Leont'ev, *Istoriia Samary (1586–1917 gg.)*, Samara, 2015, p. 81.

44. *Samara-Kuibyshev. Khronika sobytii 1886–1986*, Kuibyshev, 1985, pp. 11–12, 16; Gur'ianov, *Drevnie vekhi Samary*, p. 48; Dubman et al., *Istoriia Samary*, p. 81.

45. John Bell, *Travels from St Petersburg in Russia, to Diverse Parts of Asia*, Glasgow, 1763, p. 27.

46. *The History of the Tatars since Ancient Times*, Academy of Sciences of the Republic of Tatarstan, Kazan', 2017, vol. 4, pp. 247, 249.

47. M.A. Vodolagin, *Ocherki istorii Volgograda 1589–1967*, Moscow, 1968, pp. 21–22.

4. 볼가강의 폭력

1. Jonas Hanway, *An Historical Account of the British Trade over the Caspian Sea*, Dublin, 1754, vol. 1, p. 70.

2. Friedrich Christian Weber, *The Present State of Russia*, reprint, London, vol. 1, 1968, p. 128.

3. *PSZ*, no. 12187, vol. 16, p. 807, 27 June 1764 (abolishing this special regiment).

4. *PSZ*, no. 9707, vol. 13, p. 191, 6 February 1750.

5. Olearius, *The Travels of Olearius*, p. 139.

6. Quoted in M.D. Kurmacheva, *Goroda Urala i Povolzh'ia v krest'ianskoi voine 1773–1775 gg.*, Moscow, 1991, p. 47.

7. Afanasii Nikitin, *Khozhenie za tri moria Afanasiia Nikitina*, Tver', 2003, p. 112.

8. Olearius, *The Travels of Olearius*, pp. 292, 294.

9. V.D. Dimitriev and S.A. Selivanova, *Cheboksary: ocherki istorii goroda XVIII veka*, Cheboksary, 2011, p. 102.

10. James Spilman, *A Journey through Russia by Two Gentlemen who went in the Year 1739*, London, 1742, pp. 6–7.

11. M.A. Kirokos'ian, *Piraty Kaspiiskogo Moria*, Astrakhan', 2007, p. 105.

12. F.C. Koch, *The Volga Germans in Russia and the Americas from 1763 to the Present*, University Park, PA, and London, 1977, pp. 106–07.

13. Kirokos'ian, *Piraty Kaspiiskogo Moria*, p. 49.

14. Vodolagin, *Ocherki istorii Volgograda*, p. 19.

15. Kirokos'ian, *Piraty Kaspiiskogo Moria*, p. 56.

16. V.M. Tsybin and E.A. Ashanin, *Istoriia Volzhskogo kazachestva*, Saratov, 2002, p. 34.

17. Quoted in Terence Armstrong, ed., *Yermak's Campaign in Siberia*, London, Haklyut Society, 1975, p. 208.

18. F.N. Rodin, *Burlachestvo v Rossii*, Moscow, 1975, p. 53.

19. S. Konovalov, 'Ludvig Fabritius's Account of the Razin Rebellion', *Oxford Slavonic Papers*, vol. 6, 1955, p. 77.

20. Quoted in Paul Avrich, *Russian Rebels 1600–1800*, New York, 1972, p. 78.

21. Vodolagin, *Ocherki istorii Volgograda*, p. 28; Avrich, *Russian Rebels*, p. 79.

22. Quoted in Avrich, *Russian Rebels*, p. 87.

23. Konovalov, 'Ludvig Fabritius's Account of the Razin Rebellion', pp. 76, 85.

24. Vodolagin, *Ocherki istorii Volgograda*, p. 31.

25. *Ocherki istorii Mariiskoi ASSR*, p. 134.

26. Konovalov, 'Ludvig Fabritius's Account of the Razin Rebellion', p. 92.

27. N.B. Golikova, *Astrakhanskoe vosstanie 1705–1706*, Moscow, 1975, pp. 54, 76–78.

28. Vodolagin, *Ocherki istorii Volgograda*, p. 36.

29. Philip Longworth, 'The Pretender Phenomenon in Eighteenth-Century Russia', *Past and Present*, vol. 66, 1975, pp. 61–83.

30. *Krest'ianskaia voina 1773–1775 gg. v Rossii*, Moscow, 1973, pp. 109–11.

31. Quoted in Avrich, *Russian Rebels*, p. 227.

32. A.B. Bolotov, *Zhizn' i prikliucheniia Andreia Bolotova, opisannye samim im dlia svoikh potomkov*, Moscow–Leningrad, 1931, reprint Cambridge, MA, vol. 3, 1973, p. 145.

33. Quoted in John T. Alexander, *Autocratic Politics in a National Crisis: The Imperial Russian Government and Pugachev's Revolt, 1773–1775*, Bloomington, IN, 1969, p. 174.

34. ibid., p. 211.

35. *Krest'ianskaia voina*, pp. 165–69.

36. John T. Alexander, *Emperor of the Cossacks: Pugachev and the Frontier Jacquerie of 1773–1775*, Lawrence, KS, 1973, p. 177.

37. Kurmacheva, *Goroda Urala*, p. 161.

38. Guido Hausmann, *Mütterchen Wolga. Ein Fluss als Erinnerungsort vom 16. bis ins frühe 20. Jahrhundert*, Frankfurt and New York, 2009, p. 340.

39. M. Raeff, 'Pugachev's Rebellion', in R. Forster and J.P. Greene, eds, *Preconditions of Revolution in Early Modern Europe*, Baltimore, MD, and London, 1970, p. 195.

40. Avrich, *Russian Rebels, 1600-1800*, p. 251.

41. Philip Longworth, *The Cossacks*, London, 1971, p. 223.
42. Quoted in Sara Dickinson, *Breaking Ground: Travel and National Culture in Russia from Peter I to the Era of Revolution*, New York, 2003, p. 211.
43. Most thoroughly discussed with relation to Razin in Hausmann, *Mütterchen Wolga*, pp. 319–49.
44. Avrich, *Russian Rebels*, p. 121.
45. *An Anthology of Chuvash Poetry*, compiled by Gennady Aygi, translated by Peter France, London and Boston, 1991, pp. 40, 41.
46. Janet M. Hartley, 'Russia in 1812, Part 1: The French Presence in the *Gubernii* of Smolensk and Mogilev', *Jahrbücher für Geschichte Osteuropas*, vol. 38, 1990, p. 182.
47. Avrich, *Russian Rebels*, p. 263.
48. Simon Dixon, 'The "Mad Monk" Iliador in Tsaritsyn', *The Slavonic and East European Review*, vol. 88, nos 1–2, 2010, pp. 403–05.
49. Richard Stites, *Russian Popular Culture: Entertainment and Society since 1900*, Cambridge, 1992, pp. 18, 31.
50. Michael Khodarkovsky, 'The Stepan Razin Uprising: Was it a "Peasant War"?', *Jahrbücher für Geschichte Osteuropas*, vol. 42, no. 1, 1994, p. 3.
51. Boris Akunin, *Pelagia and the Red Rooster*, translated by Andrew Bromfield, London, 2008, pp. 3–4.

5. 볼가 길들이기

1. Yusuke Toriyama, 'Images of the Volga River in Russian Poetry from the Reign of Catherine the Great to the End of the Napoleonic Wars', *Study Group on Eighteenth Century Russia*, 2013; www.sgecr.co.uk/newsletter2013/toriyama.html
2. *PSZ*, no. 14464, vol. 20, pp. 374–75, 5 April 1776.
3. *PSZ*, no. 16718, vol. 22, p. 1117, 7 October 1788.
4. 'Opis' 1000 del kazach'iago otdela', *Trudy Orenburgskoi uchenoi arkhivnoi komissii*, Orenburg, vol. 24, 1913, pp. 145–46, no. 717.
5. Quoted in Longworth, *The Cossacks*, p. 242.
6. Dubman, *Promyslovoe predprinimatel'stvo*, p. 69.
7. [T.C.], *The New Atlas: or, Travels and Voyages in Europe, Asia, Africa and America*, London, 1698, p. 172.
8. L.G. Beskrovnyi, *Russkaia armiia i flot v XVIII veke (ocherki)*, Moscow, 1958, pp.

311–22.

9. L.G. Beskrovnyi, *The Russian Army and Fleet in the Nineteenth Century*, Gulf Breeze, FL, 1996, p. 2.

10. Seniutkin, *Istoriia Tatar Nizhegorodskogo Povolzh'ia*, p. 226.

11. *PSZ*, no. 3884, vol. 6, p. 483, 19 January 1722.

12. S.V. Dzhundzhuzov, *Kalmyki v Srednem Povolzh'e i na iuzhnom Urale*, Orenburg, 2014, pp. 83, 119, 122, 155, 185.

13. R.F. Baumann, 'Subject Nationalities in the Military Service of Imperial Russia: The Case of the Bashkirs', *Slavic Review*, vol. 46, 1987, pp. 492–93.

14. M.G. Nersisian, ed., *Dekabristy ob Armenii i Zakavkaz'e*, Erevan, 1985, pp. 267–305.

15. John P. LeDonne, *The Grand Strategy of the Russian Empire 1650–1831*, Oxford, 2004, pp. 44–47, 124–29.

16. Beskrovnyi, *Russkaia armiia i flot*, pp. 326–27.

17. John Cook, *Voyages and Travels through the Russian Empire, Tartary, and Part of the Kingdom of Persia*, Edinburgh, vol. 1, 1770, p. 345.

18. Tsybin and Ashanin, *Istoriia Volzhskogo kazachestva*, pp. 29–30.

19. Alexander Pushkin, *The Complete Prose Tales of Alexander Sergeyevitch Pushkin*, translated by G.R. Aitken, London, 2008, pp. 355–56.

20. George Forster, *A Journey from Bengal to England . . . and into Russia by the Caspian Sea*, London, vol. 2, 1808, p. 303.

21. Janet M. Hartley, *Russia 1762–1825: Military Power, the State and the People*, Westport, CT, and London, 2008, p. 30; Janet M. Hartley, *Siberia: A History of the People*, London and New York, 2014, p. 93.

22. *PSZ*, no. 9771, vol. 12, pp. 317–19, 26 June 1750.

23. I.N. Pleshakov, 'Gardkouty v Saratovskom Povolzh'e: iz istorii rechnoi strazhi XVIII – pervoi poloviny XIX vv.', in *Voenno-istoricheskie issledovaniia v Povolzh'e*, Saratov, vol. 7, n.d., pp. 20–24.

24. William Glen, *Journal of a Tour from Astrachan to Karass*, Edinburgh, 1823, p. 7.

25. E.G. Istomina, *Vodnyi transport Rossii v doreformennyi period*, Moscow, 1991, p. 137.

26. Pleshakov, 'Gardkouty v Saratovskom Povolzh'e', pp. 25–27.

27. Quoted in Isabel de Madariaga, *Russia in the Age of Catherine the Great*, London, 1981, p. 279.

28. ibid., p. 144.

29. *SIRIO*, vol. 115, pp. 304, 307, 310, 353–54, 359, 513, 577.

30. Robert E. Jones, 'Catherine II and the Provincial Reform of 1775: A Question of Motivation', *Canadian Slavic Studies*, vol. 4, no. 3, 1970, p. 511.

31. E.P. Kuz'min, 'Povsednevnyi byt Tsarevokokshaiskikh voevod XVIII veka', in *Goroda Srednego Povolzh'ia: istoriia i sovremennost': sbornik statei*, Ioshkar-Ola, 2014, p. 44.

32. A.N. Biktasheva, *Kazanskie gubernatory v dialogakh vlastei (pervaia polovina XIX veka)*, Kazan', 2008, pp. 53–61, 65–71.

33. Information from an unpublished paper by Andrey Gornostaev, 'Eighteenth-Century Chichikovs and Purchasing Runaway Souls', paper given at the Study Group on Eighteenth-Century Russia 10th International Conference in Strasbourg, July 2018.

34. St Petersburg Institute of History, Russian Academy of Sciences, St Petersburg, fond 36, delo 477, ll. 612–13, Report from Iaroslavl', 1778.

35. P.L. Karabushchenko, *Astrakhanskaia guberniia i ee gubernatory v svete kul'turno-istoricheskikh traditsii XVIII – XIX stoletii*, Astrakhan', 2011, p. 161.

36. M. Wilmot and C. Wilmot, *The Russian Journals of Martha and Catherine Wilmot 1803–1808*, London, 1934, pp. 308–09.

37. See Janet M. Hartley, 'Bribery and Justice in the Provinces in the Reign of Catherine II', in Stephen Lovell, Alena Ledeneva and Andrei Rogachevskii, eds, *Bribery and Blat in Russia: Negotiating Reciprocity from the Middle Ages to the 1990s*, Basingstoke, 2000, pp. 48–64.

38. 'Zhaloba Saratovskikh krest'ian na zemskii sud', *Russkii arkhiv*, vol. 46, 1908, pp. 215–16.

39. F.Ia. Polianskii, *Gorodskoe remeslo i manufaktura v Rossii XVIII v.*, Moscow, 1960, p. 32.

40. *PSZ*, no. 7315, vol. 10, p. 207, 6 July 1737; no. 7571, vol. 10, p. 487, 30 April 1738; no. 7757, vol. 10, p. 729, 16 February 1739; no. 8623, vol. 11, pp. 664–65, 27 September 1742.

41. *PSZ*, no. 12174, vol. 16, pp. 786–90, 5 June 1764.

42. *PSZ*, no. 11902, vol. 16, p. 339, 22 August 1763.

43. Roger Bartlett, *Human Capital: The Settlement of Foreigners in Russia 1762–1804*, Cambridge, 1979, p. 75.

44. Koch, *The Volga Germans in Russia and the Americas*, p. 69.

45. Quoted in Michael Khodarkovsky, *Where Two Worlds Met: The Russian State and the Kalmyk Nomads, 1660–1771*, Ithaca, NY, and London, 1992, p. 230.

46. Natsional'nyi arkhiv Respubliki Tatarstan (hereafter NART), fond 1, opis' 2,

delo 393, Chancellery of the Kazan' Governor, 1843–44.

47. Charles Scott, *The Baltic, the Black Sea and the Crimea*, London, 1854, pp. 93–94.

48. Gosudarstvennyi arkhiv Samarskoi oblasti (hereafter GASO), fond 1, opis' 8, tom 1, delo 108, Samara Provincial Chancellery, 1854.

49. GASO, fond 1, opis' 1, tom 1, delo 2060, Samara Provincial Chancellery, 1861.

50. Robert E. Jones, 'Urban Planning and the Development of Provincial Towns in Russia during the Reign of Catherine II', in J.G. Garrard, ed., *The Eighteenth Century in Russia*, Oxford, 1973, pp. 321–44.

51. Alexander, *Emperor of the Cossacks*, p. 196.

52. *PSZ*, no. 26633, vol. 34, pp. 32–33, 23 January 1817.

53. M. Rybushkin, *Zapiski ob Astrakhani*, 3rd edition, Astrakhan', 2008, pp. 133–35.

54. The best description of the tour is by G.B. Ibneeva, 'Puteshestvie Ekateriny II po Volge v 1767 godu: uznavanie imperiii', *Ab Imperio*, vol. 2, 2000, pp. 87–104; see also Hausmann, *Mütterchen Wolga*, pp. 173–88, and G.B. Ibneeva, *Imperskaia politika Ekateriny II v zerkale ventsenosnykh puteshestvii*, Moscow, 2009, pp. 182–95.

55. *SIRIO*, vol. 10, pp. 193, 207, 190.

56. *SIRIO*, vol. 10, p. 204.

57. Ibneeva, 'Puteshestvie Ekateriny II', p. 100.

58. This section is based on a synopsis of the paper by Toriyama, 'Images of the Volga River in Russian Poetry'.

6. 볼가강의 러시아 정교와 이슬람교

1. Kabuzan, *Narody Rossii v XVIII veka*, p. 230.

2. Paul W. Werth, *At the Margins of Orthodoxy: Mission, Governance, and Confessional Politics in Russia's Volga-Kama Region, 1827–1905*, Ithaca, NY, and London, 2002, p. 36.

3. L. Taimasov, 'Etnokonfessional'naia situatsiia v Kazanskoi gubernii nakanune burzhuaznykh reform', in K. Matsuzato, ed., *Novaia Volga i izuchenii etnopoliticheskoi istorii Volgo-Ural'skogo regiona: Sbornik statei*, Sapporo, 2003, p. 109.

4. ibid., p. 111.

5. NART, fond 1, opis' 1, delo 1107, Chancellery of the Kazan' Governor, 1754.

6. Michael Khodarkovsky, 'The Conversion of Non-Christians in Early Modern Russia', in R.P. Geraci and M. Khodarkovsky, eds, *Of Religion and Empire:*

Missions, Conversion, and Tolerance in Tsarist Russia, Ithaca, NY, and London, 2001, p. 140.

7. ibid., pp. 122–23.

8. PSZ, no. 1, article 97, vol. 1, p. 133, 29 January 1649, the Law Code, or Ulozhenie, of 1649.

9. PSZ, no. 867, vol. 2, p. 313, 16 May 1681.

10. PSZ, no. 1117, vol. 2, p. 662, 5 April 1685.

11. Kuznetsov, Ocherki po istorii Chuvashskogo krest'ianstva, vol. 1, p. 86.

12. Khodarkovsky, Russia's Steppe Frontier, p. 193.

13. Quoted in ibid., p. 192.

14. ibid., p. 194.

15. PSZ, no. 9379, vol. 12, pp. 967–69, 11 March 1747.

16. Paul W. Werth, 'Coercion and Conversion: Violence and the Mass Baptism of the Volga Peoples, 1740–55', Kritika, vol. 4, no. 8, 2003, p. 551.

17. PSZ, no. 10597, vol. 14, pp. 607–12, 25 August 1756.

18. Seniutkin, Istoriia Tatar Nizhegorskogo Povolzh'ia, p. 321.

19. A.N. Kefeli, Becoming a Muslim in Imperial Russia: Conversion, Apostasy, and Literacy, Ithaca, NY, 2014, pp. 19–20.

20. A.G. Ivanov, Mariitsy Povolzh'ia i Priural'ia, Ioshkar-Ola, 1993, pp. 41, 45, 53.

21. Treasures of Catherine the Great, Catalogue of an Exhibition at Somerset House, London, 2000, p. 120.

22. Edward Daniel Clarke, Travels in Various Countries of Europe, Asia and Africa, vol. 1, Russia Tartary and Turkey, London, 1810, pp. 480–81.

23. Azade-Ayşe Rorlich, The Volga Tatars: A Profile in National Resilience, Stanford, CA, 2017, p. 44.

24. Taimasov, 'Etnokonfessional'naia situatsiia v Kazanskoi gubernii', p. 113.

25. Kefeli, Becoming a Muslim in Imperial Russia, p. 39.

26. Georgi, Russia or a Compleat Historical Account, vol. 1, pp. 120, 93, 107.

27. Quoted in Khodarkovsky, Russia's Steppe Frontier, p. 198.

28. NART, fond 1, opis' 1, delo 112, Chancellery of the Kazan' Governor, 1827.

29. Taimasov, 'Etnokonfessional'naia situatsiia v Kazanskoi gubernii', pp. 121, 125.

30. NART, fond 1, opis' 2, delo 294, Chancellery of the Kazan' Governor, 10 May 1840.

31. Rorlich, The Volga Tatars, p. 45.

32. NART, fond 1, opis' 3, delo 218, Chancellery of the Kazan' Governor, 17 June 1866.

33. GASO, fond 1, opis' 1, tom 1, delo 528, Samara Provincial Chancellery, 1837–54.

34. NART, fond 1, opis' 2, delo 399, Chancellery of the Kazan' Governor, 1843.

35. NART, fond 1, opis' 2, delo 1632, Chancellery of the Kazan' Governor, 1860–61.

36. Quoted in Oxana Zemtsova, 'Russification and Educational Policies in the Middle Volga Region (1860–1914)', PhD dissertation, European University of Florence, 2014, p. 67.

37. NART, fond 2, opis' 1, delo 1920, Kazan' Provincial Office, 1845–47.

38. Werth, *At the Margins of Orthodoxy*, p. 160.

39. Janet M. Hartley, 'Education and the East: The Omsk Asiatic School', in Maria Di Salvo, Daniel H. Kaiser and Valerie A. Kivelson, eds, *Word and Image in Russian History: Essays in Honor of Gary Marker*, Boston, MA, 2015, pp. 253–68.

40. Samuel Collins, *The Present State of Russia*, London, 1671, pp. 3–4.

41. Wilmot and Wilmot, *The Russian Journals of Martha and Catherine Wilmot*, p. 176.

42. K.A. Papmehl, *Metropolitan Platon of Moscow (Peter Levshin), 1737–1812: The Enlightened Prelate, Scholar and Educator*, Newtonville, MA, 1983, p. 25.

43. John Parkinson, *A Tour of Russia, Siberia and the Crimea 1792–1794*, London, 1971, p. 178.

44. NART, fond 1, opis' 3, delo 5196, Chancellery of the Kazan' Governor, 1881–82.

45. L.Iu. Braslavskii, 'Raskol Russkoi pravoslavnoi tserkvi i ego posledstviia v istorii narodov Srednego Povolzh'ia', in *Istoriia khristianizatsii narodov Srednego Povolzh'ia: kriticheskie suzhdenie i otsenka: mezhvuzovskii sbornik nauchnykh trudov*, Cheboksary, 1988, p. 40.

46. A.A. Vinogradov, *Staroobriadtsy Simbirsko-Ul'ianovskogo Povolzh'ia serediny XIX – pervoi treti XX veka*, Ul'ianovsk, 2010, pp. 18–19.

47. Braslavskii, 'Raskol russkoi pravoslavnoi tserkvi', p. 40.

48. Gosudarstvennyi arkhiv Iaroslavskoi oblasti (hereafter GAIO), fond 72, opis' 1, delo 122, Chancellery of the Iaroslavl' Governor-General, 1778.

49. William Spottiswoode, *Tarantasse Journey through Eastern Russia in the Autumn of 1856*, London, 1857, p. 18.

50. L.V. Burdina, 'Staroobriadchestvo v Kostromskom krae', in *Staroobriadchestvo: istoriia, kul'tura, sovremennost'. Materialy*, Moscow, 2000, p. 220.

51. D.D. Primako, 'Staroobriadcheskaia obshchina goroda Rzheva v XIX v.', in *Staroobriadchestvo v Tverskom krae: proshloe i nastoiashchee*, Tver' and Rzhev, 2007, p. 56.

52. E.V. Potapova, 'Vlast' i staroobriadtsy: iz istorii staroobriadcheskoi obshchiny goroda Rzheva v pervoi polovine XIX v.', in *Staroobriadchestvo v Tverskom krae: proshloe i nastoiashchee*, Tver' and Rzhev, 2007, p. 62.

53. The policy is described fully in Thomas Marsden, *The Crisis of Religious Toleration in Imperial Russia: Bibikov's System for the Old Believers, 1841-1855*, Oxford, 2015.

54. A.V. Morokhin, 'Prikhodskoe dukhovenstvo i staroobriadchestvo v Nizhegorodskom Povolzh'e v pervoi polovine XVIII v.', in *Staroobriadchestvo: istoriia, kul'tura, sovremennost'. Materialy*, Moscow, 2000, p. 70.

55. Marsden, *The Crisis of Religious Toleration*, pp. 95-98.

56. NART, fond 1, opis' 2, delo 1231, Chancellery of the Kazan' Governor, 1856.

57. *PSZ*, series 2, no. 35020, vol. 34, part 2, pp. 178-79, 23 October 1859.

58. GASO, fond 1, opis' 1, tom 1, delo 2201, Samara Provincial Chancellery, 1862.

59. *PSZ*, series 2, no. 39547, vol. 38, pp. 384-85, 26 April 1863.

60. NART, fond 1, opis' 3, delo 856, Chancellery of the Kazan' Governor, 1868.

61. GAIO, fond 73, opis' 1, tom 2, delo 4399, Chancellery of the Iaroslavl' Governor, 1852.

62. GASO, fond 1, tom 1, opis' 1, delo 198, Samara Provincial Chancellery, 1856.

63. NART, fond 2, opis' 2, delo 1966, Kazan' Provincial Office, 1881.

64. NART, fond 1, opis' 3, delo 9400, Chancellery of the Kazan' Governor, 1894.

65. NART, fond 2, opis' 1, delo 2264, Kazan' Provincial Office, 1867.

7. 볼가강의 질병과 과학

1. Quoted in Charlotte Henze, *Disease, Health Care and Government in Late Imperial Russia: Life and Death on the Volga, 1823-1914*, London and New York, 2011, p. 126 (report from 1908).

2. Rodin, *Burlachestvo v Rossii*, p. 151.

3. John T. Alexander, *Bubonic Plague in Early Modern Russia: Public Health and Urban Disorder*, Oxford, 2003, p. 105.

4. ibid., pp. 13-15, 19, 23-24.

5. Hanway, *An Historical Account of the British Trade over the Caspian Sea*, vol. 1, p. 82.

6. Quoted in Alexander, *Bubonic Plague*, p. 232.

7. David L. Ransel, *A Russian Merchant's Tale: The Life and Adventures of Ivan Alekseevich Tolchenëv, based on his Diary*, Bloomington, IN, 2009, p. 18.

8. Alexander, *Bubonic Plague*, p. 244.

9. *PSZ*, nos. 22737–8, vol. 30, p. 27, 17 January 1808.

10. *PSZ*, no. 29623, vol. 38, pp. 1233–34, 6 October 1823.

11. E.A. Vishlenkova, S.Iu. Malysheva and A.A. Sal'nikova, *Kul'tura povsednevnosti provintsial'nogo goroda: Kazan' i Kazantsy v XIX–XX vekakh*, Kazan', 2008, p. 95.

12. Nathan M. Gerth, 'A Model Town: Tver', the Classical Imperial Order, and the Rise of Civic Society in the Russian Provinces, 1763–1861', PhD dissertation, University of Notre Dame, 2014. The account of the cholera in Tver province is taken from this thesis.

13. Pastor Guber, 'Dnevnik Pastora Gubera', *Russkaia starina*, vol. 22, no. 8, 1878, pp. 581–90.

14. *PSZ*, series 2, no. 3889, vol. 5, part 2, pp. 6–7, 3 September 1830.

15. Vodolagin, *Ocherki istorii Volgograda*, p.74.

16. Bremner, *Excursions in the Interior of Russia*, vol. 2, p. 222.

17. Roderick E. McGrew, *Russia and the Cholera 1823–1832*, Madison, WI, 1965, pp. 21, 52, 54, 64.

18. Vishlenkova et al., *Kul'tura povsednevnosti provintsial'nogo goroda*, p. 92.

19. N.A. Tolmachev, *Putevye zametki N.A. Tolmacheva o zhizni i byte krest'ian Kazanskoi gubernii v seredine XIX v. Sbornik dokumentov i materialov*, compiled by Kh.Z. Bagautdinova, Kazan', 2019, pp. 24, 26.

20. Gerth, 'A Model Town: Tver', pp. 204–05, 214–15.

21. Henze, *Disease, Health Care and Government*, pp. 27–28.

22. Hans Heilbronner, 'The Russian Plague of 1878–79', *Slavic Review*, vol. 21, no. 1, 1962, pp. 89–112.

23. London, National Archives, PC1/2673, Privy Council papers.

24. John P. Davis, 'The Struggle with Cholera in Tsarist Russia and the Soviet Union, 1892–1927', PhD dissertation, University of Kentucky, 2012, pp. 112, 116.

25. Henze, *Disease, Health Care and Government*, pp. 31–43.

26. Quoted in ibid., p. 82.

27. Quoted in ibid., p. 86.

28. ibid., pp. 64–65.

29. Vodolagin, *Ocherki istorii Volgograda*, p. 112.

30. Davis, 'The Struggle with Cholera in Tsarist Russia and the Soviet Union', p. 199.

31. Alexander, *Bubonic Plague*, p. 37.

32. Vishlenkova et al., *Kul'tura povsednevnosti provintsial'nogo goroda*, p. 97.

33. E.V. Cherniak and A.B. Madiiarov, *Gorodskoe samoupravlenie v Kazani 1870–1892 gg.*, Kazan', 2003, p. 87.

34. H.A. Munro-Butler-Johnstone, *A Trip up the Volga to the Fair of Nijni-Novgorod*, Oxford and London, 1875, p. 80.

35. P.V. Alabin, *Samara: 1586–1886 gody*, compiled by P.S. Kabytov, Samara, 1992, p. 138.

36. The best account of these developments can be found in Davis, 'The Struggle with Cholera in Tsarist Russia and the Soviet Union'.

37. Rachel Koroloff, 'Seeds of Exchange: Collecting for Russia's Apothecary and Botanical Gardens in the Seventeenth and Eighteenth Centuries', PhD dissertation, University of Illinois at Urbana-Champaign, 2014, pp. 71–72.

38. John Perry, *The State of Russia under the Present Czar*, reprint of the 1716 edition, London, 1967, p. 94.

39. *PSZ*, no. 3609, vol. 6, p. 214, 6 July 1720.

40. Koroloff, 'Seeds of Exchange', pp. 101–03.

41. *PSZ*, no. 8304, vol. 11, p. 331, 22 December 1740.

42. See David Moon, 'The Russian Academy of Sciences Expeditions to the Steppes in the Late Eighteenth Century', in *Personality and Place in Russian Culture: Essays in Memory of Lindsey Hughes*, edited by Simon Dixon, London, 2010, pp. 204–25.

43. Perry, *The State of Russia under the Present Czar*, p. 82.

44. Quoted in Moon, 'The Russian Academy of Sciences Expeditions to the Steppes', p. 215.

45. P.S. Pallas, *Travels through the Southern Provinces of the Russian Empire in the Years 1793 and 1794*, London, vol. 1, 1802, pp. 187, 215–19, 242–43.

46. David Moon, *The Plough that Broke the Steppes: Agriculture and Environment on Russia's Grasslands, 1700–1914*, Oxford, 2013, pp. 53–54.

47. On my last visit (in 2018) this section of the museum was one of the few that had not been modernized, and the accompanying text to the costumes was frozen in time in the Soviet period.

8. 볼가강 지역의 마을

1. Guzel Yakhina, *Deti moi: roman*, printed by Amazon, 2018, p. 5.

2. Hartley, *A Social History of the Russian Empire*, p. 20.

3. Ramil R. Khayrutdinov, 'The System of the State Village Government of the Kazan Governorate in the Early 18th – the First Third of the 19th Centuries', *Journal of Sustainable Development*, vol. 8, no. 5, 2015, p. 2.

4. *Istoriia Chuvashskoi ASSR*, Cheboksary, vol. 1, 1966, p. 92.

5. A.G. Cross, ed., *An English Lady at the Court of Catherine the Great*, Cambridge, 1989, p. 57.

6. Dominic Lieven, *The Aristocracy in Europe 1815–1914*, Basingstoke and London, 1992, pp. 44–45.

7. G. Gorevoi, T. Kirillova and A. Shitokov, 'Byvshie dvorianskie usad'by po beregam rek Tudovki i Volgi', in *Po Volge pod flagom 'Tverskoi zhizni'. Sbornik statei*, Staritsa, 2008, pp. 84–86.

8. GAIO, fond 72, opis' 1, delo 122, ll. 3–3v, Chancellery of the Iaroslavl' Governor-General.

9. I.M. Kataev, *Na beregakh Volgi i istorii usol'skoi votchiny grafov Orlovykh*, Cheliabinsk, 1948, p. 12.

10. S.A. Aleksandrova and T.I. Vedernikova, *Sel'skie dvorianskie usad'by Samarskogo zavolzh'ia v XIX – XX vv.*, Samara, 2015, pp. 14–16.

11. Wilmot and Wilmot, *The Russian Journals of Martha and Catherine Wilmot*, p. 147.

12. E.S. Kogan, *Ocherki istorii krepostnogo khoziaistva po materialam votchin Kurakinykh 2 – i poloviny XVIII veka*, Moscow, 1960, pp. 121–22.

13. E. Melton, 'Enlightened Seignioralism and its Dilemmas in Serf Russia, 1750–1830', *Journal of Modern History*, vol. 62, no. 4, 1990, p. 700.

14. Rodney D. Bohac, 'The Mir and the Military Draft', *Slavic Review*, vol. 47, no. 4, 1988, p. 653.

15. L.S. Prokof'eva, *Krest'ianskaia obshchina v Rossii vo vtoroi polovine XVIII – pervoi polovine XIX veka (na materialakh votchin Sheremetevykh)*, Leningrad, 1981, p. 152.

16. London, British Library, Add. MS 47431, f. 67v, Baki estate papers, 1819–25.

17. Alison K. Smith, 'Peasant Agriculture in Pre-Reform Kostroma and Kazan' Provinces', *Russian History*, vol. 26, no. 4, 1999, p. 372.

18. Prokofe'va, *Krest'ianskaia obshchina v Rossii*, p. 48.

19. Tracy K. Dennison, 'Serfdom and Household Structure in Central Russia: Voshchazhnikovo, 1816–1858', *Continuity and Change*, vol. 18, no. 3, 2003, p. 416.

20. Gennady Nikolaev, 'The World of a Multiconfessional Village', in *The History of*

the Tatars since Ancient Times, vol. 6, Kazan', 2017, p. 612.

21. Alishev, Istoricheskie sud'by narodov, p. 110.

22. GASO, fond 1, opis' 1, tom 1, delo 528, Samara Provincial Chancellery, 1854.

23. Tolmachev, Putevye zametki, p. 72.

24. E.P. Busygin, N.V. Zorin and E.V. Mikhailichenko, Obshchestvennyi i semeinyi byt russkogo sel'skogo naseleniia Srednego Povolzh'ia, Kazan', 1973, p. 61.

25. Seniutkin, Istoriia Tatar Nizhegorodskogo Povolzh'ia, p. 278.

26. PSZ, no. 10597, vol. 14, pp. 607–12, 25 August 1756.

27. PSZ, no. 13490, vol. 19, pp. 101–04, 2 August 1770.

28. NART, fond 1, opis' 3, delo 3068, ll. 17–26ob, Chancellery of the Kazan' Governor.

29. NART, fond 1, opis' 3, delo 3272, l. 25, Chancellery of the Kazan' Governor.

30. Nikolaev, 'The World of a Multi-confessional Village', p. 614.

31. Spottiswoode, Tarantasse Journey, pp. 148–49.

32. Pallas, Travels through the Southern Provinces, vol. 1, p. 99.

33. Weber, The Present State of Russia, vol. 1, pp. 118–19.

34. E.P. Busygin, Russkoe naselenie Srednego Povolzh'ia, Kazan', 1966, p. 271.

35. Stephen D. Watrous, ed., John Ledyard's Journey through Russia and Siberia 1787–1788, Madison, WI, and London, 1966, p. 145.

36. Haxthausen, The Russian Empire, vol. 1, p. 331.

37. Spottiswoode, Tarantasse Journey, p. 161.

38. Haxthausen, The Russian Empire, vol. 1, p. 349.

39. Moon, The Plough that Broke the Steppes, p. 65.

40. Perry, The State of Russia under the Present Czar, p. 76.

41. Quoted in Moon, The Plough that Broke the Steppes, p. 66.

42. Smith, 'Peasant Agriculture in Pre-Reform Kostroma and Kazan' Provinces', pp. 366–67.

43. Haxthausen, The Russian Empire, vol. 1, p. 325.

44. Wilmot and Wilmot, The Russian Journals of Martha and Catherine Wilmot, pp. 81, 146.

45. Weber, The Present State of Russia, vol. 1, p. 121.

46. Bremner, Excursions in the Interior of Russia, vol. 2, p. 219.

47. Boris Mironov and Brian A'Hearn, 'Russian Living Standards under the Tsars: Anthropometric Evidence from the Volga', Journal of Economic History, vol. 68, no. 3, 2008, pp. 900–09.

48. A.-L.-L. de Custine, The Empire of the Czar, 2nd edition, London, vol. 3, 1844, p.

187.

49. I.I. Vorob'ev, *Tatary Srednego Povolzh'ia i Priural'ia*, Moscow, 1967, p. 294.

50. I.A. Zetkina, *Natsional'noe prosvetitel'stvo Povolzh'ia: formirovanie i razvitie*, Saransk, 2003, p. 55.

51. Quoted in Nikolaev, 'The World of a Multiconfessional Village', p. 612.

52. Raufa Urazmanova, 'Ceremonies and Festivals', in *The History of the Tatars since Ancient Times*, vol. 6, Kazan', 2017, p. 693.

53. Gennady Nikolaev, 'Ethnocultural Interaction of the Chuvash and Tatars', in *The History of the Tatars since Ancient Times*, vol. 6, Kazan', 2017, pp. 626–27.

9. 볼가강 지역의 도시

1. Robert E. Jones, *Provincial Development in Russia: Catherine II and Jacob Sievers*, New Brunswick, NJ, 1984.

2. Pallas, *Travels through the Southern Provinces*, vol. 1, p. 7.

3. Haxthausen, *The Russian Empire*, vol. 1, p. 93.

4. Polianskii, *Gorodskoe remeslo i manfaktura*, p. 48.

5. de Custine, *The Empire of the Czar*, vol. 3, p. 174.

6. Laurence Oliphant, *The Russian Shores of the Black Sea in the Autumn of 1852, with a Voyage down the Volga and a Tour through the Country of the Don Cossacks*, Edinburgh and London, 1854, pp. 82, 98.

7. V. Butyrkin, 'Razskazy iz sluzhby na Volge', *Morskoi sbornik*, vol. 69, 1863, pp. 405–18, vol. 71, 1864, p. 410.

8. Reginald G. Burton, *Tropics and Snow: A Record of Travel and Adventure*, London, 1898, p. 175.

9. Vodolagin, *Ocherki istorii Volgograda*, p. 104.

10. Gur'ianov, *Drevnie vekhi Samary*, p. 108.

11. Vodolagin, *Ocherki istorii Volgograda*, p. 71.

12. *Istoriia Tatarskoi ASSR*, vol. 1, p. 236.

13. Haxthausen, *The Russian Empire*, vol. 1, p. 329.

14. *Istoriia Tatarskoi ASSR*, vol. 1, p. 237.

15. Seniutkin, *Istoriia Tatar Nizhegorodskogo Povolzh'ia*, p. 289.

16. Haxthausen, *The Russian Empire*, vol. 1, p. 356.

17. NART, fond 22, opis' 2, delo 28, 38, opis' 3, delo 12, 36, 45, Kazan' Tatar ratusha.

18. GAIO, fond 73, opis' 1, delo 4399, Chancellery of the Iaroslavl' Governor, 1852.

19. L.M. Sverdlova, *Kazanskoe kupechestvo: sotsial'no-ekonomicheskii portret (kon. XVIII – nach. XX v.)*, Kazan', 2011, p. 173.

20. Catherine Evtuhov, *Portrait of a Province: Economy, Society and Civilization in Nineteenth-Century Nizhnii Novgorod*, Pittsburgh, PA, 2011, p. 113.

21. Boris Rotermel', *Tverskie nemtsy. Die Russlanddeutschen von Twer*, Tver', 2011, p. 14.

22. Evtuhov, *Portrait of a Province*, p. 113.

23. NART, fond 1, opis' 2, delo 1107, Chancellery of the Kazan' Governor, 1855.

24. S. Lisovskaia, 'Istoriia obrazovaniia, formirovaniia i razvitiia evreiskoi obshchiny Iaroslavlia', in *Proshloe i nastoiashchee evreiskikh obshchin Povolzh'ia i Tsentral'noi Rossii*, Nizhnii Novgorod, 2011, p. 37; E.L. Derechinskaia, 'Istoriia Nizhegorodskoi evreiskoi obshchiny v kontekste istorii evreev Rossii', in *Proshloe i nastoiashchee evreiskikh obshchin Povolzh'ia i Tsentral'noi Rossii*, Nizhnii Novgorod, 2011, p. 62.

25. Evtuhov, *Portrait of a Province*, pp. 112–14.

26. E.E. Kalinina, 'Evrei Udmurtii', in *Material'naia i dukhovnaia kul'tura narodov Urala i Povolzh'ia: istoriia i sovremennost'*, Glazov, 2016, pp. 288–90.

27. NART, fond 2, opis' 2, delo 755, Kazan' Provincial Office, 1875.

28. GAIO, fond 73, opis' 1, tom 3, delo 6372, Chancellery of the Iaroslavl' Governor, 1882.

29. GASO, fond 1, opis' 1, tom 2, delo 5502, Samara Provincial Chancellery, 1914.

30. Polianskii, *Gorodskoe remeslo i manufaktura*, p. 34.

31. Alabin, *Samara*, p. 56.

32. Dimitriev and Selivanova, *Cheboksary*, p. 228.

33. GAIO, fond 72, opis' 2, delo 1970, Chancellery of the Iaroslavl' Governor-General, 1810.

34. NART, fond 22, opis' 2, delo 578, 838, Kazan' Tatar Ratusha records, 1790–1795.

35. NART, fond 1, opis' 2, delo 63, Chancellery of the Kazan' Governor, 1834.

36. NART, fond 1, opis' 2, delo 1003, Chancellery of the Kazan' Governor, 1855–56.

37. GAIO, fond 73, opis' 1, tom 3, delo 6372, Chancellery of the Iaroslavl Governor, 1882.

38. Dubman et al., *Istoriia Samary*, pp. 137, 200.

39. *Istoriia gubernskogo goroda Iaroslavlia*, compiled by A.M. Rutman, Iaroslavl', 2006, p. 285.

40. Spottiswoode, *Tarantasse Journey*, p. 22.

41. N.V. Dutov, *Iaroslavl': istoriia i toponimika ulits i ploshchadei goroda*, 2nd edition, Iaroslavl', 2015, p. 16.

42. Cherniak and Madiiarov, *Gorodskoe samoupravlenie v Kazani*, p. 87.

43. Vishlenkova et al., *Kul'tura povsednevnosti provintsial'nogo goroda*, p. 98.

44. Quoted in A.N. Zorin, *Goroda i posady dorevoliutsionnogo Povolzh'ia*, Kazan', 2001, p. 557.

45. A.A. Demchenko, *Literaturnaia i obshchestvennaia zhizn' Saratova (iz arkhivnykh razyskanii)*, Saratov, 2008, p. 39.

46. Vishlenkova et al., *Kul'tura povsednevnosti provintsial'nogo goroda*, p. 182.

47. ibid., p. 55.

48. Zorin, *Goroda i posady dorevoliutsionnogo Povolzh'ia*, p. 319.

49. *PSZ*, no. 21716, vol. 28, pp. 981–82, 15 April 1805.

50. Vishlenkova et al., *Kul'tura povsednevnosti provintsial'nogo goroda*, p. 136.

51. Munro-Butler-Johnstone, *A Trip up the Volga*, p. 60.

52. Haxthausen, *The Russian Empire*, vol. 1, p. 322.

53. Edward Tracy Turnerelli, *Russia on the Borders of Asia: Kazan, Ancient Capital of the Tatar Khans*, 2 vols, London, 1854, vol. 2, p. 17.

54. Haxthausen, *The Russian Empire*, vol. 1, p. 143.

55. Turnerelli, *Russia on the Borders of Asia*, vol. 2, p. 30.

56. Max J. Okenfuss, 'The Jesuit Origins of Petrine Education', in J.G. Garrard, *The Eighteenth Century in Russia*, Oxford, 1973, p. 122.

57. *PSZ*, no. 6695, vol. 9, p. 483, 26 February 1735.

58. L.P. Burmistrova, 'Publichnye lektsii v Kazanskom Universitete (30 – 60-e gody XIX v.)', in *Stranitsy istorii goroda Kazani*, Kazan', 1981, p. 36.

59. E.L. Dubman and P.S. Kabytov, eds, *Povolzh'e – 'vnutrenniaia okraina' Rossii: gosudarstvo i obsh\-chestvo v osvoenii novykh territorii (konets XVI – nachalo XX vv.)*, Samara, 2007, p. 216.

60. Dubman et al., *Istoriia Samary*, p. 180.

61. M.V. Zaitsev, *Saratovskaia gorodskaia duma (1871–1917)*, Saratov, 2017, p. 245.

62. Demchenko, *Literaturnaia i obshchestvennaia zhizn' Saratova*, p. 97.

63. S.M. Mikhailova, *Kazanskii Universitet i prosveshchenie narodov Povolzh'ia i Priural'ia (XIX vek)*, Kazan', 1979, p. 45–46, 51.

64. Zorin, *Goroda i posady dorevoliutsionnogo Povolzh'ia*, p. 136.

65. M.A. Kirokos'ian, *Astrakhanskii kupets G.V. Tetiushinov*, Astrakhan', 2014, pp. 61–62.

66. Patrick O'Meara, *The Russian Nobility in the Age of Alexander I*, London, 2019,

pp. 82–83.

67. ibid., p. 108.

68. Seymour Becker, *Nobility and Privilege in Late Imperial Russia*, DeKalb, IL, 1985, pp. 140–41.

69. E.G. Bushkanets, *Iunost' L'va Tolstogo: kazanskie gody*, Kazan', 2008, pp. 79, 89.

70. Richard Stites, *Serfdom, Society, and the Arts in Imperial Russia: The Pleasure and the Power*, New Haven, CT, and London, 2005, p. 170.

71. Haxthausen, *The Russian Empire*, vol. 1, p. 227.

72. Turnerelli, *Russia on the Borders of Asia*, vol. 1, p. 230.

73. E. Anthony Swift, *Popular Theater and Society in Tsarist Russia*, Berkeley, CA, and London, 2002, pp. 22–23.

74. Zaitsev, *Saratovskaia gorodskaia duma*, p. 297.

75. Stites, *Serfdom, Society, and the Arts in Imperial Russia*, p. 108.

76. ibid., p. 268.

77. Murray Frame, *School for Citizens: Theatre and Civil Society in Imperial Russia*, New Haven, CT, and London, 2006, pp. 123–25.

78. Stites, *Serfdom, Society, and the Arts in Imperial Russia*, p. 266.

79. Stites, *Russian Popular Culture*, p. 10.

80. Vishlenkova et al., *Kul'tura povsednevnosti provintsial'nogo goroda*, p. 153.

81. [T.C.], *The New Atlas*, p. 172.

82. Spottiswoode, *Tarantasse Journey*, p. 174.

83. Forster, *A Journey from Bengal to England*, vol. 2, p. 303.

84. A.I. Iukht, *Torgovlia s vostochnymi stranami i vnutrennii rynok Rossii (20–60-e gody XVIII veka)*, Moscow, 1994, p. 57.

85. L.K. Ermolaeva, 'Krupnoe kupechestvo Rossii v XVII – pervoi chetverti XVIII v. (po materialam astrakhanskoi torgovli)', *Istoricheskie zapiski*, vol. 114, 1986, pp. 302–25.

86. V.A. Cholakhian, *Armiane na Saratovskoi zemle*, Saratov, 2018, p. 89.

87. Rybushkin, *Zapiski ob Astrakhani*, p. 92.

88. Cholakhian, *Armiane na Saratovskoi zemle*, p. 91.

89. Zh.A. Ananian, 'Armianskoe kupechestvo v Rossii', in *Kupechestvo v Rossii XV – pervaia polovina XIX veka*, Moscow, 1997, p. 238.

90. Jarmo T. Kotilaine, *Russia's Foreign Trade and Economic Expansion in the Seventeenth Century: Windows on the World*, Leiden and Boston, MA, 2005, pp. 480–81.

91. A.L. Riabtsev, *Gosudarstvennoe regulirovanie vostochnoi torgovli Rossii v XVII –*

XVIII vekov, Astrakhan', 2012, pp. 22–23.

92. Spilman, *A Journey through Russia*, p. 11.

93. A.V. Syzranov, *Islam v Astrakhanskom krae: istoriia i sovremennost'*, Astrakhan', 2007, p. 32.

94. Rybushkin, *Zapiski ob Astrakhani*, pp. 91–96.

95. Jacques Margeret, *The Russian Empire and Grand Duchy of Muscovy: A 17th-Century French Account*, translated and edited by Chester S.L. Dunning, Pittsburgh, PA, 1983, p. 10.

96. *PSZ*, no. 2/8481, vol. 10, part 2, pp. 1030–32, 15 October 1835.

97. *PSZ*, no. 4304, vol. 7, p. 115, 20 September 1723; no. 9311, vol. 12, pp. 581–83, 5 August 1746; no. 19169, vol. 25, pp. 840–42, 28 October 1799; no. 19186, vol. 25, p. 863, 11 November 1799.

98. *PSZ*, no. 8919, vol. 12, pp. 77–78, 14 April 1744; no. 8991, vol. 12, pp. 169–70, 13 July 1744.

99. *PSZ*, no. 14853, vol. 20, p. 805, 11 November 1779.

100. Evelina Kugrysheva, *Istoriia Armian v Astrakhani*, Astrakhan', 2007, pp. 161–64.

101. *PSZ*, no. 19028, vol. 25, pp. 695–99, 3 July 1799.

102. *PSZ*, no. 19656, vol. 26, pp. 392–95, 19 November 1800.

103. Spottiswoode, *Tarantasse Journey*, pp. 187–88.

10. 볼가강 지역의 무역과 노동

1. Katherine Blanche Guthrie, *Through Russia: From St Petersburg to Astrakhan and the Crimea*, London, 1874, vol. 1, p. 321.

2. N.F. Tagirova, 'Khlebnyi rynok Povolzh'ia vo vtoroi polovine XIX – nachale XX vv.', disserta\-tion, Samara State University, 1999, p. 74.

3. James Abbott, *Narrative of a Journey from Heraut to Khiva, Moscow and St Petersburgh, during the late Russian Invasion of Khiva*, London, 1884, vol. 2, p. 115.

4. Oliphant, *The Russian Shores of the Black Sea*, p. 37.

5. Pallas, *Travels through the Southern Provinces*, vol. 1, p. 97.

6. Perry, *The State of Russia under the Present Czar*, pp. 102–03.

7. Olearius, *The Travels of Olearius*, pp. 301–02.

8. Hausmann, *Mütterchen Wolga*, pp. 302–03.

9. *PSZ*, no. 8598, vol. 11, p. 638, 13 August 1742.

10. Richard M. Haywood, 'The Development of Steamboats on the Volga and its

Tributaries, 1817–1865', *Research in Economic History,* vol. 6, 1981, p. 139 and *passim.*

11. Rodin, *Burlachestvo v Rossii,* pp. 75, 141.

12. F.Kh. Kissel', *Istoriia goroda Uglicha,* reprint of 1844 edition, Uglich, 1994, p. 370.

13. Bell, *Travels from St Petersburg,* p. 10.

14. Munro-Butler-Johnstone, *A Trip up the Volga,* p. 10.

15. *PSZ,* no. 8922, vol. 12, p. 85, 14 April 1744.

16. Kotilaine, *Russia's Foreign Trade and Economic Expansion,* p. 458.

17. Iukht, *Torgovlia s vostochnymi stranami,* pp. 58, 102–26; Riabtsev, *Gosudarstvennoe regulirovanie vostochnoi torgovli Rossii,* p. 64.

18. E.G. Istomina, *Vodnye puti Rossii: vo vtoroi polovine XVIII – nachale XIX veka,* Moscow, 1982, p. 117.

19. Tsybin and Ashanin, *Istoriia Volzhskogo kazachestva,* p. 52.

20. Smith and Christian, *Bread and Salt,* pp. 185, 57.

21. Dubman et al., *Istoriia Samary,* p. 125.

22. Oliphant, *The Russian Shores of the Black Sea,* p. 85.

23. Spottiswoode, *Tarantasse Journey,* p. 104.

24. Istomina, *Vodnye puti Rossi,* p. 116.

25. Rodin, *Burlachestvo v Rossii,* p. 63.

26. Istomina, *Vodnyi transport Rossii,* p. 145.

27. M.Iu. Volkov, *Goroda Verkhnego Povolzh'ia i severo-zapada Rossii. Pervaia chetvert' XVIII v.,* Moscow, 1994, p. 127.

28. Istomina, *Vodnyi transport Rossii,* p. 139.

29. Haxthausen, *The Russian Empire,* vol. 1, p. 144.

30. Discussed fully in Robert E. Jones, *Bread upon the Waters: the St Petersburg Grain Trade and the Russian Economy, 1703–1811,* Pittsburgh, PA, 2013.

31. Istomina, *Vodnye puti Rossii,* p. 35.

32. GAIO, fond 72, opis' 2, delo 837, Chancellery of the Iaroslavl' Governor-General.

33. R.A. French, 'Canals in Pre-Revolutionary Russia', in J.H. Bater and R.A. French, eds, *Studies in Russian Historical Geography,* vol. 2, London, 1983, pp. 451–81.

34. Spottiswoode, *Tarantasse Journey,* p. 7.

35. Rodin, *Burlachestvo v Rossii,* p. 110.

36. *Narodnoe sudostroenie v Rossii: entsiklopedicheskii slovar' sudov narodnoi postroiki,* edited by P.A. Filin and S.P. Kurnoskin, St Petersburg, 2016, pp. 49, 281–88.

37. Istomin, *Vodnye puti Rossii*, pp. 54–58, Haywood, 'The Development of Steamboats', pp. 138–39.

38. Dorothy Zeisler-Vralsted, *Rivers, Memory and Nation-Building: A History of the Volga and the Mississippi Rivers*, New York, 2014, p. 69.

39. Haywood, 'The Development of Steamboats', pp. 143–52, 159.

40. Oliphant, *The Russian Shores of the Black Sea*, p. 38.

41. Spottiswoode, *Tarantasse Journey*, p. 13.

42. Haywood, 'The Development of Steamboats', pp. 155, 177.

43. ibid., p. 158.

44. A.A. Khalin, *Istoriia volzhskogo rechnogo parokhodstva (seredina XIX – nachalo XX v.)*, Nizhnii Novgorod, 2017, p. 129.

45. Guthrie, *Through Russia*, vol. 2, pp. 15, 18.

46. I.N. Slepnev, 'Vliianie sozdaniia zheleznodorozhnoi seti na tovarizatsiiu zernovogo proizvodstva Rossii (vtoraia polovina XIX v.)', in *Povolzh'e v sisteme vserossiiskogo rynka: istoriia i sovremennost'*, Cheboksary, 2000, pp. 53–68.

47. N. Andreev, *Illiustrirovannyi putevoditel' po Volge i eia pritokam Oke i Kame*, 2nd edition, Moscow, 1914, p. 226.

48. N.F. Tagirova, *Rynok Povolzh'ia (vtoraia polovina XIX – nachalo XX vv.)*, Moscow, 1999, pp. 87–106.

49. French, 'Canals in Pre-Revolutionary Russia', p. 476.

50. Rodin, *Burlachestvo v Rossii*, pp. 56, 82, 125, 174.

51. Istomina, *Vodnye puti Rossii*, p. 92; Istomina, *Vodnyi transport Rossii*, p. 74.

52. Rodin, *Burlachestvo v Rossii*, p. 145.

53. ibid., p. 97.

54. Maksim Gorky, *My Childhood*, translated by Ronald Wilks, London, 1966, p. 36.

55. Rodin, *Burlachestvo v Rossii*, pp. 34, 77.

56. N.B. Golikova, 'Iz istorii formirovaniia kadrov naemnykh rabotnikov v pervoi chetverti XVIII v.', *Istoriia SSSR*, 1965, no. 1, pp. 78–79.

57. Istomina, *Vodnyi transport Rossii*, p. 68.

58. M.F. Prokhorov, 'Otkhodnichestvo krest'ian v gorodakh Verkhnego Povolzh'ia v seredine XVIII veka', *Russkii gorod*, Moscow, vol. 9, 1990, p. 151–53.

59. N.B. Golikova, *Naemnyi trud v gorodakh Povolzh'ia v pervoi chetverti XVIII veka*, Moscow, 1965, p. 69.

60. Istomina, *Vodnye puti Rossii*, p. 76.

61. Rodin, *Burlachestvo v Rossii*, p. 129.

62. Hausmann, *Mütterchen Wolga*, pp. 295–308.

63. Butyrkin, 'Razskazy iz sluzhby na Volge', p. 102.

64. Rodin, *Burlachestvo v Rossii*, p. 159.

65. ibid., p. 187.

66. Tagirova, *Rynok Povolzh'ia*, pp. 142–44.

67. Oliphant, *The Russian Shores of the Black Sea*, p. 27.

68. Dubman et al., *Istoriia Samary*, pp. 124–30.

69. N.F. Filatov, *Goroda i posady Nizhegorodskogo Povolzh'ia v XVIII veke*, Gor'kii, 1989, p. 48.

70. Ann Lincoln Fitzpatrick, *The Great Russian Fair: Nizhnii Novgorod 1846–90*, London and New York, 1990, p. 18, but much of this section is based on this monograph.

71. *PSZ*, no. 27302, vol. 35, pp. 143–44, 6 March 1818.

72. William Forsyth, *The Great Fair of Nijni Novgorod and How We Got There*, London, 1865, p. 114.

73. Oliphant, *The Russian Shores of the Black Sea*, p. 23.

74. Munro-Butler-Johnstone, *A Trip up the Volga*, p. 76.

75. Fitzpatrick, *The Great Russian Fair*, p. 48.

76. Forsyth, *The Great Fair of Nijni Novgorod*, pp. 110–11.

77. Bremner, *Excursions in the Interior of Russia*, vol. 2, pp. 226–27.

78. Fitzpatrick, *The Great Russian Fair*, p. 139.

79. Bremner, *Excursions in the Interior of Russia*, vol. 2, pp. 228–31.

80. Fitzpatrick, *The Great Russian Fair*, p. 37.

81. Bremner, *Excursions in the Interior of Russia*, vol. 2, p. 235.

82. Oliphant, *The Russian Shores of the Black Sea*, p. 9.

11. 볼가강과 러시아인의 의식

1. Quoted in Christopher Ely, *This Meager Nature: Landscape and National Identity in Imperial Russia*, DeKalb, IL, 2002, p. 63.

2. Quoted in ibid., p. 68.

3. Ivan Goncharov, *Oblomov*, translated by David Magarshack, Harmondsworth, 1954, p. 104. Also quoted in Ely, *This Meager Nature*, p. 126.

4. G.P. Dem'ianov, *Putevoditel' po Volge ot Tveri do Astrakhani*, 6th edition, Nizhnii Novgorod, 1900, no page numbers.

5. 'The Storm' in Aleksandr Ostrovsky, *Four Plays*, translated by Stephen Mulrine, London, 1997, p. 11.

6. Cited in the *Slovar' russkogo iazyka XI–XII vv.*, vol. 9, Moscow, 1982, under *matka*.

7. *Poety 1790–1810-kh godov*, Leningrad, 1971, pp. 673–74. See also Toriyama, 'Images of the Volga River in Russian Poetry'.

8. Dem'ianov, *Putevoditel' po Volge ot Tveri do Astrakhani*. This poem is undated and attributed to 'Vl.Iu', no page numbers.

9. ibid., poem by A. Lugovoi, no page numbers.

10. Oleg Riabov, '"Mother Volga" and "Mother Russia": On the Role of the River in Gendering Russianness', in Jane Costlow and Arja Rosenholm, eds, *Meanings and Values of Water in Russian Culture*, Abingdon, 2017, p. 88.

11. Butyrkin, 'Razskazy iz sluzhby na Volge', p. 105.

12. Aleksandr Nikolaevich Naumov, *Iz utselevshikh vospominanii, 1868–1917*, 2 vols, New York, 1954, vol. 1, p. 294.

13. Riabov, '"Mother Volga" and "Mother Russia"', pp. 81–98.

14. E.A. Bazhanov, *Sviashchennye reki Rossii*, Samara, 2008, p. 96.

15. Author's own translation.

16. 'The Ice is Moving' in Maksim Gorky, *Selected Short Stories*, New Delhi, 2000, p. 306.

17. 'One Autumn', in Gorky, *Selected Short Stories*, p. 155.

18. Evgenii Chirikov, *Marka of the Pits*, translated by L. Zarine, London, n.d. [1930?], pp. 1–2.

19. Evgenii Chirikov, *Otchii dom: semeinaia khronika*, Moscow, 2010, p. 229.

20. Christopher Ely, 'The Origins of Russian Scenery: Volga River Tourism and Russian Landscape Aesthetics', *Slavic Review*, vol. 62, no. 4, 2003, p. 668. Much of this section is drawn from this article.

21. ibid., p. 669.

22. *Khudozhniki brat'ia Grigorii i Nikanor Chernetsovy: grecheskii mir v russkom iskusstve*, St Petersburg, 2000, fig. 51. Sketches of other Volga towns are at 2, 18, 23, 47, 48, 49, 50. I thank Andrew Curtin for this reference.

23. John E. Bowlt, 'Russian Painting in the Nineteenth Century', in Theofanis G. Stavrou, ed., *Art and Culture in Nineteenth-Century Russia*, Bloomington, IN, 1983, p. 130.

24. Ely, *This Meager Nature*, p. 71.

25. Rosalind P. Gray, *Russian Genre Painting in the Nineteenth Century*, Oxford, 2000, p. 86.

26. Stites, *Serfdom, Society, and the Arts in Imperial Russia*, p. 359.

27. Il'ia Repin, *Dalekoe blizkoe i vospominaniia*, Moscow, 2002, pp. 238–40.

28. Molly Brunson, 'Wandering Greeks: How Repin Discovers the People', *Ab Imperio*, vol. 2, 2012, p. 98.

29. ibid., p. 92.

30. This is well documented in Andrey Shabanov, *Art and Commerce in Late Imperial Russia: The Peredvizhniki, a Partnership of Artists*, London, 2019.

31. Elizabeth Valkenier, *Ilya Repin and the World of Russian Art*, New York, 1990, p. 83.

32. Ivan Evdokimov, *Levitan: povest'*, Moscow, 1958, pp. 282–87.

33. Ely, 'The Origins of Russian Scenery', p. 681. The painting is reproduced on p. 667, fig. 4.

34. Riabov, ' "Mother Volga" and "Mother Russia" ', p. 85.

35. Serge Gregory, *Antosha and Levitasha: The Shared Lives and Art of Anton Chekhov and Isaac Levitan*, DeKalb, IL, 2015, p. 89.

36. Anton Chekhov, 'The Grasshopper', from *The Wife and Other Stories*, translated by Constance Garnett, New York, 1918, p. 42.

37. Ivan Bunin, *Sunstroke: Selected Stories of Ivan Bunin*, translated by Graham Hettlinger, Chicago, IL, 2002, p. 3.

38. K.S. Petrov-Vodkin, *Moia povest' (Khlynovsk)*, St Petersburg, 2013, pp. 234, 281.

39. Quoted in Riabov, ' "Mother Volga" and "Mother Russia" ', p. 84.

40. Quoted in Ely, *This Meager Nature*, p. 68.

41. Quoted in ibid., p. 65.

42. Guido Hausmann, 'The Volga Source: Sacralization of a Place of Memory', in *Velikii volzhskii put'*, Kazan', 2001, pp. 340–46; also Hausmann, *Mütterchen Wolga*, pp. 100–10.

43. Haywood, 'The Development of Steamboats', p. 176.

44. This section draws on Ely, 'The Origins of Russian Scenery', here p. 671.

45. ibid., p. 674.

46. ibid., pp. 675–77.

47. Dem'ianov, *Putevoditel' po Volge ot Tveri do Astrakhani*, pp. 279, 325.

48. Andreev, *Illiustrirovannyi putevoditel' po Volge*, pp. 66, 158, 226, 234.

49. S.V. Starikov, *Velikaia reka Rossii na rubezhe XIX–XX vekov: Volga ot Nizhnego Novgoroda do Kazani na starinnykh otkrytkakh*, Ioshkar-Ola, 2009.

50. Anton Chekhov, *Letters of Anton Chekhov*, selected and edited by Avrahm Yarmolinsky, New York, 1973, p. 136.

51. Karl Baedeker, *Karl Baedeker's Russia 1914*, London, 1971.

52. Quoted in Ely, 'The Origins of Russian Scenery', p. 676.

12. 볼가강 지역의 개혁, 갈등, 러시아화

1. P.M Poteten'kin, *Krest'ianskie volneniia v Saratovskoi gubernii v 1861–1863 gg.*, Saratov, 1940, pp. 55–57.

2. L.V. Tushkanov, *Chastnovladel'cheskoe khoziaistvo Saratovskoi gubernii v poreformennyi period (1861–1904 gg.)*, Volgograd, 2010, pp. 28, 35, 45, 59.

3. Timothy Mixter, 'Of Grandfather-Beaters and Fat-Heeled Pacifists: Perceptions of Agricultural Labor and Hiring Market Disturbances in Saratov, 1872–1905', *Russian History*, vol. 7, nos 1–2, 1980, p. 141.

4. Moon, *The Plough that Broke the Steppes*, p. 216.

5. 'Autobiographical Sketch' in Alexey Tolstoy, *Collected Works*, vol. 6, *Ordeal*, Moscow, 1982, p. 15.

6. James Simms, 'The Economic Impact of the Russian Famine of 1891–92', *The Slavonic and East European Review*, vol. 60, no. 1, 1982, p. 69.

7. James Long, 'Agricultural Conditions in the German Colonies of Novouzensk District, Samara Province, 1861–1914', *The Slavonic and East European Review*, vol. 57, no. 4, 1979, p. 540.

8. Richard G. Robbins, *Famine in Russia 1891–1892: An Imperial Government Responds to a Crisis*, New York and London, 1975, p. 171.

9. *Krest'ianskoe dvizhenie v Simbirskoi gubernii v period revoliutsii 1905–1907 godov: dokumenty i materialy*, Ul'ianovsk, 1955, pp. 46, 53.

10. Timothy Mixter, 'Peasant Collective Action in Saratov Province, 1902–1906', in Rex A. Wade and Scott J. Seregny, *Politics and Society in Provincial Russia: Saratov, 1590–1917*, Columbus, OH, 1989, p. 214.

11. Naumov, *Iz utselevshikh vospominanii*, vol. 2, pp. 72–74.

12. I.V. Volkov, 'Stolypinskaia agrarnaia reforma v Iaroslavskoi gubernii', in *Ocherki istorii Iaroslavskogo kraia*, Iaroslavl', 1974, p. 166.

13. Dubman and Kabytov, *Povolzh'e – 'vnutrenniaia okraina' Rossii*, p. 274.

14. Quoted in Judith Pallot, *Land Reform in Russia, 1906–17: Peasant Responses to Stolypin's Project of Rural Transformation*, Oxford, 1999, p. 76.

15. Dubman and Kabytov, *Povolzh'e – 'vnutrenniaia okraina' Rossii*, p. 273.

16. Quoted in Judith Pallot, *Land Reform in Russia, 1906–17*, p. 170.

17. Judith Pallot, 'Agrarian Modernisation on Peasant Farms in the Era of Capitalism', in J.H. Bater and R.A. French, eds, *Studies in Russian Historical*

Geography, vol. 2, London, 1983, pp. 423–29.

18. Quoted in Pallot, *Land Reform in Russia, 1906–17*, p. 231.

19. Kuznetsov, *Ocherki po istorii Chuvashskogo krest'ianstva*, vol. 1, pp. 16, 322, 326.

20. *Volneniia urzhumskikh Mariitsev v 1889 godu*, compiled by L. Shemier et al., Ioshkar-Ola, 2017, pp. 33, 54.

21. Long, 'Agricultural Conditions in the German Colonies', pp. 531–51.

22. Hartley, *Siberia*, p. 170.

23. Munro-Butler-Johnstone, *A Trip up the Volga*, pp. 37–38.

24. David Macey, 'Reflections on Peasant Adaptation in Rural Russia of the Beginning of the Twentieth Century: The Stolypin Agrarian Reforms', *Journal of Peasant Studies*, vol. 31, nos 3–4, 2004, pp. 400–26.

25. Peter Waldron, *Between Two Revolutions: Stolypin and the Politics of Renewal in Russia*, London, 1998, p. 176.

26. Dubman et al., *Istoriia Samary*, p. 234; V.A. Cholakhian, *Sotsial'no-demograficheskie posledstviia industrial'nogo razvitiia Nizhnego Povolzh'ia (konets XIX v. – 1930-e gg.)*, Saratov, 2008, pp. 19–24.

27. Donald J. Raleigh, 'Revolutionary Politics in Provincial Russia: The Tsaritsyn "Republic" in 1917', *Slavic Review*, vol. 40, no. 2, 1981, p. 195.

28. Abraham Ascher, *The Revolution of 1905*, vol. 1, *Russia in Disarray*, Stanford, CA, 2004, p. 138.

29. *1905 god v Tsaritsyne (vospominaniia i dokumenty)*, compiled by V.I. Tomarev and E.N. Shkodina, Stalingrad, 1960, pp. 46–49.

30. *Revoliutsionnoe dvizhenie v Astrakhani i Astrakhanskoi gubernii v 1905–1907 godakh: sbornik dokumentov i materialov*, Astrakhan', 1957, p. 124.

31. *Revoliutsionnoe dvizhenie v Chuvashii v pervoi russkoi revoliutsii 1905–1907; dokumenty i mate\-rialy*, Cheboksary, 1965, pp. 32–34.

32. This section is based on Hugh Phillips, 'Riots, Strikes and Soviets: The City of Tver in 1905', *Revolutionary Russia*, vol. 17, no. 2, 2004, pp. 49–66.

33. M.L. Razmolodin, *Chernosotennoe dvizhenie v Iaroslavle i guberniiakh Verkhnego Povolzh'ia v 1905–1915 gg.*, Iaroslavl', 2001, pp. 23–24.

34. I.A. Bushuev, 'Pogrom v provintsii: o sobytiiakh 19 oktiabria 1905 g. v Kostrome', in *Gosudarstvo, obshchestvo, tserkov' v istorii Rossii XX veka*, part 2, Ivanovo, 2014, pp. 398–402.

35. Mustafa Tuna, *Imperial Russia's Muslims: Islam, Empire, and European Modernity 1788–1914*, Cambridge, 2015, p. 135.

36. Kh.Kh. Khasanov, 'Iz istorii formirovaniia Tatarskoi natsii', in *Tatariia v*

proshlom i nastoiash\-chem: sbornik statei, Kazan', 1975, pp. 191–93.

37. NART, fond 1, opis' 6, delo 91, Chancellery of the Kazan' Governor, 1901.

38. NART, fond 1, opis' 3, delo 1834, Chancellery of the Kazan' Governor, 1868.

39. Aleksandr Kaplunovskii, 'Tatary, musul'mane i russkie v meshchanskikh obshchinakh Srednego Povolzh'ia v kontse XIX – nachale XX veka', *Ab Imperio*, vol. 1, 2000, pp. 101–15.

40. NART, fond 2, opis' 2, delo 4432, Kazan' Provincial Office, 1892.

41. Kefeli, *Becoming Muslim in Imperial Russia*, p. 139.

42. Quoted in Zemtsova, 'Russification and Educational Policies in the Middle Volga Region', p. 155.

43. D.M. Iskhakov, 'Kriasheny (istoriko-etnograficheskii ocherk)', in *Tatarskaia natsiia: istoriia i sovremennost'*, Kazan', 2002, pp. 121–23.

44. NART, fond 1, opis' 6, delo 612, Chancellery of the Kazan' Governor.

45. Norihiro Naganawa, 'Holidays in Kazan: The Public Sphere and the Politics of Religious Authority among Tatars in 1914', *Slavic Review*, vol. 71, no. 1, 2012, pp. 25–48.

46. Quoted in Zemtsova, 'Russification and Educational Policies in the Middle Volga Region', p. 115.

47. Ch.Kh. Samatova, *Imperskaia vlast' i Tatarskaia shkola vo vtoroi polovine XIX – nachale XX veka*, Kazan', 2013, p. 232.

48. Quoted in Zemtsova, 'Russification and Educational Policies in the Middle Volga Region', p. 116.

49. Samatova, *Imperskaia vlast' i Tatarskaia shkola*, p. 231.

50. Syzranov, *Islam v Astrakhanskom krae*, p. 60.

51. Quoted in Samatova, *Imperskaia vlast' i Tatarskaia shkola*, p. 124.

52. Quoted in Zemtsova, 'Russification and Educational Policies in the Middle Volga Region', p. 97.

53. Koch, *The Volga Germans in Russia and the Americas*, p. 155.

54. James Long, *From Privileged to Dispossessed: The Volga Germans 1860–1917*, Lincoln, NE, and London, 1988, p. 190.

55. Rorlich, *The Volga Tatars*, pp. 49–64.

56. ibid., p. 71.

57. ibid., pp. 110–12.

58. Christian Noack, 'State Policy and the Impact on the Formation of a Muslim Identity in the Volga-Urals', in *Islam in Politics in Russia and Central Asia (Early Eighteenth to Late Twentieth Centuries)*, edited by S.A. Dudoignon and Komatsu

Hisau, London, New York and Bahrain, 2001, pp. 3–24.

59. *Historical Anthology of Kazan Tatar Verse*, p. 112.

13. 볼가강 지역의 혁명과 내전

1. Quoted in W.E. Mosse, 'Revolution in Saratov (October – November 1910)', *The Slavonic and East European Review*, vol. 49, 1971, p. 594.

2. L.R. Gabdrafikova and Kh.M. Abdulin, *Tatary v gody Pervoi Mirovoi Voiny (1914–1918 gg.)*, Kazan', 2015, p. 260.

3. Quoted in Hugh Phillips, '"A Bad Business" – The February Revolution in Tver", *The Soviet and Post-Soviet Review*, vol. 23, no. 2, 1996, p. 127.

4. E.Iu. Semenova, *Mirovozzrenie gorodskogo naseleniia Povolzh'ia v gody Pervoi Mirovoi Voiny (1914 – nachalo 1918 gg.): sotsial'nyi, ekonomicheskii, politicheskii aspekty*, Samara, 2012, pp. 156–64, 174, 176, 220–21.

5. ibid., pp. 103, 91.

6. Cholakhian, *Sotsial'no-demograficheskie posledstviia*, pp. 35–38.

7. E.Iu. Semenova, *Rossiiskii gorod v gody Pervoi Mirovoi Voiny (na materialakh Povolzh'ia)*, Samara, 2016, p. 42; Zaitsev, *Saratovskaia gorodskaia duma*, p. 171.

8. Gabdrafikova and Abdulin, *Tatary v gody Pervoi Mirovoi Voiny*, pp. 132, 177.

9. V. Denningkhaus, 'Russkie nemtsy i obshchestvennye nastroeniia v Povolzh'e v period Pervoi Mirovoi Voiny', in *Voenno-istoricheskie issledovaniia v Povolzh'e*, Saratov University, vol. 7, 2006, p. 176.

10. Semenova, *Mirovozzrenie gorodskogo naseleniia Povolzh'ia*, pp. 95, 126, 434.

11. ibid., p. 415.

12. S.S. Pliutsinskii, 'Pereselennye nemtsy na territorii Astrakhanskoi gubernii v gody Pervoi Mirovoi Voiny (1914–1918 gg.)', in *Istoricheskaia i sovremennaia regionalistika Verkhovnogo Dona i Nizhnego Povolzh'ia: sbornik nauchnykh statei*, Volgograd, 2005, pp. 218–31.

13. Long, *From Privileged to Dispossessed*, p. 232.

14. Semenova, *Rossiiskii gorod v gody Pervoi Mirovoi Voiny*, pp. 162–63.

15. *Provintsial v Velikoi Rossiiskoi Revoliutsii. Sbornik dokumentov. Simbirskaia guberniia v ianvare 1917 – marte 1918 gg.*, edited by N.V. Lipatova, Ul'ianovsk, 2017, p. 294.

16. Quoted in Sarah Badcock, *Politics and the People in Revolutionary Russia: A Provincial History*, Cambridge, 2007, pp. 32–33.

17. ibid., p. 34.

18. Donald J. Raleigh, *Revolution on the Volga: 1917 in Saratov*, Ithaca, NY, and London, 1986, p. 85.

19. *Provintsial v Velikoi Rossiiskoi Revoliutsii*, p. 284.

20. Quoted in Badcock, *Politics and the People in Revolutionary Russia*, p. 37.

21. This section is drawn from Phillips, "'A Bad Business'", pp. 123–41.

22. Badcock, *Politics and the People in Revolutionary Russia*, p. 20.

23. Quoted in ibid., pp. 103, 118.

24. Quoted in Mosse, 'Revolution in Saratov', p. 598.

25. Sarah Badcock, 'From Saviour to Pariah: A Study of the Role of Karl Ianovich Grasis in Cheboksary during 1917', *Revolutionary Russia*, vol. 15, no. 1, 2002, pp. 69–96.

26. Raleigh, 'Revolutionary Politics in Provincial Russia', pp. 198–207.

27. Mosse, 'Revolution in Saratov', pp. 586–602.

28. ibid., p. 599.

29. Quoted in Laura Engelstein, *Russia in Flux: War, Revolution, Civil War 1914–21*, Oxford, 2018, p. 416.

30. This section is drawn primarily from Stephen M. Berk, 'The Democratic Counterrevolution: Komuch and the Civil War on the Volga', *Russian History*, vol. 7, 1980, pp. 176–90.

31. Orlando Figes, *Peasant Russia, Civil War: The Volga Countryside in Revolution 1917–1921*, London, 1989, p. 178.

32. A.A. Khalin et al., *Ocherki istorii volzhskogo rechnogo parokhodstva v XX – nachale XXI v.*, Nizhnii Novgorod, 2018, pp. 19–20, 31–33.

33. Peter Kenez, *Civil War in South Russia, 1918*, Berkeley, CA, and London, vol. 2, 1977, p. 38.

34. S.V. Mamaeva, *Promyshlennost' Nizhnego Povolzh'ia v period voennogo kommunizma (1918 – vesna 1921 g.)*, Astrakhan', 2007, pp. 101, 110.

35. Cholakhian, *Sotsial'no-demograficheskie posledstviia*, pp. 62–63.

36. K.I. Sokolov, *Proletarii protiv 'Proletarskoi' vlasti: protestnoe dvizhenie rabochikh v Tverskoi gubernii v kontse 1917–1922 gg.*, Tver', 2017, p. 50.

37. Donald J. Raleigh, *Experiencing Russia's Civil War: Politics, Society, and Revolutionary Culture in Saratov, 1917–1922*, Princeton, NJ, and Oxford, 2002, pp. 250, 261–64.

38. ibid., pp. 187–89, 194, 196.

39. Alexis Babine, *A Russian Civil War Diary: Alexis Babine in Saratov, 1917–1922*, edited by Donald J. Raleigh, Durham, NC, and London, 1989, pp. 30, 56, 92,

182, 188.

40. Raleigh, *Revolution on the Volga: 1917 in Saratov*, Ithaca, NY, and London, 1986, p. 186.

41. Irina Koznova, *Stalinskaia epokha v pamiati krest'ianstva Rossii*, Moscow, 2016, p. 92.

42. Aleksandrova and Vedernikova, *Sel'skie dvorianskie usad'by Samarskogo Zavolzh'ia*, pp. 41–46.

43. Badcock, *Politics and the People in Revolutionary Russia*, pp. 186.

44. ibid., pp. 230–31.

45. E.I. Medvedev, *Grazhdanskaia voina v Srednem Povolzh'e (1918–1919)*, Saratov, 1974, pp. 199, 239.

46. Raleigh, *Experiencing Russia's Civil War*, p. 319.

47. *Oktiabr' v Povolzh'e*, Saratov, 1967, p. 478.

48. Quoted in Figes, *Peasant Russia, Civil War*, pp. 266–67.

49. Raleigh, *Experiencing Russia's Civil War*, p. 338.

50. C.E. Bechhofer, *Through Starving Russia. Being the Record of a Journey to Moscow and the Volga Provinces in August and September 1921*, Westport, CT, 1921, pp. 39, 43, 47, 56.

51. Wendy Z. Goldman, *Women, the State and the Revolution: Soviet Family Policy and Social Life 1917–36*, Cambridge, 1993, pp. 67–69.

52. Rafael Shaydullin, 'Peasantry and the State and the Tatar Autonomous Soviet Socialist Republic', in *The History of the Tatars since Ancient Times*, vol. 7, Kazan', 2017, pp. 283–84.

53. V.V. Alekseev, *Zemlia Borskaia: vekhi istorii*, Samara, 2016, pp. 334, 336.

54. This section is drawn from James Long, 'The Volga Germans and the Famine of 1921', *Russian Review*, vol. 51, no. 4, 1992, pp. 510–25, here pp. 512, 518.

55. Quoted in ibid., p. 521.

56. Guzel Yakhina, *Zuleikha: A Novel*, translated by Lisa C. Hayden, London, 2015, p. 43.

14. 볼가강 지역의 집단화와 억압

1. Quoted in Lynne Viola, *Peasant Rebels under Stalin: Collectivization and the Culture of Peasant Resistance*, Oxford, 1996, p. 56.

2. Anne Appelbaum, *Gulag: A History*, London, 2003, p. 103.

3. I.F. Ialtaev, *Derevnia Mariiskoi avtonomnoi oblasti v gody kollektivizatsiia (1929–*

1936), Ioshkar-Ola, 2015, p. 86.

4. *Kollektivizatsiia sel'skogo khoziaistva v srednem Povolzh'e (1927–1937)*, edited by N.N. Panov and F.A. Karevskii, Kuibyshev, 1970, p. 208.

5. *Istoriia Tatarskoi ASSR*, vol. 2, p. 267.

6. Anatolii Golovkin, *Zhernova. Kniga pamiati Tverskikh Karel*, Tver', 2017, pp. 22–23.

7. Alekseev, *Zemlia Borskaia*, pp. 357–58.

8. A.A. German, *Bol'shevistskaia vlast' i nemetskaia avtonomiia na Volge (1918–1941)*, Saratov, 2004, pp. 215, 224.

9. Ialtaev, *Derevnia Mariiskoi avtonomnoi oblasti*, pp. 58, 176, 88.

10. *The History of the Tatars since Ancient Times*, vol. 7, Kazan', 2017, appendix, documents, pp. 797–98.

11. Quoted in Viola, *Peasant Rebels under Stalin*, p. 151.

12. Koznova, *Stalinskaia epokha v pamiati krest'ianstva*, pp. 266, 268.

13. Viola, *Peasant Rebels under Stalin*, pp. 140, 162.

14. Sheila Fitzpatrick, *Stalin's Peasants: Resistance and Survival in the Russian Village after Collectivization*, Oxford and New York, 1994, p. 17.

15. Koznova, *Stalinskaia epokha v pamiati krest'ianstva*, p. 179.

16. Quoted in Viola, *Peasant Rebels under Stalin*, p. 62.

17. Quoted in ibid., pp. 144, 157–58.

18. ibid., p. 82.

19. Ialtaev, *Derevnia Mariiskoi avtonomnoi oblasti*, p. 92.

20. Viola, *Peasant Rebels under Stalin*, p. 88.

21. ibid., p. 161.

22. *The History of the Tatars since Ancient Times*, vol. 7, appendix, documents, pp. 803–05.

23. Quoted in German, *Bol'shevistskaia vlast' i nemetskaia avtonomiia na Volge*, p. 219.

24. Fitzpatrick, *Stalin's Peasants*, p. 75.

25. Koznova, *Stalinskaia epokha v pamiati krest'ianstva*, pp. 312, 317, 319.

26. Fitzpatrick, *Stalin's Peasants*, p. 76.

27. Quoted in Robert Conquest, *The Harvest of Sorrow: Soviet Collectivisation and the Terror-Famine*, London, 1986, pp. 281–82.

28. Andrew Cairns, *The Soviet Famine 1932–33: An Eye Witness Account of Conditions in the Spring and Summer of 1932*, Edmonton, Canadian Institute of Ukrainian Studies, 1989, pp. 114–15.

29. *Golod v SSSR 1930–1934 gg.*, Moscow, 2009, pp. 342, 344–46.

30. Ialtaev, *Derevnia Mariiskoi avtonomoi oblasti*, pp. 178–79, 204.

31. Koznova, *Stalinskaia epokha v pamiati krest'ianstva*, p. 183.

32. Yakhina, *Zuleikha*, pp. 134–35.

33. Aleksandr Beliakov and Stanislav Smirnov, *Lishentsy Nizhegorodskogo kraia (1918–1936 gg.)*, Nizhnii Novgorod, 2018, pp. 64, 44, 97.

34. *Kak eto bylo: dokumental'nyi sbornik*, compiled by V.A. Ugriumov, Nizhnii Novgorod, 2011, pp. 171–72.

35. Eugenia Semyonovna Ginzburg, *Journey into the Whirlwind*, translated by Paul Stevenson and Max Hayward, New York and London, 1967, pp. 52–53.

36. *Provintsial v Velikoi Rossiiskoi Revoliutsii*, pp. 190–91.

37. Ayslu Kabirova, 'Political Repression in the TASSR in the 1930s', in *The History of the Tatars since Ancient Times*, vol. 7, Kazan', 2017, pp. 366–70.

38. Z.G. Garipova, *Kazan': obshchestvo, politika, kul'tura*, Kazan', 2004, pp. 33–36, 48–49.

39. Ildikó Lehtinen, *From the Volga to Siberia: The Finno-Ugric Peoples in Today's Russia*, Helsinki, 2002, p. 32.

40. *An Anthology of Chuvash Poetry*, p. 129.

41. Jacob Weber [Iakov Veber], *Iakov Iakovlevich Veber; Katalog k 125-letiu so dnia rozhdeniia. Zhivopis'*, Saratov, 1995. I am grateful to Professor Roger Bartlett for this source.

42. Rotermel', *Tverskie nemtsy*, p. 97.

43. Golovkin, *Zhernova. Kniga pamiati Tverskikh Karel*, pp. 384, 392–96.

44. *Iaroslavskii krai: istoriia, traditsii, liudi*, Iaroslavl', 2017, p. 135.

45. Garipova, *Kazan'*, p. 60.

46. *Russkie monastyri: Sredniaia i Nizhniaia Volga*, Moscow, 2004, pp. 213–14.

47. L.E. Koroleva, A.I. Lomovtsev and A.A. Korolev, *Vlast' i musul'mane Srednego Povolzh'ia (vtoraia polovina 1940-kh – pervaia polovina 1980-kh gg.*, Penza, 2001, pp. 65–66.

48. Gosudarstvennyi arkhiv Astrakhanskoi oblasti, fond 1, delo 743, ll. 31–38, Astrakhan' Provincial Soviet, acts on the handing over of religious communities, 1924.

49. Golovkin, *Zhernova. Kniga pamiati Tverskikh Karel*, pp. 389–90.

50. Beliakov and Smirnov, *Lishentsy Nizhegorodskogo kraia*, pp. 129–30.

51. Ruslan R. Ibragimov, *Vlast' i religiia v Tatarstane v 1940–1980-e gg.*, Kazan', 2005, pp. 61–62.

52. Nikolai Semenov, *O chem ne uspel*, Saratov, 2016, p. 111.

53. Jehanne M. Gheith and Katherine R. Jolluck, eds, *Gulag Voices: Oral Histories of Soviet Incarceration and Exile*, New York, 2011, pp. 134–40, 143.

54. Eugenia Semyonovna Ginzburg, *Within the Whirlwind*, translated by Ian Boland, San Diego, London and New York, 1981, p. 228.

15. 볼가강 지역의 제2차 세계 대전

1. Riabov, ' "Mother Volga" and "Mother Russia" ', p. 90.

2. A.M. Samsonov, *Stalingradskaia bitva*, 2nd edition, Moscow, 1968, pp. 281, 307.

3. Richard Overy, *Russia's War*, London, 1997, pp. 72, 76, 94.

4. Quoted in Janet M. Hartley, *Alexander I*, London and New York, 1994, p. 118.

5. Quoted in Melanie Ilic, *Life Stories of Soviet Women: The Interwar Generation*, London and New York, 2013, p. 39.

6. Overy, *Russia's* War, p. 117.

7. Antony Beevor, *Stalingrad*, London, 1999, p. 107. Much of this section is based on this brilliant account.

8. Quoted in Catherine Merridale, *Ivan's War: The Red Army 1939–45*, London, 2005, p. 150.

9. *Rechnoi transport SSSR 1917–1957: sbornik statei o razvitii rechnogo transporta SSSR za 40 let*, Moscow, 1957, p. 33; Khalin et al., *Ocherki istorii volzhskogo rechnogo parokhodstva*, p. 75.

10. Quoted in Beevor, *Stalingrad*, p. 149.

11. Quoted in ibid., p. 162.

12. Khalin et al., *Ocherki istorii volzhskogo rechnogo parokhodstva*, pp. 70, 74–75; V. Kazarin, *Volzhskie stranitsy Samarskoi istorii*, Samara, 2011, pp. 197–98.

13. Quoted in Beevor, *Stalingrad*, p. 364.

14. Vasily Grossman, *Stalingrad*, translated by Robert and Elizabeth Chandler, London, 2019, p. 478.

15. Quoted in Merridale, *Ivan's War*, p. 153.

16. Quoted in Beevor, *Stalingrad*, p. 235.

17. Quoted in Chris Bellamy, *Absolute War: Soviet Russia in the Second World War*, London, 2009, pp. 525–26.

18. Beevor, *Stalingrad*, pp. 304, 338.

19. Quoted in Merridale, *Ivan's War*, p. 154.

20. A.F. Raikov, *Voina glazami ochevidtsa: vospominaniia o Velikoi Otechestvennoi*

Voine, Tver', 2010, p. 92.

21. Vasily Grossman, *Life and Fate*, translated by Robert Chandler, London, 2006, p. 645.

22. Overy, *Russia's War*, p. 185.

23. Samsonov, *Stalingradskaia bitva*, p. 316.

24. A.V. Khramkov, *Trudiashchiesia Kuibyshevskoi oblasti v gody Velikoi Otechestvennoi Voiny 1941–1945*, Kuibyshev, 1985, pp. 11–12.

25. *Tatary Samarskogo kraia: istoriko-etnograficheskie i sotsial'no-ekonomicheskie ocherki*, edited by Sh.Kh. Galimov, Samara, 2017, pp. 499, 504, 507, 511, 514, 523, 565.

26. Robert Dale, 'Divided We Stand: Cities, Social Unity and Post-War Reconstruction in Soviet Russia, 1945–1953', *Contemporary European History*, vol. 24, no. 4, 2015, pp. 498–99. This was not only the case in Stalingrad, but also in other Soviet towns, where ambitious plans to build new socialist cities were watered down by the realities of the lack of resources and the desperate need for new housing; for an account of Nizhnii Novgorod/Gorkii, see Heather D. Dehaan, *Stalinist City Planning: Professionals, Performance, and Power*, Toronto, Buffalo, NY, and London, 2013.

27. Dale, 'Divided we Stand', pp. 499–500.

28. National Archives, Kew, FO 371/71659, Foreign Office Northern/Soviet Union, 'The trip by G.M. Warr and P. J. Kelly to Stalingrad and Astrakhan in 1948', pp. 10, 11, 14.

29. Dale, 'Divided we Stand', p. 506.

30. Elena Trubina, 'The Reconstructed City as Rhetorical Space: The Case of Volgograd', in Tovi Fenster and Haim Yacobi, *Remembering, Forgetting and City Builders*, Farnham, 2010, p. 113.

31. Scott W. Palmer, 'How Memory was Made: The Construction of the Memorial to the Heroes of the Battle of Stalingrad', *Russian Review*, vol. 68, no. 3, 2009, pp. 373–407.

32. Trubina, 'The Reconstructed City as Rhetorical Space', pp. 114–15.

33. I should like to thank Aleksandr Kiselev, of Volgograd University, for helping me to understand better the content of the panorama.

34. These attempts are described, for example, in O.U. El'chaninova, *Sel'skoe naselenie Srednego Povolzh'ia v period reform 1953–1964 gg.*, Samara, 2006, and V.S. Gorokhov, *Po zakonam kolk\-hoznoi zhizni*, Saratov, 1979.

35. Gregory D. Andrusz, *Housing and Urban Development in the USSR*, London,

1984, pp. 232–33.

36. V.P. Ivanov, 'Vliianie migratsii iz sela na demograficheskie i etnicheskie kharakteristiki gorodskikh semei', in *Sel'skoe khoziaistvo i krest'ianstvo Srednego Povolzh'ia v usloviiakh razvitogo sotsializma*, Cheboksary, 1982, pp. 100–24.

37. *Gorod Tol'iatti*, Kuibyshev, 1967, pp. 68, 79.

38. *Kul'tura Simbirskogo-Ul'ianovskogo kraia: sbornik dokumentov i materialov*, Ul'ianovsk, 2014, p. 54.

39. L.F. Khlopina, *Memorial nad Volgoi*, Ul'ianovsk, 2010. This book, published in 2010, presents the project in heroic terms, without considering the cost or the destruction; but there are good plans and photographs of the complex.

40. V. Samogorov, V. Pastushenko, A. Kapitonov and M. Kapitonov, *Iubileinyi Ul'ianovsk*, Ekaterinburg, 2013.

41. *Kul'tura Simbirskogo-Ul'ianovskogo kraia*, p. 315.

42. *Povolzh'e: spravochnik-putevoditel' po Volge, Kame, Oke . . . na 1933*, compiled by A.S. Insarov, G.G. Sitnikov and I.I. Fedenko, 2nd edition, Moscow, 1933, pp. 7, 73.

43. Ilf and Petrov (Il'ia Fainzil'berg and Evgenii Kataev), *The Twelve Chairs*, translated by John Richardson, London, 1965, pp. 220–21.

44. Ilic, *Life Stories of Soviet Women*, p. 40.

45. Grossman, *Stalingrad*, p. 144.

46. Riabov, '"Mother Volga" and "Mother Russia"', pp. 90–91. See also Oleg Riabov, '"Let us Defend Mother Volga": The Material Symbol of the River in the Discourse of the Stalinist Battle', *Women in Russian Society*, no. 2, 2015, pp. 11–27.

47. Riabov, '"Mother Volga and "Mother Russia"', p. 87.

48. ibid., p. 89.

16. 볼가강 지역의 비러시아인

1. Quoted in Sergei Kondrashov, *Nationalism and the Drive for Sovereignty in Tatarstan, 1988–92: Origins and Development*, London and Basingstoke, 2000, p. 64.

2. Allen Frank and Ronald Wixman, 'The Middle Volga: Exploring the Limits of Sovereignty', in Ian Bremmer and Ray Taras, eds, *New States, New Politics: Building the Post-Soviet Nations*, Cambridge, 1996, p. 147.

3. Tomila Lankina, *Governing the Locals: Local Self-Government and Ethnic*

Mobilization in Russia, Lanham, MD, and Oxford, 2004, p. 53.

4. Alexandre Bennigsen and S. Enders Wimbush, *Muslims of the Soviet Empire: A Guide*, C. Hurst & Company, Bloomington, IN, 1986, pp. 225–26.

5. Hélène Carrière d'Encausse, 'Party and Federation in the USSR: The Problem of the Nationalities and Power in the USSR', *Government and Opposition*, vol. 13, no. 2, 1978, pp. 138–40, 145.

6. Marie Benningsen Broxup, 'Volga Tatars', in Graham Smith, ed., *The Nationalities Question in the Soviet Union*, London and New York, 1990, pp. 280–82.

7. Rorlich, *The Volga Tatars*, p. 155.

8. Koch, *The Volga Germans in Russia and the Americas*, p. 288.

9. Ann Sheehy, *The Crimean Tatars, Volga Germans and Meskhetians: Soviet Treatment of Some National Minorities*, Minority Rights Group, report no. 6, 1971, pp. 25–28.

10. Cholakhian, *Armiane na Saratovskoi zemle*, p. 98.

11. Quoted in Broxup, 'Volga Tatars', p. 284.

12. Jeffrey Kahn, *Federalism, Democratization, and the Rule of Law in Russia*, Oxford, 2002, p. 95.

13. Azade-Ayşe Rorlich, 'History, Collective Memory and Identity: The Tatars of Sovereign Tatarstan', *Communist and Post-Communist Studies*, vol. 32, no. 4, 1999, pp. 379–96.

14. Kahn, *Federalism, Democratization and the Rule of Law in Russia*, p. 153.

15. See, for example, Izmail Sharifzhanov, 'The Parliament of Tatarstan, 1990–2005: Vain Hopes, or the Russian Way towards Parliamentary Democracy in a Regional Dimension', *Parliaments, Estates and Representation*, vol. 27, no. 1, 2007, pp. 239–50; Christopher Williams, 'Tatar Nation Building since 1991: Ethnic Mobilisation in Historical Perspective', *Journal of Ethnopolitics and Minority Issues in Europe*, vol. 10, no. 1, 2011, pp. 94–123.

16. *Narody Povolzh'ia i Priural'ia: Komi-zyriane, Komi permiaki, Mariitsy, Mordva, Udmurty*, edited by N.F. Mokshin, T.F. Fedianovich and L.S. Khristoliubova, Moscow, 2000, p. 196.

17. Ivan Boiko, Iuri Markov and Valentina Kharitonova, 'The Chuvash Republic', *Anthropology & Archaeology of Eurasia*, vol. 44, no. 2, 2005, p. 41.

18. Cholakhian, *Armiane na Saratovskoi zemle*, pp. 97–98.

19. Frank and Wixman, 'The Middle Volga', p. 158.

20. Teresa Wigglesworth-Baker, 'Language Policy and Post-Soviet Identities in

Tatarstan', *Nationalities Papers*, vol. 44, no. 1, 2016, p. 21.

21. Bennigsen and Wimbush, *Muslims of the Soviet Union*, p. 235.

22. Rorlich, *The Volga Tatars*, pp. 150–52.

23. Ben Fowkes, *The Disintegration of the Soviet Union: A Study in the Rise and Triumph of Nationalism*, London and Basingstoke, 1997, p. 67.

24. Quoted in Mark Sebba, *Ideology and Alphabets in the Former USSR*, Lancaster University Working papers, 2003, p. 4.

25. Wigglesworth-Baker, 'Language Policy and Post-Soviet Identities in Tatarstan', p. 23.

26. Anatoly M. Khazanov, *After the USSR: Ethnicity, Nationalism, and Politics in the Commonwealth of Independent States*, Madison, WI, 1995, p. 12.

27. A.S. Nikitin, 'Deiatel'nost' Cheboksarskogo gorodskogo soveta narodnykh deputatov po uprav\-lenii sotsial'no-kul'turnym razvitiem goroda (1917–1980 gg.)', in *Voprosy istorii politicheskogo, ekonomicheskogo i sotsial'no-kul'turnogo razvitiia Chuvashskoi ASSR*, Cheboksary, 1983, pp. 87–108.

28. Max Seddon, 'Tatar Culture Feels Putin's Squeeze as Russian Election Nears', *Financial Times*, 25 January 2018.

29. Boiko et al., 'The Chuvash Republic', p. 52.

30. Koroleva et al., *Vlast' i musul'mane Srednego Povolzh'ia*, p. 57.

31. Raufa Urazmanova, 'Festive Culture of Tatars in Soviet Times', in *The History of the Tatars since Ancient Times*, vol. 7, Kazan', 2017, pp. 464–72; Raufa Urazmanova, 'The Transformation of the Tatar Holiday Culture in the Post Soviet Period', *The History of the Tatars since Ancient Times*, vol. 7, Kazan', 2017, pp. 688–96.

32. Koroleva et al., *Vlast' i musul'mane Srednego Povolzh'ia*, p. 51.

33. *Narody Povolzh'ia i Priural'ia*, p. 61.

34. Ruslan R. Ibragimov, 'Islam among the Tatars in the 1940s–1980s', in *The History of the Tatars since Ancient Times*, vol. 7, Kazan', 2017, p. 463.

35. Guzal Yusupova, 'The Islamic Representation of Tatarstan as an Answer to the Equalization of the Russian Regions', *Nationalities Papers*, vol. 44, no. 1, 2016, pp. 38–54.

36. Kimitaka Matsuzato, 'The Regional Context of Islam in Russia: Diversities along the Volga', *Eurasian Geography and Economics*, vol. 47, no. 4, 2006, pp. 452–54.

37. Renat Shaykhudinov, 'The Terrorist Attacks on the Volga Region, 2012–13: Hegemonic Narratives and Everyday Understandings of (In)Security', *Central*

Asian Survey, vol. 37, no. 1, 2018, pp. 50–67.

38. Olessia B. Vovina, 'Building the Road to the Temple: Religion and National Revival in the Chuvash Republic', *Nationalities Papers*, vol. 28, no. 4, 2000, p. 695.

39. Durmuş Arik, 'Islam among the Chuvashes and its Role in the Change of Chuvash Ethnicity', *Journal of Muslim Minority Affairs*, vol. 27, no. 1, 2010, pp. 37–54.

40. D.M. Iskhakov, *Problemy stanovleniia i transformatsii Tatarskoi natsii*, Kazan', 1997, p. 93.

41. Urazmanova, 'The Transformation of the Tatar Holiday Culture', p. 693.

42. Quoted in Khalin et al., *Ocherki istorii volzhskogo rechnogo parokhodstva*, p. 77.

43. *An Anthology of Chuvash Poetry*, p. 156.

44. *Historical Anthology of Kazan Tatar Verse*, p. 156.

17. 볼가강에 대한 통제 및 보호

1. Boris Pilnyak, *The Volga Flows to the Caspian Sea*, London, 1932, pp. 227–28.

2. *Rechnoi transport SSSR 1917-1957*, p. 37.

3. Dorothy Zeisler-Vralsted, 'The Aesthetics of the Volga and the National Narrative in Russia', *Environment and History*, vol. 20, 2014, p. 114.

4. Cynthia Ruder, 'Water and Power: The Moscow Canal and the "Port of Five Seas"', in Jane Costlow and Arja Rosenholm, eds, *Meanings and Values of Water in Russian Culture*, Abingdon, 2017, p. 174.

5. A. Voliani, *Elektrogigant na Volge*, Leningrad, 1934, p. 63.

6. This is discussed more fully in Evgenii Burdin, *Volzhskii kaskad GES: Triumf i tragediia Rossii*, Moscow, 2011.

7. See, for example, ibid., pp. 22, 58, 65, 66, 242–43. But this is also acknowledged in recent studies: *Bol'shaia Volga: iz istorii stroitel'stva Verkhnevolzhskikh GES*, Rybinsk, 2015, p. 64 and *Iaroslavskii krai*, p. 132.

8. Introduction to Konstantin Livanov, *Zapiski doktora (1926–1929)*, Rybinsk, 2017, p. 21.

9. The best overall study of environmental policies in the Soviet Union is P. Josephson et al., *An Environmental History of Russia*, Cambridge, 2013.

10. For a good comparative study of great river projects, see Zeisler-Vralsted, *Rivers, Memory and Nation-Building*, pp. 89–94.

11. See, for example, the account of the impact of pollution on the Rhine in Marc

Cioc, *The Rhine: An Eco-Biography, 1815–2000*, Seattle, WA, and London, 2002, pp. 109, 148, 158.

12. Hartley, *Siberia*, pp. 227–28, 233–34.

13. Jeffrey Hays, 'Water Pollution in Russia', http://factsanddetails.com/russia/Nature_Science_Animals/sub9_8c/

14. Josephson et al., *An Environmental History of Russia*, p. 120.

15. Philip P. Micklin, 'International Environmental Implications of Soviet Development of the Volga River', *Human Ecology*, vol. 5, no. 2, 1977, p. 119.

16. Josephson et al., *An Environmental History of Russia*, p. 222.

17. Donald Filtzer, *The Hazards of Urban Life in Late Stalinist Russia: Health, Hygiene and Living Conditions 1943–53*, Cambridge, 2010, pp. 80–81.

18. Filtzer, *The Hazards of Urban Life in Late Stalinist Russia*, p. 88.

19. Josephson et al., *An Environmental History of Russia*, p. 199.

20. Burdin, *Volzhskii kaskad GES*, p. 223.

21. Josephson et al., *An Environmental History of Russia*, p. 171.

22. Micklin, 'International Environmental Implications of Soviet Development of the Volga River', pp. 113–35.

23. T.V. Usova, 'Composition of Sturgeon Fry Migrating from Spawning Areas in the Lower Volga', *Russian Journal of Ecology*, vol. 36, no. 4, 2005, pp. 288–90.

24. I.F. Galanin, A.N. Ananin, V.A. Kuznetsov and A.S. Sergeev, 'Changes in the Species Composition and Abundance of Young-of-the-Year Fishes in the Upper Volga Stretch of the Kuibyshev Reservoir during the Period of 1991 to 2009', *Russian Journal of Ecology*, vol. 45, no. 5, 2014, pp. 407–13.

25. P.V. Veshchev, G.I. Guteneva and R.S. Mukhanova, 'Efficiency of Natural Reproduction of Sturgeons in the Lower Volga under Current Conditions', *Russian Journal of Ecology*, vol. 43, no. 2, 2012, pp. 142–47.

26. Laura Henry, *Red to Green: Environmental Activism in Post-Soviet Russia*, Ithaca, NY, and London, 2010, p. 34.

27. N. Rogozhina, 'The Caspian: Oil Transit and Problems of Ecology', *Problems of Economic Transition*, vol. 53, no. 5, 2010, p. 90.

28. Friends of the Earth in Russia website: www.foeeurope.org/russia

29. V. Pope, 'Poisoning Russia's River of Plenty', *US News and World Report*, no. 112, 1992, p. 49.

30. Henry, *Red to Green*, pp. 234–36.

31. Quoted in Jo Crotty, 'Managing Civil Society: Democratisation and the Environmental Movement in a Russian Region', *Communist and Post-Communist*

Studies, vol. 36, 2003, p. 498.

32. *Vesti*, 8 June 2019.

참고문헌

ARCHIVAL SOURCES

Astrakhan', Russian Federation: Gosudarstvennyi arkhiv Astrakhanskoi oblasti (GAAO)
Fond 1, delo 743, Astrakhan' Provincial Soviet.

Iaroslavl', Russian Federation: Gosudarstvennyi arkhiv Iaroslavskoi oblasti (GAIO)
Fond 72, opis' 1, delo 122; opis' 2, delo 837, delo 1970, Chancellery of the Iaroslavl' Governor-General.
Fond 73, opis' 1, tom 2, delo 4399; tom 3, delo 6372, Chancellery of the Iaroslavl' Governor.

Kazan', Russian Federation: Natsional'nyi arkhiv Respubliki Tatarstan (NART)
Fond 1, opis' 1, delo 112, delo 1107; opis' 2, delo 294, delo 393, delo 399, delo 1107, delo 1231; opis' 3, delo 218, delo 856, delo 1632, delo 1834, delo 3068, delo 5196, delo 9400; opis' 6, delo 91, delo 612, Chancellery of the Kazan' Governor.
Fond 2, opis' 1, delo 1920, delo 2264; opis' 2, delo 63, delo 100, delo 755, delo 1966, delo 4432, Kazan' Provincial Office.
Fond 22, opis' 2; opis' 3, Kazan' Tatar ratusha.

Kew, United Kingdom: National Archives, United Kingdom (NA)
FO 371/71659, Foreign Office Northern/Soviet Union: 'The trip by G.M. Warr and P.J. Kelly to Stalingrad and Astrakhan in 1948'.
PC1/2673 Privy Council Papers, report on an epidemic in Vetlanka.

London, United Kingdom: British Library (BL)

Add. MS 47431, Baki estate papers, 1819–25.

St Petersburg, Russian Federation: Sankt Peterburgskii Institut istorii RAN (StPII).

Fond 36, delo 477, Report from Iaroslavl' 1778.

Samara, Russian Federation: Gosudarstvennyi arkhiv Samarskoi oblasti (GASO)

Fond 1, opis' 1, tom 1, delo 198, delo 528, delo 2060, delo 2201; opis' 1, tom 2, delo 5502; opis' 8, tom 1, delo 108, Samara Provincial Chancellery.

PRIMARY PUBLISHED SOURCES

1905 god v Tsaritsyne (vospominaniia i dokumenty), compiled by V.I. Tomarev and E.N. Shkodina, Stalingrad, 1960.

Abbott, James. *Narrative of a Journey from Heraut to Khiva, Moscow and St Petersburgh, during the late Russian Invasion of Khiva*, London, vol. 2, 1884.

Aksakov, Sergei. *A Russian Schoolboy*, translated by J.D. Duff, Oxford, 1983.

Akunin, Boris. *Pelagia and the Red Rooster*, translated by Andrew Bromfield, London, 2008.

Andreev, N. *Illiustrirovannyi putevoditel' po Volge i eia pritokam Oke i Kame*, 2nd edition, Moscow, 1914.

Anthology of Chuvash Poetry, An, compiled by Gennady Aygi, translated by Peter France, London and Boston, 1991.

Armstrong, Terence, ed. *Yermak's Campaign in Siberia*, London, Haklyut Society, 1975.

Babine, Alexis. *A Russian Civil War Diary: Alexis Babine in Saratov, 1917–1922*, edited by Donald J. Raleigh, Durham, NC, and London, 1989.

Baedeker, Karl. *Karl Baedeker's Russia 1914*, London, 1971.

Bechhofer, C.E. *Through Starving Russia. Being the Record of a Journey to Moscow and the Volga Provinces in August and September 1921*, Westport, CT, 1921.

Bell, John. *Travels from St Petersburg in Russia, to Diverse Parts of Asia*, Glasgow, 1763.

Bolotov, A.B. *Zhizn' i prikliucheniia Andreia Bolotova, opisannye samim im dlia svoikh potomkov*, Moscow–Leningrad, 1931, reprint Cambridge, MA, vol. 3, 1973.

Bremner, Robert. *Excursions in the Interior of Russia*, London, vol. 2, 1839.

Bunin, Ivan. *Sunstroke: Selected Stories of Ivan Bunin*, translated by Graham Hettlinger, Chicago, IL, 2002.

Burton, Reginald G. *Tropics and Snow: A Record of Travel and Adventure*, London, 1898.

Butyrkin, V. 'Razskazy iz sluzhby na Volge', *Morskoi sbornik*, vol. 69, 1863, pp. 405–18, vol. 71, 1864, pp. 97–124.

Cairns, Andrew. *The Soviet Famine 1932–33: An Eye Witness Account of Conditions in the Spring and Summer of 1932*, Edmonton, Canadian Institute of Ukrainian Studies, 1989.

Chamberlain, Lesley. *Volga, Volga: A Voyage down the Great River*, London and Basingstoke, 1995.

Chekhov, Anton. 'The Grasshopper', from *The Wife and Other Stories*, translated by Constance Garnett, New York, 1918.

Chekhov, Anton. *Letters of Anton Chekhov*, selected and edited by Avrahm Yarmolinsky, New York, 1973.

Chirikov, Evgenii. *Marka of the Pits*, translated by L. Zarine, London, n.d. [1930?].

Chirikov, Evgenii. *Otchii dom: semeinaia khronika*, Moscow, 2010.

Clarke, Edward Daniel. *Travels in Various Countries of Europe, Asia and Africa*, vol. 1, *Russia Tartary and Turkey*, London, 1810.

Collins, Samuel. *The Present State of Russia*, London, 1671.

Cook, John. *Voyages and Travels through the Russian Empire, Tartary, and Part of the Kingdom of Persia*, Edinburgh, vol. 1, 1770.

Coxe, William. *Travels into Poland, Russia, Sweden and Denmark*, Dublin, vol. 1, 1784.

Cross, A.G., ed. *An English Lady at the Court of Catherine the Great*, Cambridge, 1989.

Custine, A.-L.-L. de, *The Empire of the Czar*, 2nd edition, London, vol. 3, 1844.

Davis, John P. 'The Struggle with Cholera in Tsarist Russia and the Soviet Union, 1892–1927', PhD dissertation, University of Kentucky, 2012.

Dem'ianov, G.P. *Putevoditel' po Volge ot Tveri do Astrakhani*, 6th edition, Nizhnii Novgorod, 1900.

Fenomen 19-oi. Vospominaniia i razmyshleniia, edited by V.V. Rozen and O.V. Shimel'fenig, Saratov, 2010.

Forster, George. *A Journey from Bengal to England . . . and into Russia by the Caspian Sea*, London, vol. 2, 1808.

Forsyth, William. *The Great Fair of Nijni Novgorod and How We Got There*, London, 1865.

Georgi, Johann Gottlieb. *Russia or a Compleat Historical Account of all the Nations which Compose that Empire*, translated by William Tooke, London, 4 vols, 1780–83.

Gerth, Nathan M. 'A Model Town: Tver', the Classical Imperial Order, and the Rise of Civic Society in the Russian Provinces, 1763–1861', PhD dissertation, University of Notre Dame, 2014.

Gheith, Jehanne M. and Katherine R. Jolluck, eds. *Gulag Voices: Oral Histories of Soviet Incarceration and Exile*, New York, 2011.

Ginzburg, Eugenia Semyonovna. *Journey into the Whirlwind*, translated by Paul Stevenson and Max Hayward, New York and London, 1967.

Ginzburg, Eugenia Semyonovna. *Within the Whirlwind*, translated by Ian Boland, San Diego, London and New York, 1981.

Glen, William. *Journal of a Tour from Astrachan to Karass*, Edinburgh, 1823.

Golod v SSSR 1930–1934 gg., Moscow, 2009.

Goncharov, Ivan. *Oblomov*, translated by David Magarshack, Harmondsworth, 1954.

Gorky, Maksim. *My Childhood*, translated by Ronald Wilks, London, 1966.

Gorky, Maksim. *Selected Short Stories*, New Delhi, 2000.

Gornostaev, Andrey. 'Eighteenth-Century Chichikovs and Purchasing Runaway Souls', paper given at the Study Group on Eighteenth-Century Russia 10th International Conference in Strasbourg, July 2018.

Grossman, Vasily. *Life and Fate*, translated by Robert Chandler, London, 2006.

Grossman, Vasily. *Stalingrad*, translated by Robert and Elizabeth Chandler, London, 2019.

Guber (a Lutheran pastor). 'Dnevnik Pastora Gubera', *Russkaia starina*, vol. 22, no. 8, 1878, pp. 581–90.

Guthrie, Katherine Blanche. *Through Russia: From St Petersburg to Astrakhan and the Crimea*, London, 1874.

Hakluyt, Richard. *The Principal Navigations, Voyages, Traffiques and Discoveries of the English Nation*, edited by Jack Beeching, London, 1972.

Hanway, Jonas, *An Historical Account of the British Trade over the Caspian Sea*, Dublin, vols 1–2, 1754.

Haxthausen, August von. *The Russian Empire: Its People, Institutions, and Resources*, translated by Robert Fairie, London, vol. 1, 1856.

Herberstein, Sigismund von. *Notes upon Russia*, translated by R.H. Major, London, vol. 2, 1852.

Historical Anthology of Kazan Tatar Verse: Voices of Eternity, compiled and translated by David J. Matthews and Ravil Bukharev, Richmond, 2000.

Holderness, Mary. *New Russia: Journey from Riga to the Crimea, by the Way of Kiev*, London, 1823.

Ibn Fadlān and the Land of Darkness: Arab Travellers in the Far North, translated by Paul Lunde and Caroline Stone, London, 2012.

Ilf and Petrov (Il'ia Fainzil'berg and Evgenii Kataev). *The Twelve Chairs*, translated by John Richardson, London, 1965.

Ilic, Melanie. *Life Stories of Soviet Women: The Interwar Generation*, London and New York, 2013.

Istoriia gubernskogo goroda Iaroslavlia, compiled by A.M. Rutman, Iaroslavl', 2006.

Istoriia Kazani v dokumentakh i materialakh: XX vek, Kazan', 2004.

Istoriia Kazani v dokumentakh i materialakh: XIX vek, Kazan', 2005.

Istoriia Saratovskogo kraia 1590–1917, Saratov, 1964.

Istoriia Saratovskogo kraia 1917–1965, Saratov, 1967.

Kak eto bylo: dokumental'nyi sbornik, compiled by V.A. Ugriumov, Nizhnii Novgorod, 2011.

Khudozhniki brat'ia Grigorii i Nikanor Chernetsovy: grecheskii mir v russkom iskusstve, St Petersburg, 2000.

Kissel', F.Kh. *Istoriia goroda Uglicha*, reprint of 1844 edition, Uglich, 1994.

Kollektivizatsiia sel'skogo khoziaistva v srednem Povolzh'e (1927–1937), edited by N.N. Panov and F.A. Karevskii, Kuibyshev, 1970.

Konovalov, S. 'Ludvig Fabritius's Account of the Razin Rebellion', *Oxford Slavonic Papers*, vol. 6, 1955, pp. 72–101.

Kooperativno-kolkhoznoe stroitel'stvo v Nizhegorodskoi gubernii (1917–1927): dokumenty i materialy, Gor'kii, 1980.

Koroloff, Rachel. 'Seeds of Exchange: Collecting for Russia's Apothecary and Botanical Gardens in the Seventeenth and Eighteenth Centuries', PhD dissertation, University of Illinois at Urbana-Champaign, 2014.

Kreshchenie Tatar (sbornik dokumentov), Kazan', 2002.

Krest'ianskaia voina 1773–1775 gg. v Rossii, Moscow, 1973.

Krest'ianskoe dvizhenie v Simbirskoi gubernii v period revoliutsii 1905–1907 godov: dokumenty i mate\-rialy, Ul'ianovsk, 1955.

Kul'tura Simbirskogo-Ul'ianovskogo kraia: sbornik dokumentov i materialov, Ul'ianovsk, 2014.

Livanov, Konstantin. *Zapiski doktora (1926–1929)*, Rybinsk, 2017.

Margeret, Jacques. *The Russian Empire and Grand Duchy of Muscovy: A 17th-Century*

French Account, translated and edited by Chester S.L. Dunning, Pittsburgh, PA, 1983.

Munro-Butler-Johnstone, H.A. *A Trip up the Volga to the Fair of Nijni-Novgorod*, Oxford and London, 1875.

Narodnoe sudostroenie v Rossii: entsiklopedicheskii slovar' sudov narodnoi postroiki, edited by P.A. Filin and S.P. Kurnoskin, St Petersburg, 2016.

Naumov, Aleksandr Nikolaevich. *Iz utselevshikh vospominanii, 1868–1917*, 2 vols, New York, 1954.

Nikitin, Afanasii, *Khozhenie za tri moria Afanasiia Nikitina*, Tver', 2003.

Oktiabr' v Povolzh'e, Saratov, 1967.

Olearius, Adam. *The Travels of Olearius in Seventeenth-Century Russia*, translated and edited by Samuel H. Baron, Stanford, CA, 1967.

Oliphant, Laurence. *The Russian Shores of the Black Sea in the Autumn of 1852, with a Voyage down the Volga and a Tour through the Country of the Don Cossacks*, Edinburgh and London, 1854.

'Opis' 1000 del kazach'iago otdela', *Trudy Orenburgskoi uchenoi arkhivnoi komissii*, Orenburg, vol. 24, 1913.

Ostrovsky, Aleksandr. *Four Plays*, translated by Stephen Mulrine, London, 1997.

Pallas, P.S. *Travels through the Southern Provinces of the Russian Empire in the Years 1793 and 1794*, London, vol. 1, 1802.

Parkinson, John. *A Tour of Russia, Siberia and the Crimea 1792–1794*, London, 1971.

Perrie, Maureen. *The Image of Ivan the Terrible in Russian Folklore*, Cambridge, 1987.

Perry, John. *The State of Russia under the Present Czar*, reprint of the 1716 edition, London, 1967.

Petrov-Vodkin, K.S. *Moia povest' (Khlynovsk)*, St Petersburg, 2013.

Pilnyak, Boris. *The Volga Flows to the Caspian Sea*, London, 1932.

Poety 1790–1810-kh godov, Leningrad, 1971.

Polnoe sobranie zakonov rossiiskoi imperii, first and second series, 1649–1881, St Petersburg, 1830, 1881.

Povolzh'e: spravochnik-putevoditel' po Volge, Kame, Oke . . . na 1933, compiled by A.S. Insarov, G.G. Sitnikov and I.I. Fedenko, 2nd edition, Moscow, 1933.

Provintsial v Velikoi Rossiiskoi Revoliutsii. Sbornik dokumentov. Simbirskaia guberniia v ianvare 1917 – marte 1918 gg., edited by N.V. Lipatova, Ul'ianovsk, 2017.

Pushkin, Alexander. *The Complete Prose Tales of Alexander Sergeyevitch Pushkin*, translated by G.R. Aitken, London, 2008.

Raikov, A.F. *Voina glazami ochevidtsa: vospominaniia o Velikoi Otechestvennoi Voine*,

Tver', 2010.

Repin, Il'ia. *Dalekoe blizkoe i vospominaniia*, Moscow, 2002.

Revoliutsionnoe dvizhenie v Astrakhani i Astrakhanskoi gubernii v 1905–1907 godakh: sbornik doku\-mentov i materialov, Astrakhan', 1957.

Revoliutsionnoe dvizhenie v Chuvashii v pervoi russkoi revoliutsii 1905–1907; dokumenty i materialy, Cheboksary, 1965.

Romaniello, Matthew P. 'Absolutism and Empire. Governance of Russia's Early Modern Frontier', PhD dissertation, Ohio State University, 2003.

Roth, Henry Ling. *A Sketch of the Agriculture and Peasantry of Eastern Russia*, London, 1878.

Rybushkin, M. *Zapiski ob Astrakhani*, 3rd edition, Astrakhan', 2008.

Samara-Kuibyshev. Khronika sobytii 1886–1986, Kuibyshev, 1985.

Sbornik Imperatorskogo Russkogo istoricheskogo obshchestva, St Petersburg, vol. 10, 1872, vol. 19, 1876, vol. 115, 1903.

Scott, Charles. *The Baltic, the Black Sea and the Crimea*, London, 1854.

Sebba, Mark. *Ideology and Alphabets in the Former USSR*, Lancaster University Working papers, 2003.

Semenov, Nikolai. *O chem ne uspel*, Saratov, 2016.

Sheehy, Ann. *The Crimean Tatars, Volga Germans and Meskhetians: Soviet Treatment of Some National Minorities*, Minority Rights Group, report no. 6, 1971.

Simbirskaia guberniia v gody grazhdanskoi voiny (mai 1918 g. – mart 1919 g.): sbornik dokumentov, Ul'ianovsk, vol. 1, 1958.

Spilman, James. *A Journey through Russia by Two Gentlemen who Went in the Year 1739*, London, 1742.

Spottiswoode, William. *Tarantasse Journey through Eastern Russia in the Autumn of 1856*, London, 1857.

[T.C.] *The New Atlas: or, Travels and Voyages in Europe, Asia, Africa and America*, London, 1698.

Tagirova, N.F. 'Khlebnyi rynok Povolzh'ia vo vtoroi polovine XIX – nachale XX vv.', dissertation, Samara State University, 1999.

Tolmachev, N.A. *Putevye zametki N.A. Tolmacheva o zhizni i byte krest'ian Kazanskoi gubernii v sere\-dine XIX v. Sbornik dokumentov i materialov*, compiled by Kh.Z. Bagautdinova, Kazan', 2019.

Tolstoy, Alexey. *Selected Stories*, Moscow, 1949.

Tolstoy, Alexey. *Collected Works*, vol. 6, *Ordeal*, Moscow, 1982.

Travels of the Ambassadors from the Duke of Holstein, The, London, 1669.

Treasures of Catherine the Great, Catalogue of an Exhibition at Somerset House, London, 2000.

Turnerelli, Edward Tracy. *Russia on the Borders of Asia: Kazan, Ancient Capital of the Tatar Khans*, 2 vols, London, 1854.

Volneniia urzhumskikh Mariitsev v 1889 godu, compiled by L. Shemier et al., Ioshkar-Ola, 2017.

Watrous, Stephen D., ed. *John Ledyard's Journey through Russia and Siberia 1787–1788*, Madison, WI, and London, 1966.

Weber, Friedrich Christian. *The Present State of Russia*, reprint, London, vol. 1, 1968.

Weber, Jacob [Veber, Iakov]. *Iakov Iakovlevich Veber; Katalog k 125-letiu so dnia rozhdeniia. Zhivopis'*, Saratov, 1995.

Wilmot, M. and C. Wilmot. *The Russian Journals of Martha and Catherine Wilmot 1803–1808*, London, 1934.

Yakhina, Guzel, *Zuleikha: A Novel*, translated by Lisa C. Hayden, London, 2015.

Yakhina, Guzel. *Deti moi: roman*, printed by Amazon, 2018.

Zemtsova, Oxana. 'Russification and Educational Policies in the Middle Volga Region (1860–1914)', PhD dissertation, European University of Florence, 2014.

'Zhaloba Saratovskikh krest'ian na zemskii sud', *Russkii arkhiv*, vol. 46, 1908, pp. 215–16.

'Zolotoi vek' Iaroslavlia: Opyt kul'turografii russkogo goroda XVII – pervoi treti XVIII veka*, compiled by V.V. Gorshkova et al., Iaroslavl', 2004.

SECONDARY SOURCES

Abdullin, Yahya G. 'Islam in the History of the Volga Kama Bulgars and Tatars', *Central Asian Survey*, vol. 9, no. 2, 1990, pp. 1–11.

Alabin, P.V. *Samara: 1586–1886 gody*, compiled by P.S. Kabytov, Samara, 1992.

Aleksandrova, S.A. and T.I. Vedernikova. *Sel'skie dvorianskie usad'by Samarskogo zavolzh'ia v XIX – XX vv.*, Samara, 2015.

Alekseev, V.V. *Zemlia Borskaia: vekhi istorii*, Samara, 2016.

Alexander, John T. *Autocratic Politics in a National Crisis: The Imperial Russian Government and Pugachev's Revolt, 1773–1775*, Bloomington, IN, 1969.

Alexander, John T. *Emperor of the Cossacks: Pugachev and the Frontier Jacquerie of 1773–1775*, Lawrence, KS, 1973.

Alexander, John T. *Bubonic Plague in Early Modern Russia: Public Health and Urban Disorder*, Oxford, 2003.

Alishev, S.Kh. *Istoricheskie sud'by narodov Srednego Povolzh'ia XVI – nachalo XIX v.* Moscow, 1990.

Alishev, S.Kh. *Bolgaro-kazanskie i zolotoordynskie otnosheniia v XII–XVI vv.*, Kazan', 2009.

Ananian, Zh.A. 'Armianskoe kupechestvo v Rossii', in *Kupechestvo v Rossii XV – pervaia polovina XIX veka*, Moscow, 1997, pp. 232–61.

Andrusz, Gregory D. *Housing and Urban Development in the USSR*, London, 1984.

Appelbaum, Anne. *Gulag: A History*, London, 2003.

Arik, Durmuş. 'Islam among the Chuvashes and its Role in the Change of Chuvash Ethnicity', *Journal of Muslim Minority Affairs*, vol. 27, no. 1, 2010, pp. 37–54.

Artamonov, M.I. *Istoriia khazar*, Leningrad, 1962.

Ascher, Abraham. *The Revolution of 1905*, vol. 1, *Russia in Disarray*, Stanford, CA, 2004.

Attwood, Lynne. *Gender and Housing Space in Soviet Russia: Private Life in a Public Space*, Manchester, 2010.

Avrich, Paul. *Russian Rebels 1600–1800*, New York, 1972.

Badcock, Sarah. 'From Saviour to Pariah: A Study of the Role of Karl Ianovich Grasis in Cheboksary during 1917', *Revolutionary Russia*, vol. 15, no. 1, 2002, pp. 69–96.

Badcock, Sarah. *Politics and the People in Revolutionary Russia: A Provincial History*, Cambridge, 2007.

Bariev, R.Kh. *Volzhskie Bulgary: Istoriia i kul'tura*, St Petersburg, 2005.

Bartlett, Roger. *Human Capital: The Settlement of Foreigners in Russia 1762–1804*, Cambridge, 1979.

Bashkirov, A.S. *Pamiatniki Bulgaro-Tatarskoi kul'tury na Volge*, Kazan', 1928.

Baumann, R.F. 'Subject Nationalities in the Military Service of Imperial Russia: The Case of the Bashkirs', *Slavic Review*, vol. 46, 1987, pp. 489–502.

Bazhanov, E.A. *Sviashchennye reki Rossii*, Samara, 2008.

Becker, Seymour. *Nobility and Privilege in Late Imperial Russia*, DeKalb, IL, 1985.

Beevor, Antony. *Stalingrad*, London, 1999.

Beliakov, A.V. 'Sluzhilye Tatary XV – XVI vv.', in *Bitva na Vozhe – predtecha vozrozhdeniia sredneve\-kovoi Rusi; sbornik nauchnykh statei*, Riazan', 2004, pp. 81–86.

Beliakov, Aleksandr and Stanislav Smirnov. *Lishentsy Nizhegorodskogo kraia (1918–1936 gg.)*, Nizhnii Novgorod, 2018.

Bellamy, Chris. *Absolute War: Soviet Russia in the Second World War*, London, 2009.

Bennigsen, Alexandre and S. Enders Wimbush. *Muslims of the Soviet Empire: A Guide*, C. Hurst & Company, Bloomington, IN, 1986.

Berk, Stephen M. 'The Democratic Counterrevolution: Komuch and the Civil War on the Volga', *Russian History*, vol. 7, 1980, pp. 176–90.

Beskrovnyi, L.G. *Russkaia armiia i flot v XVIII veke (ocherki)*, Moscow, 1958.

Beskrovnyi, L.G. *The Russian Army and Fleet in the Nineteenth Century*, Gulf Breeze, FL, 1996.

Bikeikin, E.N. *Agrarnaia modernizatsiia i razvitie sel'skogo khoziaistva Srednego Povolzh'ia: 1953–1991 gg. (na materialakh Mariiskoi, Mordovskoi i Chuvashskoi ASSR)*, Saransk, 2017.

Biktasheva, A.N. *Kazanskie gubernatory v dialogakh vlastei (pervaia polovina XIX veka)*, Kazan', 2008.

Biran, Michel. 'The Mongol Empire and Inter-Civilization Exchange', in Benjamin Z. Kedar, ed., *The Cambridge World History*, vol. 5, *Expanding Webs of Exchange and Conflict, 500 CE to 1500 CE*, Cambridge, 2015, pp. 534–58.

Bohac, Rodney D. 'The Mir and the Military Draft', *Slavic Review*, vol. 47, no. 4, 1988, pp. 652–66.

Boiko, Ivan, Iuri Markov and Valentina Kharitonova. 'The Chuvash Republic', *Anthropology & Archaeology of Eurasia*, vol. 44, no. 2, 2005, pp. 41–60.

Bol'shaia Volga: iz istorii stroitel'stva Verkhnevolzhskikh GES, Rybinsk, 2015.

Borisov, P.G. *Kalmyki v nizov'iakh Volgi*, Moscow, 1917.

Bowlt, John E. 'Russian Painting in the Nineteenth Century', in Theofanis G. Stavrou, ed., *Art and Culture in Nineteenth-Century Russia*, Bloomington, IN, 1983, pp. 113–39.

Braslavskii, L.Iu. 'Raskol Russkoi pravoslavnoi tserkvi i ego posledstviia v istorii narodov Srednego Povolzh'ia', in *Istoriia khristianizatsii narodov Srednego Povolzh'ia: kriticheskie suzhdenie i otsenka: mezhvuzovskii sbornik nauchnykh trudov*, Cheboksary, 1988, pp. 34–42.

Broxup, Marie Benningsen. 'Volga Tatars', in Graham Smith, ed., *The Nationalities Question in the Soviet Union*, London and New York, 1990, pp. 277–90.

Brunson, Molly. 'Wandering Greeks: How Repin Discovers the People', *Ab Imperio*, vol. 2, 2012, pp. 83–105.

Burdin, Evgenii. *Volzhskii kaskad GES: Triumf i tragediia Rossii*, Moscow, 2011.

Burdina, L.V. 'Staroobriadchestvo v Kostromskom krae', in *Staroobriadchestvo: istoriia, kul'tura, sovremennost'. Materialy*, Moscow, 2000, pp. 216–22.

Burmistrova, L.P. 'Publichnye lektsii v Kazanskom Universitete (30 – 60-e gody

XIX v.)', in *Stranitsy istorii goroda Kazani*, Kazan', 1981, pp. 29–42.

Bushkanets, E.G. *Iunost' L'va Tolstogo: kazanskie gody*, Kazan', 2008.

Bushuev, I.A. 'Pogrom v provintsii: o sobytiiakh 19 oktiabria 1905 g. v Kostrome', in *Gosudarstvo, obshchestvo, tserkov' v istoriii Rossii XX veka*, part 2, Ivanovo, 2014, pp. 398–402.

Busygin, E.P. *Russkoe naselenie Srednego Povolzh'ia*, Kazan', 1966.

Busygin, E.P., N.V. Zorin and E.V. Mikhailichenko. *Obshchestvennyi i semeinyi byt russkogo sel'skogo naseleniia Srednego Povolzh'ia*, Kazan', 1973.

Cavender, Mary W. *Nests of Gentry: Family, Estate, and Local Loyalties in Provincial Russia*, Newark, DE, 2007.

Cherniak, E.V. and A.B. Madiiarov. *Gorodskoe samoupravlenie v Kazani 1870–1892 gg.*, Kazan', 2003.

Cholakhian, V.A. *Sotsial'no-demograficheskie posledstviia industrial'nogo razvitiia Nizhnego Povolzh'ia (konets XIX v. – 1930-e gg.)*, Saratov, 2008.

Cholakhian, V.A. *Armiane na Saratovskoi zemle*, Saratov, 2018.

Cioc, Marc. *The Rhine: An Eco-Biography, 1815–2000*, Seattle, WA, and London, 2002.

Conquest, Robert. *The Harvest of Sorrow: Soviet Collectivisation and the Terror-Famine*, London, 1986.

Cross, S.H. 'The Scandinavian Infiltration into Early Russia', *Speculum*, vol. 21, no. 4, 1946, pp. 505–14.

Crotty, Jo. 'Managing Civil Society: Democratisation and the Environmental Movement in a Russian Region', *Communist and Post-Communist Studies*, vol. 36, 2003, pp. 489–508.

Crummey, Robert O. *The Formation of Muscovy 1304–1613*, London and New York, 1987.

Cunliffe, Barry. *By Steppe, Desert and Ocean: The Birth of Eurasia*, Oxford, 2015.

Curta, Florin. 'Markets in Tenth-Century al-Andalus and Volga Bulghāria: Contrasting Views of Trade in Muslim Europe', *Al-Masaq*, vol. 25, no. 3, 2013, pp. 305–30.

Dale, Robert. 'Divided We Stand: Cities, Social Unity and Post-War Reconstruction in Soviet Russia, 1945–1953', *Contemporary European History*, vol. 24, no. 4, 2015, pp. 493–516.

Davletshin, G.M. *Volzhskaia Bulgariia: dukhovnaia kul'tura*, Kazan', 1990.

Dehaan, Heather D. *Stalinist City Planning: Professionals, Performance, and Power*, Toronto, Buffalo, NY, and London, 2013.

Demchenko, A.A. *Literaturnaia i obshchestvennaia zhizn' Saratova (iz arkhivnykh razyskanii)*, Saratov, 2008.

Denisov, V.V. *Istoriia monastyrei Verkhnego Povolzh'ia vtoraia polovina XVIII – nachalo XX vv.*, Iaroslavl', 2012.

Denningkhaus, V. 'Russkie nemtsy i obshchestvennye nastroeniia v Povolzh'e v period Pervoi Mirovoi Voiny', in *Voenno-istoricheskie issledovaniia v Povolzh'e*, Saratov University, vol. 7, 2006, pp. 171–80.

Dennison, Tracy K. 'Serfdom and Household Structure in Central Russia: Voshchazhnikovo, 1816–1858', *Continuity and Change*, vol. 18, no. 3, 2003, pp. 395–429.

Derechinskaia, E.L. 'Istoriia Nizhegorodskoi evreiskoi obshchiny v kontekste istorii evreev Rossii', in *Proshloe i nastoiashchee evreiskikh obshchin Povolzh'ia i Tsentral'noi Rossii*, Nizhnii Novgorod, 2011, pp. 59–69.

Dickinson, Sara. *Breaking Ground: Travel and National Culture in Russia from Peter I to the Era of Revolution*, New York, 2003.

Dimitriev, V.D. *Chuvashskii narod v sostave Kazanskogo khanstva: predystoriia i istoriia*, Cheboksary, 2014.

Dimitriev, V.D. and S.A. Selivanova. *Cheboksary: ocherki istorii goroda XVIII veka*, Cheboksary, 2011.

Dimnik, Martin. 'Kievan Rus', the Bulgars and the Southern Slavs', in D. Luscombe and J. Riley-Smith, eds, *The New Cambridge Medieval History*, vol. 4, *c. 1024 – c. 1198*, Cambridge, 2004, pp. 254–76.

Dixon, Simon. 'The "Mad Monk" Iliador in Tsaritsyn', *The Slavonic and East European Review*, vol. 88, nos 1–2, 2010, pp. 377–415.

Dubman, Eduard. *Khoziaistvennoe osvoenie Srednego Povolzh'ia v XVI veka. Po materialam tserkov\-no-monastyrskikh vladenii*, Kuibyshev, 1991.

Dubman, Eduard. *Promyslovoe predprinimatel'stvo i osvoenie Ponizovogo Povolzh'ia v kontse XVI – XVII vv.*, Samara, 1999.

Dubman, E.L. and P.S. Kabytov, eds, *Povolzh'e – 'vnutrenniaia okraina' Rossii: gosudarstvo i obshchestvo v osvoenii novykh territorii (konets XVI – nachalo XX vv.)*, Samara, 2007.

Dubman, E.L., P.S. Kabytov and O.B. Leont'ev. *Istoriia Samary (1586–1917 gg.)*, Samara, 2015.

Dubov, I.V. *Velikii Volzhskii put'*, Leningrad, 1989.

Dubov, I.V. 'Velikii Volzhskii put' v istorii drevnei Rusi', in *Mezhdunarodnye sviazi, torgovye puti i goroda Srednego Povolzh'ia IX – XII vekov: materialy mezhdunarodnogo simpoziuma Kazan', 8–19 sentiabria 1998 g.*, Kazan', 1999, pp. 88–93.

Dunlop, Douglas. *The History of the Jewish Khazars*, Princeton, NJ, 1954.

Dutov, N.V. *Iaroslavl': istoriia i toponimika ulits i ploshchadei goroda*, 2nd edition, Iaroslavl', 2015.

Dzhundzhuzov, S.V. *Kalmyki v Srednem Povolzh'e i na iuzhnom Urale*, Orenburg, 2014.

El'chaninova, O.Iu. *Sel'skoe naselenie Srednego Povolzh'ia v period reform 1953–1964 gg.*, Samara, 2006.

Ely, Christopher. *This Meager Nature: Landscape and National Identity in Imperial Russia*, DeKalb, IL, 2002.

Ely, Christopher. 'The Origins of Russian Scenery: Volga River Tourism and Russian Landscape Aesthetics', *Slavic Review*, vol. 62, no. 4, 2003, pp. 666–82.

d'Encausse, Hélène Carrière. 'Party and Federation in the USSR: The Problem of the Nationalities and Power in the USSR', *Government and Opposition*, vol. 13, no. 2, 1978, pp. 133–50.

Engelstein, Laura. *Russia in Flux: War, Revolution, Civil War 1914–21*, Oxford, 2018.

Ermolaeva, L.K. 'Krupnoe kupechestvo Rossii v XVII – pervoi chetverti XVIII v. (po materialam astrakhanskoi torgovli)', *Istoricheskie zapiski*, vol. 114, 1986, pp. 302–25.

Evdokimov, Ivan. *Levitan: povest'*, Moscow, 1958.

Evtuhov, Catherine. *Portrait of a Province: Economy, Society and Civilization in Nineteenth-Century Nizhnii Novgorod*, Pittsburgh, PA, 2011.

Fakhrutdinov, R.G., *Ocherki po istorii Volzhskoi Bulgarii*, Moscow, 1984.

Fakhrutdinov, R.G. 'Zolotaia Orda i ee rol' v istorii Tatarskogo naroda', in *Iz istorii Zolotoi Ordy*, Kazan', 1993, pp. 6–17.

Fedorov-Davydov, G.A. 'Money and Currency', in *Great Bolgar*, Kazan', 2015, pp. 114–23.

Fennell, John. *The Crisis of Medieval Russia 1200–1304*, London and New York, 1983.

Figes, Orlando. *Peasant Russia, Civil War: The Volga Countryside in Revolution 1917–1921*, London, 1989.

Filatov, N.F. *Goroda i posady Nizhegorodskogo Povolzh'ia v XVIII veke*, Gor'kii, 1989.

Filtzer, Donald. *The Hazards of Urban Life in Late Stalinist Russia: Health, Hygiene and Living Conditions 1943–53*, Cambridge, 2010.

Fitzpatrick, Ann Lincoln. *The Great Russian Fair: Nizhnii Novgorod 1846–90*, London and New York, 1990.

Fitzpatrick, Sheila. *Stalin's Peasants: Resistance and Survival in the Russian Village after Collectivization*, Oxford and New York, 1994.

Fowkes, Ben. *The Disintegration of the Soviet Union: A Study in the Rise and Triumph of Nationalism*, London and Basingstoke, 1997.

Frame, Murray. *School for Citizens: Theatre and Civil Society in Imperial Russia*, New Haven, CT, and London, 2006.

Frank, Allen J. 'Russia and the Peoples of the Volga-Ural Region: 1600–1850', in Nicola Di Cosmo, Allen J. Frank and Peter B. Golden, eds, *The Cambridge History of Inner Asia: The Chinggisid Age*, Cambridge, 2009, pp. 380–91.

Frank, Allen J. 'The Western Steppe in Volga-Ural Region, Siberia and the Crimea', in Nicola Di Cosmo, Allen J. Frank and Peter B. Golden, eds, *The Cambridge History of Inner Asia: The Chinggisid Age*, Cambridge, 2009, pp. 237–59.

Frank, Allen and Ronald Wixman. 'The Middle Volga: Exploring the Limits of Sovereignty', in Ian Bremmer and Ray Taras, eds, *New States, New Politics: Building the Post-Soviet Nations*, Cambridge, 1996, pp. 140–82.

Franklin, Simon. 'Rus', in David Abulafia, ed., *The New Cambridge Medieval History*, vol. 5, *c. 1198–1300*, Cambridge, 1999, pp. 796–808.

Franklin, Simon. 'Kievan Rus' (1015–1125)', in Maureen Perrie, ed., *The Cambridge History of Russia*, vol. 1, *From Early Rus' to 1698*, Cambridge, 2006, pp. 73–97.

Franklin, Simon and Jonathan Shepard. *The Emergence of Rus 750–1200*, London and New York, 1996.

French, R.A. 'Canals in Pre-Revolutionary Russia', in J.H. Bater and R.A. French, eds, *Studies in Russian Historical Geography*, vol. 2, London, 1983, pp. 451–81.

Fyodorov-Davydov [Fedorov-Davydov], G.A. *The Culture of the Golden Horde Cities*, translated by H. Bartlett Wells, Oxford, 1984.

Gabdrafikova, L.R. and Kh.M. Abdulin. *Tatary v gody Pervoi Mirovoi Voiny (1914–1918 gg.)*, Kazan', 2015.

Galanin, I.F., A.N. Ananin, V.A. Kuznetsov and A.S. Sergeev. 'Changes in the Species Composition and Abundance of Young-of-the-Year Fishes in the Upper Volga Stretch of the Kuibyshev Reservoir during the Period of 1991 to 2009', *Russian Journal of Ecology*, vol. 45, no. 5, 2014, pp. 407–13.

Garipova, Z.G. *Kazan': obshchestvo, politika, kul'tura*, Kazan', 2004.

German, A.A. *Bol'shevistskaia vlast' i nemetskaia avtonomiia na Volge (1918–1941)*, Saratov, 2004.

Gibadullina, E.M. 'Osobennosti mechetestroitel'stva v Samarskoi gubernii vo vtoroi polovine XIX – nachale XX vv.', in *Islamskaia tsivilizatsiia v Volgo-Ural'skom regione: doklady*, Ufa, 2008, pp. 67–73.

Golden, Peter B. *Nomads and their Neighbours in the Russian Steppe: Turks, Khazars and Qipchaqs*, Aldershot, 2003.

Golden, Peter B. 'Aspects of the Nomadic Factor in the Economic Development of Kievan Rus", in Peter B. Golden, *Nomads and their Neighbours in the Russian Steppe: Turks, Khazars and Qipchaqs*, Aldershot, 2003, pp. 58–101.

Golden, Peter B. 'The Conversion of the Khazars to Judaism', in Peter B. Golden, Haggai Ben-Shammai and András Róna-Tas, eds, *The World of the Khazars: New Perspectives*, Leiden and Boston, MA, 2007, pp. 123–62.

Golden, Peter B., Haggai Ben-Shammai and András Róna-Tas, eds. *The World of the Khazars: New Perspectives*, Leiden and Boston, MA, 2007.

Goldman, Wendy Z. *Women, the State and the Revolution: Soviet Family Policy and Social Life 1917–36*, Cambridge, 1993.

Golikova, N.B. 'Iz istorii formirovaniia kadrov naemnykh rabotnikov v pervoi chetverti XVIII v', *Istoriia SSSR*, 1965, no. 1, pp. 75–98.

Golikova, N.B. *Naemnyi trud v gorodakh Povolzh'ia v pervoi chetverti XVIII veka*, Moscow, 1965.

Golikova, N.B. 'Torgovlia krepostnymi bez zemli v 20-kh godakh XVIII v. (po materialam krepost\-nykh knig gorodov Povolzh'ia)', *Istoricheskie zapiski*, vol. 90, 1972, pp. 303–31.

Golikova, N.B. *Astrakhanskoe vosstanie 1705–1706*, Moscow, 1975.

Golovkin, Anatolii. *Zhernova. Kniga pamiati Tverskikh Karel*, Tver', 2017.

Gorevoi, G., T. Kirillova and A. Shitokov. 'Byvshie dvorianskie usad'by po beregam rek Tudovki i Volgi', in *Po Volge pod flagom 'Tverskoi zhizni'. Sbornik statei*, Staritsa, 2008.

Gorod Tol'iatti, Kuibyshev, 1967.

Goroda nashei oblasti: geografiia, istoriia, ekonomika, naselenie, kul'tura, Gor'kii, 1974.

Gorokhov, V.S. *Po zakonam kolkhoznoi zhizni*, Saratov, 1979.

Grachev, S.V. *Geopolitika i prosveshchennie nerusskikh narodov Povolzh'ia (60 gg. XIX – nachalo XX v.)*, Saransk, 2000.

Gray, Rosalind P. *Russian Genre Painting in the Nineteenth Century*, Oxford, 2000.

Great Bolgar, Kazan', 2015.

Gregory, Serge. *Antosha and Levitasha: The Shared Lives and Art of Anton Chekhov and Isaac Levitan*, DeKalb, IL, 2015.

Grekov, B.D. and Iakubovskii, A.Iu. *Zolotaia Orda i ee padenie*, Moscow and Leningrad, 1950.

Gubaidullin, A.M. *Fortifikatsiia gorodishch Volzhskoi Bulgarii*, Kazan', 2002.

Gur'ianov, E. *Drevnie vekhi Samary*, Kuibyshev, 1986.

Halperin, Charles J. *Russia and the Golden Horde: The Mongol Impact on Medieval Russian History*, Bloomington, IN, 1987.

Halperin, Charles J. 'Omissions of National Memory: Russian Historiography on the Golden Horde as Politics of Inclusion and Exclusion', *Ab Imperio*, vol. 3, 2004, pp. 131–44.

Hamamoto [Khamamoto], Mami. 'Sviazuiushchaia rol' Tatarskikh kuptsov Volgo-Ural'skogo regiona v tsentral'noi evrazii: zveno "shelkovogo puti novogo vremeni"', in N. Norikhiro et al., eds, *Volgo-Ural'skii region v imperskom prostranstve XVIII – XX vv.*, Moscow, 2011, pp. 39–57.

Hart, James G. 'From Frontier Outpost to Provincial Capital: Saratov, 1590–1860', in Rex A. Wade and Scott J. Seregny, *Politics and Society in Provincial Russia: Saratov, 1590–1917*, Columbus, OH, 1989, pp. 10–27.

Hartley, Janet M. 'Russia in 1812, Part 1: The French Presence in the *Gubernii* of Smolensk and Mogilev', *Jahrbücher für Geschichte Osteuropas*, vol. 38, 1990, pp. 178–98.

Hartley, Janet M. *Alexander I*, London and New York, 1994.

Hartley, Janet M. *A Social History of the Russian Empire 1650–1825*, London and New York, 1999.

Hartley, Janet M. 'Bribery and Justice in the Provinces in the Reign of Catherine II', in Stephen Lovell, Alena Ledeneva and Andrei Rogachevskii, eds, *Bribery and Blat in Russia: Negotiating Reciprocity from the Middle Ages to the 1990s*, Basingstoke, 2000, pp. 48–64.

Hartley, Janet M. *Russia 1762–1825: Military Power, the State and the People*, Westport, CT, and London, 2008.

Hartley, Janet M. *Siberia: A History of the People*, London and New York, 2014.

Hartley Janet M. 'Education and the East: The Omsk Asiatic School', in Maria Di Salvo, Daniel H. Kaiser and Valerie A. Kivelson, eds, *Word and Image in Russian History: Essays in Honor of Gary Marker*, Boston, MA, 2015, pp. 253–68.

Hausmann, Guido. 'The Volga Source: Sacralization of a Place of Memory', in *Velikii volzhskii put'*, Kazan', 2001, pp. 340–46.

Hausmann, Guido. *Mütterchen Wolga. Ein Fluss als Erinnerungsort vom 16. bis ins frühe 20. Jahrhundert*, Frankfurt and New York, 2009.

Hays, Jeffrey. 'Water Pollution in Russia', http://factsanddetails.com/russia/Nature_ Science_Animals/sub9_8c/

Haywood, Richard M. 'The Development of Steamboats on the Volga and its Tributaries, 1817–1865', *Research in Economic History*, vol. 6, 1981, pp. 127–92.

Heilbronner, Hans. 'The Russian Plague of 1878–79', *Slavic Review*, vol. 21, no. 1, 1962, pp. 89–112.

Henry, Laura, *Red to Green: Environmental Activism in Post-Soviet Russia*, Ithaca, NY, and London, 2010.

Henze, Charlotte. *Disease, Health Care and Government in Late Imperial Russia: Life and Death on the Volga, 1823–1914*, London and New York, 2011.

History of the Tatars since Ancient Times, The, Academy of Sciences of the Republic of Tatarstan, 7 vols, Kazan', 2017.

Hosking, Geoffrey. *Russia: People and Empire, 1552–1917*, London, 1998.

Huttenbach, Henry R. 'Muscovy's Conquest of Muslim Kazan and Astrakhan', 1552–56', in Michael Rywkin, ed., *Russian Colonial Expansion to 1917*, London, 1988, pp. 45–69.

Ialtaev, I.F. *Derevnia Mariiskoi avtonomnoi oblasti v gody kollektivizatsiia (1929–1936)*, Ioshkar-Ola, 2015.

Iaroslavskii krai: istoriia, traditsii, liudi, Iaroslavl', 2017.

Ibneeva, G.B. 'Puteshestvie Ekateriny II po Volge v 1767 godu: uznavanie imperiii', *Ab Imperio*, vol. 2, 2000, pp. 87–104.

Ibneeva, G.B. *Imperskaia politika Ekateriny II v zerkale ventsenosnykh puteshestvii*, Moscow, 2009.

Ibragimov, Ruslan R. *Vlast' i religiia v Tatarstane v 1940–1980-e gg.*, Kazan', 2005.

Ibragimov, Ruslan R., 'Islam among the Tatars in the 1940s–1980s', in *The History of the Tatars since Ancient Times*, vol. 7, Kazan', 2017, pp. 455–64.

Il'in, B. *Saratov: istoricheskii ocherk*, Saratov, 1952.

Iskhakov, D.M. *Problemy stanovleniia i transformatsii Tatarskoi natsii*, Kazan', 1997.

Iskhakov, D.M. 'Kriasheny (istoriko-etnograficheskii ocherk)', in *Tatarskaia natsiia: istoriia i sovre\-mennost'*, Kazan', 2002, pp. 108–24.

Istomina, E.G. *Vodnye puti Rossii: vo vtoroi polovine XVIII – nachale XIX veka*, Moscow, 1982.

Istomina. E.G. *Vodnyi transport Rossii v doreformennyi period*, Moscow, 1991.

Istoriia Chuvashskoi ASSR, Cheboksary, vol. 1, 1966.

Istoriia Tatarskoi ASSR, Kazan', vol. 1, 1955, vol. 2, 1960.

Iukht, A.I. 'Torgovye sviazi Astrakhani v 20-kh godakh XVIII v.', in *Istoricheskaia geografiia Rossii XVII – nachalo XX v.*, Moscow, 1975, pp. 177–92.

Iukht, A.I. *Torgovlia s vostochnymi stranami i vnutrennii rynok Rossii (20–60-e gody*

XVIII veka), Moscow, 1994.

Ivanov, A.G. *Mariitsy Povolzh'ia i Priural'ia*, Ioshkar-Ola, 1993.

Ivanov, A.G. *Istochniki po istorii i kul'ture narodov Volgo-Viatskogo regiona (XVIII – nachalo XX vv.)*, Ioshkar-Ola, 2013.

Ivanov, V.P. 'Vliianie migratsii iz sela na demograficheskie i etnicheskie kharakteristiki gorodskikh semei', in *Sel'skoe khoziaistvo i krest'ianstvo Srednego Povolzh'ia v usloviiakh razvitogo sotsializma*, Cheboksary, 1982, pp. 100–24.

Izmaylov, Iskander and Murat Kaveyev. 'Bulgar City in the 13–15th Centuries', in *The History of the Tatars since Ancient Times*, vol. 3, Kazan', 2017, pp. 207–13.

Izmaylov, Iskander and Yuri Zeleneev. 'The Lower Volga Region and Capitals', in *The History of the Tatars since Ancient Times*, vol. 3, Kazan', 2017, pp. 228–38.

Jansson, Ingmar. '"Oriental Import" into Scandinavia in the 8th–12th Centuries and the Role of Volga Bulgaria', in *Mezhdunarodnye sviazi, torgovye puti i goroda Srednego Povolzh'ia IX – XII vekov: materialy mezhdunarodnogo simpoziuma Kazan', 8–19 sentiabria 1998 g.*, Kazan', 1999, pp. 116–22.

Jones, Robert E. 'Catherine II and the Provincial Reform of 1775: A Question of Motivation', *Canadian Slavic Studies*, vol. 4, no. 3, 1970, pp. 497–512.

Jones, Robert E. 'Urban Planning and the Development of Provincial Towns in Russia during the Reign of Catherine II', in J.G. Garrard, ed., *The Eighteenth Century in Russia*, Oxford, 1973, pp. 321–44.

Jones, Robert E. *Provincial Development in Russia: Catherine II and Jacob Sievers*, New Brunswick, NJ, 1984.

Jones, Robert E. *Bread upon the Waters: The St Petersburg Grain Trade and the Russian Economy, 1703–1811*, Pittsburgh, PA, 2013.

Josephson, P. et al. *An Environmental History of Russia*, Cambridge, 2013.

Kabirova, Ayslu. 'Political Repression in the TASSR in the 1930s', in *The History of the Tatars since Ancient Times*, vol. 7, Kazan', 2017, pp. 366–70.

Kabuzan, V.M. *Narody Rossii v XVIII veke. Chislennost' i etnicheskii sostav*, Moscow, 1990.

Kahn, Jeffrey. *Federalism, Democratization, and the Rule of Law in Russia*, Oxford, 2002.

Kalinina, E.E. 'Evrei Udmurtii', in *Material'naia i dukhovnaia kul'tura narodov Urala i Povolzh'ia: istoriia i sovremennost'*, Glazov, 2016, pp. 288–90.

Kaplunovskii, Aleksandr. 'Tatary, musul'mane i russkie v meshchanskikh obshchinakh Srednego Povolzh'ia v kontse XIX – nachale XX veka', *Ab Imperio*, vol. 1, 2000, pp. 101–22.

Kappeler, A. *The Russian Empire: A Multiethnic History*, translated by Alfred Clayton, Harlow, 2001.

Karabushchenko, P.L. *Astrakhanskaia guberniia i ee gubernatory v svete kul'turno-istoricheskikh traditsii XVIII - XIX stoletii*, Astrakhan', 2011.

Kataev, I.M. *Na beregakh Volgi i istorii usol'skoi votchiny grafov Orlovykh*, Cheliabinsk, 1948.

Kazanskii Universitet 1804–1979: Ocherk istorii, Kazan', 1975.

Kazarin, V. *Volzhskie stranitsy Samarskoi istorii*, Samara, 2011.

Kefeli, A.N. *Becoming a Muslim in Imperial Russia: Conversion, Apostasy, and Literacy*, Ithaca, NY, 2014.

Kenez, Peter. *Civil War in South Russia, 1918*, Berkeley, CA, and London, vol. 1, 1971, vol. 2, 1977.

Khakimzyanov, F.S. and I.I. Izmailov. 'Language and Writing in Bolgar Town', in *Great Bolgar*, Kazan', 2015, pp. 300–11.

Khalin, A.A. *Istoriia volzhskogo rechnogo parokhodstva (seredina XIX - nachalo XX v.)*, Nizhnii Novgorod, 2017.

Khalin, A.A. et al. *Ocherki istorii volzhskogo rechnogo parokhodstva v XX - nachale XXI v.*, Nizhnii Novgorod, 2018.

Khasanov, Kh.Kh. 'Iz istorii formirovaniia Tatarskoi natsii', in *Tatariia v proshlom i nastoiashchem: sbornik statei*, Kazan', 1975, pp. 186–96.

Khayrutdinov, Ramil R. 'The System of the State Village Government of the Kazan Governorate in the Early 18th - the First Third of the 19th Centuries', *Journal of Sustainable Development*, vol. 8, no. 5, 2015, pp. 1–11.

Khazanov, Anatoly M. *After the USSR: Ethnicity, Nationalism, and Politics in the Commonwealth of Independent States*, Madison, WI, 1995.

Khlebnikov, A.V. *Razvitie sovetskoi avtonomii Mariiskogo naroda 1929–1936*, Ioshkar-Ola, 1976.

Khlebnikova, T.A. 'Tanning', in *Great Bolgar*, Kazan', 2015, pp. 168–71.

Khlopina, L.F. *Memorial nad Volgoi*, Ul'ianovsk, 2010.

Khodarkovsky, Michael. *Where Two Worlds Met: The Russian State and the Kalmyk Nomads, 1660–1771*, Ithaca, NY, and London, 1992.

Khodarkovsky, Michael. 'The Stepan Razin Uprising: Was it a "Peasant War"?', *Jahrbücher für Geschichte Osteuropas*, vol. 42, no.1, 1994, pp. 1–19.

Khodarkovsky, Michael. 'Taming the "Wild Steppe": Muscovy's Southern Frontier', *Russian History*, vol. 26, no. 3, 1999, pp. 241–97.

Khodarkovsky, Michael. 'The Conversion of Non-Christians in Early Modern

Russia', in R.P. Geraci and M. Khodarkovsky, eds, *Of Religion and Empire: Missions, Conversion, and Tolerance in Tsarist Russia*, Ithaca, NY, and London, 2001, pp. 115–43.

Khodarkovsky, Michael. *Russia's Steppe Frontier: The Making of a Colonial Empire, 1500–1800*, Bloomington, IN, 2002.

Khramkov, A.V. *Trudiashchiesia Kuibyshevskoi oblasti v gody Velikoi Otechestvennoi Voiny 1941–1945*, Kuibyshev, 1985.

Khuzin, Fayaz. 'Great City on the Cheremshan and the Town of Bolgar on the Volga', in *The History of the Tatars since Ancient Times*, vol. 2, Kazan', 2017, pp. 163–79.

Kirokos'ian, M.A. *Piraty Kaspiiskogo Moria*, Astrakhan', 2007.

Kirokos'ian, M.A. *Astrakhanskii kupets G.V. Tetiushinov*, Astrakhan', 2014.

Kirpichnikov, Anatoly. 'The Great Volga Route: Trade Relations with Northern Europe and the East', in *The History of the Tatars since Ancient Times*, vol. 2, Kazan', 2017, pp. 298–315.

Kobzov, V.S. *Voenno-administrativnaia struktura Orenburgskogo kazach'ego voiska v XVII – pervaia polovina XIX veka*, Cheliabinsk, 1996.

Koch, F.C. *The Volga Germans in Russia and the Americas from 1763 to the Present*, University Park, PA, and London, 1977.

Kochkina, Anna. 'Prichernomorsko-sredizemnomorskie sviazi Volzhskoi Bulgarii v X – nachale XIII vv. (arkheologicheskie dannye o torgovykh putiakh)', in *Mezhdunarodnye sviazi, torgovye puti i goroda Srednego Povolzh'ia IX – XII vekov: materialy mezhdunarodnogo simpoziuma Kazan', 8–19 sentiabria 1998 g.*, Kazan', 1999, pp. 132–38.

Kogan, E.S. *Ocherki istorii krepostnogo khoziaistva po materialam votchin Kurakinykh 2 –i poloviny XVIII veka*, Moscow, 1960.

Kollman, Nancy Shields. *The Russian Empire 1450–1801*, Oxford, 2017.

Kondrashov, Sergei. *Nationalism and the Drive for Sovereignty in Tatarstan, 1988–92: Origins and Development*, London and Basingstoke, 2000.

Koroleva, L.E., A.I. Lomovtsev and A.A. Korolev. *Vlast' i musul'mane Srednego Povolzh'ia (vtoraia polovina 1940-kh – pervaia polovina 1980-kh gg.*, Penza, 2001.

Kotilaine, Jarmo T. *Russia's Foreign Trade and Economic Expansion in the Seventeenth Century: Windows on the World*, Leiden and Boston, MA, 2005.

Kotliarov, D.A. *Moskovskaia Rus' i narody Povolzh'ia v XV – XVI vekakh*, Izhevsk, 2005.

Koval'chenko, I.D. *Russkoe krepostnoe krest'ianstvo v pervoi polovine XIX v.* Moscow,

1967.

Koznova, Irina. *Stalinskaia epokha v pamiati krest'ianstva Rossii*, Moscow, 2016.

Kugrysheva, Evelina. *Istoriia armian v Astrakhani*, Astrakhan', 2007.

Kulik, V.N. 'Uchastie Tveritianok v kul'turnoi zhizni gubernii v pervoi polovine XIX veka', in V. Uspenskaia and V. Kulik, eds, *Zhenshchiny v sotsial'noi istorii Tveri*, Tver', 2006.

Kurmacheva, M.D. *Goroda Urala i Povolzh'ia v krest'ianskoi voine 1773–1775 gg.*, Moscow, 1991.

Kuz'min, E.P. 'Povsednevnyi byt Tsarevokokshaiskikh voevod XVIII veka', in *Goroda Srednego Povolzh'ia: istoriia i sovremennost': sbornik statei*, Ioshkar-Ola, 2014, pp. 41–46.

Kuznetsov, I.A. *Krest'ianstvo Chuvashii v period kapitalizma*, Cheboksary, 1963.

Kuznetsov, I.A. *Ocherki po istorii Chuvashskogo krest'ianstva*, Cheboksary, vol. 1, 1957, vol. 2, 1969.

Lankina, Tomila. *Governing the Locals: Local Self-Government and Ethnic Mobilization in Russia*, Lanham, MD, and Oxford, 2004.

Lazzarini, Edward J. 'Ethnicity and the Uses of History: The Case of the Volga Tatars and Jadidism', *Central Asian Survey*, vol. 1, nos 2–3, 1982, pp. 61–69.

LeDonne, John P. *The Grand Strategy of the Russian Empire 1650–1831*, Oxford, 2004.

Lehtinen, Ildikó. *From the Volga to Siberia: The Finno-Ugric Peoples in Today's Russia*, Helsinki, 2002.

Lepin, K.M. *Vodnyi transport SSSR za 15 let*, Moscow, 1932.

Lieven, Dominic. *The Aristocracy in Europe 1815–1914*, Basingstoke and London, 1992.

Lieven, Dominic. *Empire: The Russian Empire and its Rivals*, London, 2000.

Lisovskaia, S. 'Istoriia obrazovaniia, formirovaniia i razvitiia evreiskoi obshchiny Iaroslavlia', in *Proshloe i nastoiashchee evreiskikh obshchin Povolzh'ia i Tsentral'noi Rossii*, Nizhnii Novgorod, 2011, pp. 37–42.

Logan, F. Donald. *The Vikings in History*, 3rd edition, New York and London, 2005.

Long, James. 'Agricultural Conditions in the German Colonies of Novouzensk District, Samara Province, 1861–1914', *The Slavonic and East European Review*, vol. 57, no. 4, 1979, pp. 531–51.

Long, James. *From Privileged to Dispossessed: The Volga Germans 1860–1917*, Lincoln, NE, and London, 1988.

Long, James. 'The Volga Germans and the Famine of 1921', *Russian Review*, vol. 51, no. 4, 1992, pp. 510–25.

Longworth, Philip. *The Cossacks*, London, 1971.

Longworth, Philip. 'The Pretender Phenomenon in Eighteenth-Century Russia', *Past and Present*, vol. 66, 1975, pp. 61–83.

Macey, David. 'Reflections on Peasant Adaptation in Rural Russia of the Beginning of the Twentieth Century: The Stolypin Agrarian Reforms', *Journal of Peasant Studies*, vol. 31, nos 3–4, 2004, pp. 400–26.

McGrew, Roderick E. *Russia and the Cholera 1823–1832*, Madison, WI, 1965.

Madariaga, Isabel de. *Russia in the Age of Catherine the Great*, London, 1981.

Madariaga, Isabel de. *Ivan the Terrible*, New Haven, CT, and London, 2005.

Makhmutova, A.Kh. 'Shkola L'iabiby Khusianovoi v Kazani', in *Stranitsy istorii goroda Kazani*, Kazan', 1981, pp. 55–65.

Mamaeva, S.V. *Promyshlennost' Nizhnego Povolzh'ia v period voennogo kommunizma (1918 – vesna 1921 g.)*, Astrakhan', 2007.

Manning, Roberta. *The Crisis of the Old Order in Russia: Gentry and Government*, Princeton, NJ, 1982.

Marasanova, V.M. *Mestnoe upravlenie v rossiiskoi imperii (na materialakh Verkhnego Povolzh'ia)*, Moscow, 2004.

Mariiskaia ASSR za gody sovetskoi vlasti, Ioshkar-Ola, 1957.

Marsden, Thomas. *The Crisis of Religious Toleration in Imperial Russia: Bibikov's System for the Old Believers, 1841–1855*, Oxford, 2015.

Martin, Janet. 'The Land of Darkness and the Golden Horde: The Fur Trade under the Mongols XIII – XIVth Centuries', *Cahiers du Monde Russe et Soviétique*, vol. 19, no. 4, 1978, pp. 401–21.

Martin, Janet. 'Trade on the Volga: The Commercial Relations of Bulgar with Central Asia and Iran in the 11th–12th Centuries', *International Journal of Turkish Studies*, vol. 1, no. 2, 1980, pp. 85–98.

Martin, Janet. 'Muscovite Travelling Merchants: The Trade with the Muslim East (15th and 16th Centuries)', *Central Asian Survey*, vol. 4, no. 3, 1985, pp. 21–38.

Martin, Janet. *Treasures of the Land of Darkness: The Fur Trade and its Significance for Medieval Russia*, Cambridge, 1986.

Martin, Janet. *Medieval Russia 980–1584*, Cambridge, 1995.

Martin, Janet. 'Multiethnicity in Muscovy: A Consideration of Christian and Muslim Tatars in the 1550s–1560s', *Journal of Early Modern History*, vol. 5, no. 1, 2001, pp. 1–23.

Martin, Janet. 'The Emergence of Moscow (1359–1462)', in Maureen Perrie, ed., *The Cambridge History of Russia*, vol. 1, *From Early Rus' to 1698*, Cambridge,

2006, pp. 158–87.

Martin, Janet. 'North-Eastern Russia and the Golden Horde', in Maureen Perrie, ed., *The Cambridge History of Russia*, vol. 1, *From Early Rus' to 1689*, Cambridge, 2006, pp. 127–57.

Matsuzato, Kimitaka. 'The Regional Context of Islam in Russia: Diversities along the Volga', *Eurasian Geography and Economics*, vol. 47, no. 4, 2006, pp. 452–54.

Medvedev, E.I. *Grazhdanskaia voina v Srednem Povolzh'e (1918–1919)*, Saratov, 1974.

Mel'nikova, Elena. 'Baltiisko-Volzhskii put' v rannei istorii Vostochnoi Evropy', in *Mezhdunarodnye sviazi, torgovye puti i goroda Srednego Povolzh'ia IX – XII vekov: materialy mezhdunarodnogo simpo\-ziuma Kazan', 8–19 sentiabria 1998 g.*, Kazan', 1999, pp. 80–87.

Melton, E. 'Enlightened Seignioralism and its Dilemmas in Serf Russia, 1750–1830', *Journal of Modern History*, vol. 62, no. 4, 1990, pp. 675–708.

Merridale, Catherine. *Ivan's War: The Red Army 1939–45*, London, 2005.

Micklin, Philip P. 'International Environmental Implications of Soviet Development of the Volga River', *Human Ecology*, vol. 5, no. 2, 1977, pp. 113–35.

Mikhailova, S.M. *Kazanskii Universitet i prosveshchenie narodov Povolzh'ia i Priural'ia (XIX vek)*, Kazan', 1979.

Mironov, Boris and Brian A'Hearn. 'Russian Living Standards under the Tsars: Anthropometric Evidence from the Volga', *Journal of Economic History*, vol. 68, no. 3, 2008, pp. 900–09.

Mixter, Timothy. 'Of Grandfather-Beaters and Fat-Heeled Pacifists: Perceptions of Agricultural Labor and Hiring Market Disturbances in Saratov, 1872–1905', *Russian History*, vol. 7, nos 1–2, 1980, pp. 139–68.

Mixter, Timothy. 'Peasant Collective Action in Saratov Province, 1902–1906', in Rex A. Wade and Scott J. Seregny, *Politics and Society in Provincial Russia: Saratov, 1590–1917*, Columbus, OH, 1989, pp. 191–232.

Moon, David. 'The Russian Academy of Sciences Expeditions to the Steppes in the Late Eighteenth Century', in *Personality and Place in Russian Culture: Essays in Memory of Lindsey Hughes*, edited by Simon Dixon, London, 2010, pp. 204–25.

Moon, David. *The Plough that Broke the Steppes: Agriculture and Environment on Russia's Grasslands, 1700–1914*, Oxford, 2013.

Morokhin, A.V. 'Prikhodskoe dukhovenstvo i staroobriadchestvo v Nizhegorodskom Povolzh'e v pervoi polovine XVIII v.', in *Staroobriadchestvo: istoriia, kul'tura, sovremennost'. Materialy*, Moscow, 2000, pp. 67–72.

Mosse, W.E. 'Revolution in Saratov (October – November 1910)', *The Slavonic and*

East European Review, vol. 49, 1971, pp. 586–602.

Muckeston, Keith W. 'The Volga in the Prerevolutionary Industrialization of Russia', in Yearbook of the Association of Pacific Coast Geographers, 1, January 1965, pp. 67–77.

Naganawa, Norihiro. 'Holidays in Kazan: The Public Sphere and the Politics of Religious Authority among Tatars in 1914', Slavic Review, vol. 71, no. 1, 2012, pp. 25–48.

Narody Povolzh'ia i Priural'ia: Komi-zyriane, Komi permiaki, Mariitsy, Mordva, Udmurty, edited by N.F. Mokshin, T.F. Fedianovich and L.S. Khristoliubova, Moscow, 2000.

Nedashkovskii, Leonid. 'Mezhdunarodnaia i vnutrenniaia torgovlia', in Zolotaia Orda v mirovoi istorii, Kazan', 2016, pp. 608–13.

Nersisian, M.G., ed. Dekabristy ob Armenii i Zakavkaz'e, Erevan, 1985.

Nikitin, A.S. 'Deiatel'nost' Cheboksarskogo gorodskogo soveta narodnykh deputatov po upravlenii sotsial'no-kul'turnym razvitiem goroda (1917–1980 gg.)', in Voprosy istorii politicheskogo, ekonomi\-cheskogo i sotsial'no-kul'turnogo razvitiia Chuvashskoi ASSR, Cheboksary, 1983, pp. 87–108.

Nikolaev, Gennady. 'Ethnocultural Interaction of the Chuvash and Tatars', in The History of the Tatars since Ancient Times, vol. 6, Kazan', 2017, pp. 623–32.

Nikolaev, Gennady. 'The World of a Multiconfessional Village', in The History of the Tatars since Ancient Times, vol. 6, Kazan', 2017, pp. 608–16.

Noack, Christian. 'State Policy and the Impact on the Formation of a Muslim Identity in the Volga-Urals', in Islam in Politics in Russia and Central Asia (Early Eighteenth to Late Twentieth Centuries), edited by S.A. Dudoignon and Komatsu Hisau, London, New York and Bahrain, 2001, pp. 3–24.

Noack, Christian. 'The Western Steppe: The Volga-Ural Region, Siberia and the Crimea under Russian Rule', in Nicola Di Cosmo, Allen J. Frank and Peter B. Golden, eds, The Cambridge History of Inner Asia: The Chinggisid Age, Cambridge, 2009, pp. 303–30.

Noonan, Thomas. 'Suzdalia's Eastern Trade in the Century before the Mongol Conquest', Cahiers du Monde Russe et Soviétique, vol. 19, no. 4, 1978, pp. 371–84.

Noonan, Thomas. 'Monetary Circulation in Early Medieval Rus': A Study of Volga Bulgar Dirham Finds', Russian History, vol. 7, no. 3, 1980, pp. 294–311.

Noonan, Thomas. 'Why Dirhams First Reached Russia: The Role of Arab-Khazar Relations in the Development of the Earliest Islamic Trade with Eastern Europe', Archivum Eurasiae Medii Aevi, vol. 4, 1984, pp. 151–282.

Noonan, Thomas. *The Islamic World, Russia and the Vikings, 750–900: The Numismatic Evidence*, Aldershot, 1998.

Noonan, Thomas. 'European Russia, *c.* 500 – *c.* 1050', in Timothy Reuter, ed., *The New Cambridge Medieval History*, vol. 3, c. *900–1024*, Cambridge, 2000, pp. 487–513.

Noonan, Thomas. 'Some Observations on the Economy of the Khazar Khaganate', in Peter B. Golden, Haggai Ben-Shammai and András Róna-Tas, eds, *The World of the Khazars: New Perspectives*, Leiden and Boston, MA, 2007, pp. 207–44.

Normanov, Aider. *Tatary Srednego Povolzh'ia i Priural'ia v rossiiskom zakondatel'stve vtoroi poloviny XVI – XVIII vv.*, Kazan', 2002.

Novosel'tsev, A.P. *Khazarskoe gosudartsvo i ego rol' v istorii vostochnoi Evropy i Kavkaza*, Moscow, 1990.

Obshchestvenno-politicheskoe dvizhenie i klassovaia bor'ba na Srednei Volge (konets XIX – nachalo XX veka), Kazan', 1972.

Ocherki istorii Mariiskoi ASSR, Ioshkar-Ola, 1965.

Okenfuss, Max J. 'The Jesuit Origins of Petrine Education', in J.G. Garrard, *The Eighteenth Century in Russia*, Oxford, 1973, pp. 106–30.

O'Meara, Patrick. *The Russian Nobility in the Age of Alexander I*, London, 2019.

Ostrowski, Donald. *Muscovy and the Mongols: Cross-Cultural Influences on the Steppe Frontier, 1304–1589*, Cambridge, 1998.

Ostrowski, Donald. 'The Growth of Muscovy (1462–1533)', in Maureen Perrie, ed., *The Cambridge History of Russia*, vol. 1, *From Early Rus' to 1698*, Cambridge, 2006, pp. 213–39.

Overy, Richard. *Russia's War*, London, 1997.

Pallot, Judith. 'Agrarian Modernisation on Peasant Farms in the Era of Capitalism', in J.H. Bater and R.A. French, eds, *Studies in Russian Historical Geography*, vol. 2, London, 1983, pp. 423–49.

Pallot, Judith. *Land Reform in Russia, 1906–17: Peasant Responses to Stolypin's Project of Rural Transformation*, Oxford, 1999.

Palmer, Scott W. 'How Memory was Made: The Construction of the Memorial to the Heroes of the Battle of Stalingrad', *Russian Review*, vol. 68, no. 3, 2009, pp. 373–407.

Papmehl, K.A. *Metropolitan Platon of Moscow (Peter Levshin), 1737–1812: The Enlightened Prelate, Scholar and Educator*, Newtonville, MA, 1983.

Pelenski, Jaroslaw. *Russia and Kazan: Conquest and Imperial Ideology (1438–1560s)*, The Hague and Paris, 1974.

Peretiatkovich, G. *Povolzh'e v XVII i nachale XVIII veka (ocherki iz istorii kolonizatsii kraia)*, Odessa, 1882.

Petrukhin, Vladimir. 'Khazaria and Rus': An Examination of their Historical Relations', in Peter B. Golden, Haggai Ben-Shammai and András Róna-Tas, eds, *The World of the Khazars: New Perspectives*, Leiden and Boston, MA, 2007, pp. 245–68.

Phillips, Hugh. '"A Bad Business" – The February Revolution in Tver", *The Soviet and Post-Soviet Review*, vol. 23, no. 2, 1996, pp. 123–41.

Phillips, Hugh. 'Riots, Strikes and Soviets: The City of Tver in 1905', *Revolutionary Russia*, vol. 17, no. 2, 2004, pp. 49–66.

Pleshakov, I.N. 'Gardkouty v Saratovskom Povolzh'e: iz istorii rechnoi strazhi XVIII – pervoi poloviny XIX vv.', in *Voenno-istoricheskie issledovaniia v Povolzh'e*, Saratov, vol. 7, n.d., pp. 20–27.

Pliutsinskii, S.S. 'Pereselennye nemtsy na territorii Astrakhanskoi gubernii v gody Pervoi Mirovoi Voiny (1914–1918 gg.)', in *Istoricheskaia i sovremennaia regionalistika Verkhovnogo Dona i Nizhnego Povolzh'ia: sbornik nauchnykh statei*, Volgograd, 2005, pp. 218–31.

Polianskii, F.Ia. *Gorodskoe remeslo i manufaktura v Rossii XVIII v.*, Moscow, 1960.

Poluboiarinova, M.D. *Rus' i Volzhskaia Bolgaria v X – XV vv.*, Moscow, 1993.

Poluboyarinova [Poluboiarinova], M.D. 'Bolgar Trade', in *Great Bolgar*, Kazan', 2015, pp. 100–13.

Poluboyarinova [Poluboiarinova], M.D. 'Glasswear', in *Great Bolgar*, Kazan', 2015, pp. 160–71.

Polyakova [Poliakova], G.F. 'Non-Ferrous and Precious Metal Articles', in *Great Bolgar*, Kazan', 2015, pp. 132–37.

Potapova, E.V. 'Vlast' i staroobriadtsy: iz istorii staroobriadcheskoi obshchiny goroda Rzheva v pervoi polovine XIX v.', in *Staroobriadchestvo v Tverskom krae: proshloe i nastoiashchee*, Tver' and Rzhev, 2007, pp. 45–50.

Poteten'kin, P.M. *Krest'ianskie volneniia v Saratovskoi gubernii v 1861–1863 gg.*, Saratov, 1940.

Prawdin, Michael. *The Mongol Empire: Its Rise and Legacy*, translated by Eden and Cedar Paul, London, 1940.

Primako, D.D. 'Staroobriadcheskaia obshchina goroda Rzheva v XIX v.', in *Staroobriadchestvo v Tverskom krae: proshloe i nastoiashchee*, Tver' and Rzhev, 2007, pp. 51–64.

Prokhorov, M.F. 'Otkhodnichestvo krest'ian v gorodakh Verkhnego Povolzh'ia v seredine XVIII veka', *Russkii gorod*, Moscow, vol. 9, 1990, pp. 144–64.

Prokof'eva, L.S. *Krest'ianskaia obshchina v Rossii vo vtoroi polovine XVIII – pervoi polovine XIX veka (na materialakh votchin Sheremetevykh)*, Leningrad, 1981.

Raeff, M. 'Pugachev's Rebellion', in R. Forster and J.P. Greene, eds, *Preconditions of Revolution in Early Modern Europe*, Baltimore, MD, and London, 1970, pp. 161–201.

Raffensperger, Christian A. *Kingdom of Rus'*, Kalamazoo, MI, 2017.

Raleigh, Donald J. 'Revolutionary Politics in Provincial Russia: The Tsaritsyn "Republic" in 1917', *Slavic Review*, vol. 40, no. 2, 1981, pp. 194–209.

Raleigh, Donald J. *Revolution on the Volga: 1917 in Saratov*, Ithaca, NY, and London, 1986.

Raleigh, Donald J. *Experiencing Russia's Civil War: Politics, Society, and Revolutionary Culture in Saratov, 1917–1922*, Princeton, NJ, and Oxford, 2002.

Ransel, David L. *A Russian Merchant's Tale: The Life and Adventures of Ivan Alekseevich Tolchenëv, based on his Diary*, Bloomington, IN, 2009.

Razmolodin, M.L. *Chernosotennoe dvizhenie v Iaroslavle i guberniiakh Verkhnego Povolzh'ia v 1905–1915 gg.*, Iaroslavl', 2001.

Rechnoi transport SSSR 1917–1957: sbornik statei o razvitii rechnogo transporta SSSR za 40 let, Moscow, 1957.

Repinetskii, A.I. and M.A. Rumiantseva. *Gorodskoe naselenie Srednego Povolzh'ia v poslevoennoe dvat\-satiletie 1945–1965 gg.*, Samara, 2005.

Riabov, Oleg. '"Let us Defend Mother Volga": The Material Symbol of the River in the Discourse of the Stalinist Battle', *Women in Russian Society*, no. 2, 2015, pp. 11–27.

Riabov, Oleg. '"Mother Volga" and "Mother Russia": On the Role of the River in Gendering Russianness', in Jane Costlow and Arja Rosenholm, eds, *Meanings and Values of Water in Russian Culture*, Abingdon, 2017, pp. 81–97.

Riabtsev, A.L. *Gosudarstvennoe regulirovanie vostochnoi torgovli Rossii v XVII – XVIII vekov*, Astrakhan', 2012.

Robbins, Richard G. *Famine in Russia 1891–1892: An Imperial Government Responds to a Crisis*, New York and London, 1975.

Rodin, F.N. *Burlachestvo v Rossii*, Moscow, 1975.

Rogozhina, N. 'The Caspian: Oil Transit and Problems of Ecology', *Problems of Economic Transition*, vol. 53, no. 5, 2010, pp. 86–93.

Romaniello, Matthew P. 'Controlling the Frontier: Monasteries and Infrastructure in the Volga Region, 1552–1682', *Central Asian Survey*, vol. 19, nos 3–4, 2000,

pp. 429–43.

Romaniello, Matthew P. *The Elusive Empire: Kazan and the Creation of Russia 1552–1671*, Madison, WI, and London, 2012.

Rorlich, Azade-Ayşe. 'History, Collective Memory and Identity: The Tatars of Sovereign Tatarstan', *Communist and Post-Communist Studies*, vol. 32, no. 4, 1999, pp. 379–96.

Rorlich, Azade-Ayşe. *The Volga Tatars: A Profile in National Resilience*, Stanford, CA, 2017.

Rossman, Vadim. 'Lev Gumilev, Eurasianism and Khazaria', *East European Jewish Affairs*, vol. 32, no. 1, 2002, pp. 30–51.

Rotermel', Boris. *Tverskie nemtsy. Die Russlanddeutschen von Twer*, Tver', 2011.

Ruder, Cynthia. 'Water and Power: The Moscow Canal and the "Port of Five Seas"', in Jane Costlow and Arja Rosenholm, eds, *Meanings and Values of Water in Russian Culture*, Abingdon, 2017, pp. 175–88.

Russkie monastyri: Sredniaia i Nizhniaia Volga, Moscow, 2004.

Rywkin, Michael. 'The Prikaz of the Kazan Court: First Russian Colonial Office', *Canadian Slavonic Papers*, vol. 18, no. 3, 1976, pp. 293–300.

Samatova, Ch.Kh. *Imperskaia vlast' i Tatarskaia shkola vo vtoroi polovine XIX – nachale XX veka*, Kazan', 2013.

Samogorov, V., V. Pastushenko, A. Kapitonov and M. Kapitonov. *Iubileinyi Ul'ianovsk*, Ekaterinburg, 2013.

Samsonov, A.M. *Stalingradskaia bitva*, 2nd edition, Moscow, 1968.

Sanukov, K.N. 'Repressii 1930-kh i krest'ianstvo Mariiskoi ASSR', in V.A. Iurchenkov, ed., *Krest'ianstvo i vlast' Srednego Povolzh'ia*, Saransk, 2004, pp. 352–57.

Saunders, J.J. *The History of the Mongol Conquests*, London, 1971.

Semenova, E.Iu. *Mirovozzrenie gorodskogo naseleniia Povolzh'ia v gody Pervoi Mirovoi Voiny (1914 – nachalo 1918 gg.): sotsial'nyi, ekonomicheskii, politicheskii aspekty*, Samara, 2012.

Semenova, E.Iu. *Rossiiskii gorod v gody Pervoi Mirovoi Voiny (na materialakh Povolzh'ia)*, Samara, 2016.

Seniutkin, S.B. *Istoriia Tatar Nizhegorodskogo Povolzh'ia s poslednei treti XVI do nachala XX vv. (istoricheskaia sud'ba misharei Nizhegorodskogo kraia)*, Moscow and Nizhnii Novgorod, 2009.

Shabanov, Andrey. *Art and Commerce in Late Imperial Russia: The Peredvizhniki, a Partnership of Artists*, London, 2019.

Sharifzhanov, Izmail. 'The Parliament of Tatarstan, 1990–2005: Vain Hopes, or the Russian Way towards Parliamentary Democracy in a Regional Dimension', *Parliaments, Estates and Representation*, vol. 27, no. 1, 2007, pp. 239–50.

Sharoshkin, N.A. *Promyshlennost' i rabochie Povolzh'ia v 1920-e gody*, Penza, 2008.

Shaw, D.J.B. 'Southern Frontiers of Muscovy, 1550–1700', in J.H. Bater and R.A. French, eds, *Studies in Russian Historical Geography*, vol. 1, London, 1983, pp. 118–43.

Shaydullin, Rafael. 'Peasantry and the State and the Tatar Autonomous Soviet Socialist Republic', in *The History of the Tatars since Ancient Times*, vol. 7, Kazan', 2017, pp. 279–92.

Shaykhudinov, Renat. 'The Terrorist Attacks on the Volga Region, 2012–13: Hegemonic Narratives and Everyday Understandings of (In)Security', *Central Asian Survey*, vol. 37, no. 1, 2018, pp. 50–67.

Shepard, Jonathan. 'The Origins of Rus' (c. 900–1015)', in Maureen Perrie, ed., *The Cambridge History of Russia*, vol. 1, *From Early Rus' to 1698*, Cambridge, 2006, pp. 47–72.

Simms, James. 'The Economic Impact of the Russian Famine of 1891–92', *The Slavonic and East European Review*, vol. 60, no. 1, 1982, pp. 63–74.

Slepnev, I.N. 'Vliianie sozdaniia zheleznodorozhnoi seti na tovarizatsiiu zernovogo proizvodstva Rossii (vtoraia polovina XIX v.)', in *Povolzh'e v sisteme vserossiiskogo rynka: istoriia i sovremennost'*, Cheboksary, 2000, pp. 53–68.

Smith, Alison K., 'Peasant Agriculture in Pre-Reform Kostroma and Kazan' Provinces', *Russian History*, vol. 26, no. 4, 1999, pp. 355–424.

Smith, Alison K. 'Provisioning Kazan': Feeding the Provincial Russian Town', *Russian History*, vol. 30, no. 4, 2003, pp. 373–401.

Smith, R.E.F. and David Christian. *Bread and Salt: A Social and Economic History of Food and Drink in Russia*, Cambridge, 1984.

Smith-Peter, Susan. *Imagining Russian Regions: Subnational Identity and Civil Society in Nineteenth-Century Russia*, Leiden and Boston, MA, 2018.

Sokolov, K.I. *Proletarii protiv 'Proletarskoi' vlasti: protestnoe dvizhenie rabochikh v Tverskoi gubernii v kontse 1917–1922 gg.*, Tver', 2017.

Sokolova, N.B. 'Khoziaistvenno-torgovaia deiatel'nost' Makar'evskogo zheltovodskogo monastyria', in *Verkhnee i Srednee Povolzh'e v period feodalizma: mezhvuzovskii sbornik*, Gor'kii, 1985, pp. 43–49.

Stampfer, Shaul. 'Did the Khazars Convert to Judaism?', *Jewish Social Studies*, vol. 19, no. 3, 2013, pp. 1–72.

Starikov, S.V. *Velikaia reka Rossii na rubezhe XIX–XX vekov: Volga ot Nizhnego Novgoroda do Kazani na starinnykh otkrytkakh*, Ioshkar-Ola, 2009.

Stites, Richard. *Russian Popular Culture: Entertainment and Society since 1900*, Cambridge, 1992.

Stites, Richard. *Serfdom, Society, and the Arts in Imperial Russia: The Pleasure and the Power*, New Haven, CT, and London, 2005.

Sultanov, F.M. *Islam i Tatarskoe natsional'noe dvizhenie v rossiiskom i mirovom musul'manskom kontekste: istoriia i sovremennost'*, Kazan', 1999.

Sunderland, Willard. *Taming the Wild Field: Colonization and Empire of the Russian Steppe*, Ithaca, NY, and London, 2014.

Sverdlova, L.M. *Kazanskoe kupechestvo: sotsial'no-ekonomicheskii portret (kon. XVIII – nach. XX v.)*, Kazan', 2011.

Swift, E. Anthony. *Popular Theater and Society in Tsarist Russia*, Berkeley, CA, and London, 2002.

Syzranov, A.V. *Islam v Astrakhanskom krae: istoriia i sovremennost'*, Astrakhan', 2007.

Tagirova, N.F. *Rynok Povolzh'ia (vtoraia polovina XIX – nachalo XX vv.)*, Moscow, 1999.

Taimasov, L. 'Etnokonfessional'naia situatsiia v Kazanskoi gubernii nakanune burzhuaznykh reform', in K. Matsuzato, ed., *Novaia Volga i izuchenii etnopoliticheskoi istorii Volgo-Ural'skogo regiona: Sbornik statei*, Sapporo, 2003, pp. 106–37.

Tarlovskaia, V.R. 'Torgovye krest'iane Povolzh'ia v kontse XVII – nachale XVIII veka', *Istoriia SSSR*, 1983, no. 2, pp. 149–58.

Tarlovskaia, V.R. *Torgovlia Rossii perioda pozdnego feodalizma*, Moscow, 1988.

Tatary Samarskogo kraia: istoriko-etnograficheskie i sotsial'no-ekonomicheskie ocherki, edited by Sh.Kh. Galimov, Samara, 2017.

Toriyama, Yusuke. 'Images of the Volga River in Russian Poetry from the Reign of Catherine the Great to the End of the Napoleonic Wars', *Study Group on Eighteenth Century Russia*, 2013; www.sgecr.co.uk/newsletter2013/toriyama.html

Trubina, Elena. 'The Reconstructed City as Rhetorical Space: The Case of Volgograd', in Tovi Fenster and Haim Yacobi, *Remembering, Forgetting and City Builders*, Farnham, 2010, pp. 107–20.

Tsybin, V.M. and E.A. Ashanin. *Istoriia Volzhskogo kazachestva*, Saratov, 2002.

Tuna, Mustafa. *Imperial Russia's Muslims: Islam, Empire, and European Modernity 1788-1914*, Cambridge, 2015.

Tushkanov, L.V. *Chastnovladel'cheskoe khoziaistvo Saratovskoi gubernii v poreformennyi period (1861–1904 gg.)*, Volgograd, 2010.

Urazmanova, Raufa. 'Ceremonies and Festivals', in *The History of the Tatars since Ancient Times*, vol. 6, Kazan', 2017, pp. 686–94.

Urazmanova, Raufa. 'Festive Culture of Tatars in Soviet Times', in *The History of the Tatars since Ancient Times*, vol. 7, Kazan', 2017, pp. 464–72.

Urazmanova, Raufa. 'The Transformation of the Tatar Holiday Culture in the Post Soviet Period', *The History of the Tatars since Ancient Times*, vol. 7, Kazan', 2017, pp. 688–96.

Usova, T.V. 'Composition of Sturgeon Fry Migrating from Spawning Areas in the Lower Volga', *Russian Journal of Ecology*, vol. 36, no. 4, 2005, pp. 288–89.

Valeev, R.M. 'K voprosu o tovarno-denezhnykh otnosheniiakh rannikh Bulgar (VIII–X vv.)', in *Iz istorii rannikh Bulgar*, Kazan', 1981, pp. 83–96.

Valeeva-Suleimanova, G.F. 'Problemy izucheniia iskusstva Bulgar zolotoordskogo vremeni (vtoraia polovina XIII – nachalo XV vv.), in *Iz istorii Zolotoi Ordy*, edited by A.A. Arslanova and G.F. Valeeva-Suleimanova, Kazan', 1993, pp. 61–66.

Valkenier, Elizabeth. *Ilya Repin and the World of Russian Art*, New York, 1990.

Vásáry, István. 'The Jochid Realm: The Western Steppe and Eastern Europe', in Nicola Di Cosmo, Allen J. Frank and Peter B. Golden, eds, *The Cambridge History of Inner Asia: The Chinggisid Age*, Cambridge, 2009, pp. 67–86.

Vasil'ev, F.V., S.V. Dmitrievskii and M.Iu. Pukhov. *Russkoe sel'skoe naselenie iugo-vostochnykh uezdov Nizhegorodskoi gubernii v XIX – nachale XX v. (poseleniia, krest'ianskaia usad'ba, zhilishche)*, Nizhnii Novgorod, 2006.

Veshchev, P.V., G.I. Guteneva and R.S. Mukhanova. 'Efficiency of Natural Reproduction of Sturgeons in the Lower Volga under Current Conditions', *Russian Journal of Ecology*, vol. 43, no. 2, 2012, pp. 142–47.

Vinogradov, A.A. *Staroobriadtsy Simbirsko-Ul'ianovskogo Povolzh'ia serediny XIX – pervoi treti XX veka*, Ul'ianovsk, 2010.

Viola, Lynne. *Peasant Rebels under Stalin: Collectivization and the Culture of Peasant Resistance*, Oxford, 1996.

Vishlenkova, E.A., S.Iu. Malysheva and A.A. Sal'nikova. *Kul'tura povsednevnosti provintsial'nogo goroda: Kazan' i Kazantsy v XIX–XX vekakh*, Kazan', 2008.

Vodolagin, M.A. *Ocherki istorii Volgograda 1589–1967*, Moscow, 1968.

Voliani, A. *Elektrogigant na Volge*, Leningrad, 1934.

Volkov, I.V. 'Stolypinskaia agrarnaia reforma v Iaroslavskoi gubernii', in *Ocherki istorii Iaroslavskogo kraia*, Iaroslavl', 1974.

Volkov, M.Iu. *Goroda Verkhnego Povolzh'ia i severo-zapada Rossii. Pervaia chetvert' XVIII v.*, Moscow, 1994.

Vorob'ev, I.I. *Tatary Srednego Povolzh'ia i Priural'ia*, Moscow, 1967.

Vovina, Olessia P. 'Building the Road to the Temple: Religion and National Revival in the Chuvash Republic', *Nationalities Papers*, vol. 28, no. 4, 2000, pp. 695–706.

Wade, Rex A. and Seregny, Scott J., *Politics and Society in Provincial Russia: Saratov, 1590–1917*, Columbus, OH, 1989.

Waldron, Peter. *The End of Imperial Russia, 1855–1917*, Basingstoke and London, 1997.

Waldron, Peter. *Between Two Revolutions: Stolypin and the Politics of Renewal in Russia*, London, 1998.

Werth, Paul W. *At the Margins of Orthodoxy: Mission, Governance, and Confessional Politics in Russia's Volga-Kama Region, 1827–1905*, Ithaca, NY, and London, 2002.

Werth, Paul W. 'Coercion and Conversion: Violence and the Mass Baptism of the Volga Peoples, 1740–55', *Kritika*, vol. 4, no. 8, 2003, pp. 543–69.

Werth, Paul W. and Radik Iskhakov. 'Christian Instruction and Movements of Christened Tatars for their Return to Islam in the Pre-Reform Period', *The History of the Tatars since Ancient Times*, vol. 6, Kazan', 2017, pp. 538–43.

Wigglesworth-Baker, Teresa. 'Language Policy and Post-Soviet Identities in Tatarstan', *Nationalities Papers*, vol. 44, no. 1, 2016, pp. 20–37.

Williams, Christopher. 'Tatar Nation Building since 1991: Ethnic Mobilisation in Historical Perspective', *Journal of Ethnopolitics and Minority Issues in Europe*, vol. 10, no. 1, 2011, pp. 94–123.

Yusupova, Guzal. 'The Islamic Representation of Tatarstan as an Answer to the Equalization of the Russian Regions', *Nationalities Papers*, vol. 44, no. 1, 2016, pp. 38–54.

Zagidullin, Ildus. 'The Movement of Converting Baptised Tatars to Islam in the Beginning of the 20th Century', in *The History of the Tatars since Ancient Times*, vol. 7, Kazan', 2017, pp. 130–36.

Zaitsev, I. *Astrakhanskoe khanstvo*, Moscow, 2004.

Zaitsev, I. 'The Astrakhan Khanate', in *The History of the Tatars since Ancient Times*, vol. 4, Kazan', 2017, pp. 197–202.

Zaitsev, I. 'The Astrakhan Tatars', in *The History of the Tatars since Ancient Times*, vol. 4, Kazan', 2017, pp. 784–86.

Zaitsev, I., 'The Astrakhan Yurt', in *The Golden Horde in World History*, Kazan', 2017,

pp. 747–55.

Zaitsev, M.V. *Saratovskaia gorodskaia duma (1871–1917)*, Saratov, 2017.

Zakirova, A. 'Bone Carving', in *Great Bolgar*, Kazan', 2015, pp. 172–77.

Zeisler-Vralsted, Dorothy. 'The Aesthetics of the Volga and the National Narrative in Russia', *Environment and History*, vol. 20, 2014, pp. 93–122.

Zeisler-Vralsted, Dorothy. *Rivers, Memory and Nation-Building: A History of the Volga and the Mississippi Rivers*, New York, 2014.

Zetkina, I.A. *Natsional'noe prosvetitel'stvo Povolzh'ia: formirovanie i razvitie*, Saransk, 2003.

Zhivkov, Boris. *Khazaria in the Ninth and Tenth Centuries*, translated by Daria Manova, Leiden, 2015.

Zimonyi, István. *The Origins of the Volga Bulgars*, Szeged, 1990.

Zorin, A.N. *Goroda i posady dorevoliutsionnogo Povolzh'ia*, Kazan', 2001.

위대한 볼가강

초판 1쇄 인쇄 | 2024년 8월 10일
초판 1쇄 발행 | 2024년 8월 15일

지은이 | 자넷 M. 하틀리
옮긴이 | 이상원
펴낸이 | 조승식
펴낸곳 | 도서출판 북스힐
등록 | 1998년 7월 28일 제22-457호
주소 | 서울시 강북구 한천로 153길 17
전화 | 02-994-0071
팩스 | 02-994-0073
인스타그램 | @bookshill_official
블로그 | blog.naver.com/booksgogo
이메일 | bookshill@bookshill.com

정가 22,000원
ISBN 979-11-5971-598-3